3

Walt Disney

Lustiges Taschenbuch

WELT REISE

AF650584

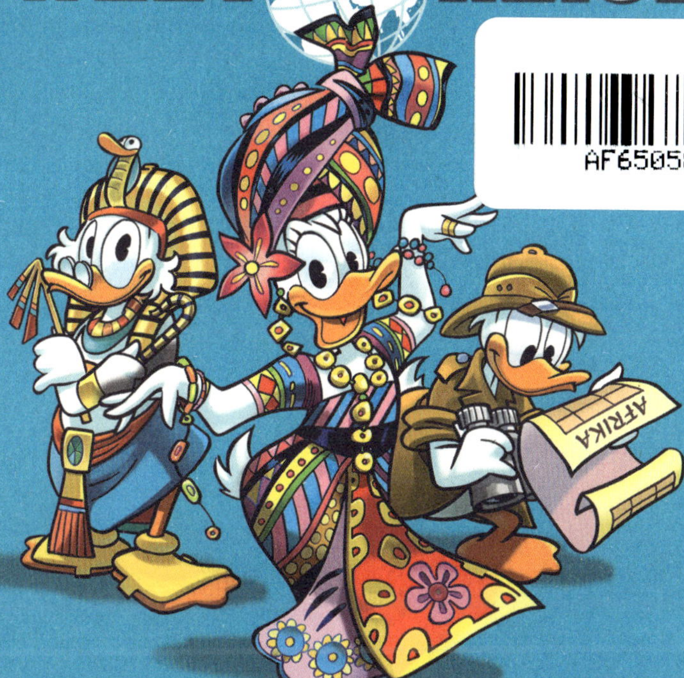

AFRIKA

IMPRESSUM © Disney Enterprises, Inc. 2026, Walt Disney Lustiges Taschenbuch Weltreise erscheint bei Egmont Ehapa Media GmbH, Ritterstraße 26, 10969 Berlin I **Geschäftsführer** Per Gustav Kjellander I **Publishing Director Magazines** Jörg Risken (V.i.S.d.P.) j.risken@egmont.de I **Marketing & Kooperationen** Nora Gollek (Sales & Marketing Director) n.gollek@egmont.de, Christoph Bergholz (Senior Product Manager) c.bergholz@egmont.de I **Redaktion** Stephanie Bens I **Druck** GGP Media GmbH, Karl-Marx-Straße 24, 07381 Pößneck I **Anzeigenverkauf** Per Gustav Kjellander (verantwortlich) I **Head of Media Sales** Jörg Risken I **Freie Mitarbeiter dieser Ausgabe** Johanna Martina (Redaktion), Manuela Buchholz, Petra Müller, Eckart Sackmann, Susanne Walter (Übersetzungen), Sigi Hepner, Ursula Ries (Grafik), Michael Bregel, Kai Richter (Lektorat) I **Bilder** AdobeStock/merydolla, AdobeStock/REMINDFILMS I **Kontakt Walt Disney Publishing** Susanne Michels I Die Redaktion arbeitet auf Grundlage der neuen amtlichen Rechtschreibregeln und hält sich bei Auswahlfällen an die vom Duden bevorzugte Schreibweise.

www.lustiges-taschenbuch.de,
www.egmont-mediasolutions.de,
www.egmont.de

EGMONT Ehapa Media

FSC www.fsc.org MIX Papier | Fördert gute Waldnutzung FSC® C014496

SERVICE-BOX

LTB im Abo – www.egmont-shop.de/ltb-lesen

Leserservice Lustiges Taschenbuch Weltreise
Leserservice, 20086 Hamburg,
E-Mail: info@egmont-service.de,
Tel. 030-99194680, Fax 030-99194681
(reguläre Gesprächsgebühren für einen Anruf im deutschen Festnetz gemäß Ihrem Anbieter und Tarif)

LTB Weltreise verpasst?
www.egmont-shop.de/comics/ltb

LTB Weltreise als eComic?
Erhältlich z. B. bei Amazon, Apple und Google Play

Viele weitere tolle Comic-Angebote:
www.egmont-shop.de

Produktsicherheit:
safety@egmont.de

Einige der in diesem Titel enthaltenen Geschichten werden in ihrer ursprünglichen Bearbeitung präsentiert und können Stereotypen oder negative Darstellungen enthalten.

TM

INHALT

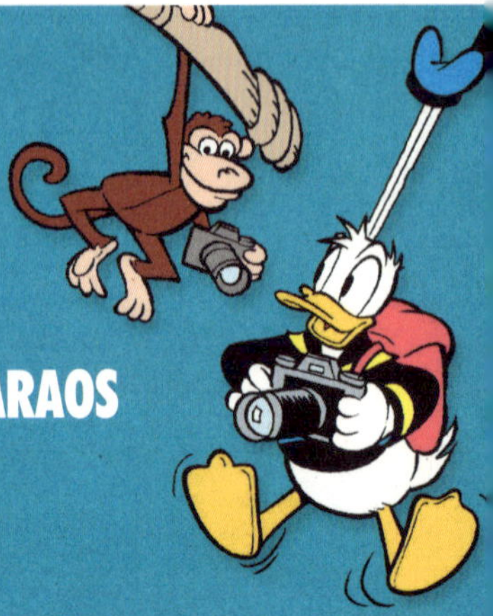

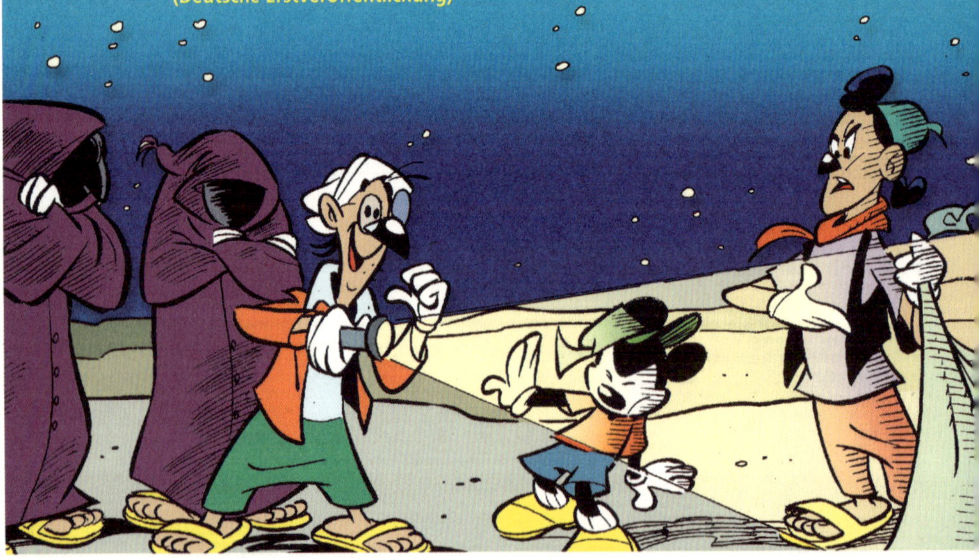

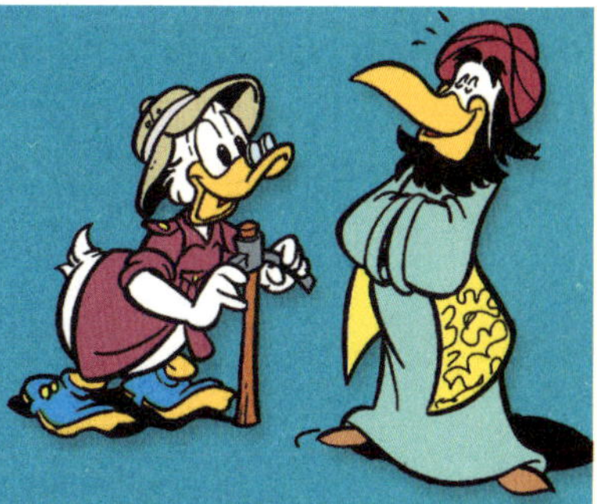

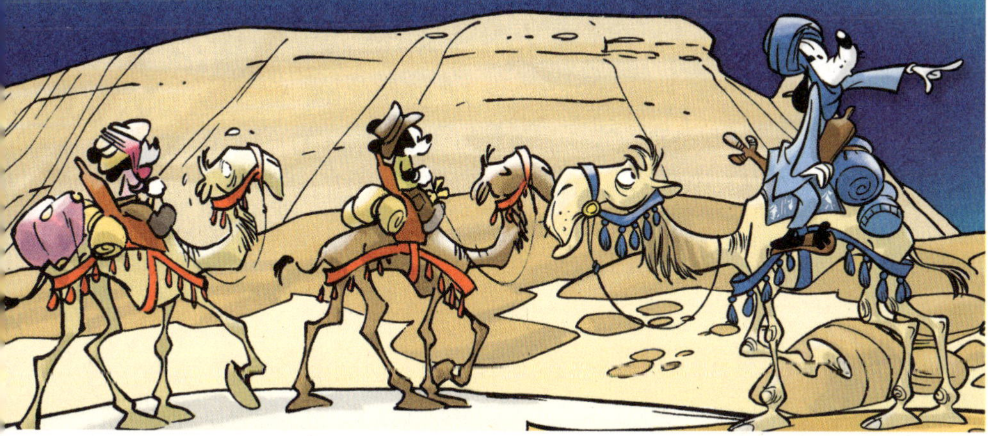

EDITORIAL

Hallo Freunde,

weiter geht die große Weltreise. Dieses Mal machen Donald Duck, Micky Maus und Co. halt in Afrika. Kreuz und quer bereisen sie – meist schaukelnd hoch zu Kamel – den zweitgrößten Kontinent der Erde. Ägypten, Algerien und Madagaskar sind nur einige Stationen ihrer Reise. Besonders Ägypten hat es den Entenhausenern angetan. Kein Wunder, birgt das Land der Pharaonen doch ungeahnte Schätze. So sucht Indiana Goof zum Beispiel in der Sahara nach dem verschollenen Palast des Pharaos Pinsettes. Auf der königlichen Bowlingbahn spielte man vor 3500 Jahren mit goldenen Kugeln, die mit kostbaren Edelsteinen verziert waren. Klar, dass Indiana nicht der Einzige ist, der sich für diesen Schatz interessiert. Sein Erzfeind Doktor Krantz wartet bereits auf ihn. Eine weitere sensationelle Entdeckung macht das Fähnlein Fieselschweif. Was auf den ersten Blick aussieht wie eine Mini-Pyramide, entpuppt sich als unterirdische Schatzkammer. Und noch andere bekannte Entenhausener tummeln sich in der Wüste. Onkel Dagobert verschlägt es, um es ganz genau zu sagen, auf den 14. Breiten- und 26. Längengrad. Dort ist nämlich ein riesiger Meteorit eingeschlagen. Er soll zu neunzig Prozent aus Gold bestehen. Und wenn es um das kostbare Edelmetall geht, ist dem Fantastilliardär kein Weg zu weit und keine Wüste zu heiß.

Aber Afrika hat unseren Reisenden noch mehr zu bieten als geheimnisvolle Schätze. Donald ist auf Fotosafari im Dschungel. Ihm kommen dabei nicht nur Krokodile und Wasserbüffel vor die Linse, er macht außerdem die Bekanntschaft fotografierender Meerkatzen. Ganz recht! Und auch Micky Maus und Goofy sind einer Sensation auf der Spur. Sie hoffen, in Madagaskar einen riesenhaften Affen zu finden. Doch stattdessen entdecken sie ... tja, das dürft ihr selbst lesen.

Eine unterhaltsame Lesereise wünscht

die LTB-Redaktion

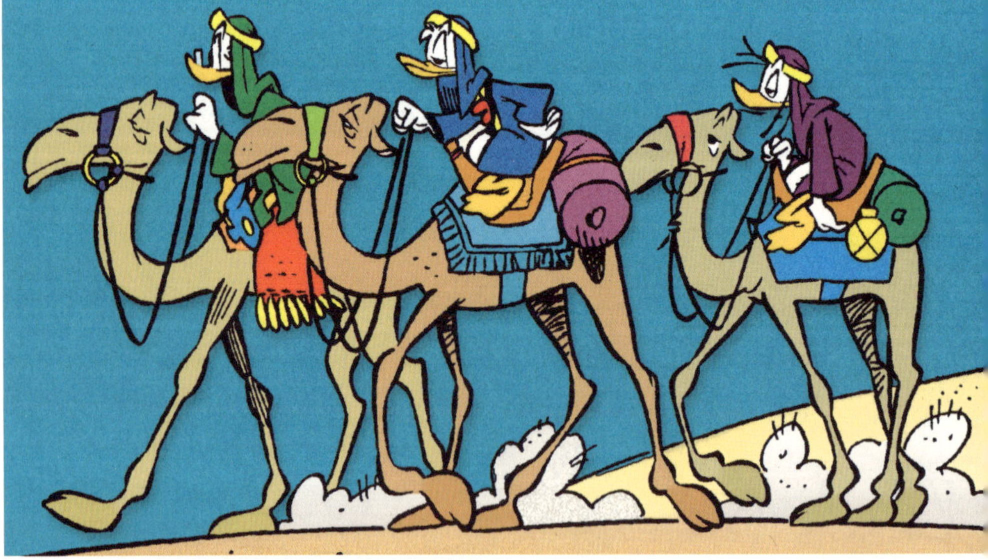

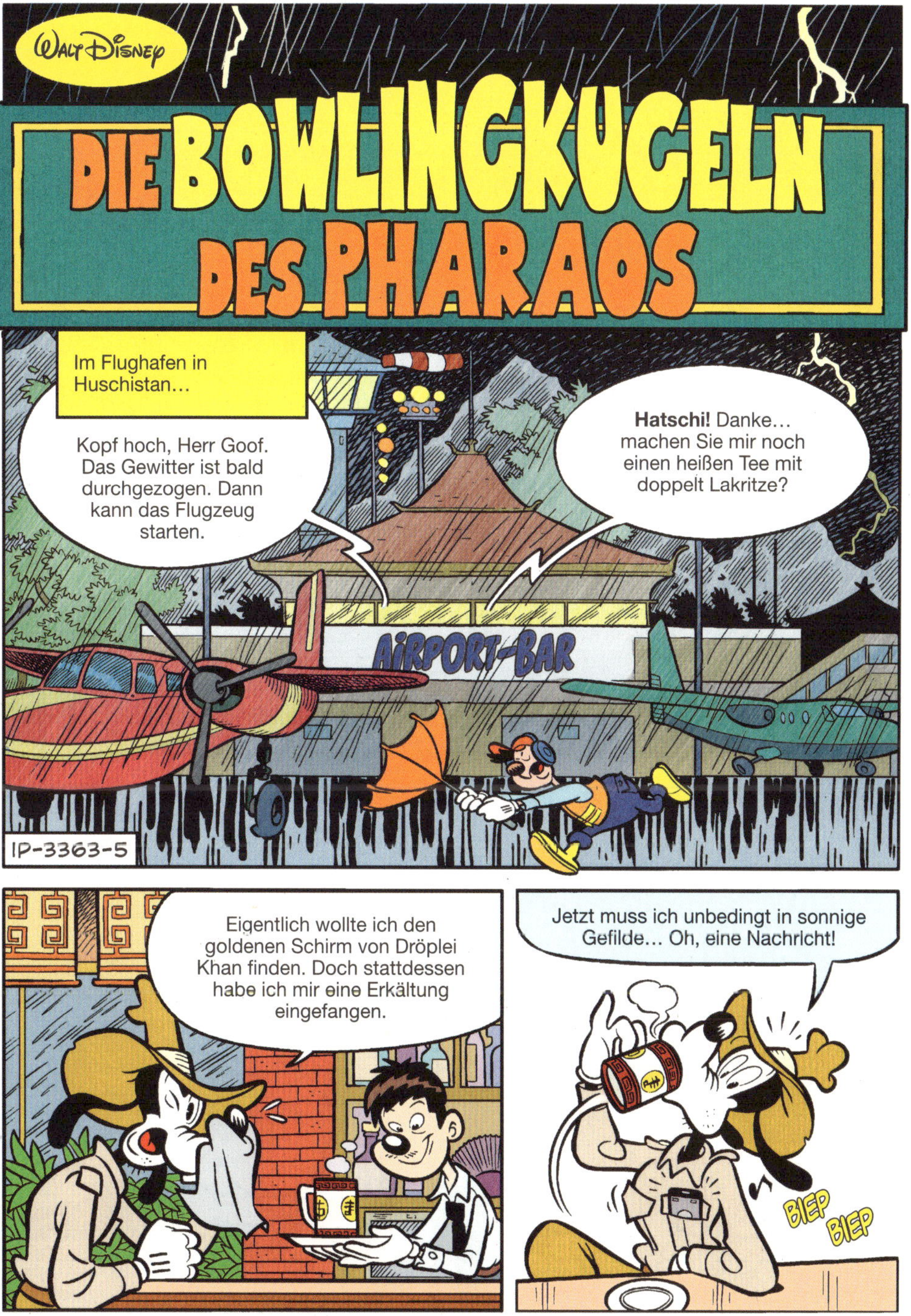

Sisto Nigro (Story), **Libero Ermetti** (Zeichnungen)

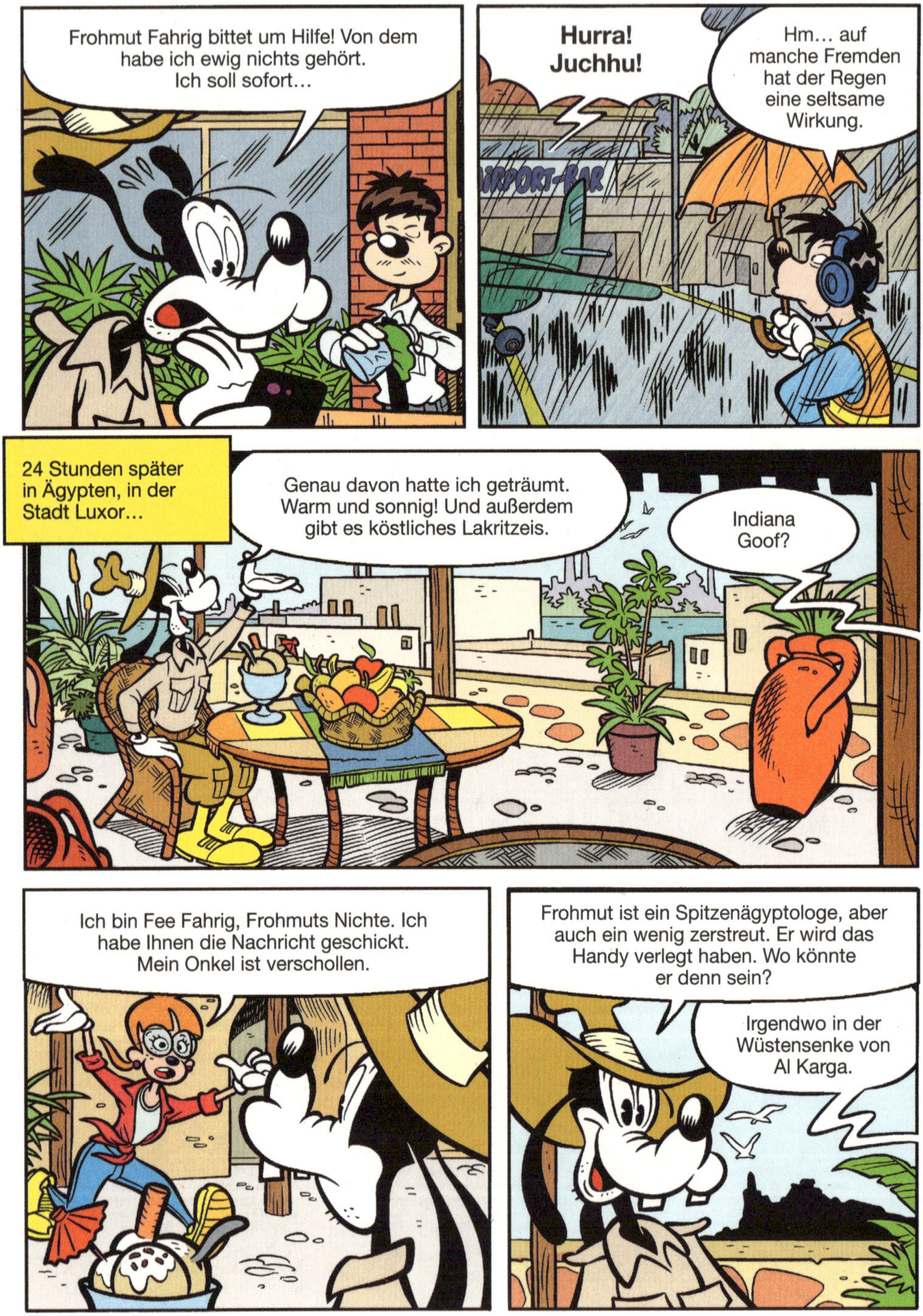
Frohmut Fahrig bittet um Hilfe! Von dem habe ich ewig nichts gehört. Ich soll sofort…
Hurra! Juchhu!
Hm… auf manche Fremden hat der Regen eine seltsame Wirkung.
AIRPORT-BAR
24 Stunden später in Ägypten, in der Stadt Luxor…
Genau davon hatte ich geträumt. Warm und sonnig! Und außerdem gibt es köstliches Lakritzeis.
Indiana Goof?
Ich bin Fee Fahrig, Frohmuts Nichte. Ich habe Ihnen die Nachricht geschickt. Mein Onkel ist verschollen.
Frohmut ist ein Spitzenägyptologe, aber auch ein wenig zerstreut. Er wird das Handy verlegt haben. Wo könnte er denn sein?
Irgendwo in der Wüstensenke von Al Karga.

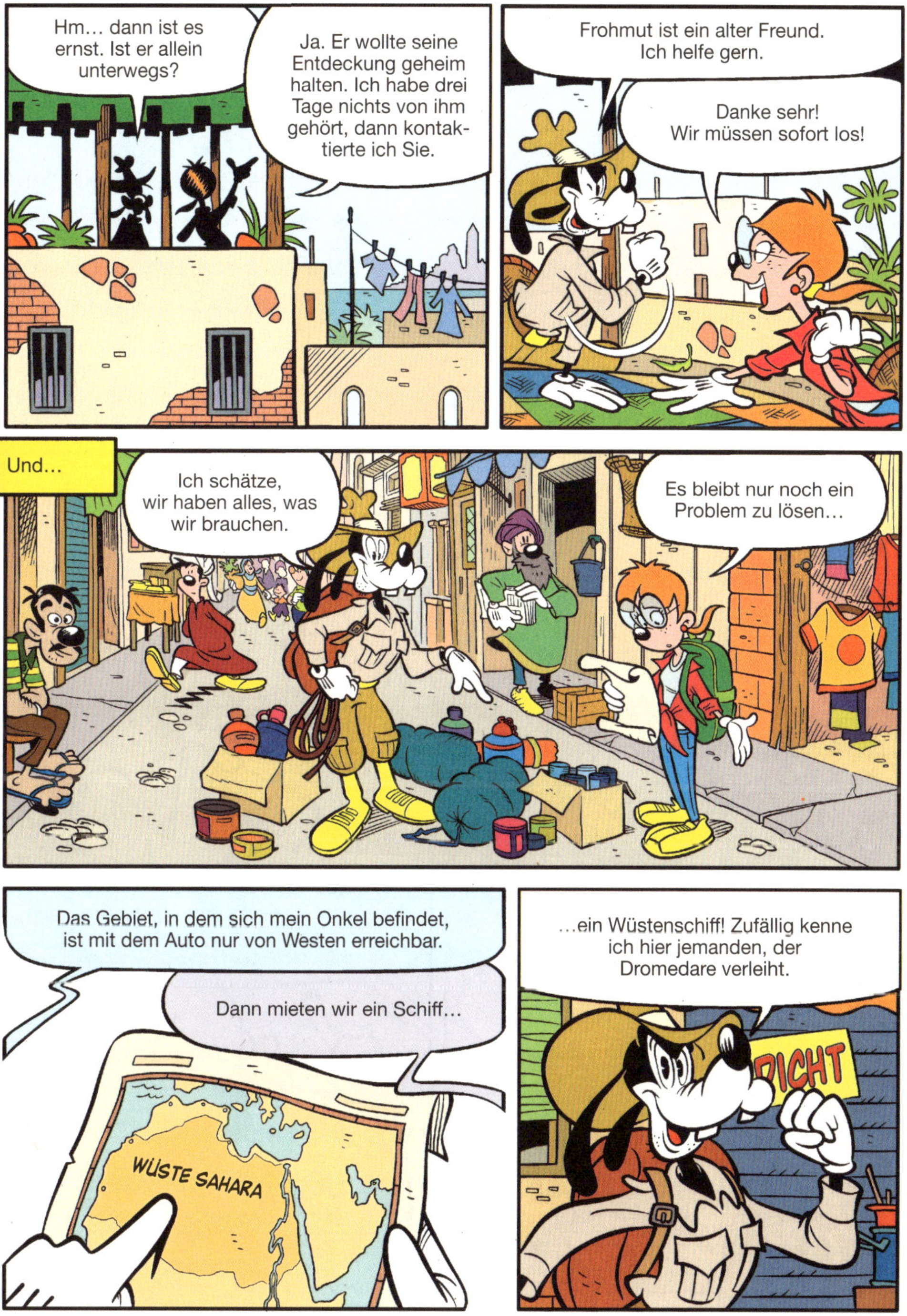
Hm… dann ist es ernst. Ist er allein unterwegs?
Ja. Er wollte seine Entdeckung geheim halten. Ich habe drei Tage nichts von ihm gehört, dann kontaktierte ich Sie.
Frohmut ist ein alter Freund. Ich helfe gern.
Danke sehr! Wir müssen sofort los!
Und…
Ich schätze, wir haben alles, was wir brauchen.
Es bleibt nur noch ein Problem zu lösen…
Das Gebiet, in dem sich mein Onkel befindet, ist mit dem Auto nur von Westen erreichbar.
Dann mieten wir ein Schiff…
WÜSTE SAHARA
…ein Wüstenschiff! Zufällig kenne ich hier jemanden, der Dromedare verleiht.

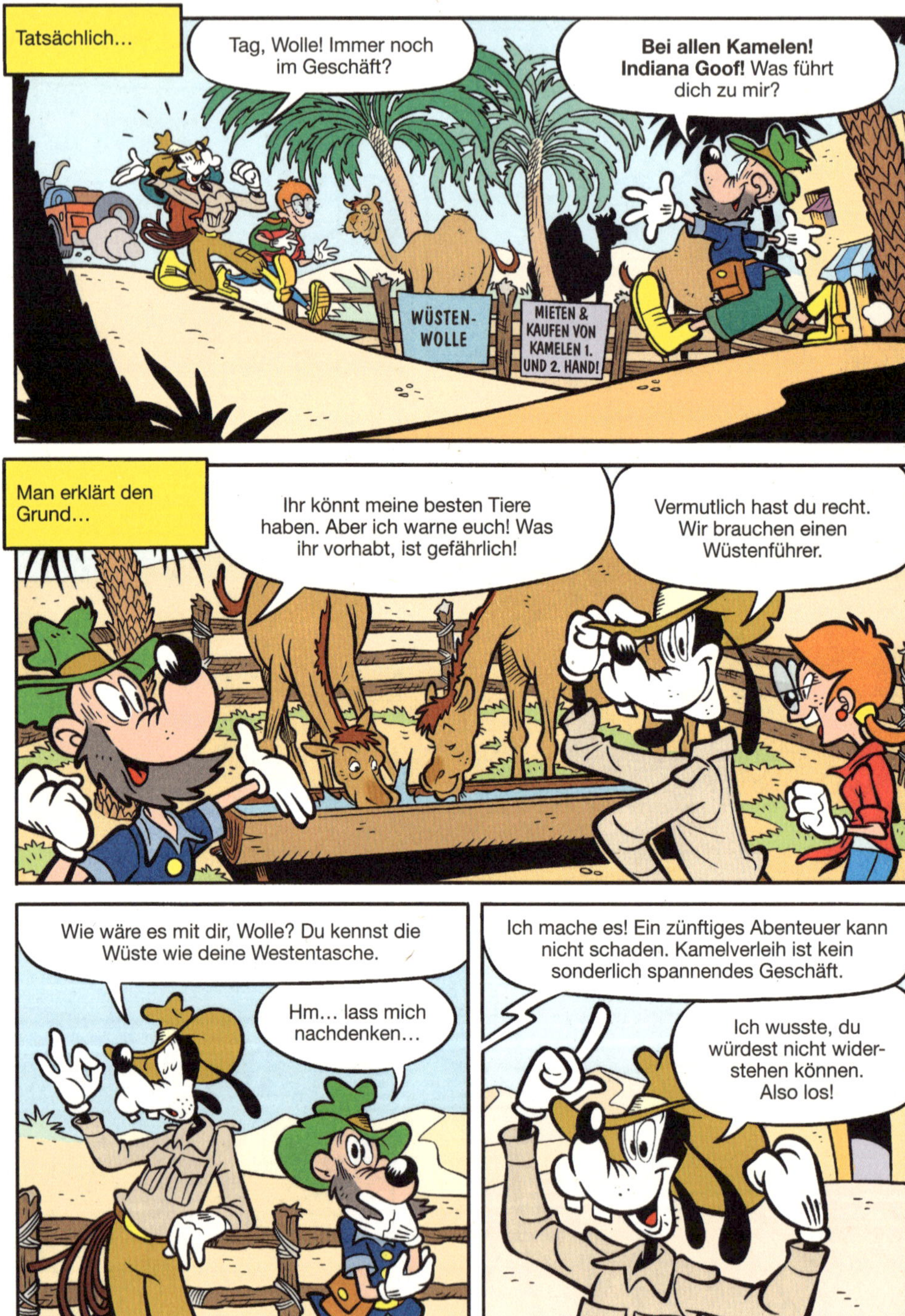
Tatsächlich...
Tag, Wolle! Immer noch im Geschäft?
Bei allen Kamelen! Indiana Goof! Was führt dich zu mir?
WÜSTEN-WOLLE
MIETEN & KAUFEN VON KAMELEN 1. UND 2. HAND!
Man erklärt den Grund...
Ihr könnt meine besten Tiere haben. Aber ich warne euch! Was ihr vorhabt, ist gefährlich!
Vermutlich hast du recht. Wir brauchen einen Wüstenführer.
Wie wäre es mit dir, Wolle? Du kennst die Wüste wie deine Westentasche.
Hm... lass mich nachdenken...
Ich mache es! Ein zünftiges Abenteuer kann nicht schaden. Kamelverleih ist kein sonderlich spannendes Geschäft.
Ich wusste, du würdest nicht widerstehen können. Also los!

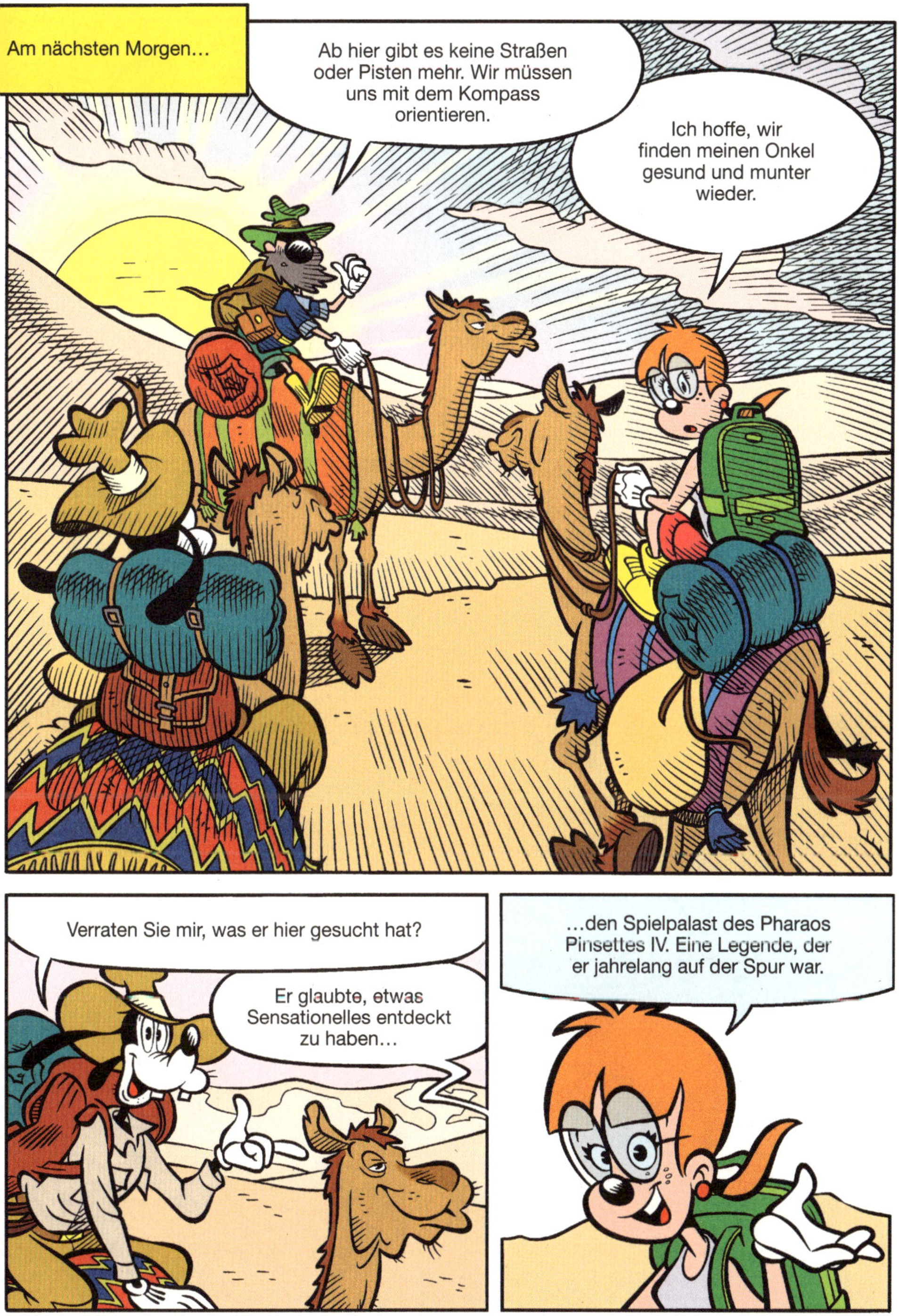

Am nächsten Morgen...
Ab hier gibt es keine Straßen oder Pisten mehr. Wir müssen uns mit dem Kompass orientieren.
Ich hoffe, wir finden meinen Onkel gesund und munter wieder.
Verraten Sie mir, was er hier gesucht hat?
Er glaubte, etwas Sensationelles entdeckt zu haben...
...den Spielpalast des Pharaos Pinsettes IV. Eine Legende, der er jahrelang auf der Spur war.

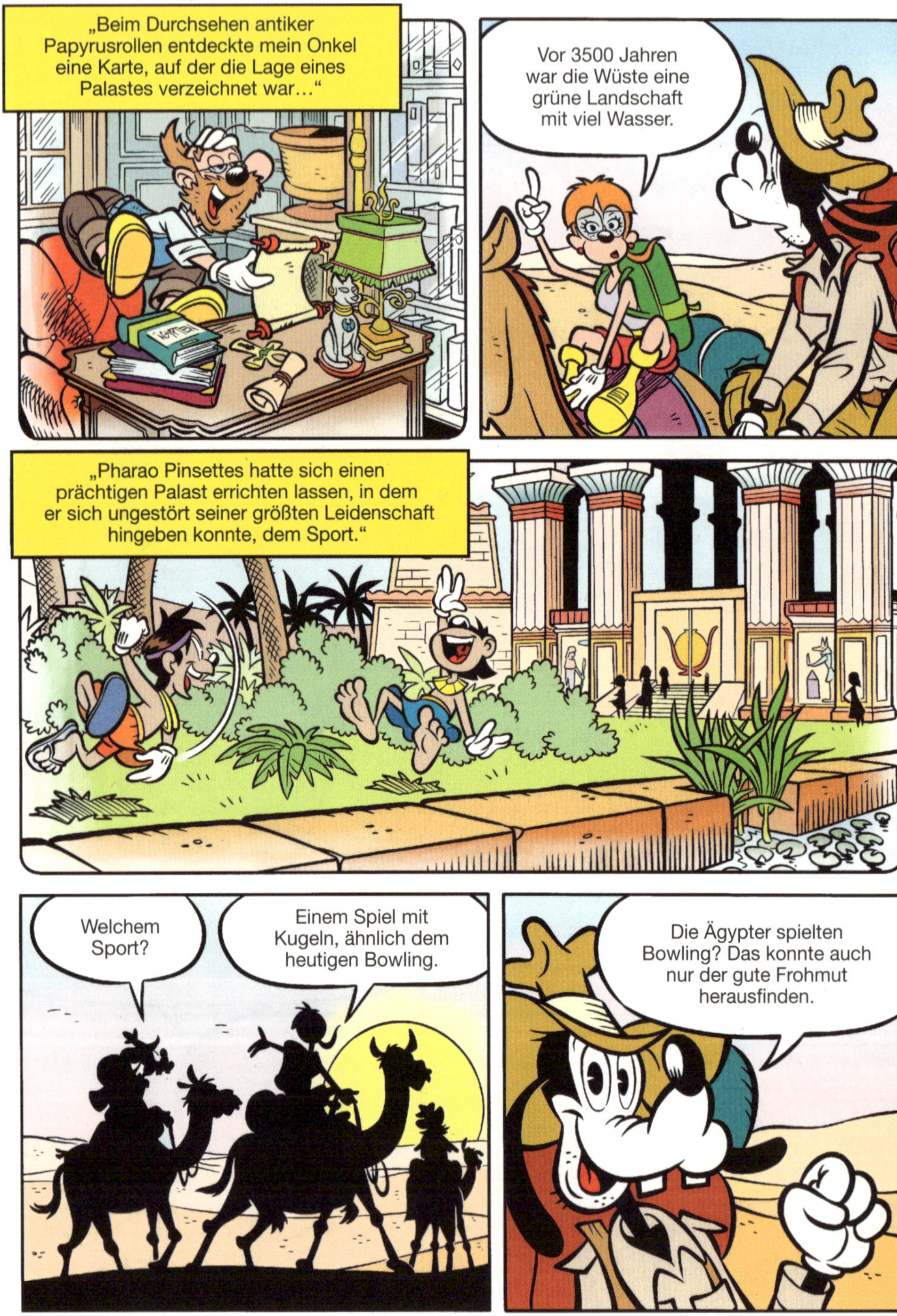
„Beim Durchsehen antiker Papyrusrollen entdeckte mein Onkel eine Karte, auf der die Lage eines Palastes verzeichnet war…“
Vor 3500 Jahren war die Wüste eine grüne Landschaft mit viel Wasser.
„Pharao Pinsettes hatte sich einen prächtigen Palast errichten lassen, in dem er sich ungestört seiner größten Leidenschaft hingeben konnte, dem Sport.“
Welchem Sport?
Einem Spiel mit Kugeln, ähnlich dem heutigen Bowling.
Die Ägypter spielten Bowling? Das konnte auch nur der gute Frohmut herausfinden.

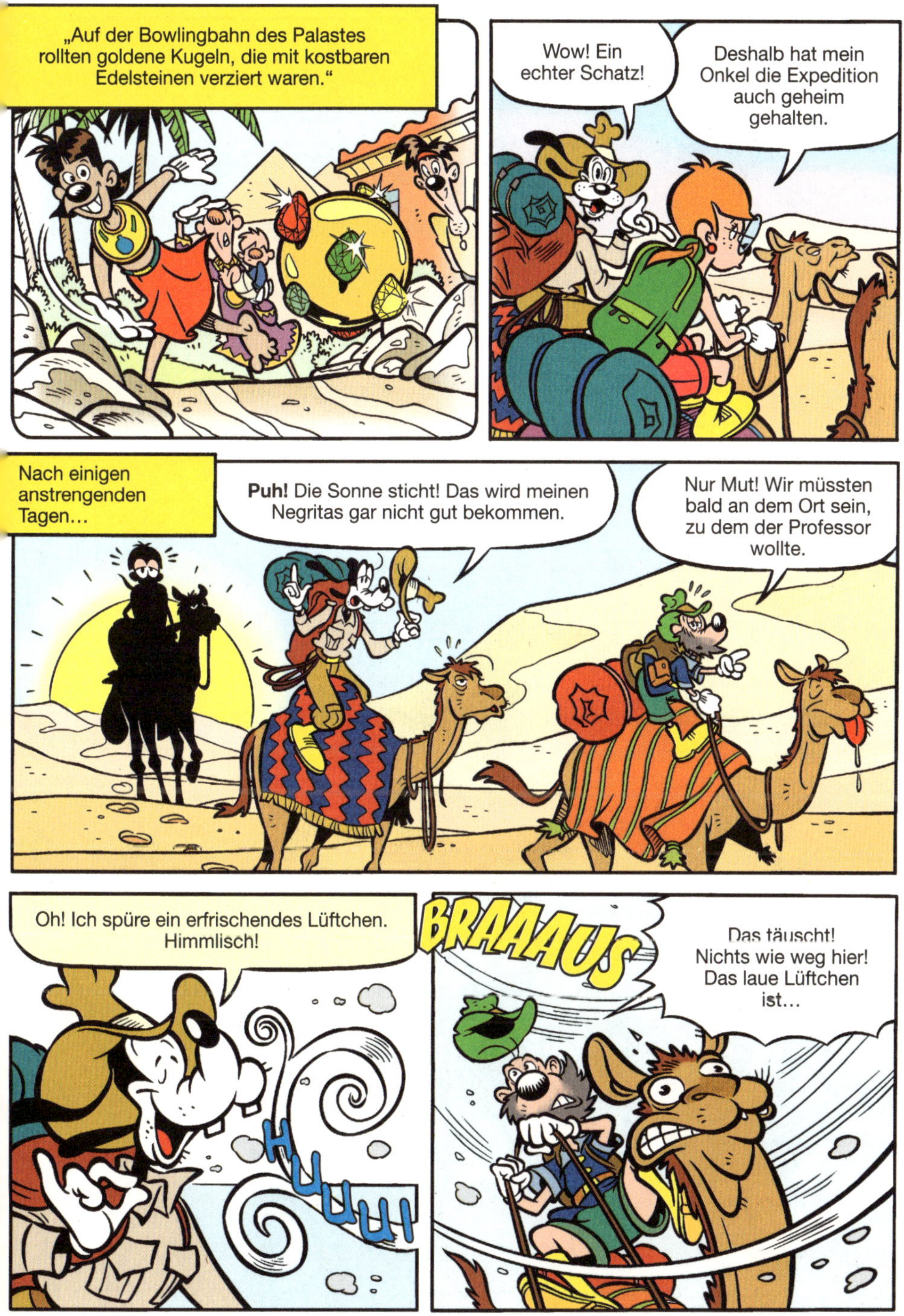
„Auf der Bowlingbahn des Palastes rollten goldene Kugeln, die mit kostbaren Edelsteinen verziert waren."
Wow! Ein echter Schatz!
Deshalb hat mein Onkel die Expedition auch geheim gehalten.
Nach einigen anstrengenden Tagen…
Puh! Die Sonne sticht! Das wird meinen Negritas gar nicht gut bekommen.
Nur Mut! Wir müssten bald an dem Ort sein, zu dem der Professor wollte.
Oh! Ich spüre ein erfrischendes Lüftchen. Himmlisch!
HUUUUI
BRAAAUS
Das täuscht! Nichts wie weg hier! Das laue Lüftchen ist…

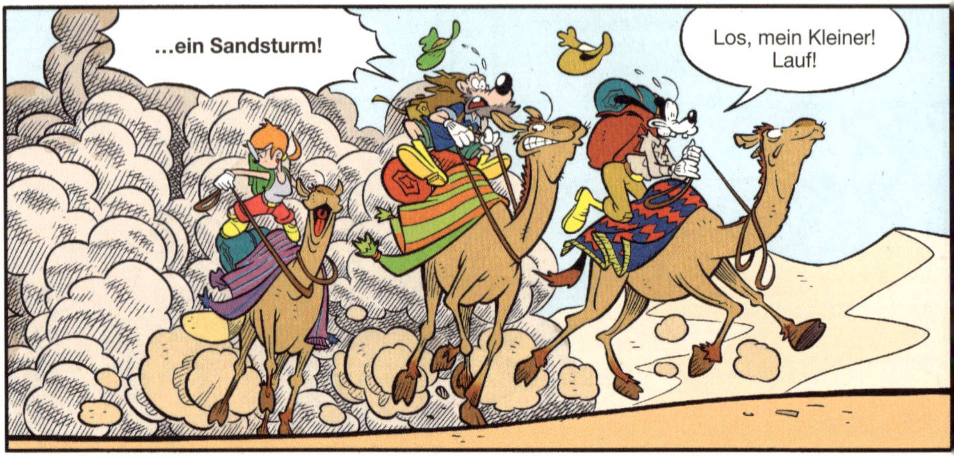
...ein Sandsturm!
Los, mein Kleiner! Lauf!

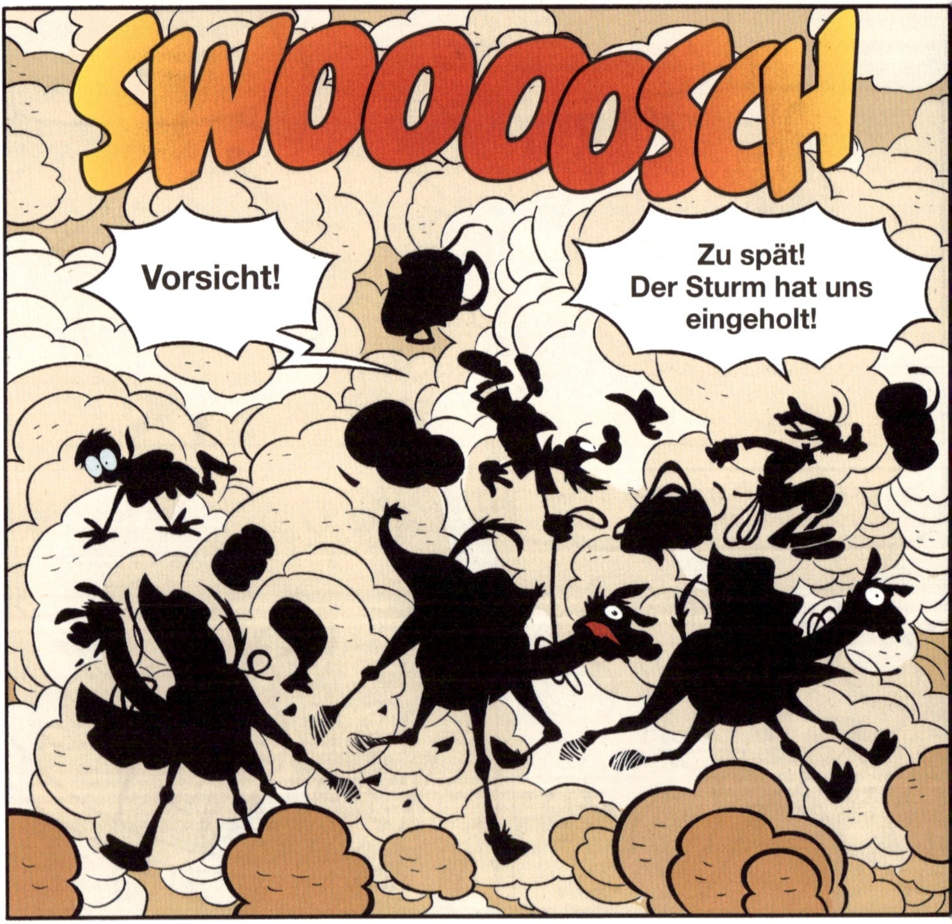
SWOOOOSCH
Vorsicht!
Zu spät! Der Sturm hat uns eingeholt!

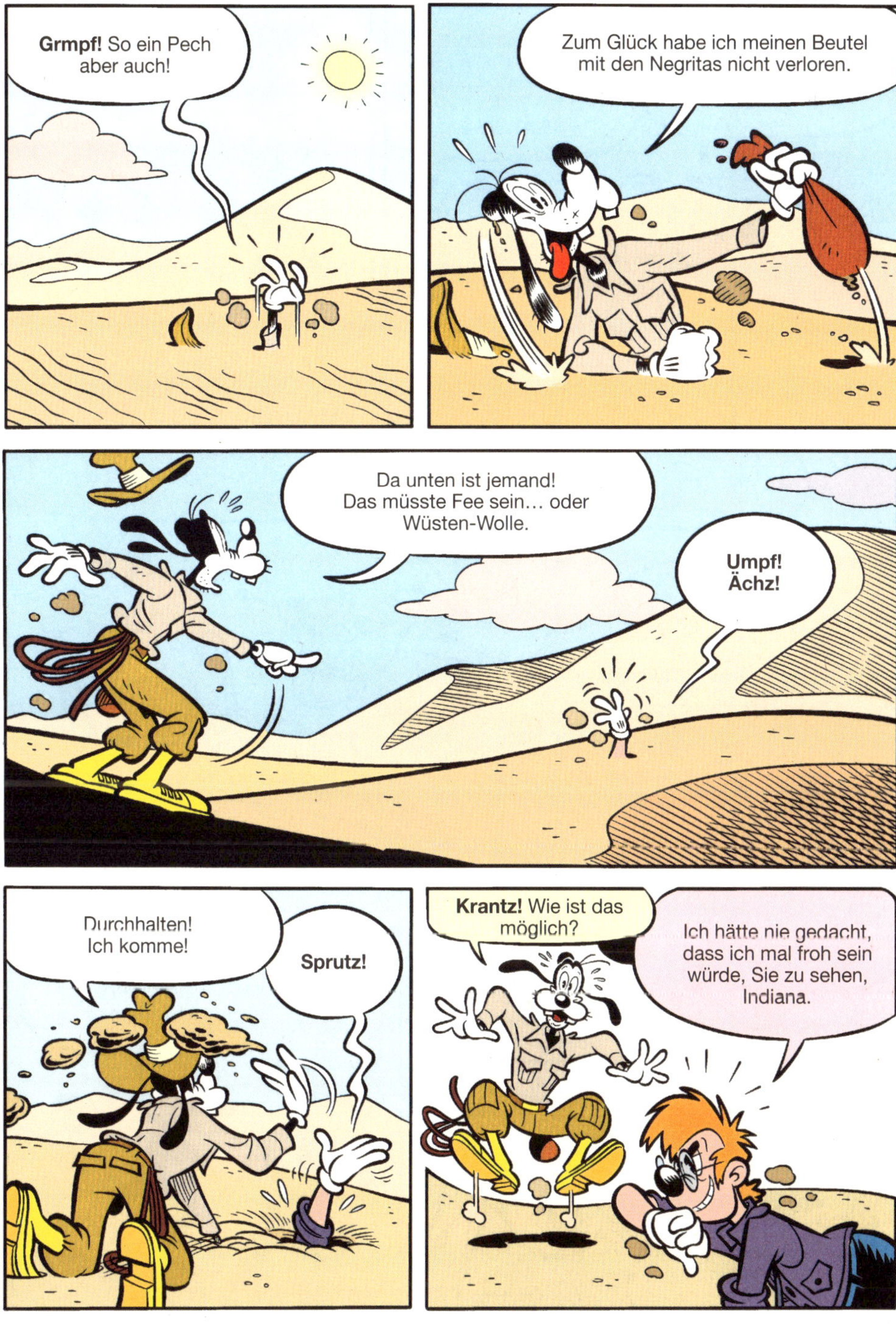
Grmpf! So ein Pech aber auch!
Zum Glück habe ich meinen Beutel mit den Negritas nicht verloren.
Da unten ist jemand! Das müsste Fee sein… oder Wüsten-Wolle.
Umpf! Ächz!
Durchhalten! Ich komme!
Sprutz!
Krantz! Wie ist das möglich?
Ich hätte nie gedacht, dass ich mal froh sein würde, Sie zu sehen, Indiana.

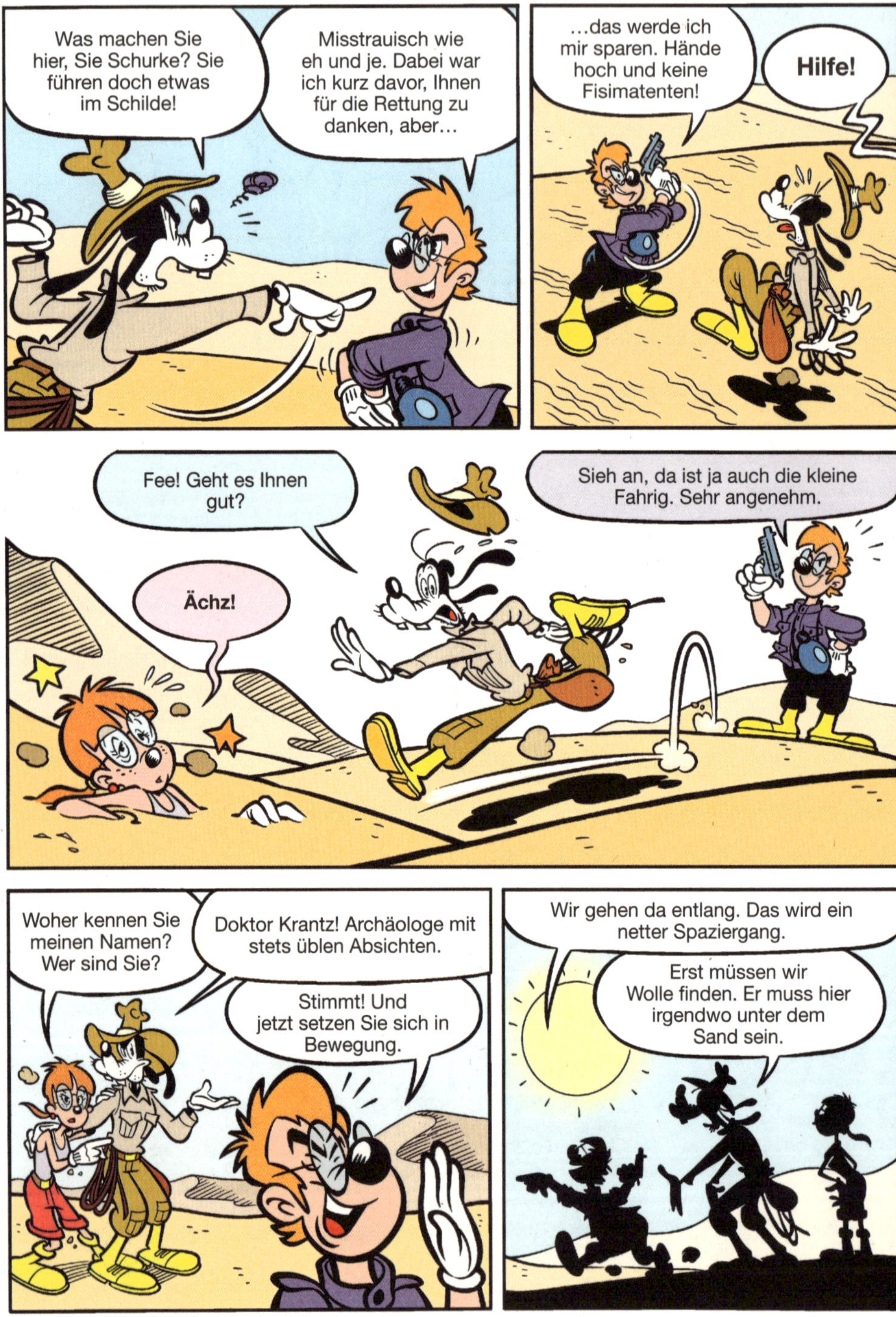
Was machen Sie hier, Sie Schurke? Sie führen doch etwas im Schilde!
Misstrauisch wie eh und je. Dabei war ich kurz davor, Ihnen für die Rettung zu danken, aber…
…das werde ich mir sparen. Hände hoch und keine Fisimatenten!
Hilfe!
Fee! Geht es Ihnen gut?
Ächz!
Sieh an, da ist ja auch die kleine Fahrig. Sehr angenehm.
Woher kennen Sie meinen Namen? Wer sind Sie?
Doktor Krantz! Archäologe mit stets üblen Absichten.
Stimmt! Und jetzt setzen Sie sich in Bewegung.
Wir gehen da entlang. Das wird ein netter Spaziergang.
Erst müssen wir Wolle finden. Er muss hier irgendwo unter dem Sand sein.

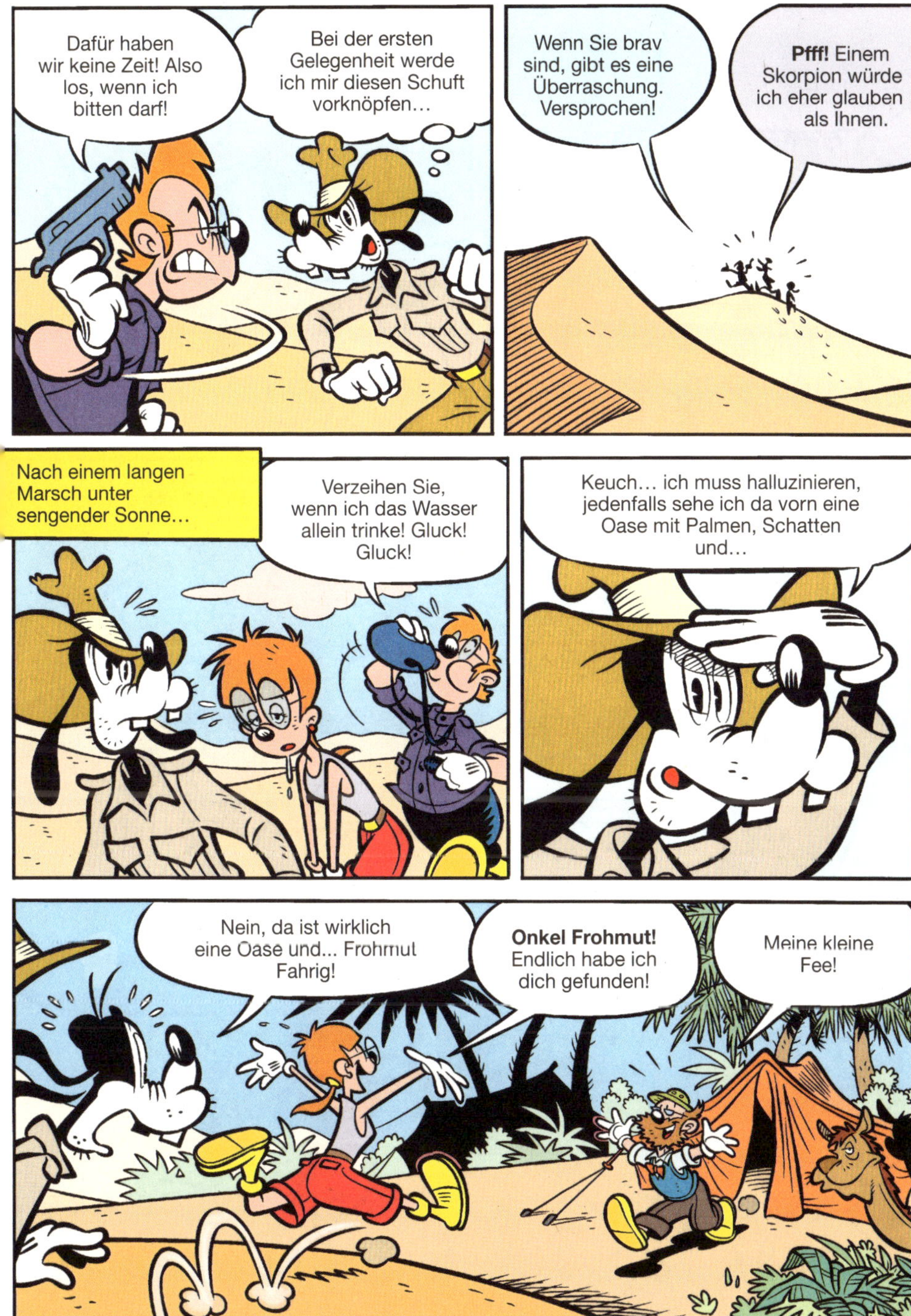
Dafür haben wir keine Zeit! Also los, wenn ich bitten darf!
Bei der ersten Gelegenheit werde ich mir diesen Schuft vorknöpfen…
Wenn Sie brav sind, gibt es eine Überraschung. Versprochen!
Pfff! Einem Skorpion würde ich eher glauben als Ihnen.
Nach einem langen Marsch unter sengender Sonne…
Verzeihen Sie, wenn ich das Wasser allein trinke! Gluck! Gluck!
Keuch… ich muss halluzinieren, jedenfalls sehe ich da vorn eine Oase mit Palmen, Schatten und…
Nein, da ist wirklich eine Oase und... Frohmut Fahrig!
Onkel Frohmut! Endlich habe ich dich gefunden!
Meine kleine Fee!

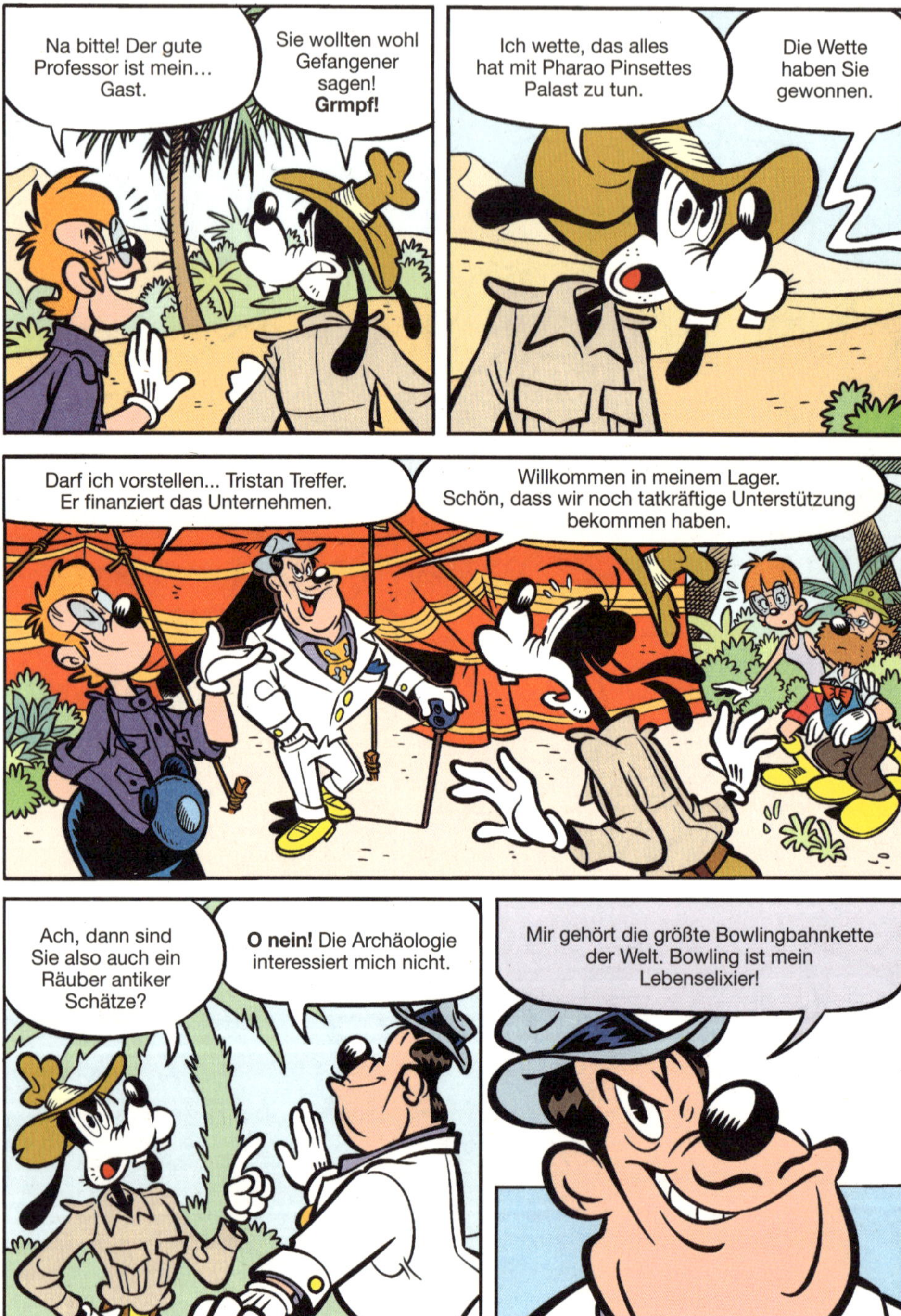
Na bitte! Der gute Professor ist mein... Gast.
Sie wollten wohl Gefangener sagen! **Grmpf!**
Ich wette, das alles hat mit Pharao Pinsettes Palast zu tun.
Die Wette haben Sie gewonnen.
Darf ich vorstellen... Tristan Treffer. Er finanziert das Unternehmen.
Willkommen in meinem Lager. Schön, dass wir noch tatkräftige Unterstützung bekommen haben.
Ach, dann sind Sie also auch ein Räuber antiker Schätze?
O nein! Die Archäologie interessiert mich nicht.
Mir gehört die größte Bowlingbahnkette der Welt. Bowling ist mein Lebenselixier!

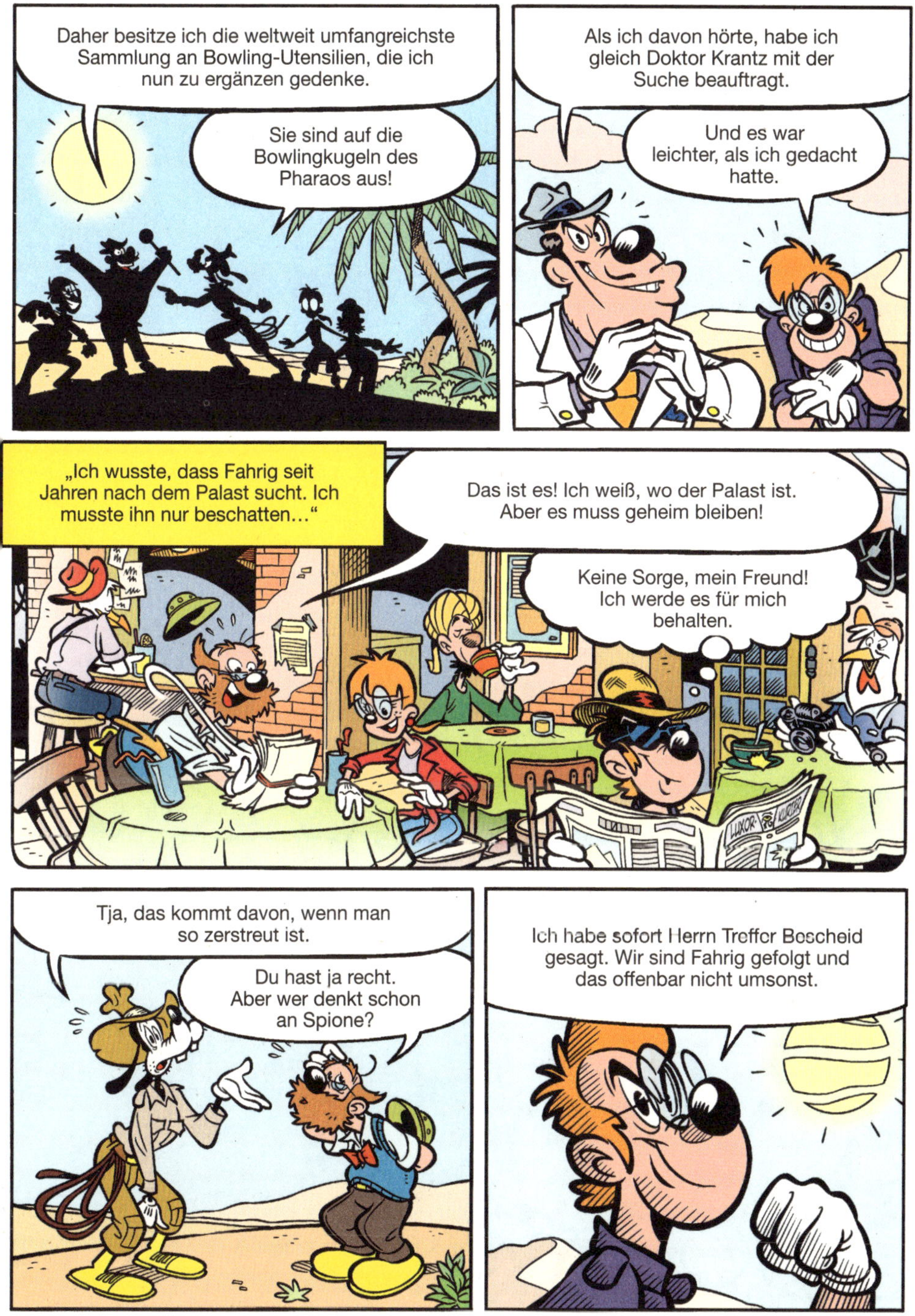
Daher besitze ich die weltweit umfangreichste Sammlung an Bowling-Utensilien, die ich nun zu ergänzen gedenke.
Sie sind auf die Bowlingkugeln des Pharaos aus!
Als ich davon hörte, habe ich gleich Doktor Krantz mit der Suche beauftragt.
Und es war leichter, als ich gedacht hatte.
„Ich wusste, dass Fahrig seit Jahren nach dem Palast sucht. Ich musste ihn nur beschatten…"
Das ist es! Ich weiß, wo der Palast ist. Aber es muss geheim bleiben!
Keine Sorge, mein Freund! Ich werde es für mich behalten.
Tja, das kommt davon, wenn man so zerstreut ist.
Du hast ja recht. Aber wer denkt schon an Spione?
Ich habe sofort Herrn Treffer Bescheid gesagt. Wir sind Fahrig gefolgt und das offenbar nicht umsonst.

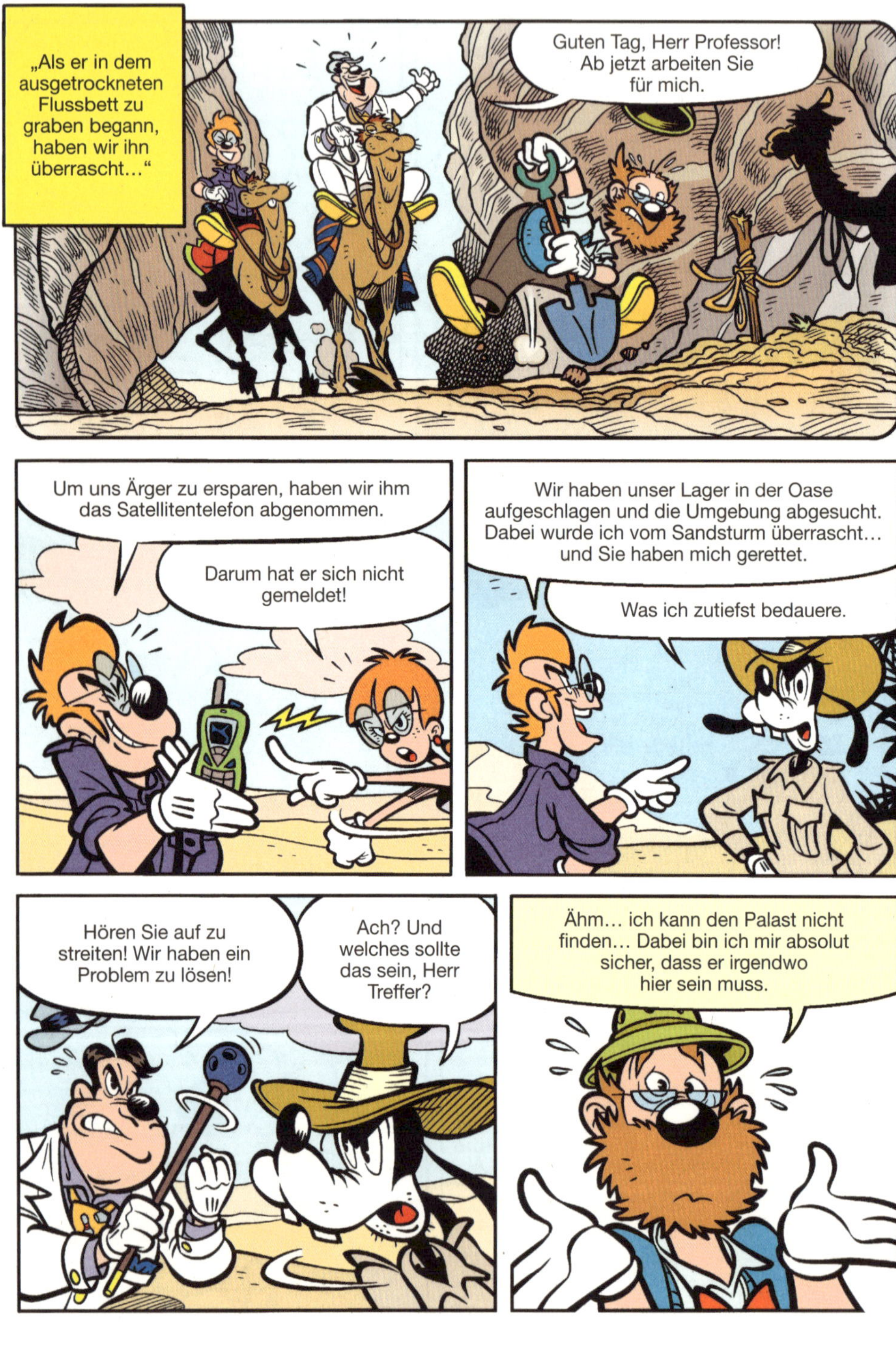
„Als er in dem ausgetrockneten Flussbett zu graben begann, haben wir ihn überrascht…“
Guten Tag, Herr Professor! Ab jetzt arbeiten Sie für mich.
Um uns Ärger zu ersparen, haben wir ihm das Satellitentelefon abgenommen.
Darum hat er sich nicht gemeldet!
Wir haben unser Lager in der Oase aufgeschlagen und die Umgebung abgesucht. Dabei wurde ich vom Sandsturm überrascht… …und Sie haben mich gerettet.
Was ich zutiefst bedauere.
Hören Sie auf zu streiten! Wir haben ein Problem zu lösen!
Ach? Und welches sollte das sein, Herr Treffer?
Ähm… ich kann den Palast nicht finden… Dabei bin ich mir absolut sicher, dass er irgendwo hier sein muss.

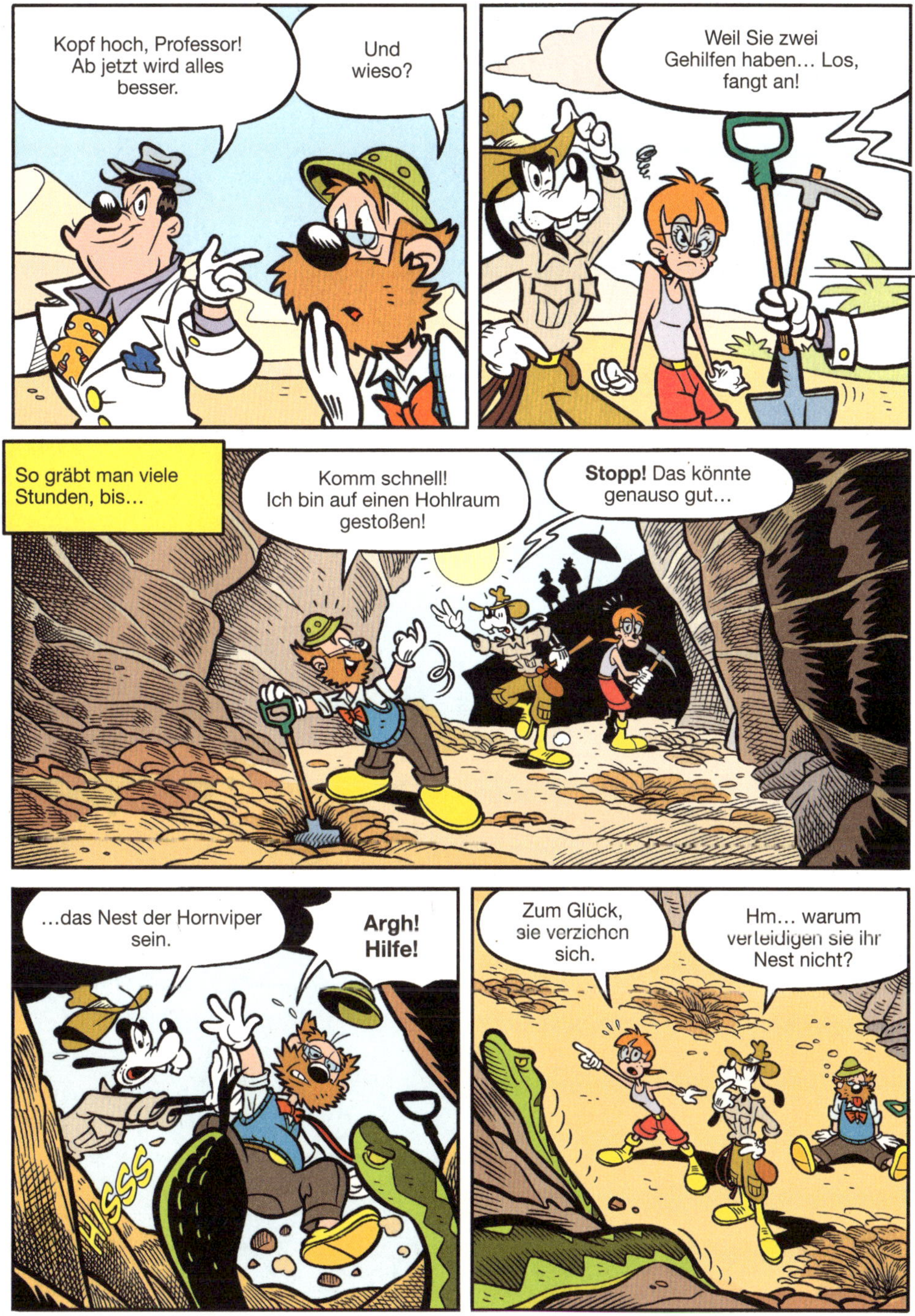
Kopf hoch, Professor! Ab jetzt wird alles besser.
Und wieso?
Weil Sie zwei Gehilfen haben… Los, fangt an!
So gräbt man viele Stunden, bis…
Komm schnell! Ich bin auf einen Hohlraum gestoßen!
Stopp! Das könnte genauso gut…
…das Nest der Hornviper sein.
Argh! Hilfe!
HISSS
Zum Glück, sie verziehen sich.
Hm… warum verteidigen sie ihr Nest nicht?

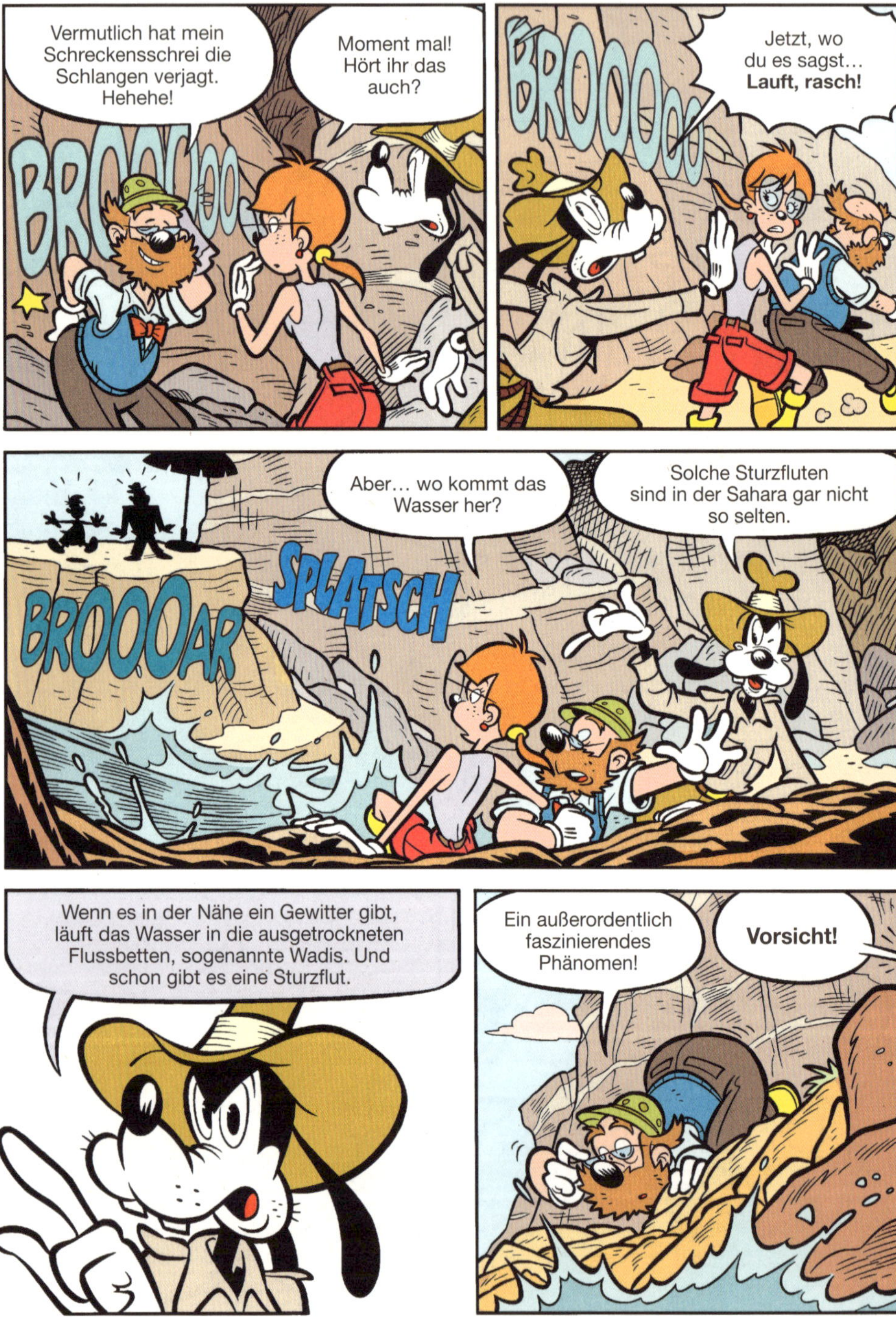
Vermutlich hat mein Schreckensschrei die Schlangen verjagt. Hehehe!
Moment mal! Hört ihr das auch?
BROOOOOO
BROOOOOO
Jetzt, wo du es sagst… **Lauft, rasch!**
BROOOAR
SPLATSCH
Aber… wo kommt das Wasser her?
Solche Sturzfluten sind in der Sahara gar nicht so selten.
Wenn es in der Nähe ein Gewitter gibt, läuft das Wasser in die ausgetrockneten Flussbetten, sogenannte Wadis. Und schon gibt es eine Sturzflut.
Ein außerordentlich faszinierendes Phänomen!
Vorsicht!

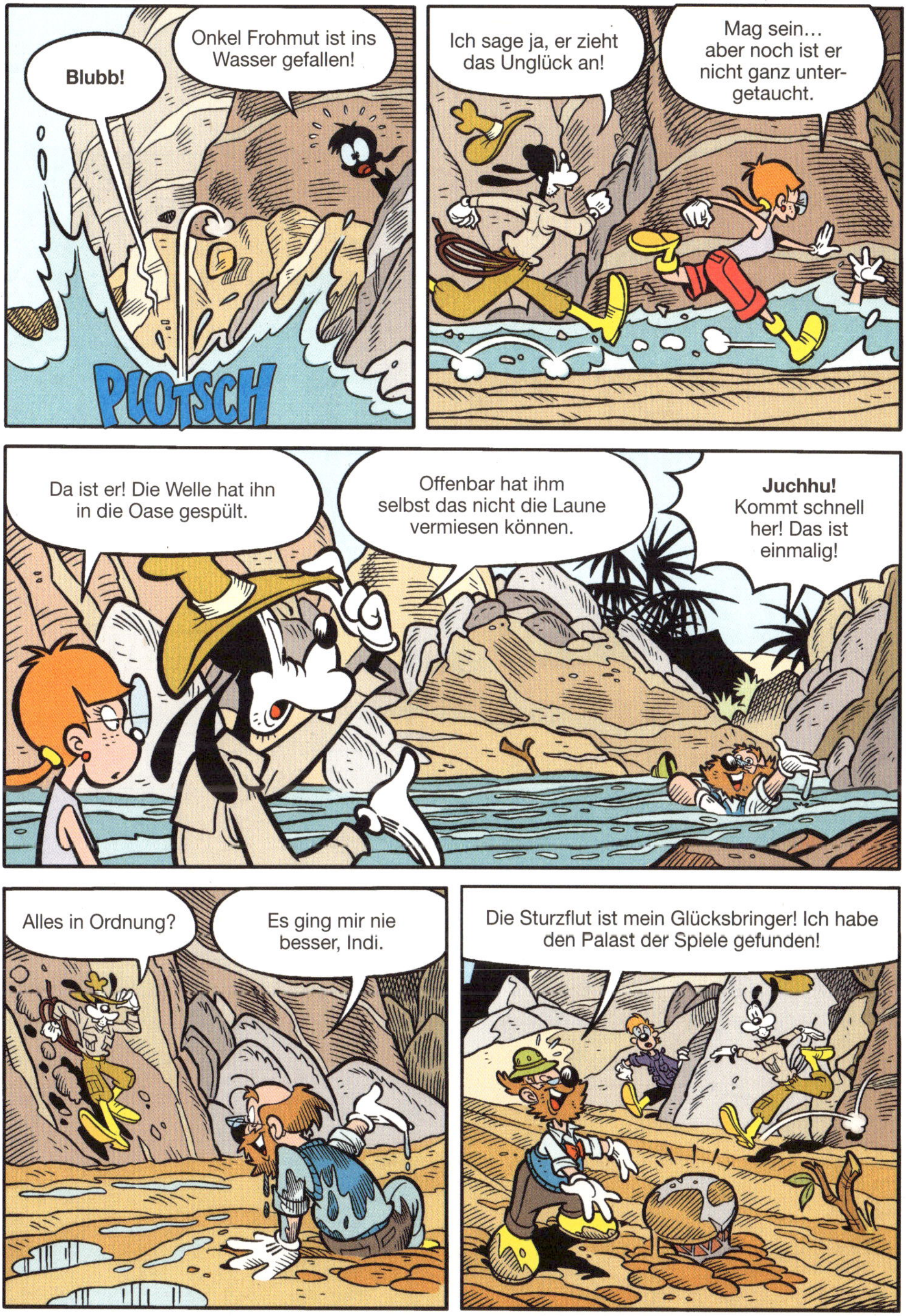
Blubb!
Onkel Frohmut ist ins Wasser gefallen!
PLOTSCH
Ich sage ja, er zieht das Unglück an!
Mag sein… aber noch ist er nicht ganz unter-getaucht.
Da ist er! Die Welle hat ihn in die Oase gespült.
Offenbar hat ihm selbst das nicht die Laune vermiesen können.
Juchhu! Kommt schnell her! Das ist einmalig!
Alles in Ordnung?
Es ging mir nie besser, Indi.
Die Sturzflut ist mein Glücksbringer! Ich habe den Palast der Spiele gefunden!

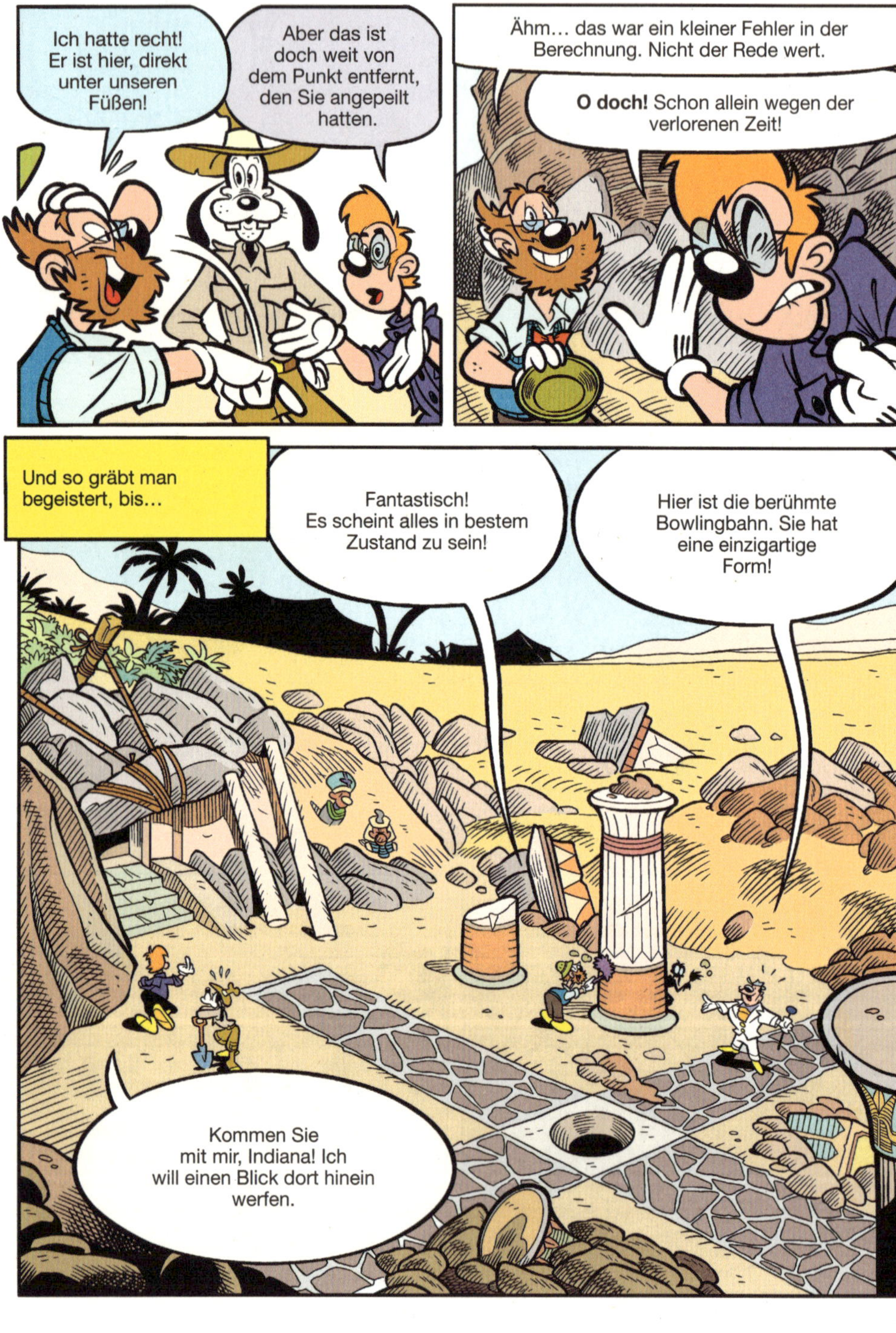
Ich hatte recht! Er ist hier, direkt unter unseren Füßen!
Aber das ist doch weit von dem Punkt entfernt, den Sie angepeilt hatten.
Ähm… das war ein kleiner Fehler in der Berechnung. Nicht der Rede wert.
O doch! Schon allein wegen der verlorenen Zeit!
Und so gräbt man begeistert, bis…
Fantastisch! Es scheint alles in bestem Zustand zu sein!
Hier ist die berühmte Bowlingbahn. Sie hat eine einzigartige Form!
Kommen Sie mit mir, Indiana! Ich will einen Blick dort hinein werfen.

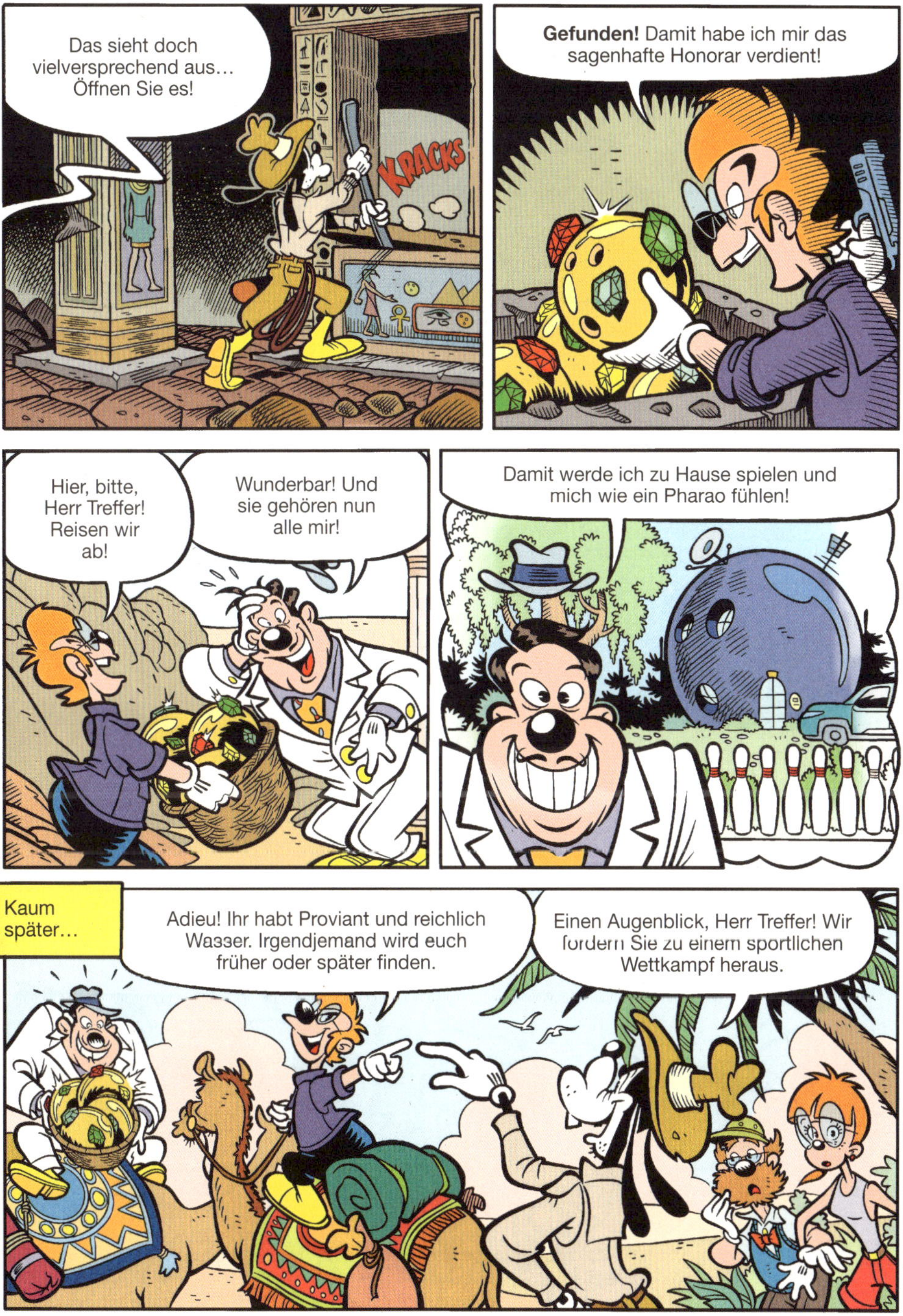
Das sieht doch vielversprechend aus… Öffnen Sie es!
KRACKS
Gefunden! Damit habe ich mir das sagenhafte Honorar verdient!
Hier, bitte, Herr Treffer! Reisen wir ab!
Wunderbar! Und sie gehören nun alle mir!
Damit werde ich zu Hause spielen und mich wie ein Pharao fühlen!
Kaum später…
Adieu! Ihr habt Proviant und reichlich Wasser. Irgendjemand wird euch früher oder später finden.
Einen Augenblick, Herr Treffer! Wir fordern Sie zu einem sportlichen Wettkampf heraus.

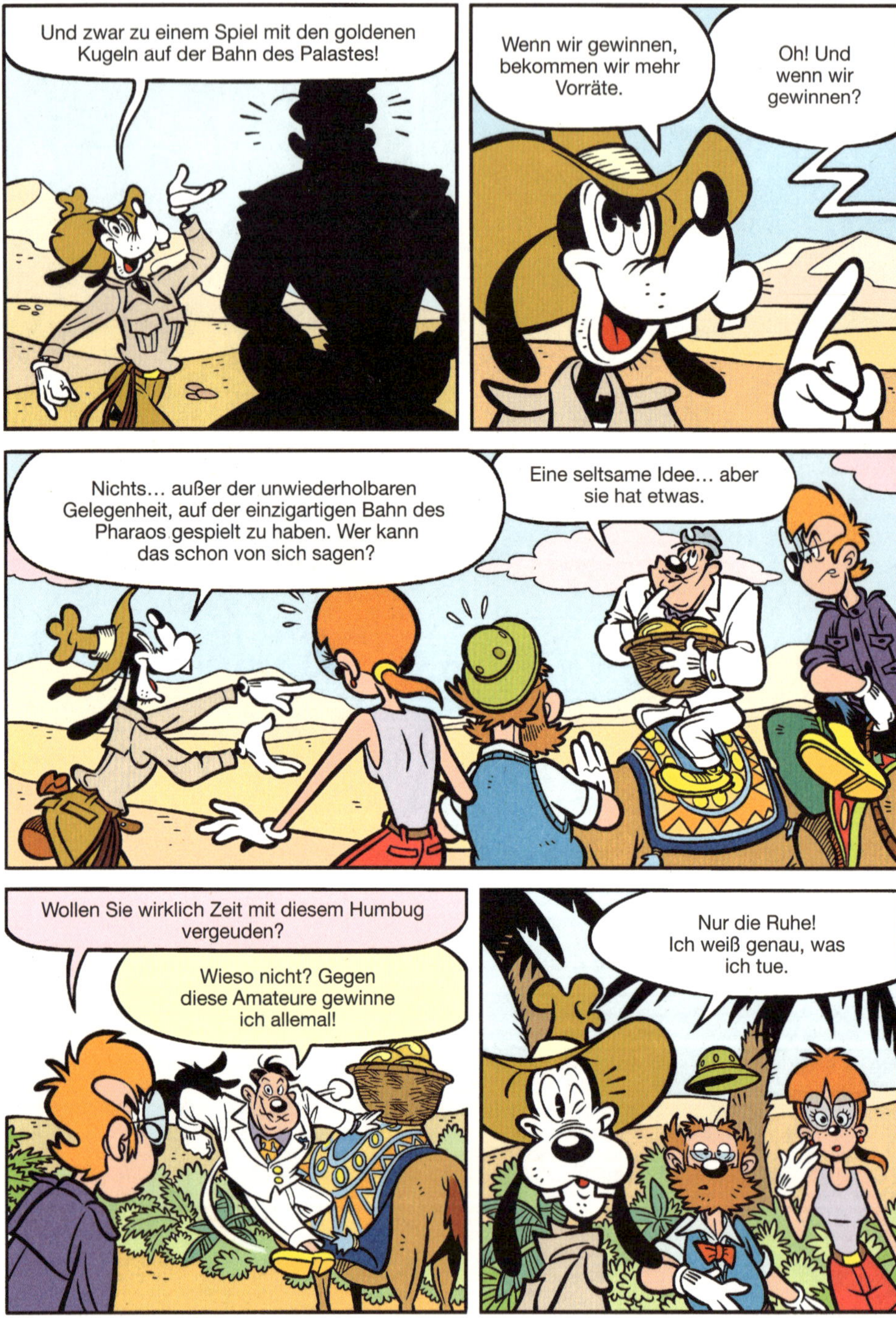
Und zwar zu einem Spiel mit den goldenen Kugeln auf der Bahn des Palastes!
Wenn wir gewinnen, bekommen wir mehr Vorräte.
Oh! Und wenn wir gewinnen?
Nichts… außer der unwiederholbaren Gelegenheit, auf der einzigartigen Bahn des Pharaos gespielt zu haben. Wer kann das schon von sich sagen?
Eine seltsame Idee… aber sie hat etwas.
Wollen Sie wirklich Zeit mit diesem Humbug vergeuden?
Wieso nicht? Gegen diese Amateure gewinne ich allemal!
Nur die Ruhe! Ich weiß genau, was ich tue.

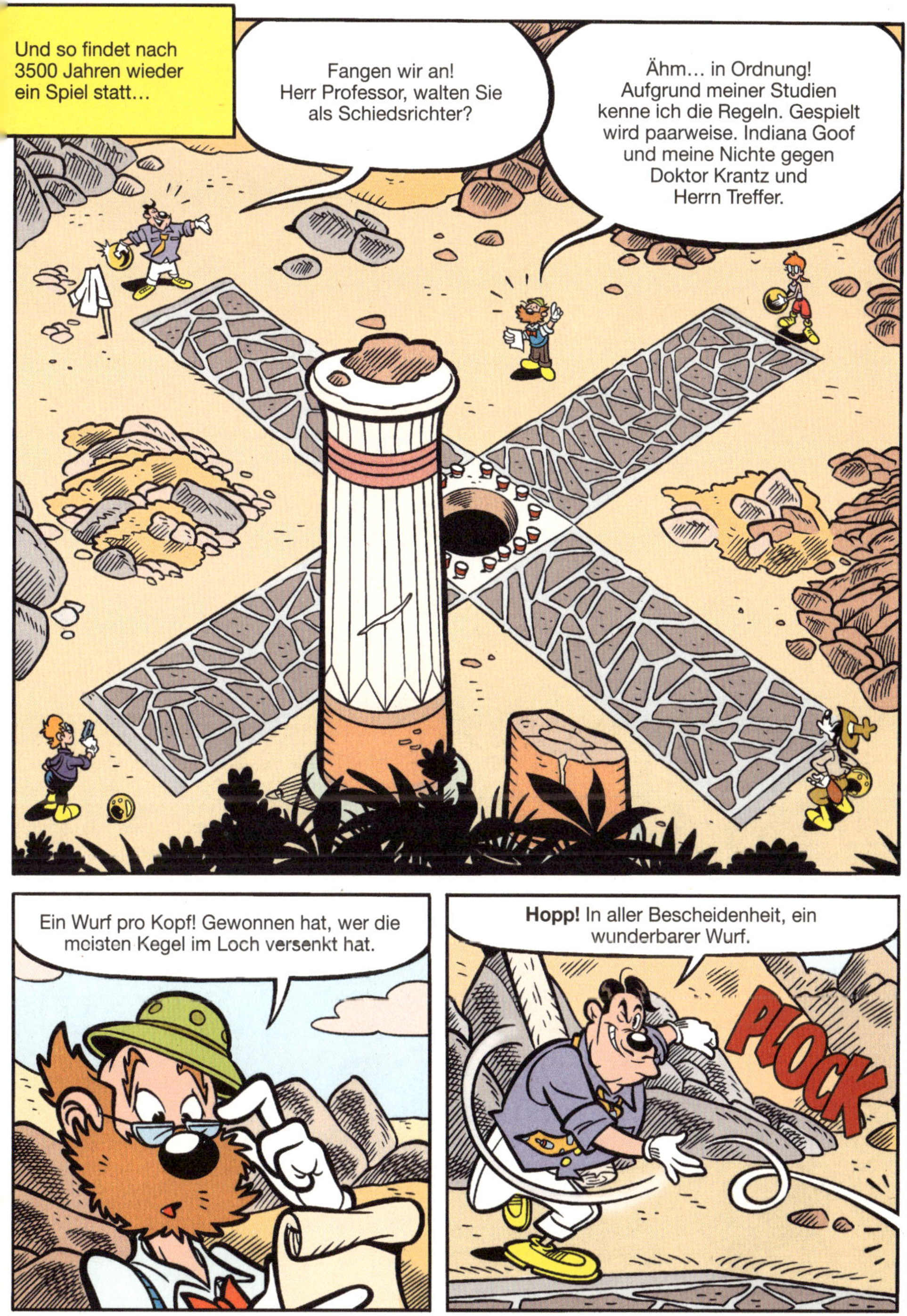
Und so findet nach 3500 Jahren wieder ein Spiel statt…
Fangen wir an! Herr Professor, walten Sie als Schiedsrichter?
Ähm… in Ordnung! Aufgrund meiner Studien kenne ich die Regeln. Gespielt wird paarweise. Indiana Goof und meine Nichte gegen Doktor Krantz und Herrn Treffer.
Ein Wurf pro Kopf! Gewonnen hat, wer die meisten Kegel im Loch versenkt hat.
Hopp! In aller Bescheidenheit, ein wunderbarer Wurf.
PLOCK

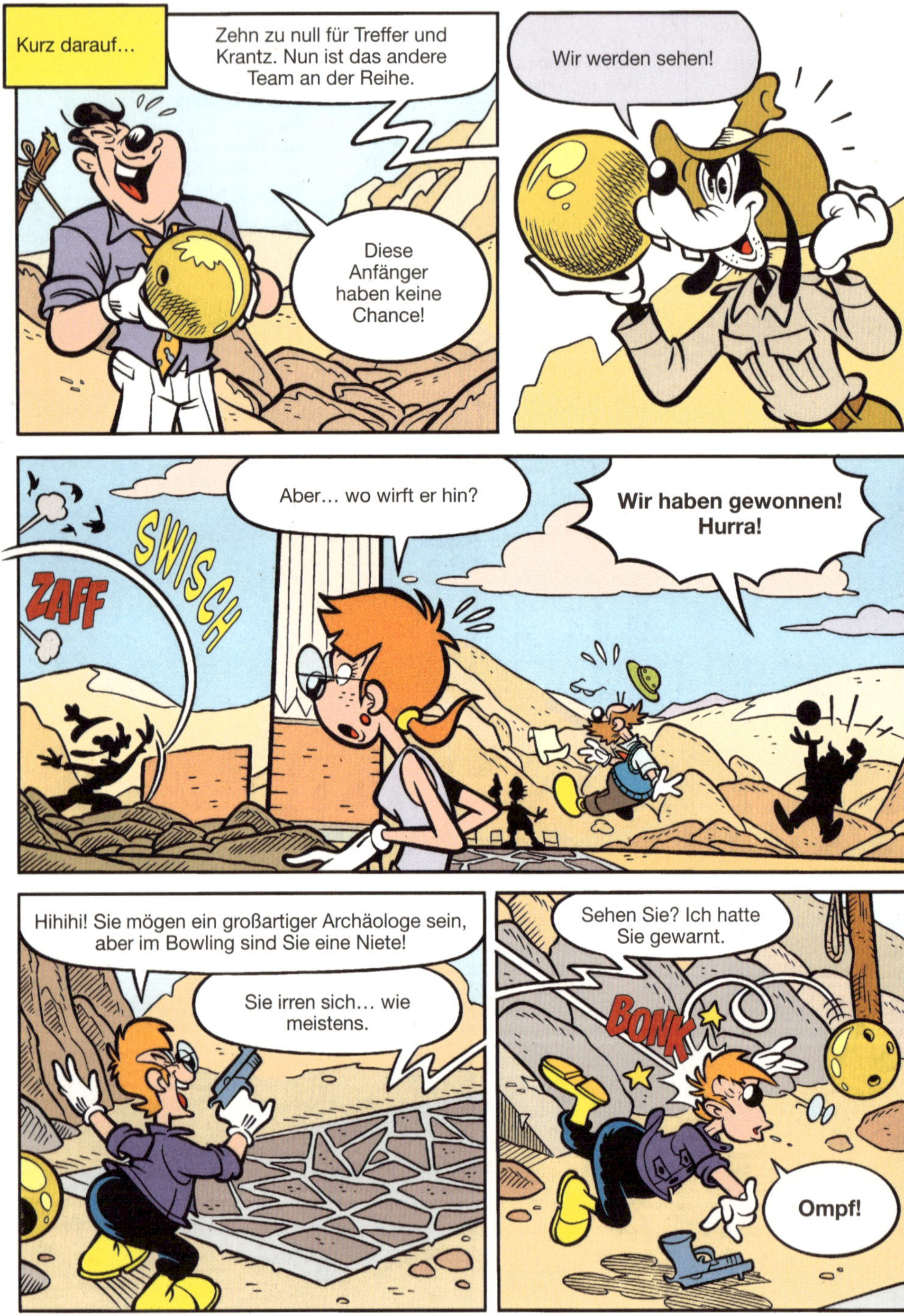
Kurz darauf…
Zehn zu null für Treffer und Krantz. Nun ist das andere Team an der Reihe.
Diese Anfänger haben keine Chance!
Wir werden sehen!
Aber… wo wirft er hin?
SWISCH
ZAFF
Wir haben gewonnen! Hurra!
Hihihi! Sie mögen ein großartiger Archäologe sein, aber im Bowling sind Sie eine Niete!
Sie irren sich… wie meistens.
Sehen Sie? Ich hatte Sie gewarnt.
BONK
Ompf!

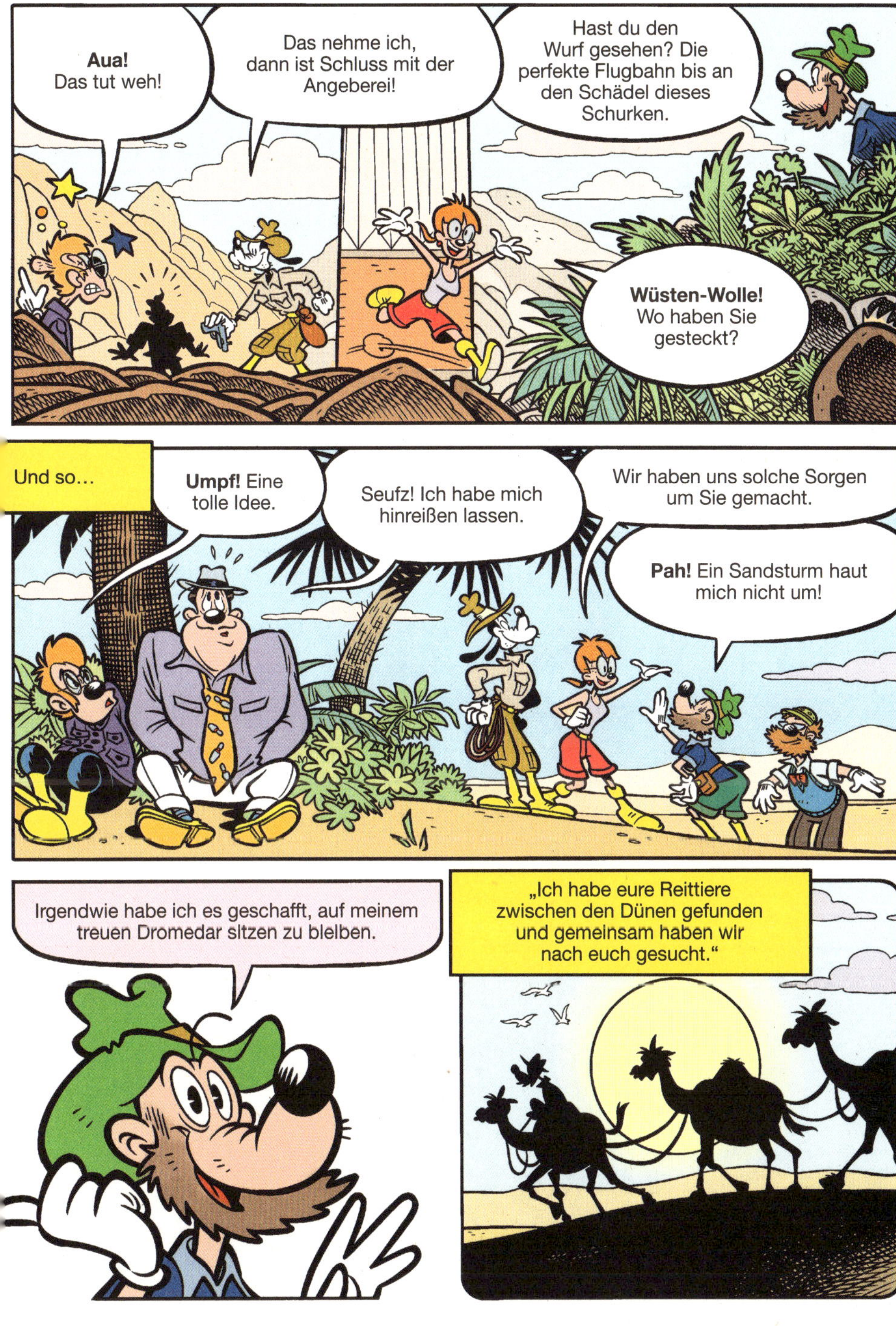

Aua! Das tut weh!
Das nehme ich, dann ist Schluss mit der Angeberei!
Hast du den Wurf gesehen? Die perfekte Flugbahn bis an den Schädel dieses Schurken.
Wüsten-Wolle! Wo haben Sie gesteckt?
Und so…
Umpf! Eine tolle Idee.
Seufz! Ich habe mich hinreißen lassen.
Wir haben uns solche Sorgen um Sie gemacht.
Pah! Ein Sandsturm haut mich nicht um!
Irgendwie habe ich es geschafft, auf meinem treuen Dromedar sitzen zu bleiben.
„Ich habe eure Reittiere zwischen den Dünen gefunden und gemeinsam haben wir nach euch gesucht."

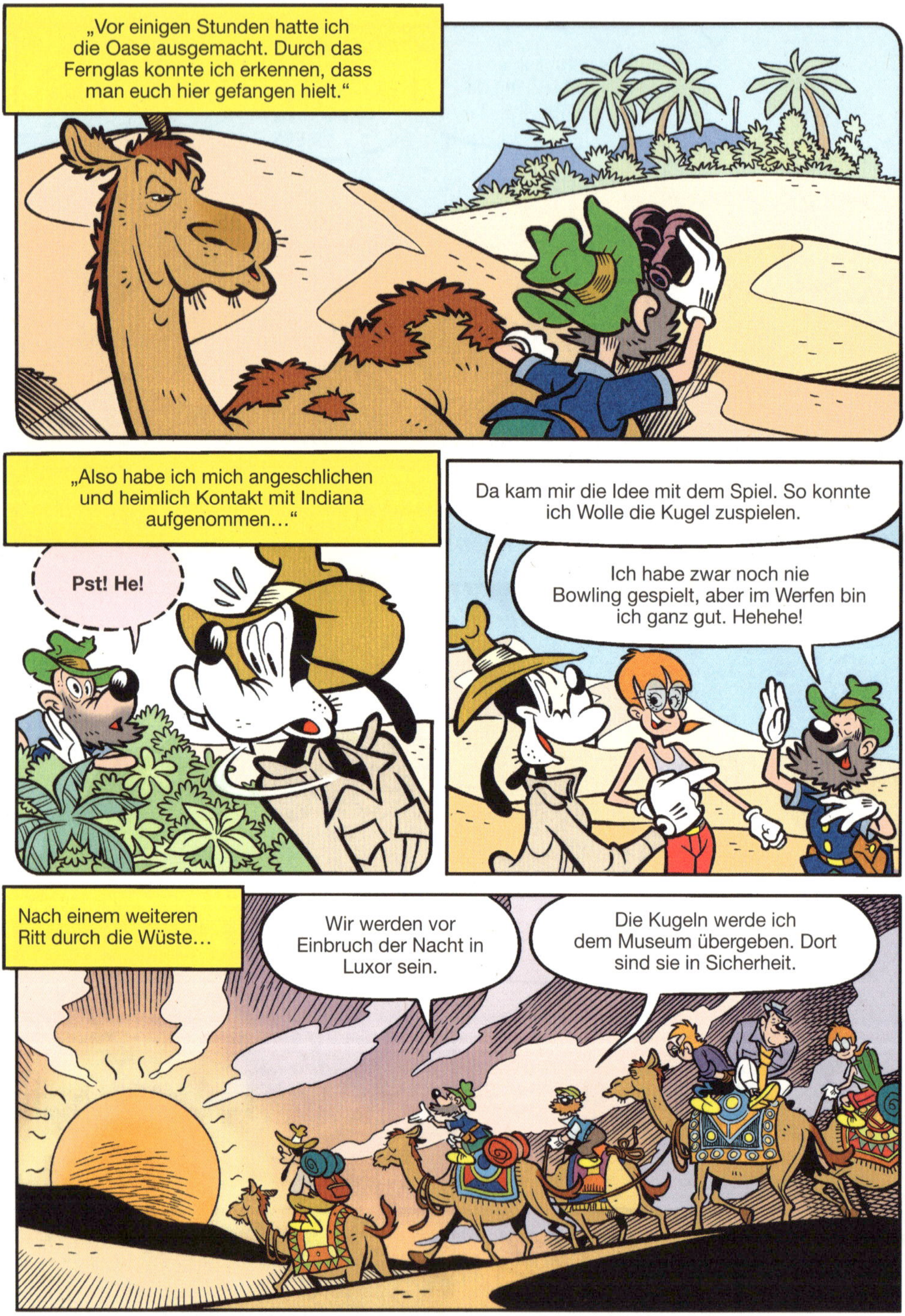
„Vor einigen Stunden hatte ich die Oase ausgemacht. Durch das Fernglas konnte ich erkennen, dass man euch hier gefangen hielt.“
„Also habe ich mich angeschlichen und heimlich Kontakt mit Indiana aufgenommen…“
Pst! He!
Da kam mir die Idee mit dem Spiel. So konnte ich Wolle die Kugel zuspielen.
Ich habe zwar noch nie Bowling gespielt, aber im Werfen bin ich ganz gut. Hehehe!
Nach einem weiteren Ritt durch die Wüste…
Wir werden vor Einbruch der Nacht in Luxor sein.
Die Kugeln werde ich dem Museum übergeben. Dort sind sie in Sicherheit.

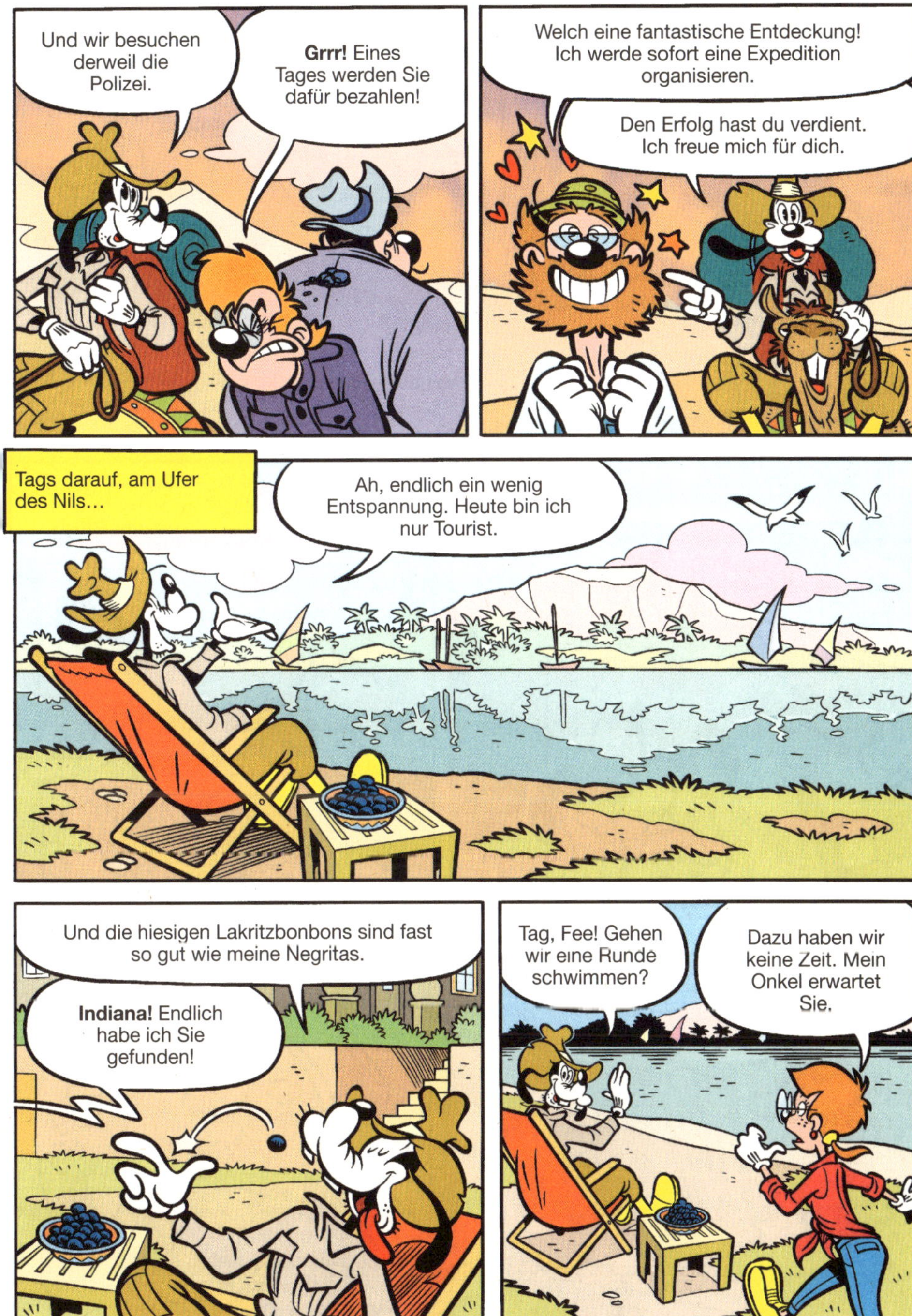

Und wir besuchen derweil die Polizei.
Grrr! Eines Tages werden Sie dafür bezahlen!
Welch eine fantastische Entdeckung! Ich werde sofort eine Expedition organisieren.
Den Erfolg hast du verdient. Ich freue mich für dich.
Tags darauf, am Ufer des Nils...
Ah, endlich ein wenig Entspannung. Heute bin ich nur Tourist.
Und die hiesigen Lakritzbonbons sind fast so gut wie meine Negritas.
Indiana! Endlich habe ich Sie gefunden!
Tag, Fee! Gehen wir eine Runde schwimmen?
Dazu haben wir keine Zeit. Mein Onkel erwartet Sie.

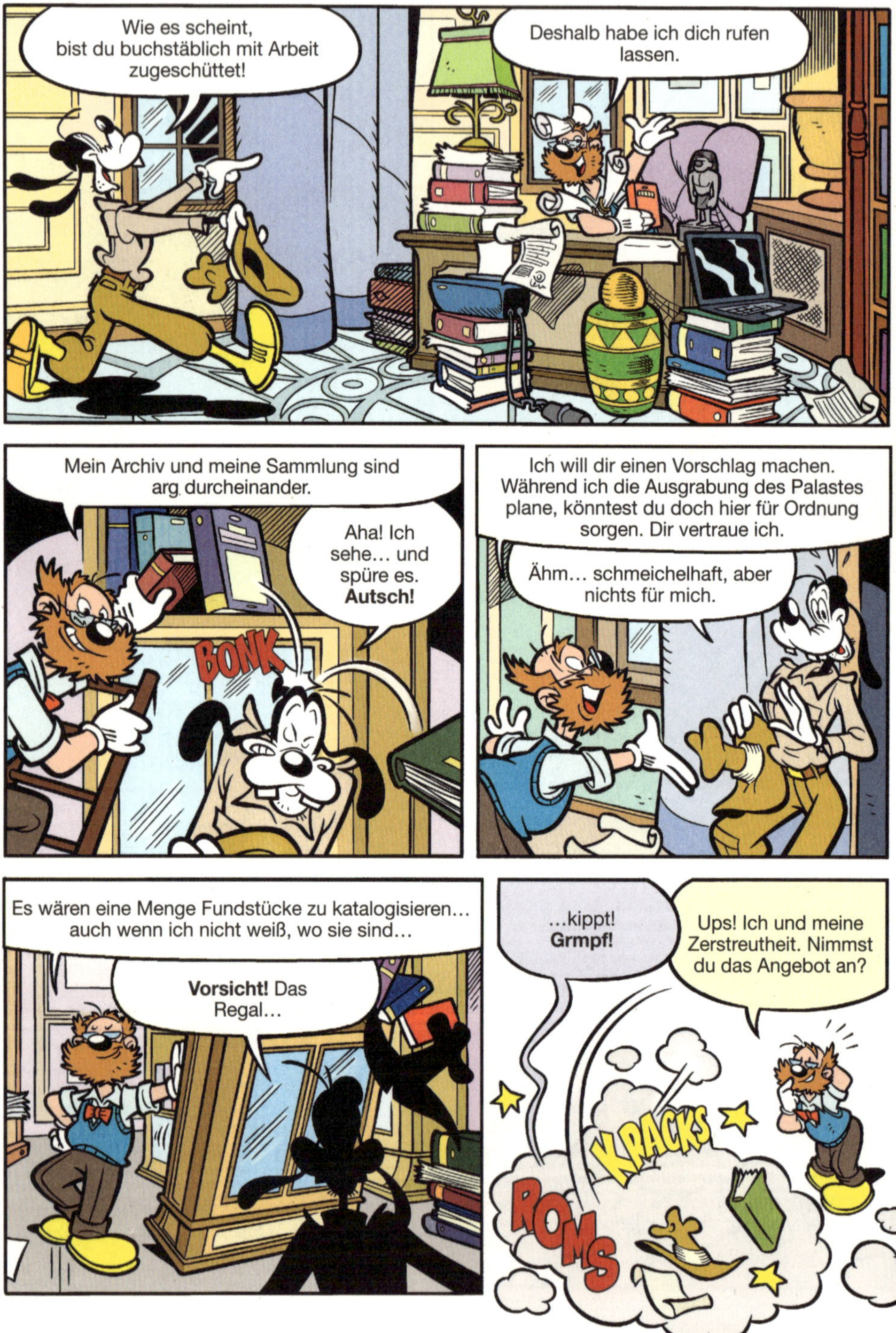
Wie es scheint, bist du buchstäblich mit Arbeit zugeschüttet!
Deshalb habe ich dich rufen lassen.
Mein Archiv und meine Sammlung sind arg durcheinander.
Aha! Ich sehe… und spüre es. **Autsch!**
BONK
Ich will dir einen Vorschlag machen. Während ich die Ausgrabung des Palastes plane, könntest du doch hier für Ordnung sorgen. Dir vertraue ich.
Ähm… schmeichelhaft, aber nichts für mich.
Es wären eine Menge Fundstücke zu katalogisieren… auch wenn ich nicht weiß, wo sie sind…
Vorsicht! Das Regal…
…kippt! **Grmpf!**
Ups! Ich und meine Zerstreutheit. Nimmst du das Angebot an?
KRACKS
ROMS

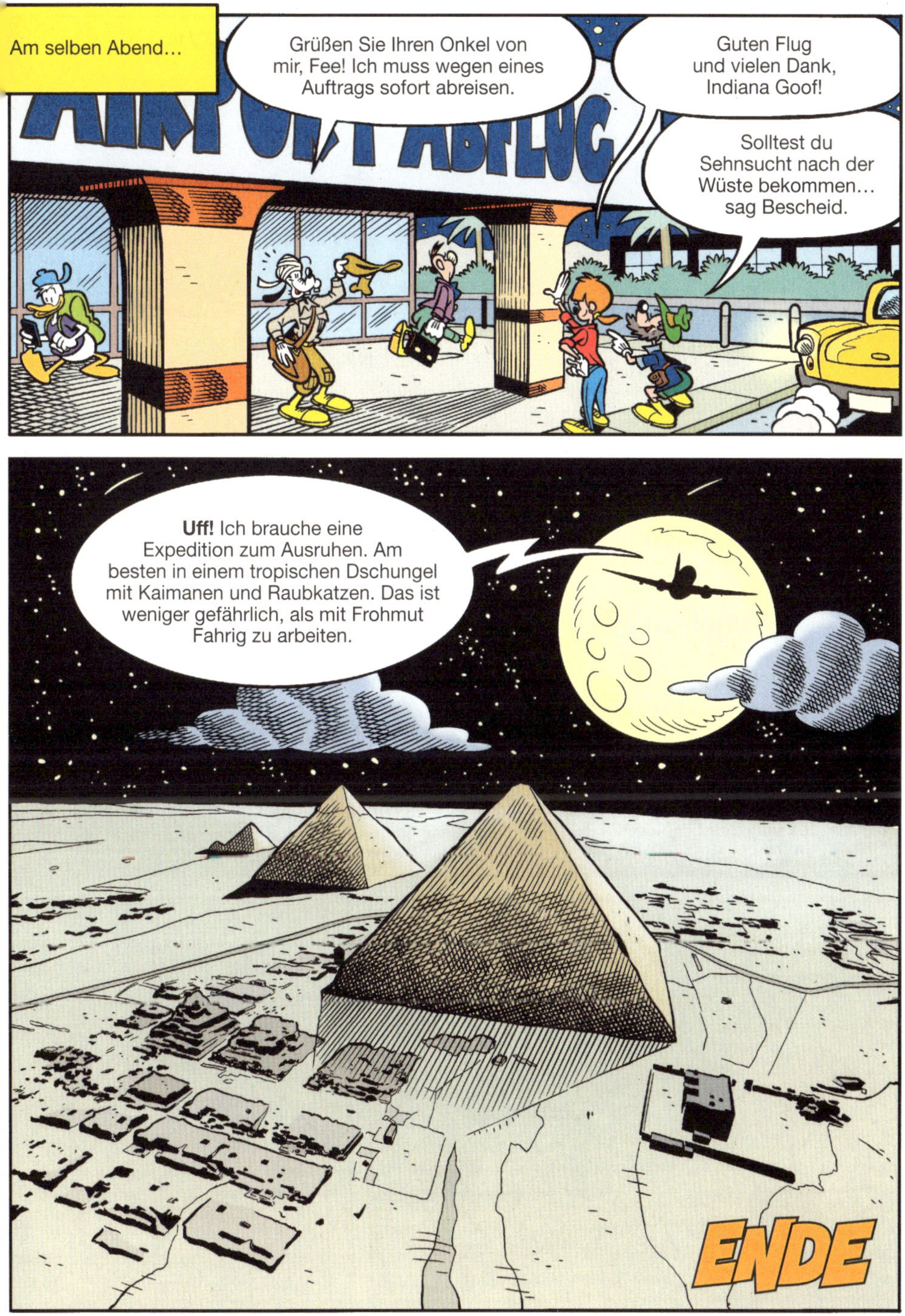
Am selben Abend…
Grüßen Sie Ihren Onkel von mir, Fee! Ich muss wegen eines Auftrags sofort abreisen.
Guten Flug und vielen Dank, Indiana Goof!
Solltest du Sehnsucht nach der Wüste bekommen… sag Bescheid.
Uff! Ich brauche eine Expedition zum Ausruhen. Am besten in einem tropischen Dschungel mit Kaimanen und Raubkatzen. Das ist weniger gefährlich, als mit Frohmut Fahrig zu arbeiten.
ENDE

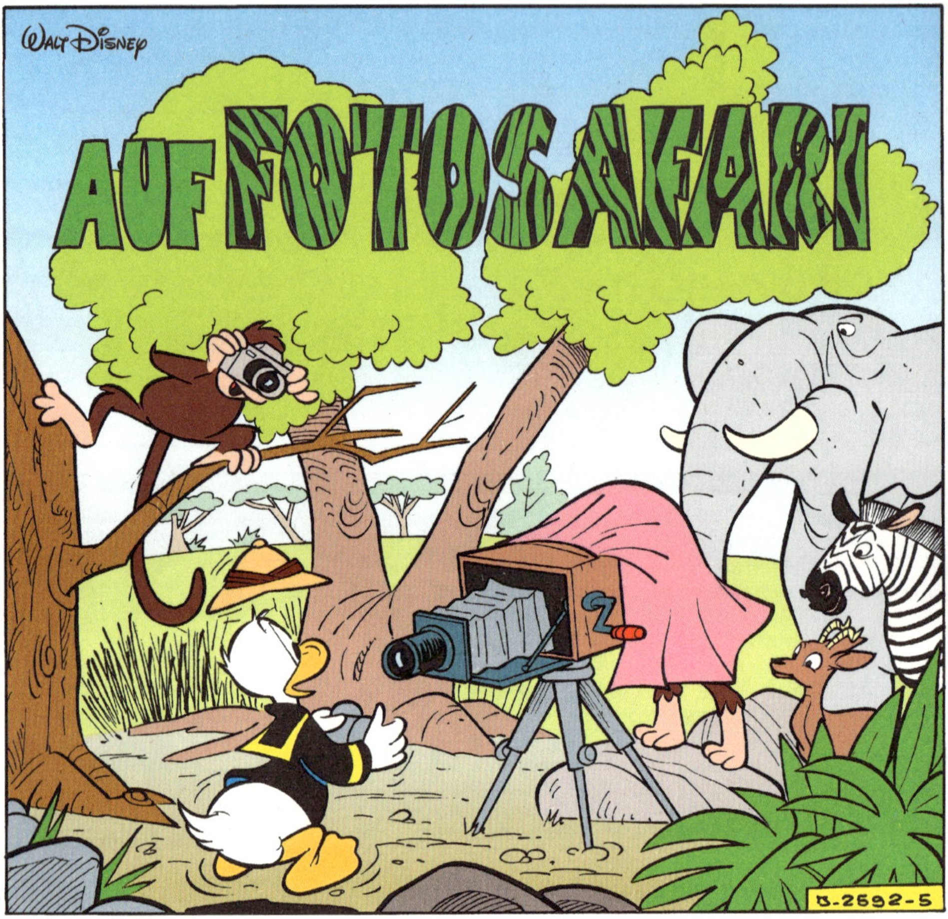

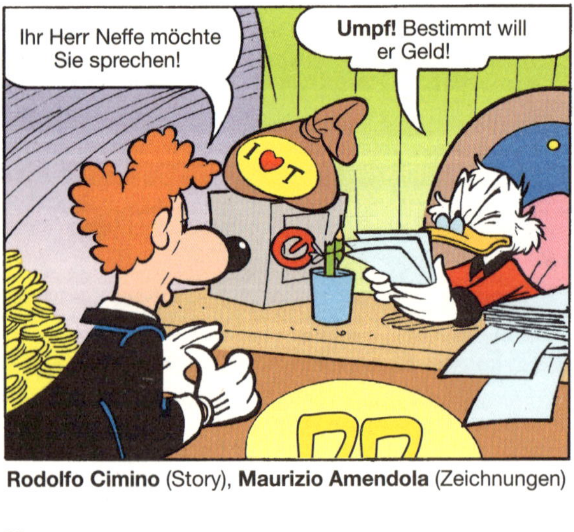

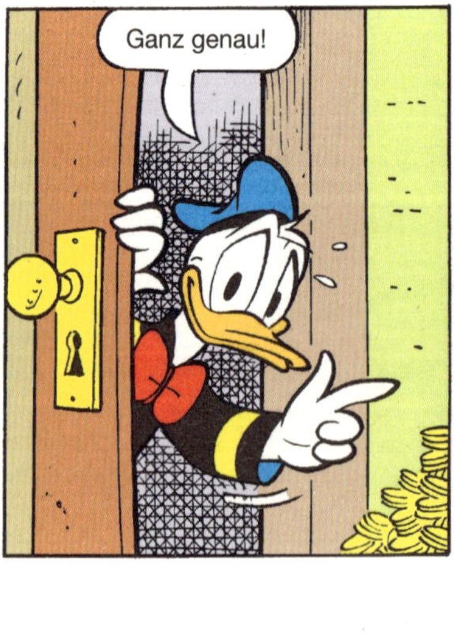

Rodolfo Cimino (Story), **Maurizio Amendola** (Zeichnungen)

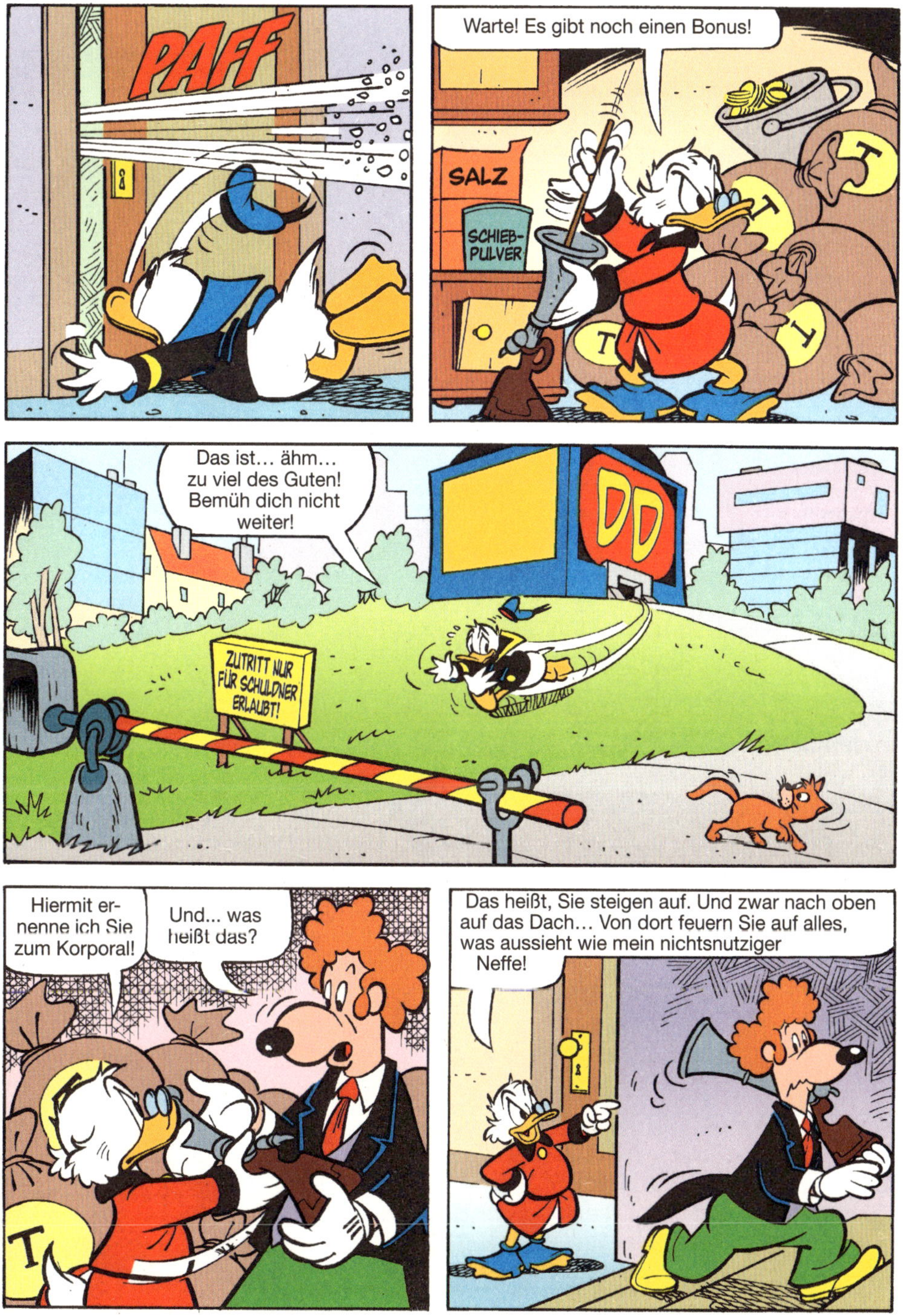
PAFF
Warte! Es gibt noch einen Bonus!
SALZ
SCHIEB-PULVER
Das ist… ähm… zu viel des Guten! Bemüh dich nicht weiter!
DD
ZUTRITT NUR FÜR SCHULDNER ERLAUBT!
Hiermit ernenne ich Sie zum Korporal!
Und... was heißt das?
Das heißt, Sie steigen auf. Und zwar nach oben auf das Dach… Von dort feuern Sie auf alles, was aussieht wie mein nichtsnutziger Neffe!

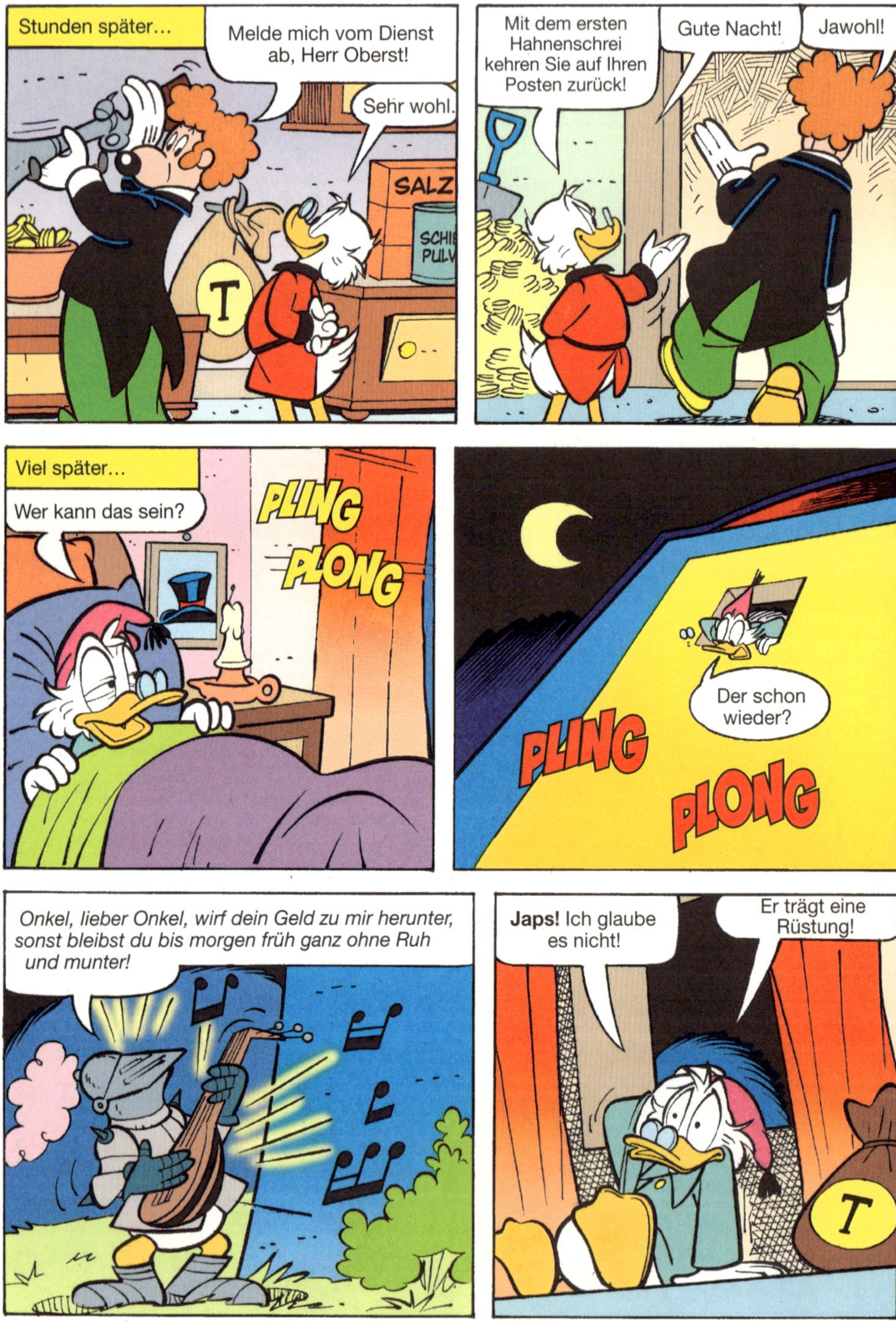
Stunden später...
Melde mich vom Dienst ab, Herr Oberst!
Sehr wohl.
SALZ
Mit dem ersten Hahnenschrei kehren Sie auf Ihren Posten zurück!
Gute Nacht!
Jawohl!
Viel später...
Wer kann das sein?
PLING
PLONG
Der schon wieder?
PLING
PLONG
Onkel, lieber Onkel, wirf dein Geld zu mir herunter, sonst bleibst du bis morgen früh ganz ohne Ruh und munter!
Japs! Ich glaube es nicht!
Er trägt eine Rüstung!

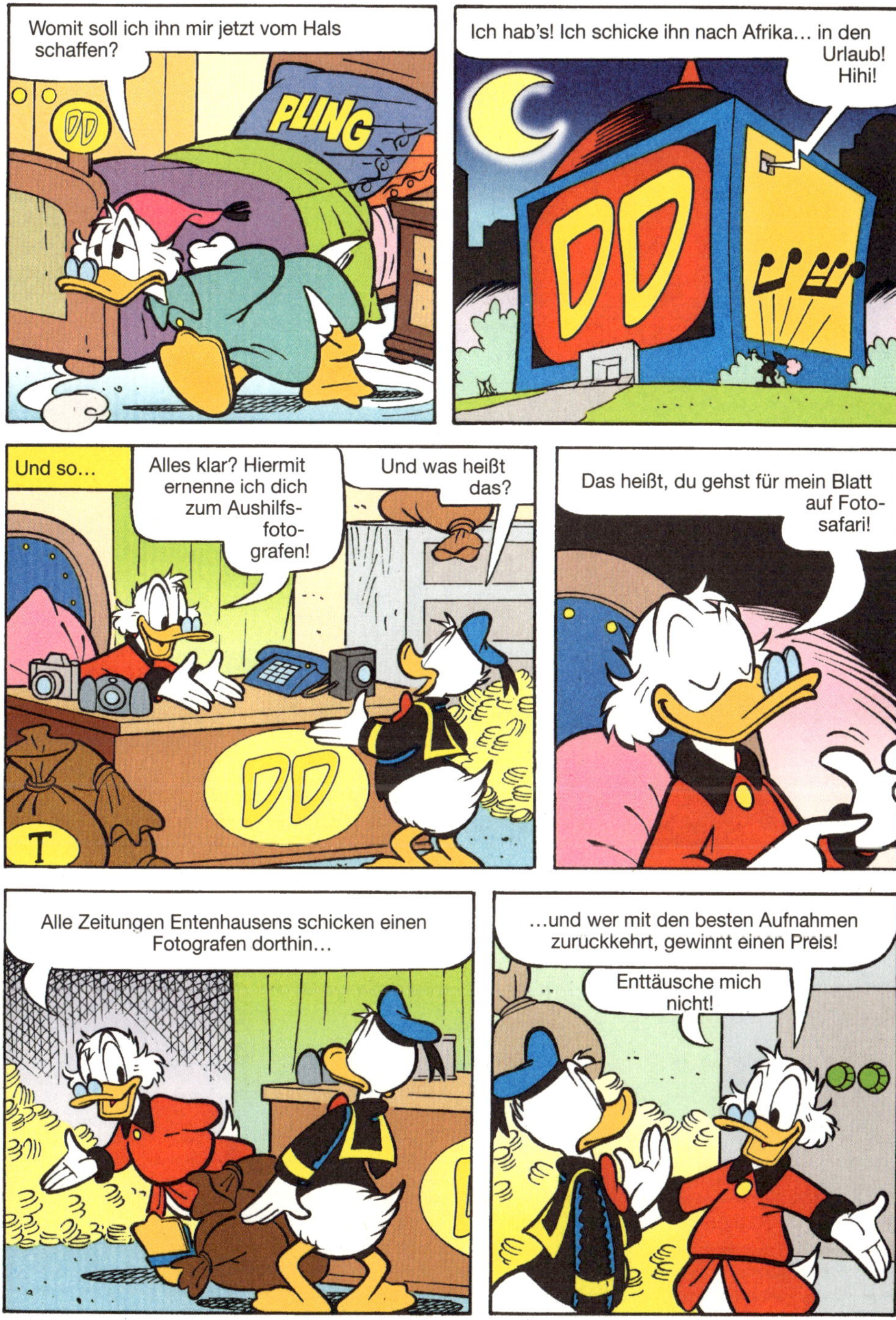
Womit soll ich ihn mir jetzt vom Hals schaffen?
PLING
Ich hab's! Ich schicke ihn nach Afrika… in den Urlaub! Hihi!
Und so…
Alles klar? Hiermit ernenne ich dich zum Aushilfs-foto-grafen!
Und was heißt das?
Das heißt, du gehst für mein Blatt auf Foto-safari!
Alle Zeitungen Entenhausens schicken einen Fotografen dorthin…
…und wer mit den besten Aufnahmen zurückkehrt, gewinnt einen Preis!
Enttäusche mich nicht!

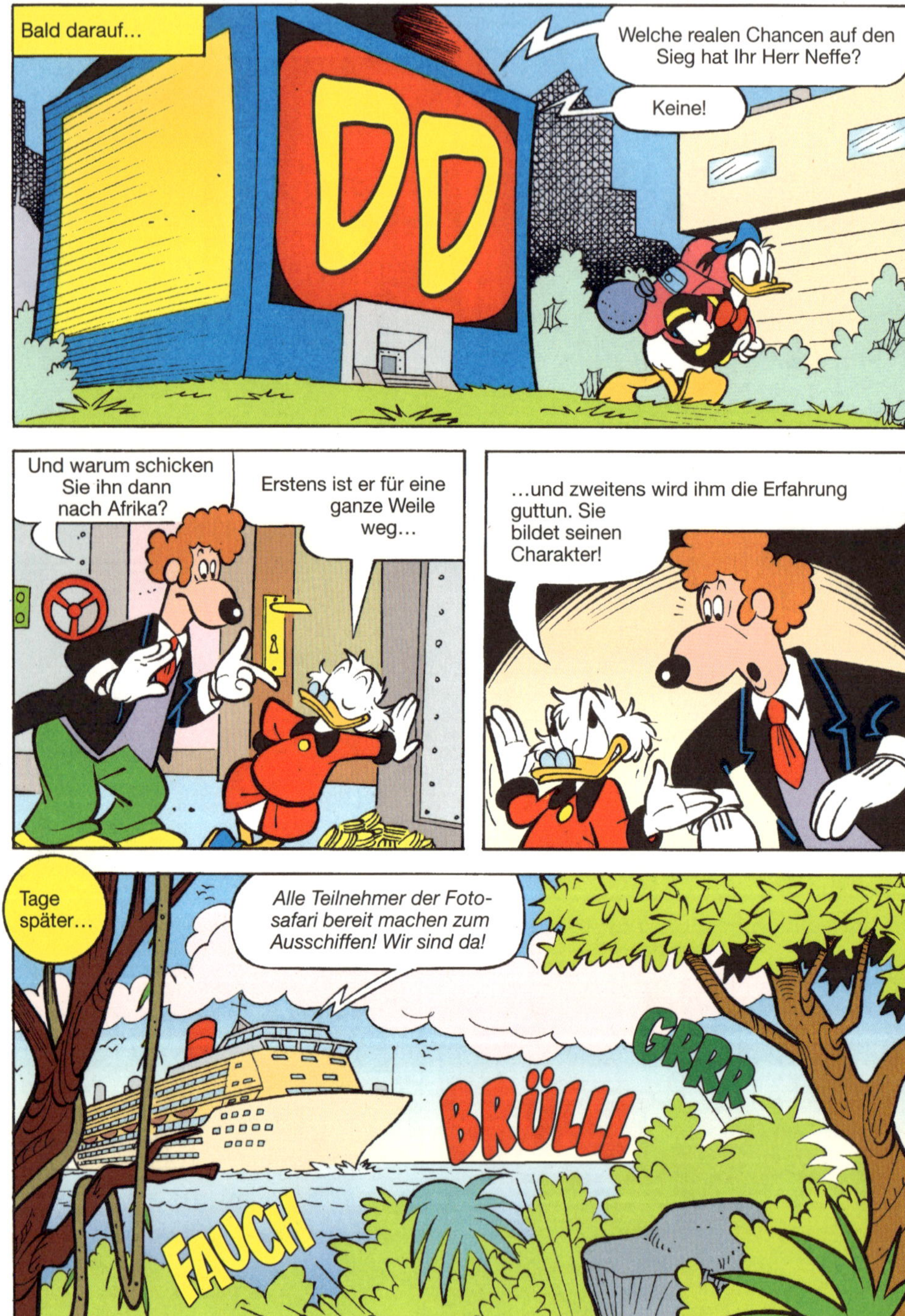
Bald darauf…
Welche realen Chancen auf den Sieg hat Ihr Herr Neffe?
Keine!
Und warum schicken Sie ihn dann nach Afrika?
Erstens ist er für eine ganze Weile weg…
…und zweitens wird ihm die Erfahrung guttun. Sie bildet seinen Charakter!
Tage später…
Alle Teilnehmer der Fotosafari bereit machen zum Ausschiffen! Wir sind da!
GRRRR
BRÜLLL
FAUCH

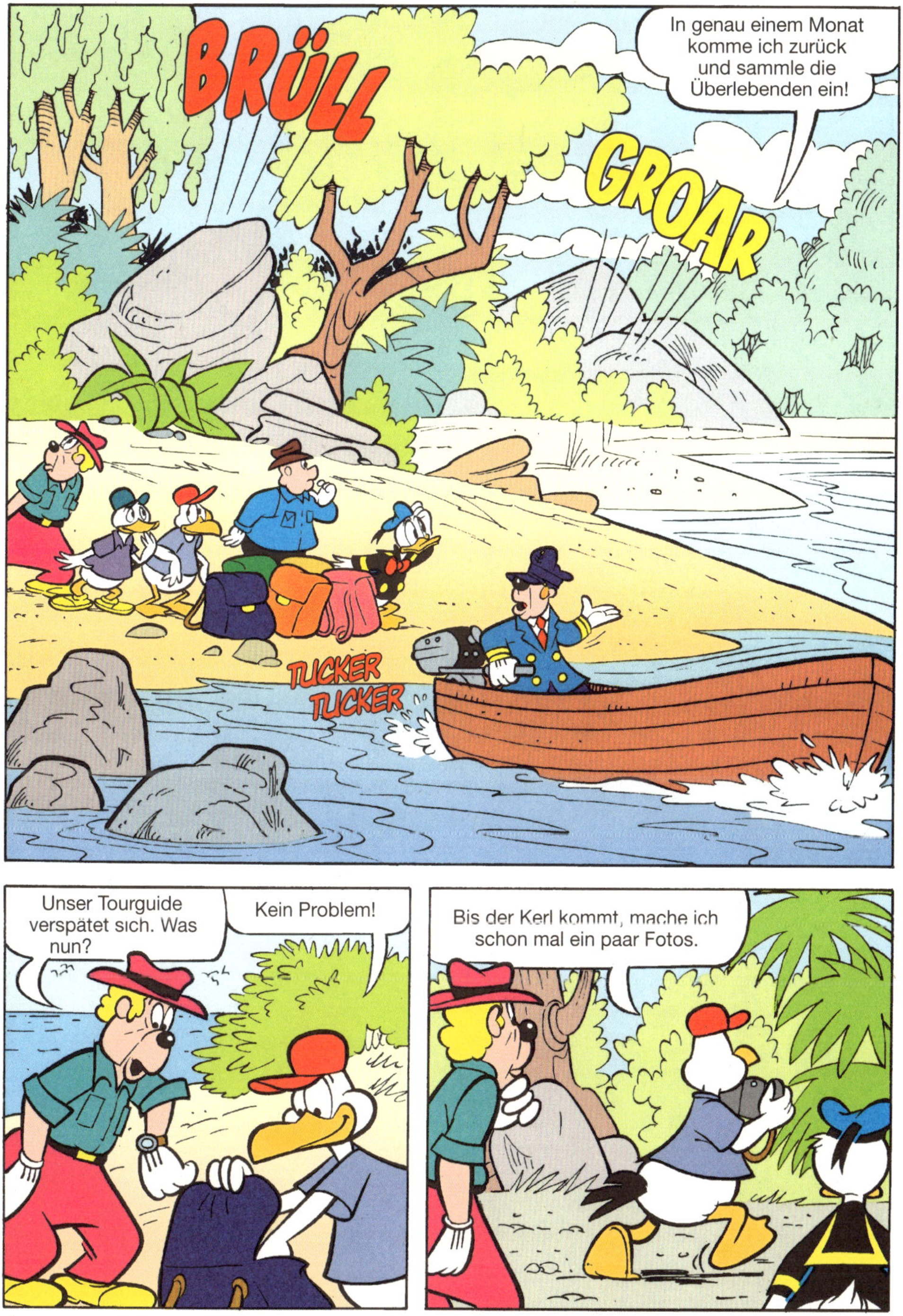
BRÜLL
In genau einem Monat komme ich zurück und sammle die Überlebenden ein!
GROAR
TUCKER TUCKER
Unser Tourguide verspätet sich. Was nun?
Kein Problem!
Bis der Kerl kommt, mache ich schon mal ein paar Fotos.

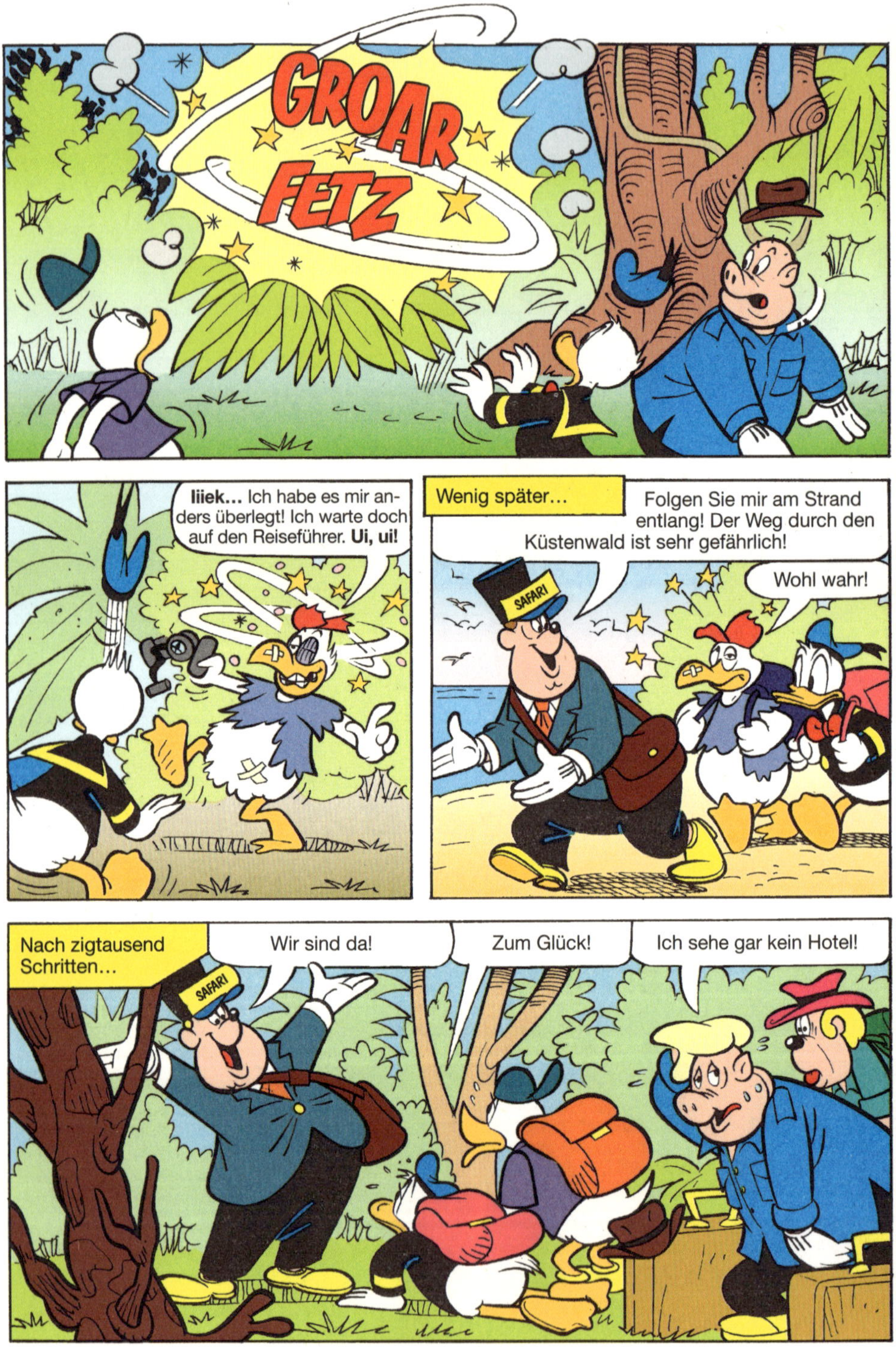
GROAR
FETZ
Iiiek… Ich habe es mir anders überlegt! Ich warte doch auf den Reiseführer. Ui, ui!
Wenig später…
Folgen Sie mir am Strand entlang! Der Weg durch den Küstenwald ist sehr gefährlich!
SAFARI
Wohl wahr!
Nach zigtausend Schritten…
Wir sind da!
SAFARI
Zum Glück!
Ich sehe gar kein Hotel!

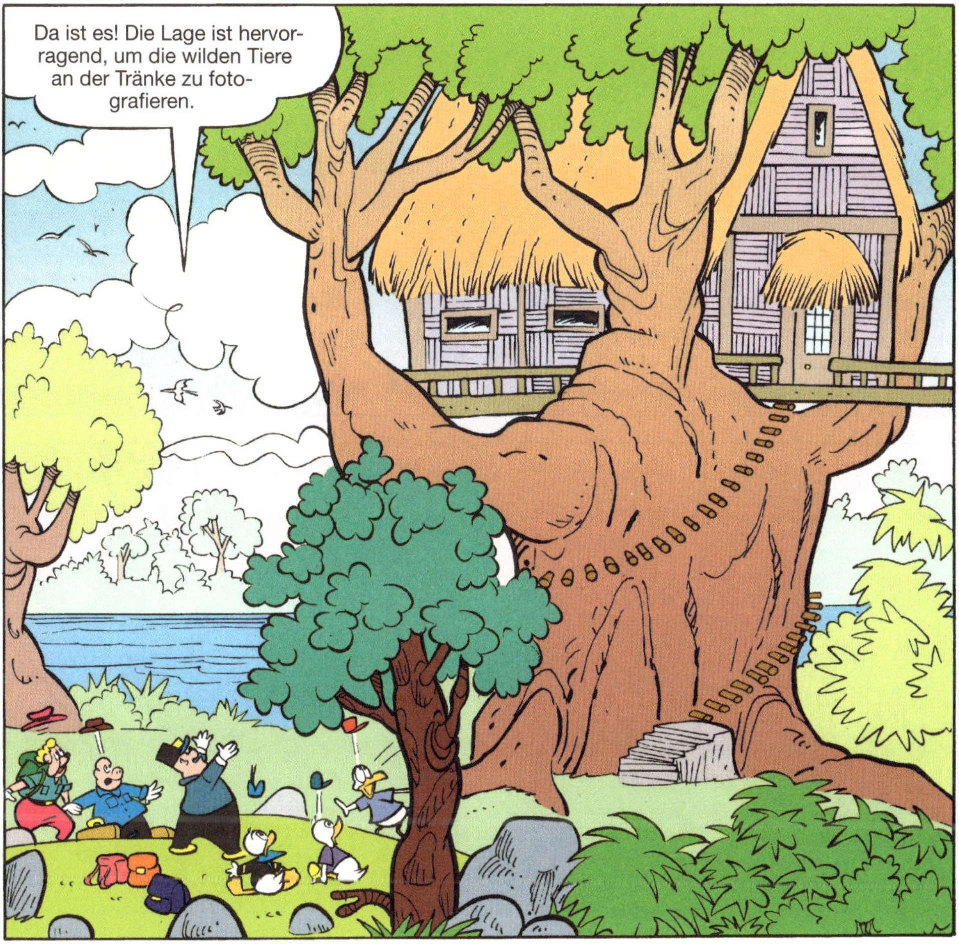
Da ist es! Die Lage ist hervorragend, um die wilden Tiere an der Tränke zu fotografieren.

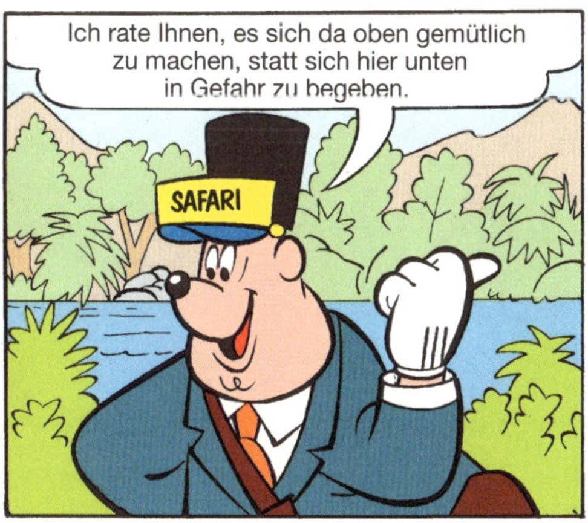
Ich rate Ihnen, es sich da oben gemütlich zu machen, statt sich hier unten in Gefahr zu begeben.
SAFARI

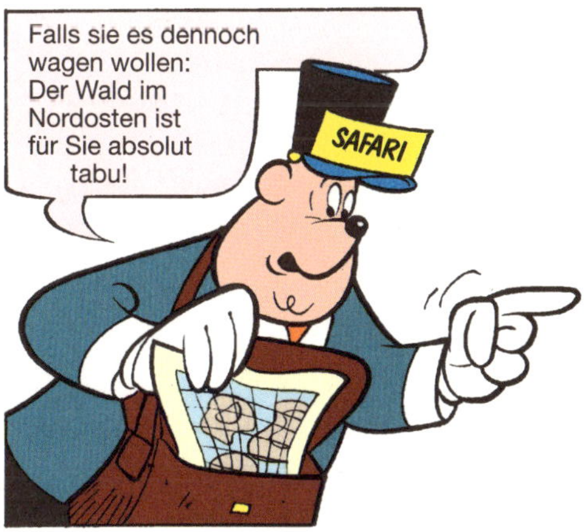
Falls sie es dennoch wagen wollen: Der Wald im Nordosten ist für Sie absolut tabu!
SAFARI

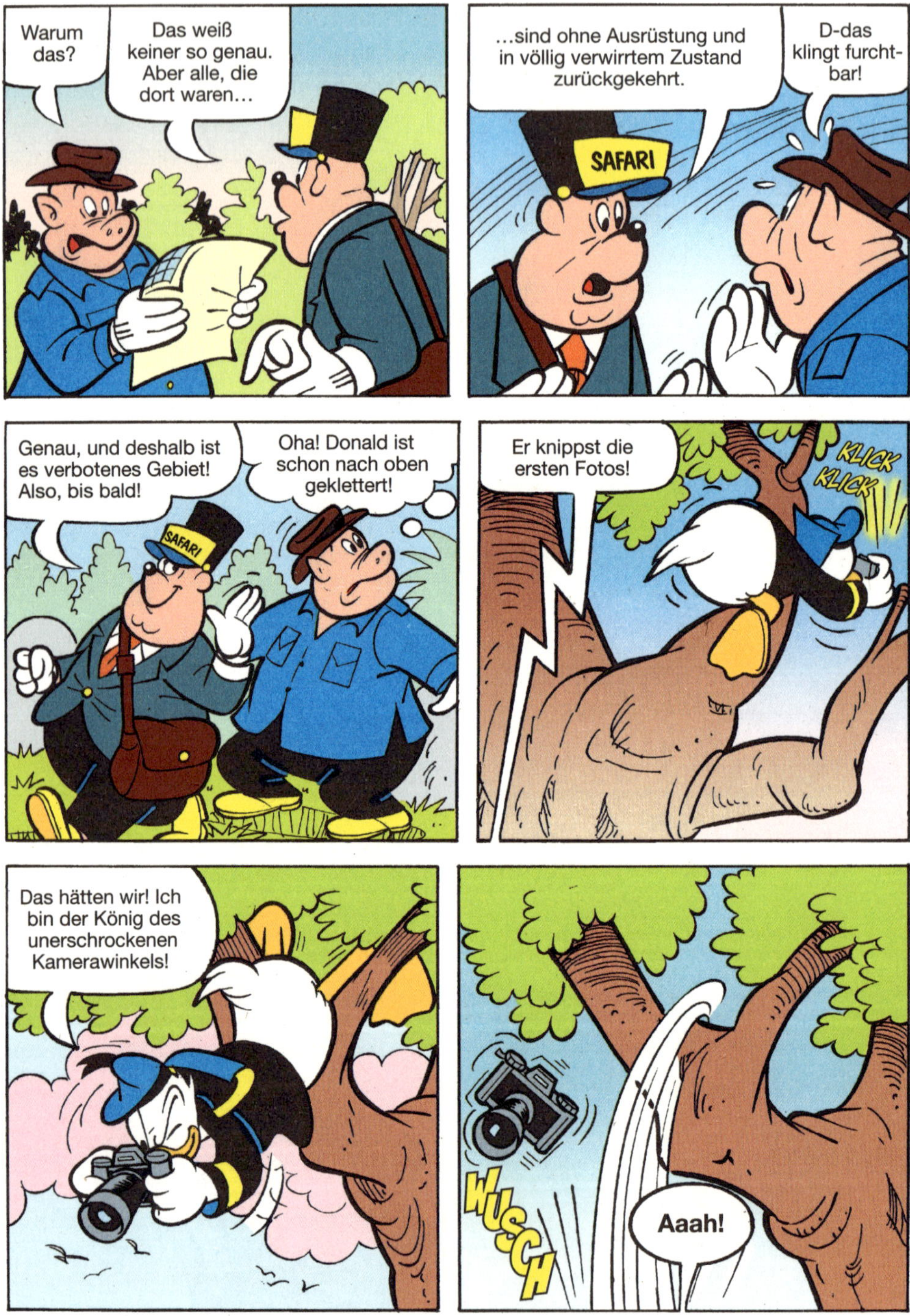
Warum das?
Das weiß keiner so genau. Aber alle, die dort waren…
…sind ohne Ausrüstung und in völlig verwirrtem Zustand zurückgekehrt.
SAFARI
D-das klingt furchtbar!
Genau, und deshalb ist es verbotenes Gebiet! Also, bis bald!
SAFARI
Oha! Donald ist schon nach oben geklettert!
Er knippst die ersten Fotos!
KLICK
KLICK
Das hätten wir! Ich bin der König des unerschrockenen Kamerawinkels!
WUSCH
Aaah!

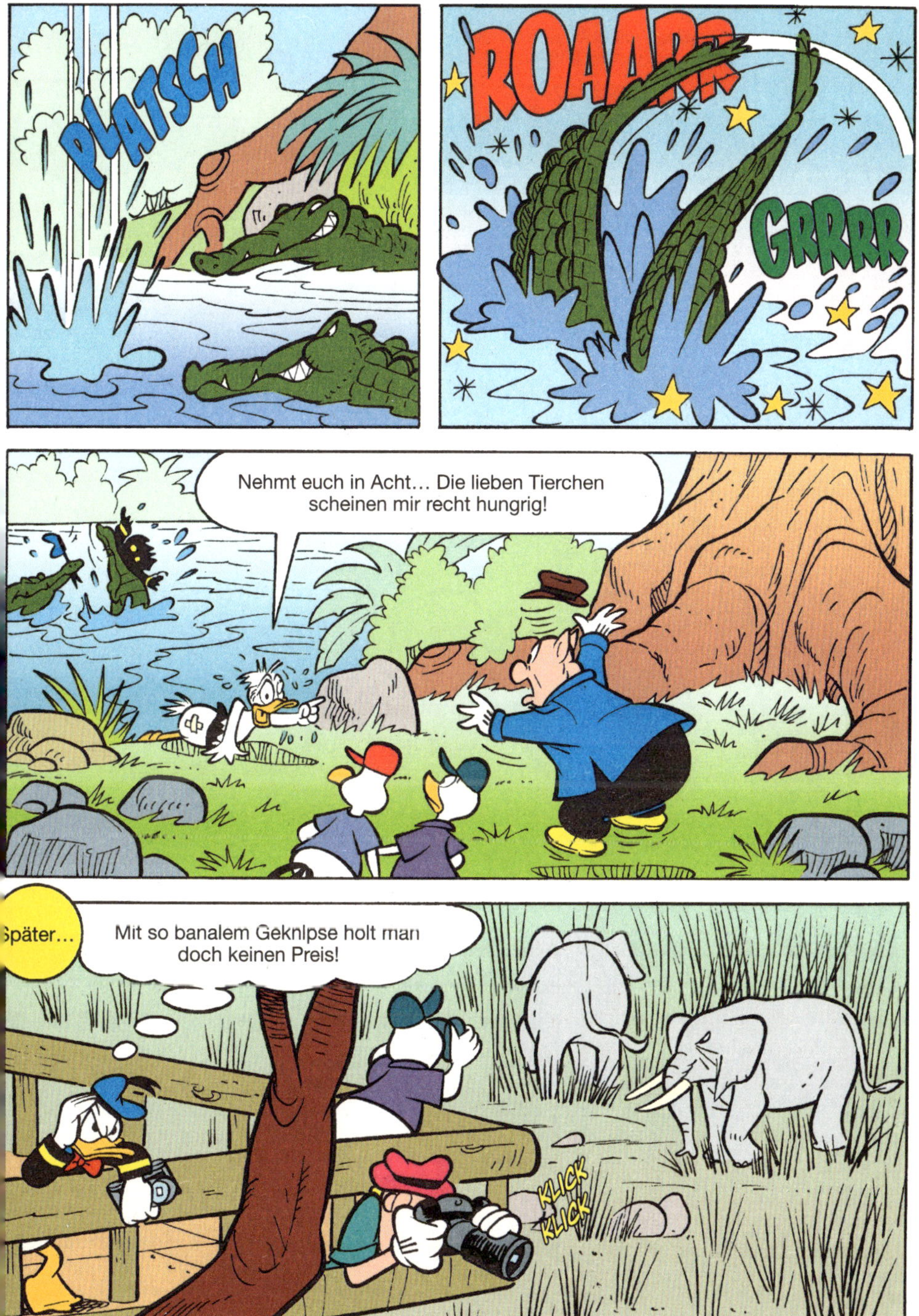
PLATSCH
ROAARR
GRRRR
Nehmt euch in Acht… Die lieben Tierchen scheinen mir recht hungrig!
Später…
Mit so banalem Geknipse holt man doch keinen Preis!
KLICK KLICK

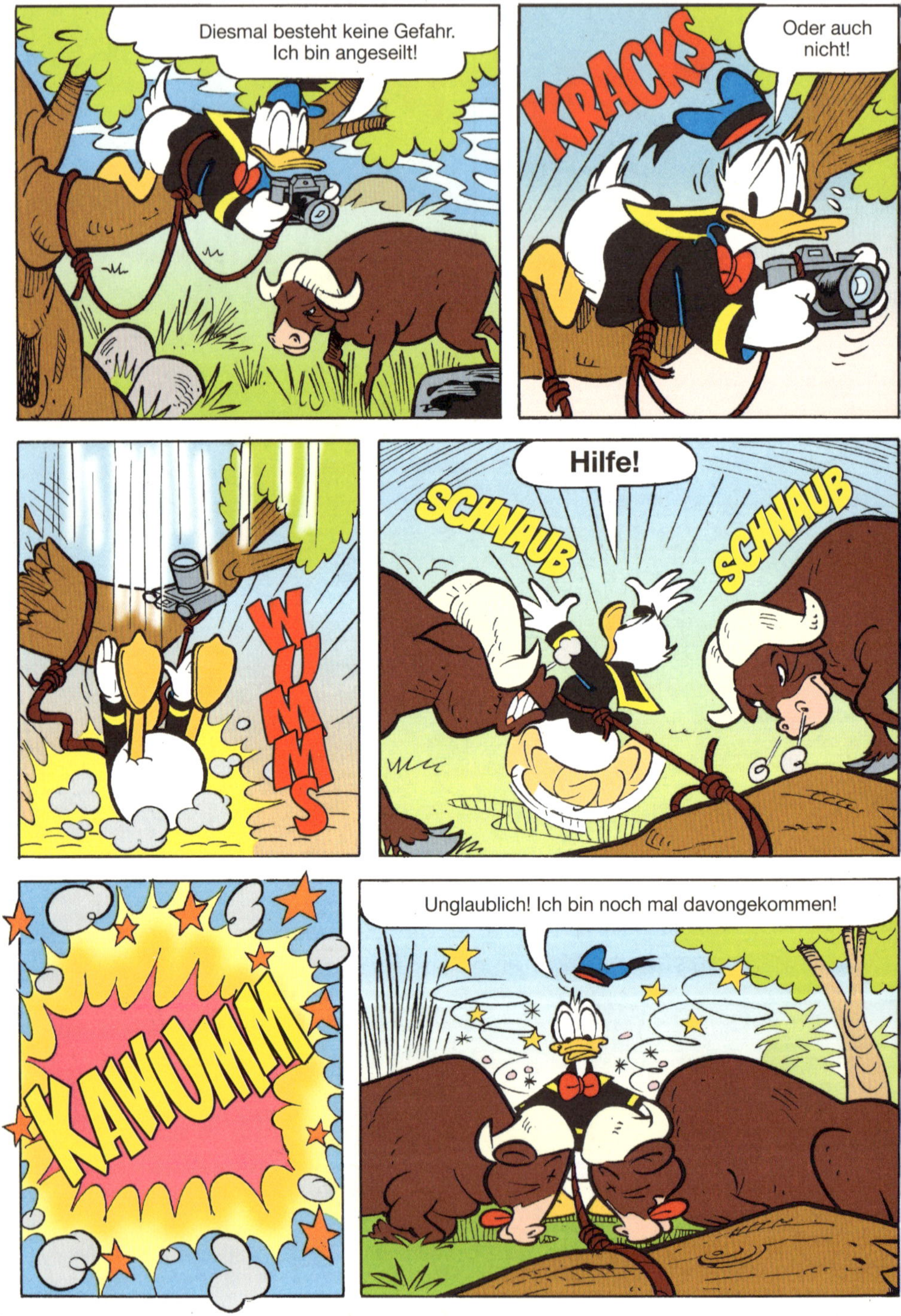
Diesmal besteht keine Gefahr. Ich bin angeseilt!
KRACKS
Oder auch nicht!
WUMMS
Hilfe!
SCHNAUB
SCHNAUB
KAWUMM
Unglaublich! Ich bin noch mal davongekommen!

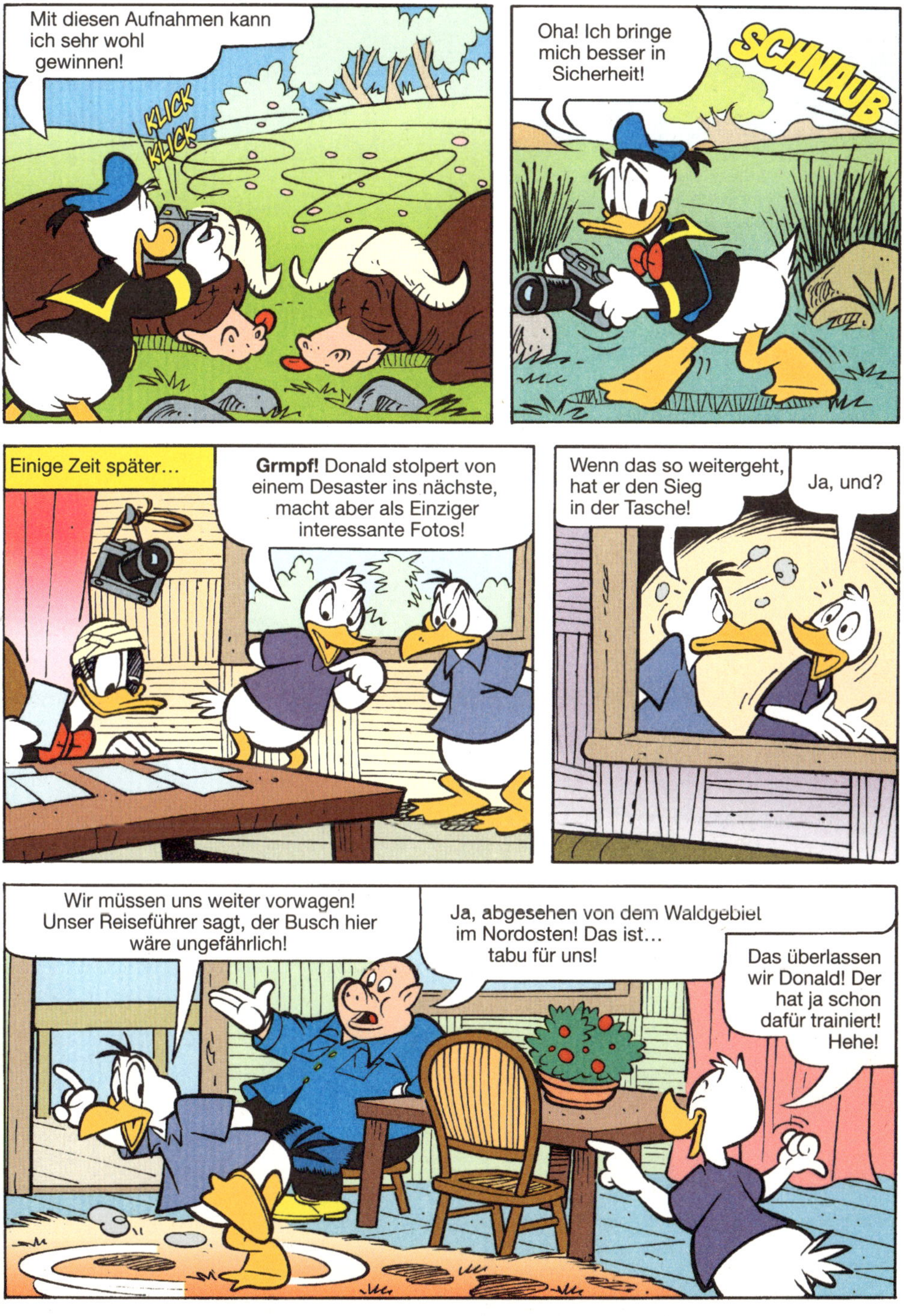
Mit diesen Aufnahmen kann ich sehr wohl gewinnen!
KLICK KLICK
Oha! Ich bringe mich besser in Sicherheit!
SCHNAUB
Einige Zeit später…
Grmpf! Donald stolpert von einem Desaster ins nächste, macht aber als Einziger interessante Fotos!
Wenn das so weitergeht, hat er den Sieg in der Tasche!
Ja, und?
Wir müssen uns weiter vorwagen! Unser Reiseführer sagt, der Busch hier wäre ungefährlich!
Ja, abgesehen von dem Waldgebiet im Nordosten! Das ist… tabu für uns!
Das überlassen wir Donald! Der hat ja schon dafür trainiert! Hehe!

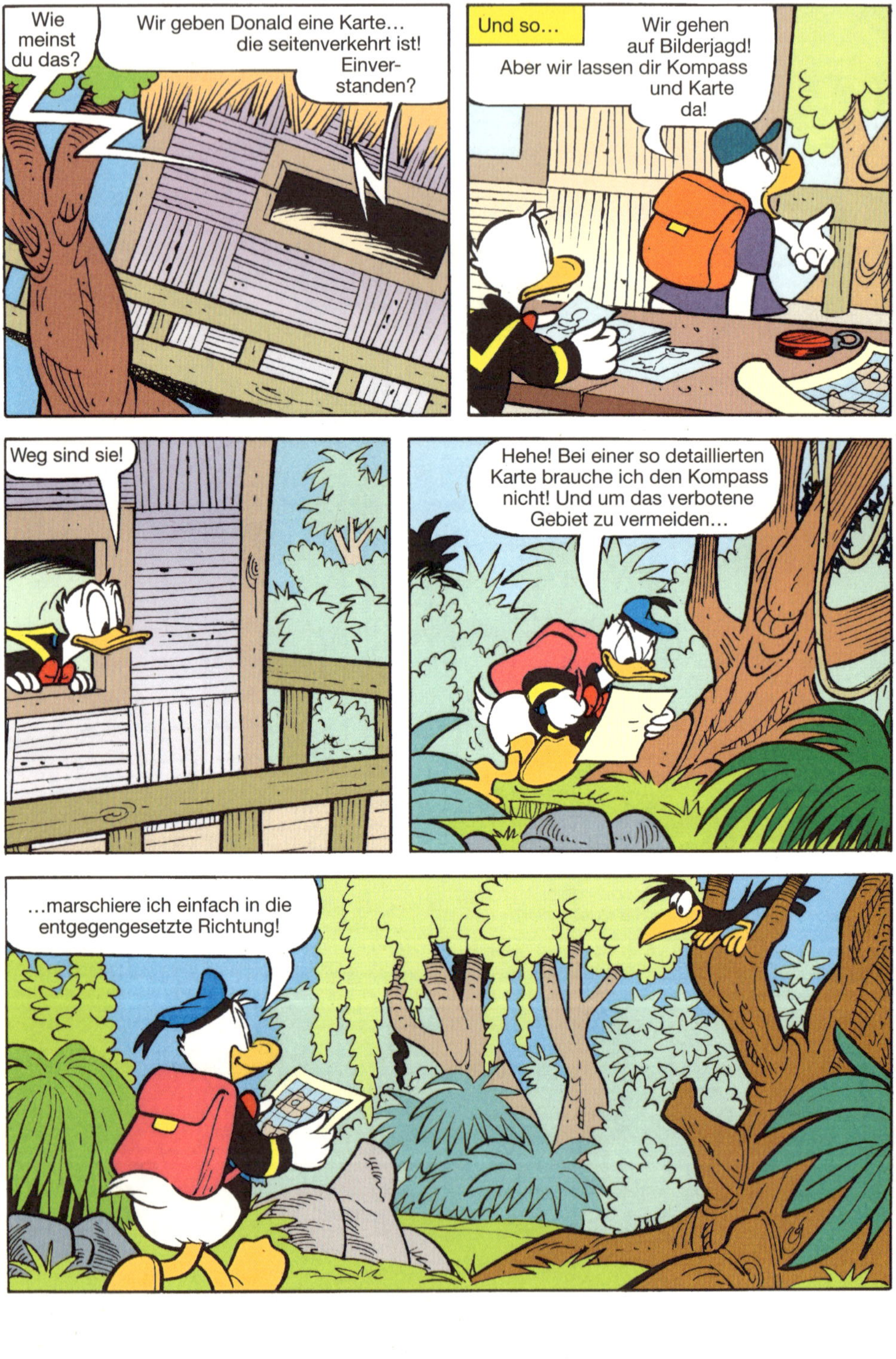
Wie meinst du das?
Wir geben Donald eine Karte… die seitenverkehrt ist! Einverstanden?
Und so…
Wir gehen auf Bilderjagd! Aber wir lassen dir Kompass und Karte da!
Weg sind sie!
Hehe! Bei einer so detaillierten Karte brauche ich den Kompass nicht! Und um das verbotene Gebiet zu vermeiden…
…marschiere ich einfach in die entgegengesetzte Richtung!

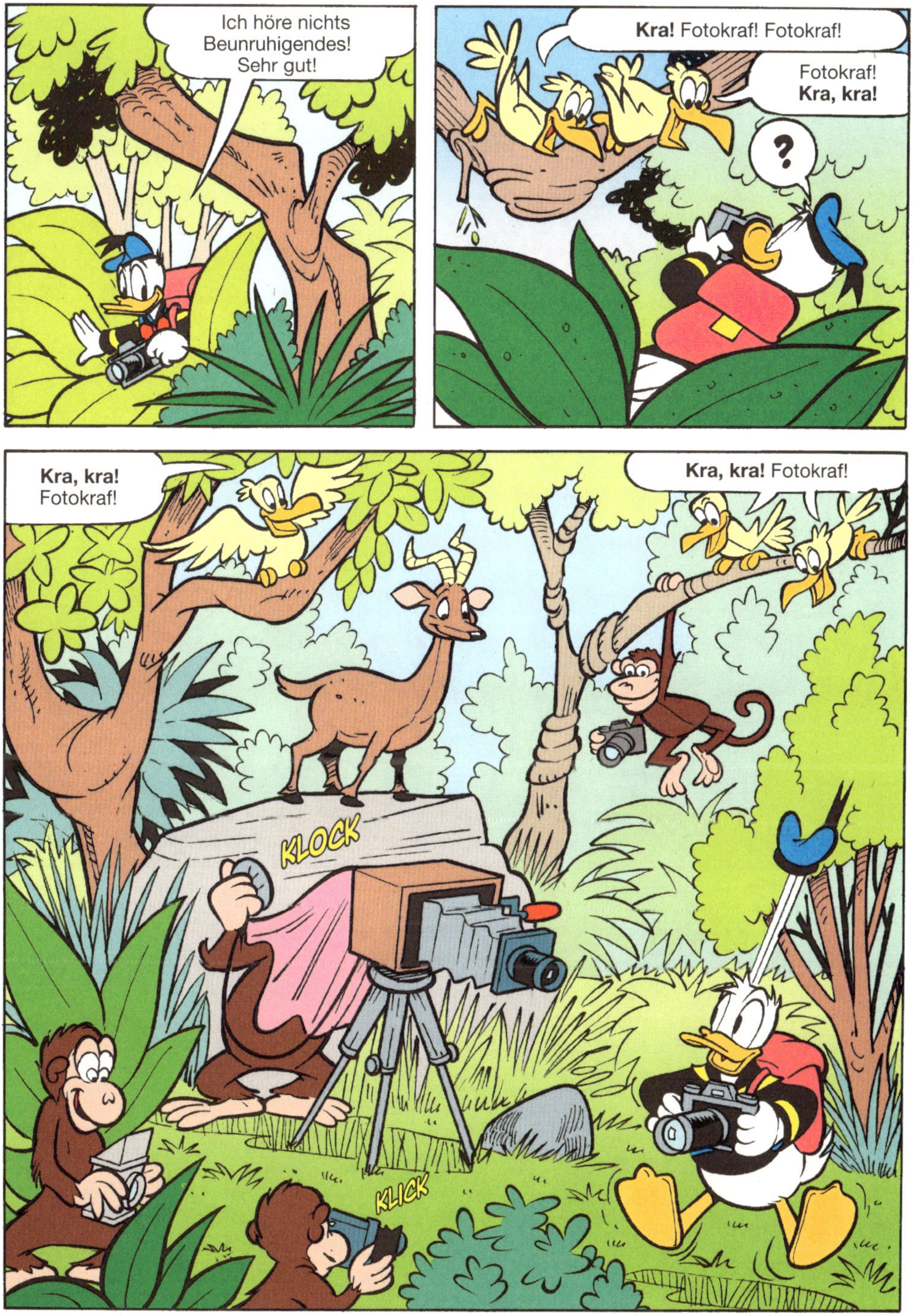

Ich höre nichts Beunruhigendes! Sehr gut!
Kra! Fotokraf! Fotokraf!
Fotokraf! **Kra, kra!**
?
Kra, kra! Fotokraf!
Kra, kra! Fotokraf!
KLOCK
KLICK

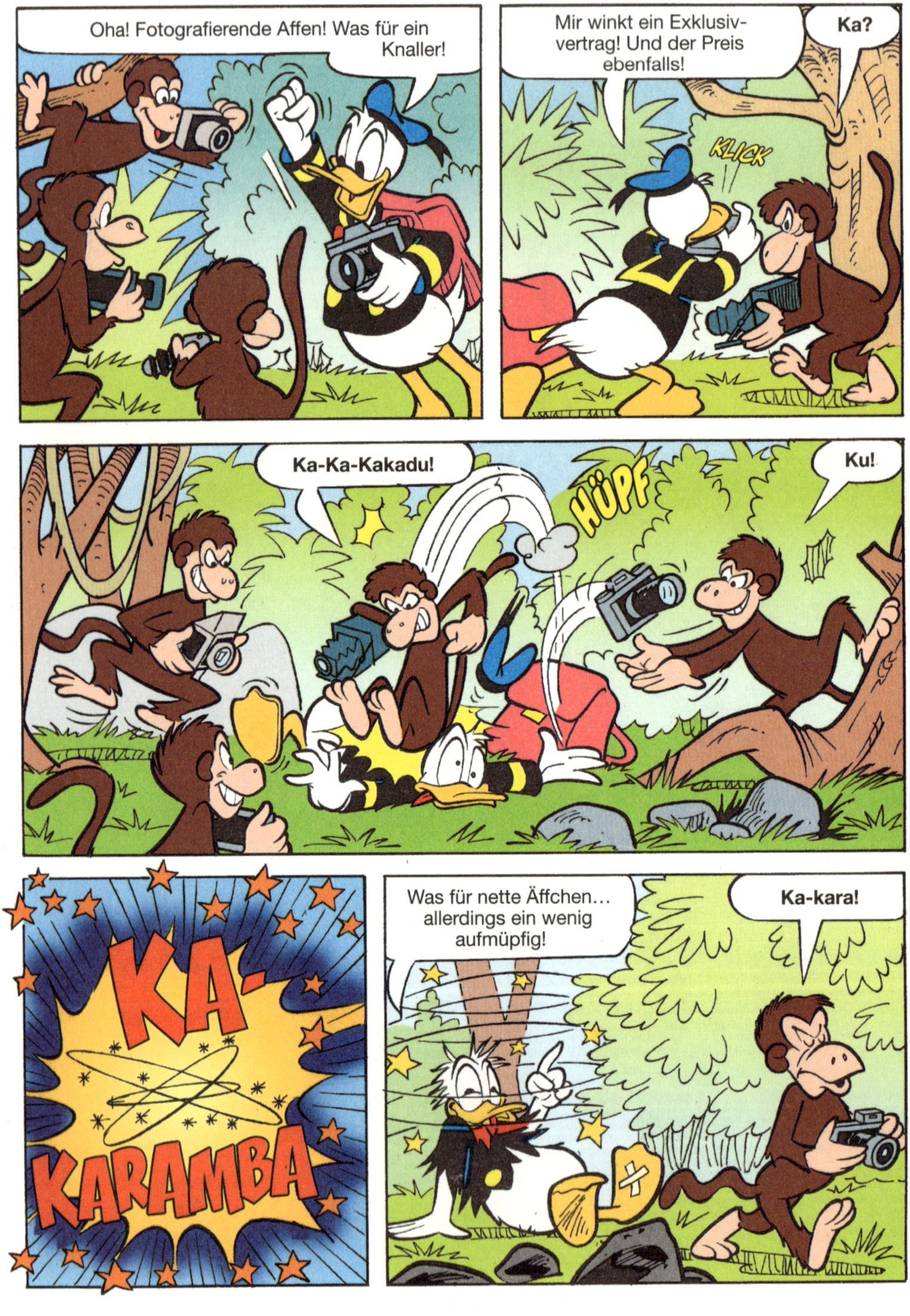
Oha! Fotografierende Affen! Was für ein Knaller!
Mir winkt ein Exklusivvertrag! Und der Preis ebenfalls!
Ka?
KLICK
Ka-Ka-Kakadu!
HÜPF
Ku!
KA-KARAMBA
Was für nette Äffchen… allerdings ein wenig aufmüpfig!
Ka-kara!

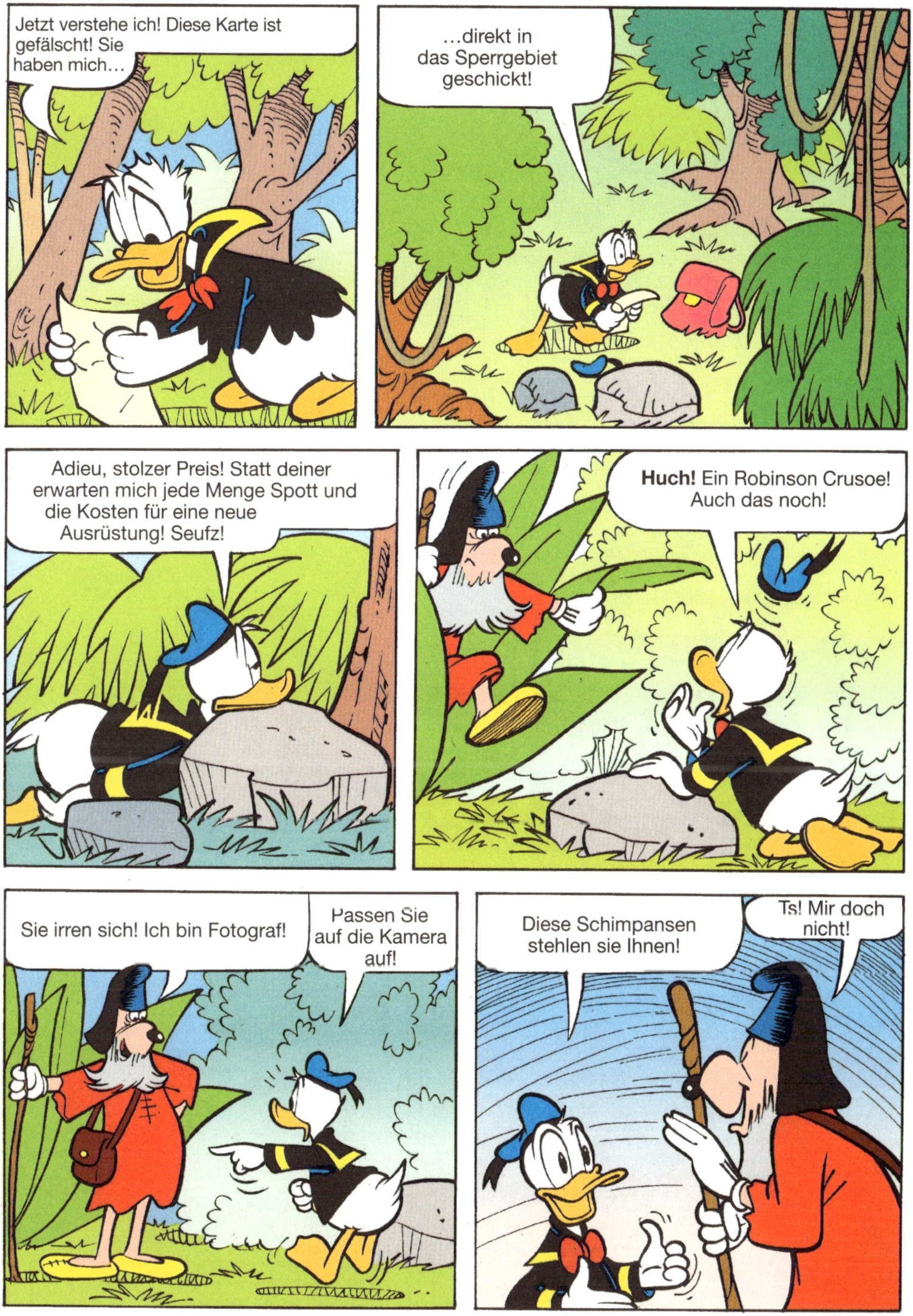

Jetzt verstehe ich! Diese Karte ist gefälscht! Sie haben mich…
…direkt in das Sperrgebiet geschickt!
Adieu, stolzer Preis! Statt deiner erwarten mich jede Menge Spott und die Kosten für eine neue Ausrüstung! Seufz!
Huch! Ein Robinson Crusoe! Auch das noch!
Sie irren sich! Ich bin Fotograf!
Passen Sie auf die Kamera auf!
Diese Schimpansen stehlen sie Ihnen!
Ts! Mir doch nicht!

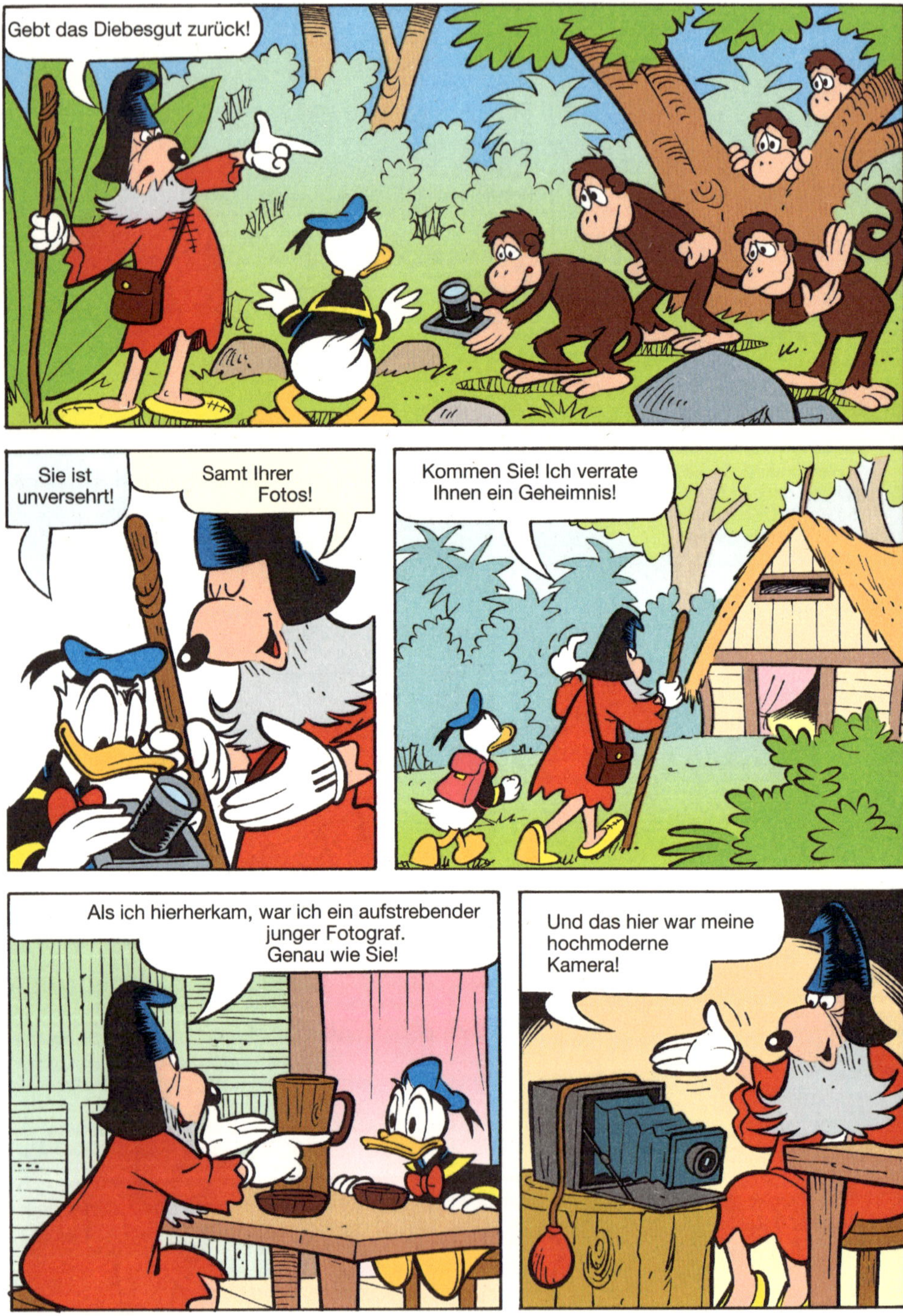
Gebt das Diebesgut zurück!
Sie ist unversehrt!
Samt Ihrer Fotos!
Kommen Sie! Ich verrate Ihnen ein Geheimnis!
Als ich hierherkam, war ich ein aufstrebender junger Fotograf. Genau wie Sie!
Und das hier war meine hochmoderne Kamera!

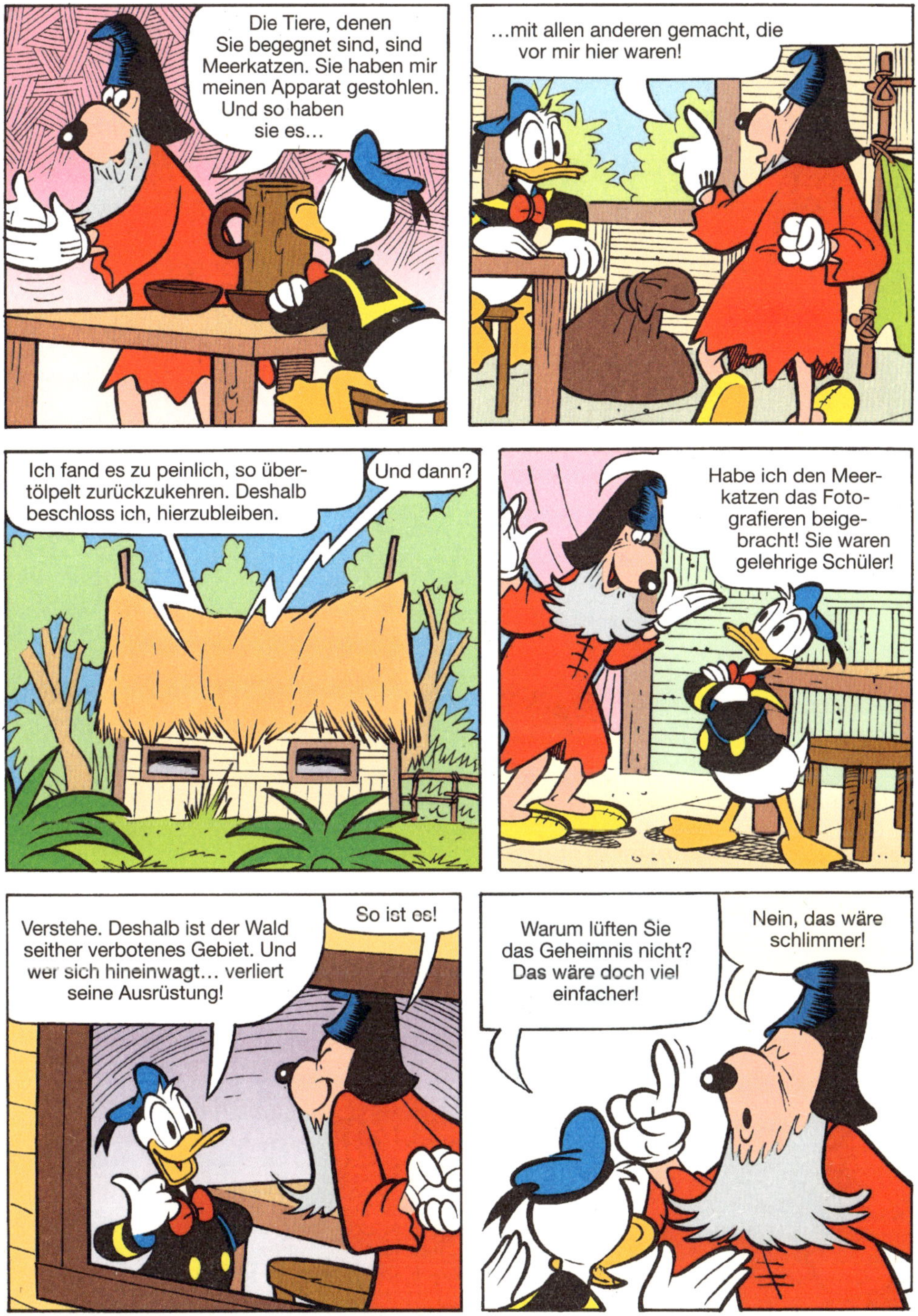
Die Tiere, denen Sie begegnet sind, sind Meerkatzen. Sie haben mir meinen Apparat gestohlen. Und so haben sie es…
…mit allen anderen gemacht, die vor mir hier waren!
Ich fand es zu peinlich, so übertölpelt zurückzukehren. Deshalb beschloss ich, hierzubleiben.
Und dann?
Habe ich den Meerkatzen das Fotografieren beigebracht! Sie waren gelehrige Schüler!
Verstehe. Deshalb ist der Wald seither verbotenes Gebiet. Und wer sich hineinwagt… verliert seine Ausrüstung!
So ist es!
Warum lüften Sie das Geheimnis nicht? Das wäre doch viel einfacher!
Nein, das wäre schlimmer!

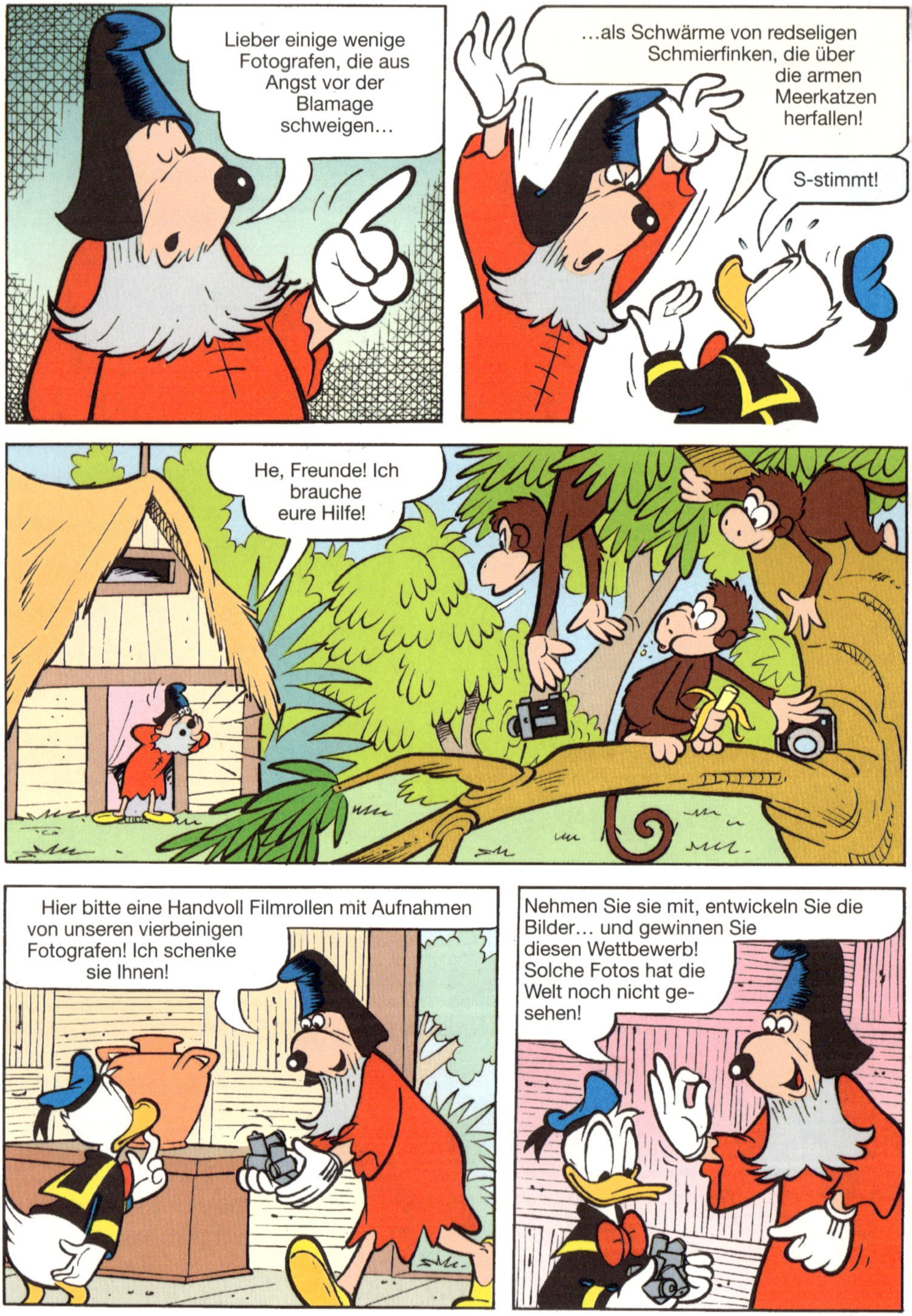
Lieber einige wenige Fotografen, die aus Angst vor der Blamage schweigen…
…als Schwärme von redseligen Schmierfinken, die über die armen Meerkatzen herfallen!
S-stimmt!
He, Freunde! Ich brauche eure Hilfe!
Hier bitte eine Handvoll Filmrollen mit Aufnahmen von unseren vierbeinigen Fotografen! Ich schenke sie Ihnen!
Nehmen Sie sie mit, entwickeln Sie die Bilder… und gewinnen Sie diesen Wettbewerb! Solche Fotos hat die Welt noch nicht gesehen!

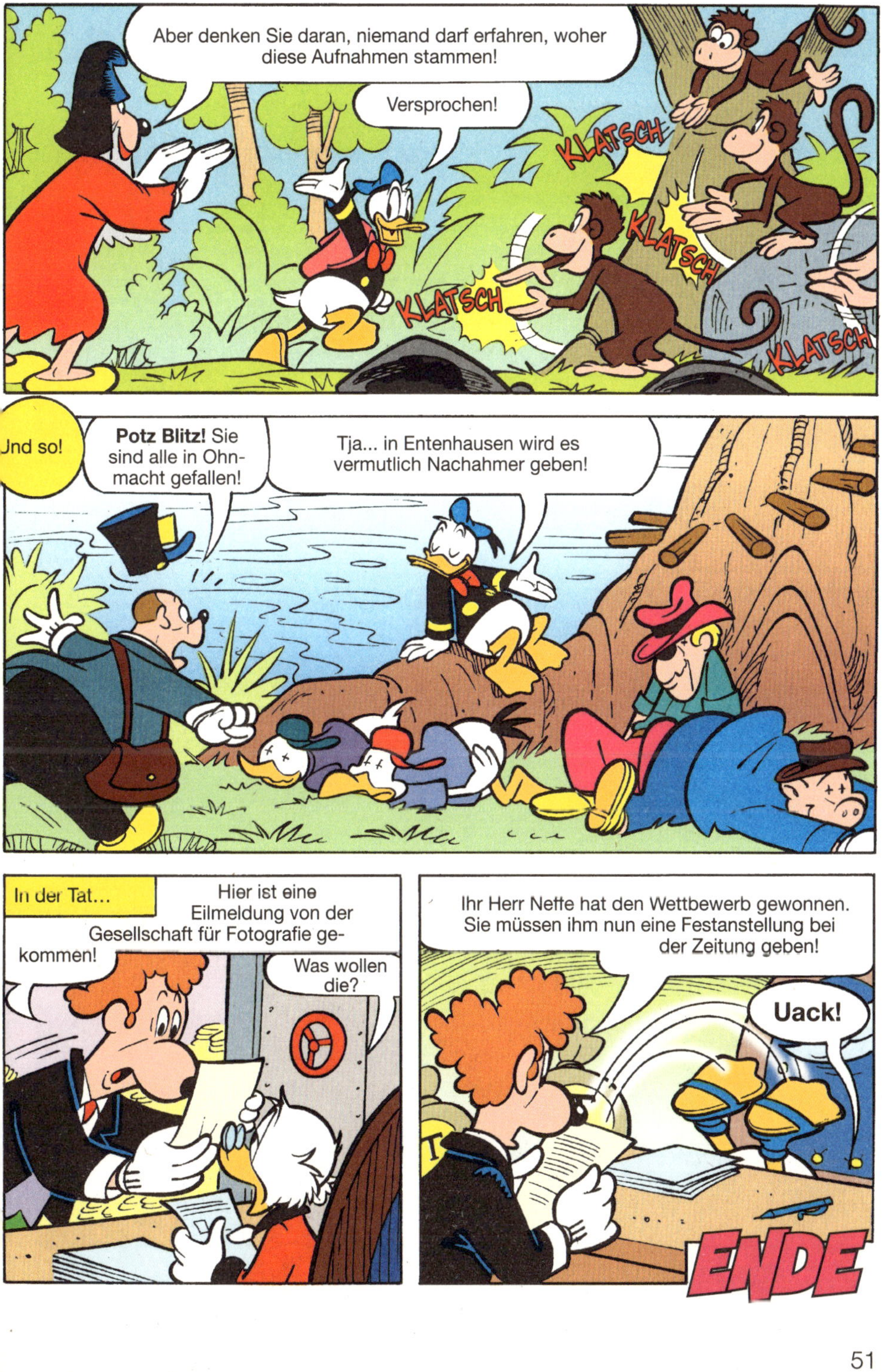
Aber denken Sie daran, niemand darf erfahren, woher diese Aufnahmen stammen!
Versprochen!
KLATSCH
KLATSCH
KLATSCH
KLATSCH
Und so!
Potz Blitz! Sie sind alle in Ohnmacht gefallen!
Tja... in Entenhausen wird es vermutlich Nachahmer geben!
In der Tat...
Hier ist eine Eilmeldung von der Gesellschaft für Fotografie gekommen!
Was wollen die?
Ihr Herr Nette hat den Wettbewerb gewonnen. Sie müssen ihm nun eine Festanstellung bei der Zeitung geben!
Uack!
ENDE

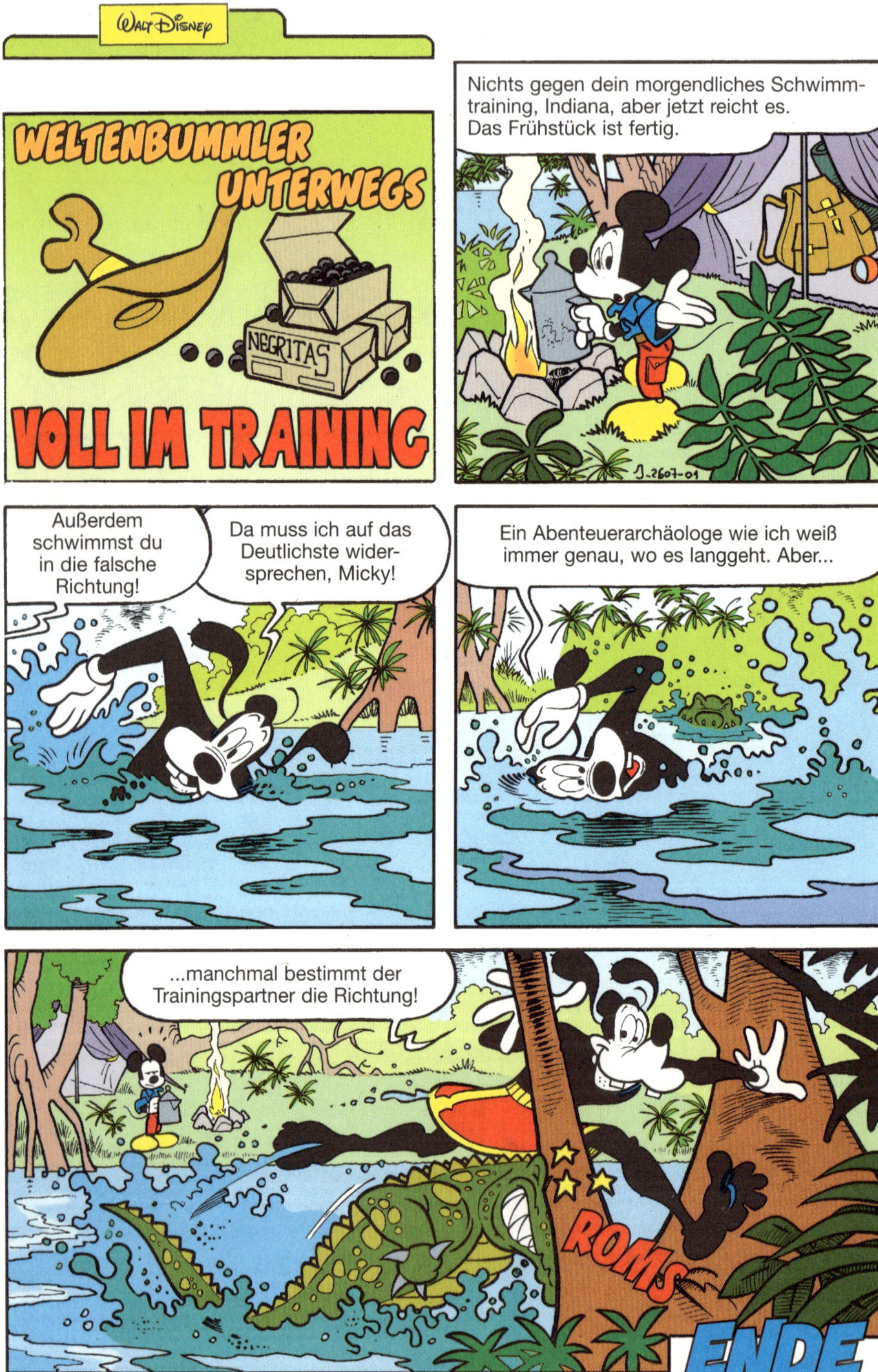

Bruno Sarda (Story), **Roberto Vian** (Zeichnungen)

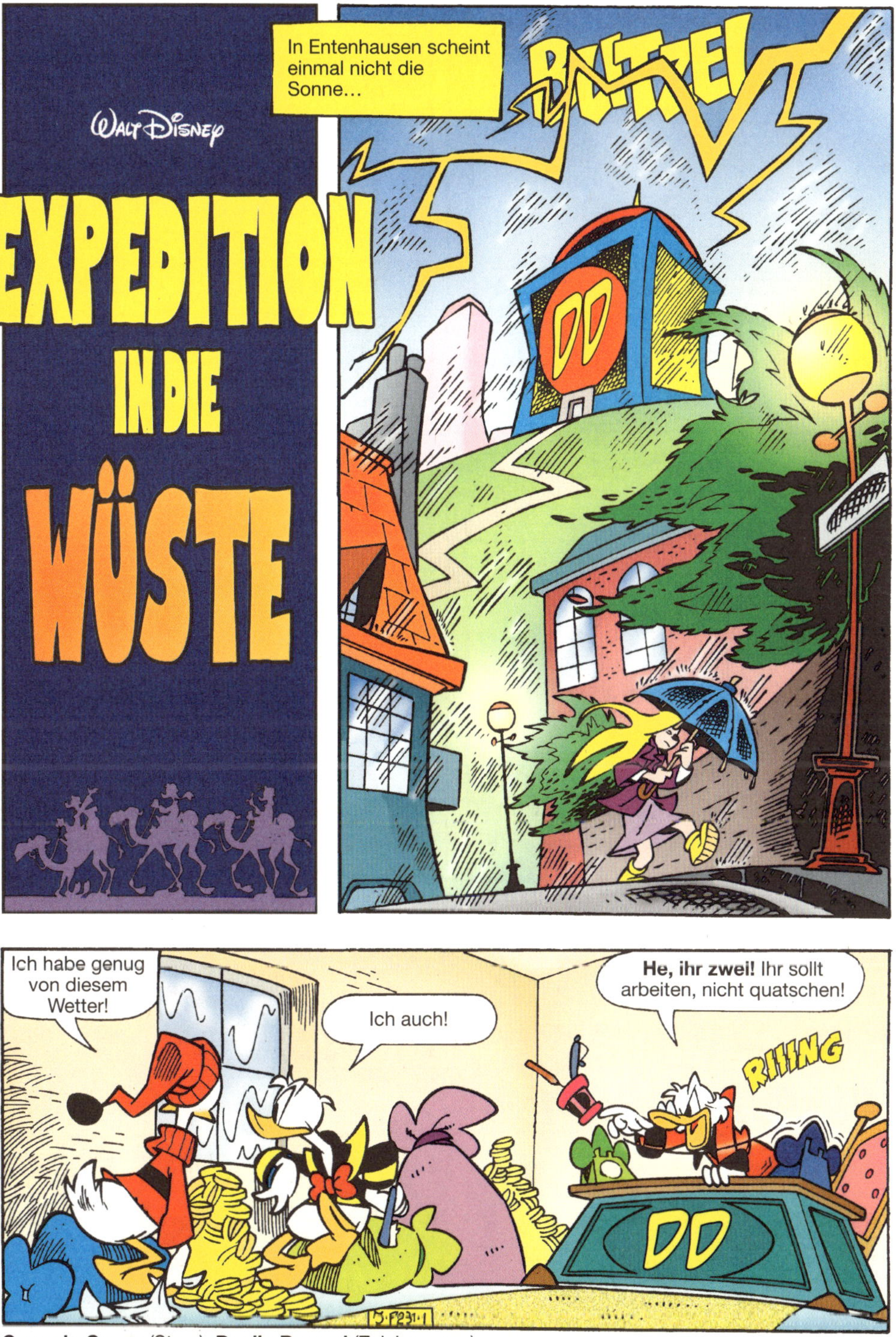

Carmelo Gozzo (Story), **Danilo Barozzi** (Zeichnungen)

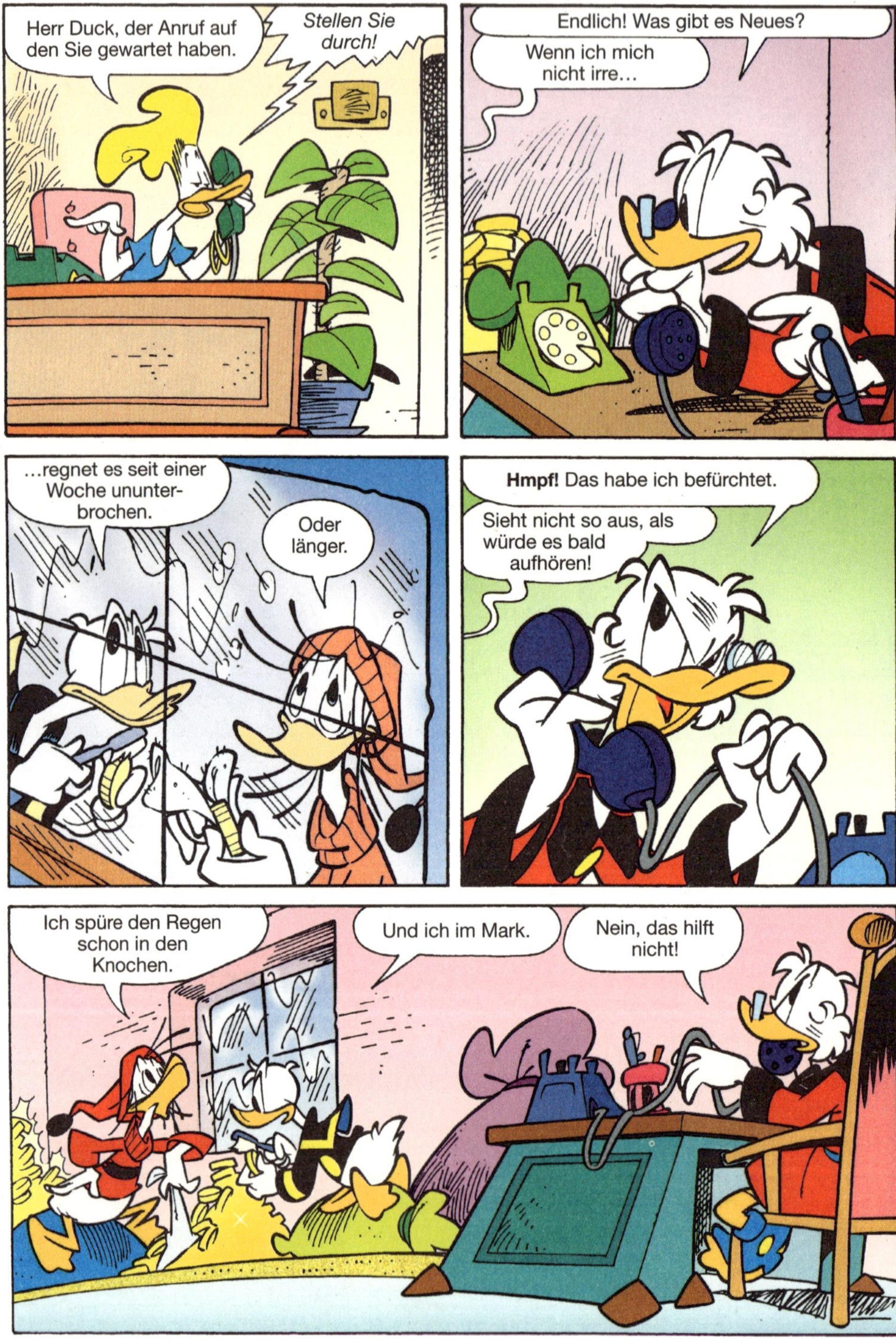
Herr Duck, der Anruf auf den Sie gewartet haben.
Stellen Sie durch!
Endlich! Was gibt es Neues?
Wenn ich mich nicht irre…
…regnet es seit einer Woche ununterbrochen.
Oder länger.
Hmpf! Das habe ich befürchtet.
Sieht nicht so aus, als würde es bald aufhören!
Ich spüre den Regen schon in den Knochen.
Und ich im Mark.
Nein, das hilft nicht!

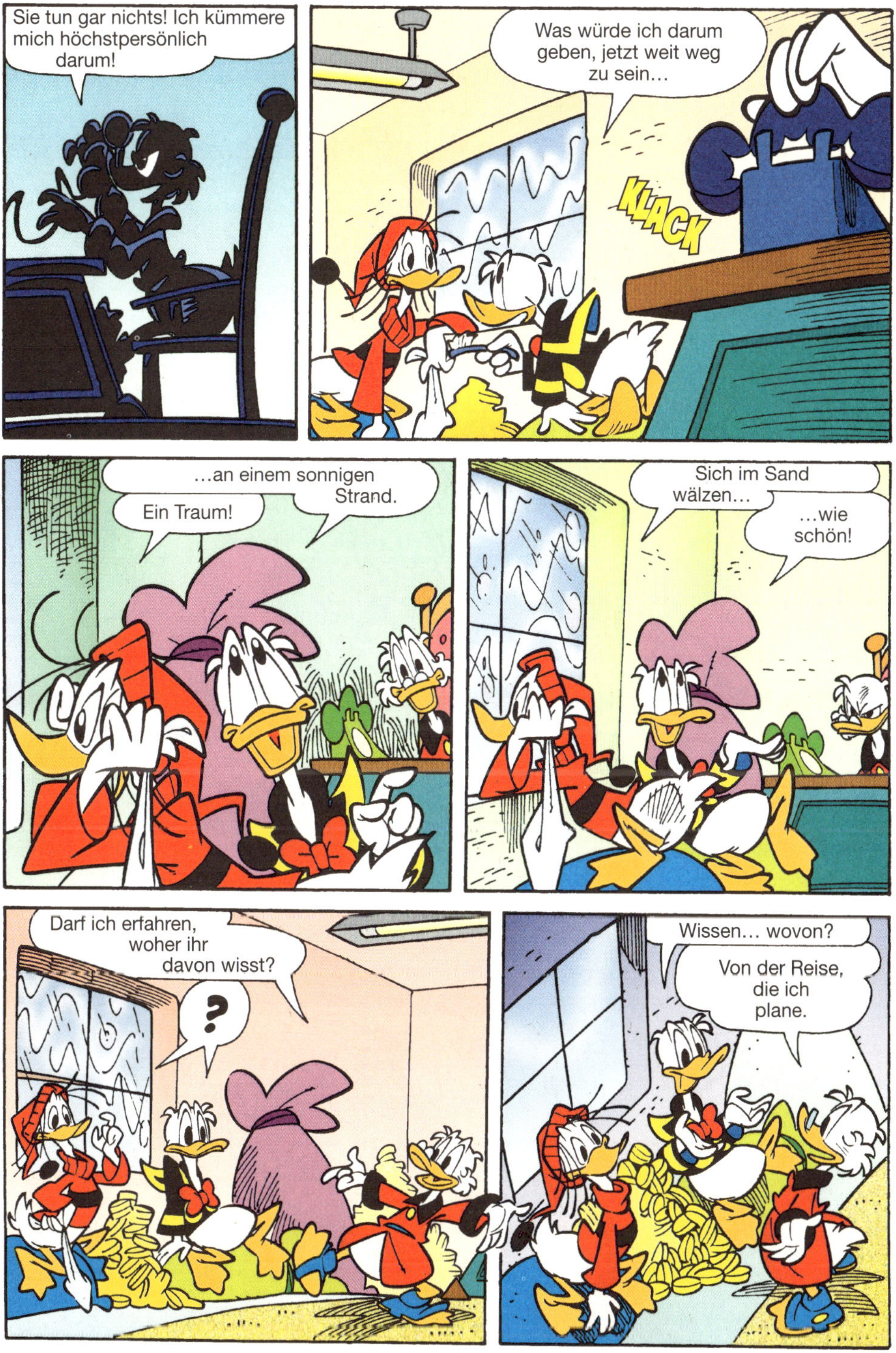

Sie tun gar nichts! Ich kümmere mich höchstpersönlich darum!
Was würde ich darum geben, jetzt weit weg zu sein…
KLACK
Ein Traum!
…an einem sonnigen Strand.
Sich im Sand wälzen…
…wie schön!
Darf ich erfahren, woher ihr davon wisst?
?
Wissen… wovon?
Von der Reise, die ich plane.

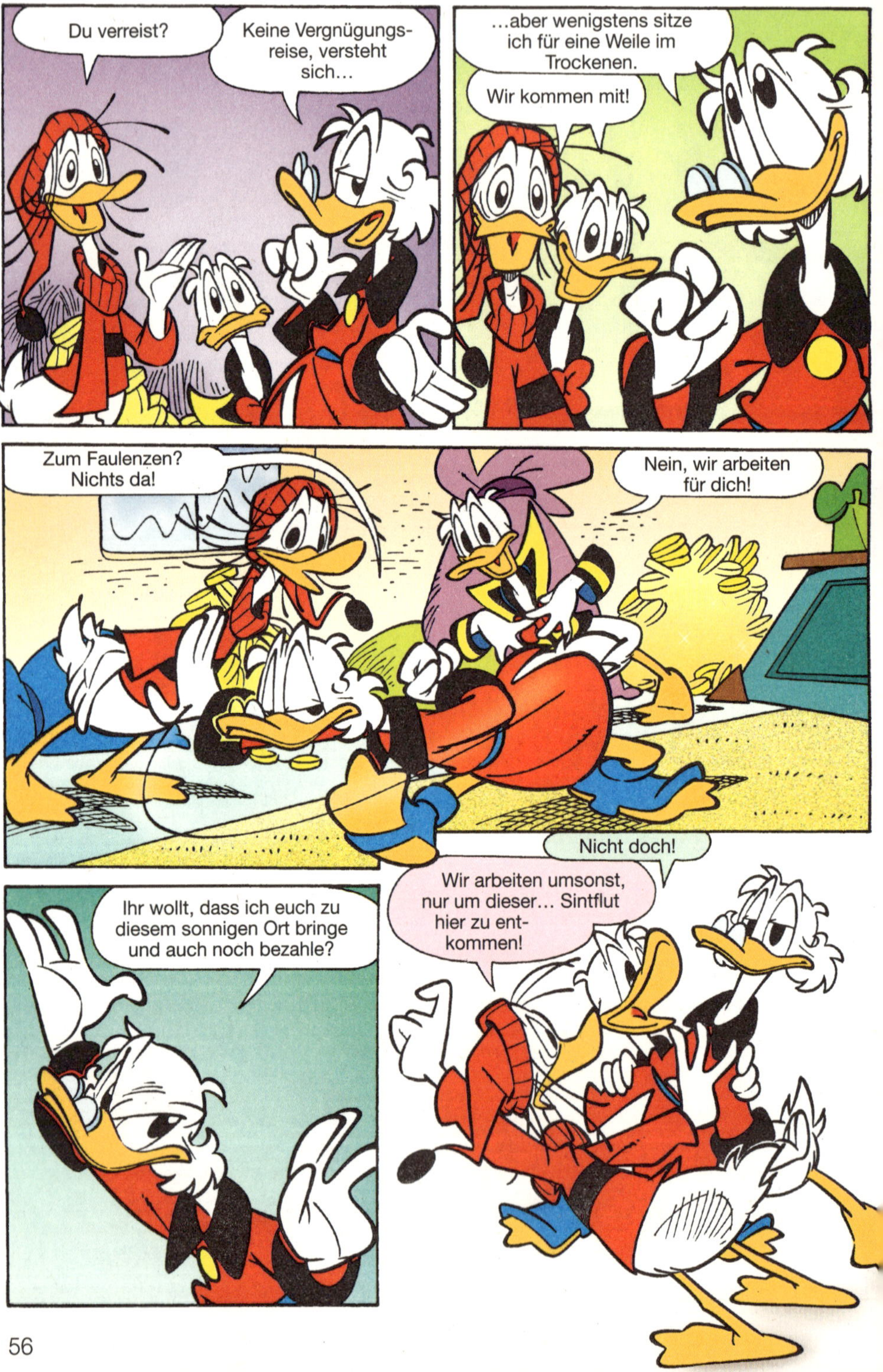

Du verreist?
Keine Vergnügungs-reise, versteht sich…
…aber wenigstens sitze ich für eine Weile im Trockenen.
Wir kommen mit!
Zum Faulenzen? Nichts da!
Nein, wir arbeiten für dich!
Ihr wollt, dass ich euch zu diesem sonnigen Ort bringe und auch noch bezahle?
Nicht doch!
Wir arbeiten umsonst, nur um dieser… Sintflut hier zu ent-kommen!

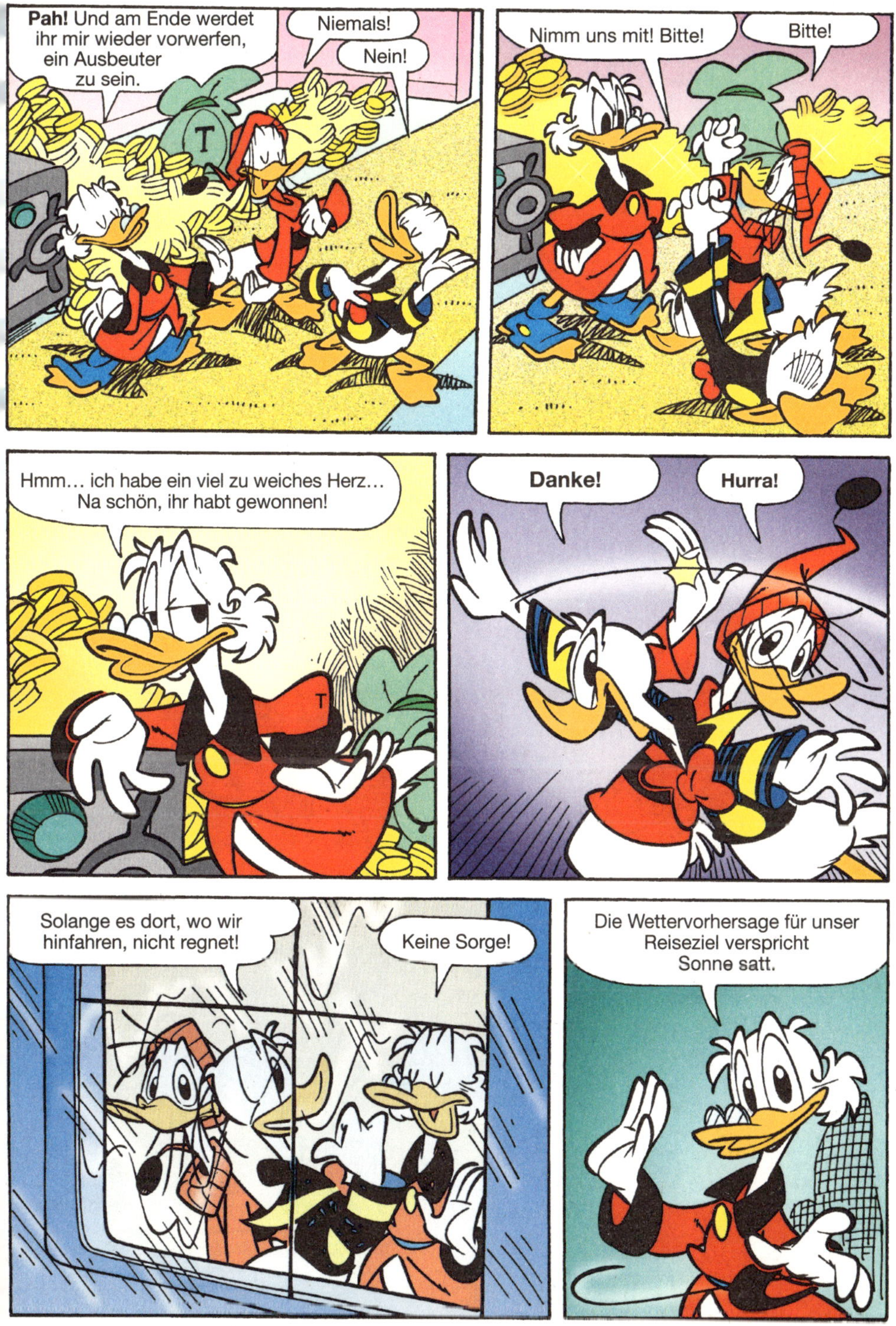
Pah! Und am Ende werdet ihr mir wieder vorwerfen, ein Ausbeuter zu sein.
Niemals!
Nein!
Nimm uns mit! Bitte!
Bitte!
Hmm… ich habe ein viel zu weiches Herz… Na schön, ihr habt gewonnen!
Danke!
Hurra!
Solange es dort, wo wir hinfahren, nicht regnet!
Keine Sorge!
Die Wettervorhersage für unser Reiseziel verspricht Sonne satt.

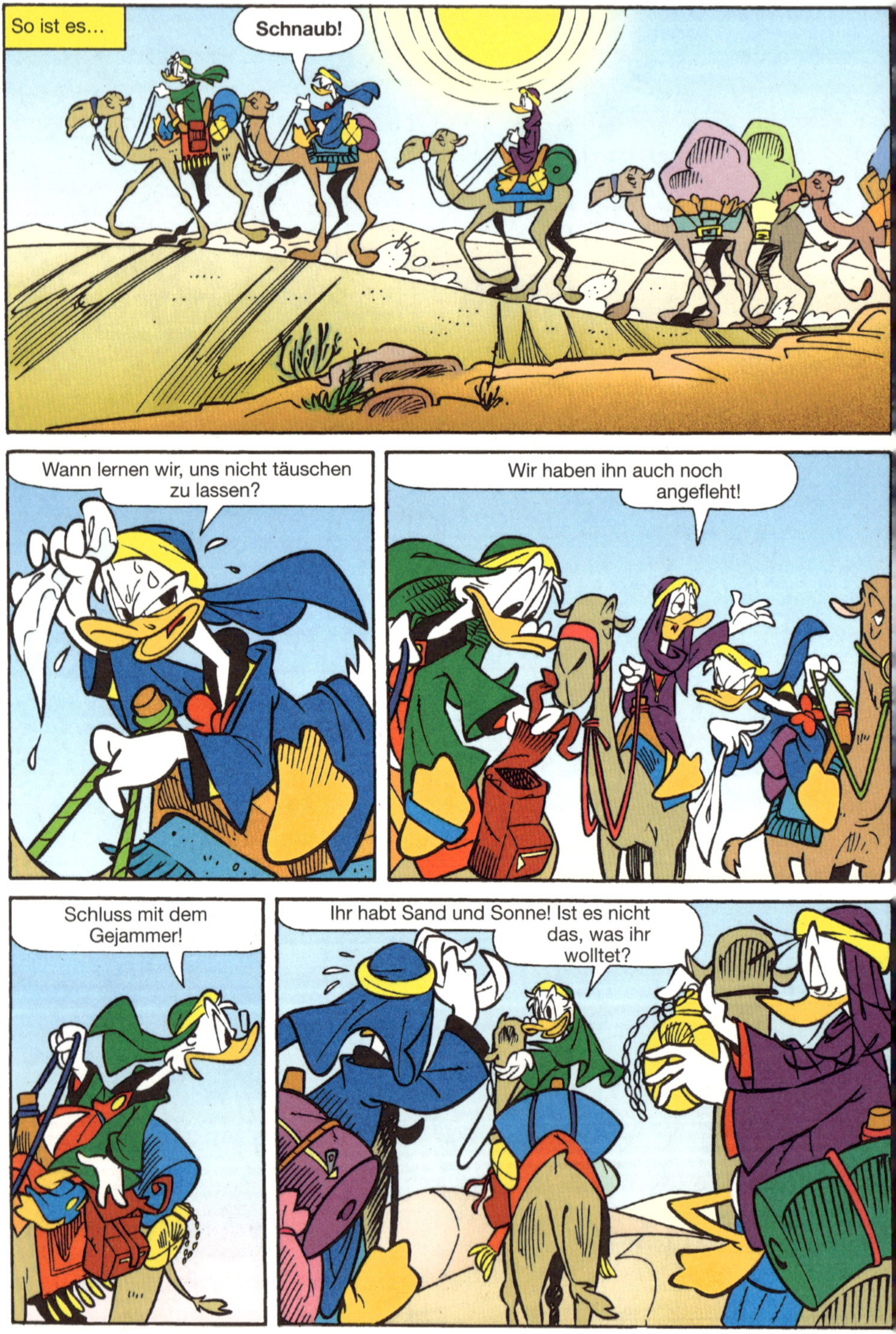

So ist es...
Schnaub!
Wann lernen wir, uns nicht täuschen zu lassen?
Wir haben ihn auch noch angefleht!
Schluss mit dem Gejammer!
Ihr habt Sand und Sonne! Ist es nicht das, was ihr wolltet?

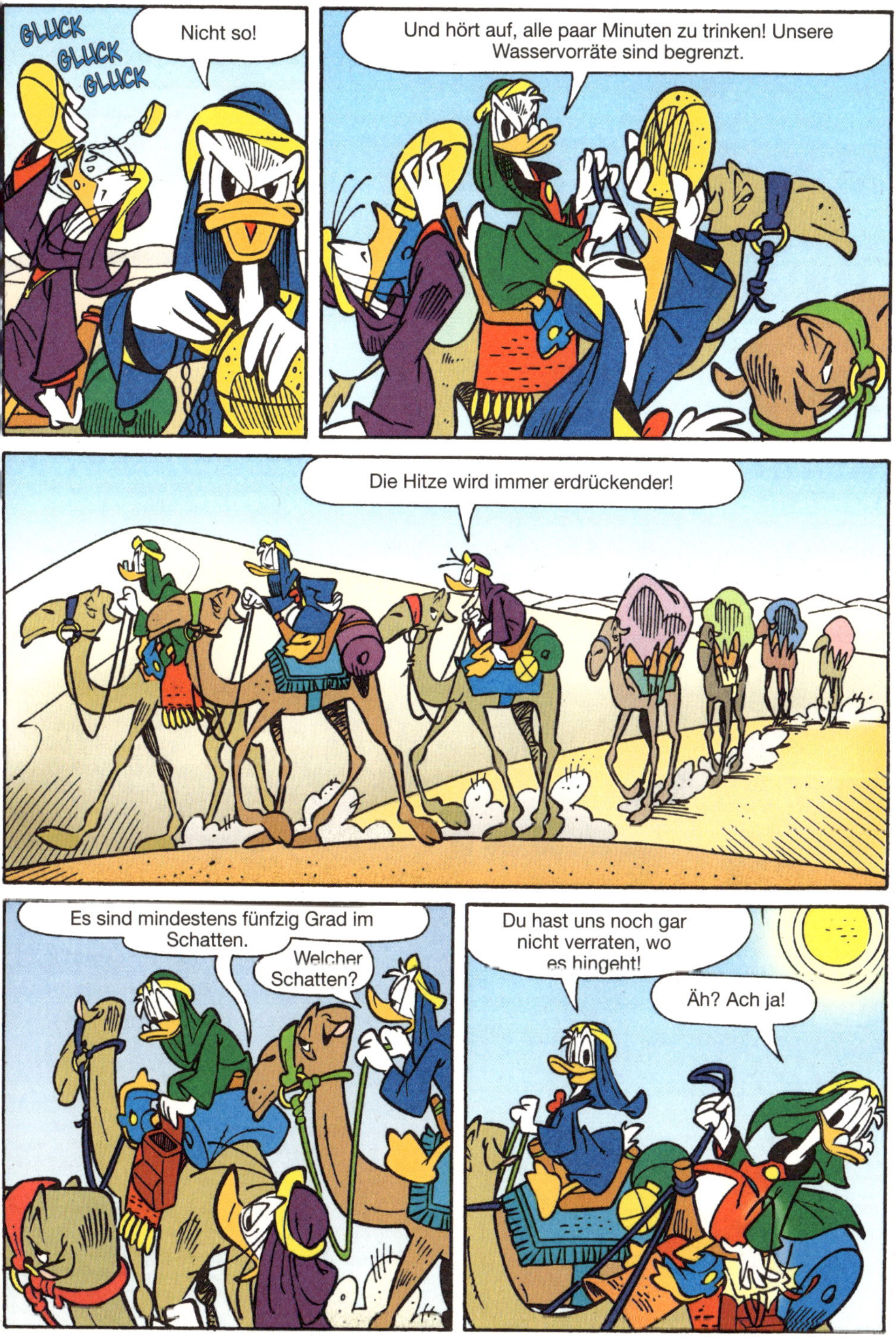
GLUCK
GLUCK
GLUCK
Nicht so!
Und hört auf, alle paar Minuten zu trinken! Unsere Wasservorräte sind begrenzt.
Die Hitze wird immer erdrückender!
Es sind mindestens fünfzig Grad im Schatten.
Welcher Schatten?
Du hast uns noch gar nicht verraten, wo es hingeht!
Äh? Ach ja!

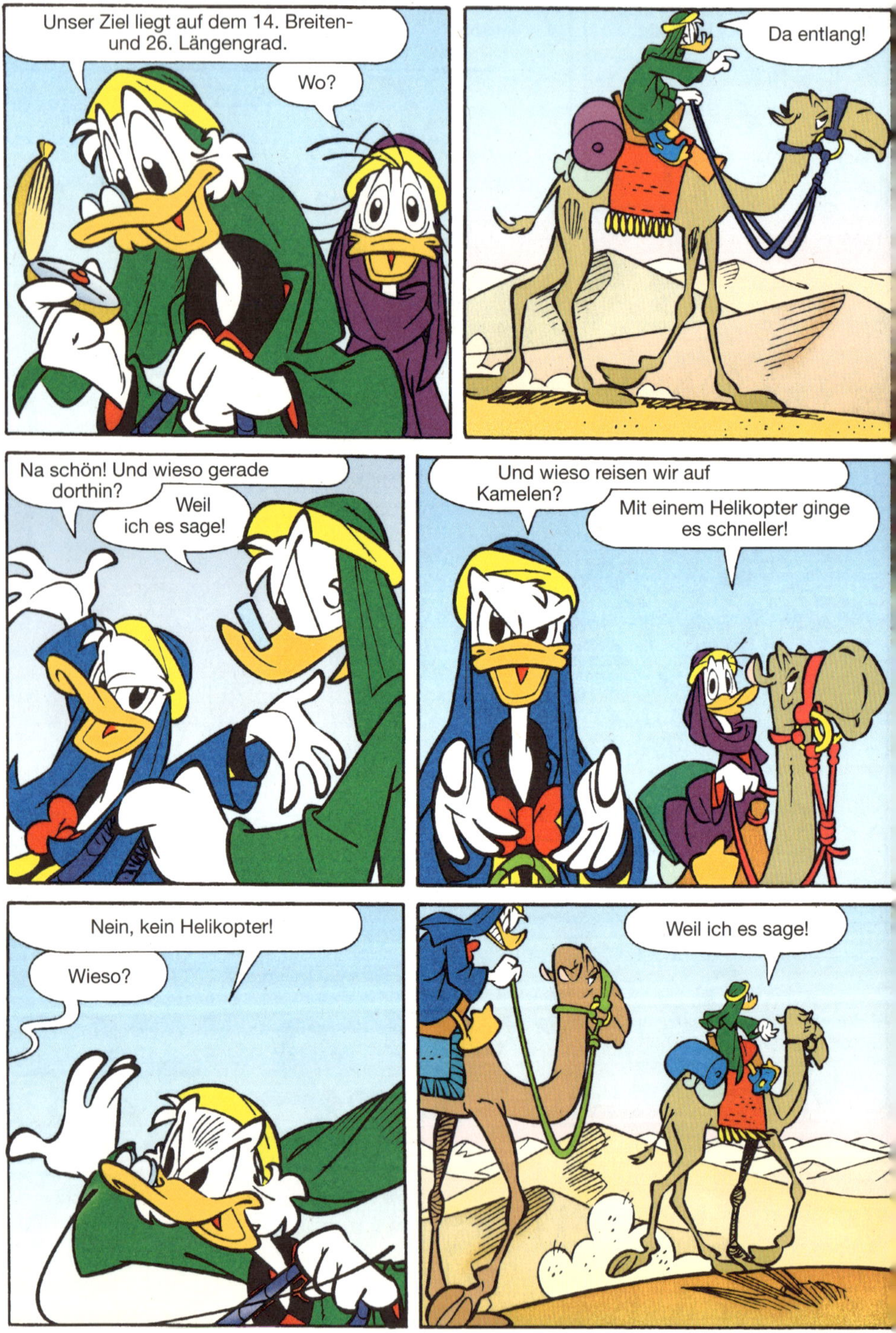

Unser Ziel liegt auf dem 14. Breiten- und 26. Längengrad.
Wo?
Da entlang!
Na schön! Und wieso gerade dorthin?
Weil ich es sage!
Und wieso reisen wir auf Kamelen?
Mit einem Helikopter ginge es schneller!
Nein, kein Helikopter!
Wieso?
Weil ich es sage!

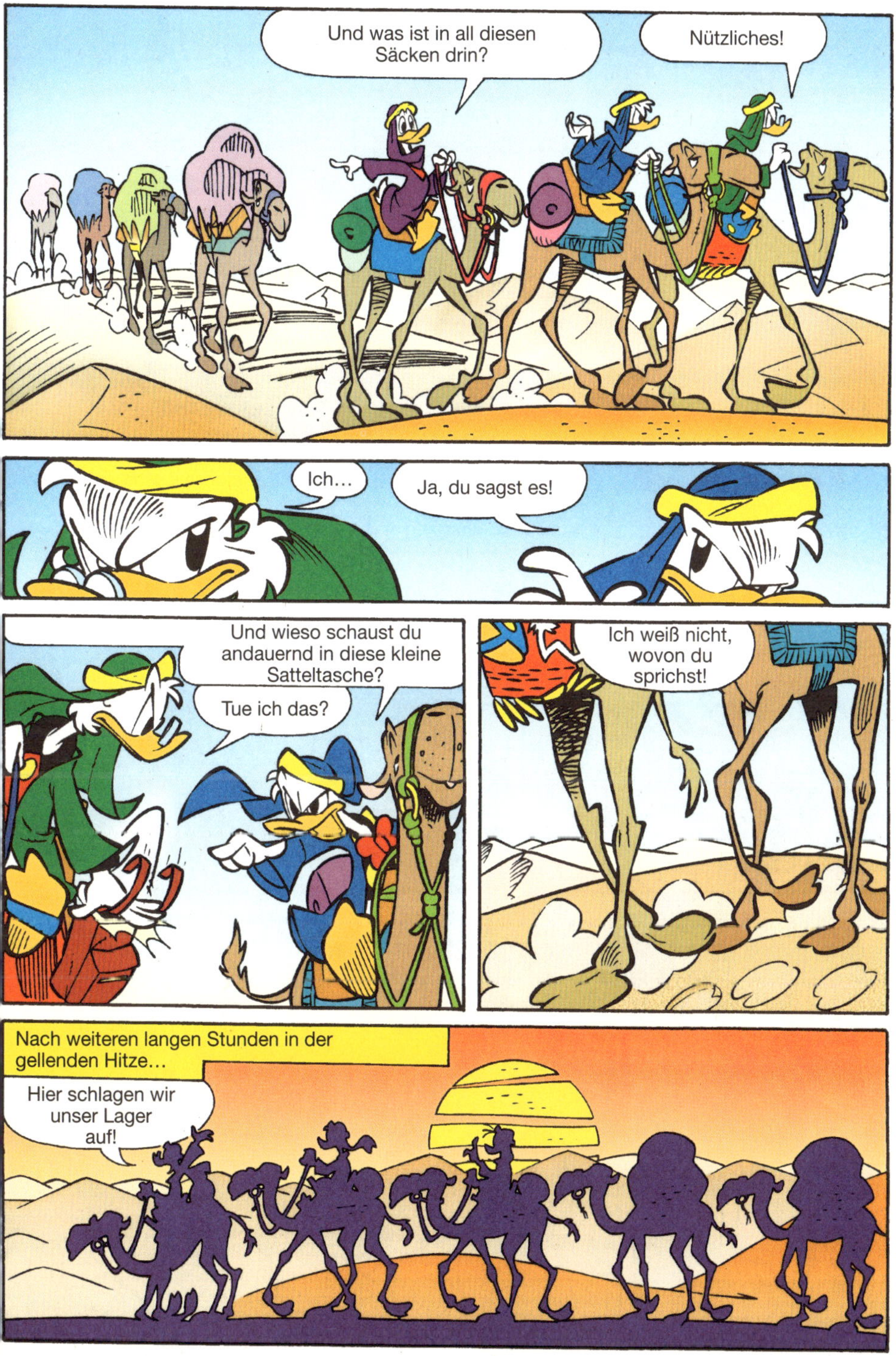
Und was ist in all diesen Säcken drin?
Nützliches!
Ich…
Ja, du sagst es!
Und wieso schaust du andauernd in diese kleine Satteltasche?
Tue ich das?
Ich weiß nicht, wovon du sprichst!
Nach weiteren langen Stunden in der gellenden Hitze…
Hier schlagen wir unser Lager auf!

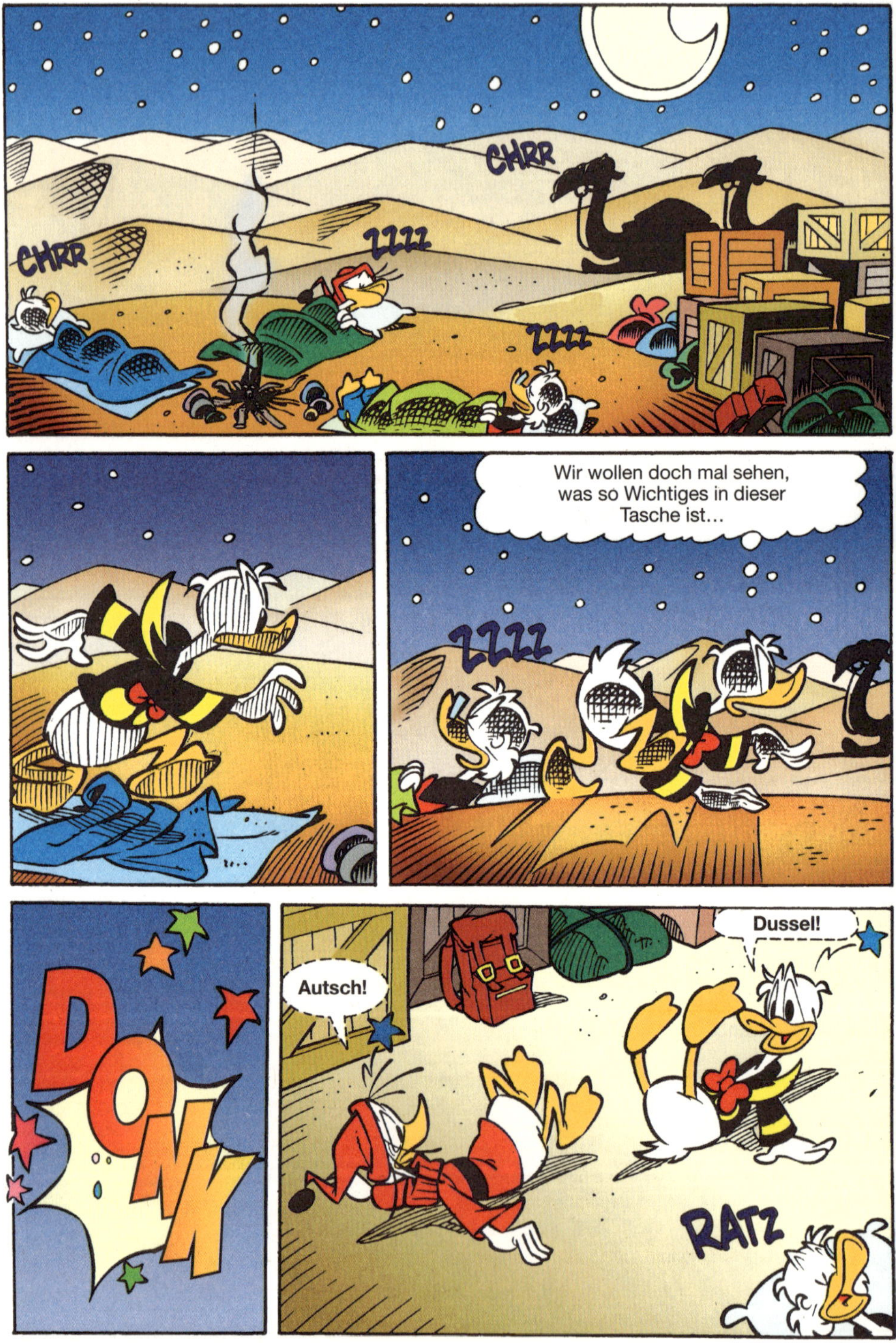
CHRR
CHRR
ZZZZ
ZZZZ
Wir wollen doch mal sehen, was so Wichtiges in dieser Tasche ist…
ZZZZ
DONK
Autsch!
Dussel!
RATZ

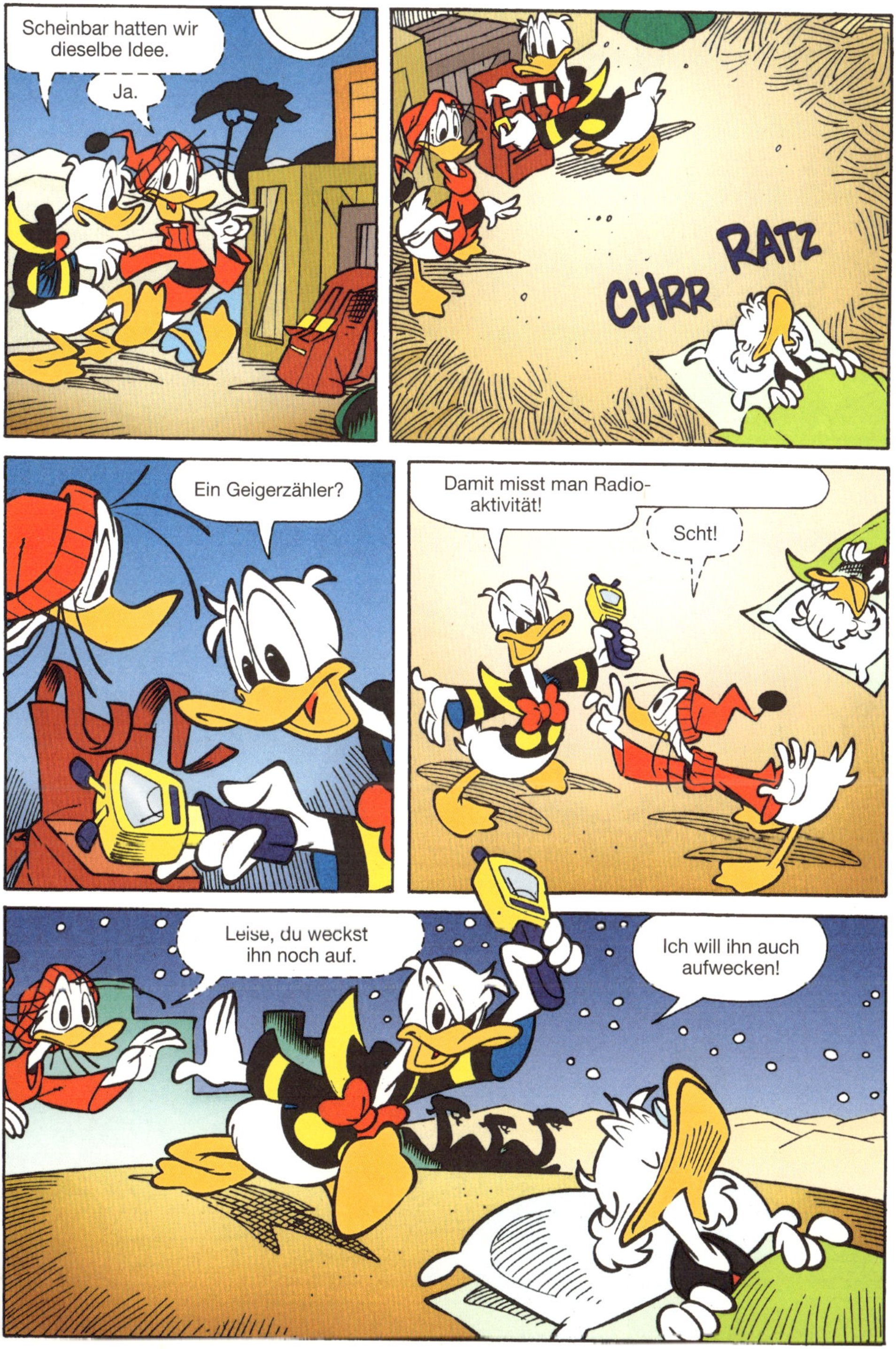
Scheinbar hatten wir dieselbe Idee.
Ja.
CHRR
RATZ
Ein Geigerzähler?
Damit misst man Radio-aktivität!
Scht!
Leise, du weckst ihn noch auf.
Ich will ihn auch aufwecken!

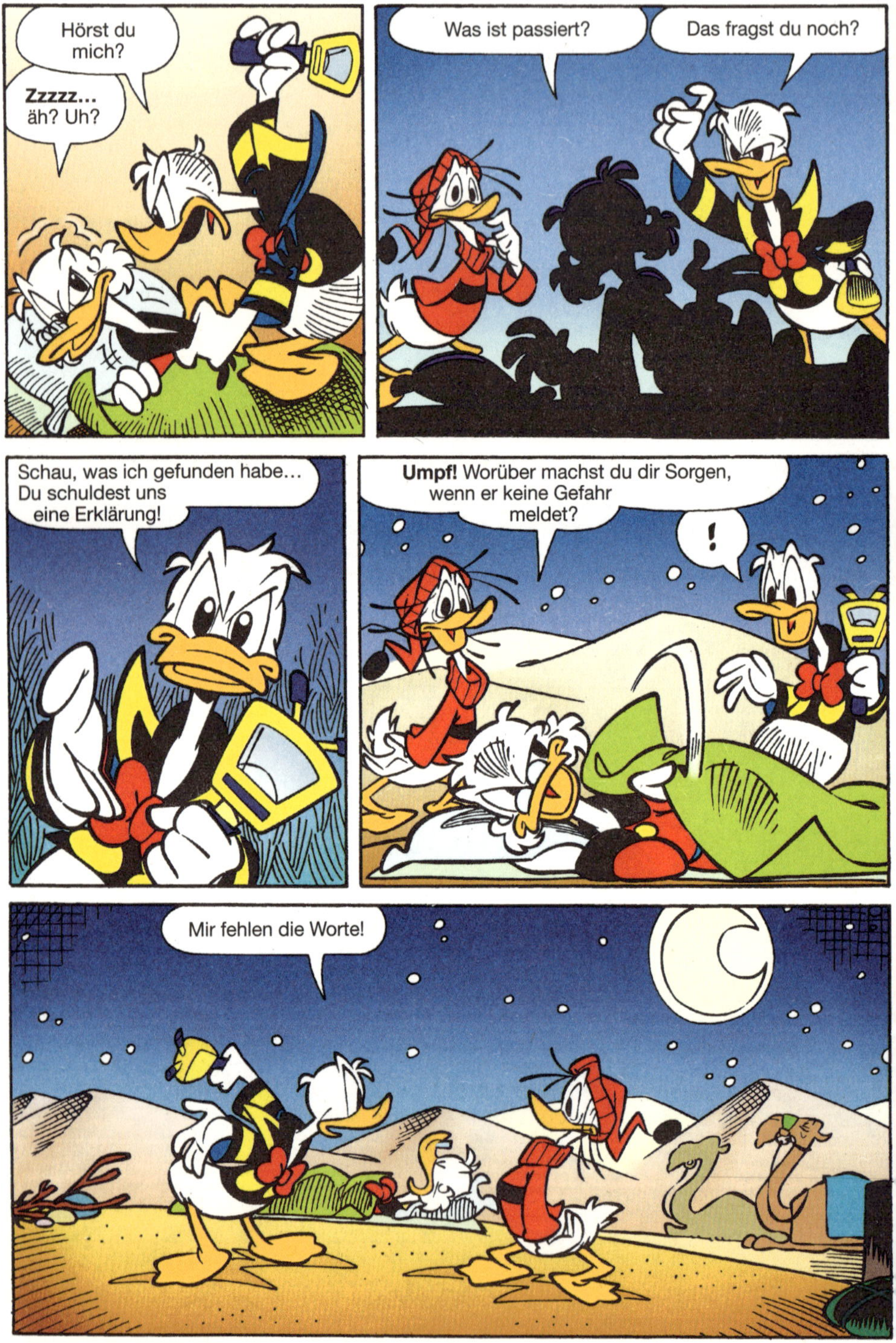
Hörst du mich?
Zzzzz... äh? Uh?
Was ist passiert?
Das fragst du noch?
Schau, was ich gefunden habe... Du schuldest uns eine Erklärung!
Umpf! Worüber machst du dir Sorgen, wenn er keine Gefahr meldet?
!
Mir fehlen die Worte!

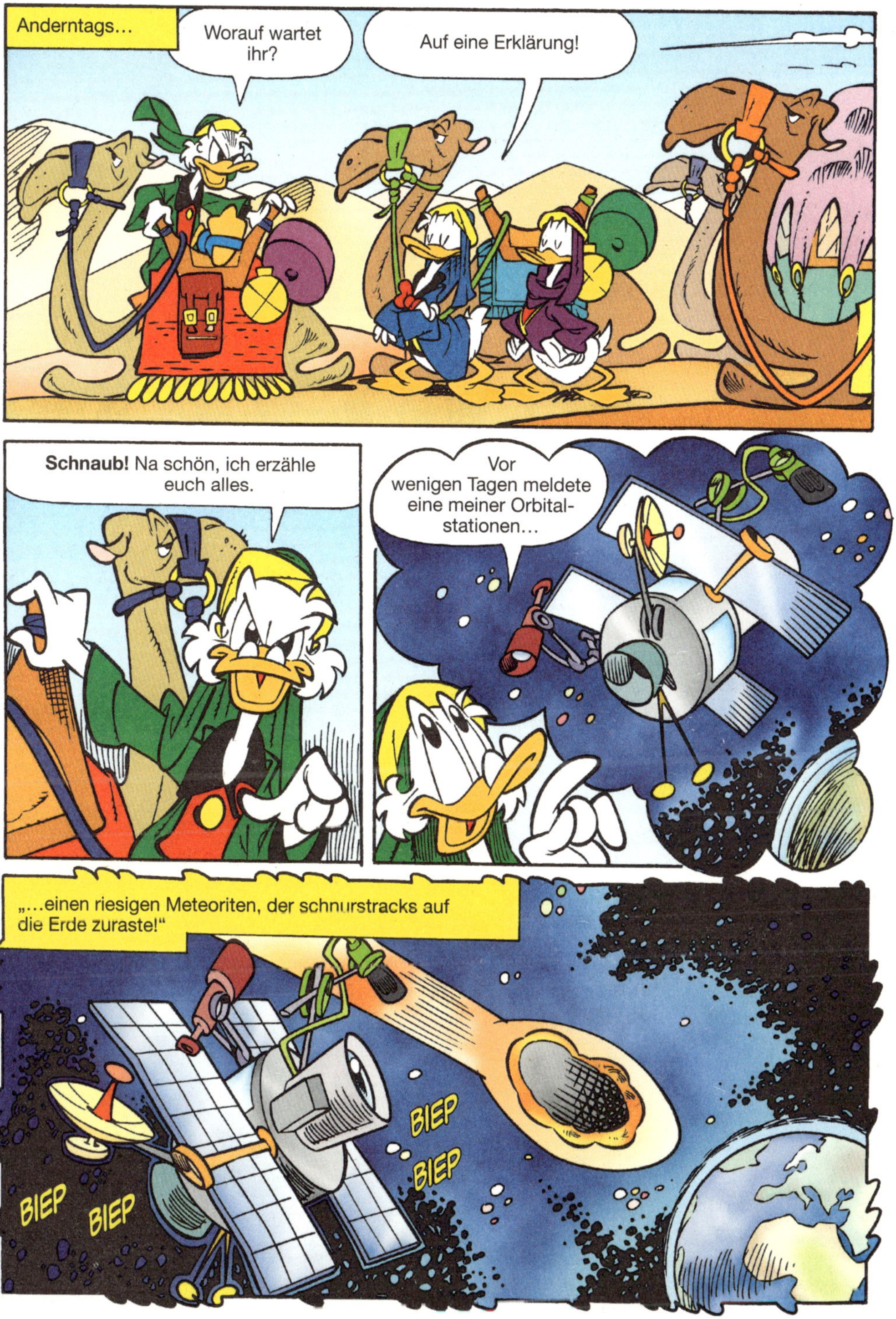

Anderntags…
Worauf wartet ihr?
Auf eine Erklärung!
Schnaub! Na schön, ich erzähle euch alles.
Vor wenigen Tagen meldete eine meiner Orbital-stationen…
„…einen riesigen Meteoriten, der schnurstracks auf die Erde zuraste!“
BIEP BIEP
BIEP BIEP

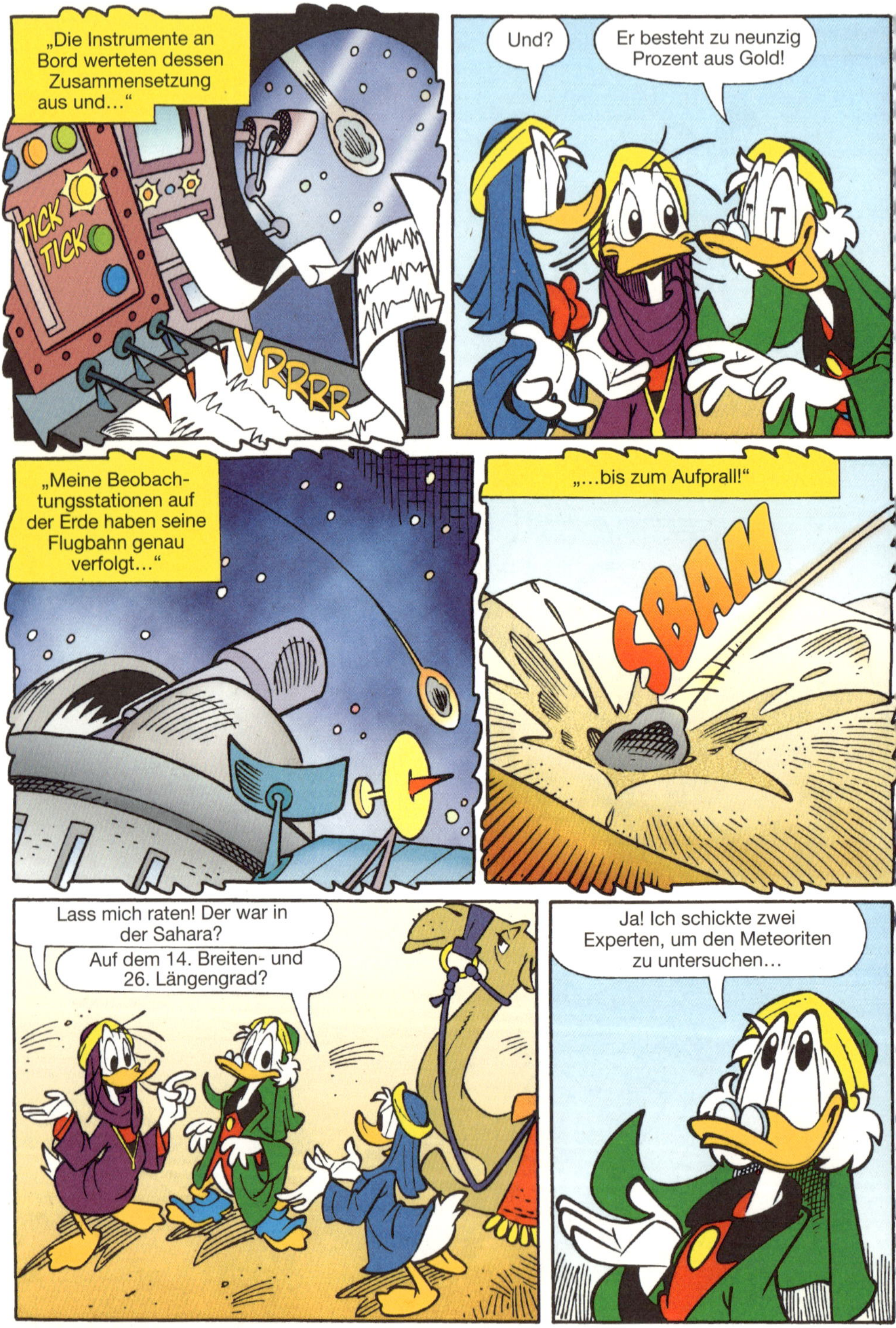
„Die Instrumente an Bord werteten dessen Zusammensetzung aus und…“
TICK TICK
VRRRR
Und?
Er besteht zu neunzig Prozent aus Gold!
„Meine Beobachtungsstationen auf der Erde haben seine Flugbahn genau verfolgt…“
„…bis zum Aufprall!“
SBAM
Lass mich raten! Der war in der Sahara?
Auf dem 14. Breiten- und 26. Längengrad?
Ja! Ich schickte zwei Experten, um den Meteoriten zu untersuchen…

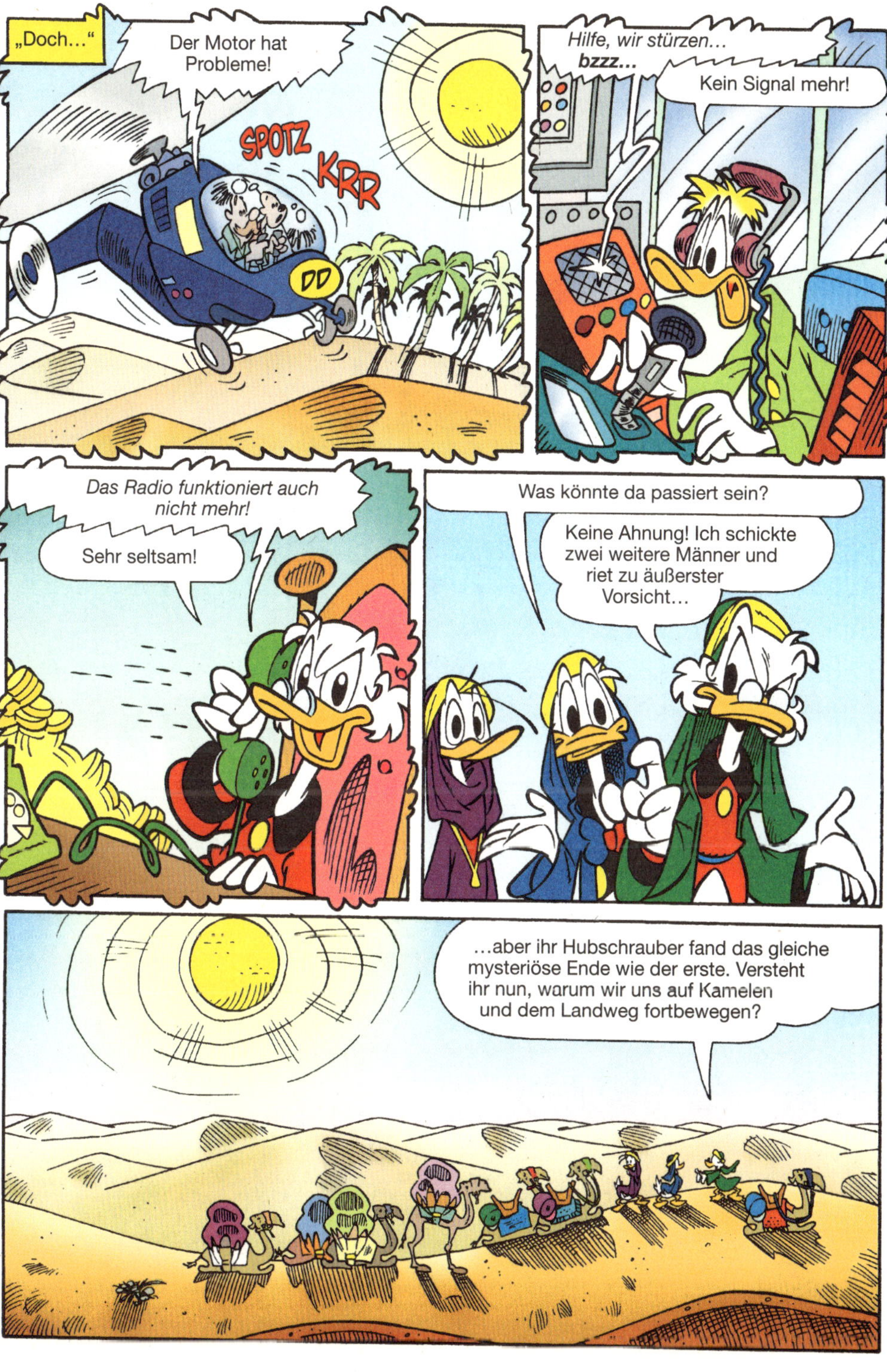
„Doch…“
Der Motor hat Probleme!
SPOTZ
KRR
Hilfe, wir stürzen… bzzz…
Kein Signal mehr!
Das Radio funktioniert auch nicht mehr!
Sehr seltsam!
Was könnte da passiert sein?
Keine Ahnung! Ich schickte zwei weitere Männer und riet zu äußerster Vorsicht…
…aber ihr Hubschrauber fand das gleiche mysteriöse Ende wie der erste. Versteht ihr nun, warum wir uns auf Kamelen und dem Landweg fortbewegen?

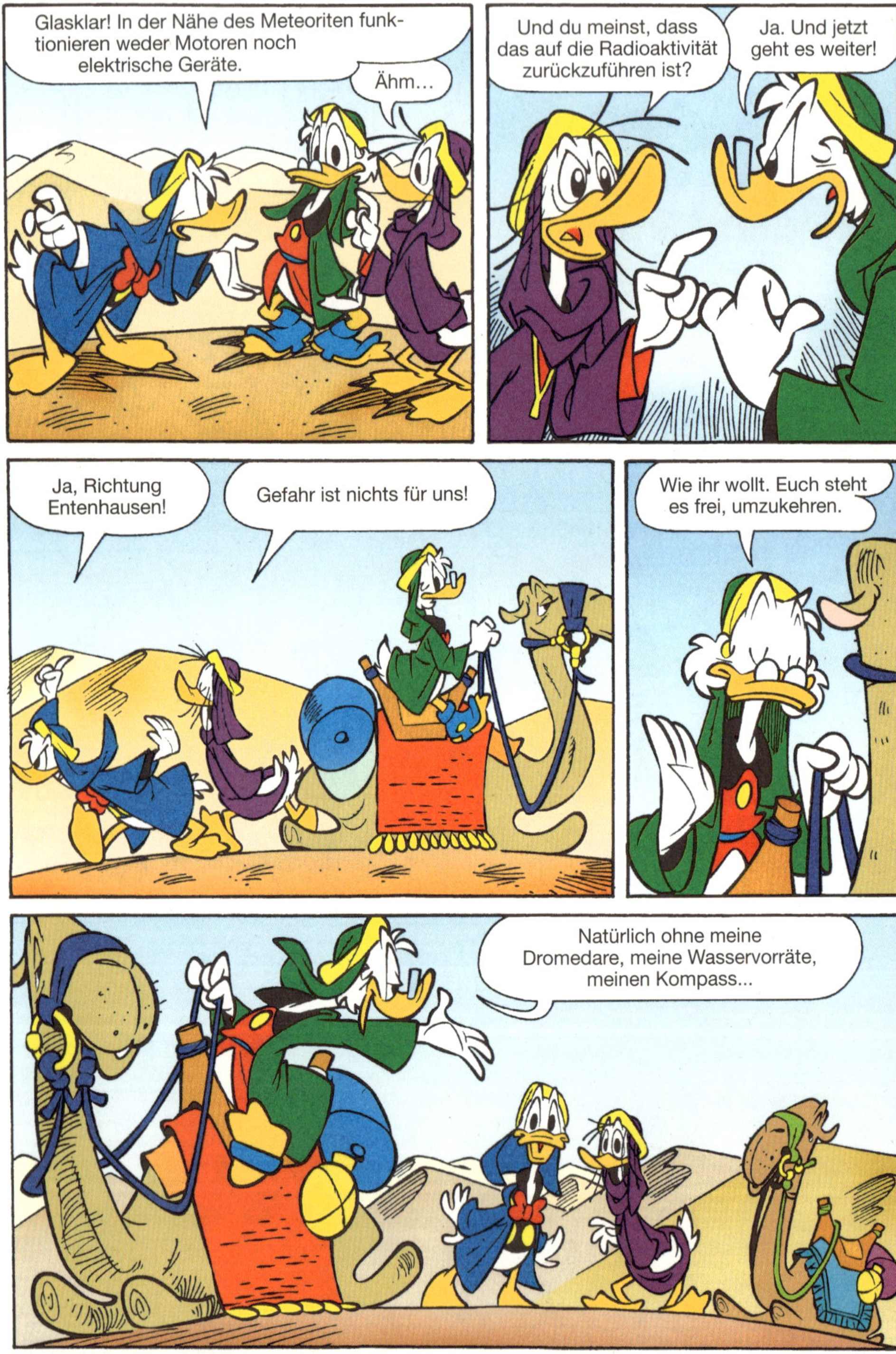
Glasklar! In der Nähe des Meteoriten funktionieren weder Motoren noch elektrische Geräte.
Ähm…
Und du meinst, dass das auf die Radioaktivität zurückzuführen ist?
Ja. Und jetzt geht es weiter!
Ja, Richtung Entenhausen!
Gefahr ist nichts für uns!
Wie ihr wollt. Euch steht es frei, umzukehren.
Natürlich ohne meine Dromedare, meine Wasservorräte, meinen Kompass…

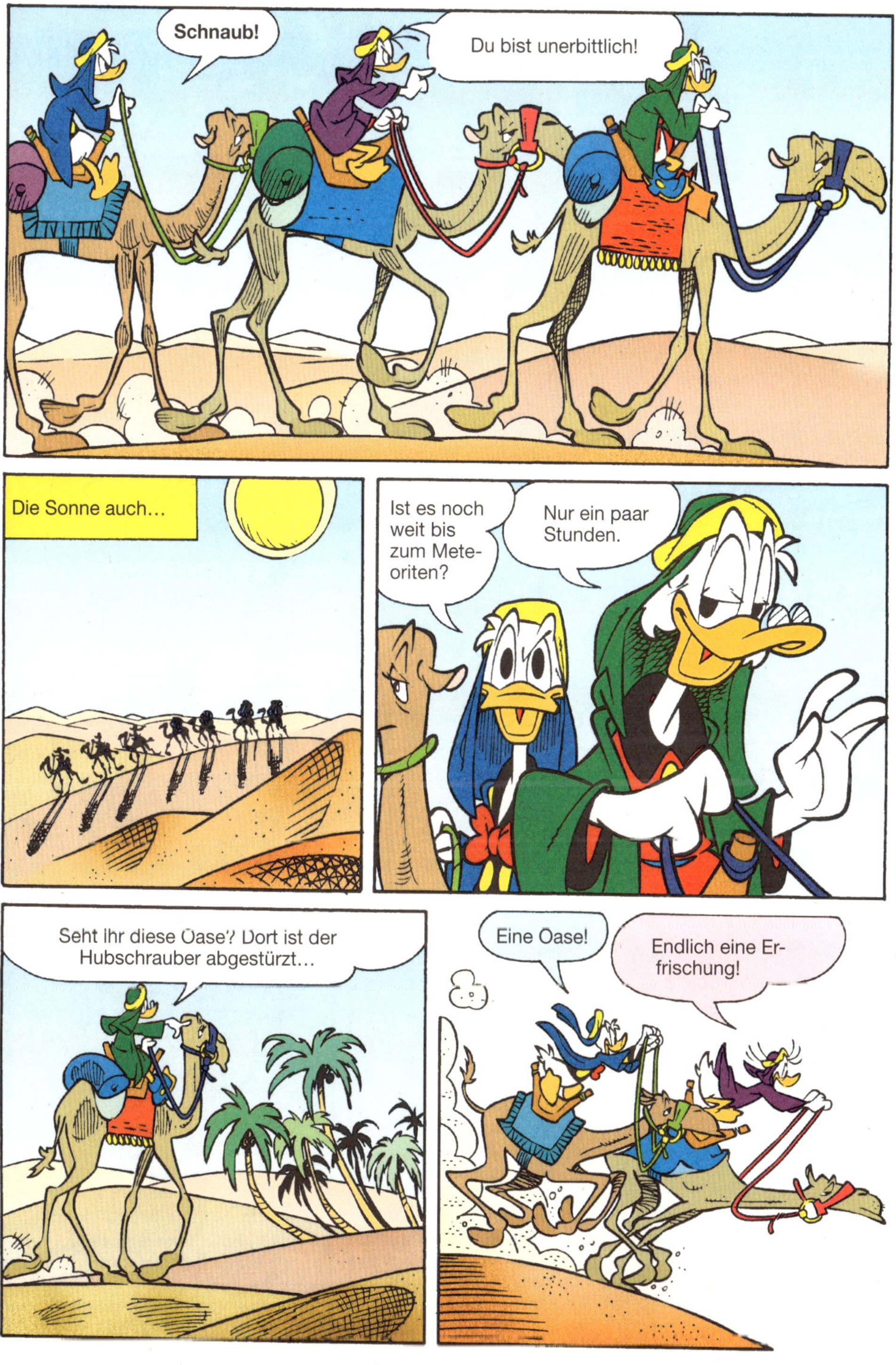
Schnaub!
Du bist unerbittlich!
Die Sonne auch…
Ist es noch weit bis zum Meteoriten?
Nur ein paar Stunden.
Seht ihr diese Oase? Dort ist der Hubschrauber abgestürzt…
Eine Oase!
Endlich eine Erfrischung!

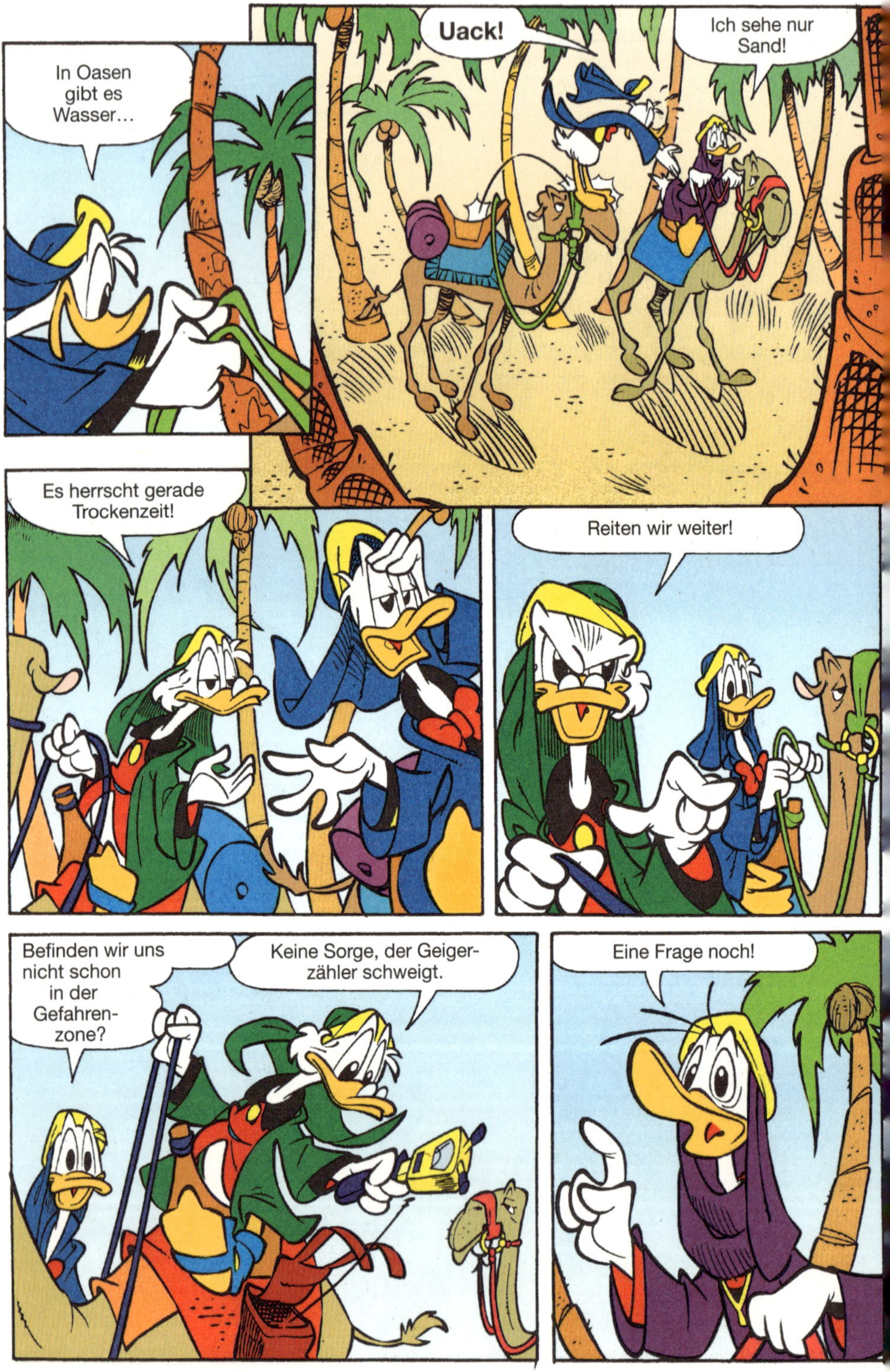
In Oasen gibt es Wasser…
Uack!
Ich sehe nur Sand!
Es herrscht gerade Trockenzeit!
Reiten wir weiter!
Befinden wir uns nicht schon in der Gefahren-zone?
Keine Sorge, der Geiger-zähler schweigt.
Eine Frage noch!

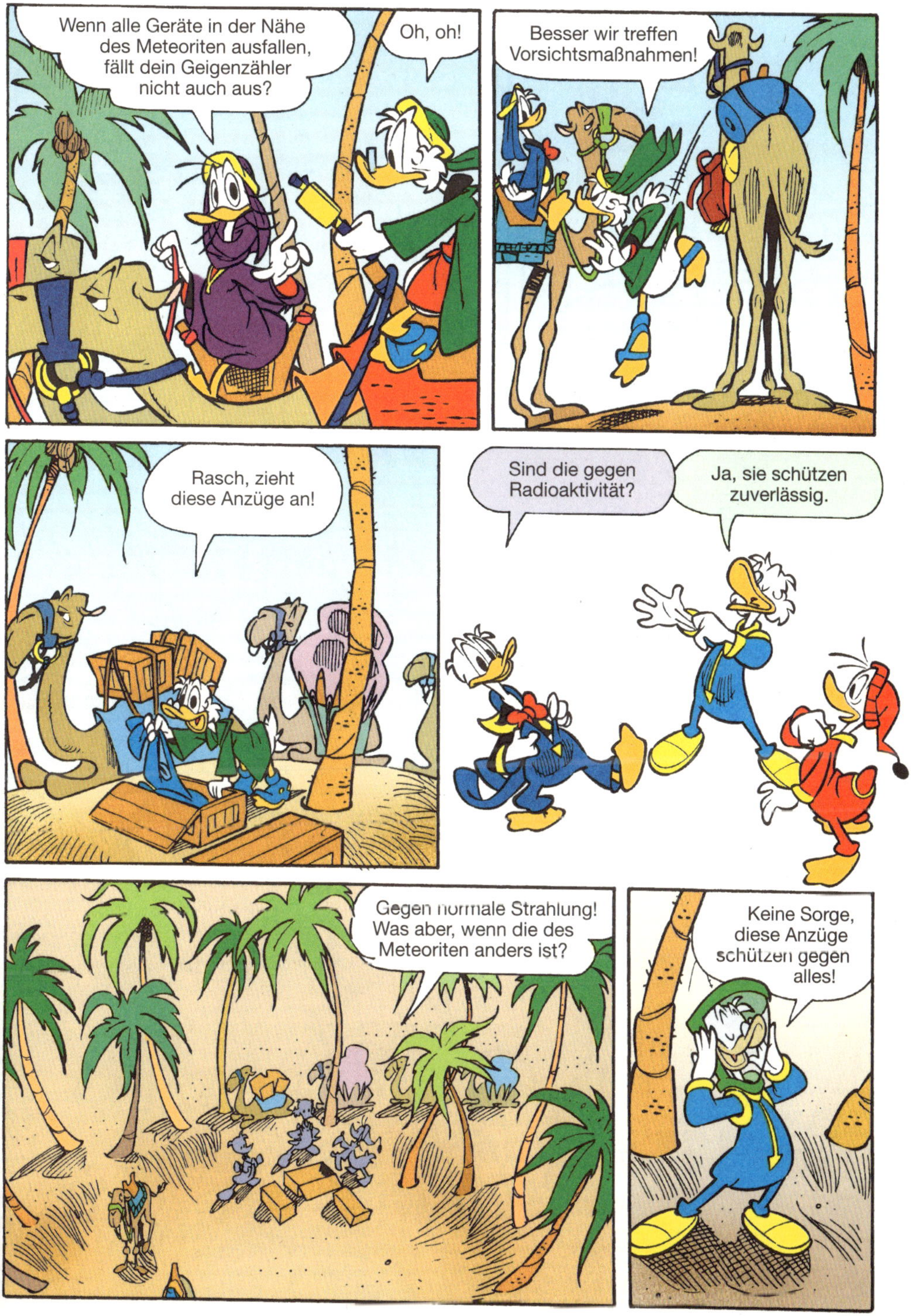
Wenn alle Geräte in der Nähe des Meteoriten ausfallen, fällt dein Geigenzähler nicht auch aus?
Oh, oh!
Besser wir treffen Vorsichtsmaßnahmen!
Rasch, zieht diese Anzüge an!
Sind die gegen Radioaktivität?
Ja, sie schützen zuverlässig.
Gegen normale Strahlung! Was aber, wenn die des Meteoriten anders ist?
Keine Sorge, diese Anzüge schützen gegen alles!

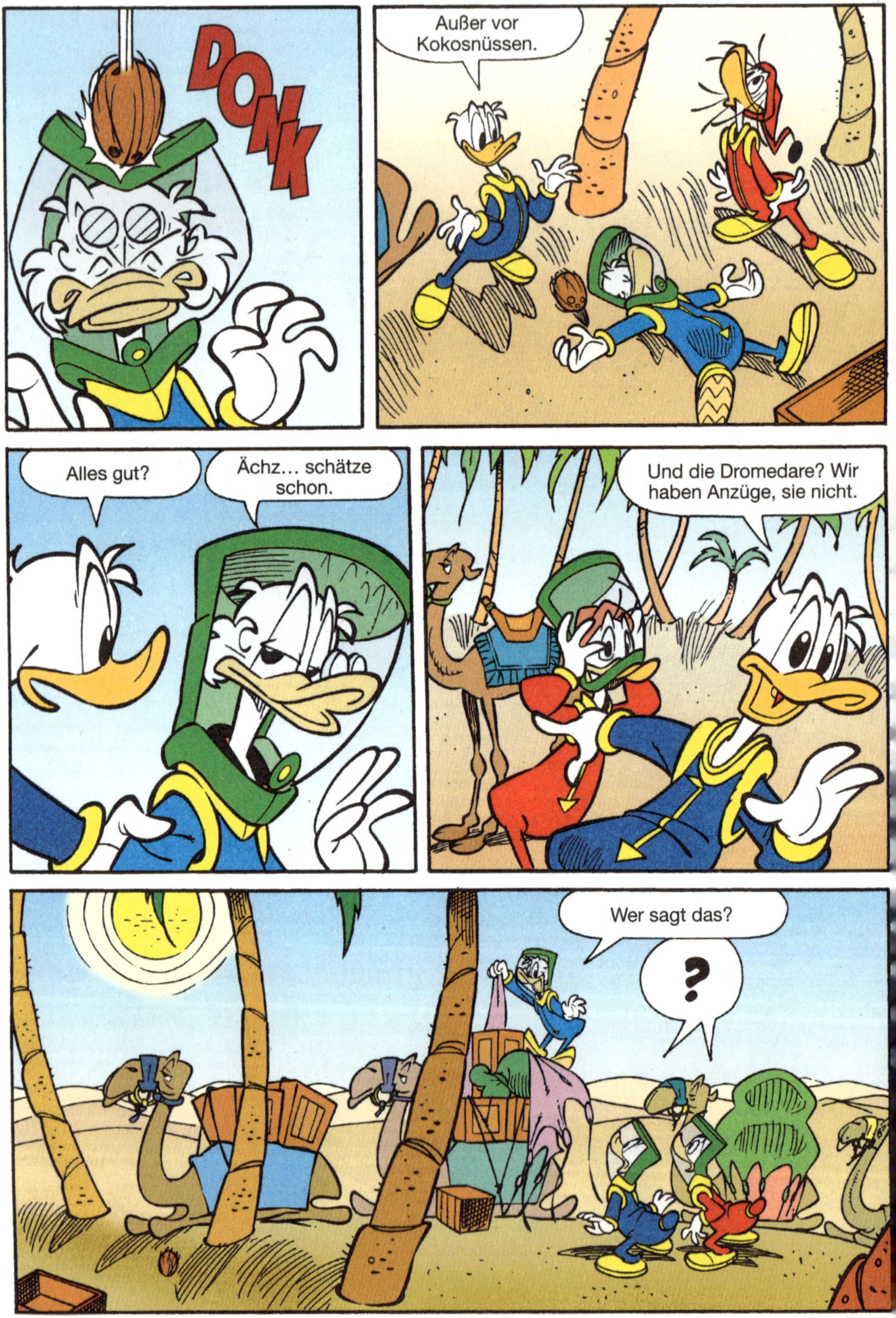
DONK
Außer vor Kokosnüssen.
Alles gut?
Ächz… schätze schon.
Und die Dromedare? Wir haben Anzüge, sie nicht.
Wer sagt das?
?

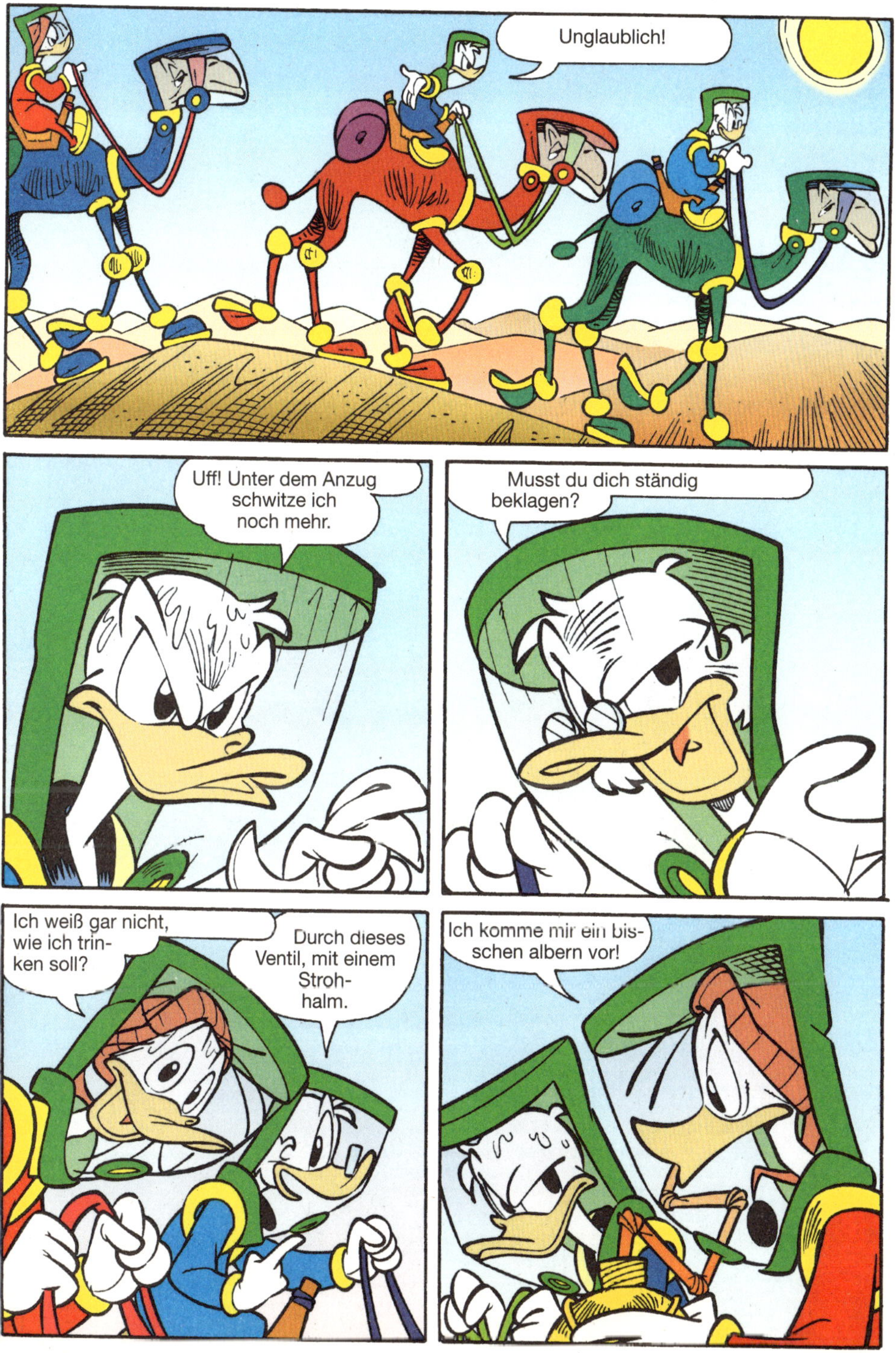
Unglaublich!
Uff! Unter dem Anzug schwitze ich noch mehr.
Musst du dich ständig beklagen?
Ich weiß gar nicht, wie ich trinken soll?
Durch dieses Ventil, mit einem Strohhalm.
Ich komme mir ein bisschen albern vor!

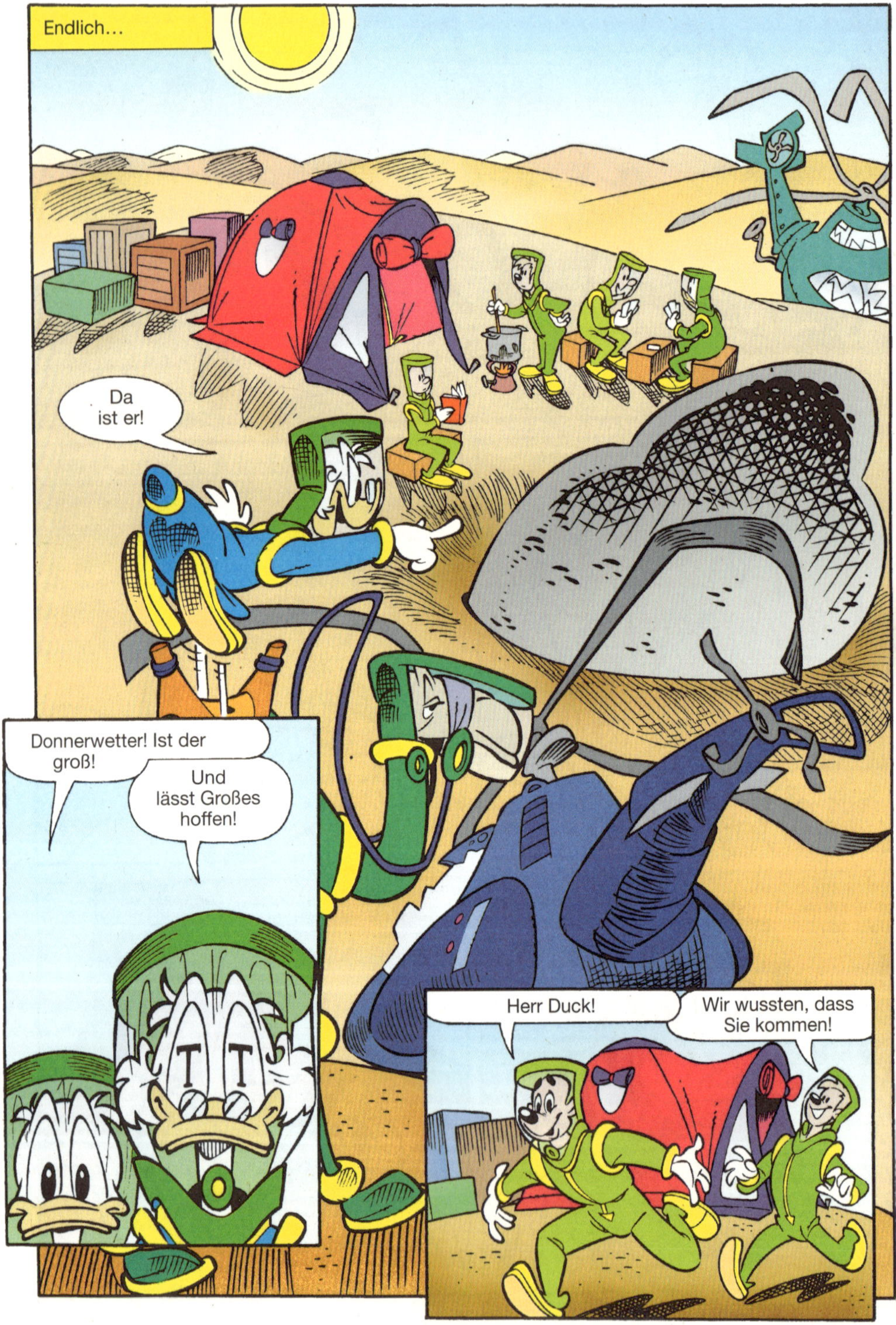
Endlich…
Da ist er!
Donnerwetter! Ist der groß!
Und lässt Großes hoffen!
Herr Duck!
Wir wussten, dass Sie kommen!

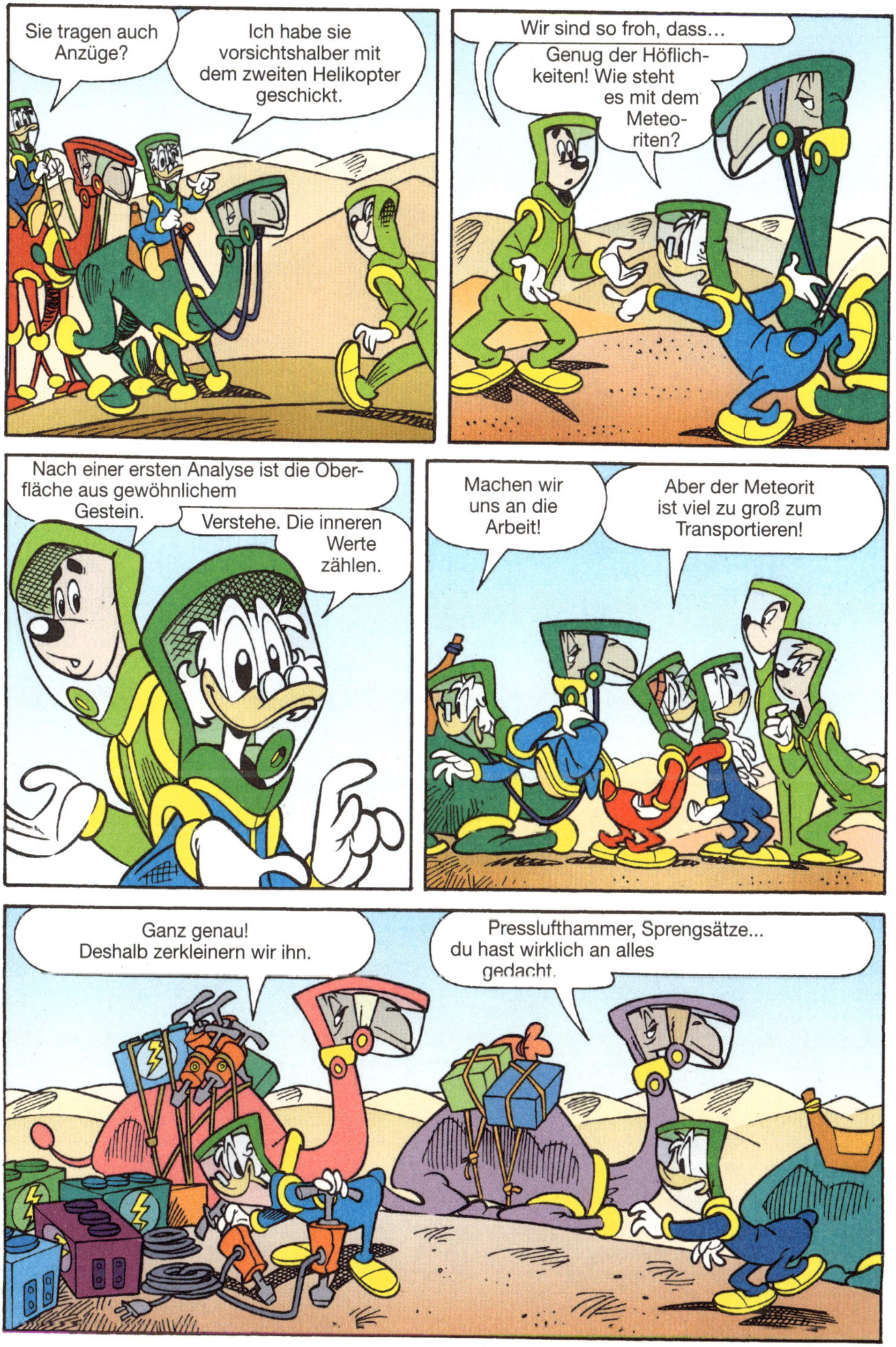

Sie tragen auch Anzüge?
Ich habe sie vorsichtshalber mit dem zweiten Helikopter geschickt.
Wir sind so froh, dass…
Genug der Höflichkeiten! Wie steht es mit dem Meteoriten?
Nach einer ersten Analyse ist die Oberfläche aus gewöhnlichem Gestein.
Verstehe. Die inneren Werte zählen.
Machen wir uns an die Arbeit!
Aber der Meteorit ist viel zu groß zum Transportieren!
Ganz genau! Deshalb zerkleinern wir ihn.
Presslufthammer, Sprengsätze… du hast wirklich an alles gedacht.

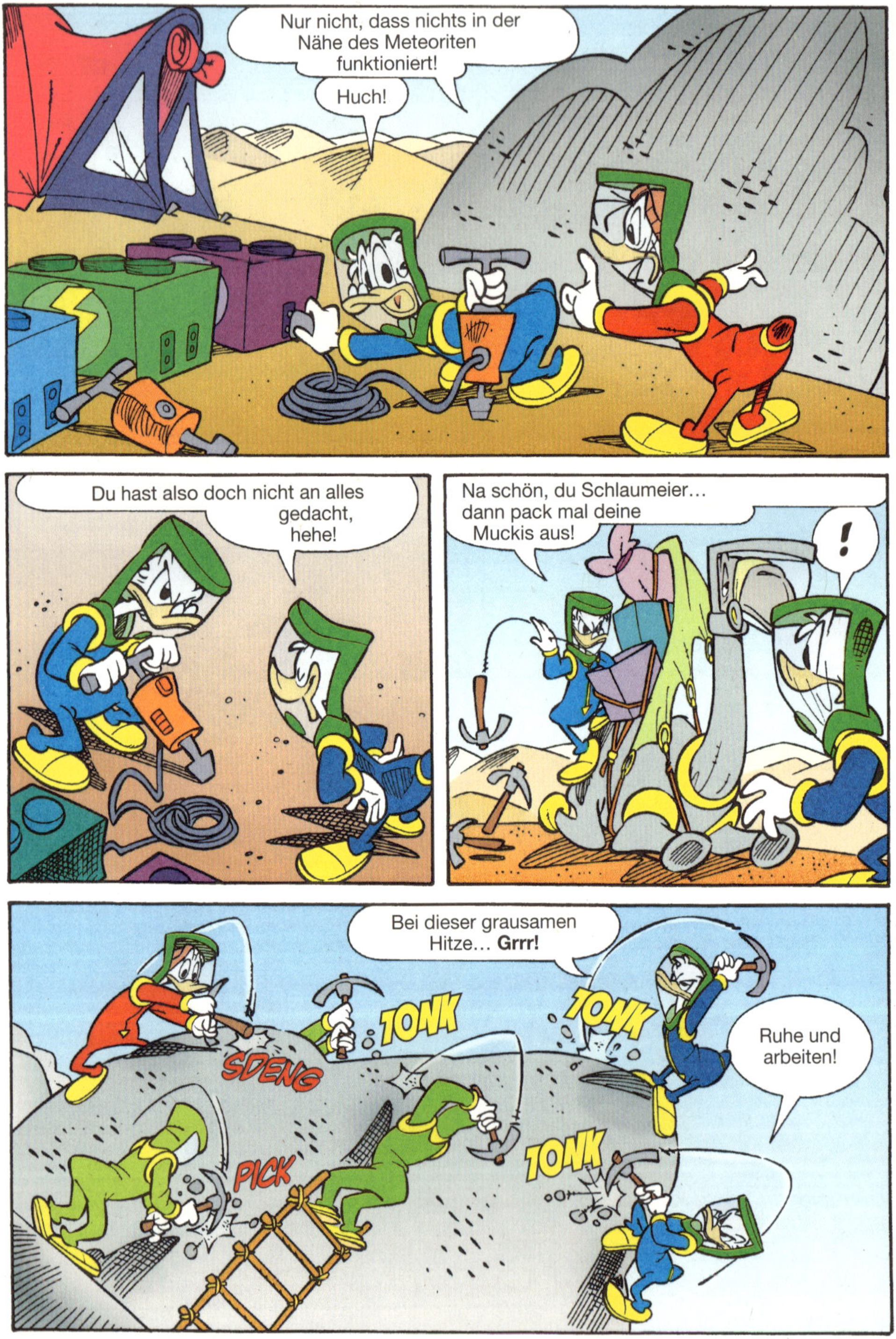
Nur nicht, dass nichts in der Nähe des Meteoriten funktioniert!
Huch!
Du hast also doch nicht an alles gedacht, hehe!
Na schön, du Schlaumeier… dann pack mal deine Muckis aus!
!
Bei dieser grausamen Hitze… **Grrr!**
SDENG
TONK
TONK
Ruhe und arbeiten!
PICK
TONK

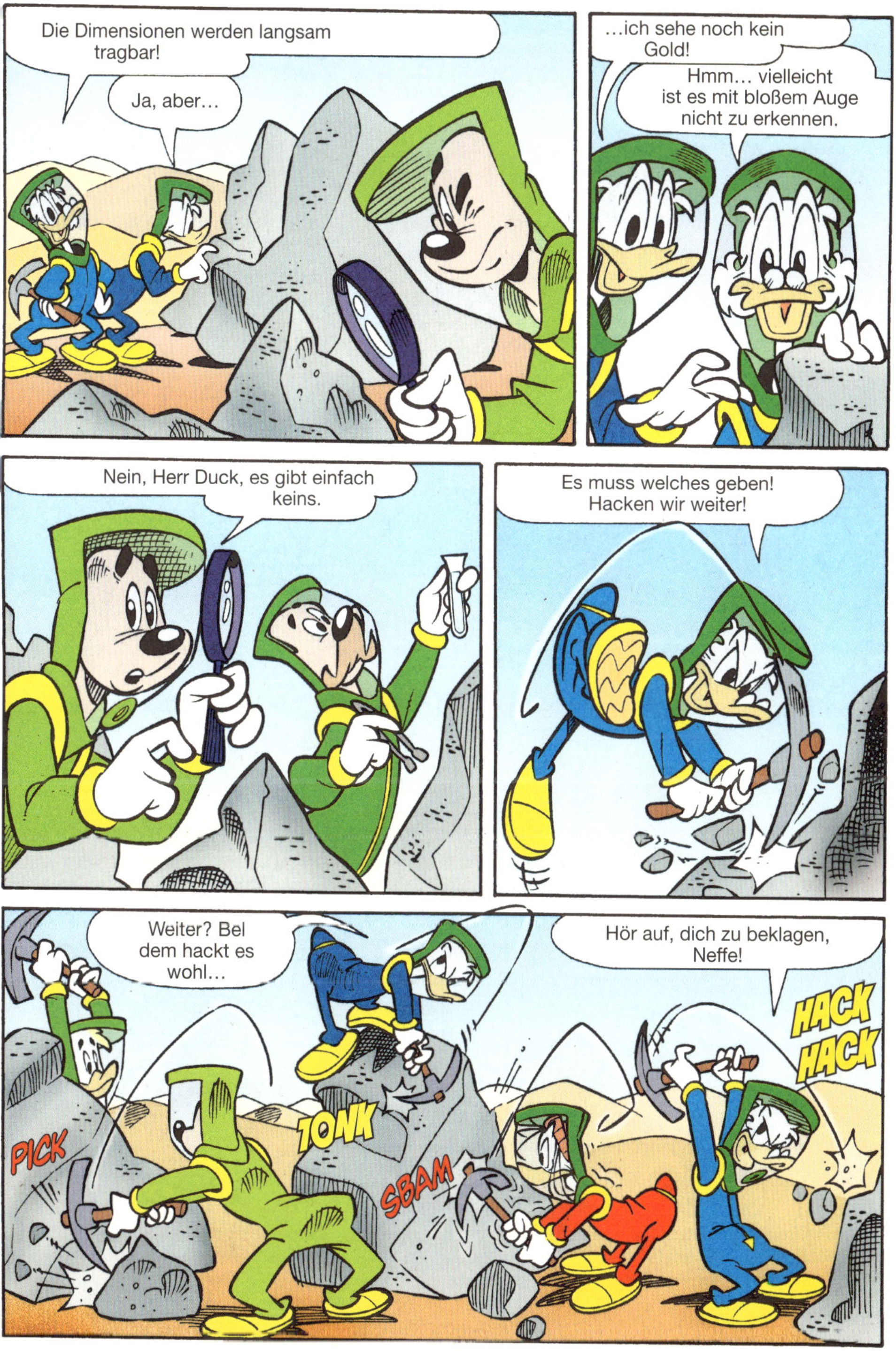
Die Dimensionen werden langsam tragbar!
Ja, aber…
…ich sehe noch kein Gold!
Hmm… vielleicht ist es mit bloßem Auge nicht zu erkennen.
Nein, Herr Duck, es gibt einfach keins.
Es muss welches geben! Hacken wir weiter!
Weiter? Bei dem hackt es wohl…
Hör auf, dich zu beklagen, Neffe!
PICK
TONK
SBAM
HACK HACK

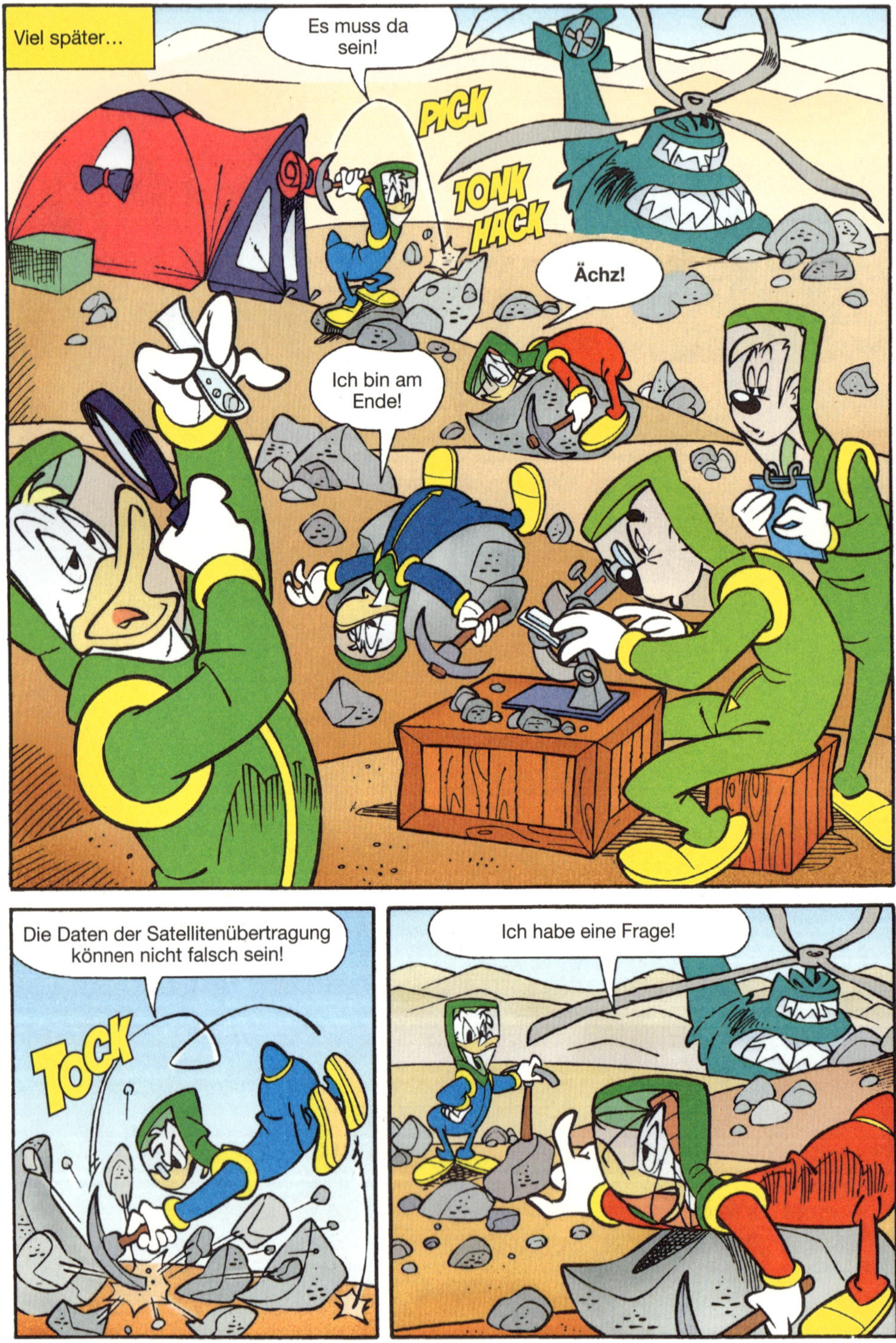
Viel später...
Es muss da sein!
PICK
TONK
HACK
Ächz!
Ich bin am Ende!
Die Daten der Satellitenübertragung können nicht falsch sein!
TOCK
Ich habe eine Frage!

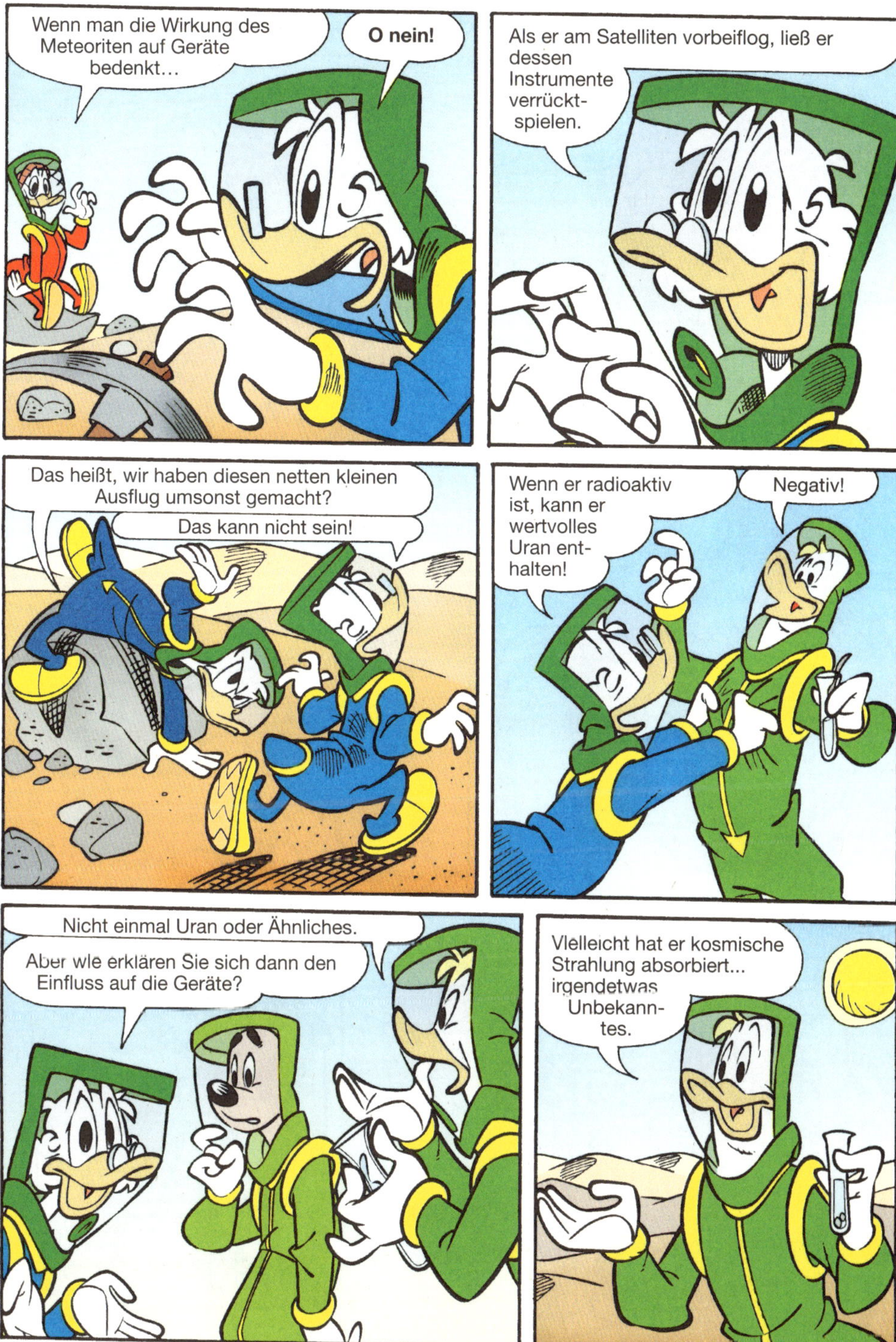
Wenn man die Wirkung des Meteoriten auf Geräte bedenkt...
O nein!
Als er am Satelliten vorbeiflog, ließ er dessen Instrumente verrückt-spielen.
Das heißt, wir haben diesen netten kleinen Ausflug umsonst gemacht?
Das kann nicht sein!
Wenn er radioaktiv ist, kann er wertvolles Uran ent-halten!
Negativ!
Nicht einmal Uran oder Ähnliches.
Aber wie erklären Sie sich dann den Einfluss auf die Geräte?
Vielleicht hat er kosmische Strahlung absorbiert... irgendetwas Unbekannt-tes.

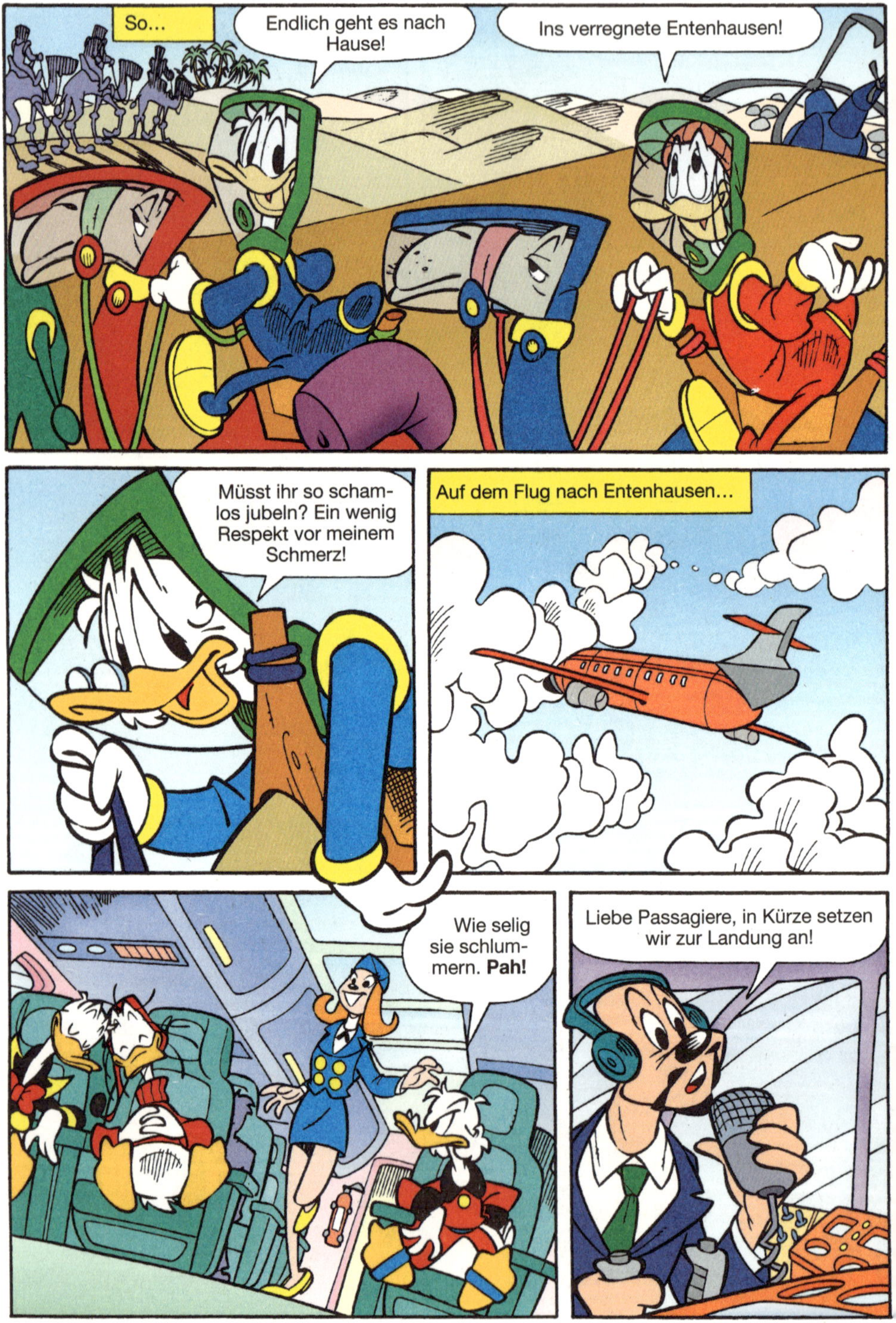
So...
Endlich geht es nach Hause!
Ins verregnete Entenhausen!
Müsst ihr so schamlos jubeln? Ein wenig Respekt vor meinem Schmerz!
Auf dem Flug nach Entenhausen...
Wie selig sie schlummern. **Pah!**
Liebe Passagiere, in Kürze setzen wir zur Landung an!

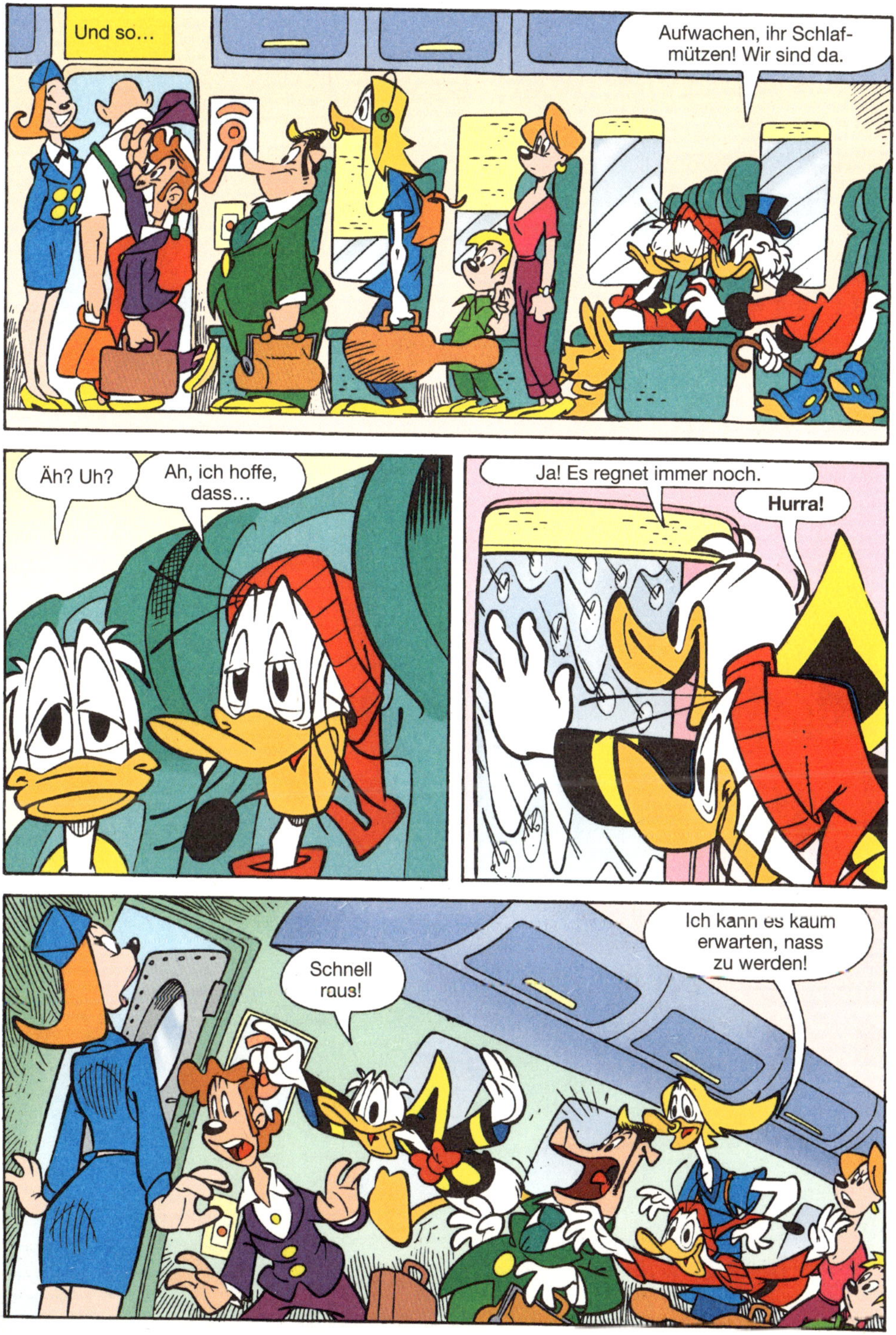
Und so...
Aufwachen, ihr Schlafmützen! Wir sind da.
Äh? Uh?
Ah, ich hoffe, dass...
Ja! Es regnet immer noch.
Hurra!
Schnell raus!
Ich kann es kaum erwarten, nass zu werden!

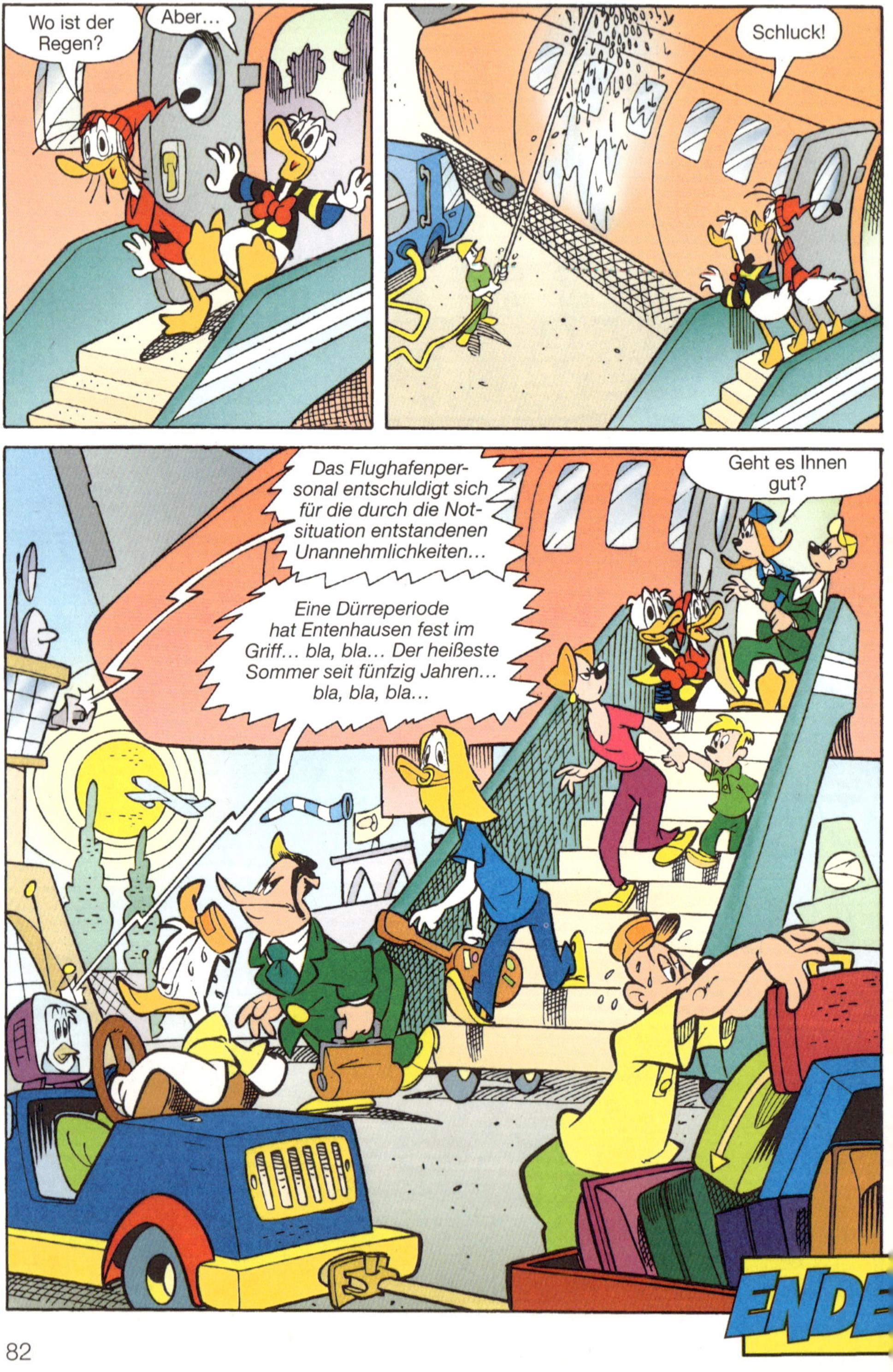
Wo ist der Regen?
Aber…
Schluck!
Das Flughafenpersonal entschuldigt sich für die durch die Notsituation entstandenen Unannehmlichkeiten…
Eine Dürreperiode hat Entenhausen fest im Griff… bla, bla… Der heißeste Sommer seit fünfzig Jahren… bla, bla, bla…
Geht es Ihnen gut?
ENDE

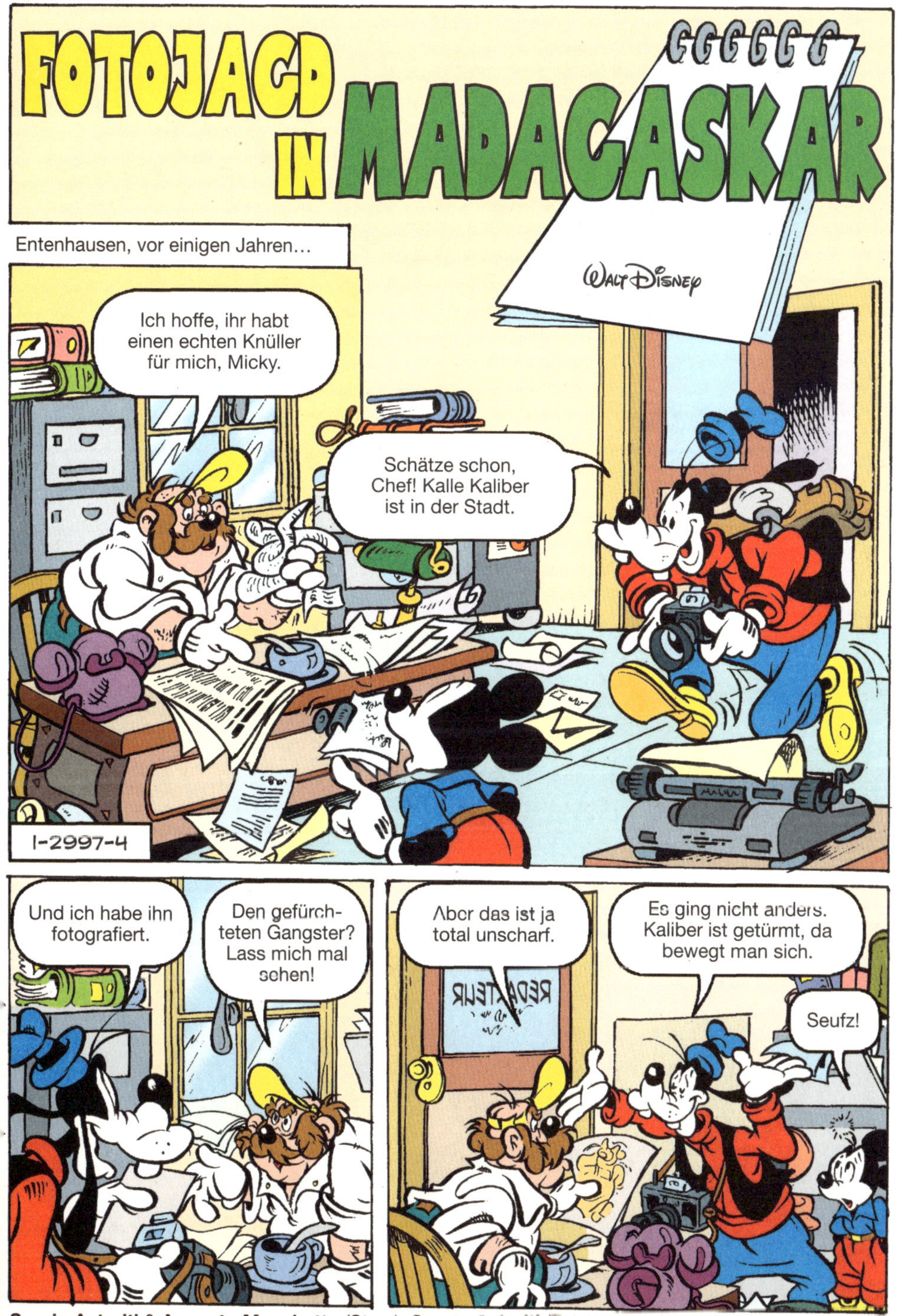

Sergio Asteriti & **Augusto Macchetto** (Story), **Sergio Asteriti** (Zeichnungen)

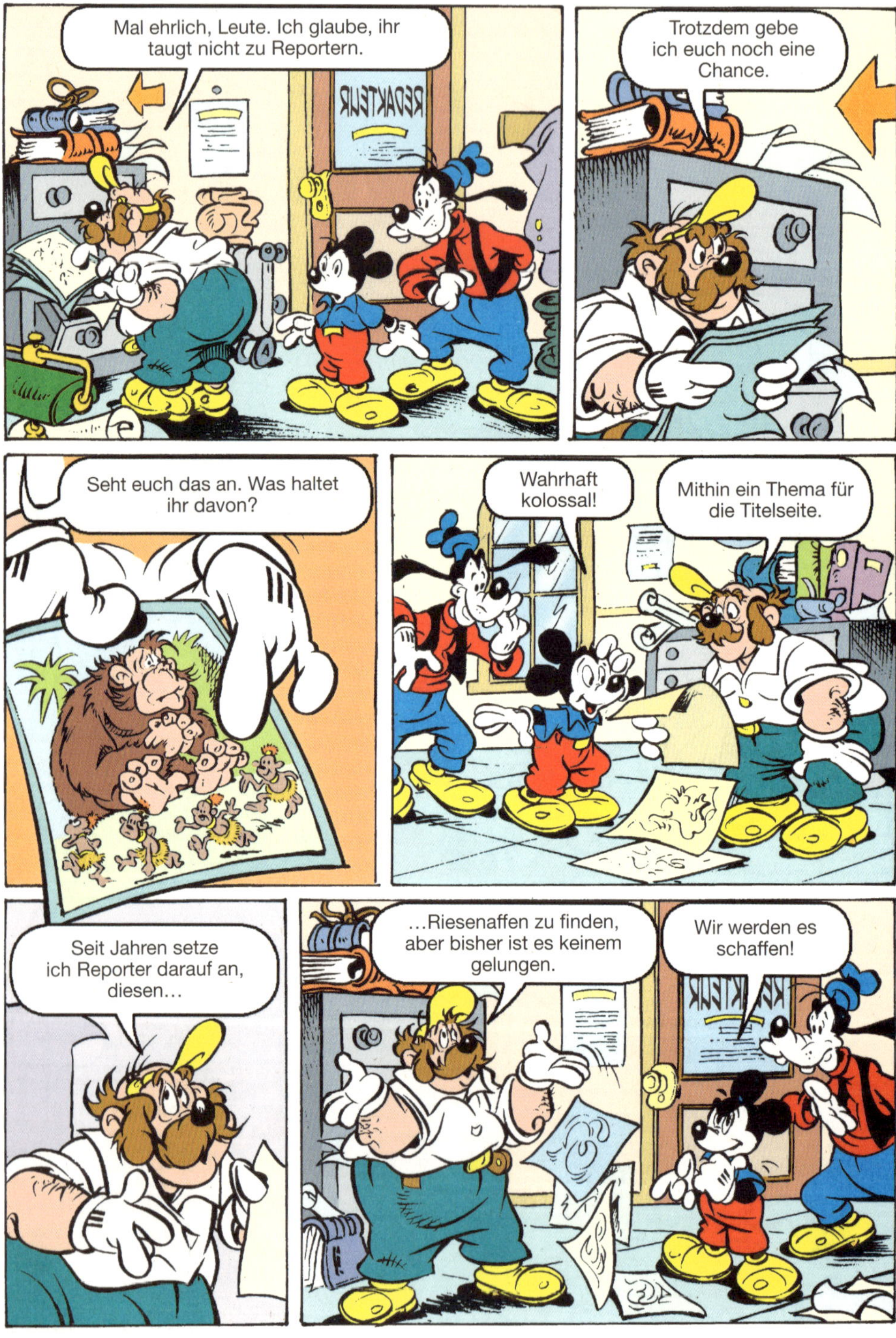
Mal ehrlich, Leute. Ich glaube, ihr taugt nicht zu Reportern.
REDAKTEUR
Trotzdem gebe ich euch noch eine Chance.
Seht euch das an. Was haltet ihr davon?
Wahrhaft kolossal!
Mithin ein Thema für die Titelseite.
Seit Jahren setze ich Reporter darauf an, diesen…
…Riesenaffen zu finden, aber bisher ist es keinem gelungen.
Wir werden es schaffen!

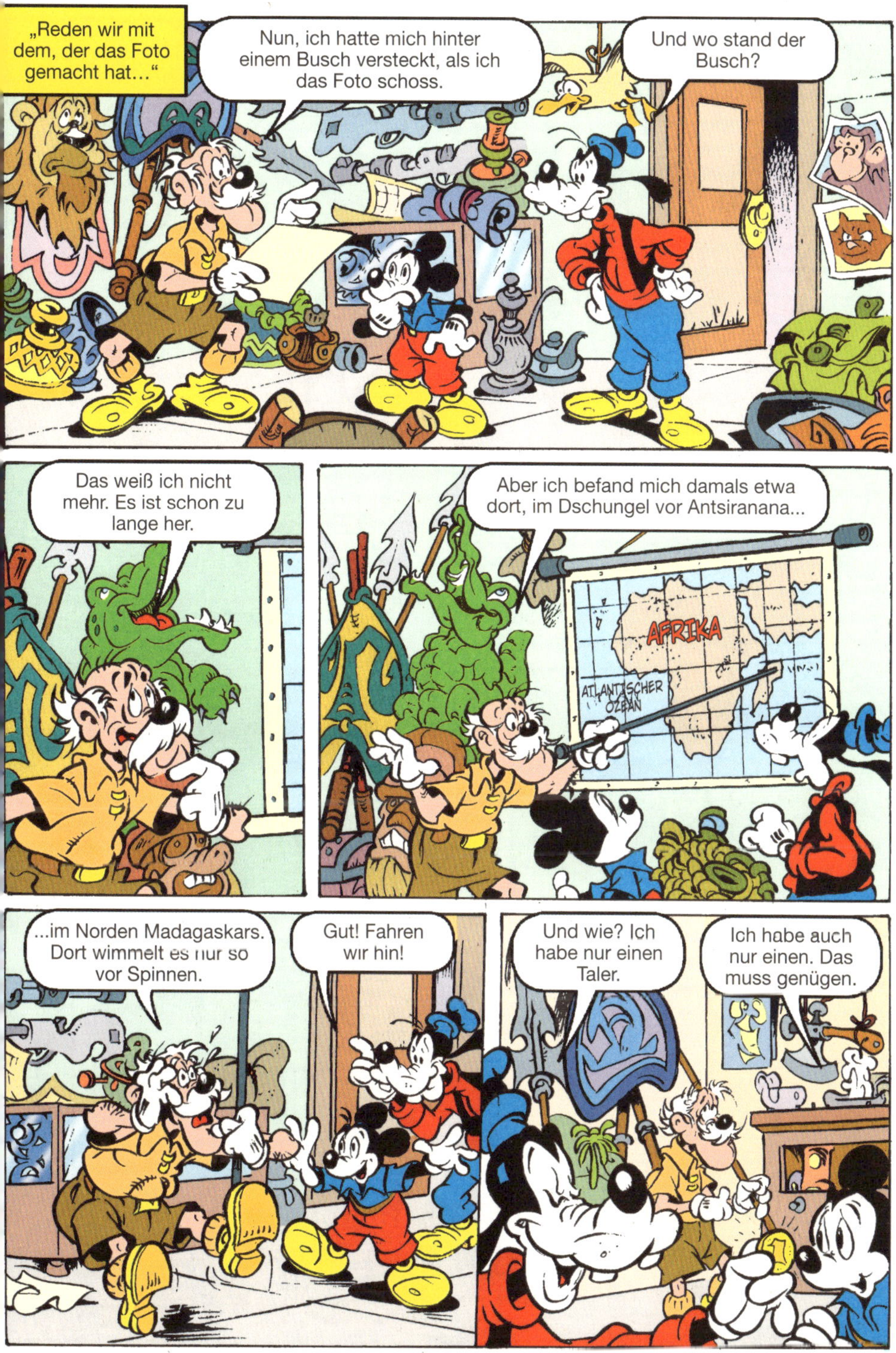
„Reden wir mit dem, der das Foto gemacht hat…“
Nun, ich hatte mich hinter einem Busch versteckt, als ich das Foto schoss.
Und wo stand der Busch?
Das weiß ich nicht mehr. Es ist schon zu lange her.
Aber ich befand mich damals etwa dort, im Dschungel vor Antsiranana...
AFRIKA
ATLANTISCHER OZEAN
...im Norden Madagaskars. Dort wimmelt es nur so vor Spinnen.
Gut! Fahren wir hin!
Und wie? Ich habe nur einen Taler.
Ich habe auch nur einen. Das muss genügen.

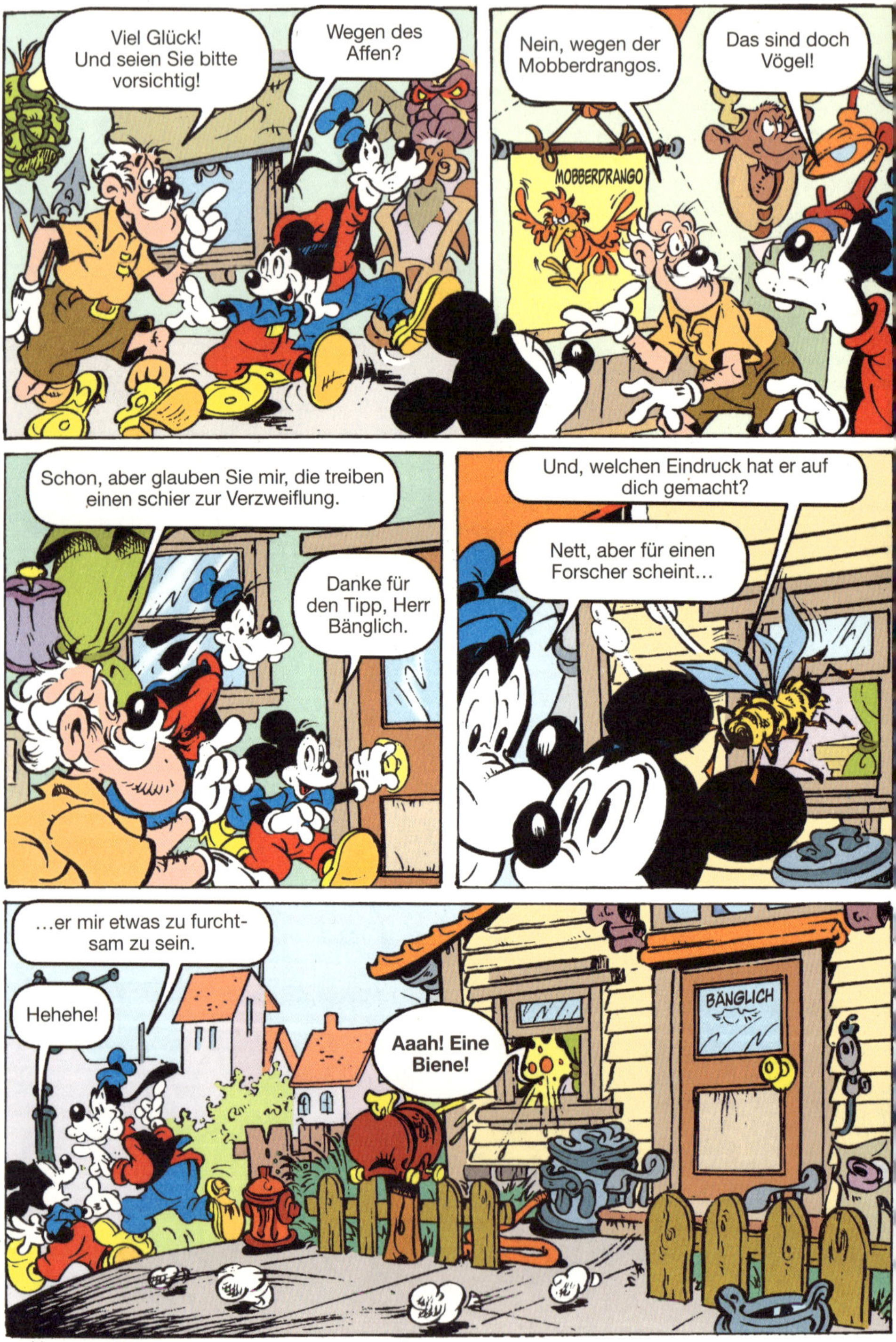
Viel Glück! Und seien Sie bitte vorsichtig!
Wegen des Affen?
Nein, wegen der Mobberdrangos.
MOBBERDRANGO
Das sind doch Vögel!
Schon, aber glauben Sie mir, die treiben einen schier zur Verzweiflung.
Danke für den Tipp, Herr Bänglich.
Und, welchen Eindruck hat er auf dich gemacht?
Nett, aber für einen Forscher scheint…
…er mir etwas zu furchtsam zu sein.
Hehehe!
Aaah! Eine Biene!
BÄNGLICH

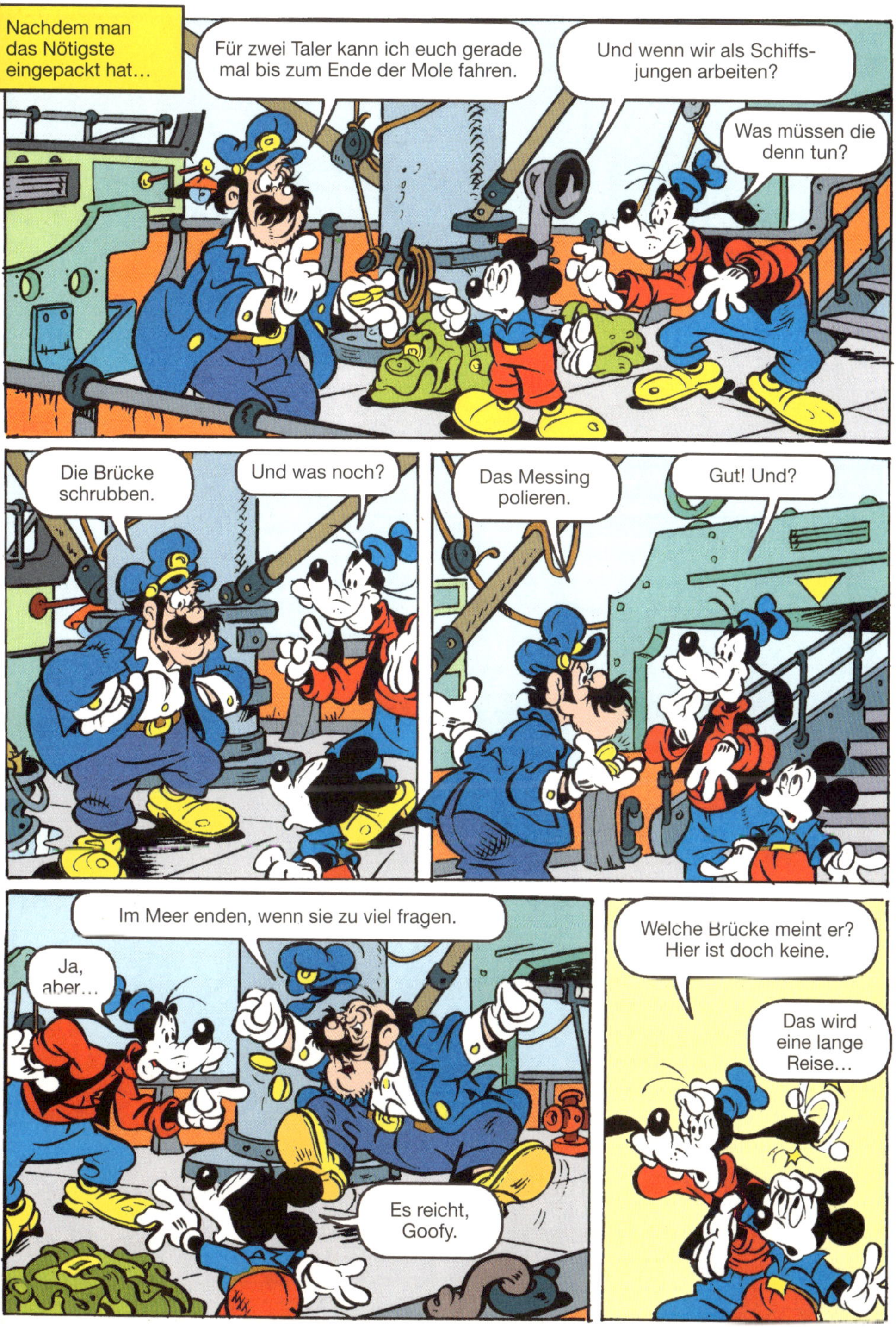
Nachdem man das Nötigste eingepackt hat…
Für zwei Taler kann ich euch gerade mal bis zum Ende der Mole fahren.
Und wenn wir als Schiffsjungen arbeiten?
Was müssen die denn tun?
Die Brücke schrubben.
Und was noch?
Das Messing polieren.
Gut! Und?
Im Meer enden, wenn sie zu viel fragen.
Ja, aber…
Es reicht, Goofy.
Welche Brücke meint er? Hier ist doch keine.
Das wird eine lange Reise…

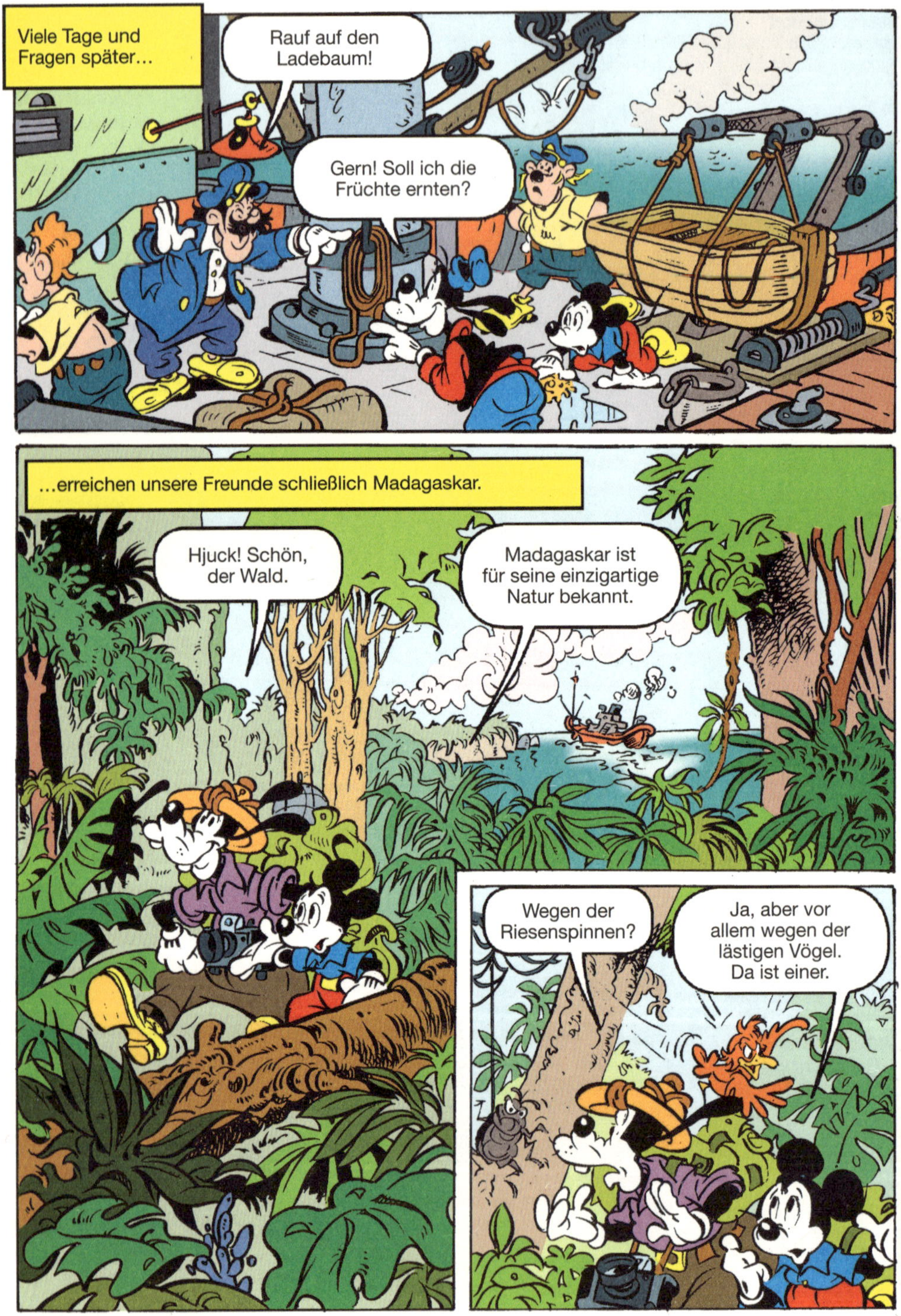
Viele Tage und Fragen später...
Rauf auf den Ladebaum!
Gern! Soll ich die Früchte ernten?
...erreichen unsere Freunde schließlich Madagaskar.
Hjuck! Schön, der Wald.
Madagaskar ist für seine einzigartige Natur bekannt.
Wegen der Riesenspinnen?
Ja, aber vor allem wegen der lästigen Vögel. Da ist einer.

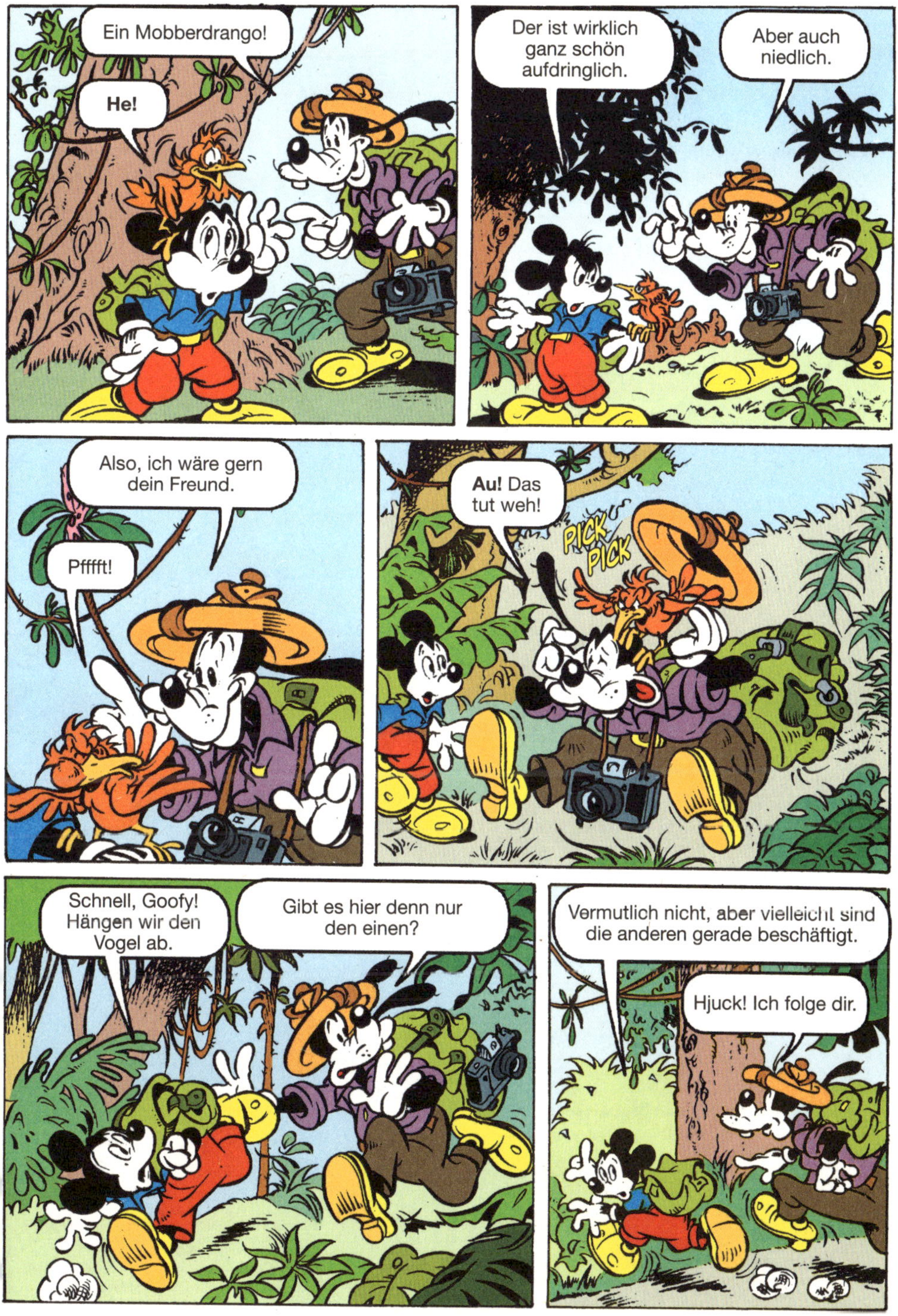
Ein Mobberdrango!
He!
Der ist wirklich ganz schön aufdringlich.
Aber auch niedlich.
Also, ich wäre gern dein Freund.
Pfffft!
Au! Das tut weh!
PICK PICK
Schnell, Goofy! Hängen wir den Vogel ab.
Gibt es hier denn nur den einen?
Vermutlich nicht, aber vielleicht sind die anderen gerade beschäftigt.
Hjuck! Ich folge dir.

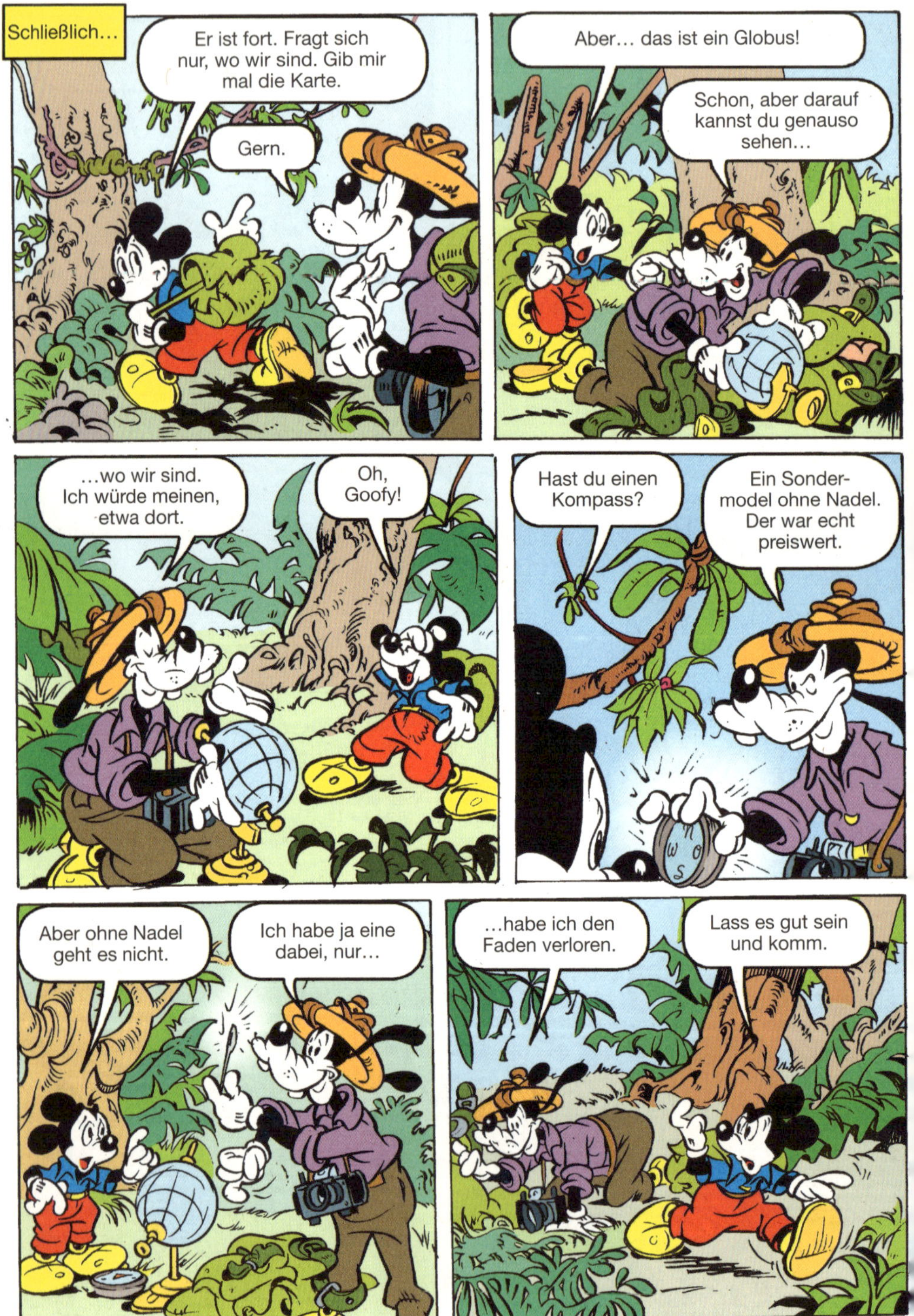
Schließlich…
Er ist fort. Fragt sich nur, wo wir sind. Gib mir mal die Karte.
Gern.
Aber… das ist ein Globus!
Schon, aber darauf kannst du genauso sehen…
…wo wir sind. Ich würde meinen, etwa dort.
Oh, Goofy!
Hast du einen Kompass?
Ein Sondermodel ohne Nadel. Der war echt preiswert.
Aber ohne Nadel geht es nicht.
Ich habe ja eine dabei, nur…
…habe ich den Faden verloren.
Lass es gut sein und komm.

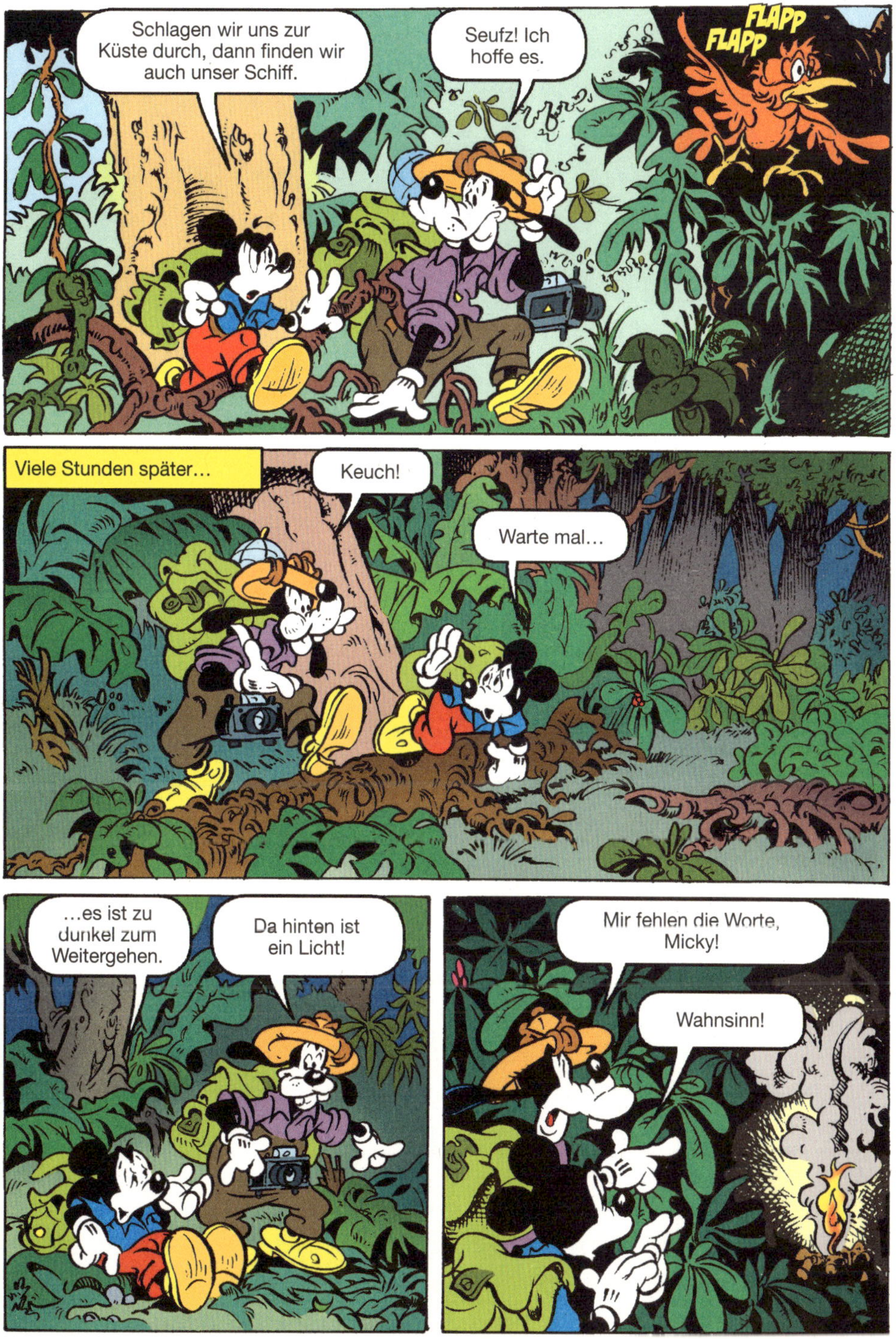
Schlagen wir uns zur Küste durch, dann finden wir auch unser Schiff.
Seufz! Ich hoffe es.
FLAPP FLAPP
Viele Stunden später…
Keuch!
Warte mal…
…es ist zu dunkel zum Weitergehen.
Da hinten ist ein Licht!
Mir fehlen die Worte, Micky!
Wahnsinn!

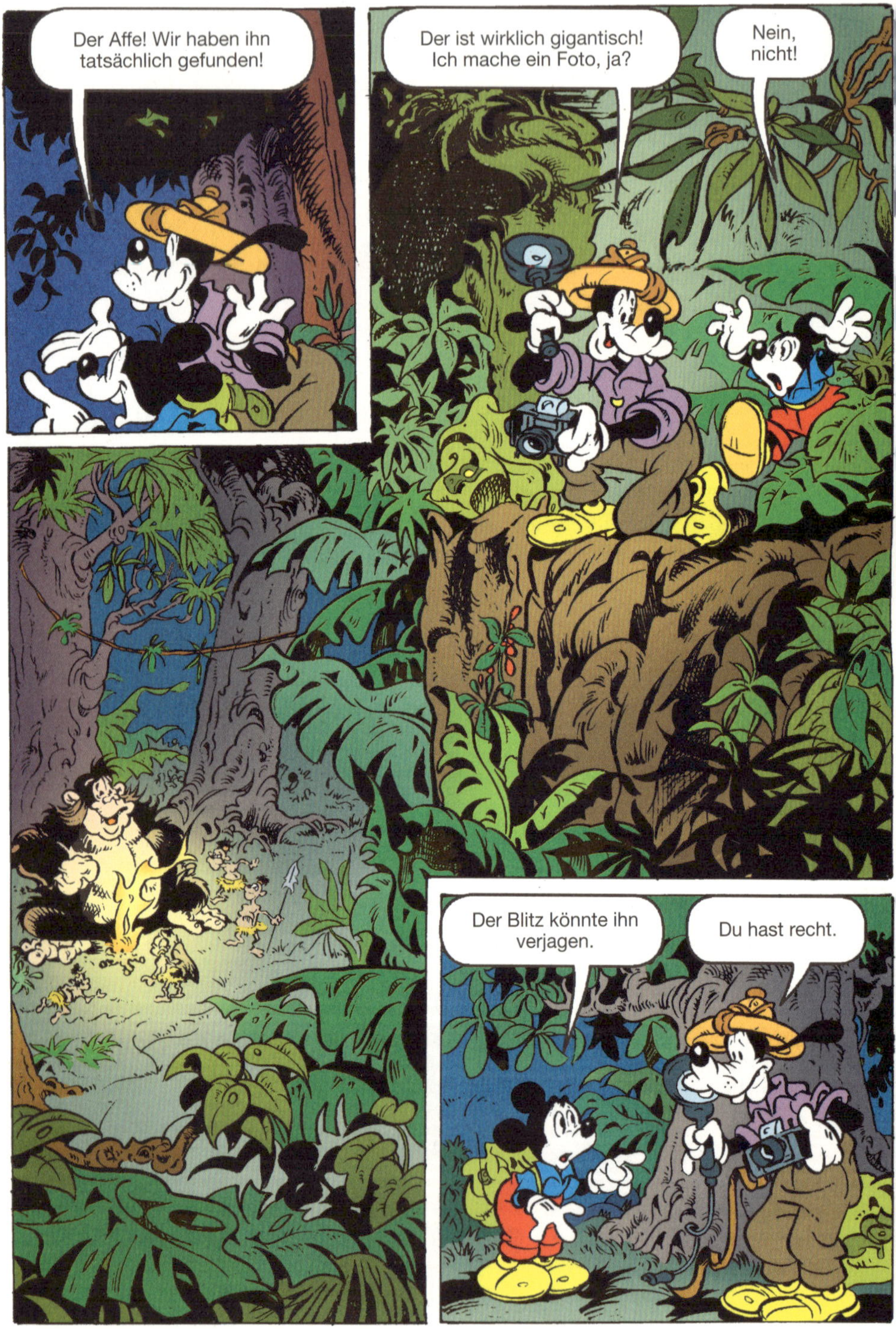
Der Affe! Wir haben ihn tatsächlich gefunden!
Der ist wirklich gigantisch! Ich mache ein Foto, ja?
Nein, nicht!
Der Blitz könnte ihn verjagen.
Du hast recht.

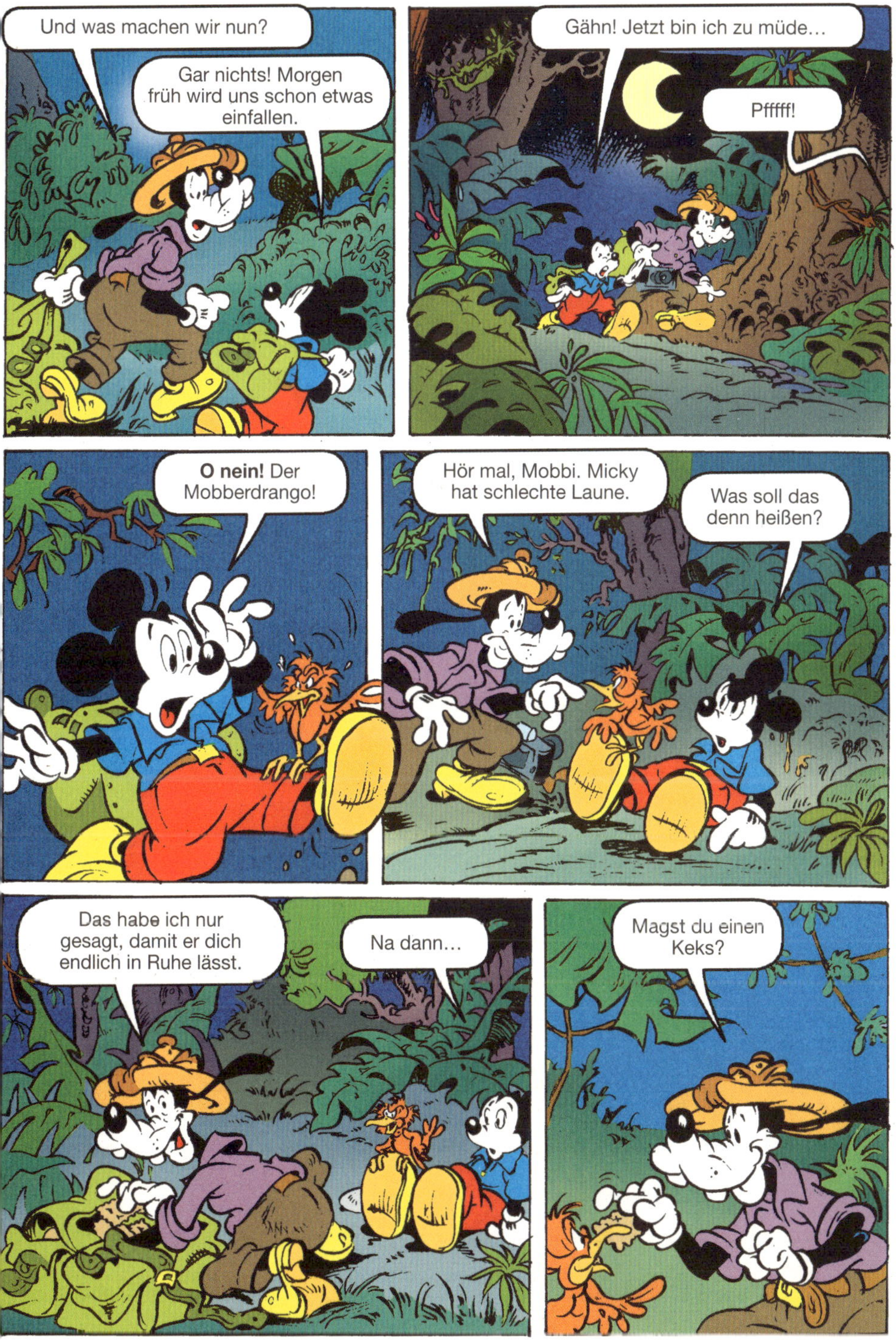
Und was machen wir nun?
Gar nichts! Morgen früh wird uns schon etwas einfallen.
Gähn! Jetzt bin ich zu müde…
Pfffff!
O nein! Der Mobberdrango!
Hör mal, Mobbi. Micky hat schlechte Laune.
Was soll das denn heißen?
Das habe ich nur gesagt, damit er dich endlich in Ruhe lässt.
Na dann…
Magst du einen Keks?

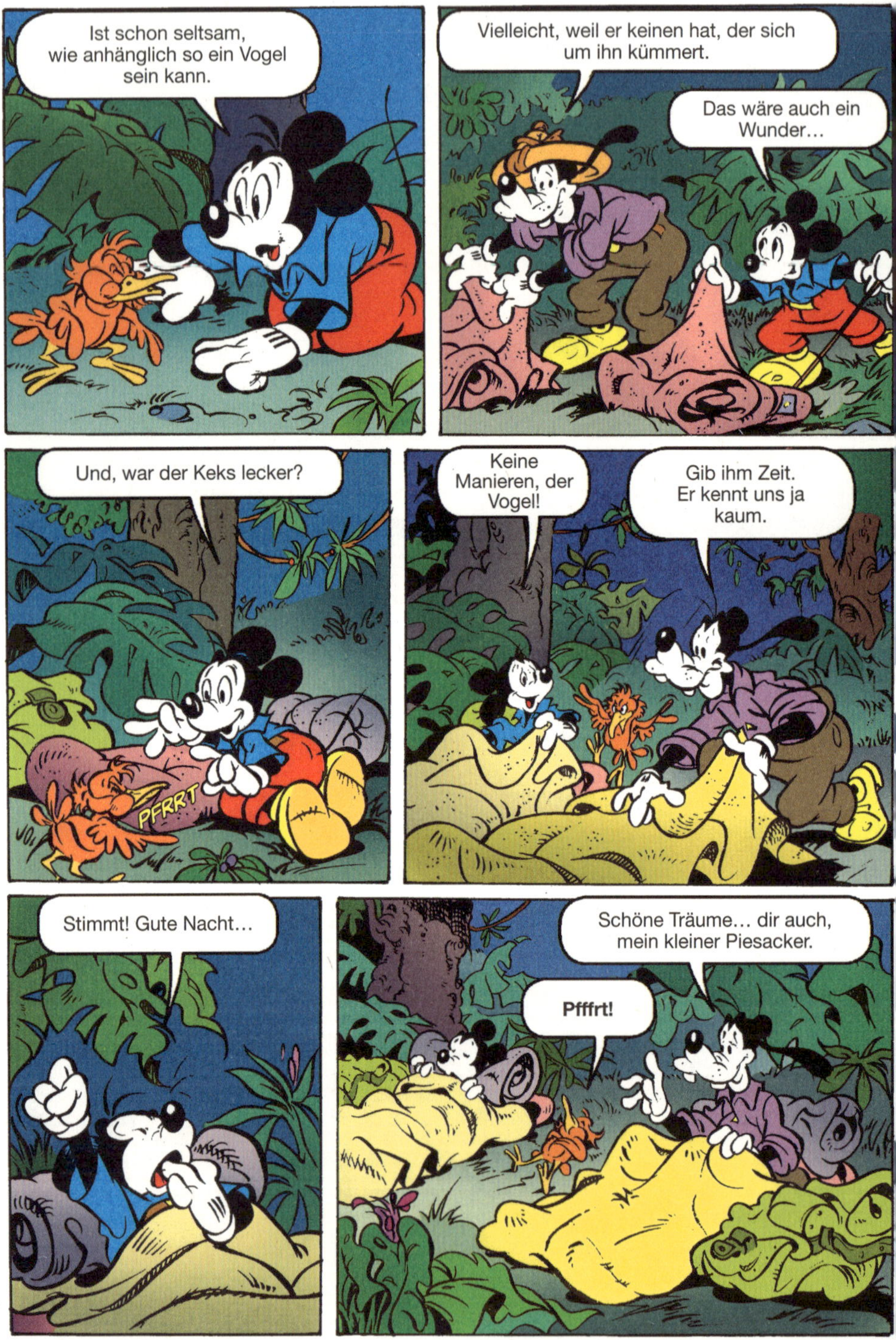
Ist schon seltsam, wie anhänglich so ein Vogel sein kann.
Vielleicht, weil er keinen hat, der sich um ihn kümmert.
Das wäre auch ein Wunder…
Und, war der Keks lecker?
PFRRT
Keine Manieren, der Vogel!
Gib ihm Zeit. Er kennt uns ja kaum.
Stimmt! Gute Nacht…
Schöne Träume… dir auch, mein kleiner Piesacker.
Pfffrt!

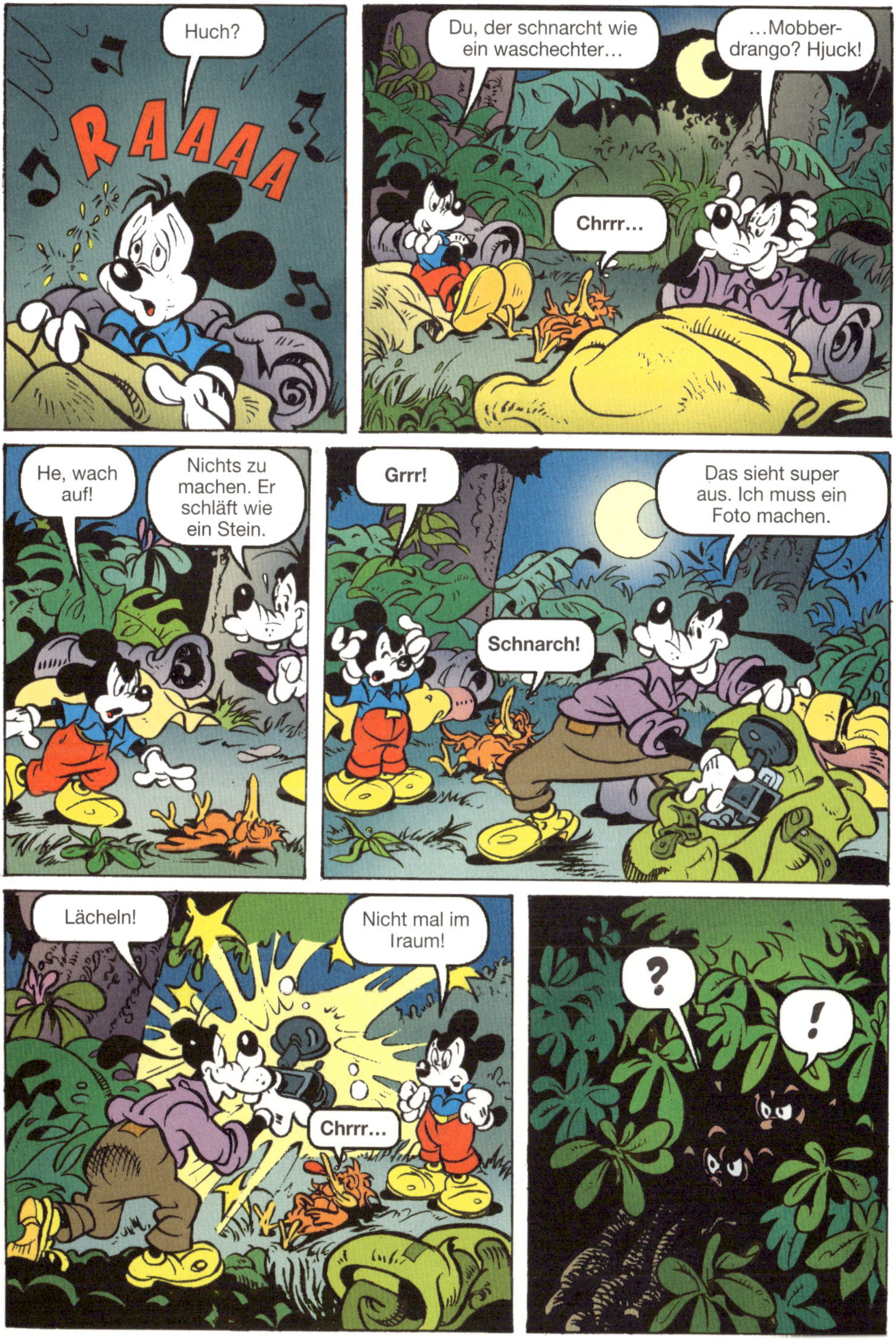
Huch?
RAAAAA
Du, der schnarcht wie ein waschechter…
…Mobber-drango? Hjuck!
Chrrr…
He, wach auf!
Nichts zu machen. Er schläft wie ein Stein.
Grrr!
Das sieht super aus. Ich muss ein Foto machen.
Schnarch!
Lächeln!
Nicht mal im Iraum!
Chrrr…
?
!

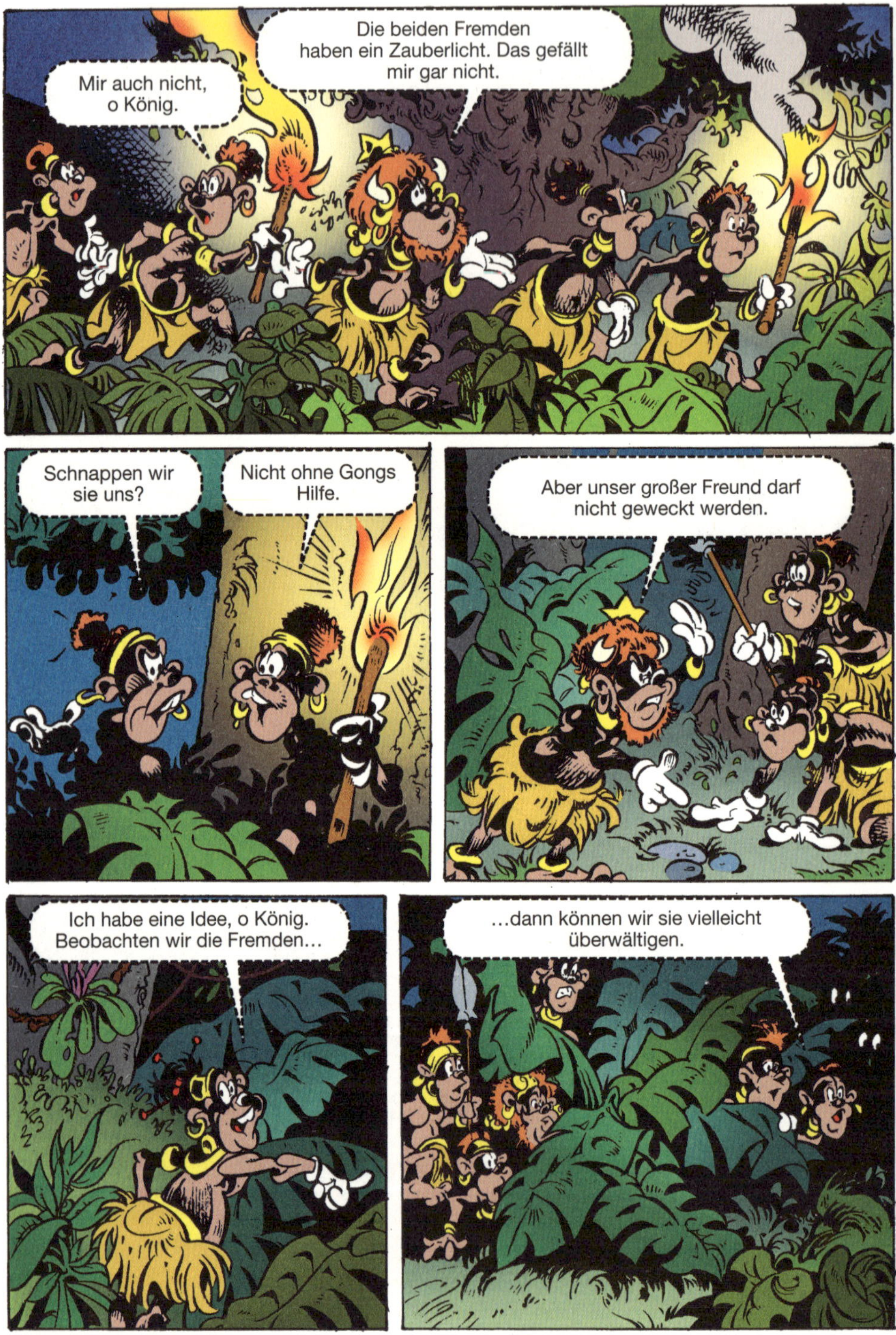
Die beiden Fremden haben ein Zauberlicht. Das gefällt mir gar nicht.
Mir auch nicht, o König.
Schnappen wir sie uns?
Nicht ohne Gongs Hilfe.
Aber unser großer Freund darf nicht geweckt werden.
Ich habe eine Idee, o König. Beobachten wir die Fremden…
…dann können wir sie vielleicht überwältigen.

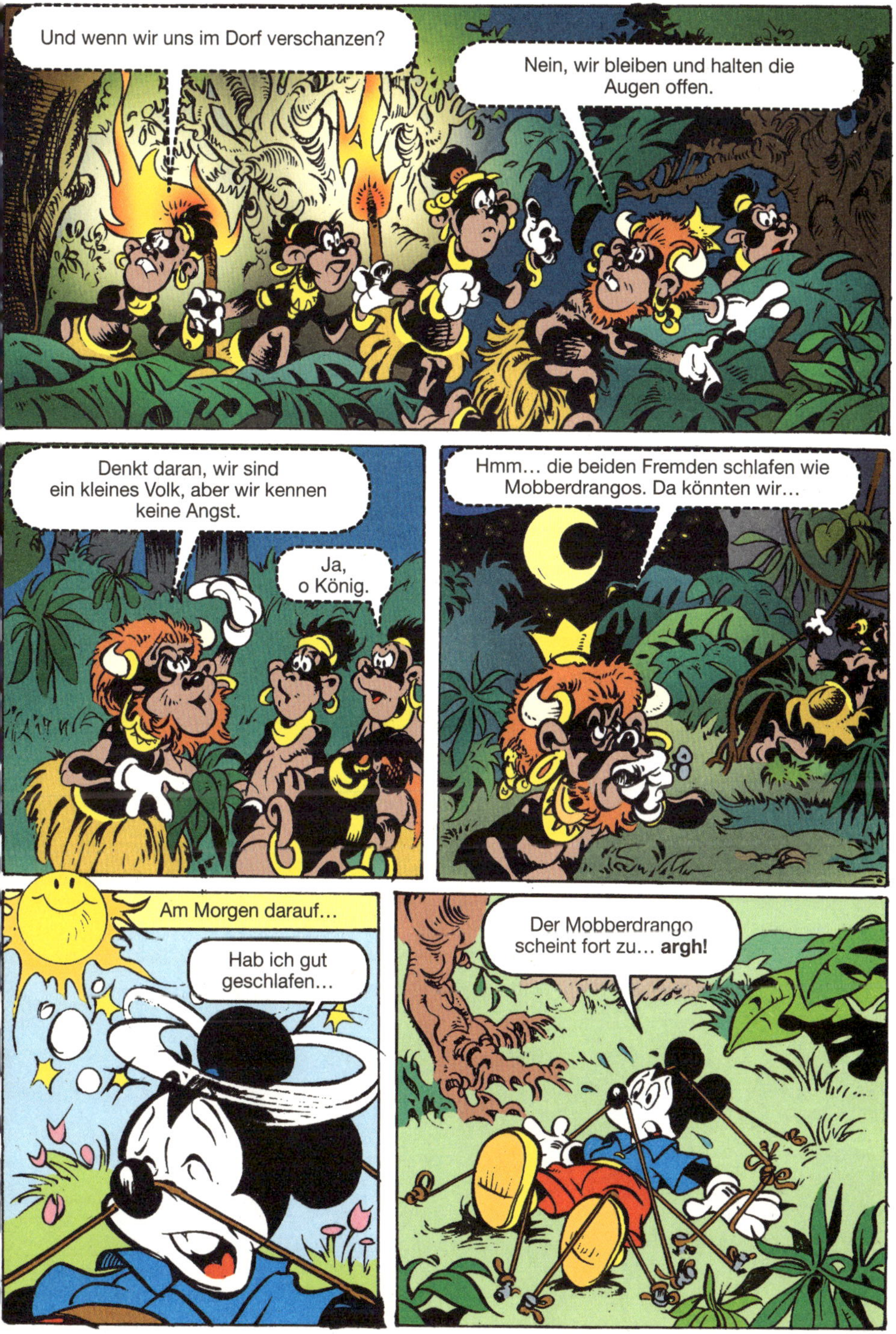
Und wenn wir uns im Dorf verschanzen?
Nein, wir bleiben und halten die Augen offen.
Denkt daran, wir sind ein kleines Volk, aber wir kennen keine Angst.
Ja, o König.
Hmm... die beiden Fremden schlafen wie Mobberdrangos. Da könnten wir...
Am Morgen darauf...
Hab ich gut geschlafen...
Der Mobberdrango scheint fort zu... **argh!**

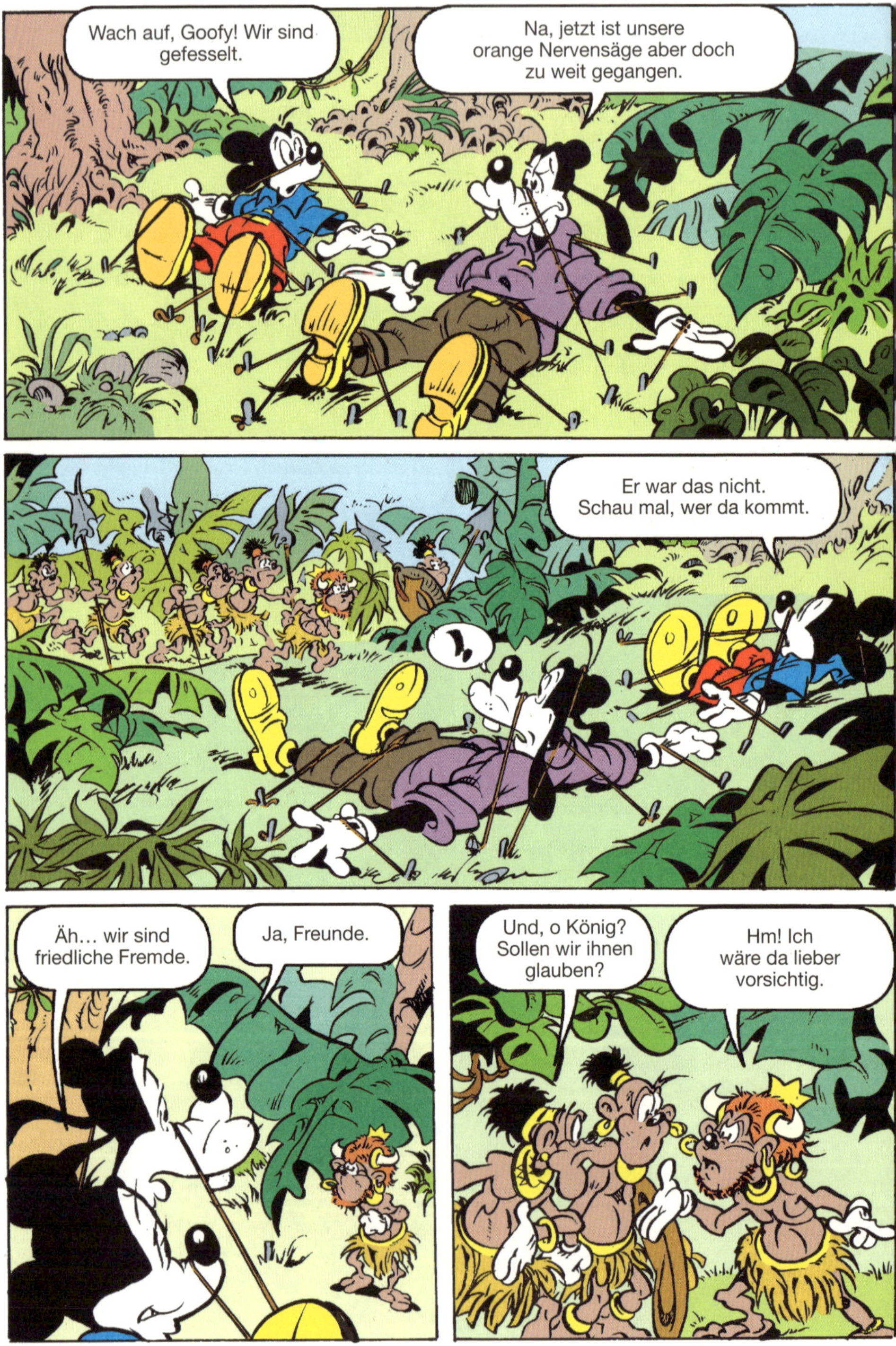
Wach auf, Goofy! Wir sind gefesselt.
Na, jetzt ist unsere orange Nervensäge aber doch zu weit gegangen.
Er war das nicht. Schau mal, wer da kommt.
Äh… wir sind friedliche Fremde.
Ja, Freunde.
Und, o König? Sollen wir ihnen glauben?
Hm! Ich wäre da lieber vorsichtig.

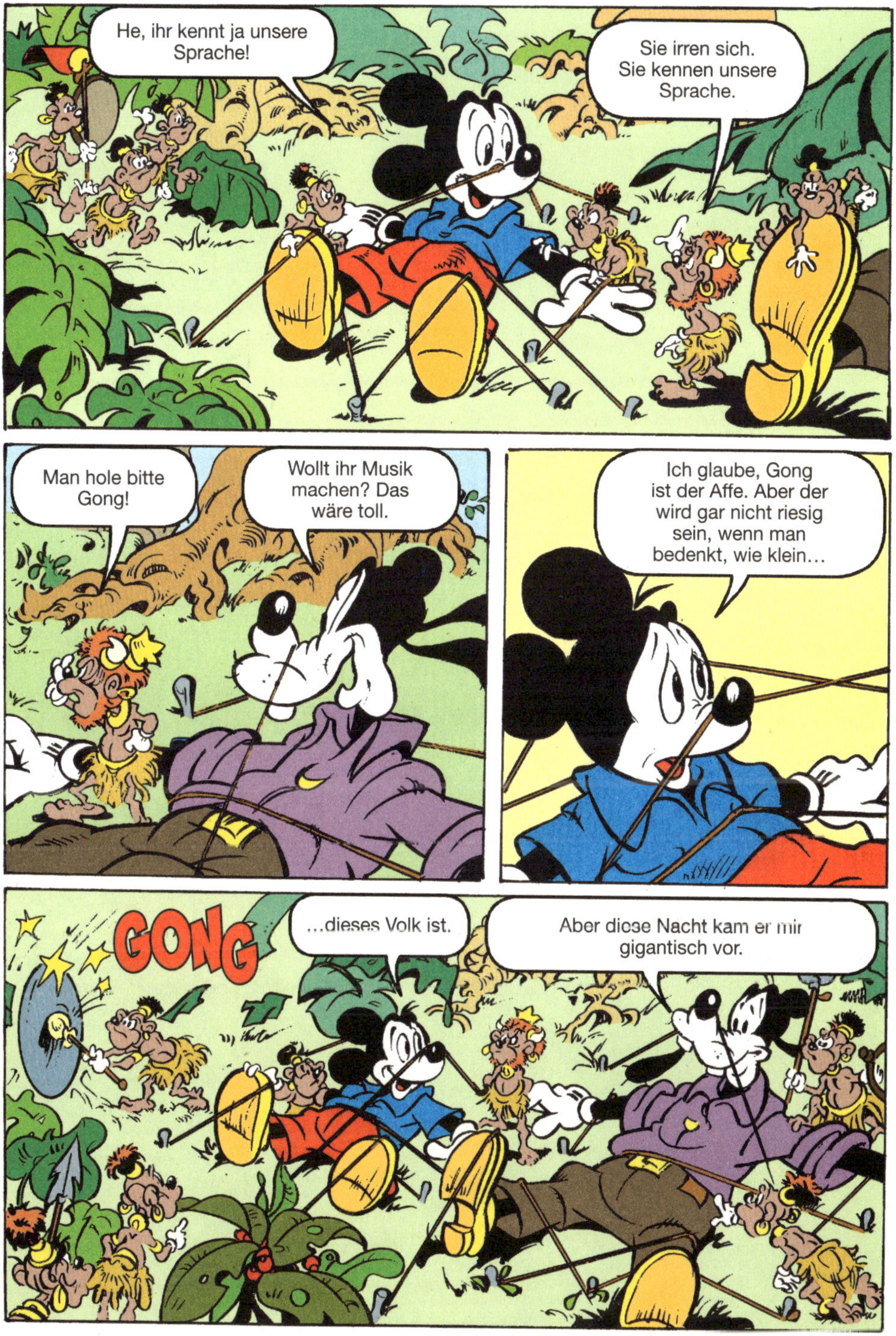
He, ihr kennt ja unsere Sprache!
Sie irren sich. Sie kennen unsere Sprache.
Man hole bitte Gong!
Wollt ihr Musik machen? Das wäre toll.
Ich glaube, Gong ist der Affe. Aber der wird gar nicht riesig sein, wenn man bedenkt, wie klein…
GONG
…dieses Volk ist.
Aber diese Nacht kam er mir gigantisch vor.

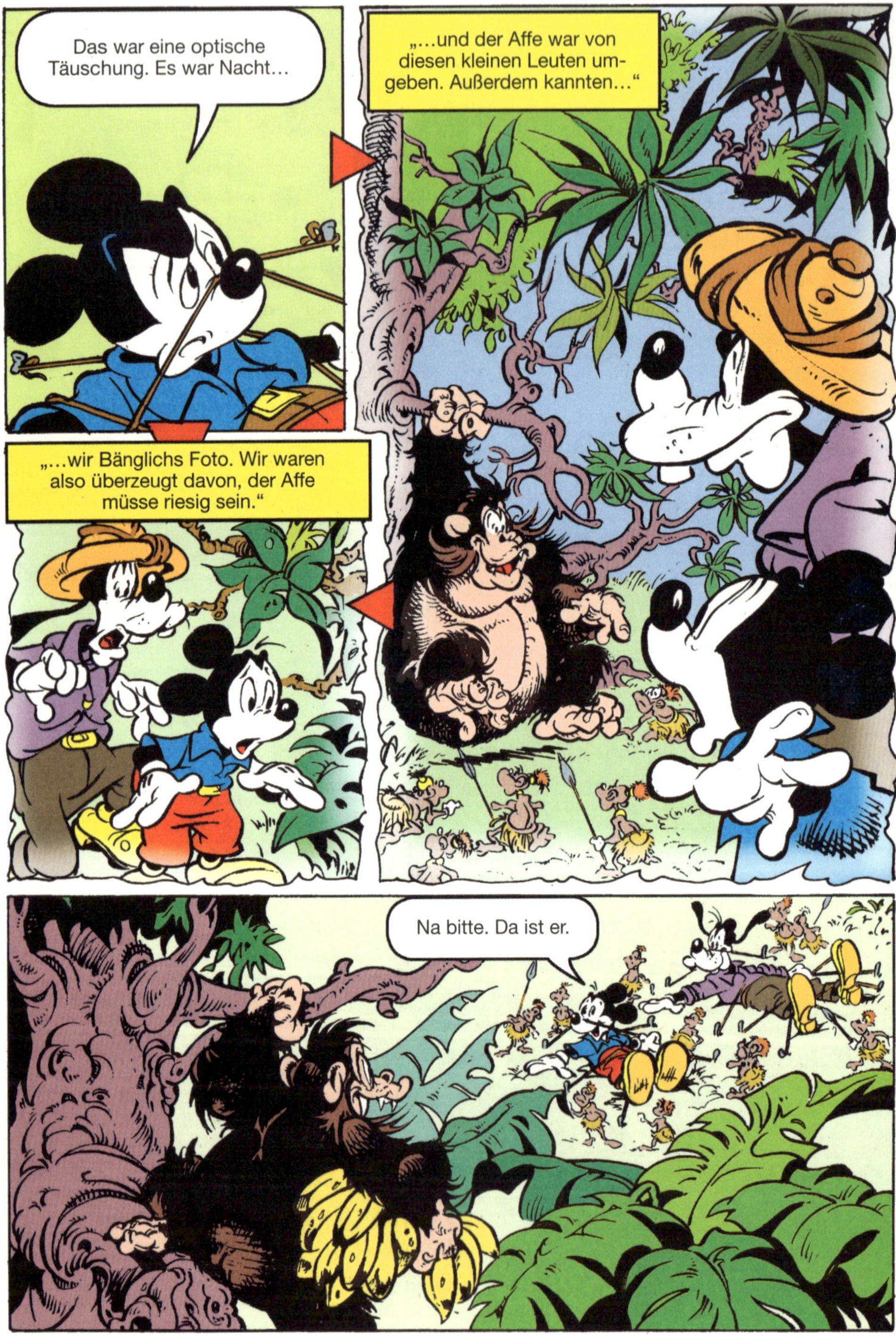
Das war eine optische Täuschung. Es war Nacht…
„…und der Affe war von diesen kleinen Leuten umgeben. Außerdem kannten…“
„…wir Bänglichs Foto. Wir waren also überzeugt davon, der Affe müsse riesig sein.“
Na bitte. Da ist er.

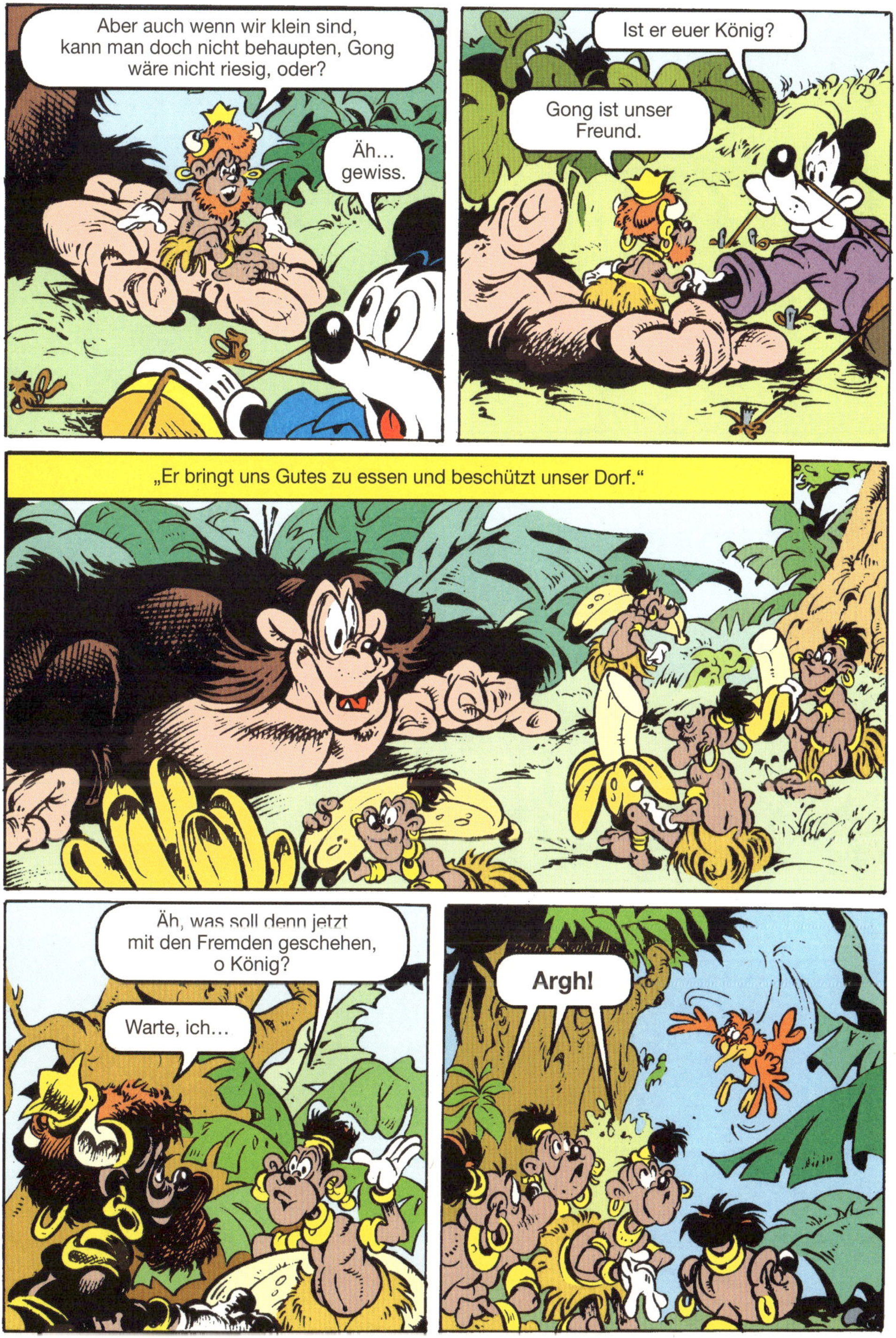
Aber auch wenn wir klein sind, kann man doch nicht behaupten, Gong wäre nicht riesig, oder?
Äh... gewiss.
Ist er euer König?
Gong ist unser Freund.
„Er bringt uns Gutes zu essen und beschützt unser Dorf."
Äh, was soll denn jetzt mit den Fremden geschehen, o König?
Warte, ich...
Argh!

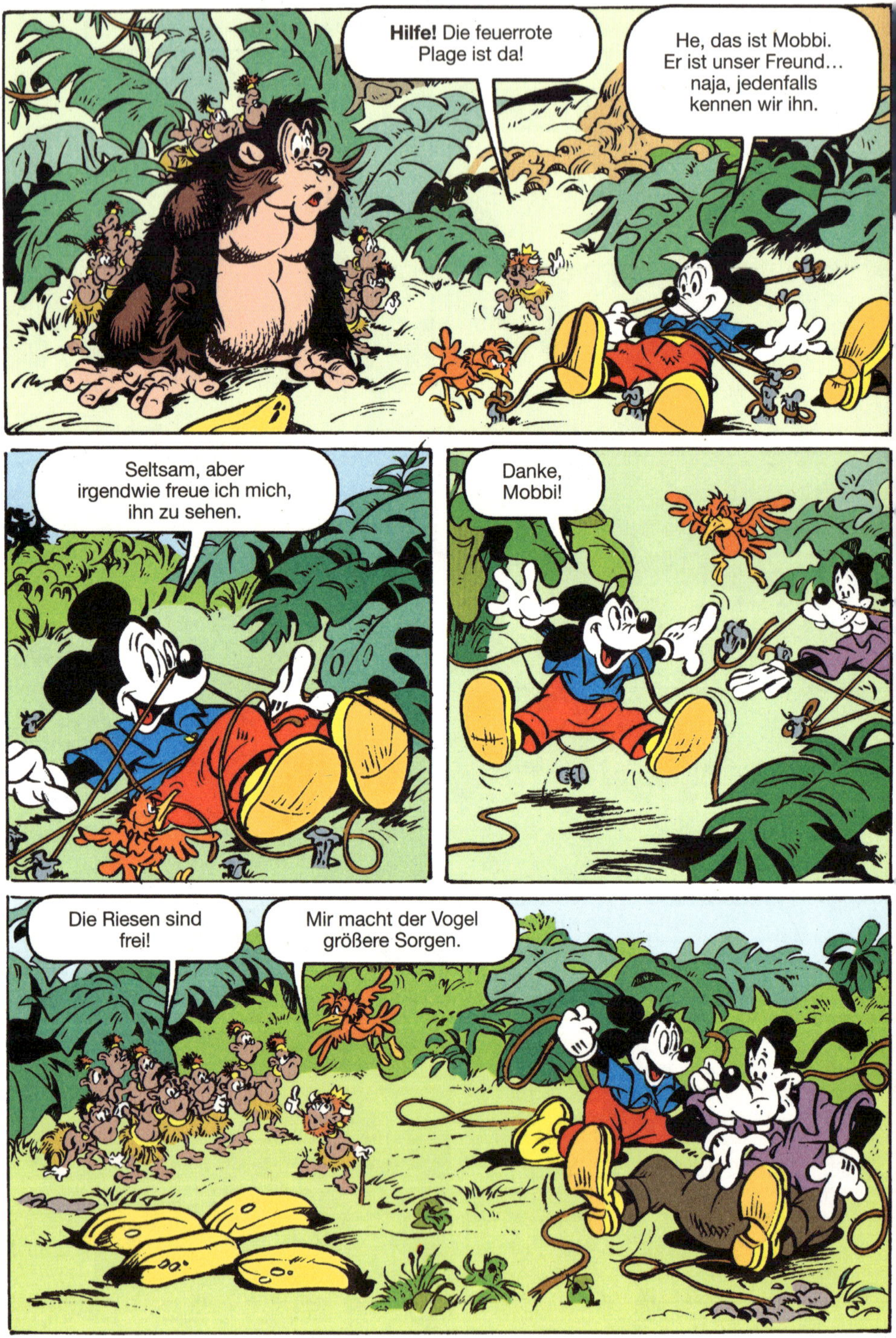
Hilfe! Die feuerrote Plage ist da!
He, das ist Mobbi. Er ist unser Freund… naja, jedenfalls kennen wir ihn.
Seltsam, aber irgendwie freue ich mich, ihn zu sehen.
Danke, Mobbi!
Die Riesen sind frei!
Mir macht der Vogel größere Sorgen.

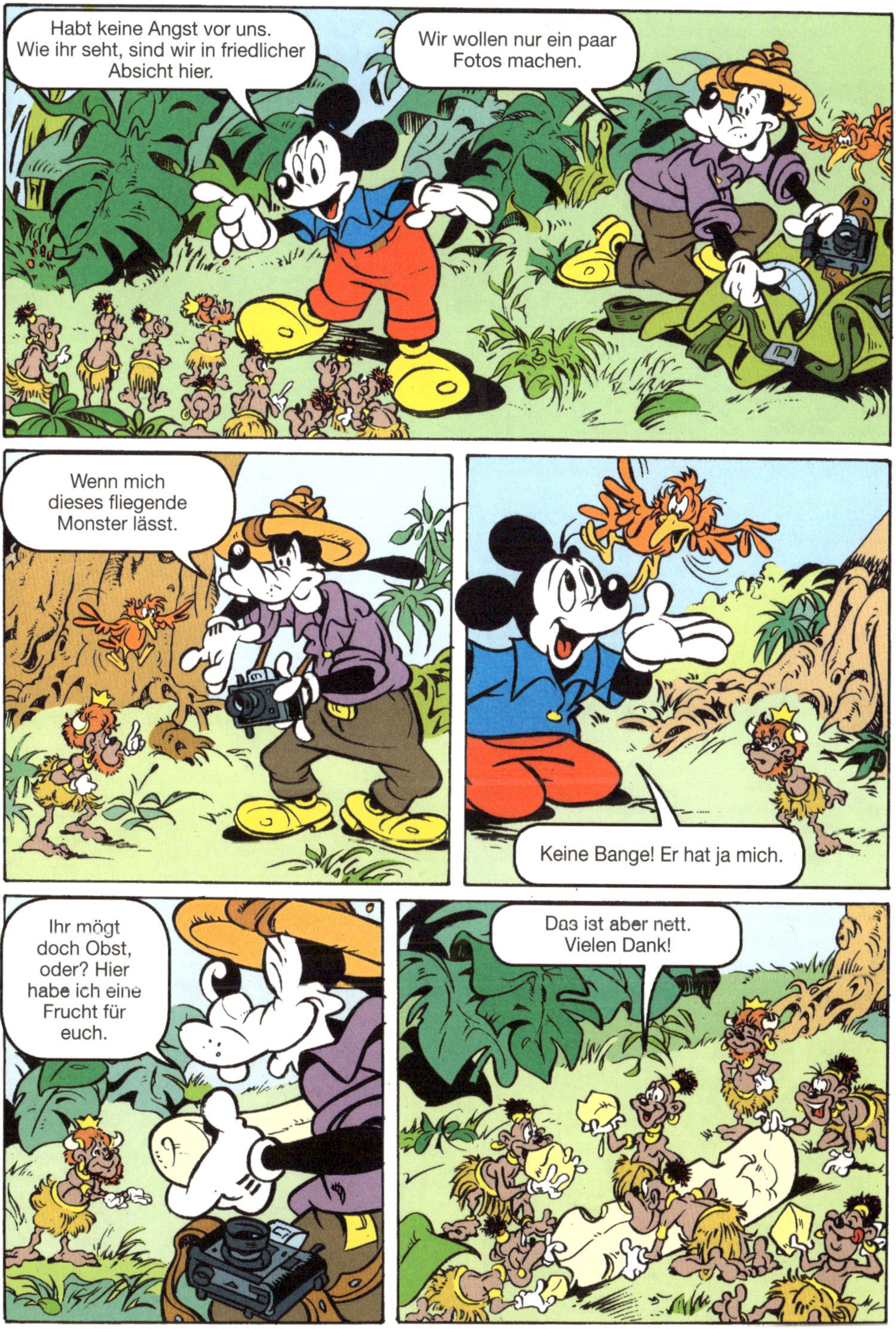
Habt keine Angst vor uns. Wie ihr seht, sind wir in friedlicher Absicht hier.
Wir wollen nur ein paar Fotos machen.
Wenn mich dieses fliegende Monster lässt.
Keine Bange! Er hat ja mich.
Ihr mögt doch Obst, oder? Hier habe ich eine Frucht für euch.
Das ist aber nett. Vielen Dank!

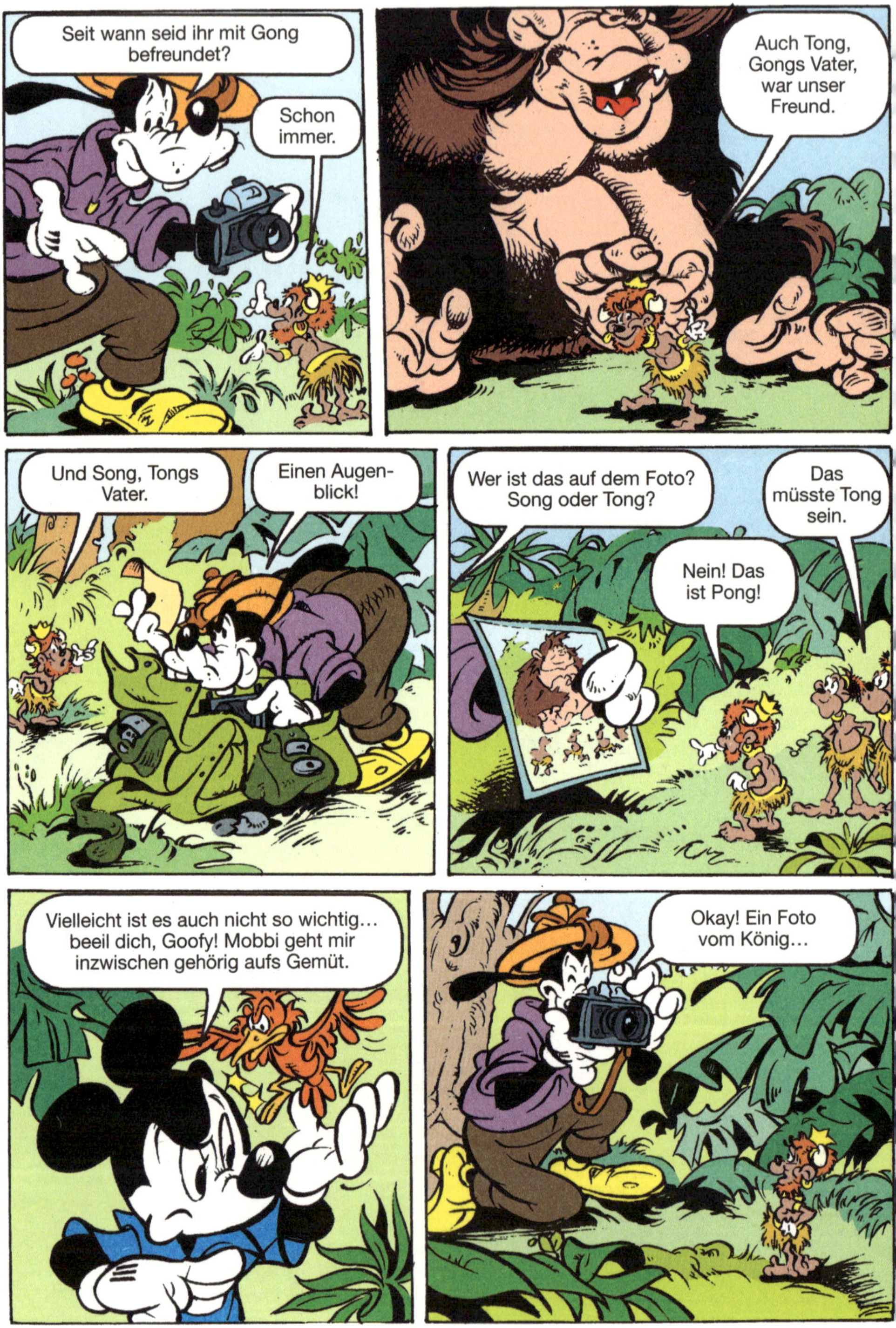
Seit wann seid ihr mit Gong befreundet?
Schon immer.
Auch Tong, Gongs Vater, war unser Freund.
Und Song, Tongs Vater.
Einen Augenblick!
Wer ist das auf dem Foto? Song oder Tong?
Das müsste Tong sein.
Nein! Das ist Pong!
Vielleicht ist es auch nicht so wichtig… beeil dich, Goofy! Mobbi geht mir inzwischen gehörig aufs Gemüt.
Okay! Ein Foto vom König…

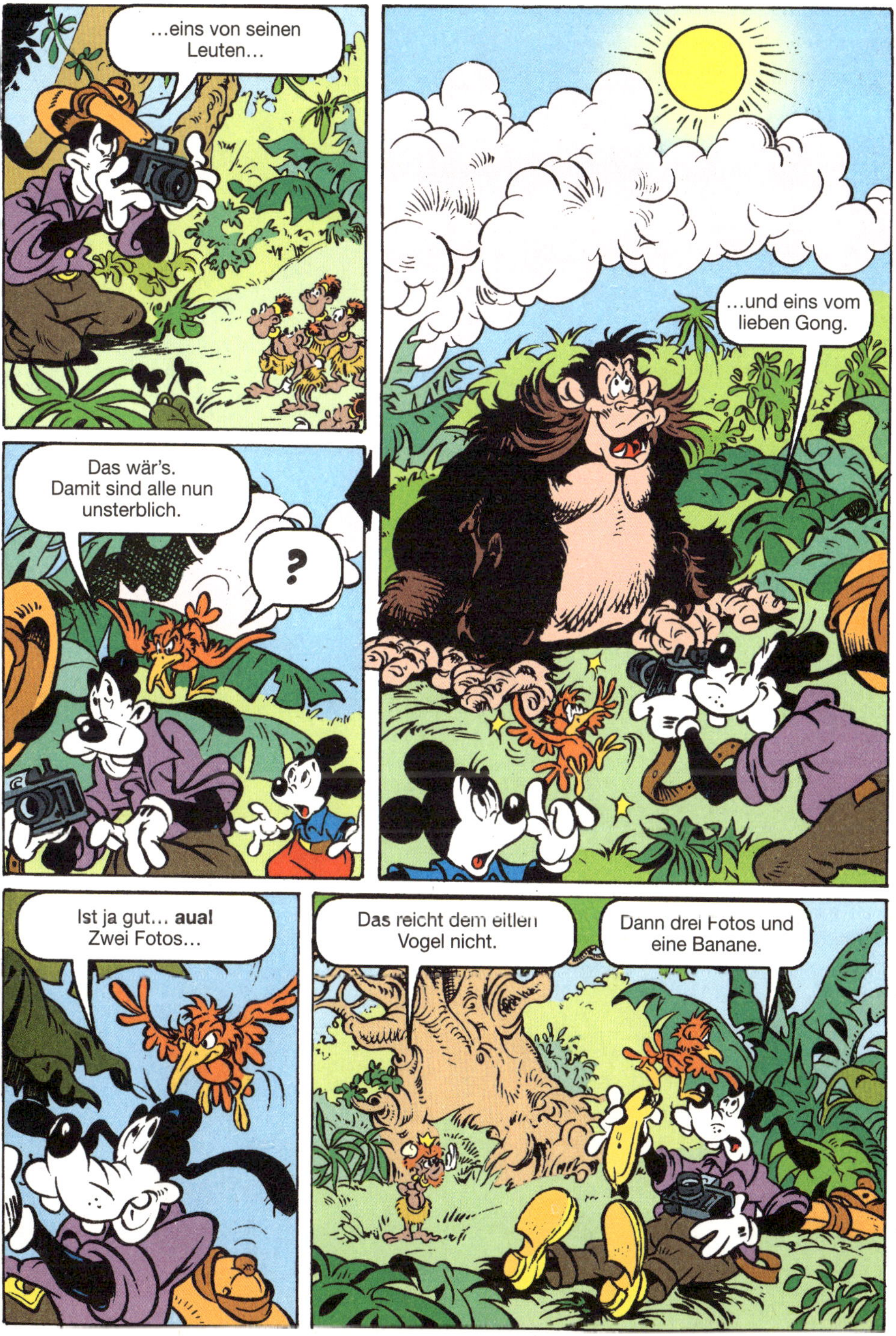
...eins von seinen Leuten...
...und eins vom lieben Gong.
Das wär's. Damit sind alle nun unsterblich.
?
Ist ja gut... **aua!** Zwei Fotos...
Das reicht dem eitlen Vogel nicht.
Dann drei Fotos und eine Banane.

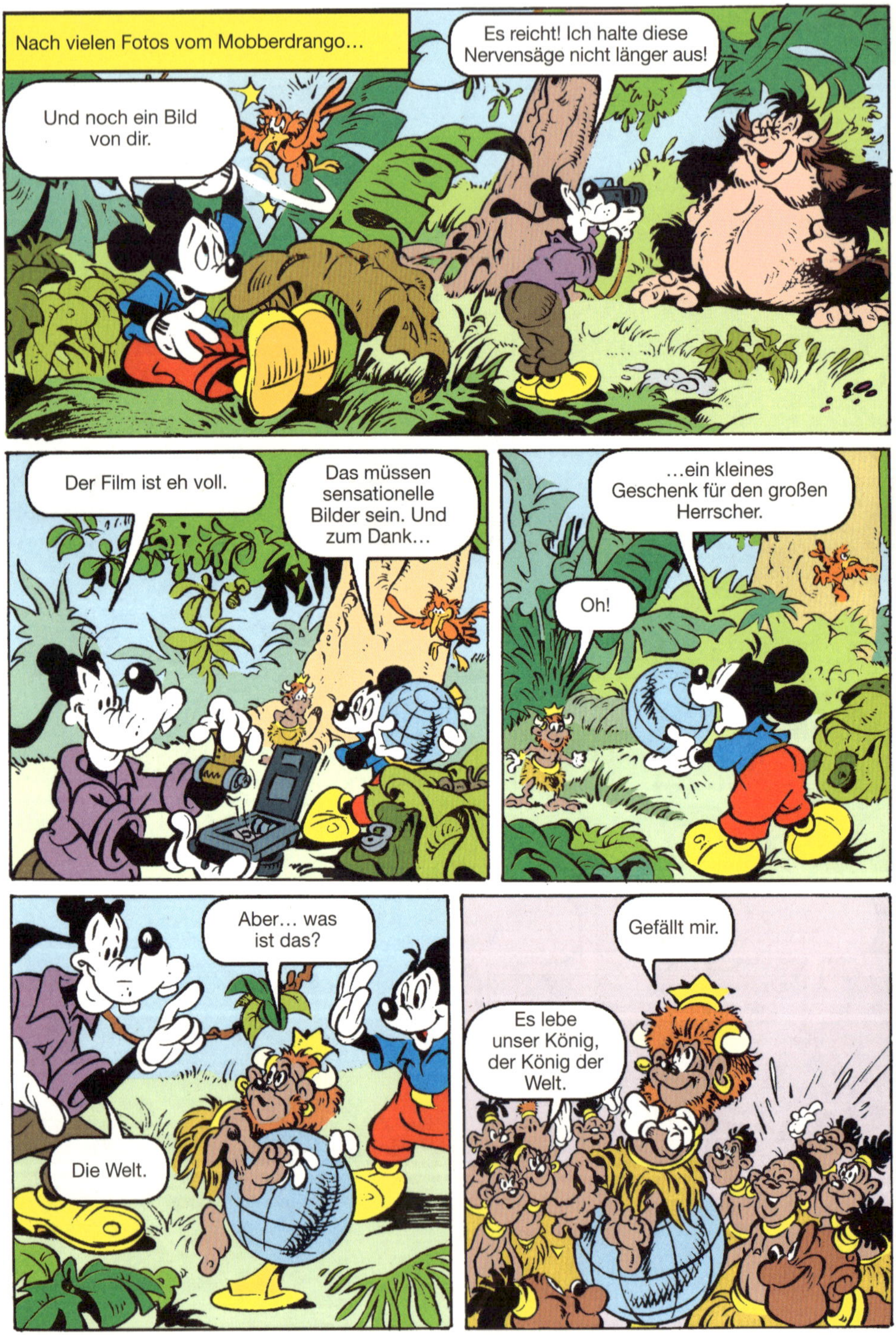
Nach vielen Fotos vom Mobberdrango…
Es reicht! Ich halte diese Nervensäge nicht länger aus!
Und noch ein Bild von dir.
Der Film ist eh voll.
Das müssen sensationelle Bilder sein. Und zum Dank…
…ein kleines Geschenk für den großen Herrscher.
Oh!
Aber… was ist das?
Die Welt.
Gefällt mir.
Es lebe unser König, der König der Welt.

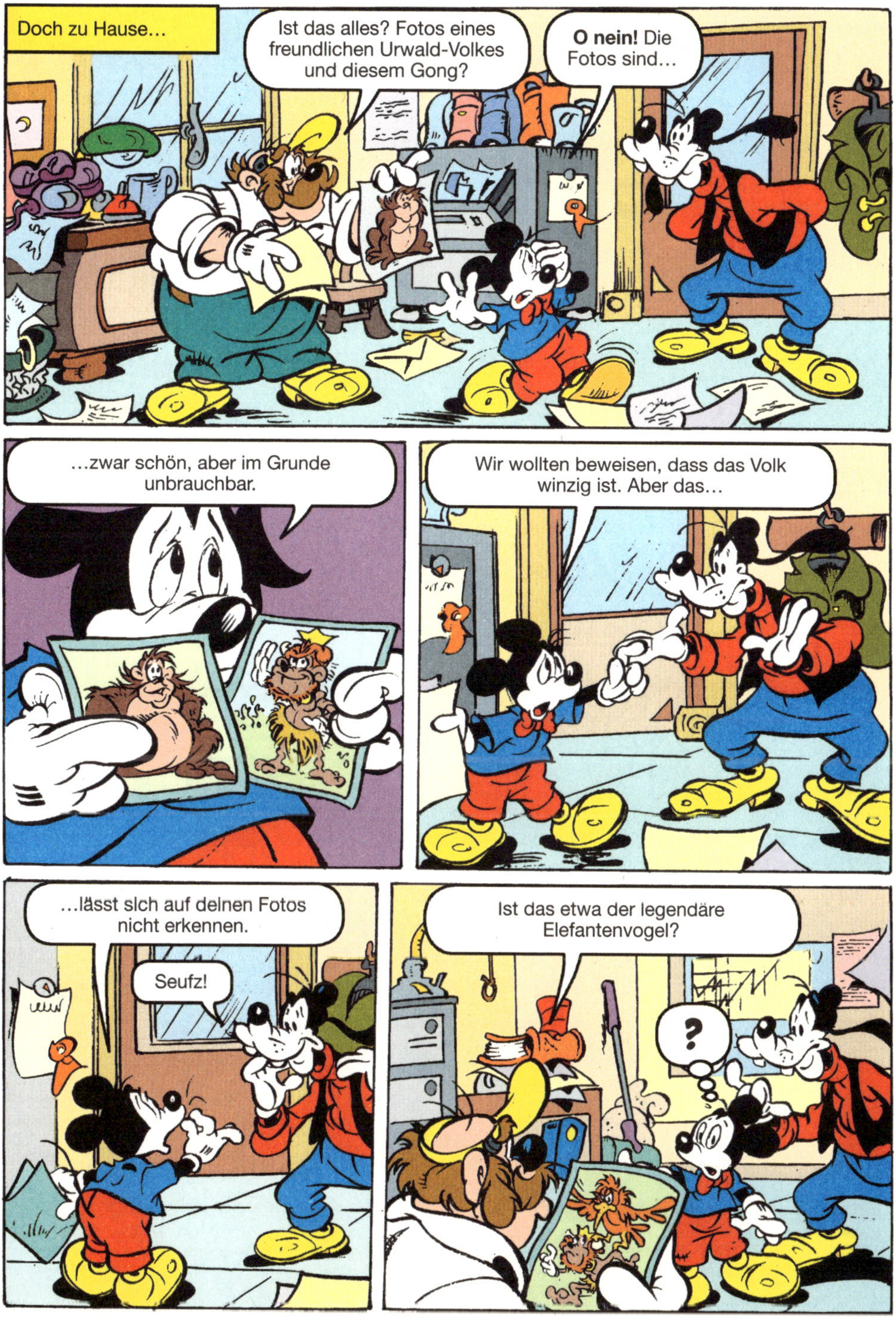

Doch zu Hause…
Ist das alles? Fotos eines freundlichen Urwald-Volkes und diesem Gong?
O nein! Die Fotos sind…
…zwar schön, aber im Grunde unbrauchbar.
Wir wollten beweisen, dass das Volk winzig ist. Aber das…
…lässt sich auf deinen Fotos nicht erkennen.
Seufz!
Ist das etwa der legendäre Elefantenvogel?
?

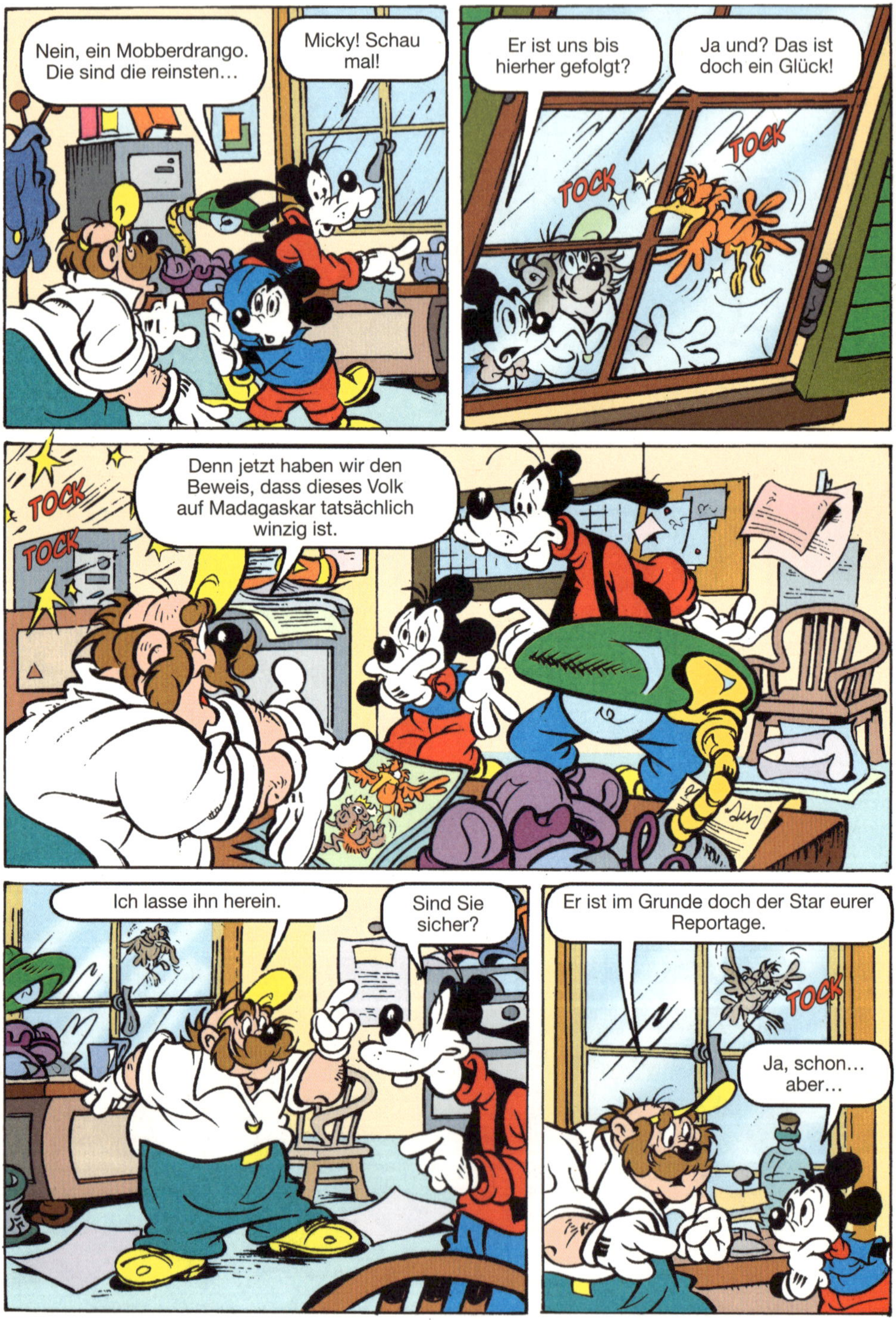
Nein, ein Mobberdrango. Die sind die reinsten…
Micky! Schau mal!
Er ist uns bis hierher gefolgt?
Ja und? Das ist doch ein Glück!
TOCK
TOCK
TOCK
TOCK
Denn jetzt haben wir den Beweis, dass dieses Volk auf Madagaskar tatsächlich winzig ist.
Ich lasse ihn herein.
Sind Sie sicher?
Er ist im Grunde doch der Star eurer Reportage.
TOCK
Ja, schon… aber…

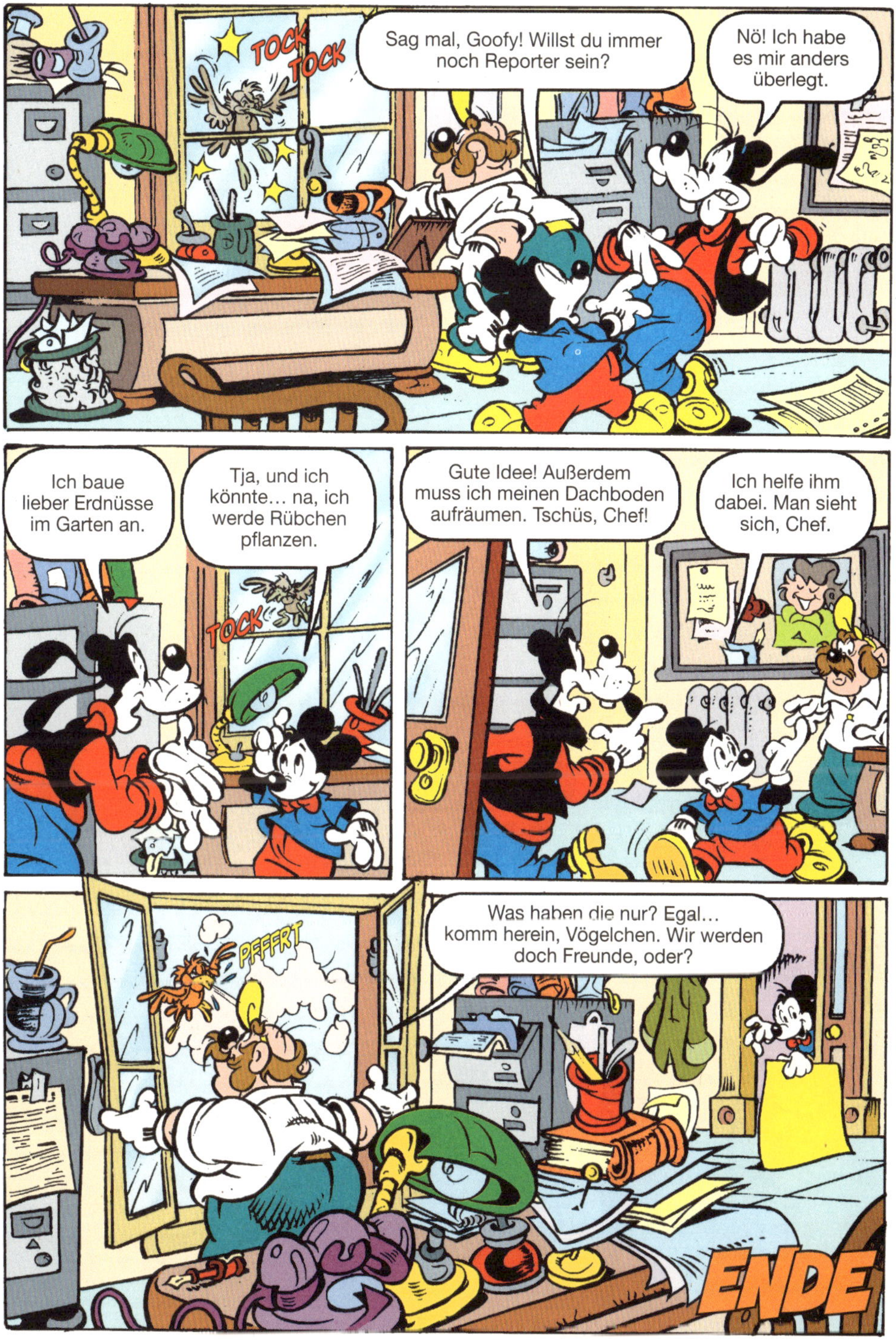
TOCK
TOCK
Sag mal, Goofy! Willst du immer noch Reporter sein?
Nö! Ich habe es mir anders überlegt.
Ich baue lieber Erdnüsse im Garten an.
Tja, und ich könnte… na, ich werde Rübchen pflanzen.
TOCK
Gute Idee! Außerdem muss ich meinen Dachboden aufräumen. Tschüs, Chef!
Ich helfe ihm dabei. Man sieht sich, Chef.
PFFFRT
Was haben die nur? Egal… komm herein, Vögelchen. Wir werden doch Freunde, oder?
ENDE

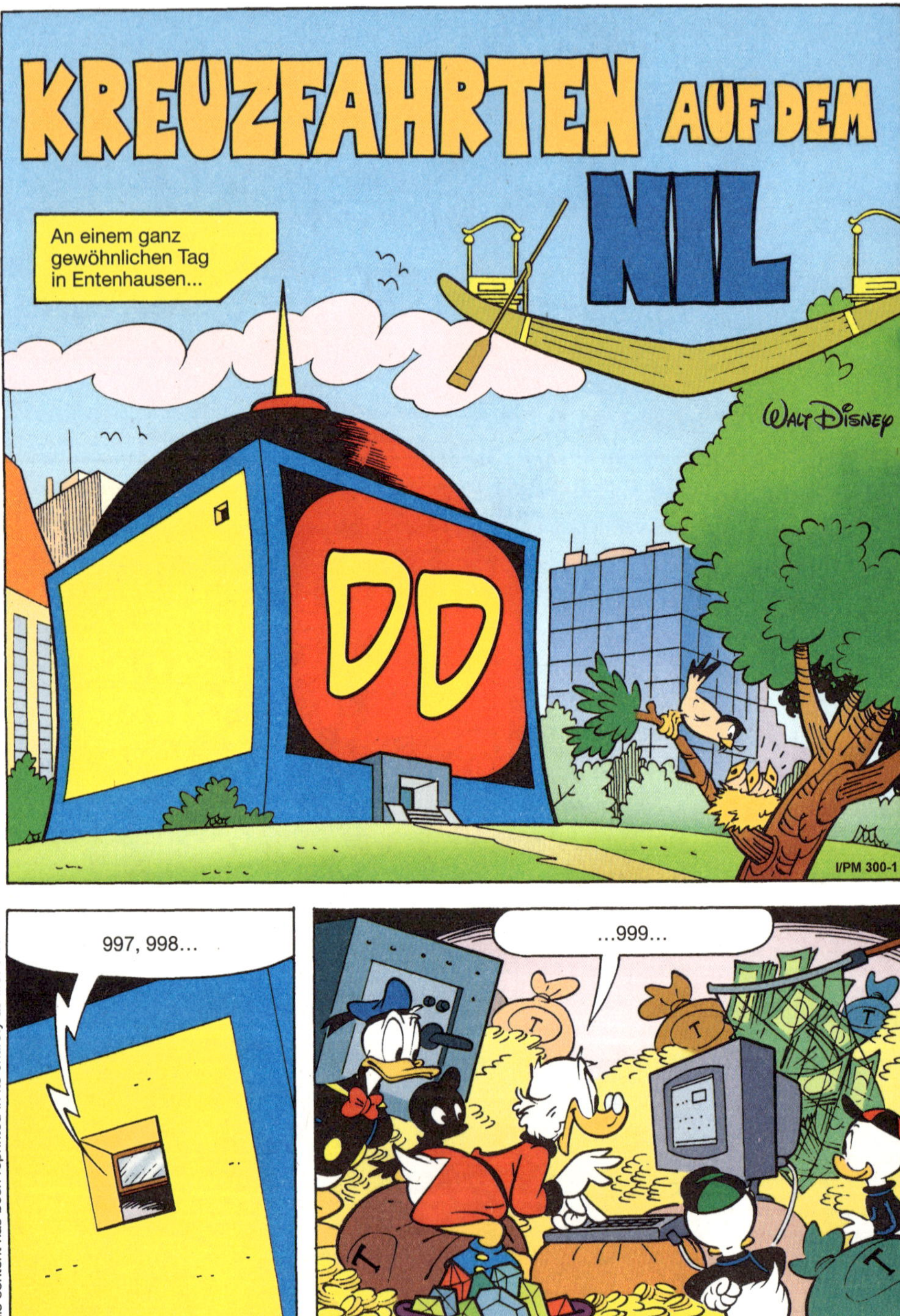

Luca Galoppo (Story), **Maurizio Amendola** (Zeichnungen)

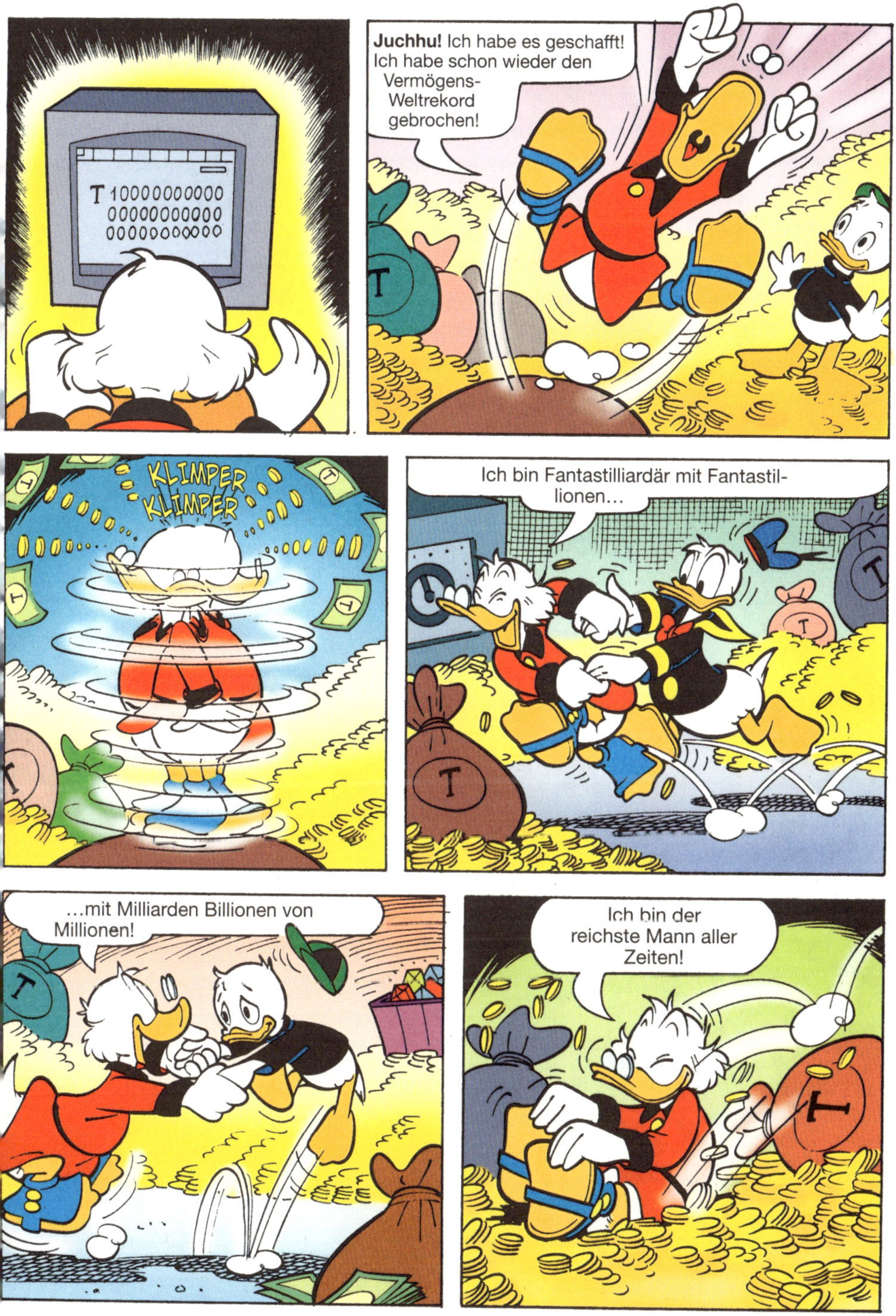
T 10000000000
00000000000
00000000000
Juchhu! Ich habe es geschafft! Ich habe schon wieder den Vermögens-Weltrekord gebrochen!
KLIMPER
KLIMPER
Ich bin Fantastilliardär mit Fantastil-lionen…
…mit Milliarden Billionen von Millionen!
Ich bin der reichste Mann aller Zeiten!

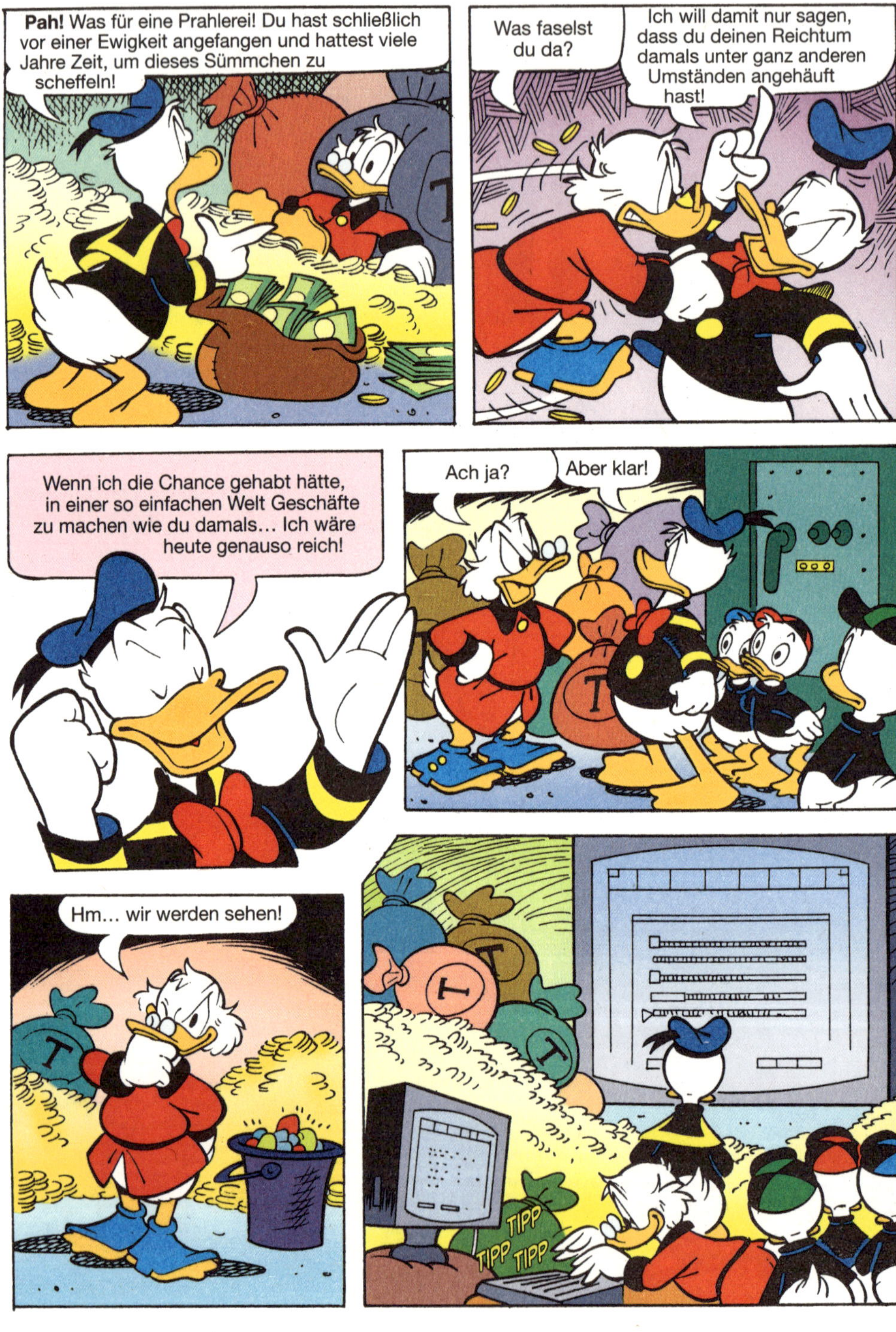
Pah! Was für eine Prahlerei! Du hast schließlich vor einer Ewigkeit angefangen und hattest viele Jahre Zeit, um dieses Sümmchen zu scheffeln!
Was faselst du da?
Ich will damit nur sagen, dass du deinen Reichtum damals unter ganz anderen Umständen angehäuft hast!
Wenn ich die Chance gehabt hätte, in einer so einfachen Welt Geschäfte zu machen wie du damals… Ich wäre heute genauso reich!
Ach ja?
Aber klar!
Hm… wir werden sehen!
TIPP TIPP TIPP

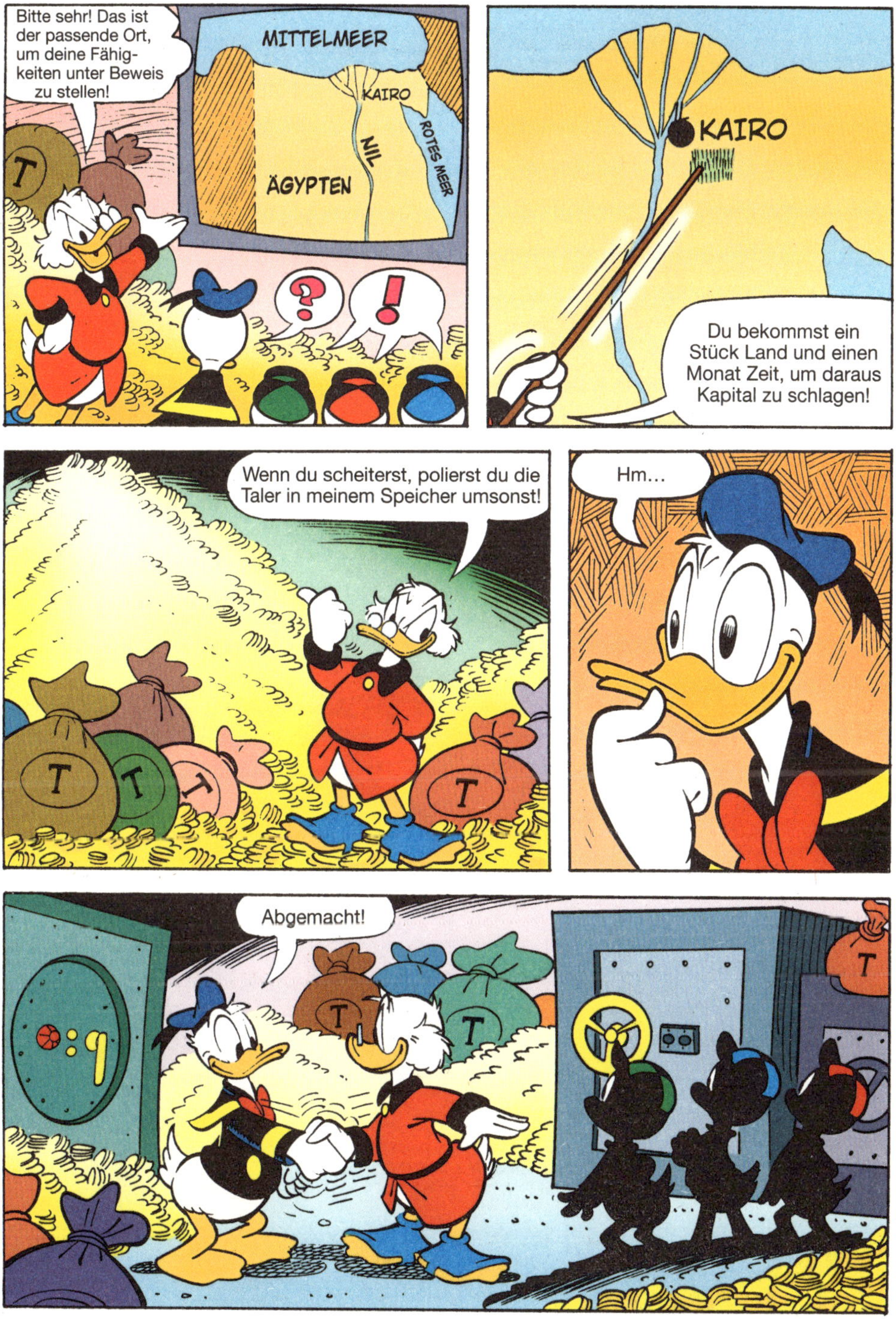
Bitte sehr! Das ist der passende Ort, um deine Fähigkeiten unter Beweis zu stellen!
MITTELMEER
KAIRO
NIL
ROTES MEER
ÄGYPTEN
?
!
KAIRO
Du bekommst ein Stück Land und einen Monat Zeit, um daraus Kapital zu schlagen!
Wenn du scheiterst, polierst du die Taler in meinem Speicher umsonst!
Hm...
Abgemacht!

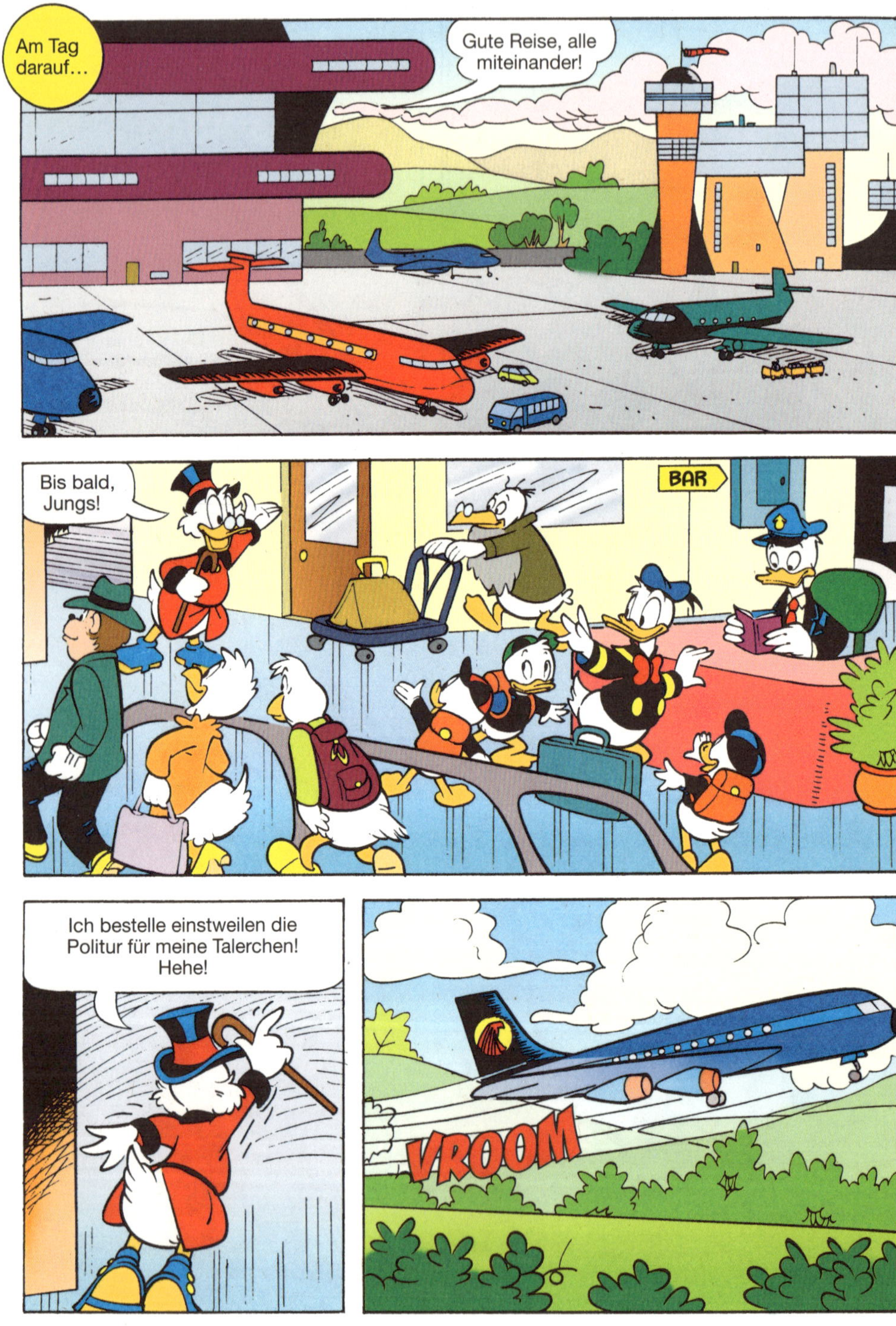
Am Tag darauf…
Gute Reise, alle miteinander!
Bis bald, Jungs!
BAR
Ich bestelle einstweilen die Politur für meine Talerchen! Hehe!
VROOM

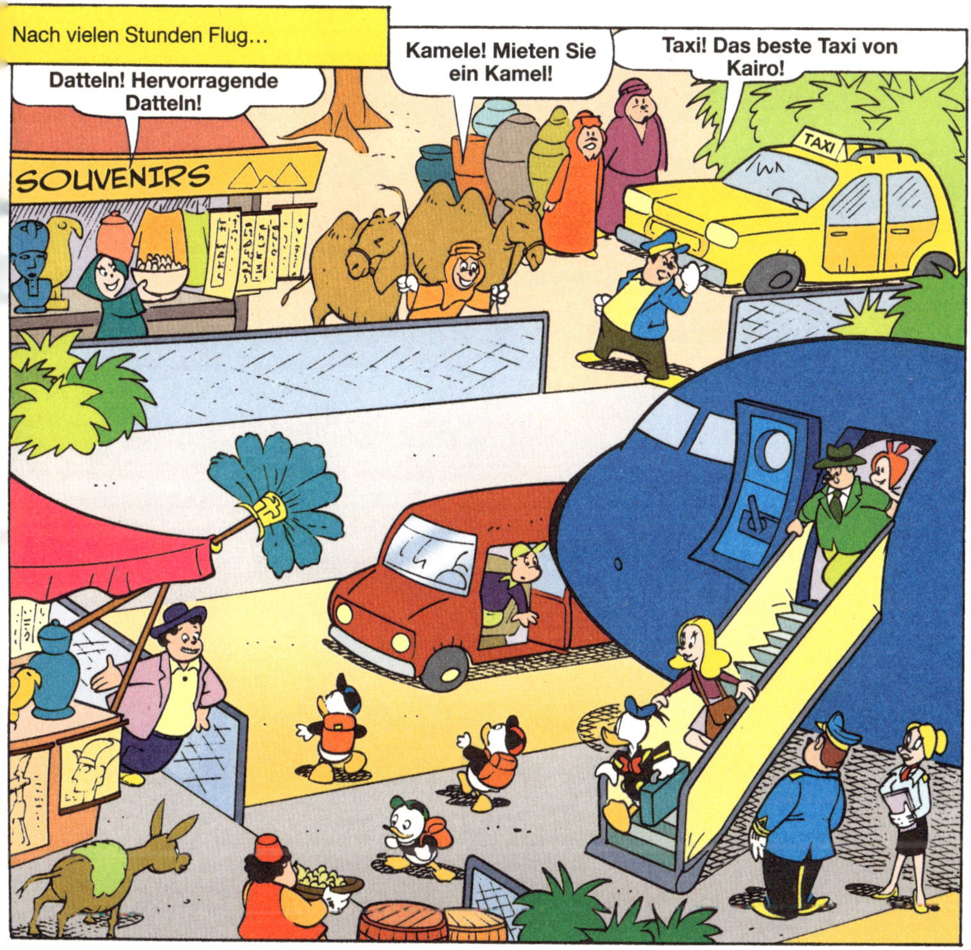
Nach vielen Stunden Flug...
Datteln! Hervorragende Datteln!
Kamele! Mieten Sie ein Kamel!
Taxi! Das beste Taxi von Kairo!
SOUVENIRS
TAXI

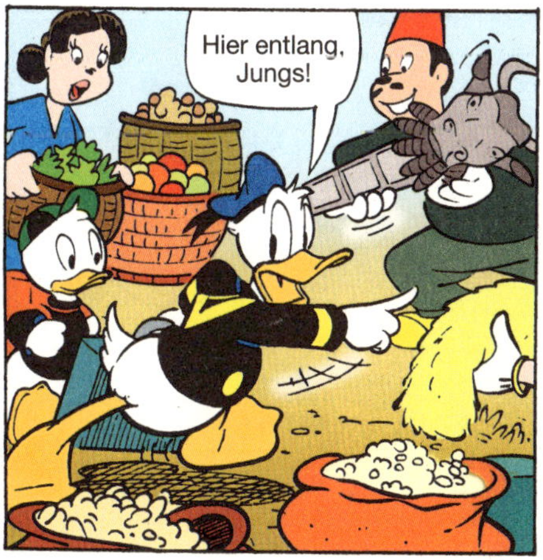
Hier entlang, Jungs!

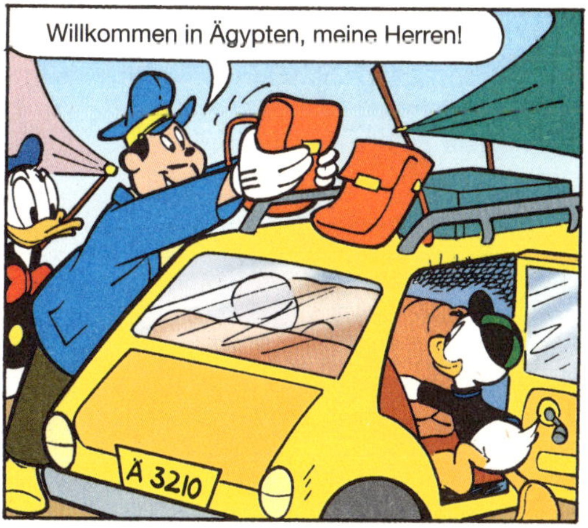
Willkommen in Ägypten, meine Herren!
Ä 3210

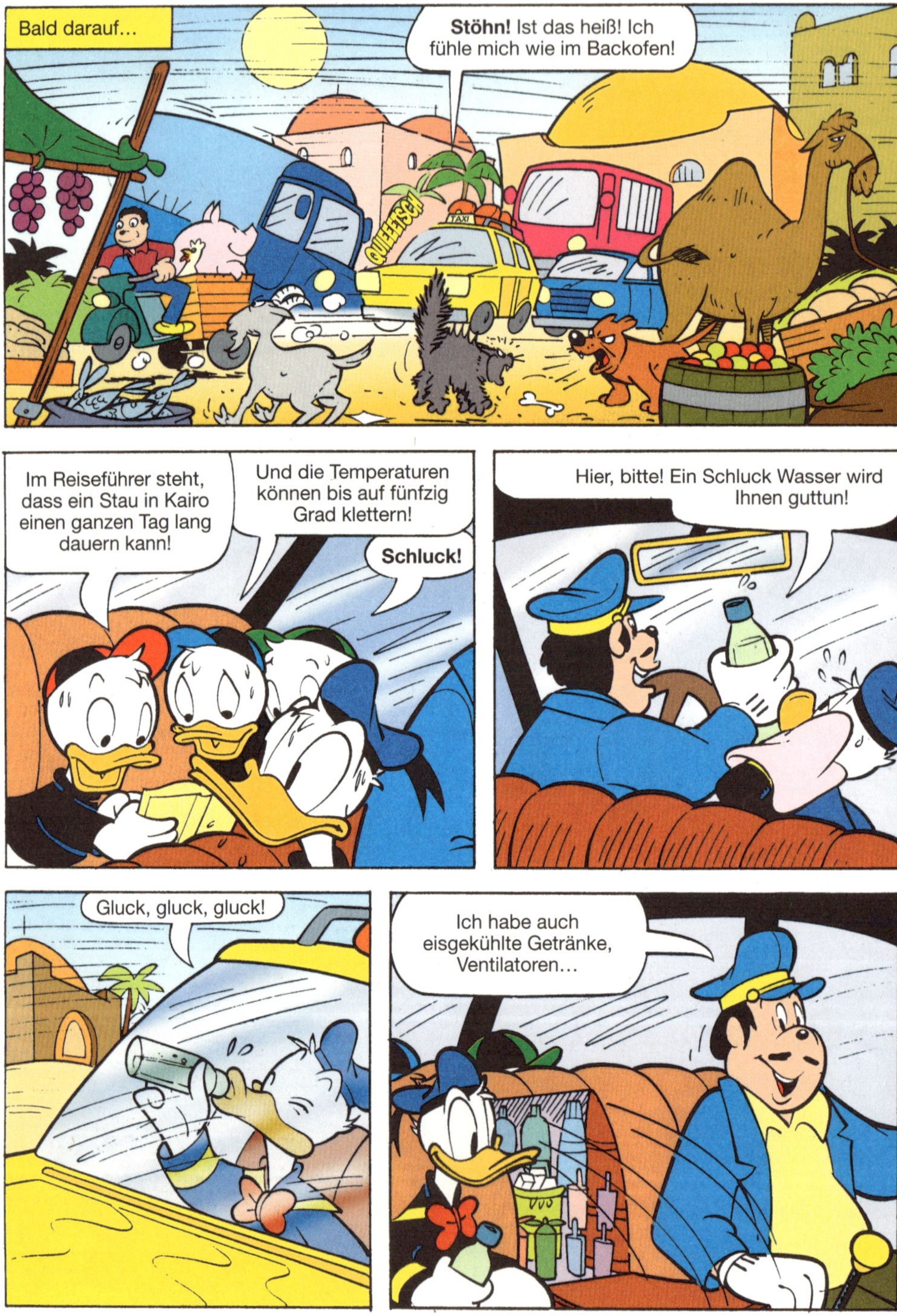
Bald darauf…
Stöhn! Ist das heiß! Ich fühle mich wie im Backofen!
QUIEEETSCH
TAXI
Im Reiseführer steht, dass ein Stau in Kairo einen ganzen Tag lang dauern kann!
Und die Temperaturen können bis auf fünfzig Grad klettern!
Schluck!
Hier, bitte! Ein Schluck Wasser wird Ihnen guttun!
Gluck, gluck, gluck!
Ich habe auch eisgekühlte Getränke, Ventilatoren…

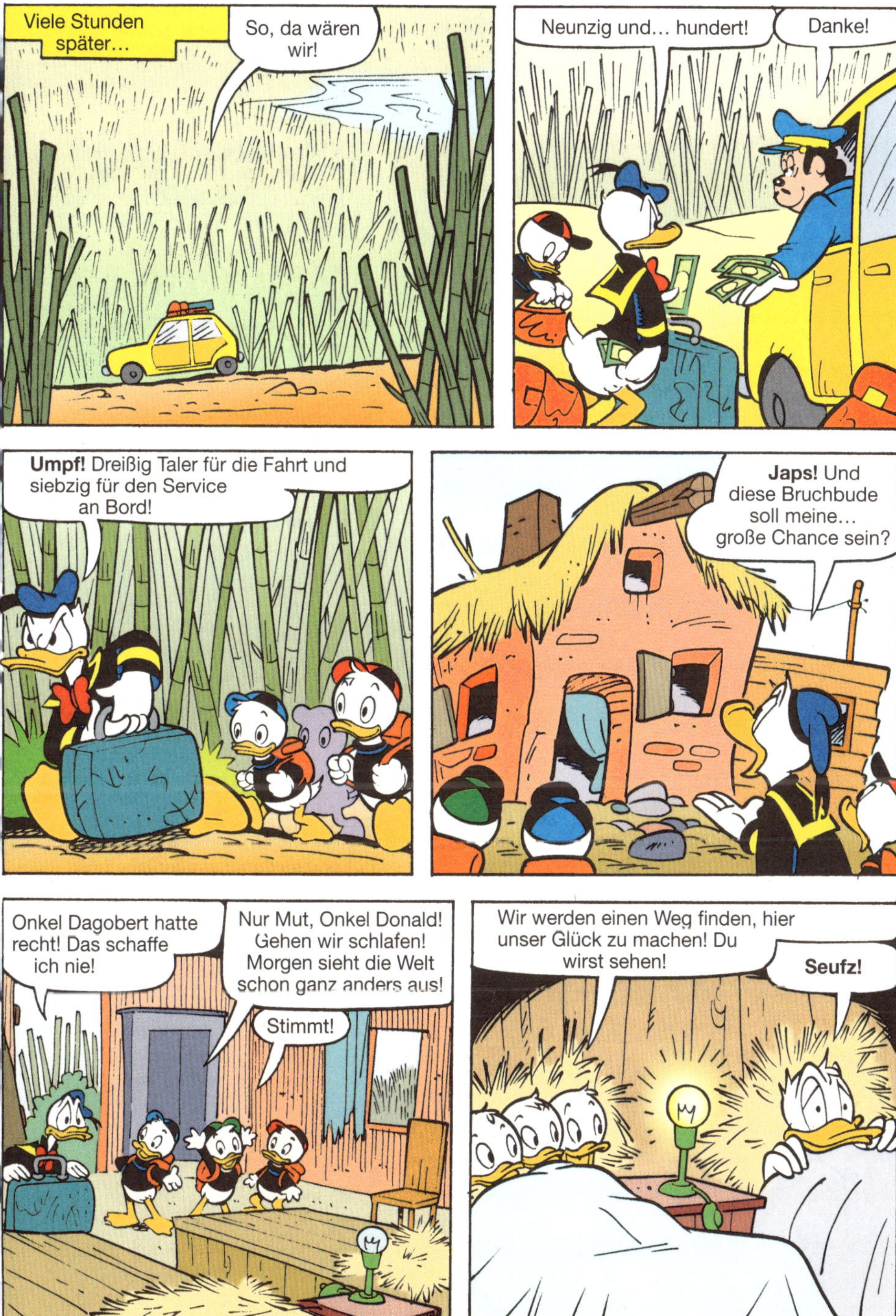
Viele Stunden später…
So, da wären wir!
Neunzig und… hundert!
Danke!
Umpf! Dreißig Taler für die Fahrt und siebzig für den Service an Bord!
Japs! Und diese Bruchbude soll meine… große Chance sein?
Onkel Dagobert hatte recht! Das schaffe ich nie!
Nur Mut, Onkel Donald! Gehen wir schlafen! Morgen sieht die Welt schon ganz anders aus!
Stimmt!
Wir werden einen Weg finden, hier unser Glück zu machen! Du wirst sehen!
Seufz!

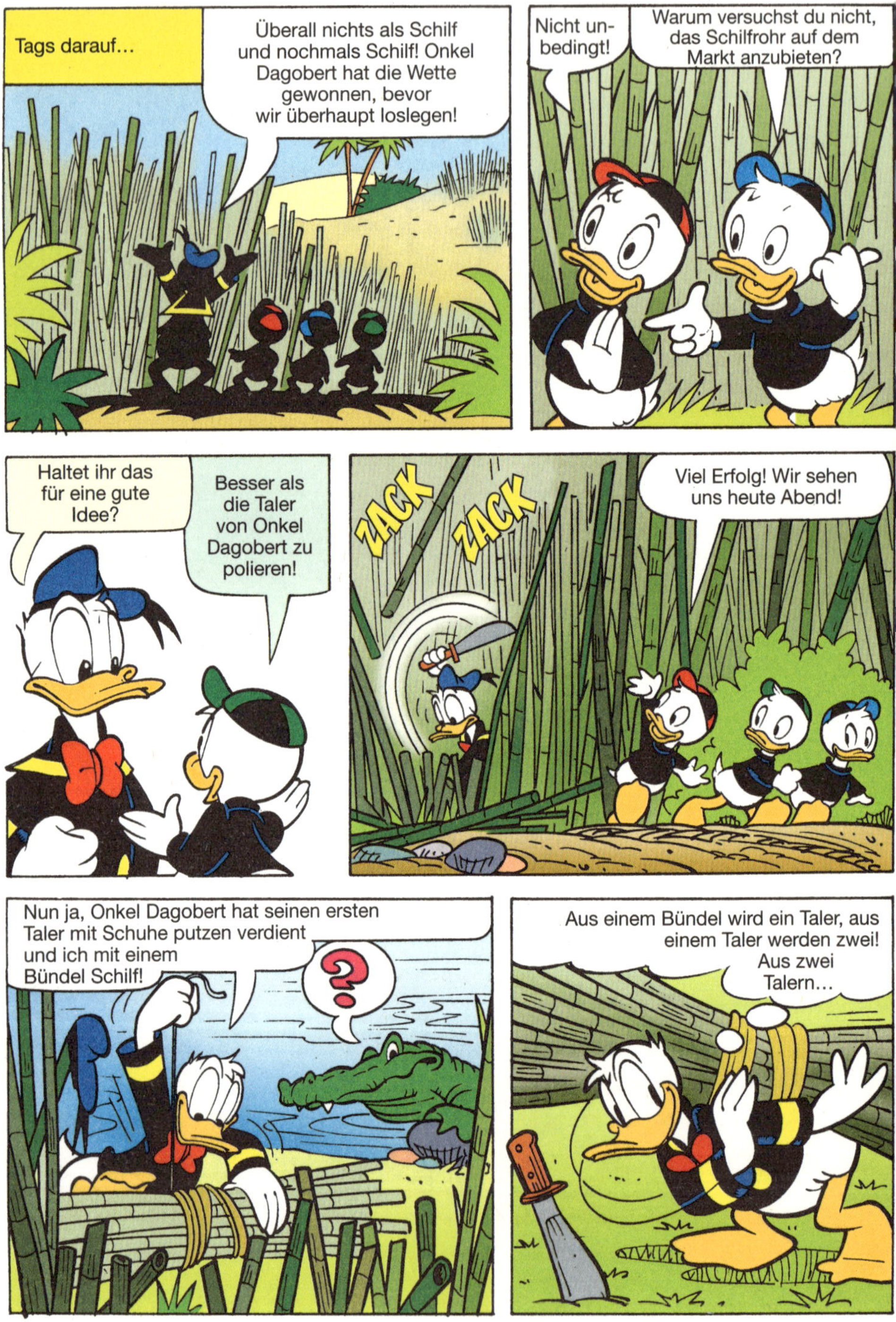

Tags darauf…
Überall nichts als Schilf und nochmals Schilf! Onkel Dagobert hat die Wette gewonnen, bevor wir überhaupt loslegen!
Nicht unbedingt!
Warum versuchst du nicht, das Schilfrohr auf dem Markt anzubieten?
Haltet ihr das für eine gute Idee?
Besser als die Taler von Onkel Dagobert zu polieren!
ZACK
ZACK
Viel Erfolg! Wir sehen uns heute Abend!
Nun ja, Onkel Dagobert hat seinen ersten Taler mit Schuhe putzen verdient und ich mit einem Bündel Schilf!
?
Aus einem Bündel wird ein Taler, aus einem Taler werden zwei! Aus zwei Talern…

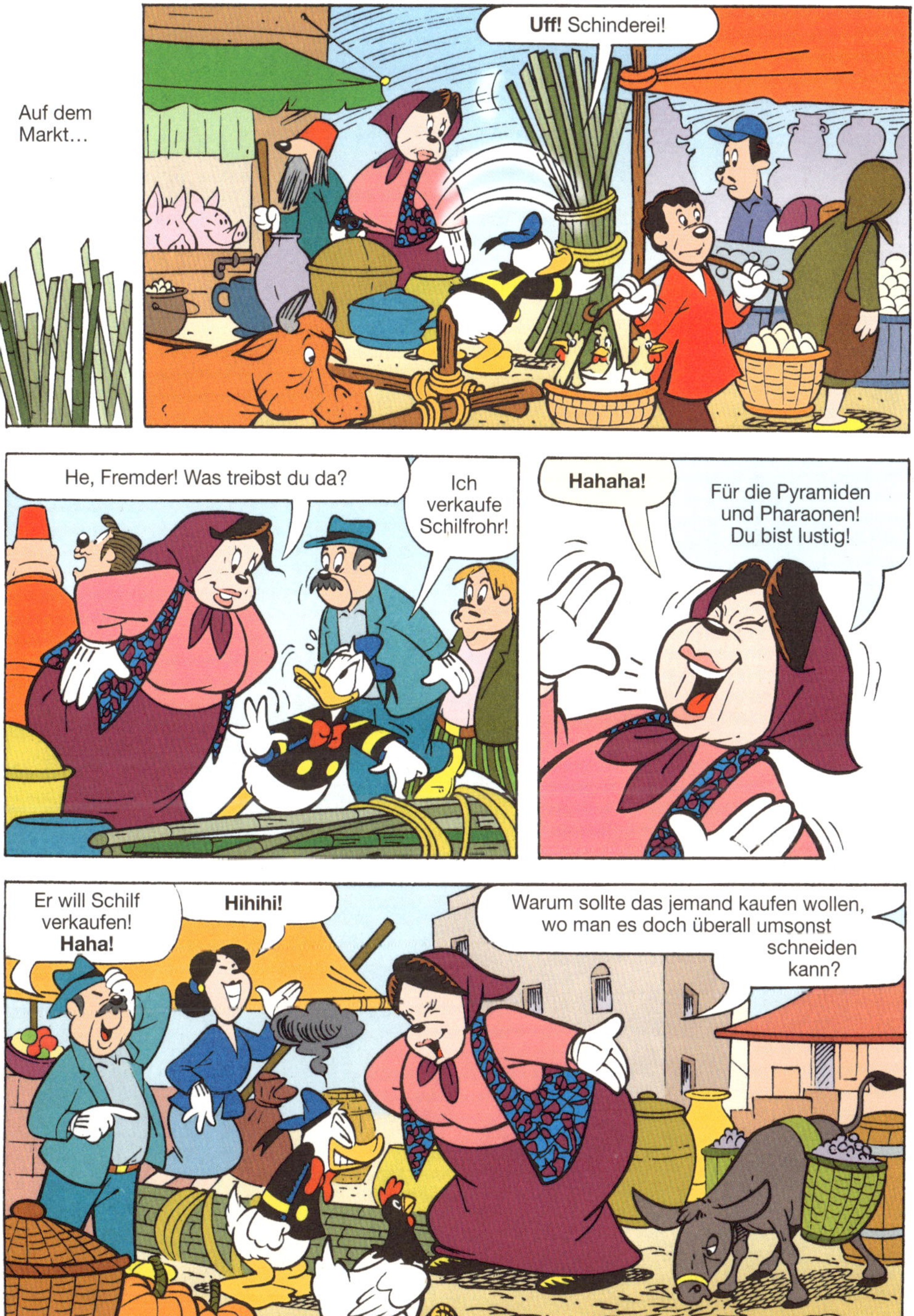
Auf dem Markt…
Uff! Schinderei!
He, Fremder! Was treibst du da?
Ich verkaufe Schilfrohr!
Hahaha!
Für die Pyramiden und Pharaonen! Du bist lustig!
Er will Schilf verkaufen! Haha!
Hihihi!
Warum sollte das jemand kaufen wollen, wo man es doch überall umsonst schneiden kann?

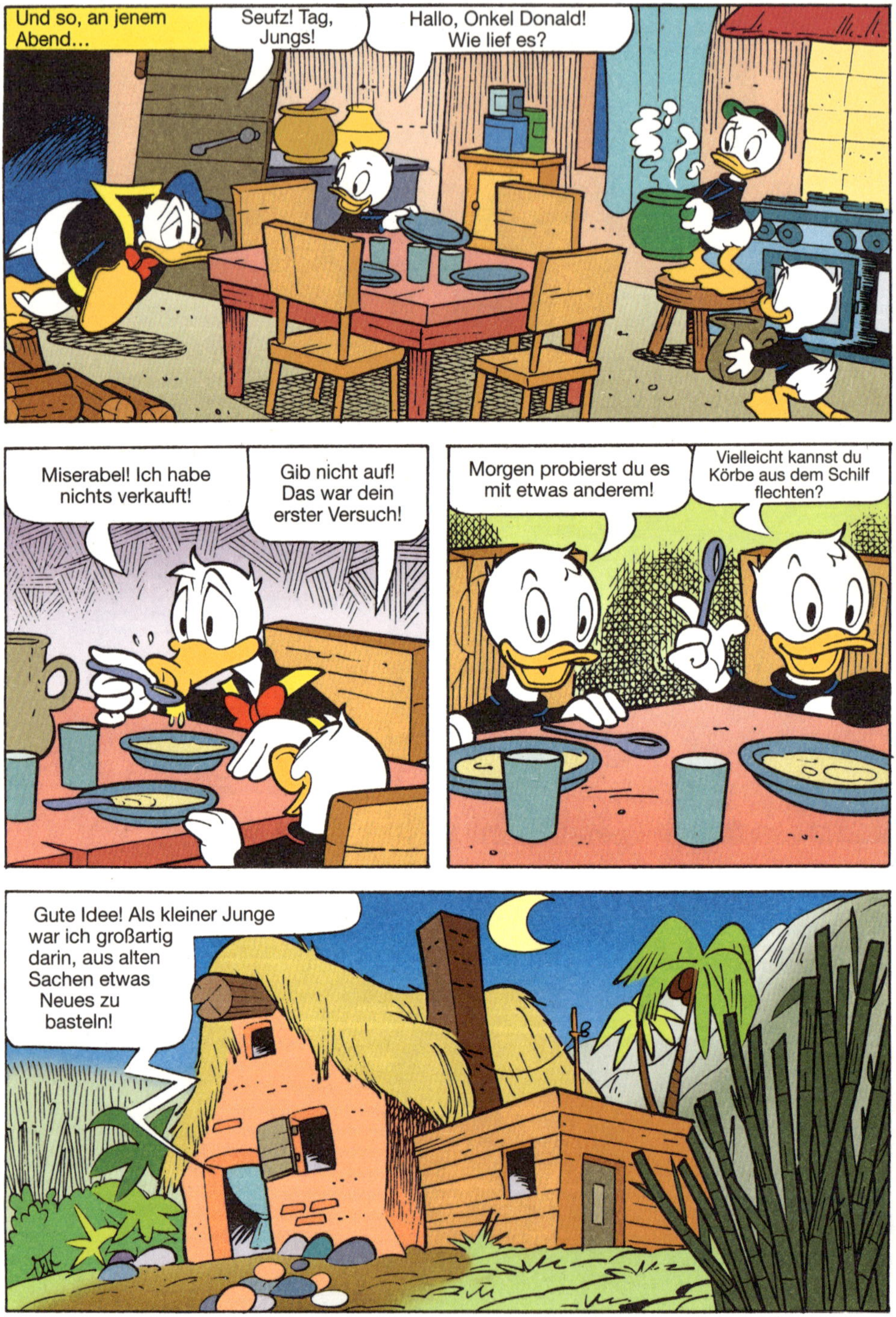

Und so, an jenem Abend…
Seufz! Tag, Jungs!
Hallo, Onkel Donald! Wie lief es?
Miserabel! Ich habe nichts verkauft!
Gib nicht auf! Das war dein erster Versuch!
Morgen probierst du es mit etwas anderem!
Vielleicht kannst du Körbe aus dem Schilf flechten?
Gute Idee! Als kleiner Junge war ich großartig darin, aus alten Sachen etwas Neues zu basteln!

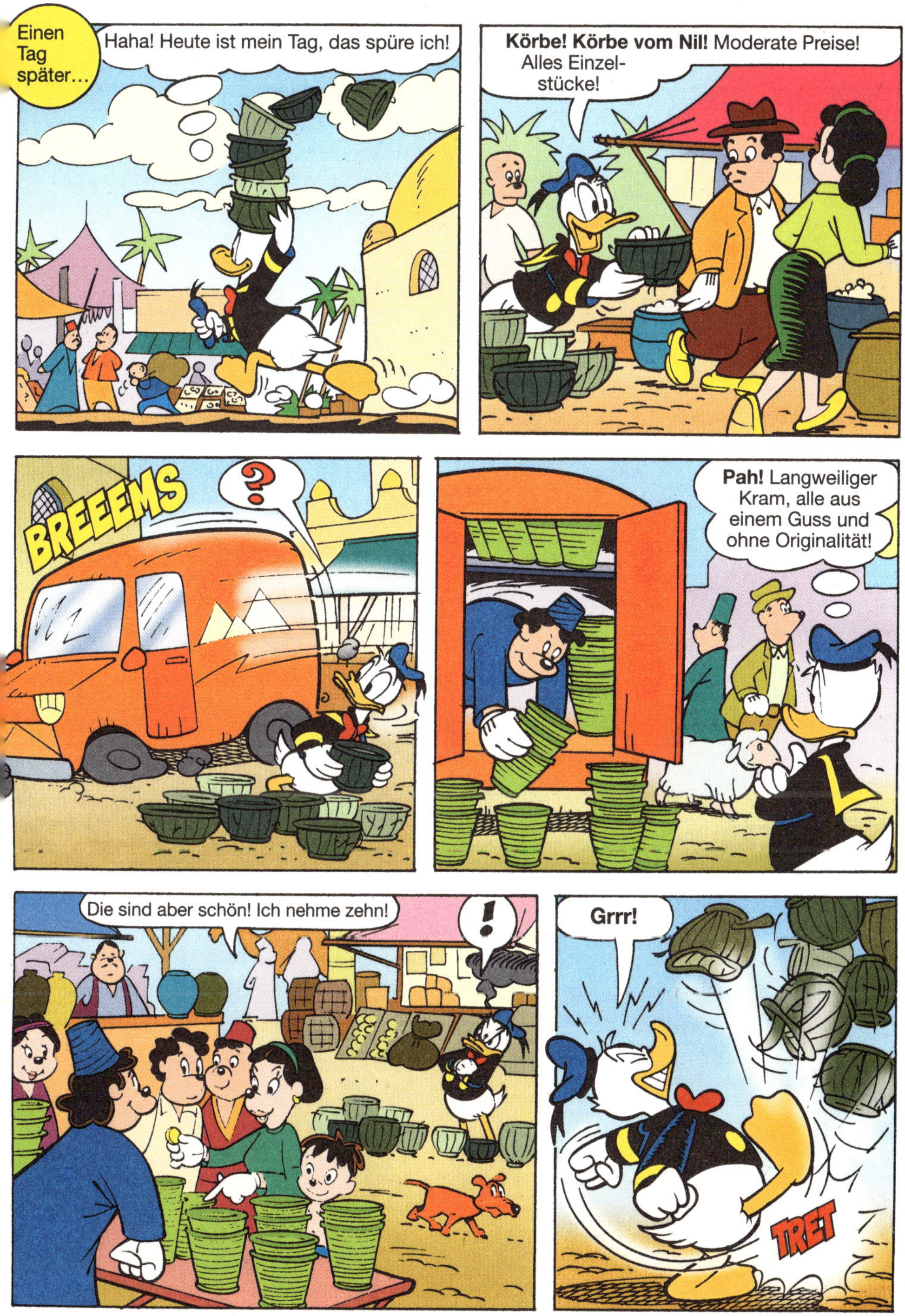
Einen Tag später…
Haha! Heute ist mein Tag, das spüre ich!
Körbe! Körbe vom Nil! Moderate Preise! Alles Einzelstücke!
BREEEMS
?
Pah! Langweiliger Kram, alle aus einem Guss und ohne Originalität!
Die sind aber schön! Ich nehme zehn!
!
Grrr!
TRET

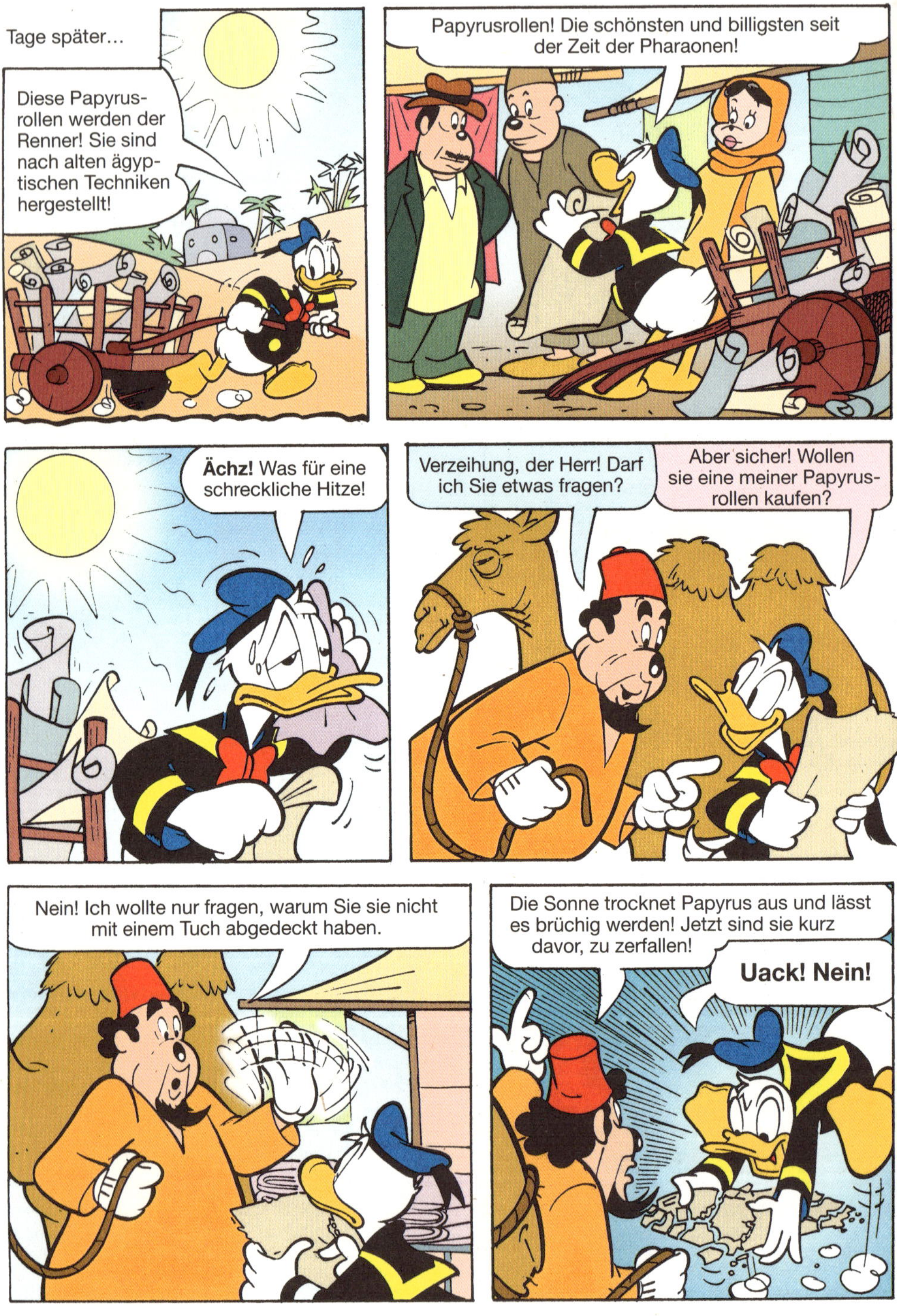
Tage später…
Diese Papyrusrollen werden der Renner! Sie sind nach alten ägyptischen Techniken hergestellt!
Papyrusrollen! Die schönsten und billigsten seit der Zeit der Pharaonen!
Ächz! Was für eine schreckliche Hitze!
Verzeihung, der Herr! Darf ich Sie etwas fragen?
Aber sicher! Wollen sie eine meiner Papyrusrollen kaufen?
Nein! Ich wollte nur fragen, warum Sie sie nicht mit einem Tuch abgedeckt haben.
Die Sonne trocknet Papyrus aus und lässt es brüchig werden! Jetzt sind sie kurz davor, zu zerfallen!
Uack! Nein!

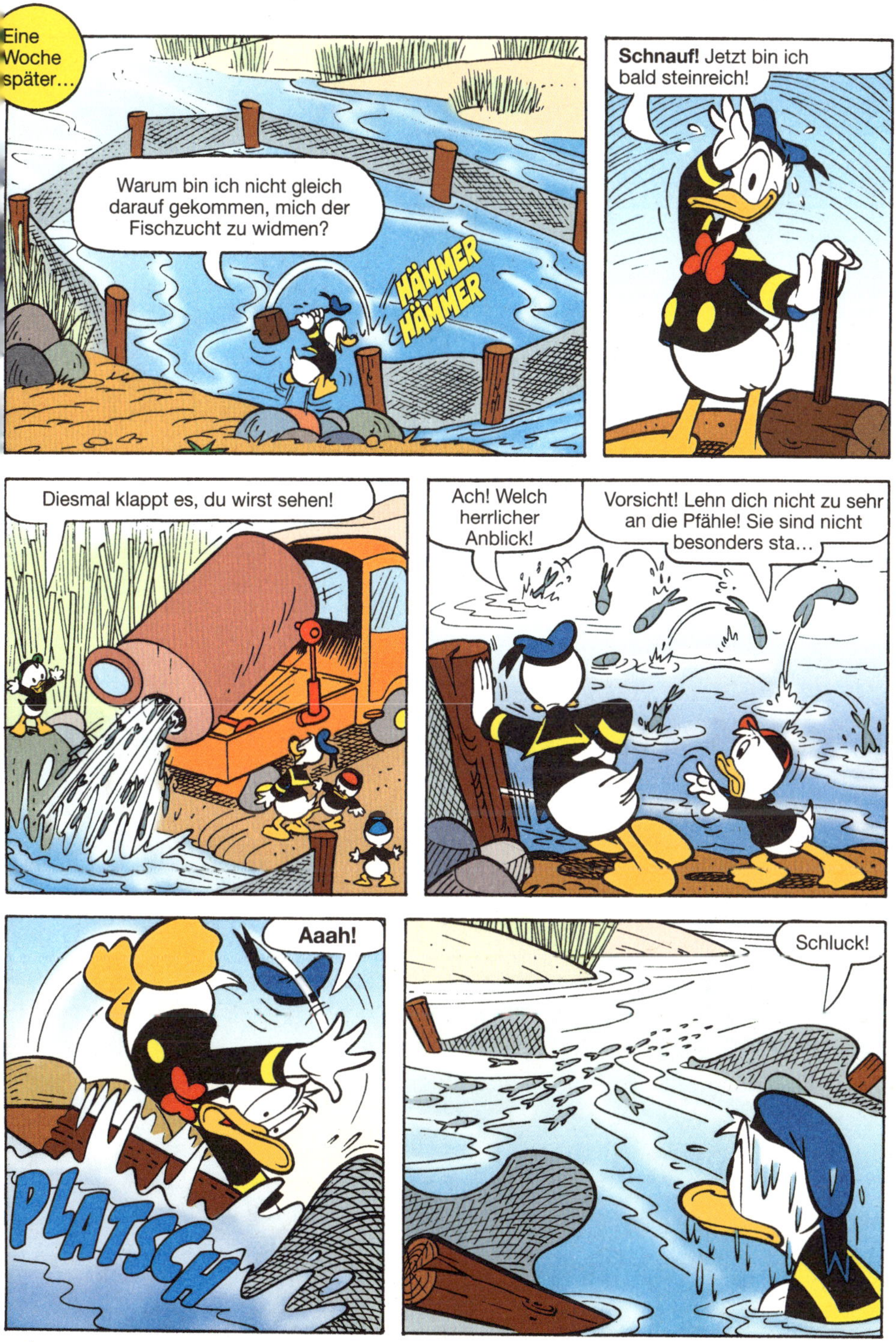
Eine Woche später…
Warum bin ich nicht gleich darauf gekommen, mich der Fischzucht zu widmen?
HÄMMER HÄMMER
Schnauf! Jetzt bin ich bald steinreich!
Diesmal klappt es, du wirst sehen!
Ach! Welch herrlicher Anblick!
Vorsicht! Lehn dich nicht zu sehr an die Pfähle! Sie sind nicht besonders sta…
Aaah!
PLATSCH
Schluck!

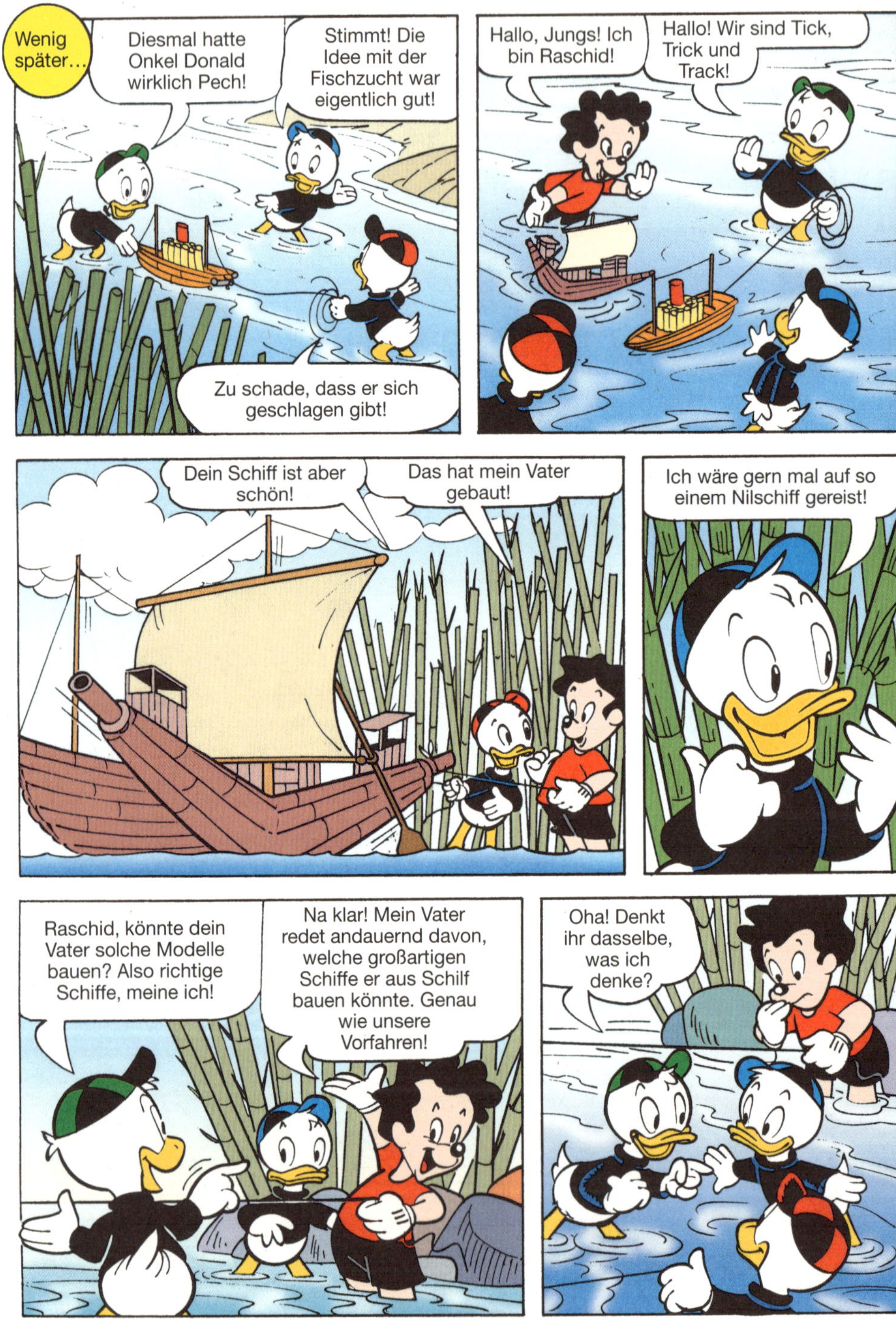
Wenig später…
Diesmal hatte Onkel Donald wirklich Pech!
Stimmt! Die Idee mit der Fischzucht war eigentlich gut!
Zu schade, dass er sich geschlagen gibt!
Hallo, Jungs! Ich bin Raschid!
Hallo! Wir sind Tick, Trick und Track!
Dein Schiff ist aber schön!
Das hat mein Vater gebaut!
Ich wäre gern mal auf so einem Nilschiff gereist!
Raschid, könnte dein Vater solche Modelle bauen? Also richtige Schiffe, meine ich!
Na klar! Mein Vater redet andauernd davon, welche großartigen Schiffe er aus Schilf bauen könnte. Genau wie unsere Vorfahren!
Oha! Denkt ihr dasselbe, was ich denke?

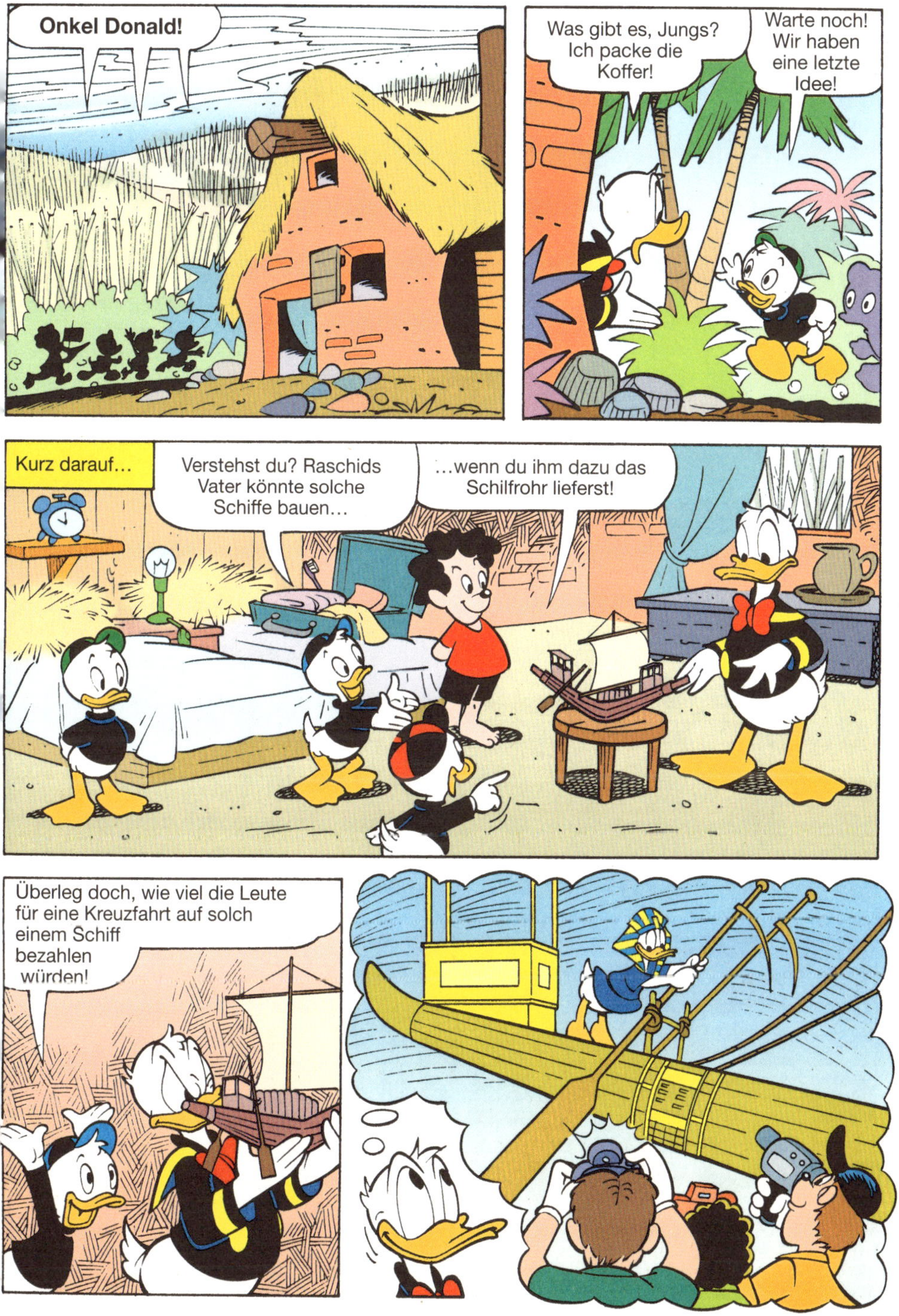
Onkel Donald!
Was gibt es, Jungs? Ich packe die Koffer!
Warte noch! Wir haben eine letzte Idee!
Kurz darauf…
Verstehst du? Raschids Vater könnte solche Schiffe bauen…
…wenn du ihm dazu das Schilfrohr lieferst!
Überleg doch, wie viel die Leute für eine Kreuzfahrt auf solch einem Schiff bezahlen würden!

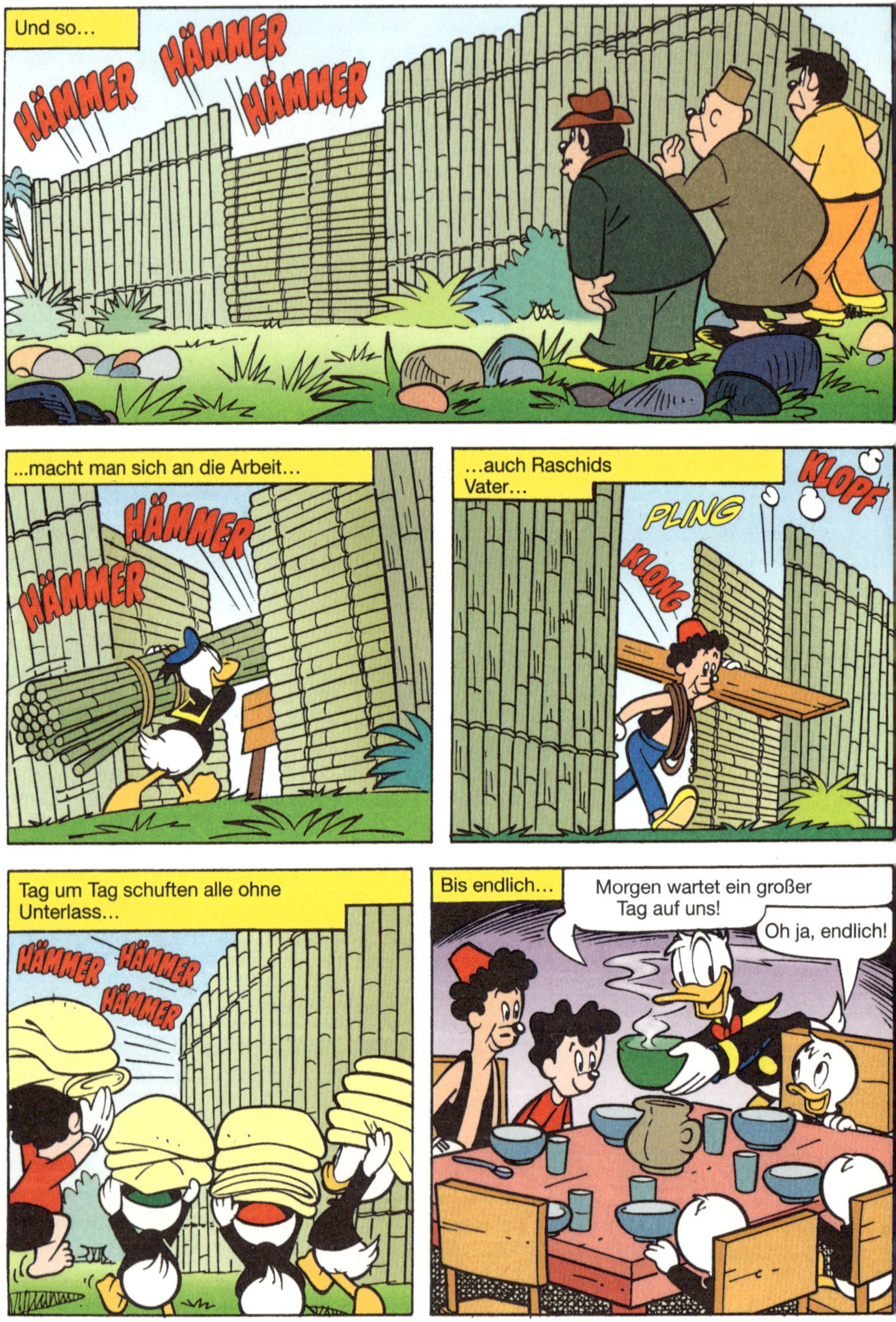
Und so…
HÄMMER
HÄMMER
HÄMMER
...macht man sich an die Arbeit…
HÄMMER
HÄMMER
…auch Raschids Vater…
KLOPF
PLING
KLONG
Tag um Tag schuften alle ohne Unterlass…
HÄMMER
HÄMMER
HÄMMER
Bis endlich…
Morgen wartet ein großer Tag auf uns!
Oh ja, endlich!

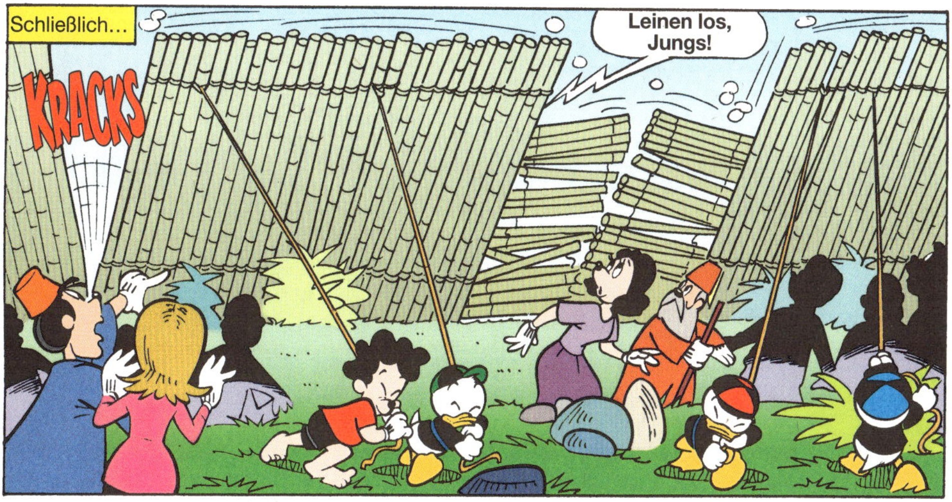
Schließlich...
KRACKS
Leinen los, Jungs!

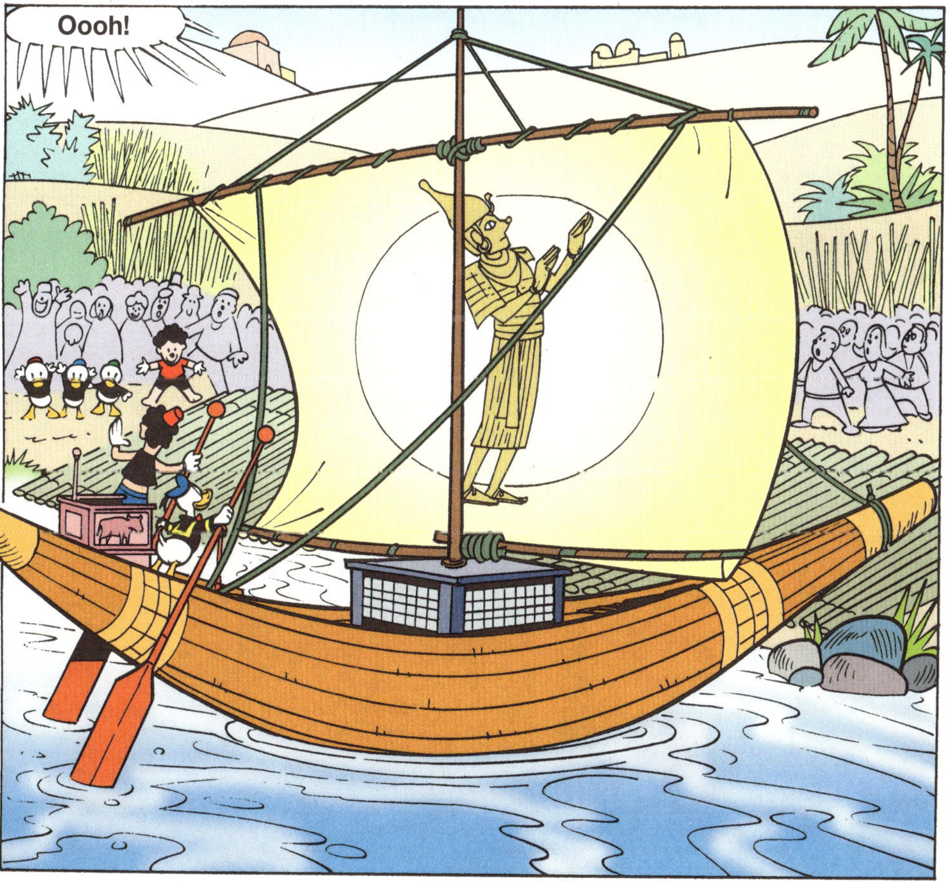
Oooh!

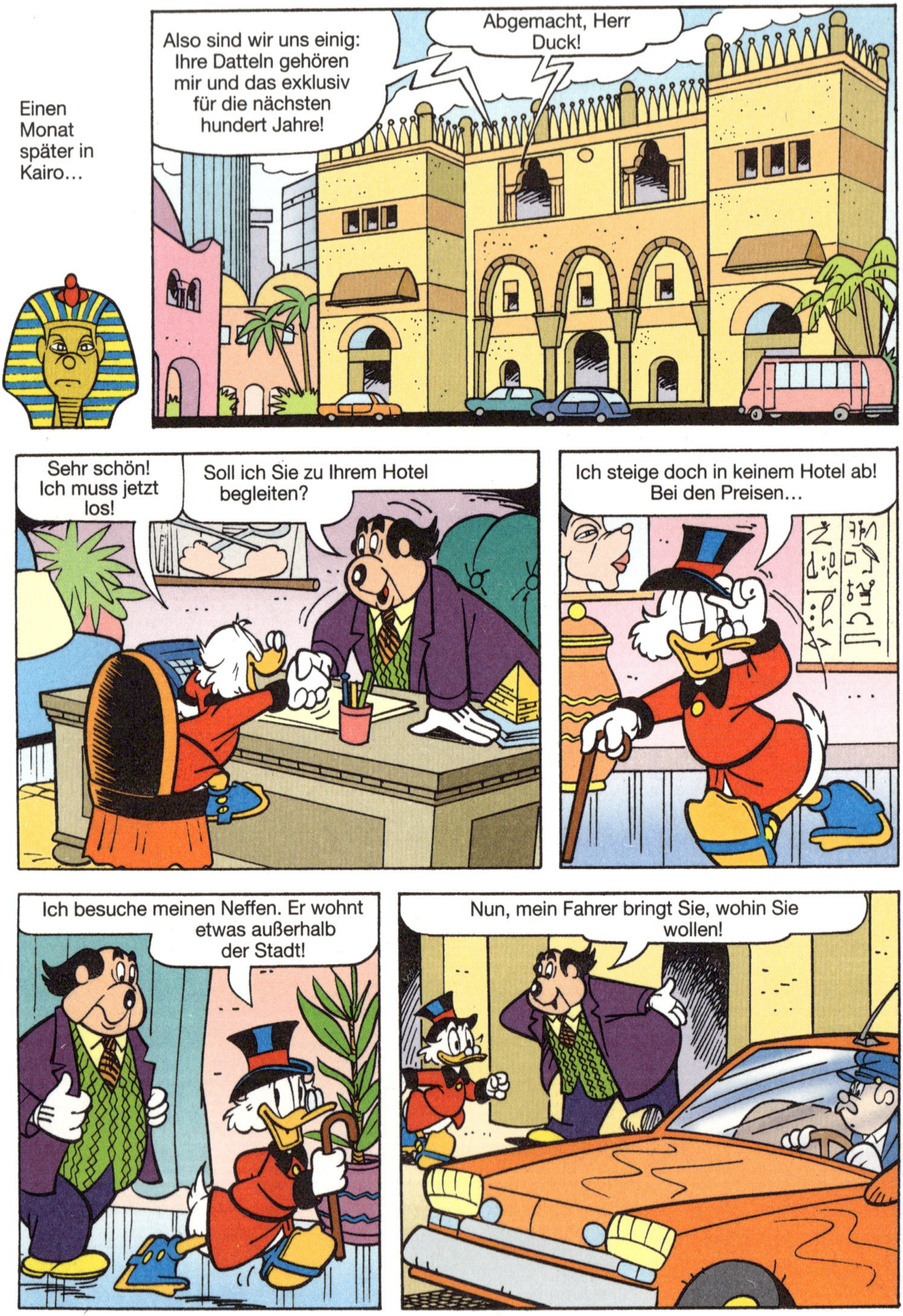
Einen Monat später in Kairo…
Also sind wir uns einig: Ihre Datteln gehören mir und das exklusiv für die nächsten hundert Jahre!
Abgemacht, Herr Duck!
Sehr schön! Ich muss jetzt los!
Soll ich Sie zu Ihrem Hotel begleiten?
Ich steige doch in keinem Hotel ab! Bei den Preisen…
Ich besuche meinen Neffen. Er wohnt etwas außerhalb der Stadt!
Nun, mein Fahrer bringt Sie, wohin Sie wollen!

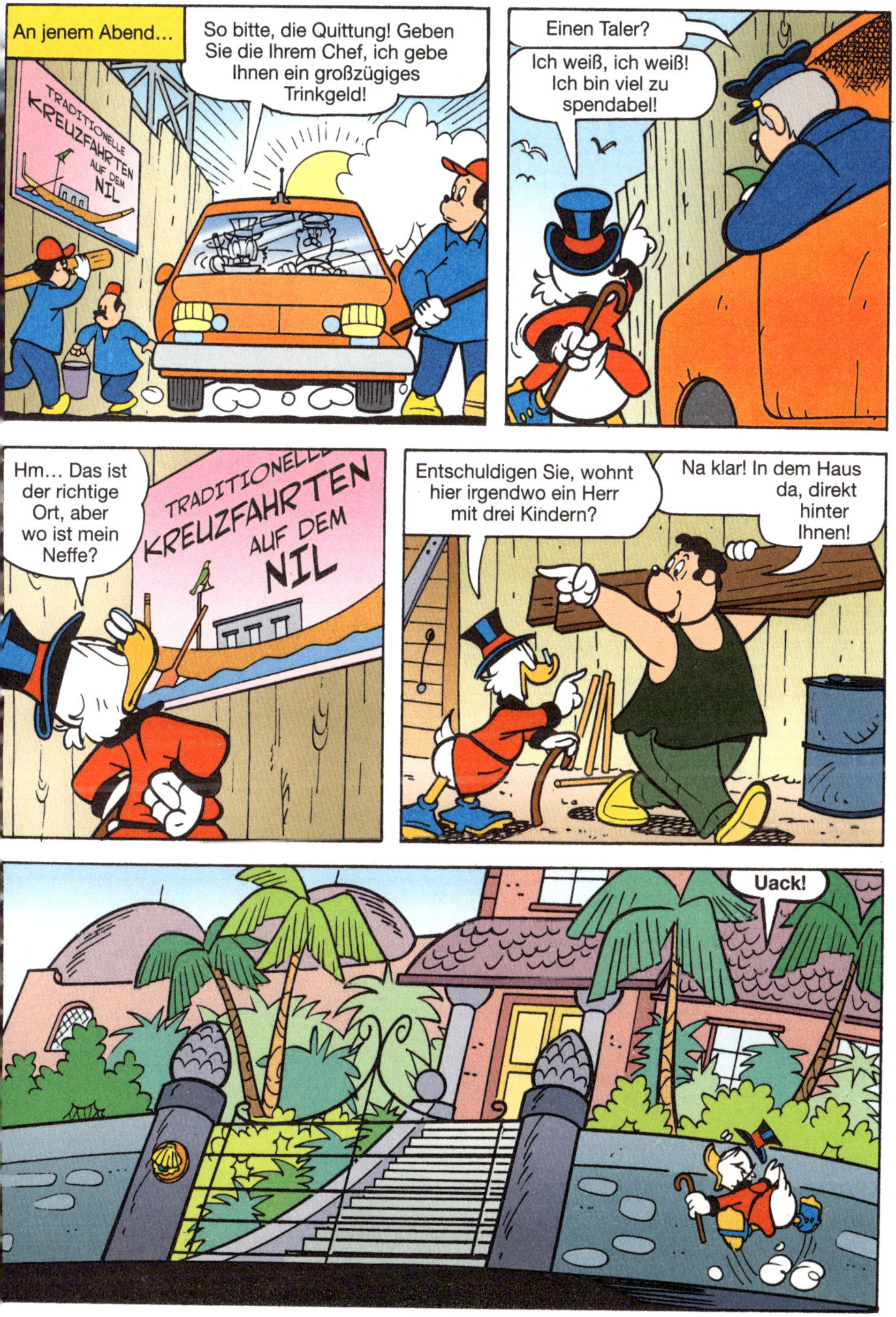
An jenem Abend…
So bitte, die Quittung! Geben Sie die Ihrem Chef, ich gebe Ihnen ein großzügiges Trinkgeld!
TRADITIONELLE KREUZFAHRTEN AUF DEM NIL
Einen Taler?
Ich weiß, ich weiß! Ich bin viel zu spendabel!
Hm… Das ist der richtige Ort, aber wo ist mein Neffe?
TRADITIONELLE KREUZFAHRTEN AUF DEM NIL
Entschuldigen Sie, wohnt hier irgendwo ein Herr mit drei Kindern?
Na klar! In dem Haus da, direkt hinter Ihnen!
Uack!

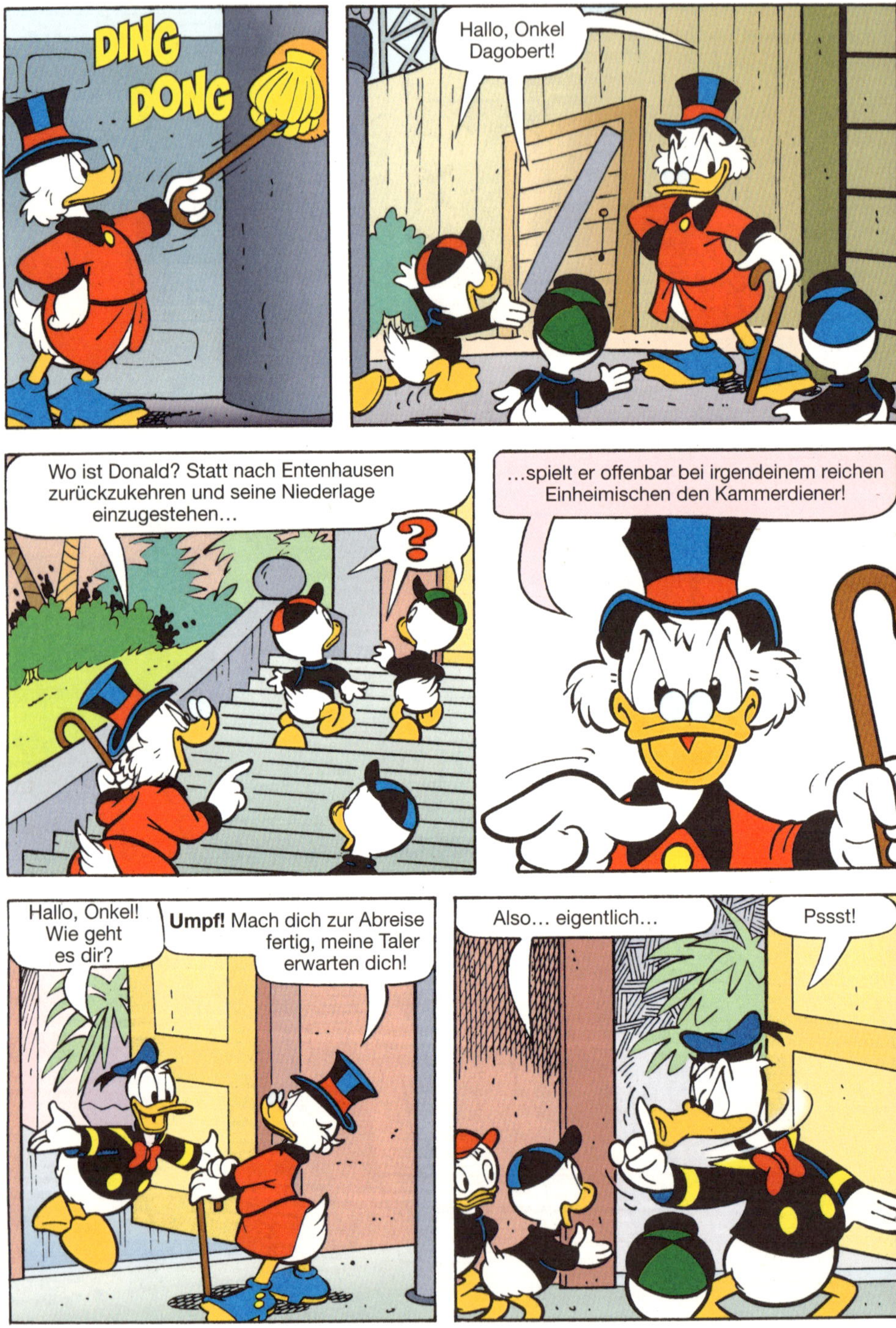
DING
DONG
Hallo, Onkel Dagobert!
Wo ist Donald? Statt nach Entenhausen zurückzukehren und seine Niederlage einzugestehen…
?
…spielt er offenbar bei irgendeinem reichen Einheimischen den Kammerdiener!
Hallo, Onkel! Wie geht es dir?
Umpf! Mach dich zur Abreise fertig, meine Taler erwarten dich!
Also… eigentlich…
Pssst!

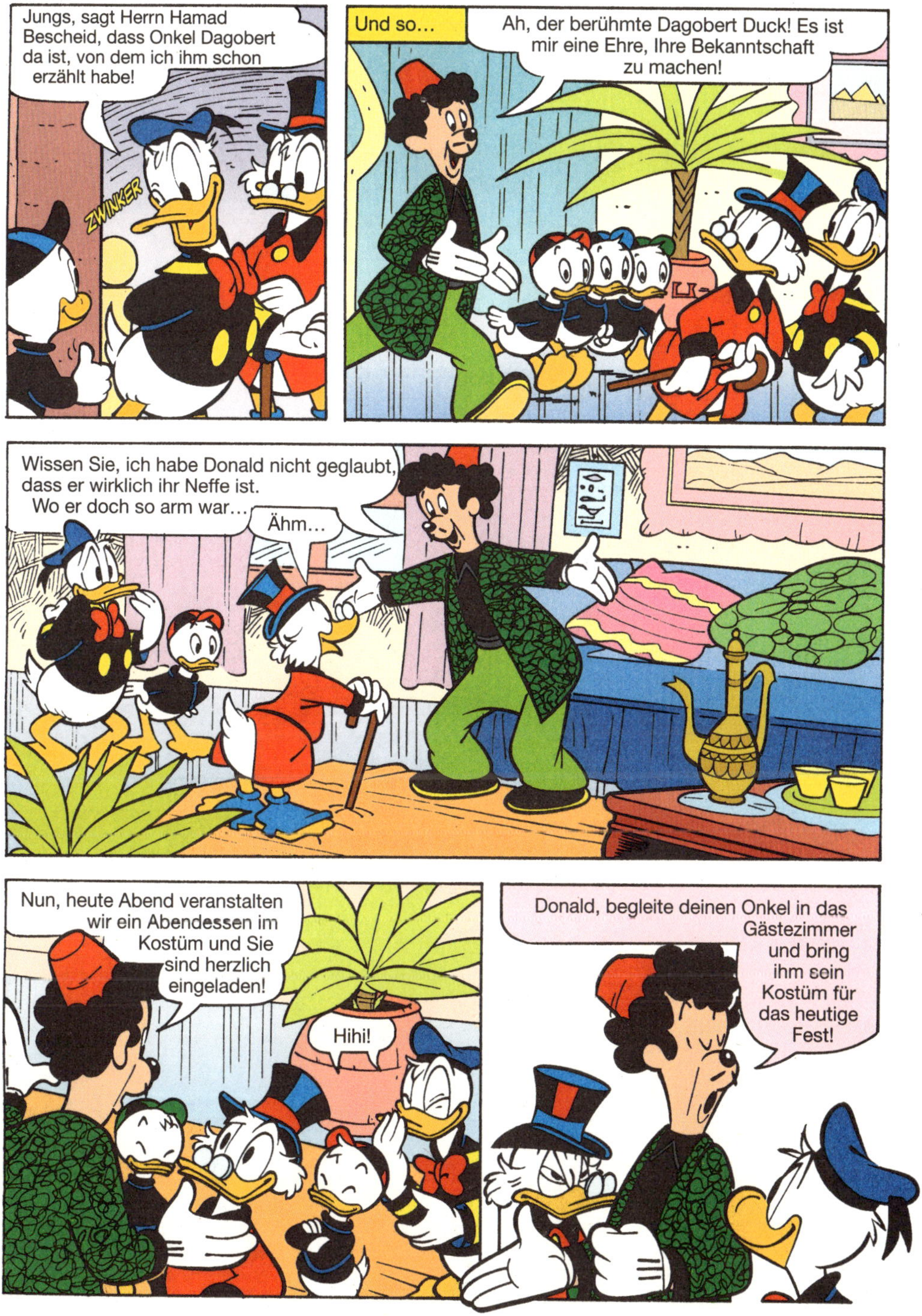

Jungs, sagt Herrn Hamad Bescheid, dass Onkel Dagobert da ist, von dem ich ihm schon erzählt habe!
ZWINKER
Und so…
Ah, der berühmte Dagobert Duck! Es ist mir eine Ehre, Ihre Bekanntschaft zu machen!
Wissen Sie, ich habe Donald nicht geglaubt, dass er wirklich ihr Neffe ist. Wo er doch so arm war…
Ähm…
Nun, heute Abend veranstalten wir ein Abendessen im Kostüm und Sie sind herzlich eingeladen!
Hihi!
Donald, begleite deinen Onkel in das Gästezimmer und bring ihm sein Kostüm für das heutige Fest!

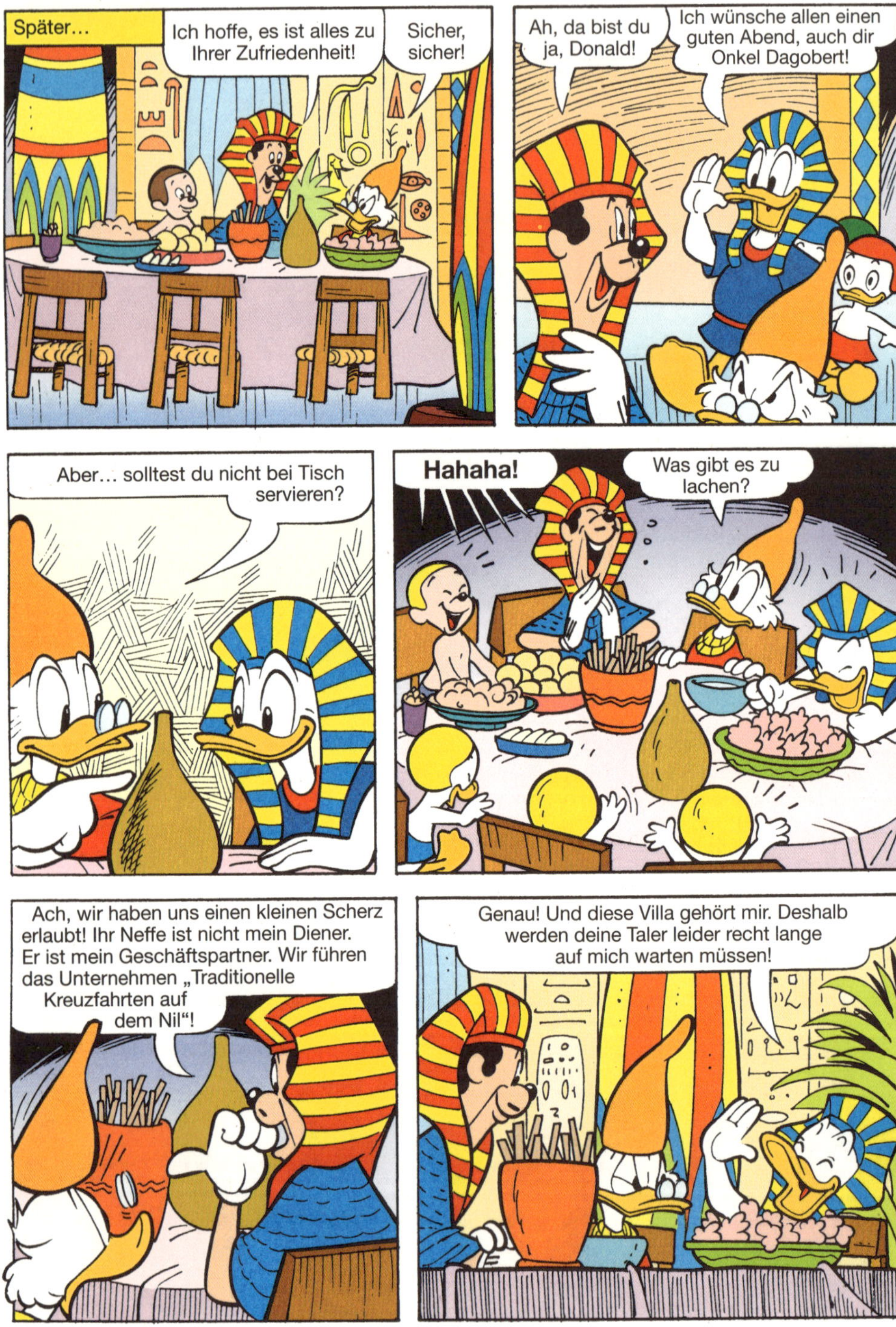
Später…
Ich hoffe, es ist alles zu Ihrer Zufriedenheit!
Sicher, sicher!
Ah, da bist du ja, Donald!
Ich wünsche allen einen guten Abend, auch dir Onkel Dagobert!
Aber… solltest du nicht bei Tisch servieren?
Hahaha!
Was gibt es zu lachen?
Ach, wir haben uns einen kleinen Scherz erlaubt! Ihr Neffe ist nicht mein Diener. Er ist mein Geschäftspartner. Wir führen das Unternehmen „Traditionelle Kreuzfahrten auf dem Nil“!
Genau! Und diese Villa gehört mir. Deshalb werden deine Taler leider recht lange auf mich warten müssen!

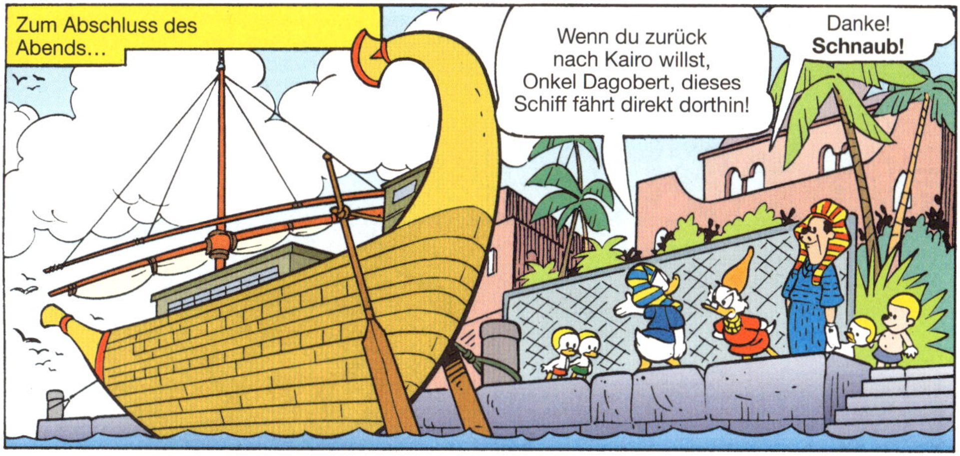
Zum Abschluss des Abends…
Wenn du zurück nach Kairo willst, Onkel Dagobert, dieses Schiff fährt direkt dorthin!
Danke! **Schnaub!**

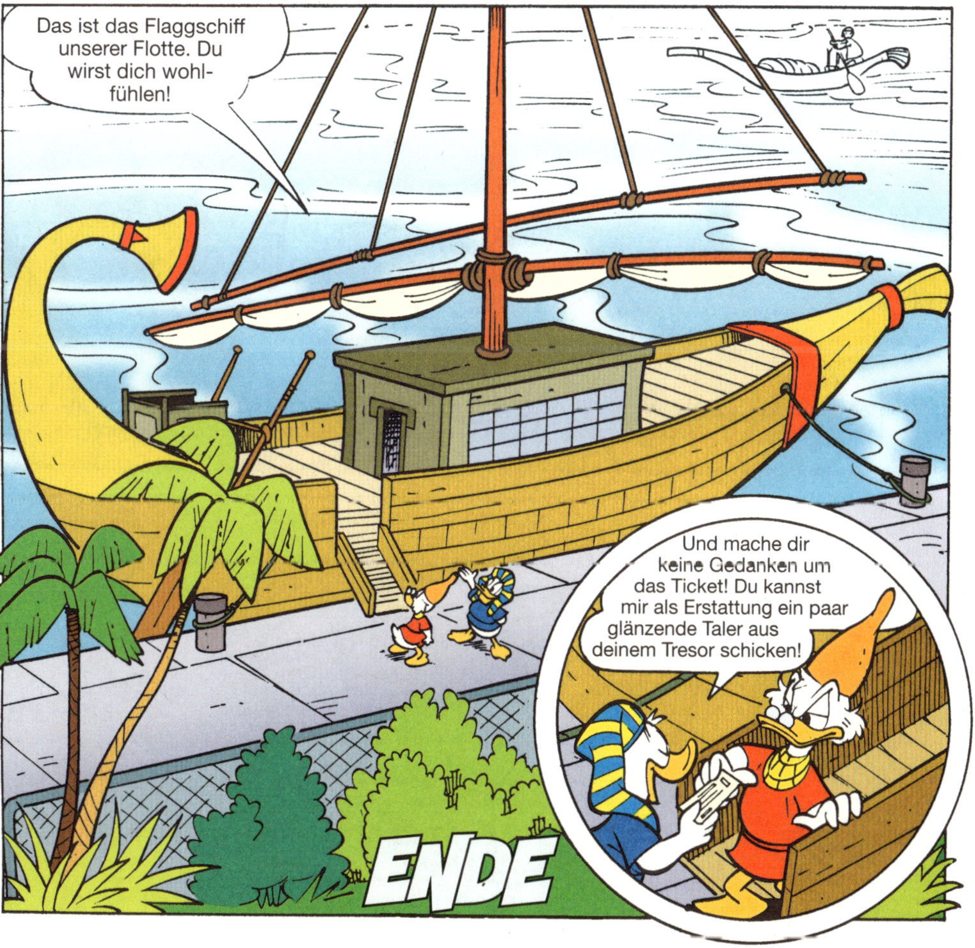
Das ist das Flaggschiff unserer Flotte. Du wirst dich wohlfühlen!
Und mache dir keine Gedanken um das Ticket! Du kannst mir als Erstattung ein paar glänzende Taler aus deinem Tresor schicken!
ENDE

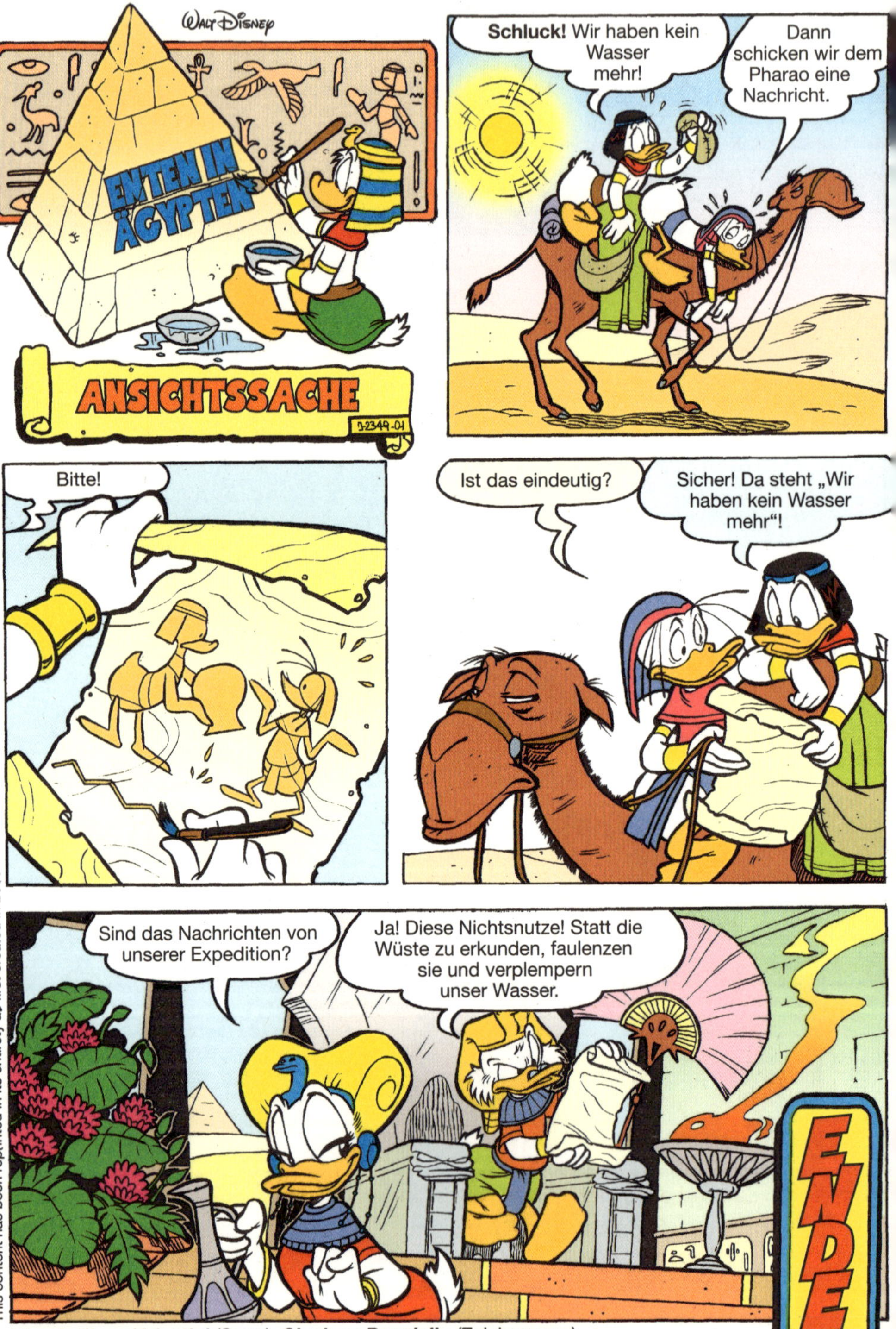

Massimiliano Valentini (Story), **Gianluca Panniello** (Zeichnungen)

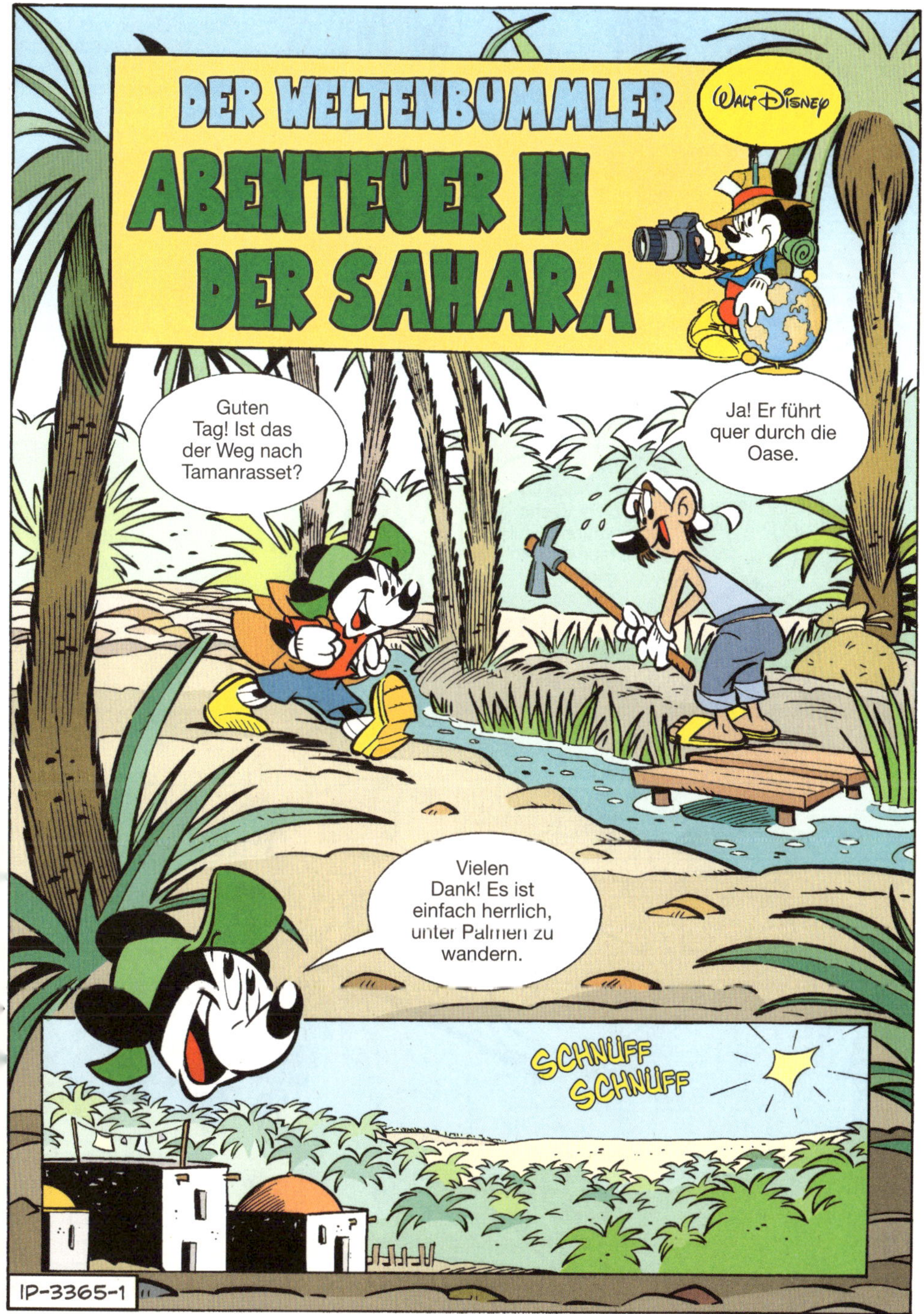

Giuseppe Zironi (Story & Zeichnungen)

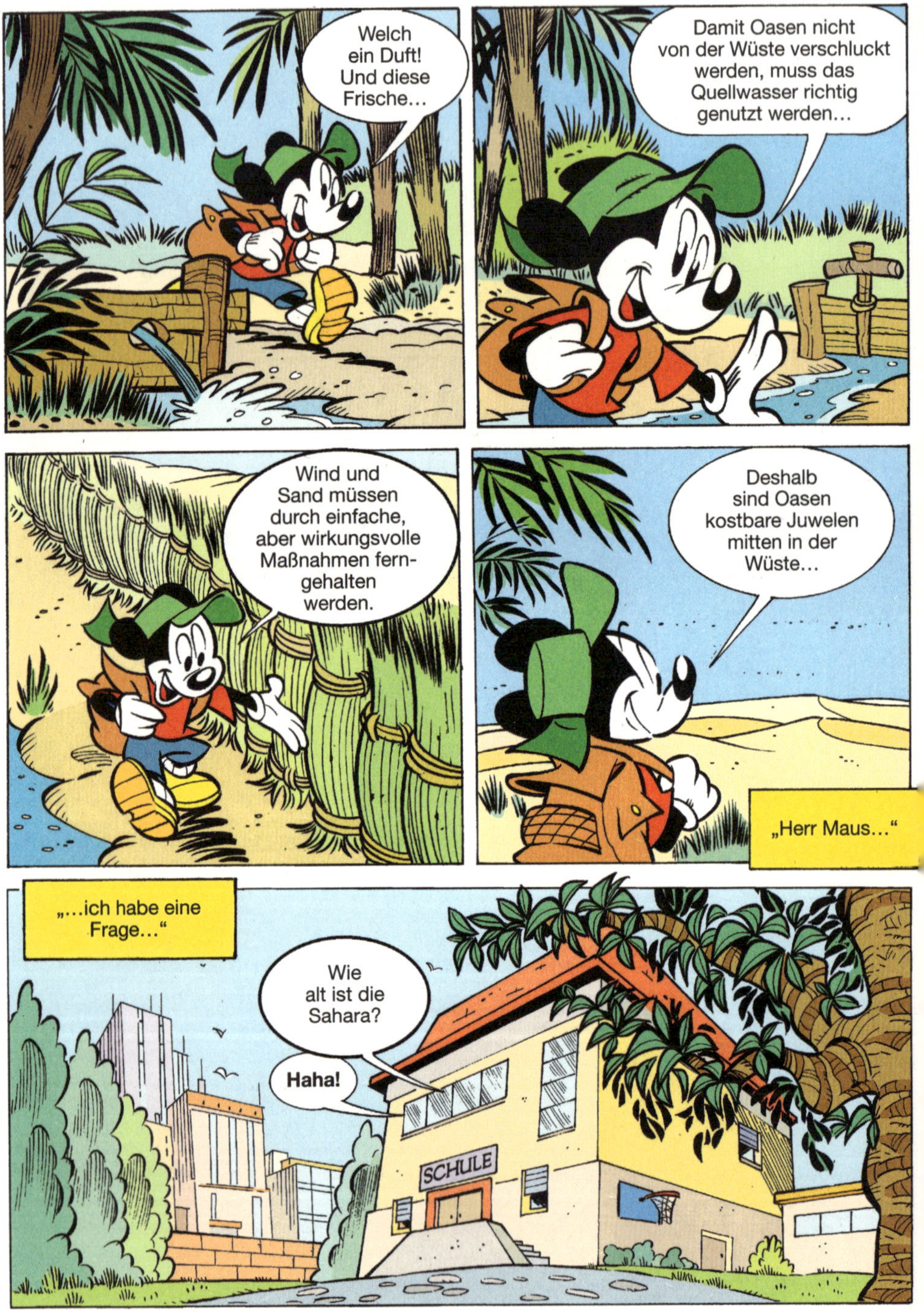

Welch ein Duft! Und diese Frische…
Damit Oasen nicht von der Wüste verschluckt werden, muss das Quellwasser richtig genutzt werden…
Wind und Sand müssen durch einfache, aber wirkungsvolle Maßnahmen ferngehalten werden.
Deshalb sind Oasen kostbare Juwelen mitten in der Wüste…
„Herr Maus…“
„…ich habe eine Frage…“
Wie alt ist die Sahara?
Haha!
SCHULE

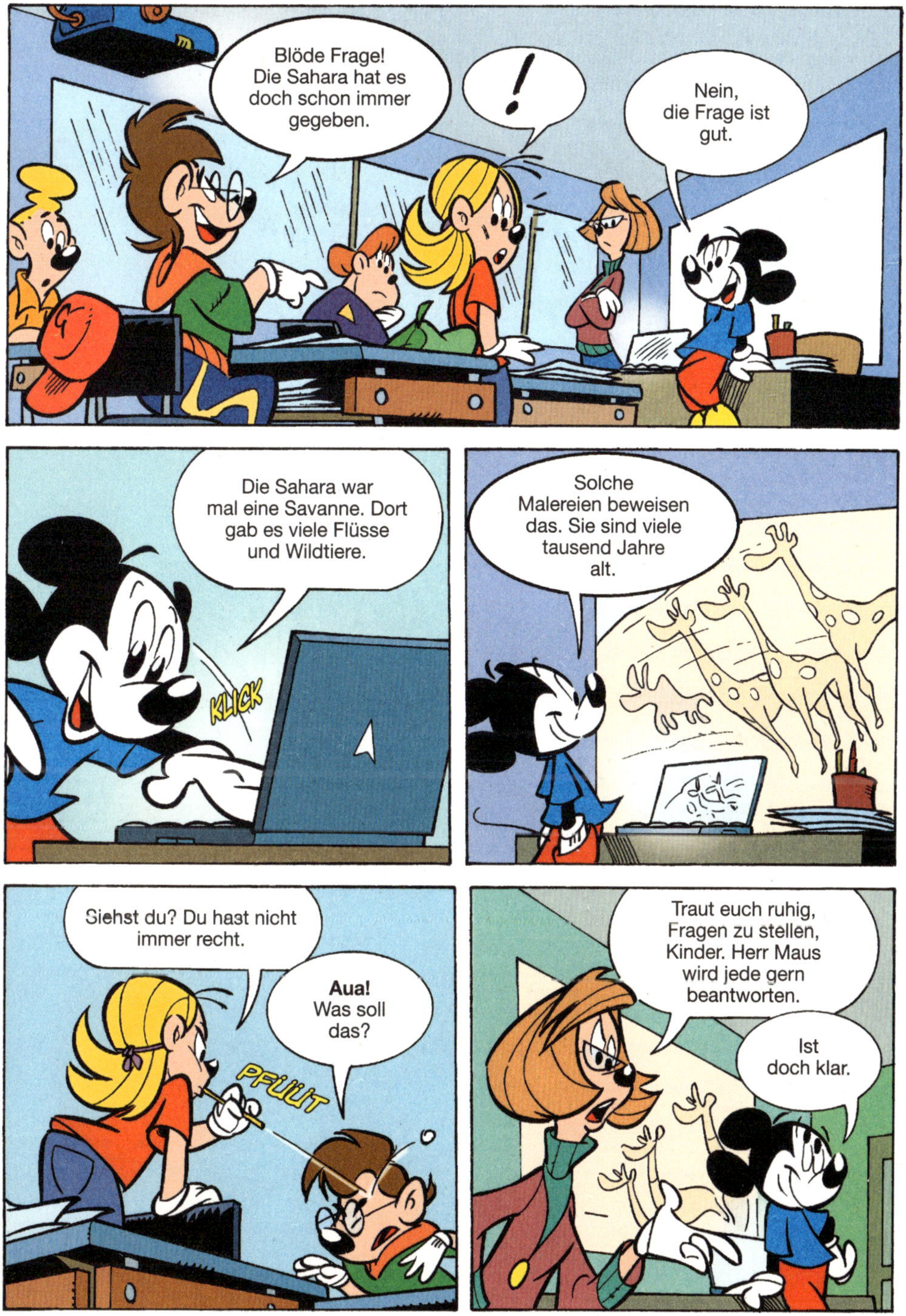

Blöde Frage! Die Sahara hat es doch schon immer gegeben.
!
Nein, die Frage ist gut.
Die Sahara war mal eine Savanne. Dort gab es viele Flüsse und Wildtiere.
KLICK
Solche Malereien beweisen das. Sie sind viele tausend Jahre alt.
Siehst du? Du hast nicht immer recht.
Aua! Was soll das?
PFÜÜT
Traut euch ruhig, Fragen zu stellen, Kinder. Herr Maus wird jede gern beantworten.
Ist doch klar.

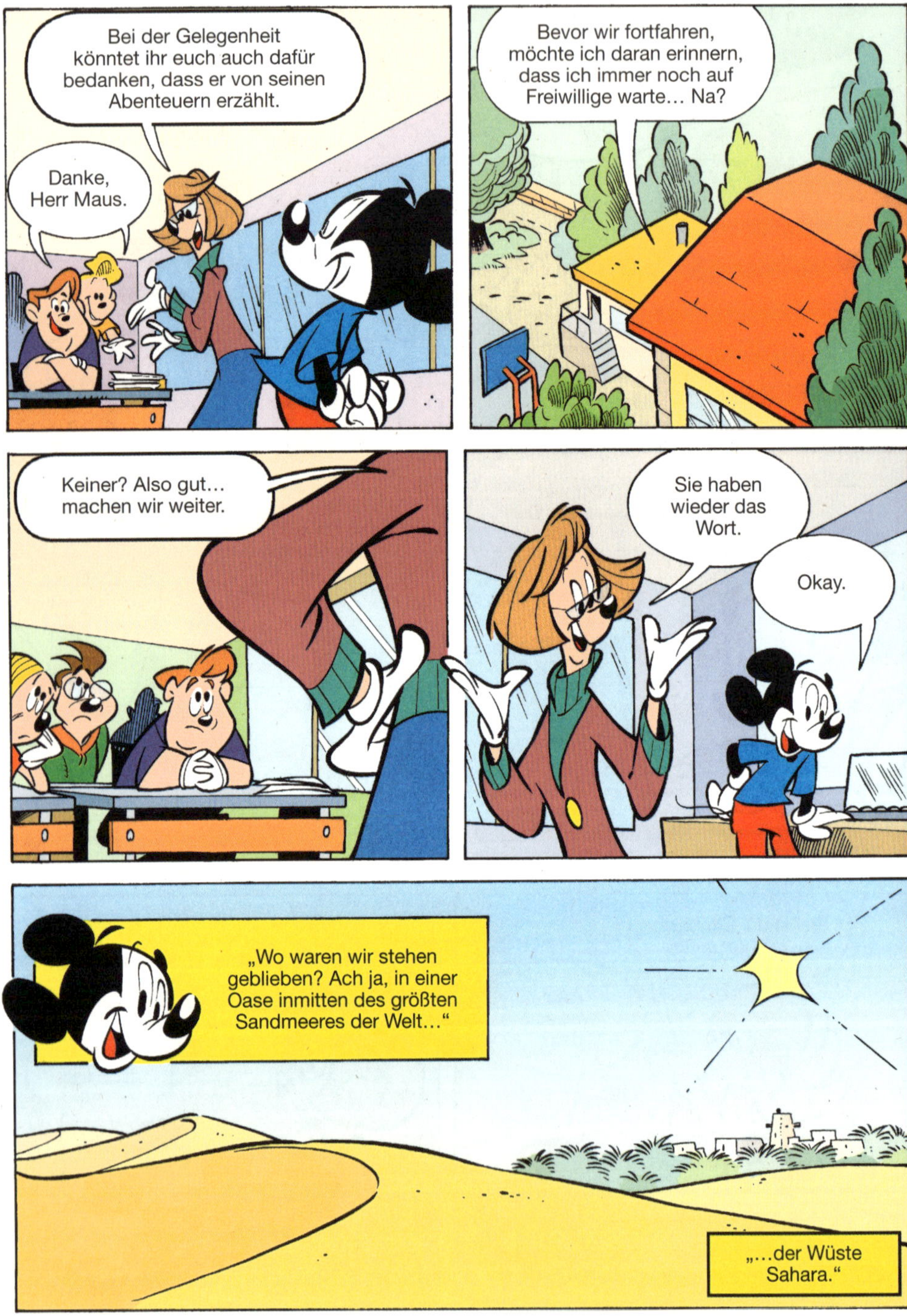
Bei der Gelegenheit könntet ihr euch auch dafür bedanken, dass er von seinen Abenteuern erzählt.
Danke, Herr Maus.
Bevor wir fortfahren, möchte ich daran erinnern, dass ich immer noch auf Freiwillige warte… Na?
Keiner? Also gut… machen wir weiter.
Sie haben wieder das Wort.
Okay.
„Wo waren wir stehen geblieben? Ach ja, in einer Oase inmitten des größten Sandmeeres der Welt…“
„…der Wüste Sahara.“

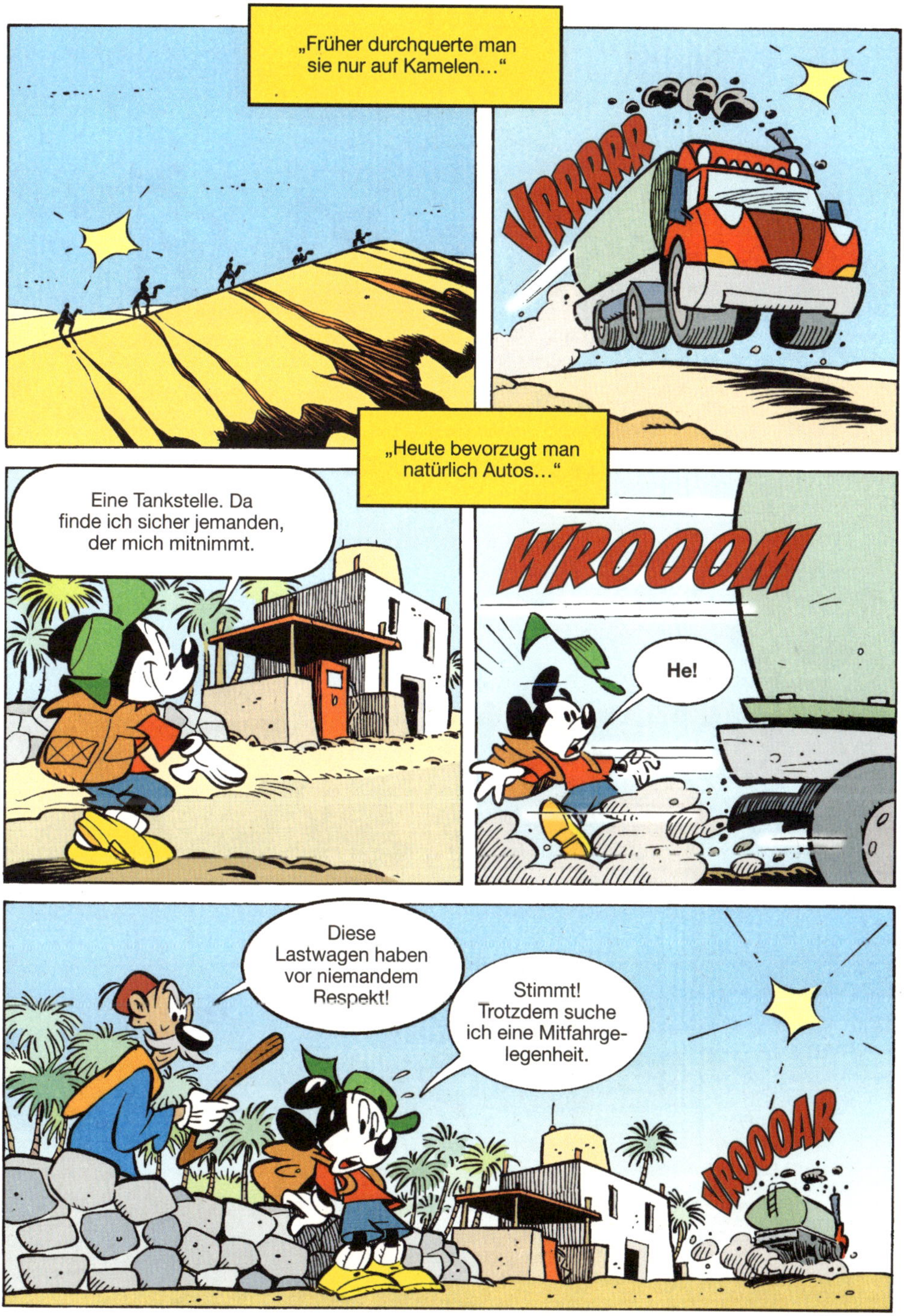
„Früher durchquerte man sie nur auf Kamelen…"
VRRRRR
„Heute bevorzugt man natürlich Autos…"
Eine Tankstelle. Da finde ich sicher jemanden, der mich mitnimmt.
WROOOM
He!
Diese Lastwagen haben vor niemandem Respekt!
Stimmt! Trotzdem suche ich eine Mitfahrgelegenheit.
VROOOAR

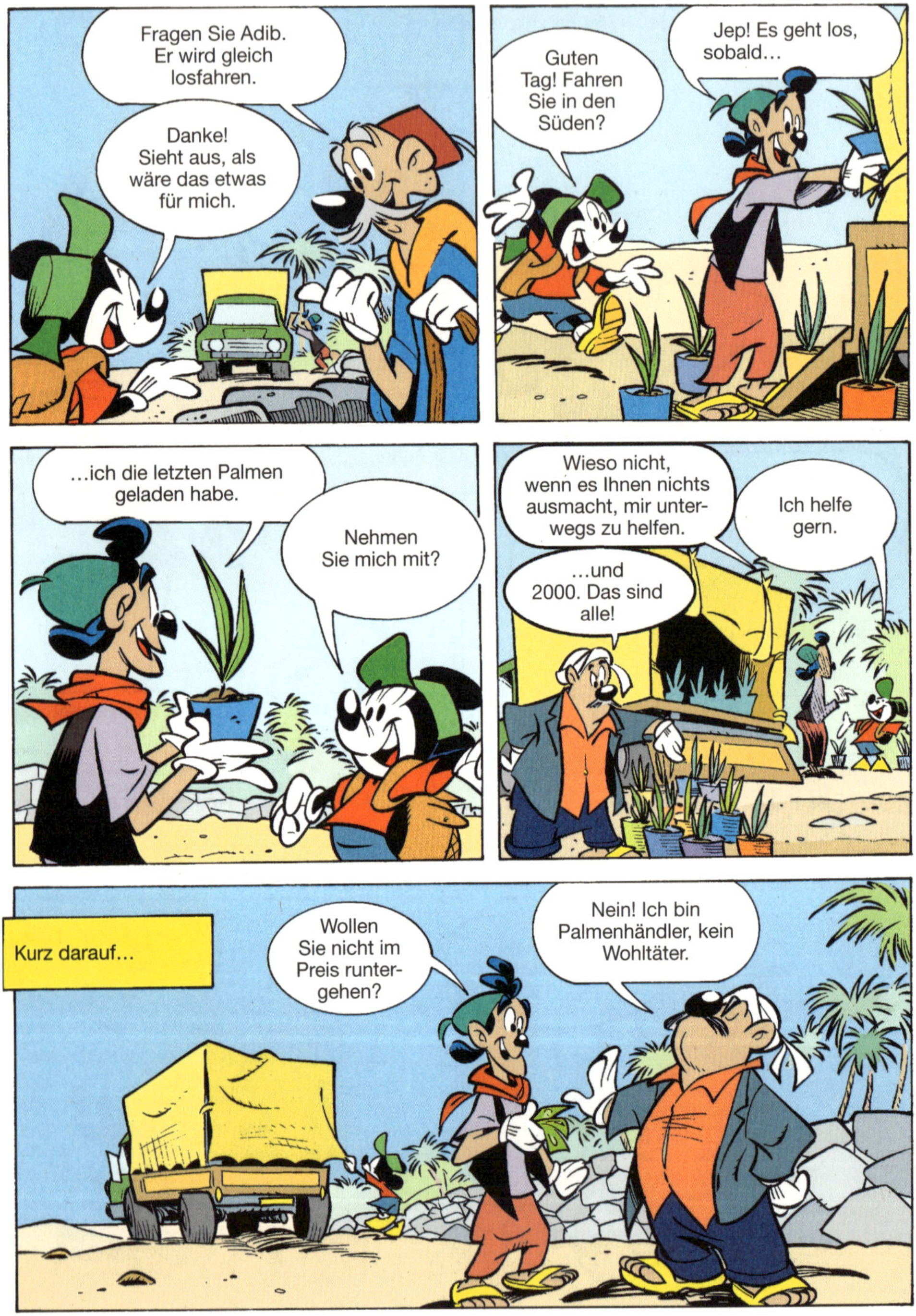
Fragen Sie Adib. Er wird gleich losfahren.
Danke! Sieht aus, als wäre das etwas für mich.
Guten Tag! Fahren Sie in den Süden?
Jep! Es geht los, sobald…
…ich die letzten Palmen geladen habe.
Nehmen Sie mich mit?
Wieso nicht, wenn es Ihnen nichts ausmacht, mir unterwegs zu helfen.
Ich helfe gern.
…und 2000. Das sind alle!
Kurz darauf…
Wollen Sie nicht im Preis runtergehen?
Nein! Ich bin Palmenhändler, kein Wohltäter.

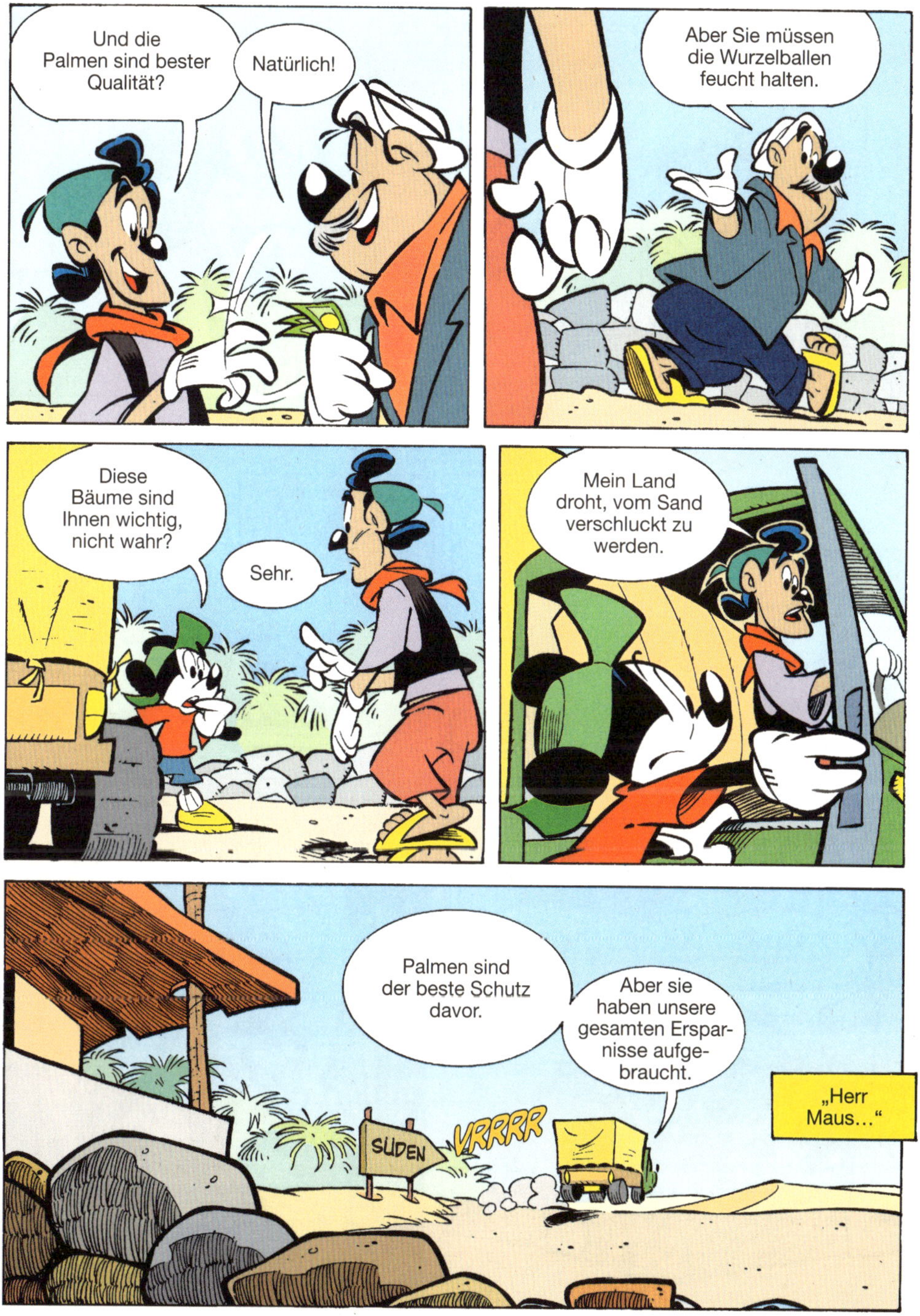
Und die Palmen sind bester Qualität?
Natürlich!
Aber Sie müssen die Wurzelballen feucht halten.
Diese Bäume sind Ihnen wichtig, nicht wahr?
Sehr.
Mein Land droht, vom Sand verschluckt zu werden.
Palmen sind der beste Schutz davor.
Aber sie haben unsere gesamten Ersparnisse aufgebraucht.
SÜDEN
VRRRR
„Herr Maus…“

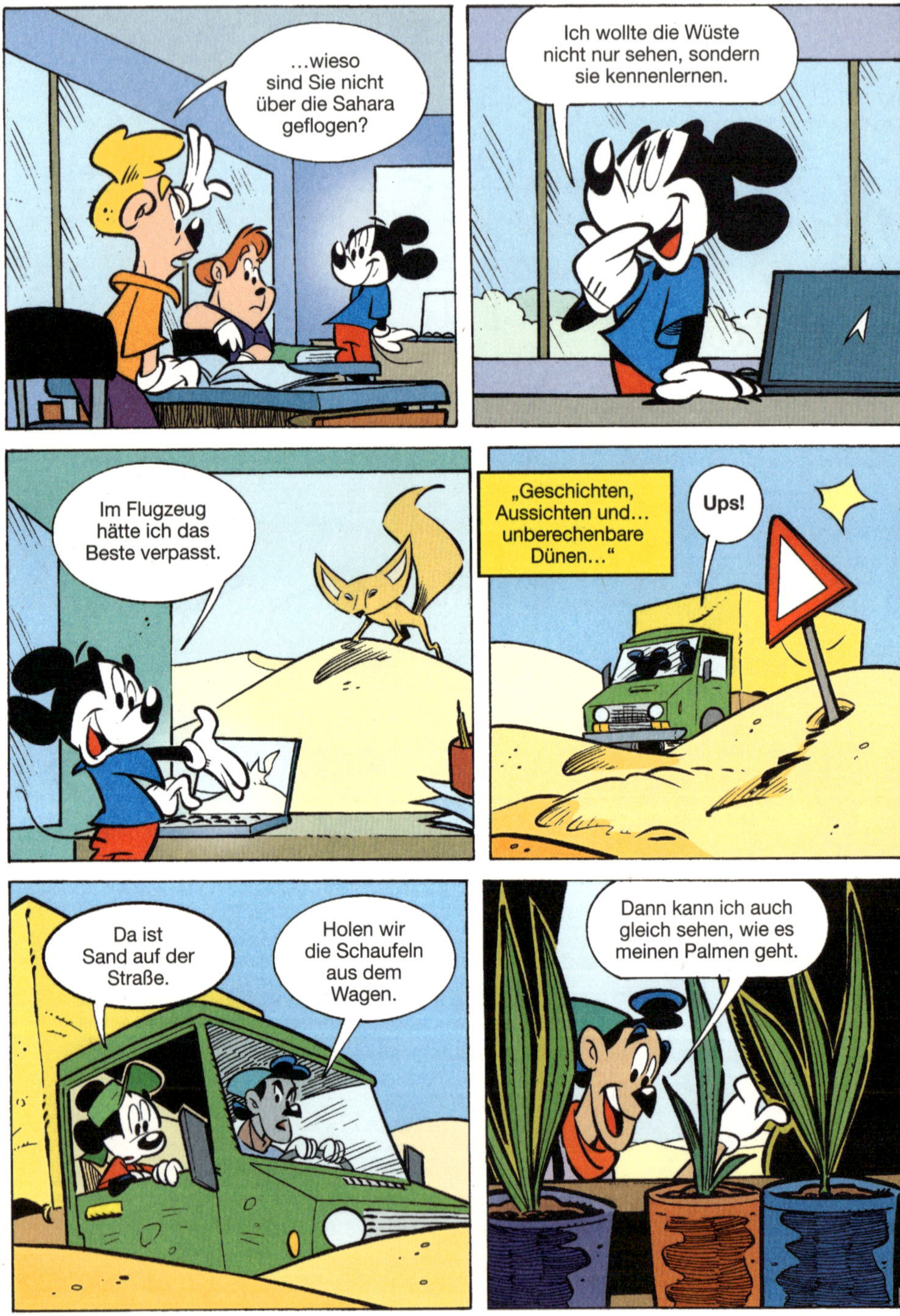
…wieso sind Sie nicht über die Sahara geflogen?
Ich wollte die Wüste nicht nur sehen, sondern sie kennenlernen.
Im Flugzeug hätte ich das Beste verpasst.
„Geschichten, Aussichten und… unberechenbare Dünen…“
Ups!
Da ist Sand auf der Straße.
Holen wir die Schaufeln aus dem Wagen.
Dann kann ich auch gleich sehen, wie es meinen Palmen geht.

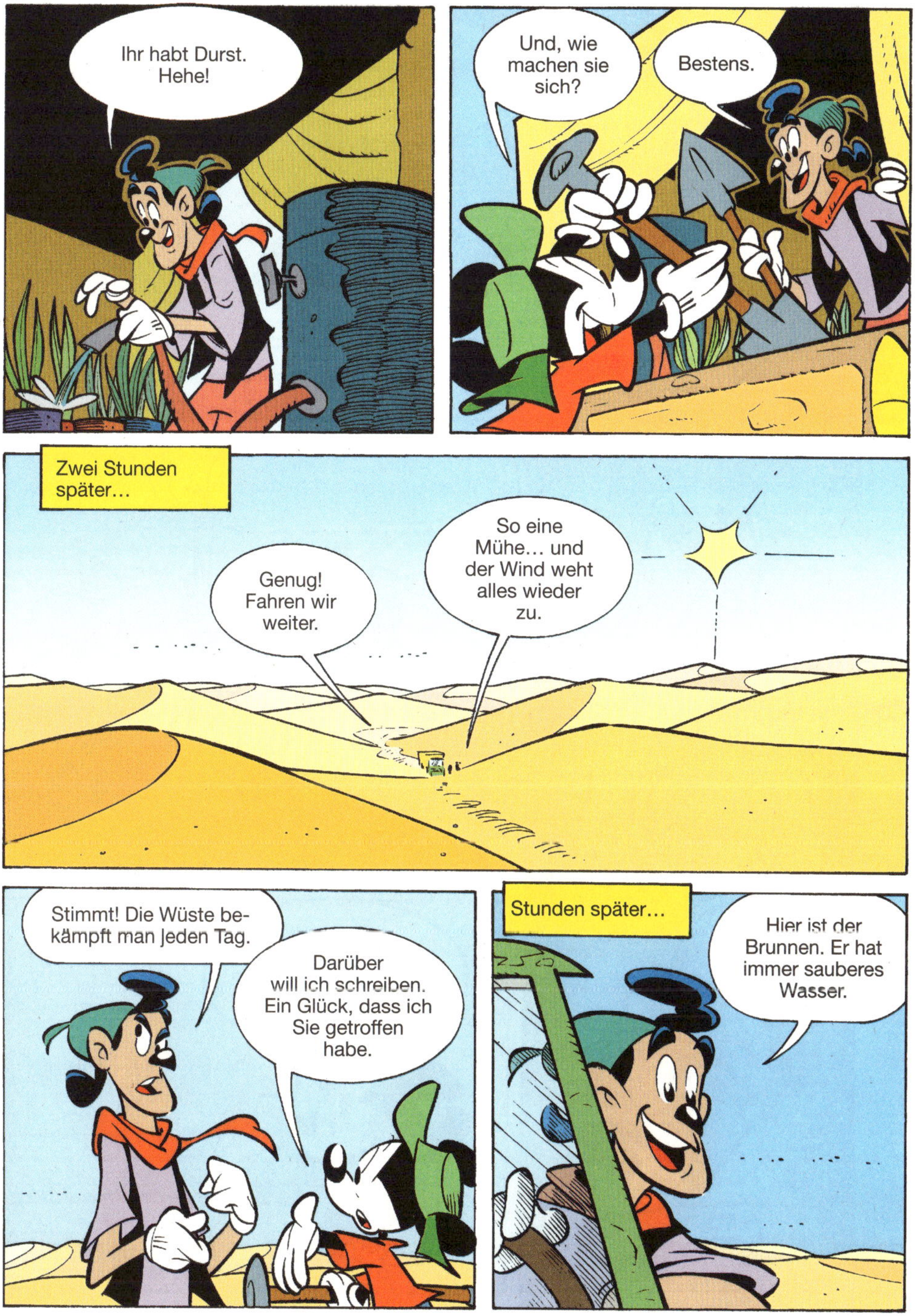
Ihr habt Durst. Hehe!
Und, wie machen sie sich?
Bestens.
Zwei Stunden später…
Genug! Fahren wir weiter.
So eine Mühe… und der Wind weht alles wieder zu.
Stimmt! Die Wüste bekämpft man jeden Tag.
Darüber will ich schreiben. Ein Glück, dass ich Sie getroffen habe.
Stunden später…
Hier ist der Brunnen. Er hat immer sauberes Wasser.

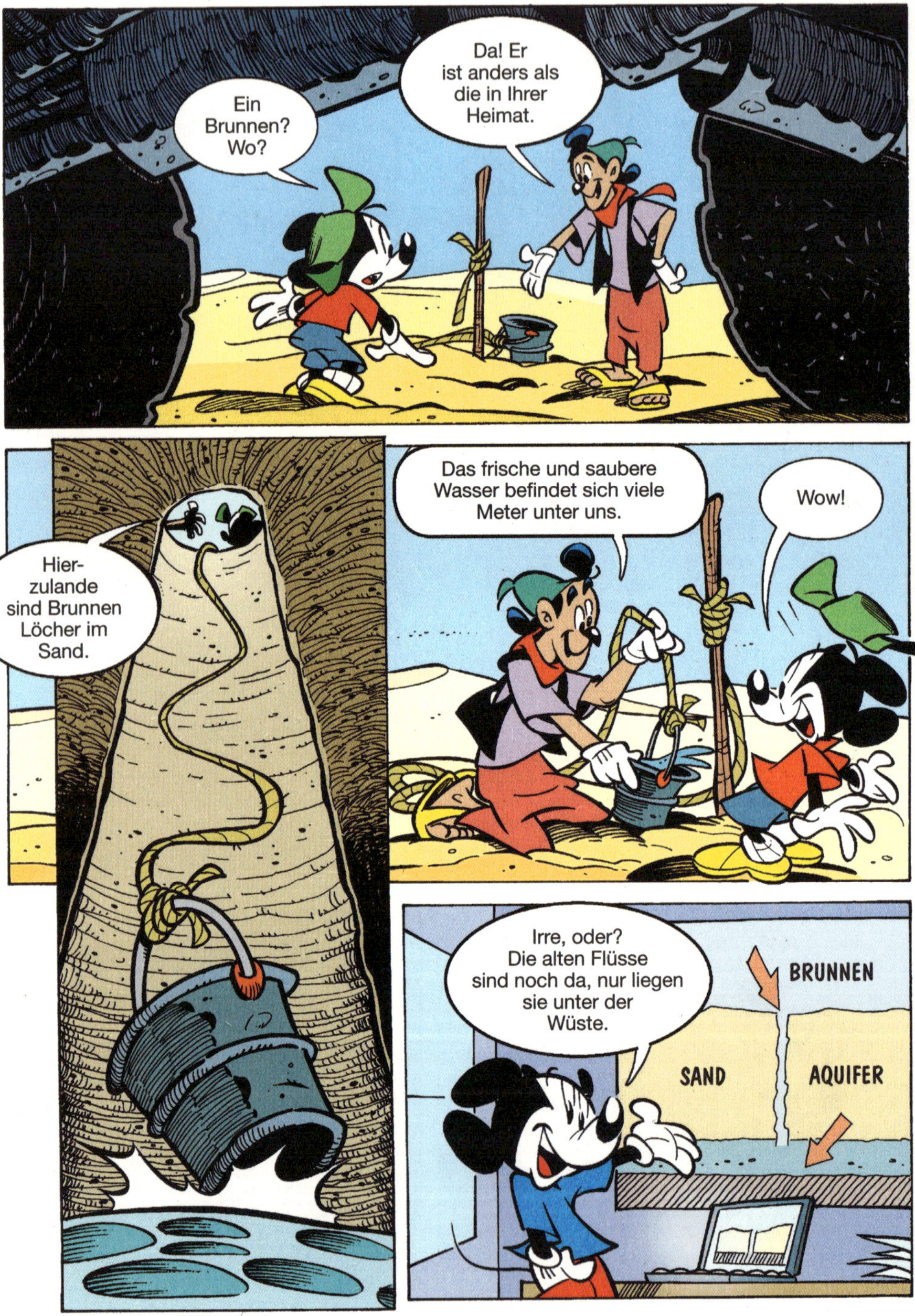

Ein Brunnen? Wo?
Da! Er ist anders als die in Ihrer Heimat.
Hierzulande sind Brunnen Löcher im Sand.
Das frische und saubere Wasser befindet sich viele Meter unter uns.
Wow!
Irre, oder? Die alten Flüsse sind noch da, nur liegen sie unter der Wüste.
BRUNNEN
SAND
AQUIFER

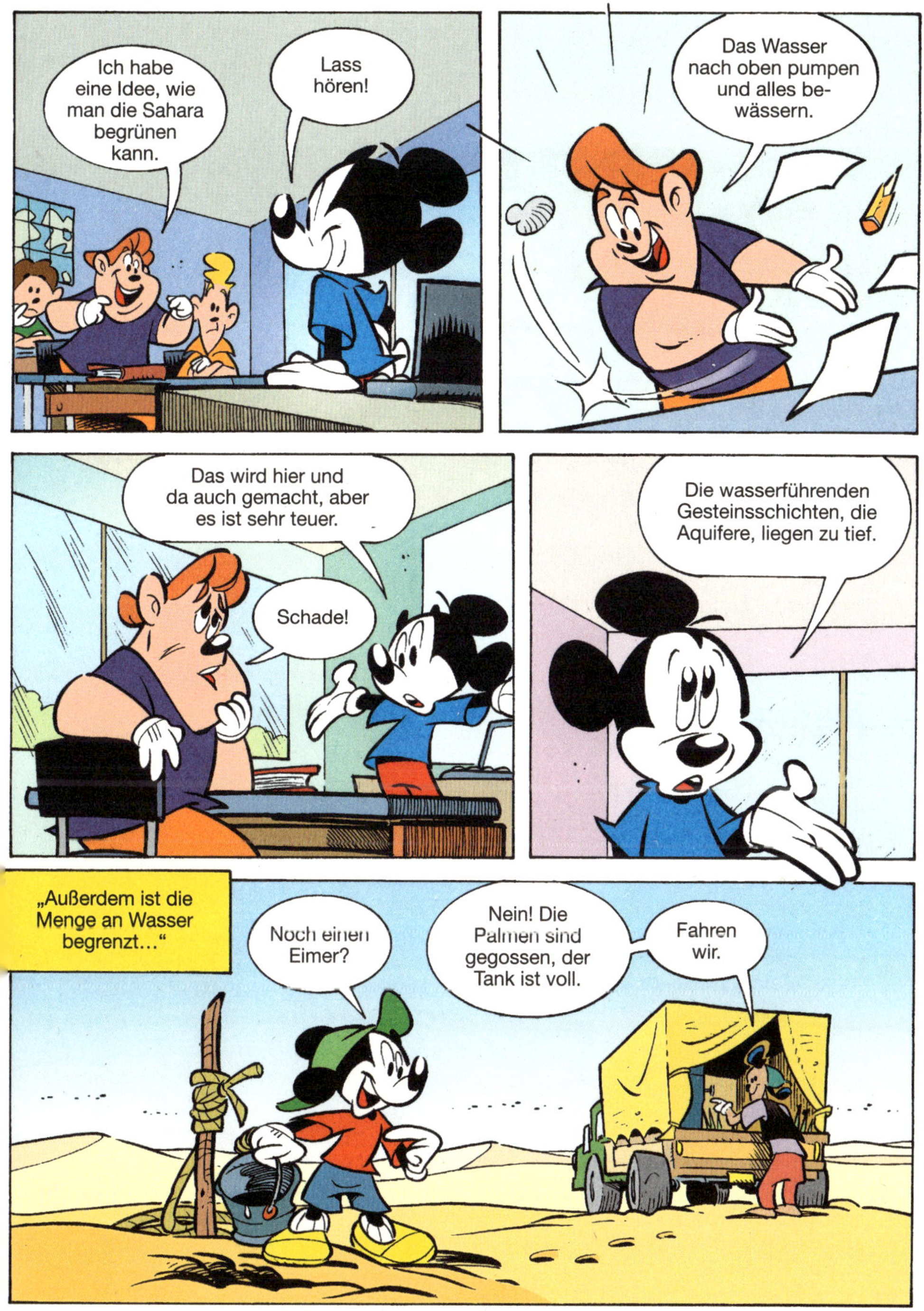
Ich habe eine Idee, wie man die Sahara begrünen kann.
Lass hören!
Das Wasser nach oben pumpen und alles bewässern.
Das wird hier und da auch gemacht, aber es ist sehr teuer.
Schade!
Die wasserführenden Gesteinsschichten, die Aquifere, liegen zu tief.
„Außerdem ist die Menge an Wasser begrenzt…"
Noch einen Eimer?
Nein! Die Palmen sind gegossen, der Tank ist voll.
Fahren wir.

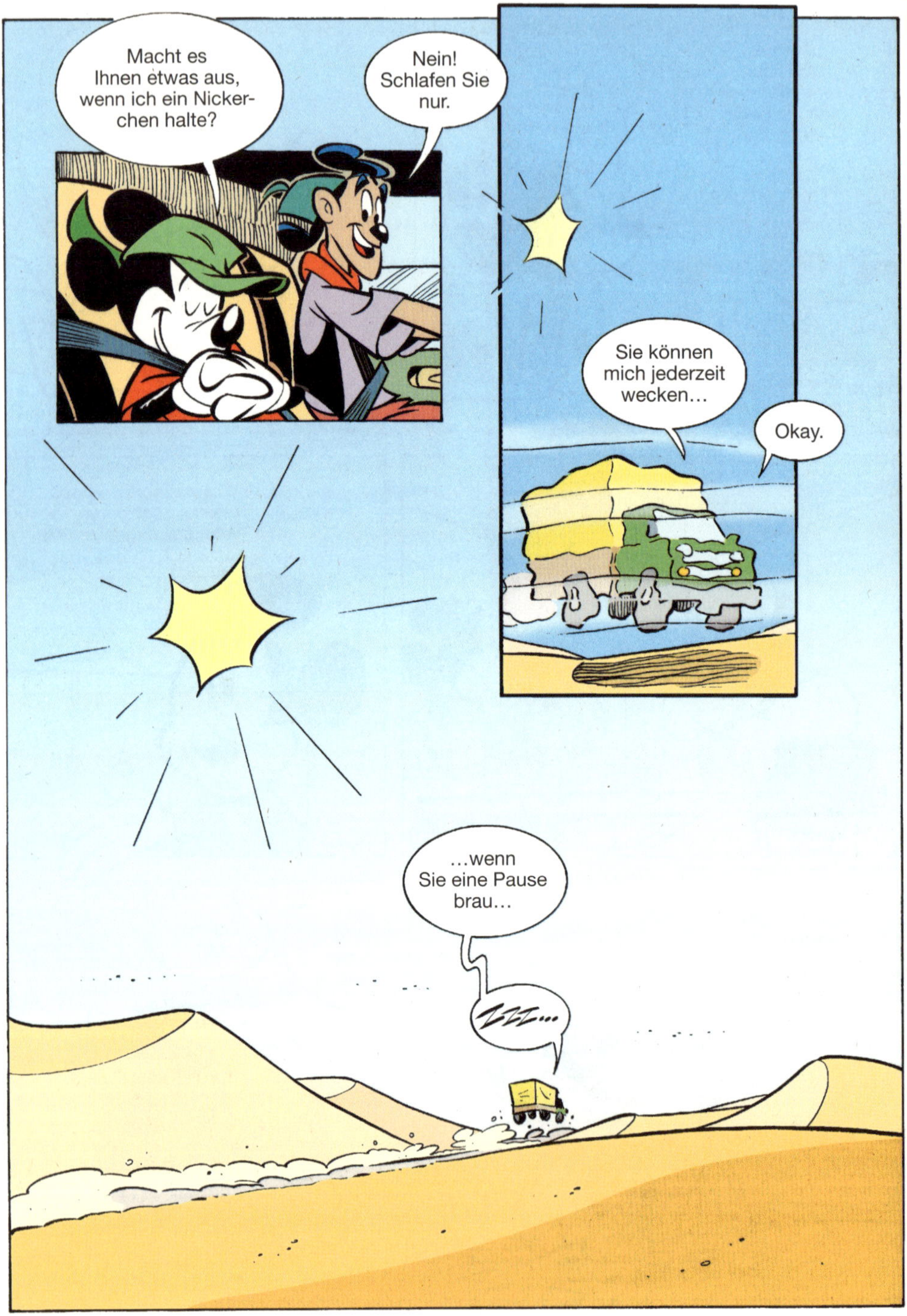
Macht es Ihnen etwas aus, wenn ich ein Nickerchen halte?
Nein! Schlafen Sie nur.
Sie können mich jederzeit wecken…
Okay.
…wenn Sie eine Pause brau…
ZZZ…

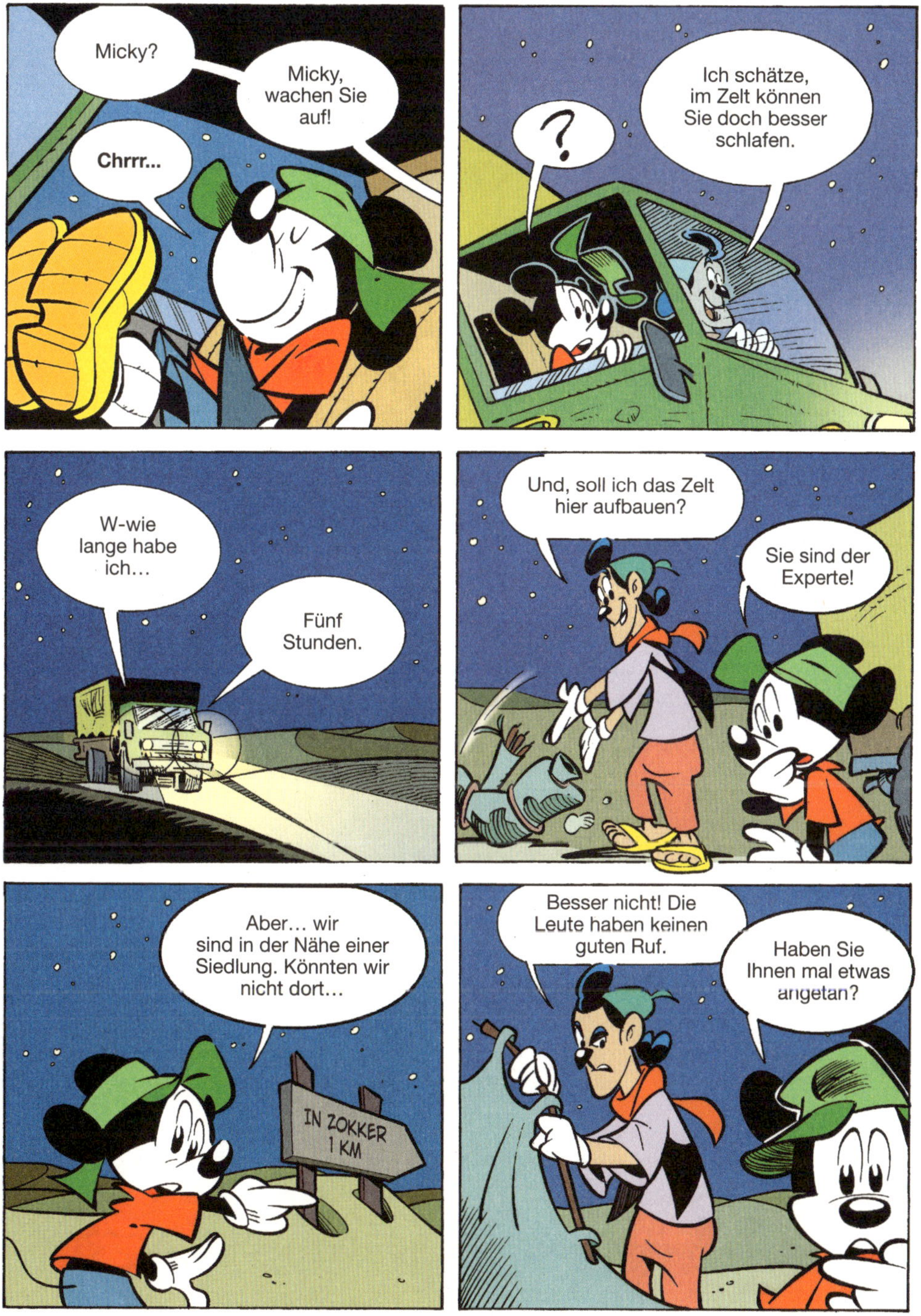

Micky?
Micky, wachen Sie auf!
Chrrr...
?
Ich schätze, im Zelt können Sie doch besser schlafen.
W-wie lange habe ich…
Fünf Stunden.
Und, soll ich das Zelt hier aufbauen?
Sie sind der Experte!
Aber… wir sind in der Nähe einer Siedlung. Könnten wir nicht dort…
IN ZOKKER 1 KM
Besser nicht! Die Leute haben keinen guten Ruf.
Haben Sie Ihnen mal etwas angetan?

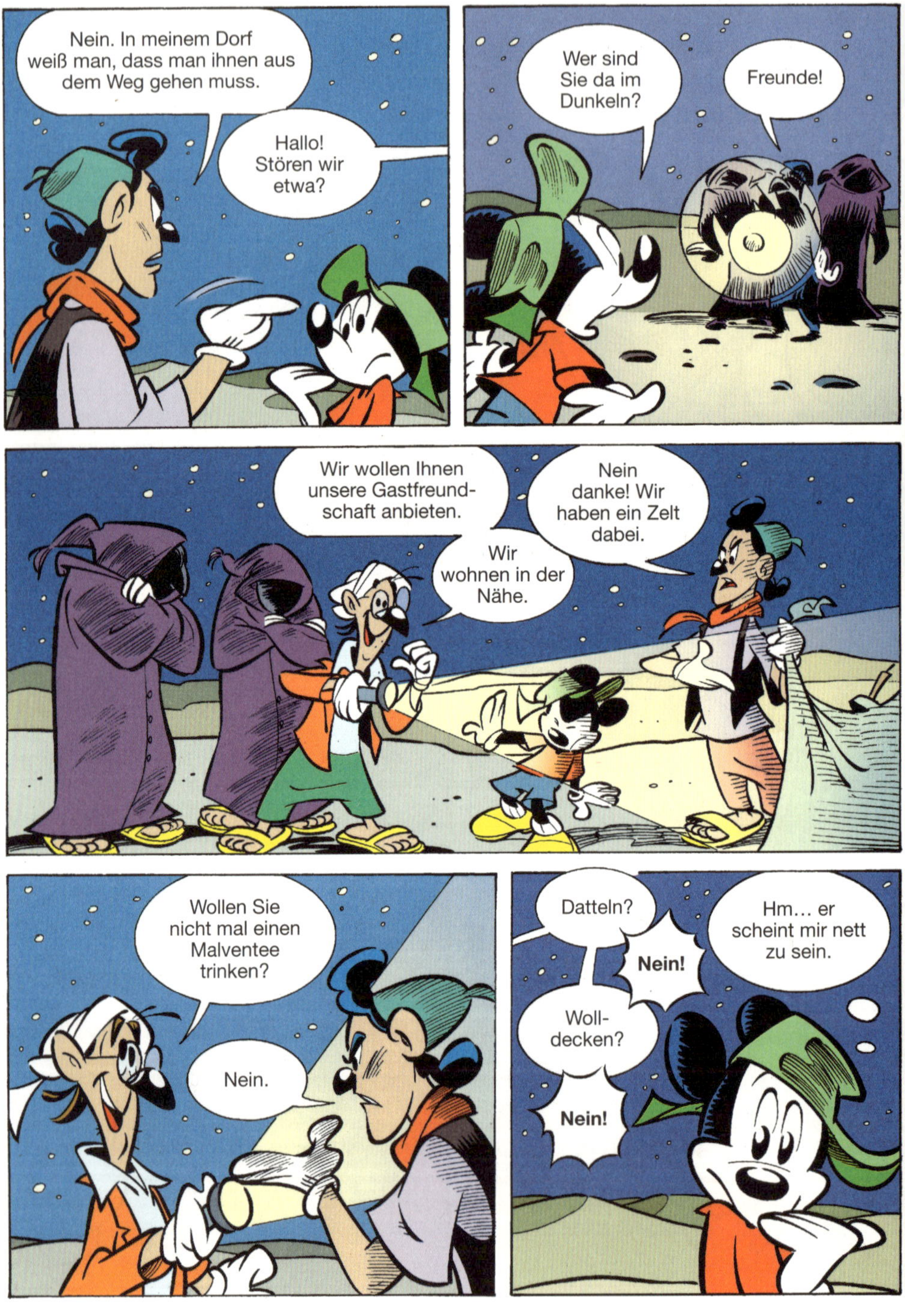
Nein. In meinem Dorf weiß man, dass man ihnen aus dem Weg gehen muss.
Hallo! Stören wir etwa?
Wer sind Sie da im Dunkeln?
Freunde!
Wir wollen Ihnen unsere Gastfreundschaft anbieten.
Wir wohnen in der Nähe.
Nein danke! Wir haben ein Zelt dabei.
Wollen Sie nicht mal einen Malventee trinken?
Nein.
Datteln?
Nein!
Woll-decken?
Nein!
Hm… er scheint mir nett zu sein.

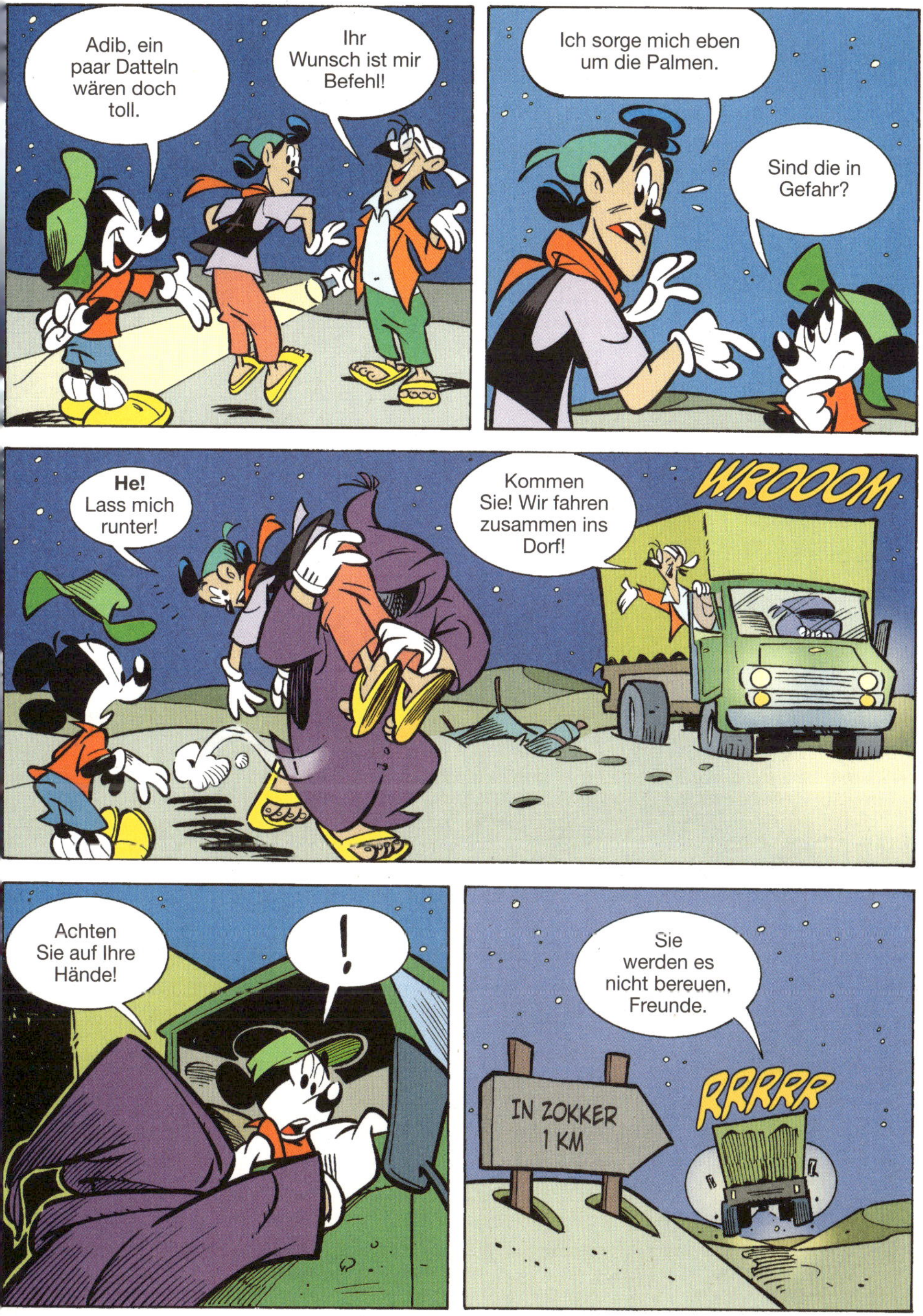
Adib, ein paar Datteln wären doch toll.
Ihr Wunsch ist mir Befehl!
Ich sorge mich eben um die Palmen.
Sind die in Gefahr?
He! Lass mich runter!
Kommen Sie! Wir fahren zusammen ins Dorf!
WROOOM
Achten Sie auf Ihre Hände!
!
Sie werden es nicht bereuen, Freunde.
IN ZOKKER 1 KM
RRRRR

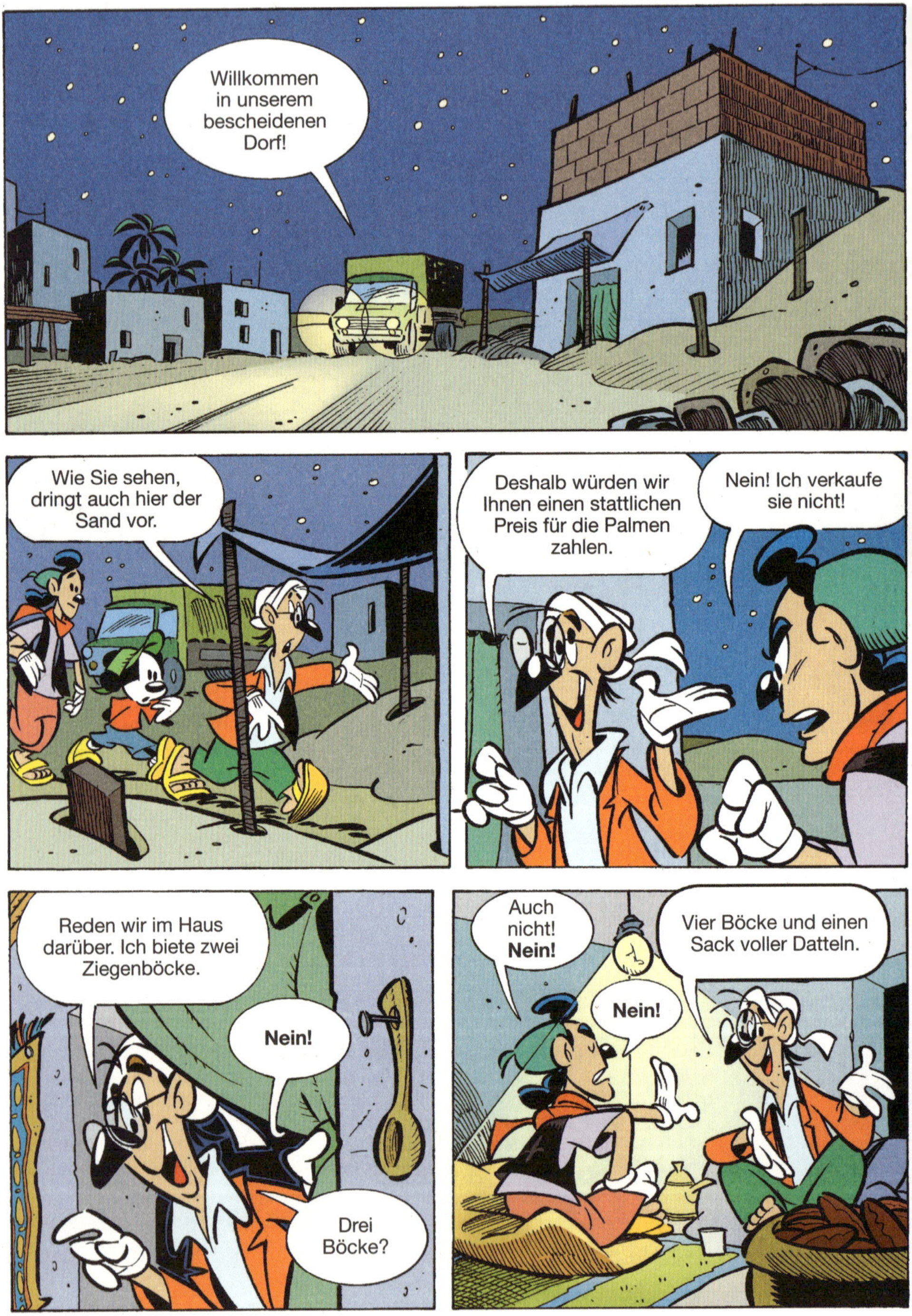
Willkommen in unserem bescheidenen Dorf!
Wie Sie sehen, dringt auch hier der Sand vor.
Deshalb würden wir Ihnen einen stattlichen Preis für die Palmen zahlen.
Nein! Ich verkaufe sie nicht!
Reden wir im Haus darüber. Ich biete zwei Ziegenböcke.
Nein!
Drei Böcke?
Vier Böcke und einen Sack voller Datteln.
Nein!
Auch nicht! **Nein!**

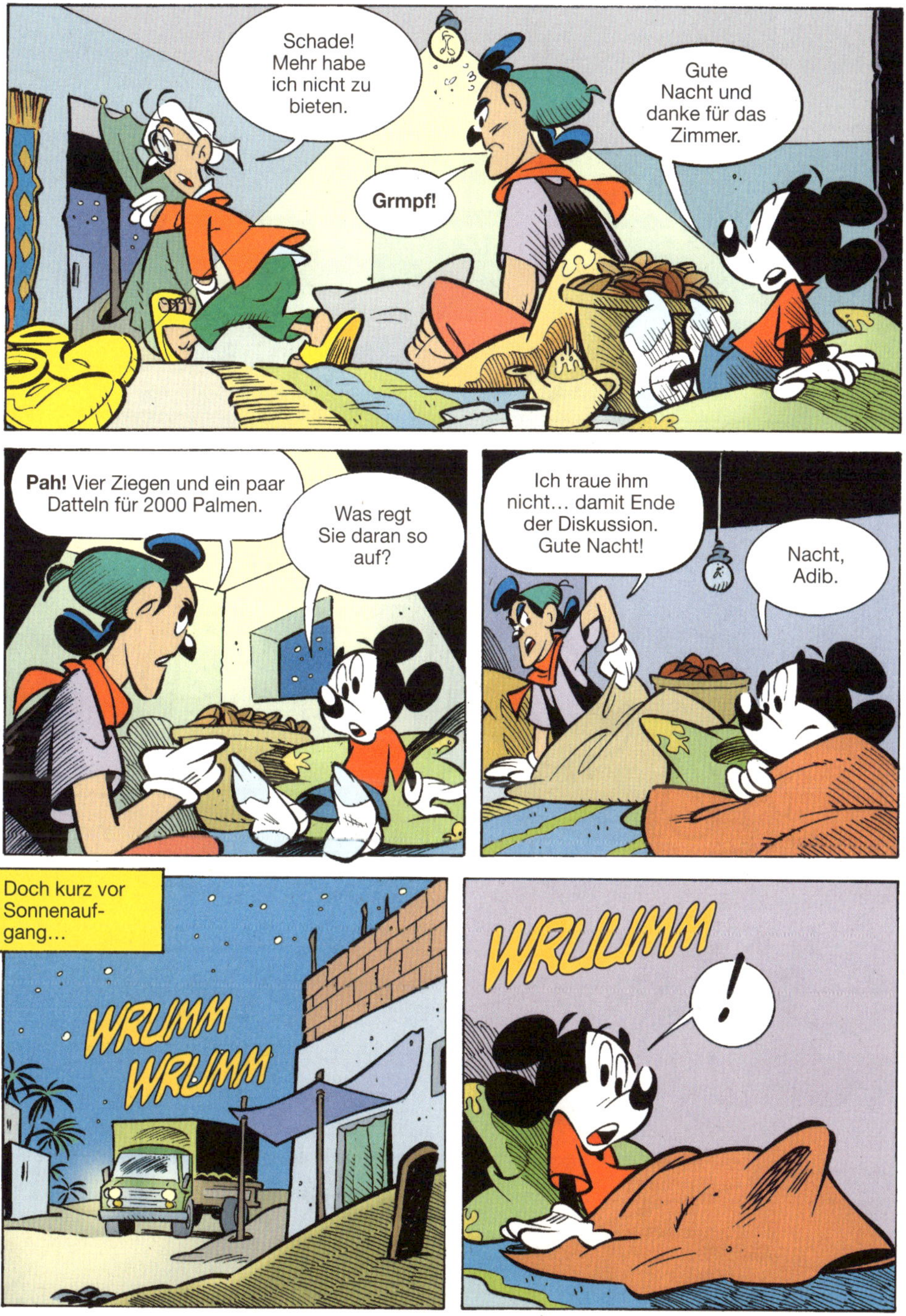
Schade! Mehr habe ich nicht zu bieten.
Grmpf!
Gute Nacht und danke für das Zimmer.
Pah! Vier Ziegen und ein paar Datteln für 2000 Palmen.
Was regt Sie daran so auf?
Ich traue ihm nicht… damit Ende der Diskussion. Gute Nacht!
Nacht, Adib.
Doch kurz vor Sonnenauf-gang…
WRUMM
WRUMM
WRUUMM
!

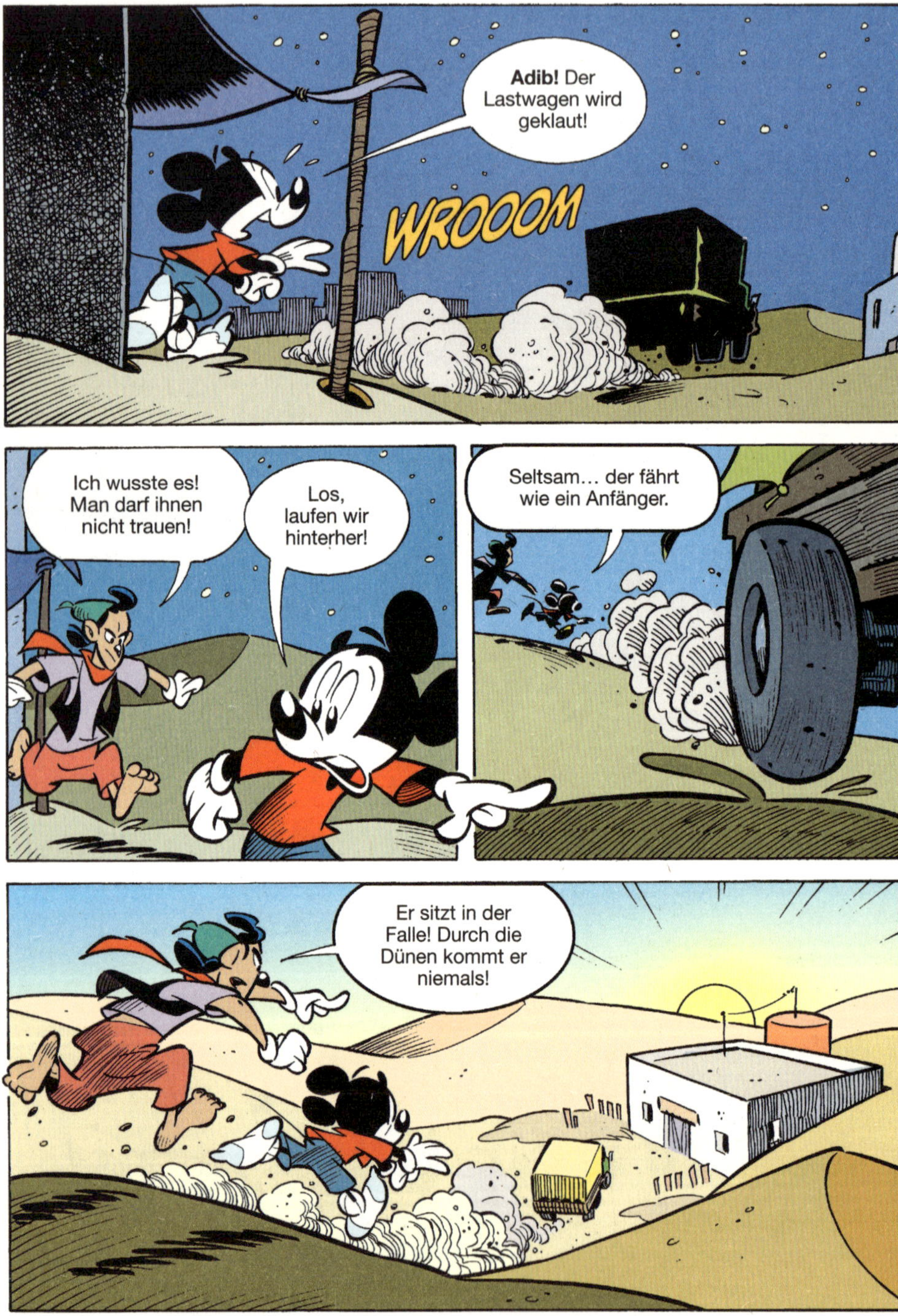
Adib! Der Lastwagen wird geklaut!
WROOOM
Ich wusste es! Man darf ihnen nicht trauen!
Los, laufen wir hinterher!
Seltsam… der fährt wie ein Anfänger.
Er sitzt in der Falle! Durch die Dünen kommt er niemals!

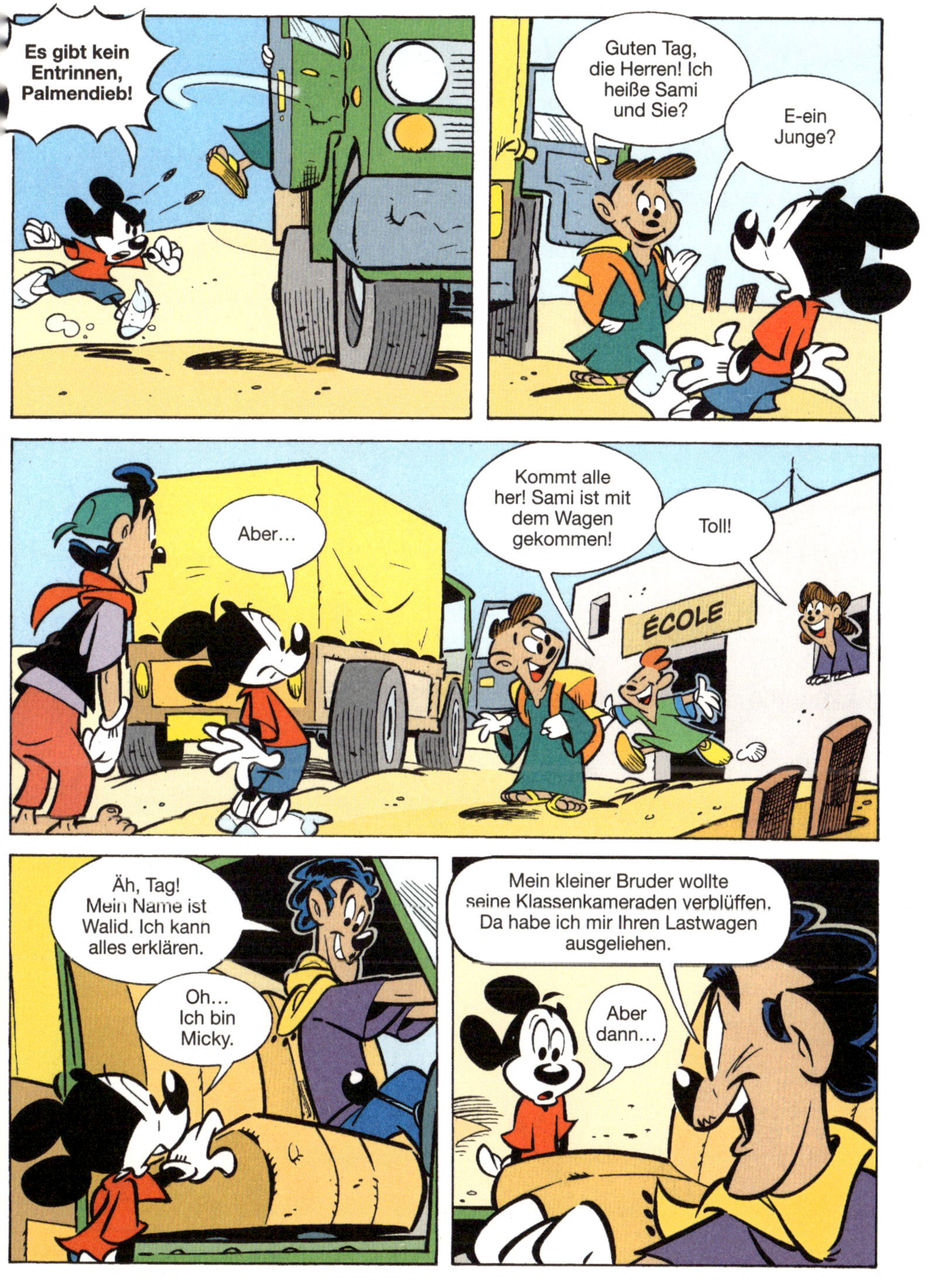
Es gibt kein Entrinnen, Palmendieb!
Guten Tag, die Herren! Ich heiße Sami und Sie?
E-ein Junge?
Aber…
Kommt alle her! Sami ist mit dem Wagen gekommen!
Toll!
ÉCOLE
Äh, Tag! Mein Name ist Walid. Ich kann alles erklären.
Oh… Ich bin Micky.
Mein kleiner Bruder wollte seine Klassenkameraden verblüffen. Da habe ich mir Ihren Lastwagen ausgeliehen.
Aber dann…

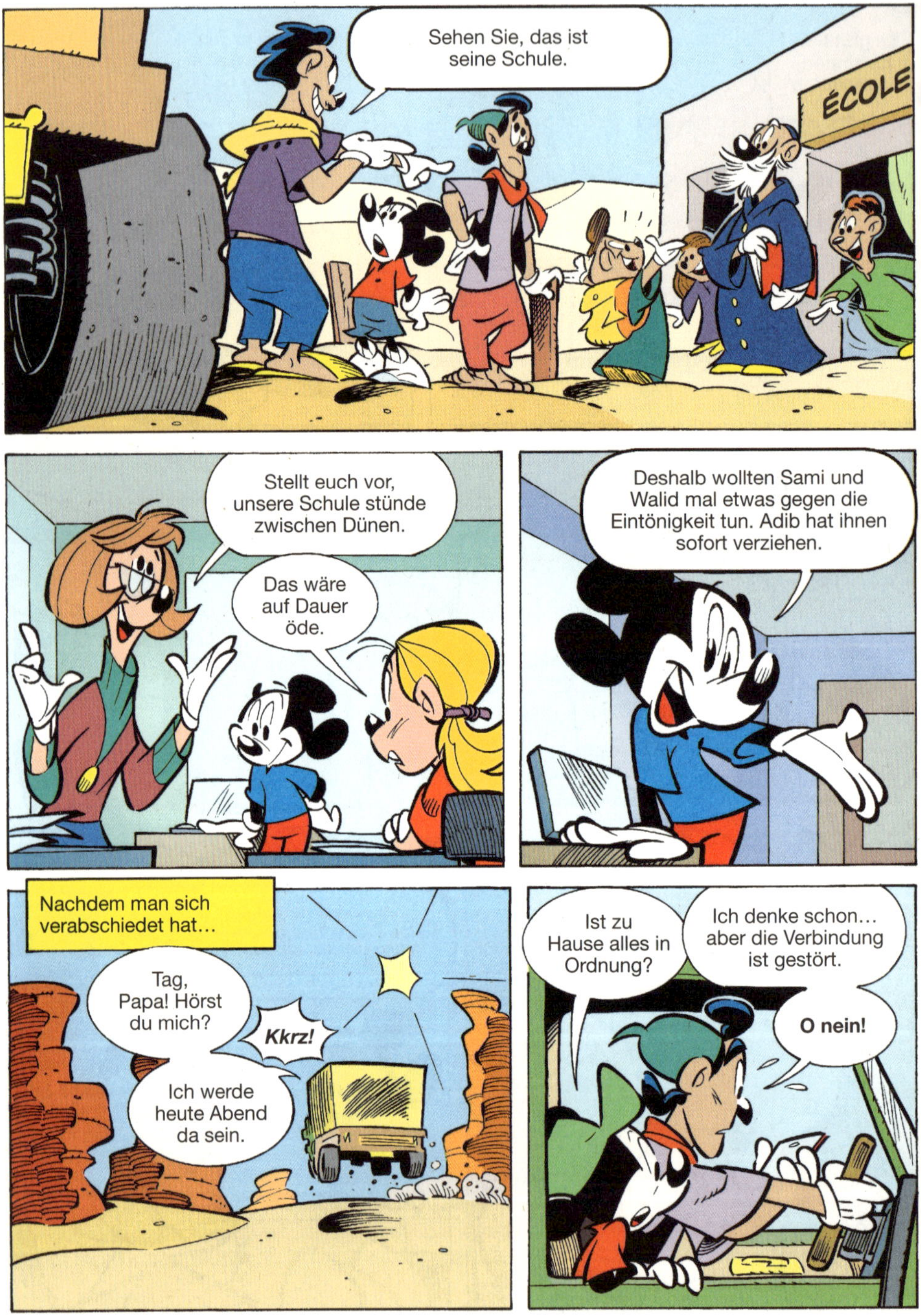
Sehen Sie, das ist seine Schule.
ÉCOLE
Stellt euch vor, unsere Schule stünde zwischen Dünen.
Das wäre auf Dauer öde.
Deshalb wollten Sami und Walid mal etwas gegen die Eintönigkeit tun. Adib hat ihnen sofort verziehen.
Nachdem man sich verabschiedet hat…
Tag, Papa! Hörst du mich?
Kkrz!
Ich werde heute Abend da sein.
Ist zu Hause alles in Ordnung?
Ich denke schon… aber die Verbindung ist gestört.
O nein!

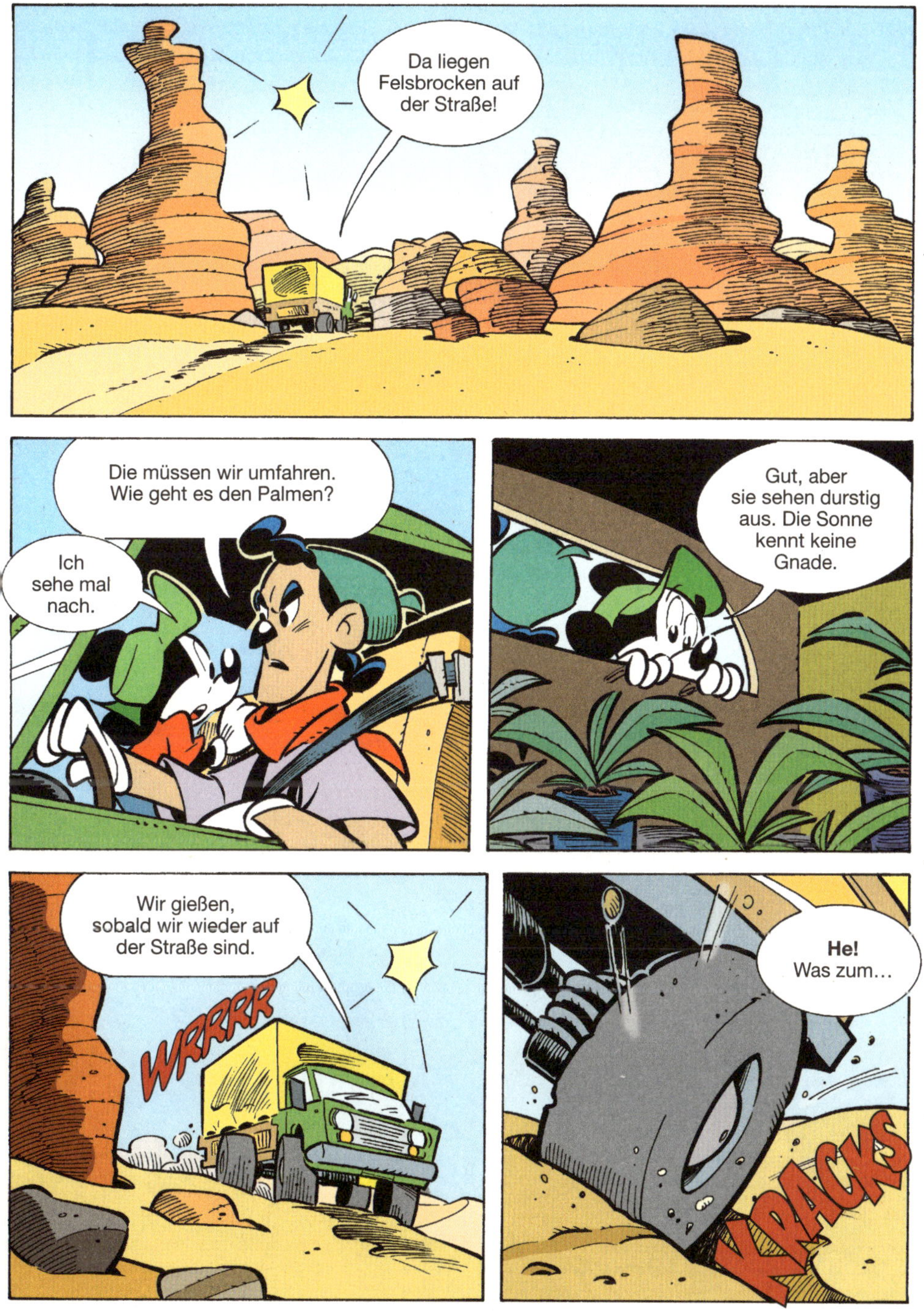

Da liegen Felsbrocken auf der Straße!
Die müssen wir umfahren. Wie geht es den Palmen?
Ich sehe mal nach.
Gut, aber sie sehen durstig aus. Die Sonne kennt keine Gnade.
Wir gießen, sobald wir wieder auf der Straße sind.
WRRRR
He! Was zum…
KRACKS

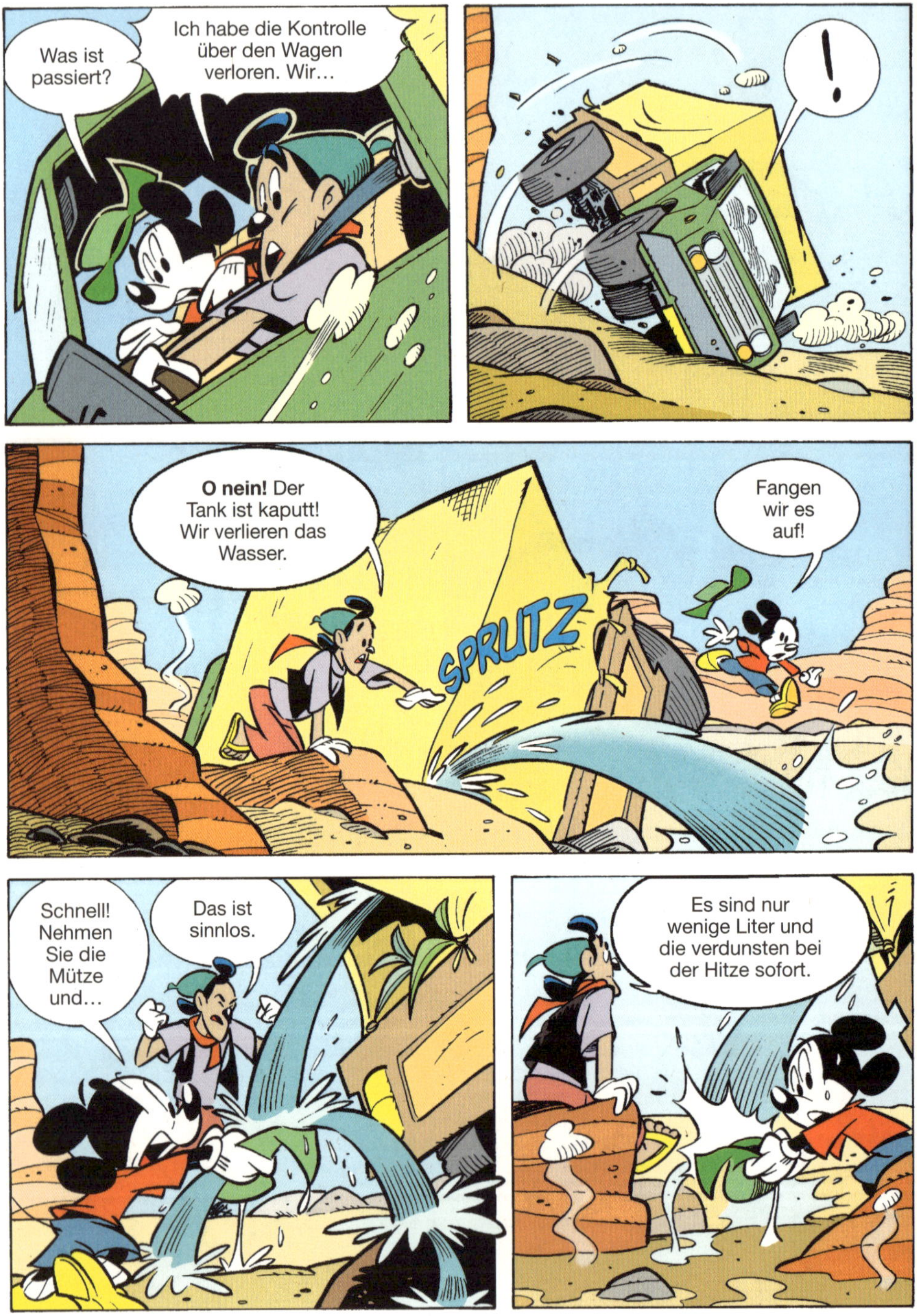
Was ist passiert?
Ich habe die Kontrolle über den Wagen verloren. Wir…
!
O nein! Der Tank ist kaputt! Wir verlieren das Wasser.
SPRUTZ
Fangen wir es auf!
Schnell! Nehmen Sie die Mütze und…
Das ist sinnlos.
Es sind nur wenige Liter und die verdunsten bei der Hitze sofort.

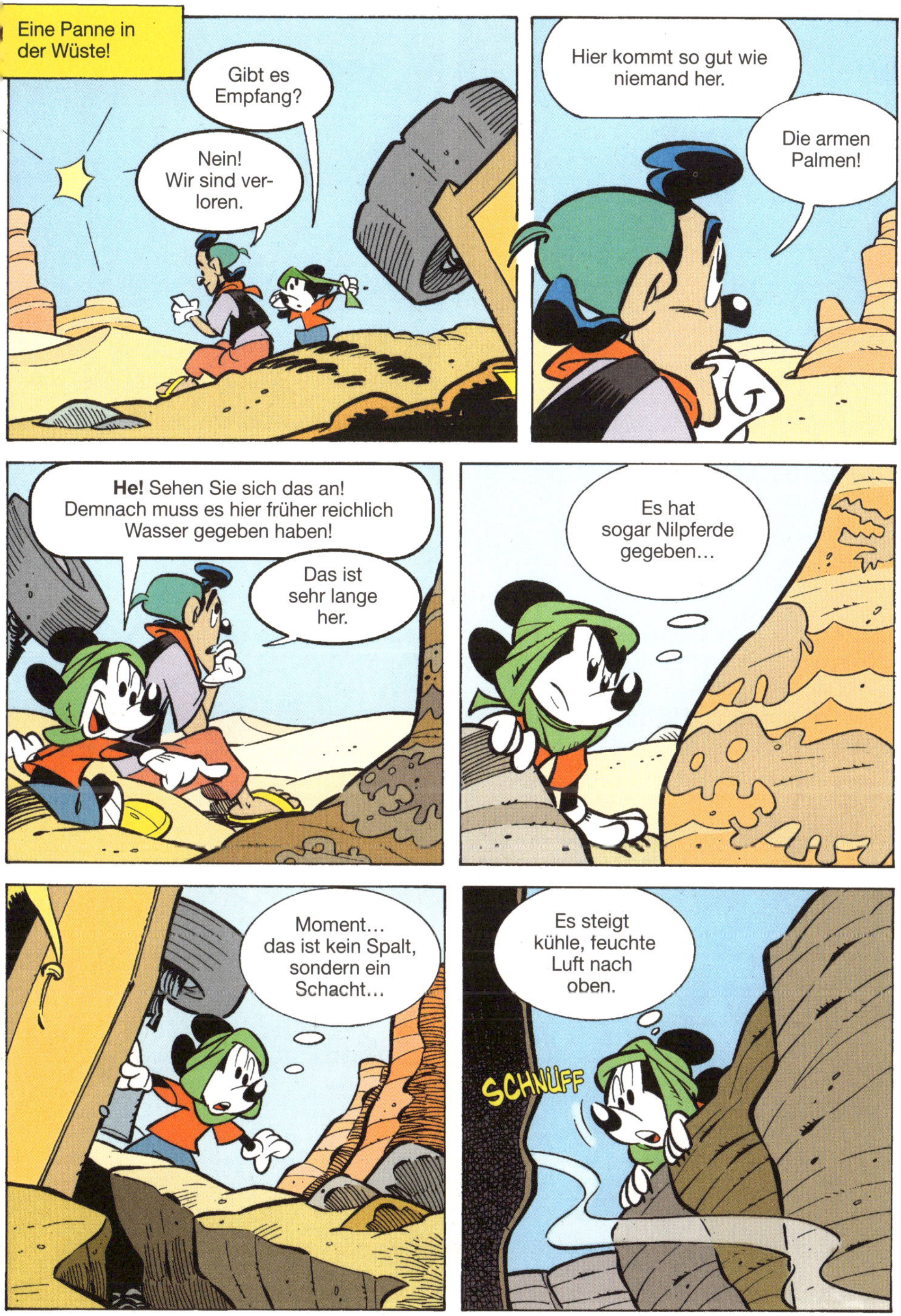
Eine Panne in der Wüste!
Gibt es Empfang?
Nein! Wir sind verloren.
Hier kommt so gut wie niemand her.
Die armen Palmen!
He! Sehen Sie sich das an! Demnach muss es hier früher reichlich Wasser gegeben haben!
Das ist sehr lange her.
Es hat sogar Nilpferde gegeben…
Moment… das ist kein Spalt, sondern ein Schacht…
Es steigt kühle, feuchte Luft nach oben.
SCHNÜFF

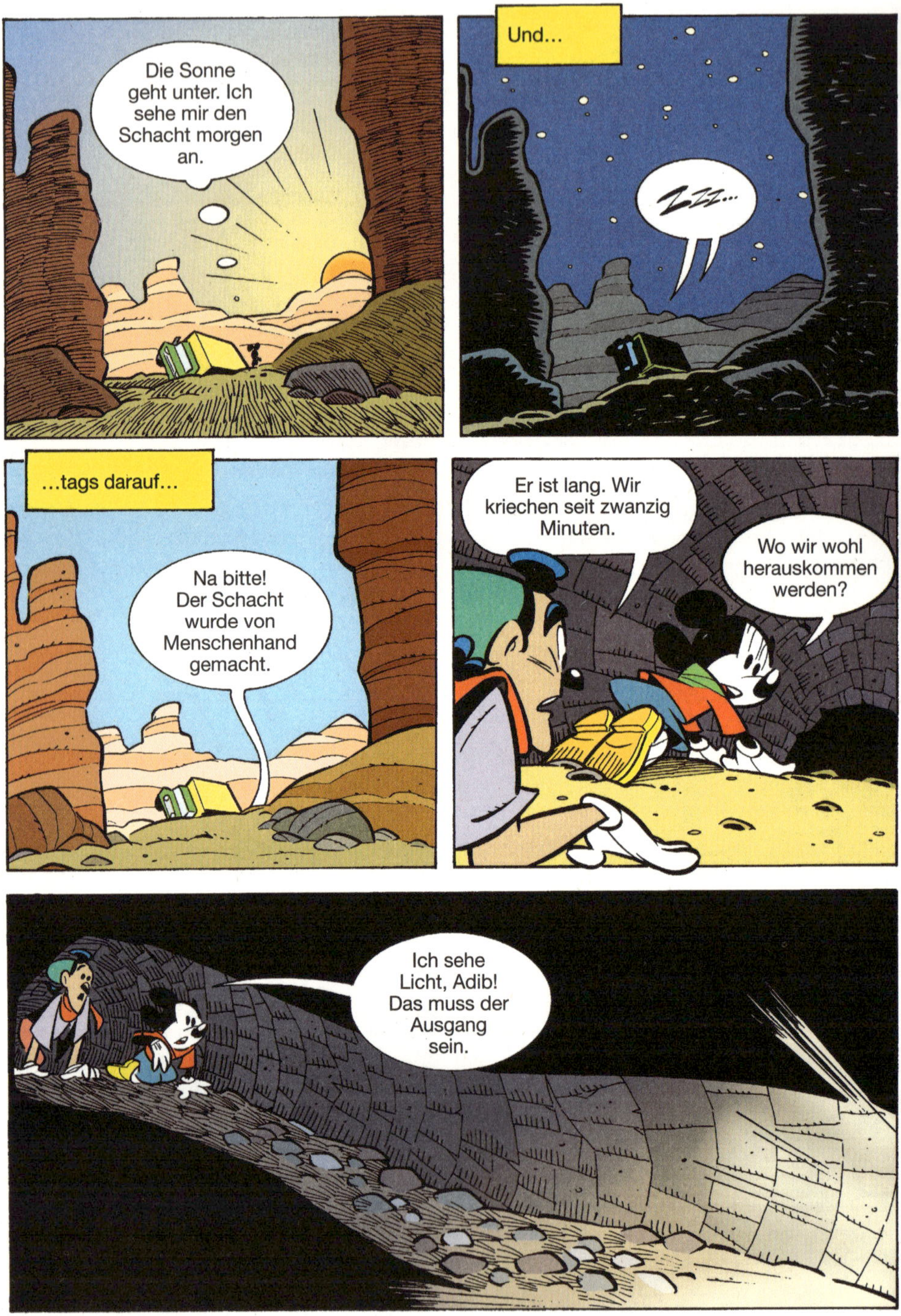
Die Sonne geht unter. Ich sehe mir den Schacht morgen an.
Und...
ZZZ...
...tags darauf...
Na bitte! Der Schacht wurde von Menschenhand gemacht.
Er ist lang. Wir kriechen seit zwanzig Minuten.
Wo wir wohl herauskommen werden?
Ich sehe Licht, Adib! Das muss der Ausgang sein.

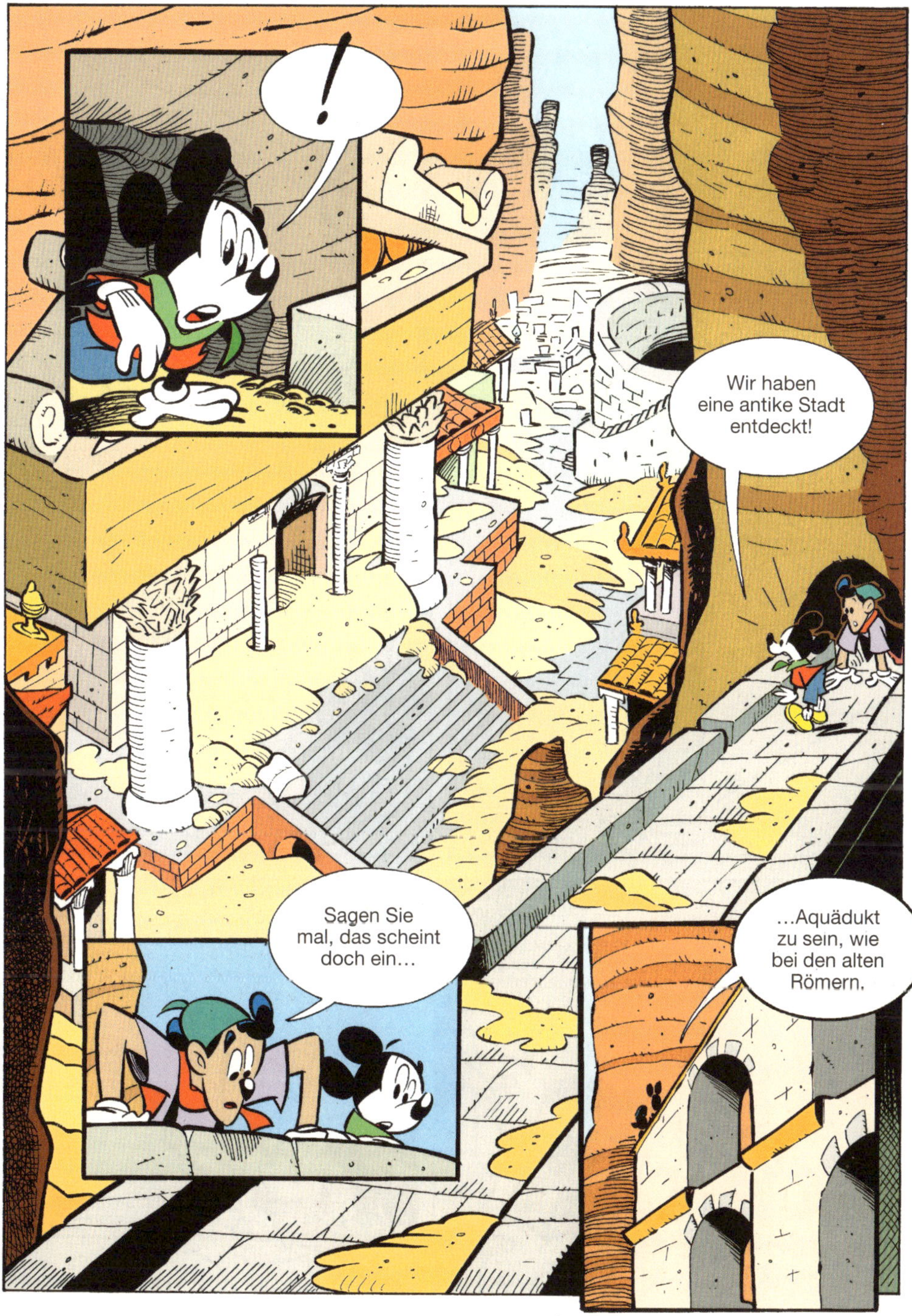
!
Wir haben eine antike Stadt entdeckt!
Sagen Sie mal, das scheint doch ein…
…Aquädukt zu sein, wie bei den alten Römern.

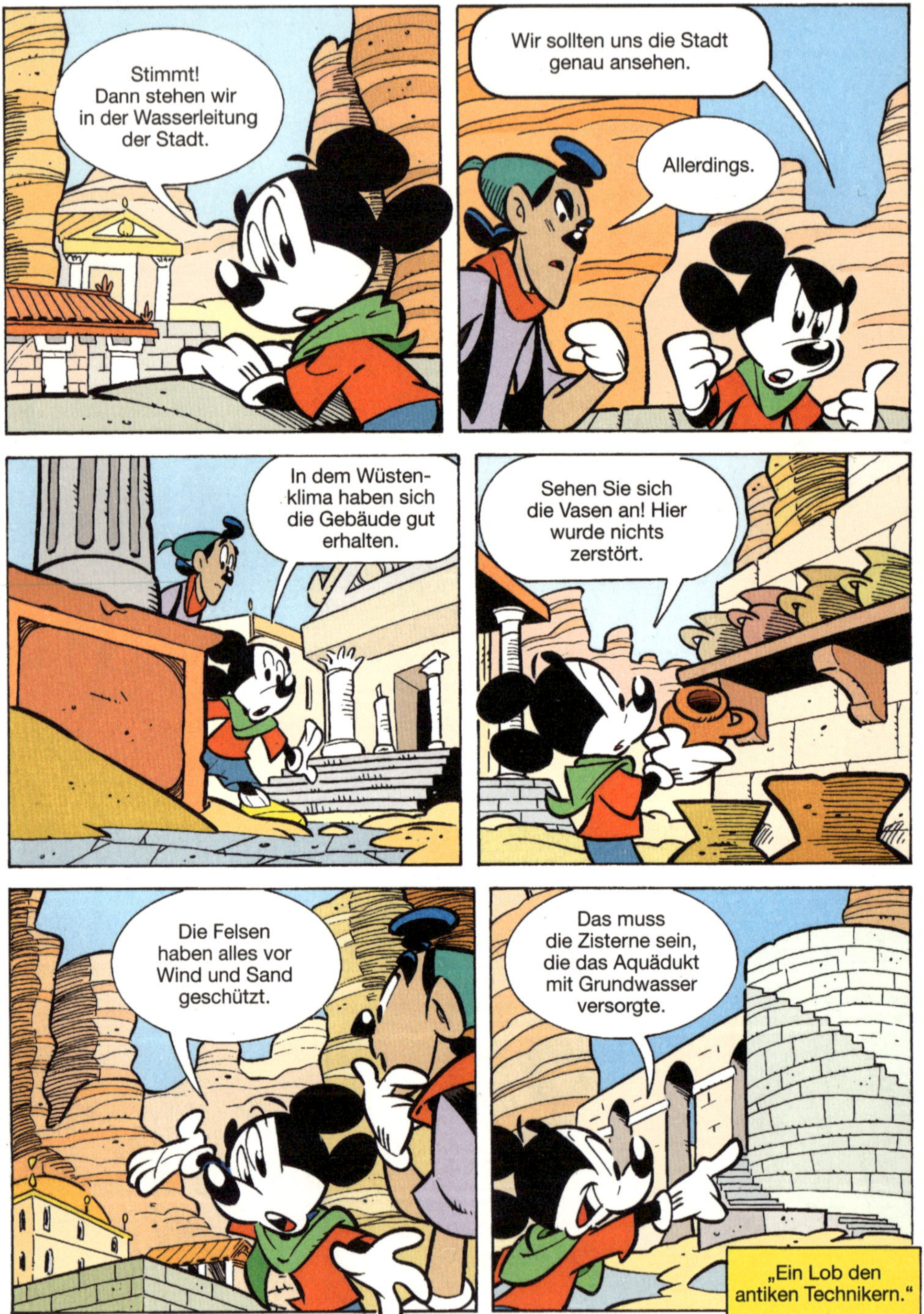

Stimmt! Dann stehen wir in der Wasserleitung der Stadt.
Wir sollten uns die Stadt genau ansehen.
Allerdings.
In dem Wüstenklima haben sich die Gebäude gut erhalten.
Sehen Sie sich die Vasen an! Hier wurde nichts zerstört.
Die Felsen haben alles vor Wind und Sand geschützt.
Das muss die Zisterne sein, die das Aquädukt mit Grundwasser versorgte.
„Ein Lob den antiken Technikern."

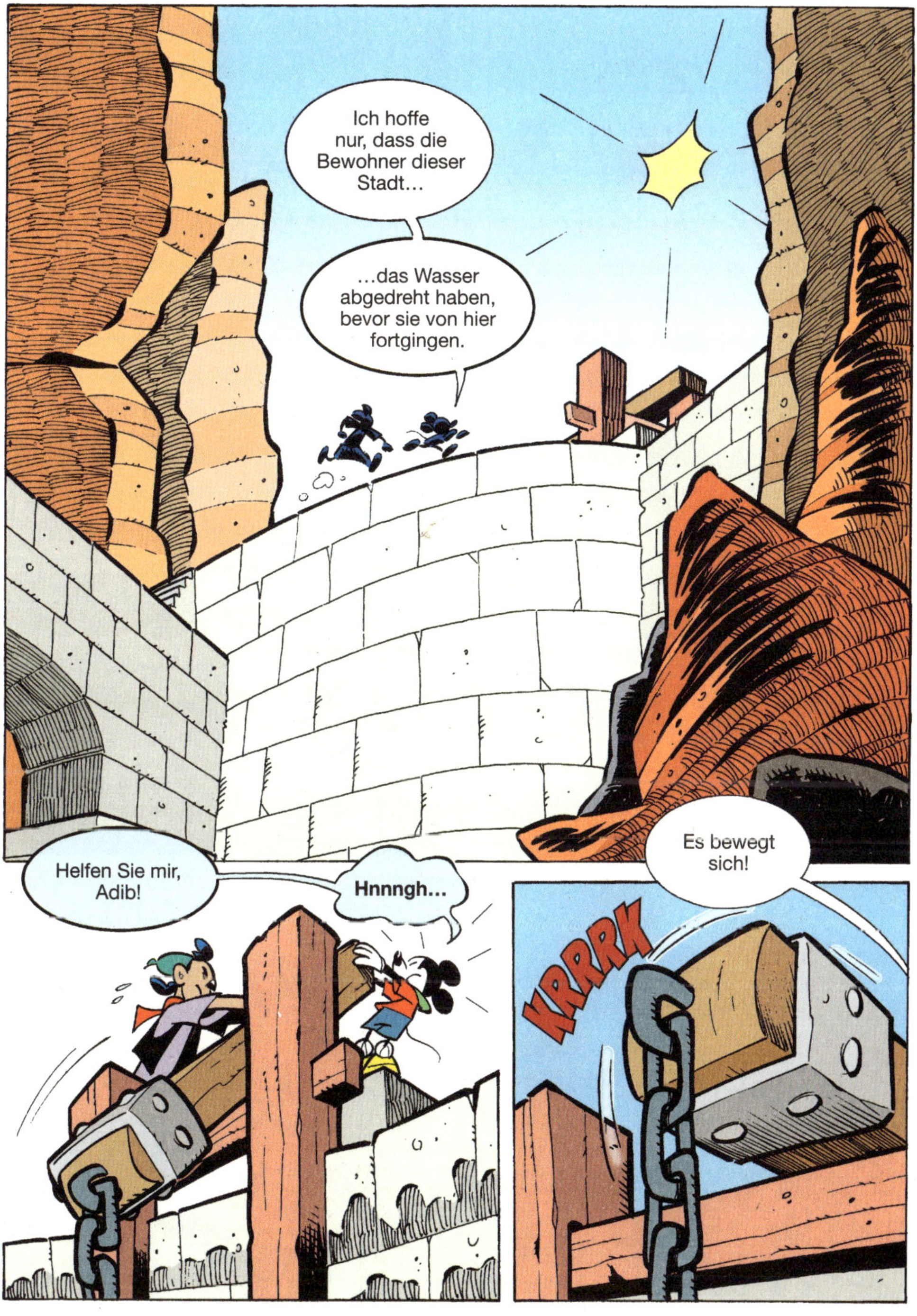

Ich hoffe nur, dass die Bewohner dieser Stadt…
…das Wasser abgedreht haben, bevor sie von hier fortgingen.
Helfen Sie mir, Adib!
Hnnngh…
Es bewegt sich!
KRRRK

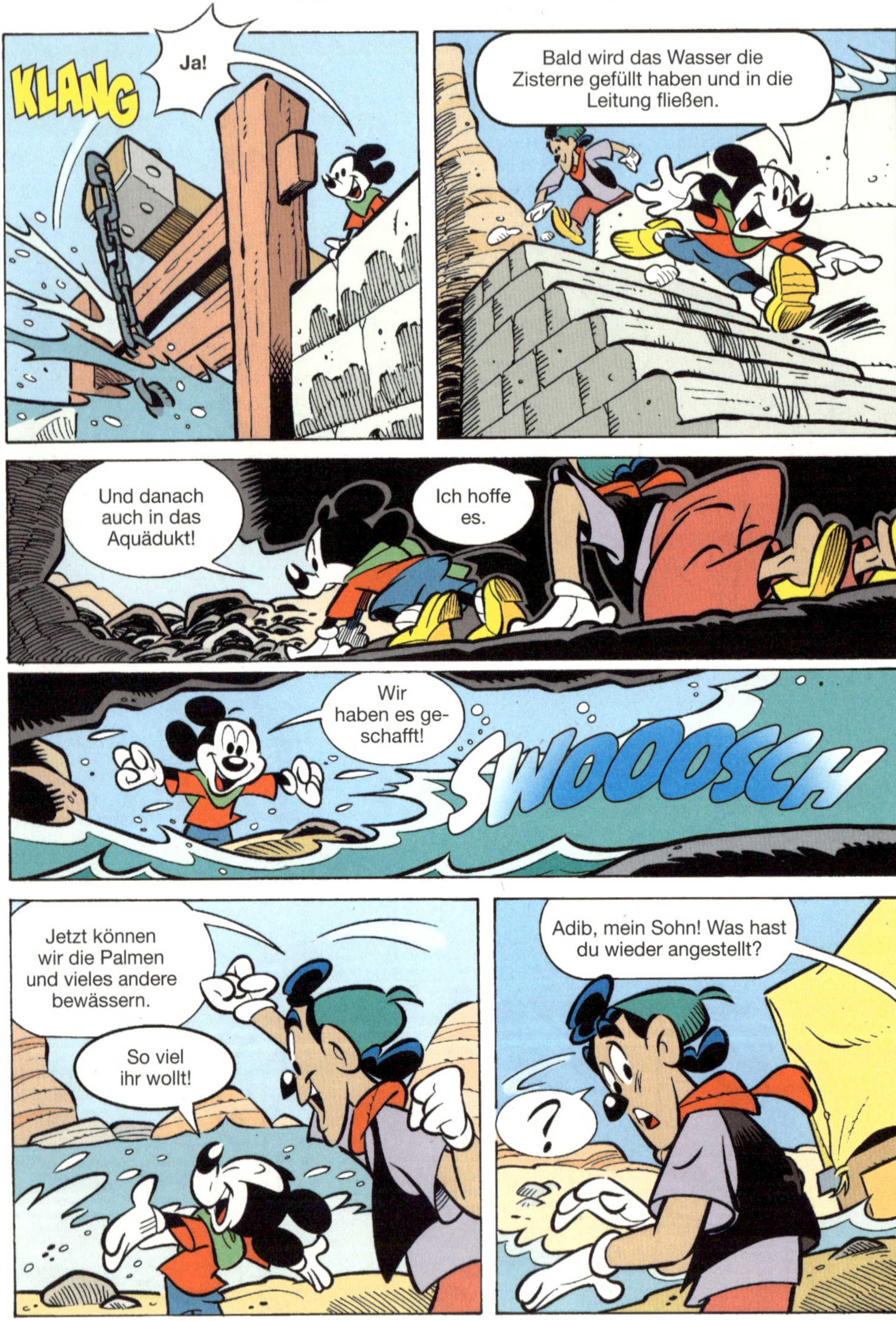
KLANG
Ja!
Bald wird das Wasser die Zisterne gefüllt haben und in die Leitung fließen.
Und danach auch in das Aquädukt!
Ich hoffe es.
Wir haben es geschafft!
SWOOOSCH
Jetzt können wir die Palmen und vieles andere bewässern.
So viel ihr wollt!
Adib, mein Sohn! Was hast du wieder angestellt?
?

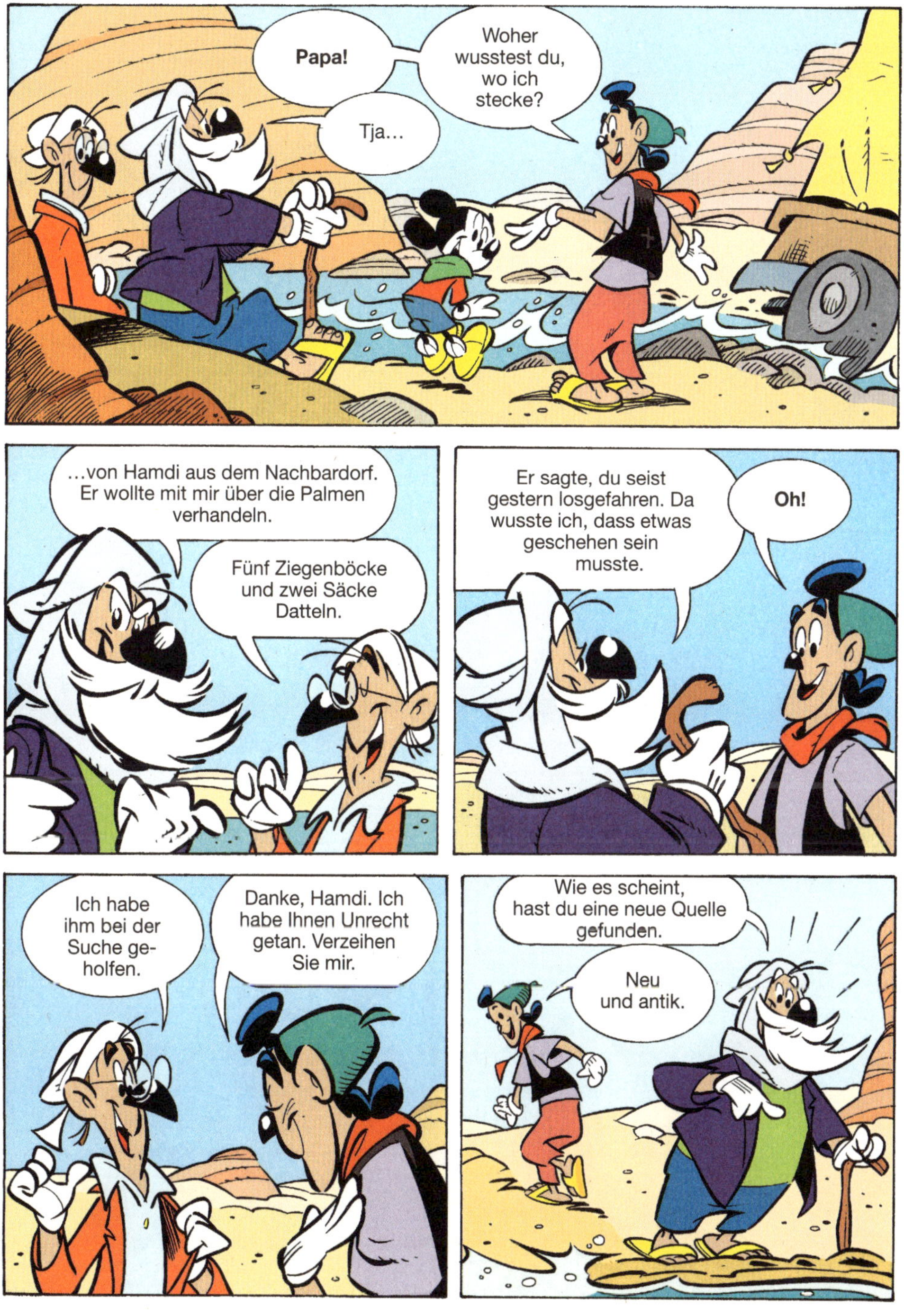
Papa!
Woher wusstest du, wo ich stecke?
Tja…
…von Hamdi aus dem Nachbardorf. Er wollte mit mir über die Palmen verhandeln.
Fünf Ziegenböcke und zwei Säcke Datteln.
Er sagte, du seist gestern losgefahren. Da wusste ich, dass etwas geschehen sein musste.
Oh!
Ich habe ihm bei der Suche geholfen.
Danke, Hamdi. Ich habe Ihnen Unrecht getan. Verzeihen Sie mir.
Wie es scheint, hast du eine neue Quelle gefunden.
Neu und antik.

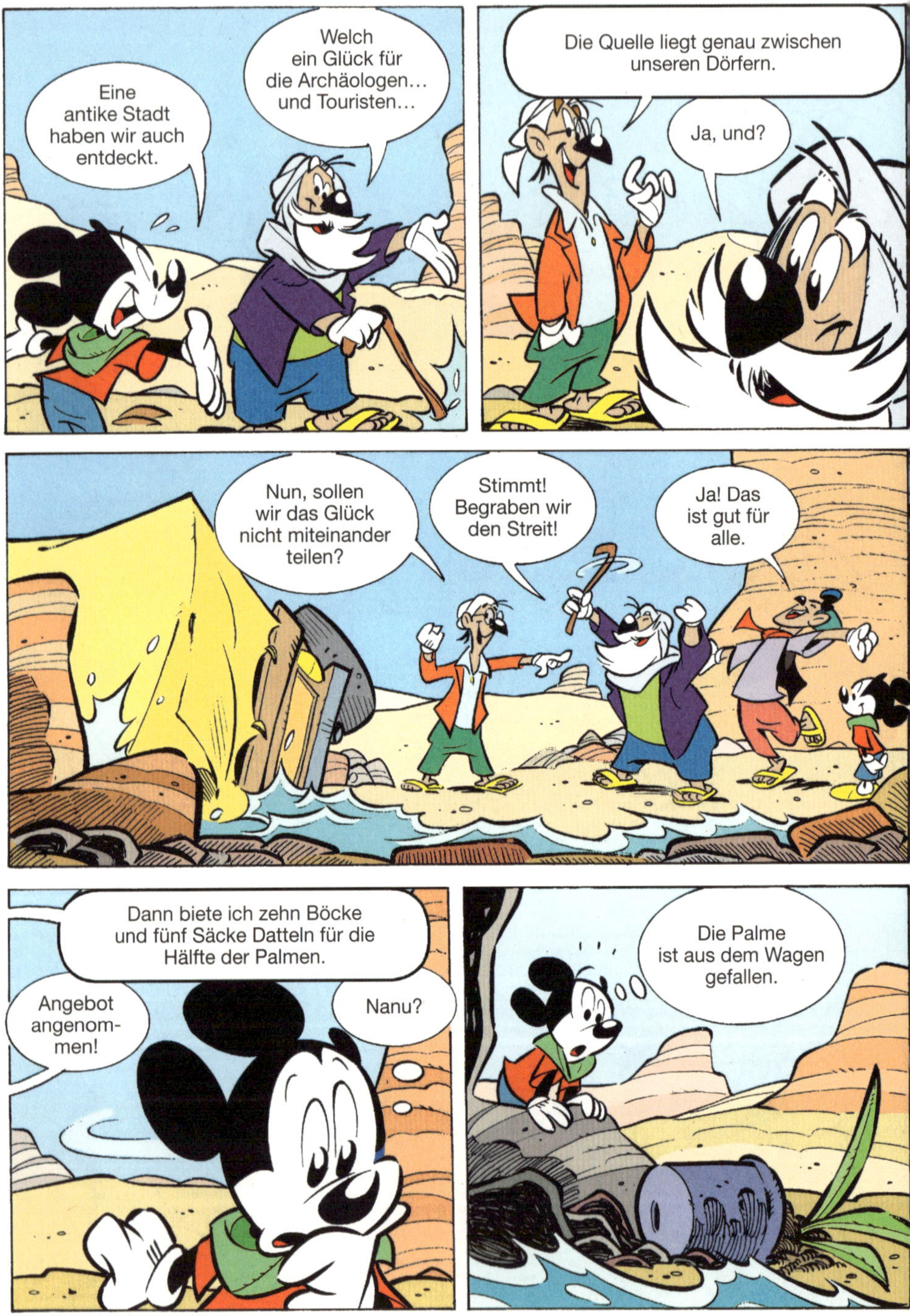
Eine antike Stadt haben wir auch entdeckt.
Welch ein Glück für die Archäologen… und Touristen…
Die Quelle liegt genau zwischen unseren Dörfern.
Ja, und?
Nun, sollen wir das Glück nicht miteinander teilen?
Stimmt! Begraben wir den Streit!
Ja! Das ist gut für alle.
Dann biete ich zehn Böcke und fünf Säcke Datteln für die Hälfte der Palmen.
Angebot angenom-men!
Nanu?
Die Palme ist aus dem Wagen gefallen.

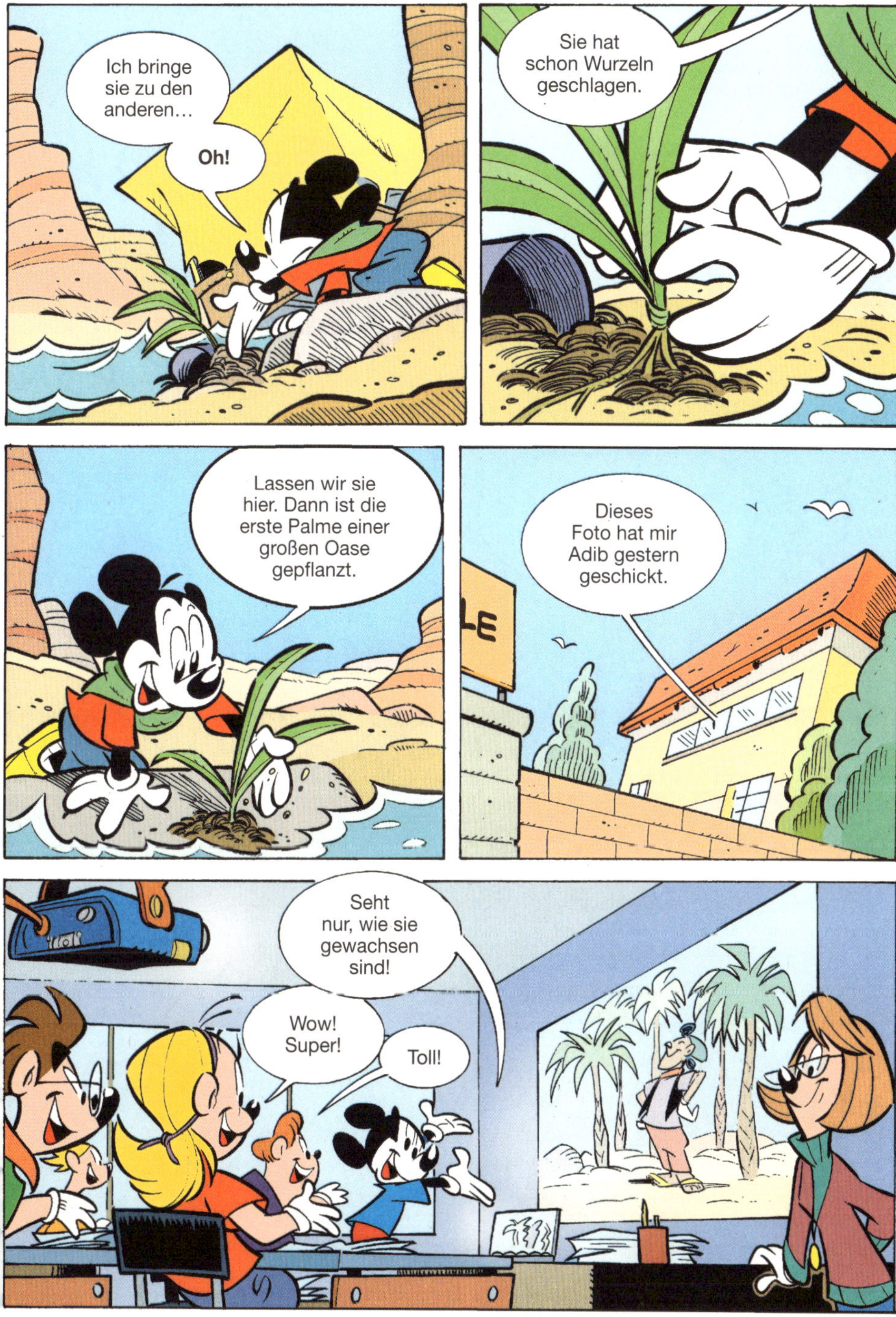
Ich bringe sie zu den anderen…
Oh!
Sie hat schon Wurzeln geschlagen.
Lassen wir sie hier. Dann ist die erste Palme einer großen Oase gepflanzt.
LE
Dieses Foto hat mir Adib gestern geschickt.
Seht nur, wie sie gewachsen sind!
Wow! Super!
Toll!

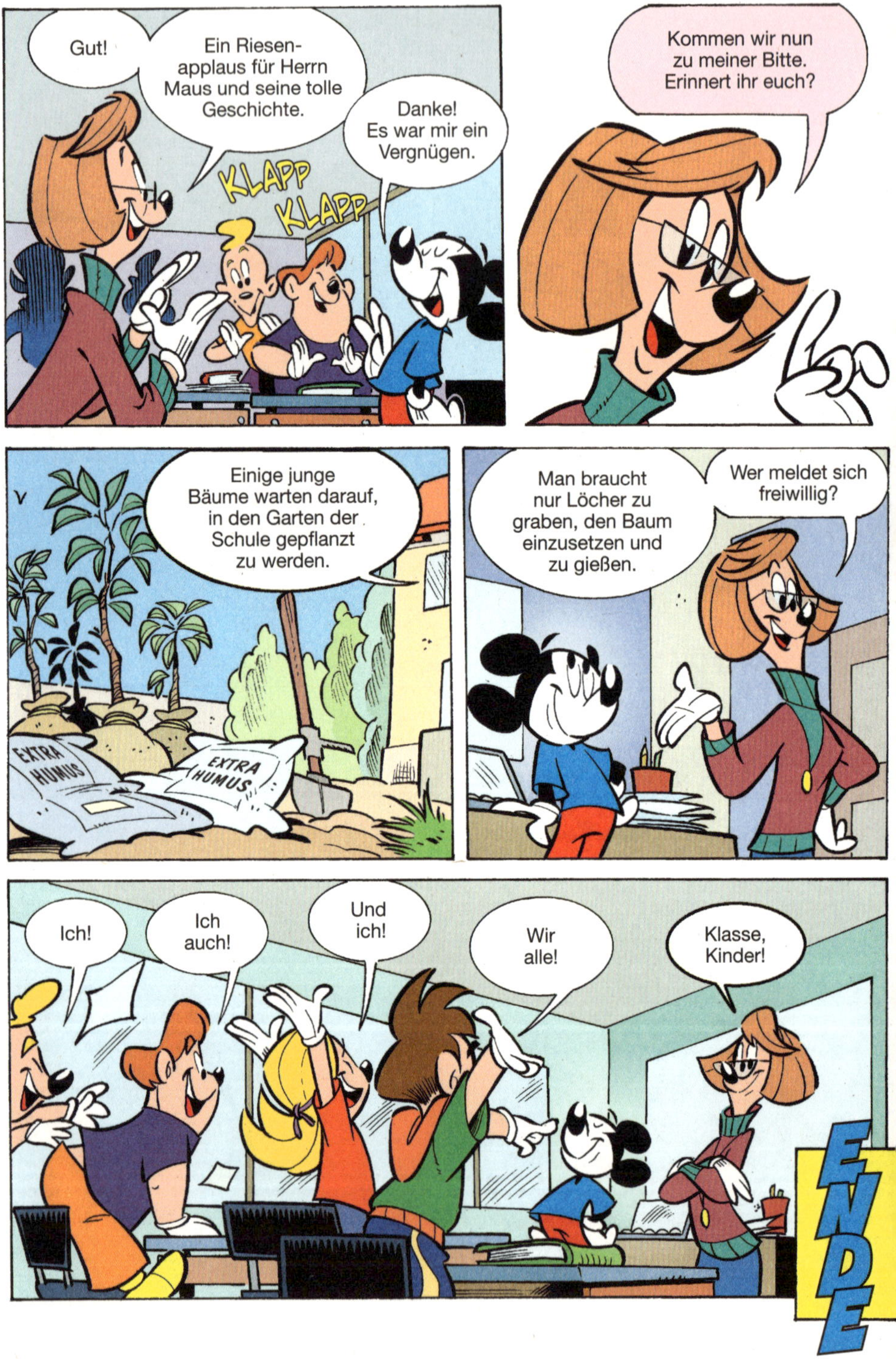
Gut!
Ein Riesenapplaus für Herrn Maus und seine tolle Geschichte.
KLAPP KLAPP
Danke! Es war mir ein Vergnügen.
Kommen wir nun zu meiner Bitte. Erinnert ihr euch?
Einige junge Bäume warten darauf, in den Garten der Schule gepflanzt zu werden.
EXTRA HUMUS
EXTRA HUMUS
Man braucht nur Löcher zu graben, den Baum einzusetzen und zu gießen.
Wer meldet sich freiwillig?
Ich!
Ich auch!
Und ich!
Wir alle!
Klasse, Kinder!
ENDE

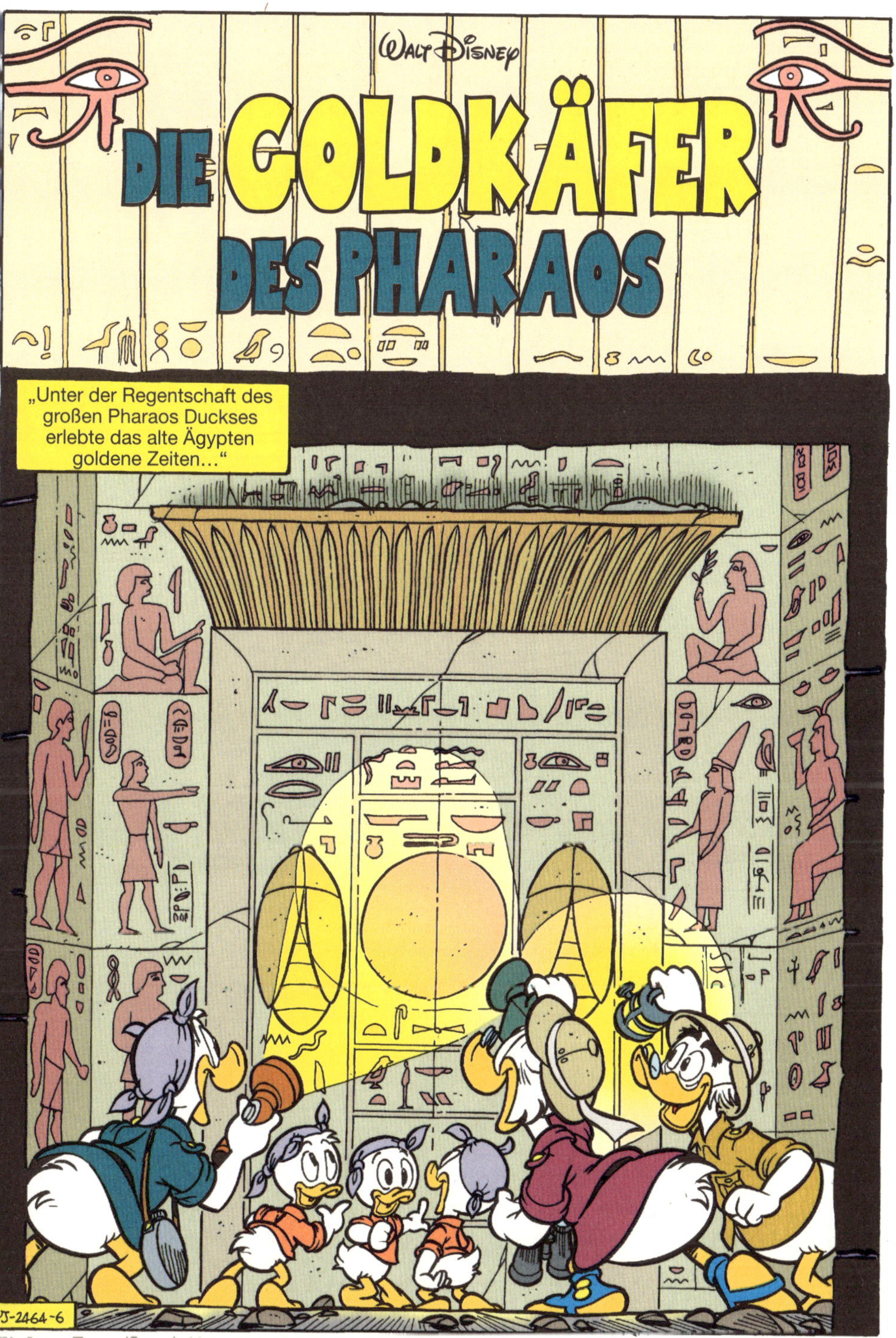

Stefano Enna (Story), **Valerio Held** (Zeichnungen)

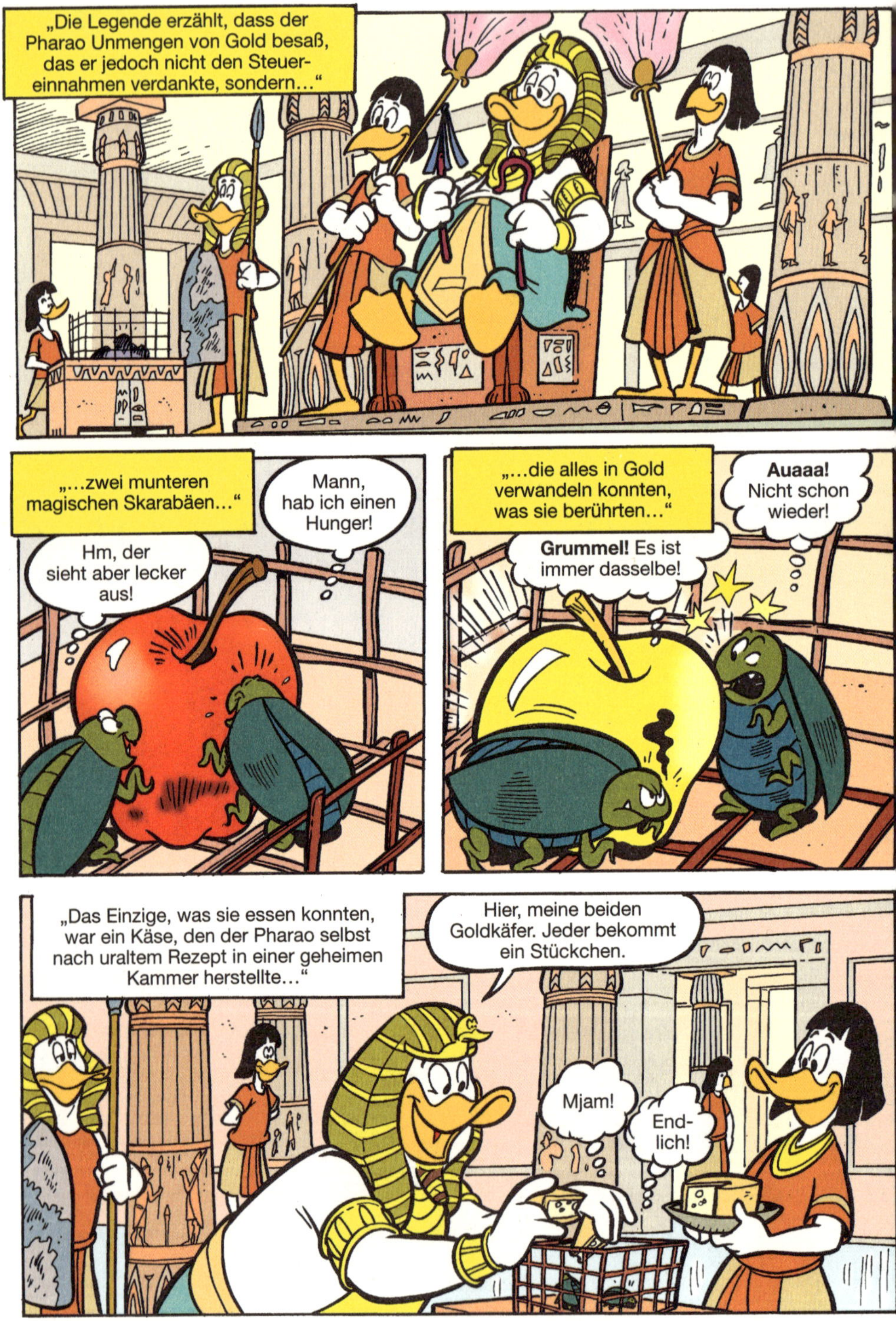
„Die Legende erzählt, dass der Pharao Unmengen von Gold besaß, das er jedoch nicht den Steuereinnahmen verdankte, sondern…“
„…zwei munteren magischen Skarabäen…“
Mann, hab ich einen Hunger!
Hm, der sieht aber lecker aus!
„…die alles in Gold verwandeln konnten, was sie berührten…“
Auaaa! Nicht schon wieder!
Grummel! Es ist immer dasselbe!
„Das Einzige, was sie essen konnten, war ein Käse, den der Pharao selbst nach uraltem Rezept in einer geheimen Kammer herstellte…“
Hier, meine beiden Goldkäfer. Jeder bekommt ein Stückchen.
Mjam!
Endlich!

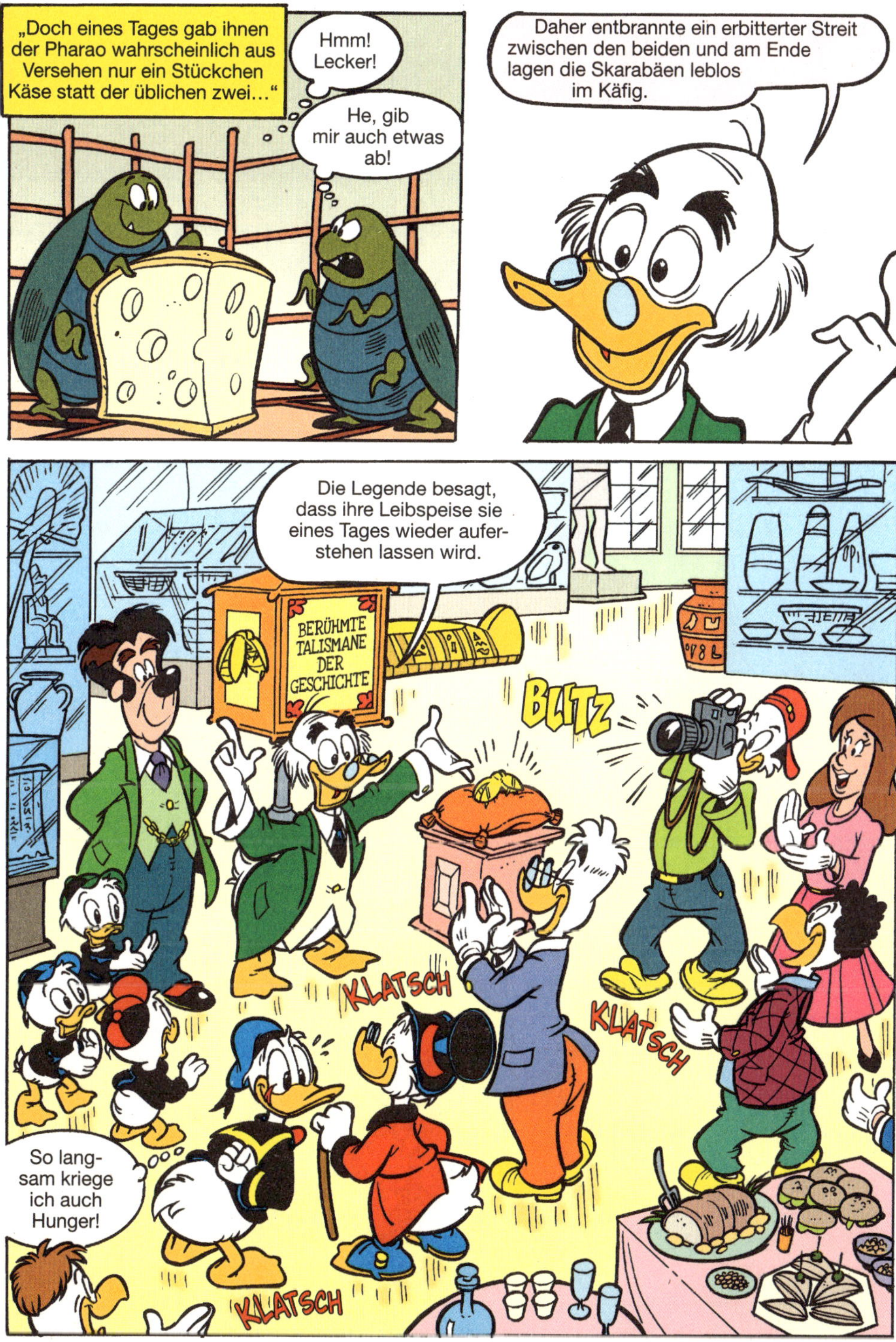
„Doch eines Tages gab ihnen der Pharao wahrscheinlich aus Versehen nur ein Stückchen Käse statt der üblichen zwei…“
Hmm! Lecker!
He, gib mir auch etwas ab!
Daher entbrannte ein erbitterter Streit zwischen den beiden und am Ende lagen die Skarabäen leblos im Käfig.
Die Legende besagt, dass ihre Leibspeise sie eines Tages wieder aufer-stehen lassen wird.
BERÜHMTE TALISMANE DER GESCHICHTE
BLITZ
KLATSCH
KLATSCH
So lang-sam kriege ich auch Hunger!
KLATSCH

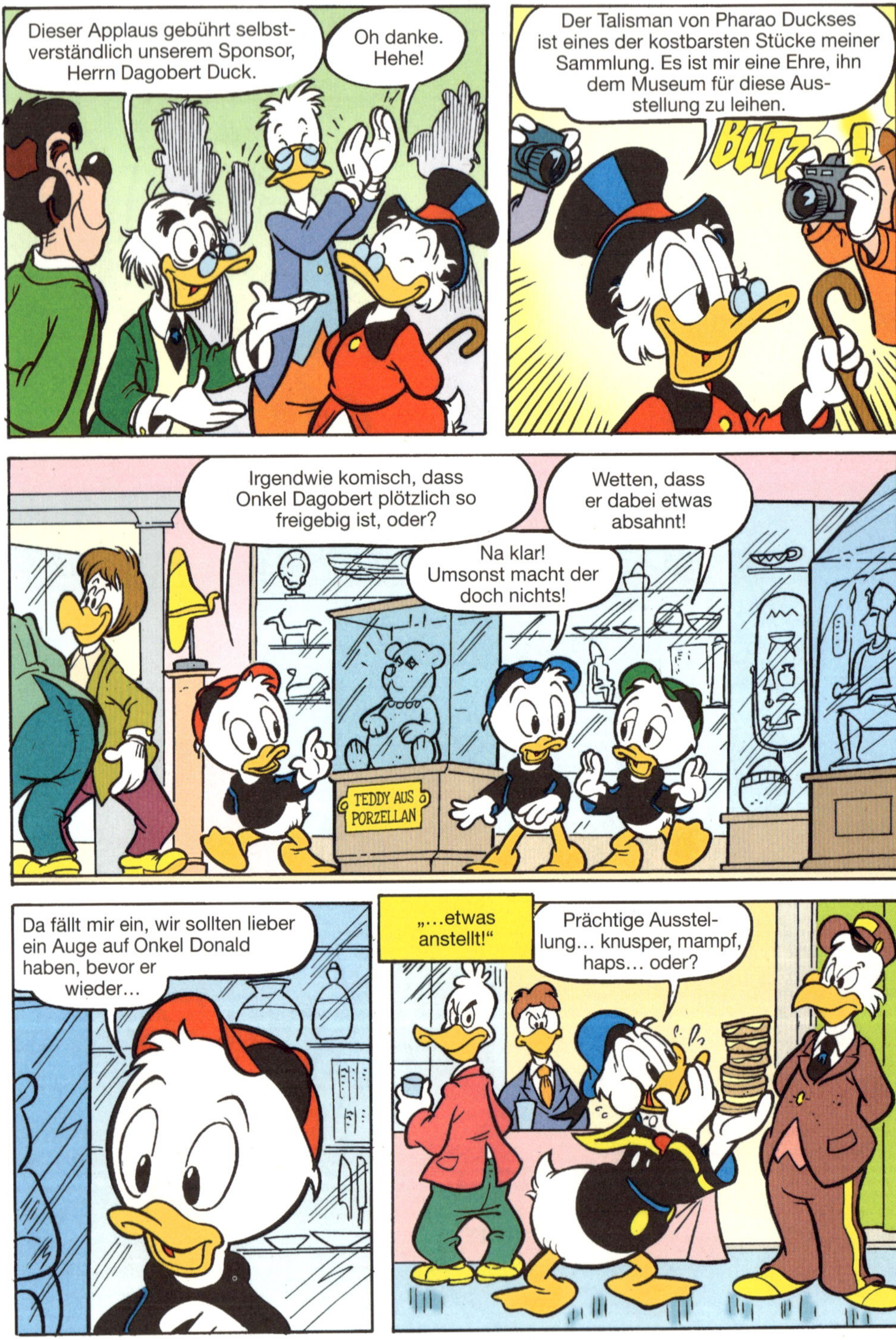
Dieser Applaus gebührt selbstverständlich unserem Sponsor, Herrn Dagobert Duck.
Oh danke. Hehe!
Der Talisman von Pharao Duckses ist eines der kostbarsten Stücke meiner Sammlung. Es ist mir eine Ehre, ihn dem Museum für diese Ausstellung zu leihen.
BLITZ
Irgendwie komisch, dass Onkel Dagobert plötzlich so freigebig ist, oder?
Wetten, dass er dabei etwas absahnt!
Na klar! Umsonst macht der doch nichts!
TEDDY AUS PORZELLAN
Da fällt mir ein, wir sollten lieber ein Auge auf Onkel Donald haben, bevor er wieder…
„…etwas anstellt!“
Prächtige Ausstellung… knusper, mampf, haps… oder?

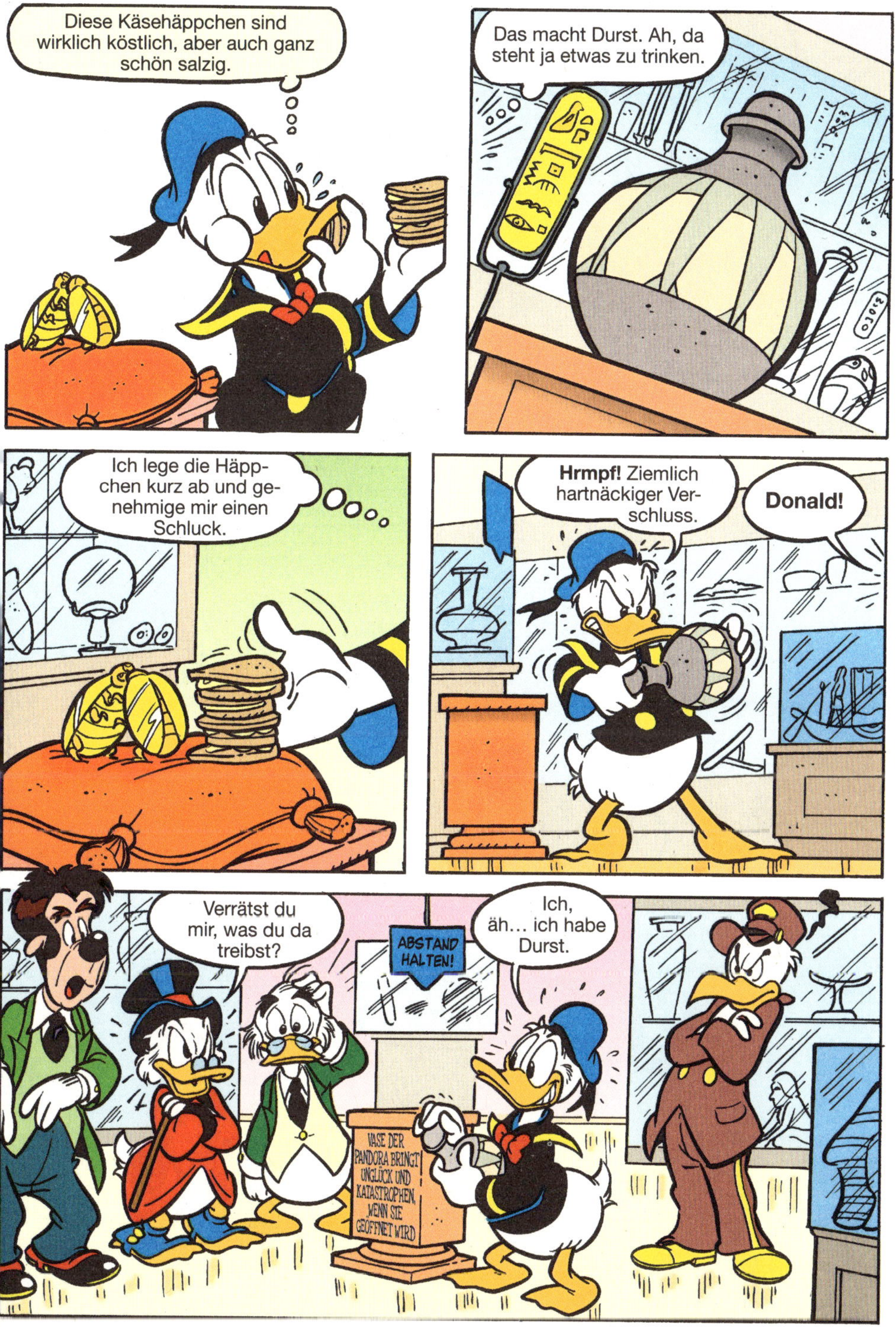
Diese Käsehäppchen sind wirklich köstlich, aber auch ganz schön salzig.
Das macht Durst. Ah, da steht ja etwas zu trinken.
Ich lege die Häppchen kurz ab und genehmige mir einen Schluck.
Hrmpf! Ziemlich hartnäckiger Verschluss.
Donald!
Verrätst du mir, was du da treibst?
ABSTAND HALTEN!
Ich, äh… ich habe Durst.
VASE DER PANDORA BRINGT UNGLÜCK UND KATASTROPHEN, WENN SIE GEÖFFNET WIRD

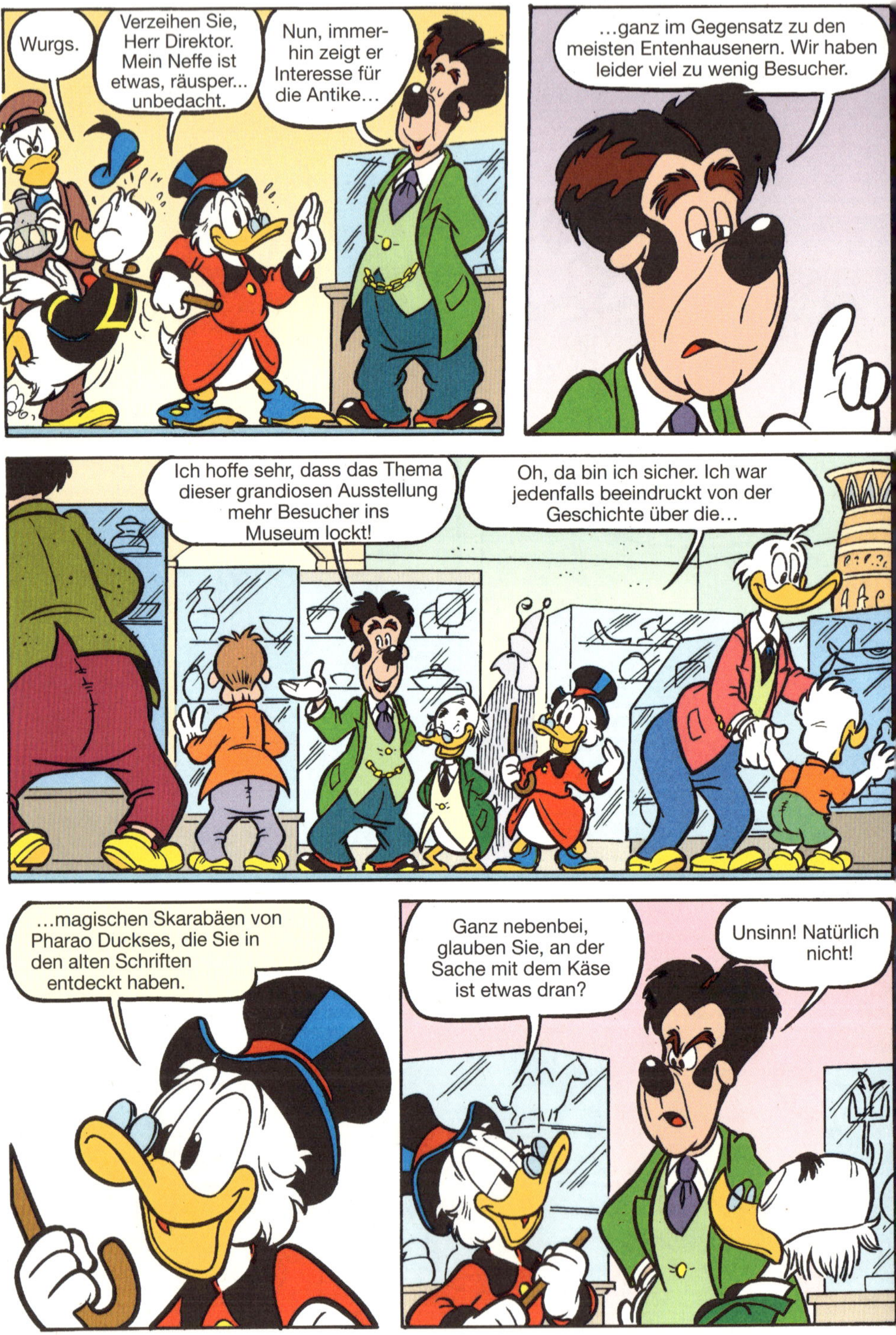
Wurgs.
Verzeihen Sie, Herr Direktor. Mein Neffe ist etwas, räusper... unbedacht.
Nun, immerhin zeigt er Interesse für die Antike…
…ganz im Gegensatz zu den meisten Entenhausenern. Wir haben leider viel zu wenig Besucher.
Ich hoffe sehr, dass das Thema dieser grandiosen Ausstellung mehr Besucher ins Museum lockt!
Oh, da bin ich sicher. Ich war jedenfalls beeindruckt von der Geschichte über die…
…magischen Skarabäen von Pharao Duckses, die Sie in den alten Schriften entdeckt haben.
Ganz nebenbei, glauben Sie, an der Sache mit dem Käse ist etwas dran?
Unsinn! Natürlich nicht!

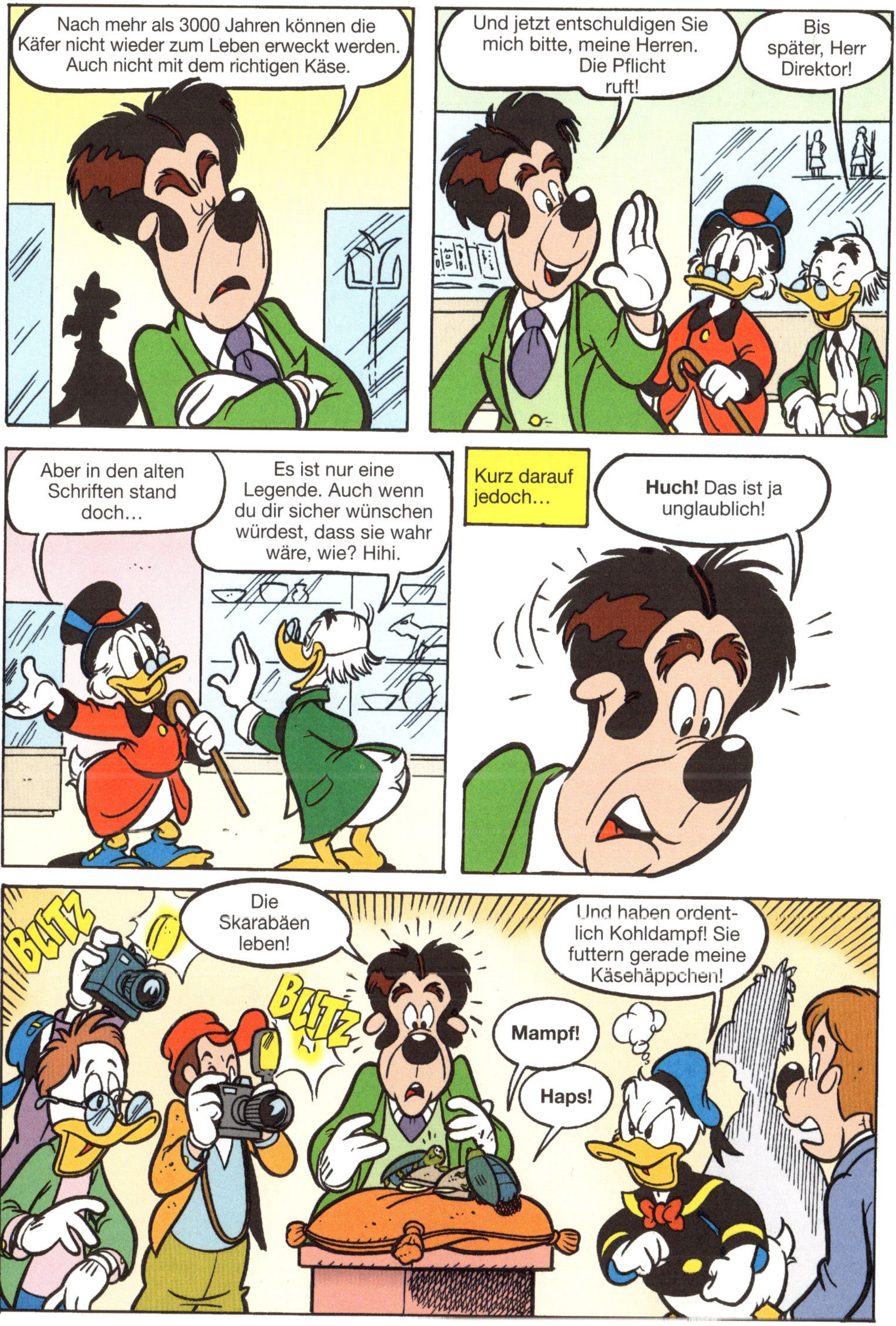

Nach mehr als 3000 Jahren können die Käfer nicht wieder zum Leben erweckt werden. Auch nicht mit dem richtigen Käse.
Und jetzt entschuldigen Sie mich bitte, meine Herren. Die Pflicht ruft!
Bis später, Herr Direktor!
Aber in den alten Schriften stand doch…
Es ist nur eine Legende. Auch wenn du dir sicher wünschen würdest, dass sie wahr wäre, wie? Hihi.
Kurz darauf jedoch…
Huch! Das ist ja unglaublich!
BLITZ
Die Skarabäen leben!
BLITZ
Und haben ordentlich Kohldampf! Sie futtern gerade meine Käsehäppchen!
Mampf!
Haps!

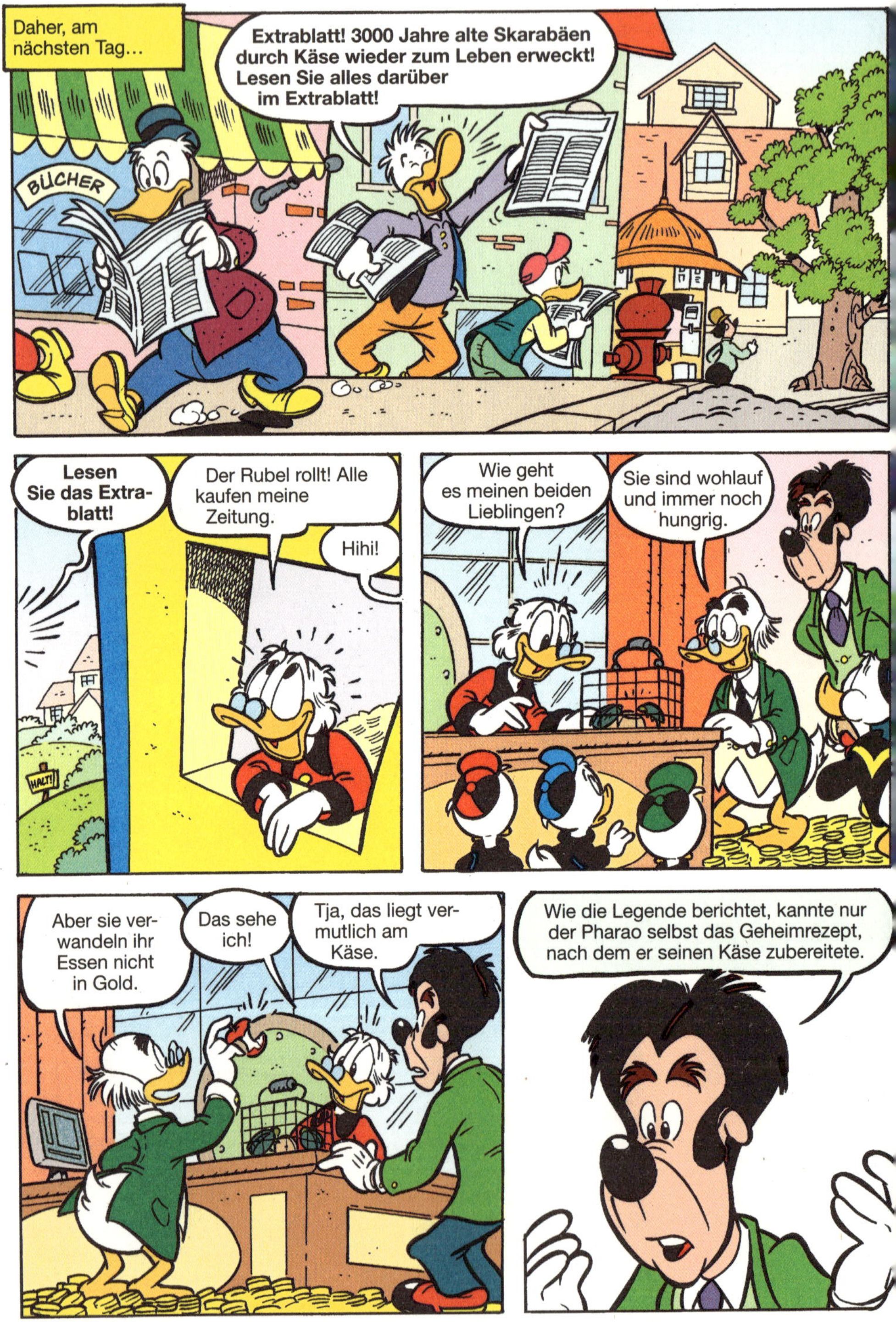
Daher, am nächsten Tag...
Extrablatt! 3000 Jahre alte Skarabäen durch Käse wieder zum Leben erweckt! Lesen Sie alles darüber im Extrablatt!
BÜCHER
Lesen Sie das Extrablatt!
Der Rubel rollt! Alle kaufen meine Zeitung.
Hihi!
HALT!
Wie geht es meinen beiden Lieblingen?
Sie sind wohlauf und immer noch hungrig.
Aber sie verwandeln ihr Essen nicht in Gold.
Das sehe ich!
Tja, das liegt vermutlich am Käse.
Wie die Legende berichtet, kannte nur der Pharao selbst das Geheimrezept, nach dem er seinen Käse zubereitete.

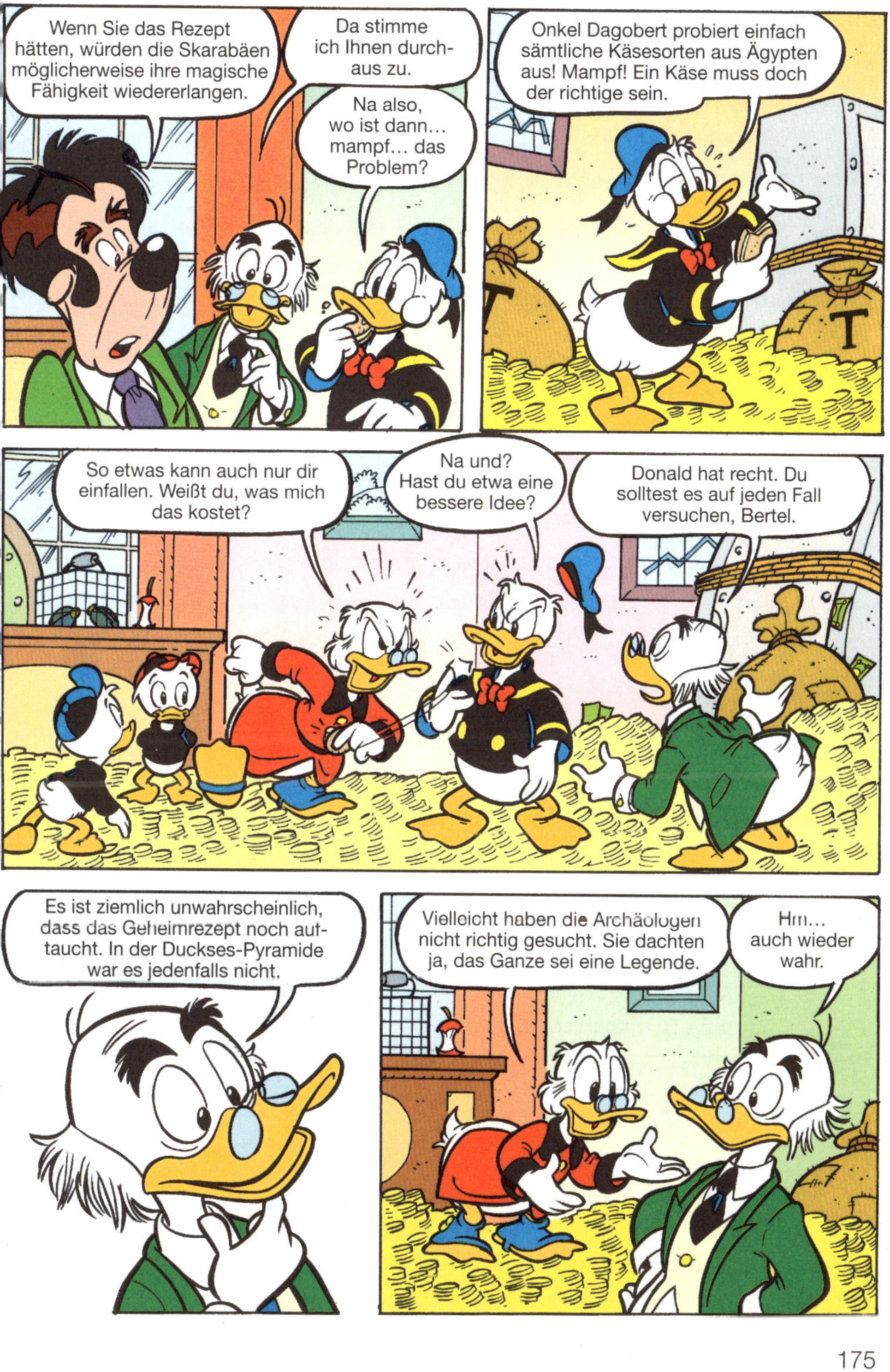
Wenn Sie das Rezept hätten, würden die Skarabäen möglicherweise ihre magische Fähigkeit wiedererlangen.
Da stimme ich Ihnen durchaus zu.
Na also, wo ist dann… mampf… das Problem?
Onkel Dagobert probiert einfach sämtliche Käsesorten aus Ägypten aus! Mampf! Ein Käse muss doch der richtige sein.
So etwas kann auch nur dir einfallen. Weißt du, was mich das kostet?
Na und? Hast du etwa eine bessere Idee?
Donald hat recht. Du solltest es auf jeden Fall versuchen, Bertel.
Es ist ziemlich unwahrscheinlich, dass das Geheimrezept noch auftaucht. In der Duckses-Pyramide war es jedenfalls nicht.
Vielleicht haben die Archäologen nicht richtig gesucht. Sie dachten ja, das Ganze sei eine Legende.
Hm… auch wieder wahr.

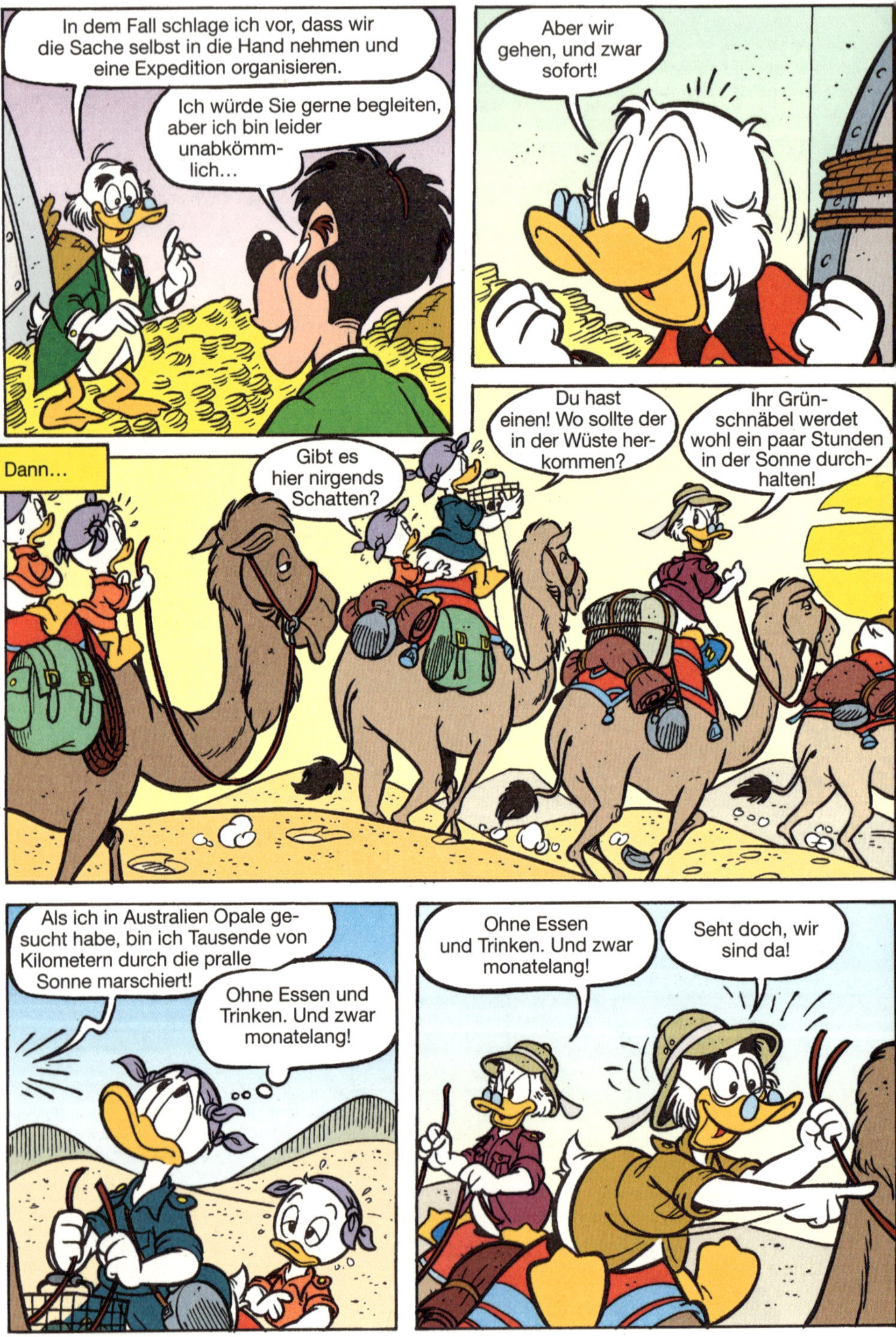

In dem Fall schlage ich vor, dass wir die Sache selbst in die Hand nehmen und eine Expedition organisieren.
Ich würde Sie gerne begleiten, aber ich bin leider unabkömm-lich...
Aber wir gehen, und zwar sofort!
Dann...
Gibt es hier nirgends Schatten?
Du hast einen! Wo sollte der in der Wüste her-kommen?
Ihr Grün-schnäbel werdet wohl ein paar Stunden in der Sonne durch-halten!
Als ich in Australien Opale ge-sucht habe, bin ich Tausende von Kilometern durch die pralle Sonne marschiert!
Ohne Essen und Trinken. Und zwar monatelang!
Ohne Essen und Trinken. Und zwar monatelang!
Seht doch, wir sind da!

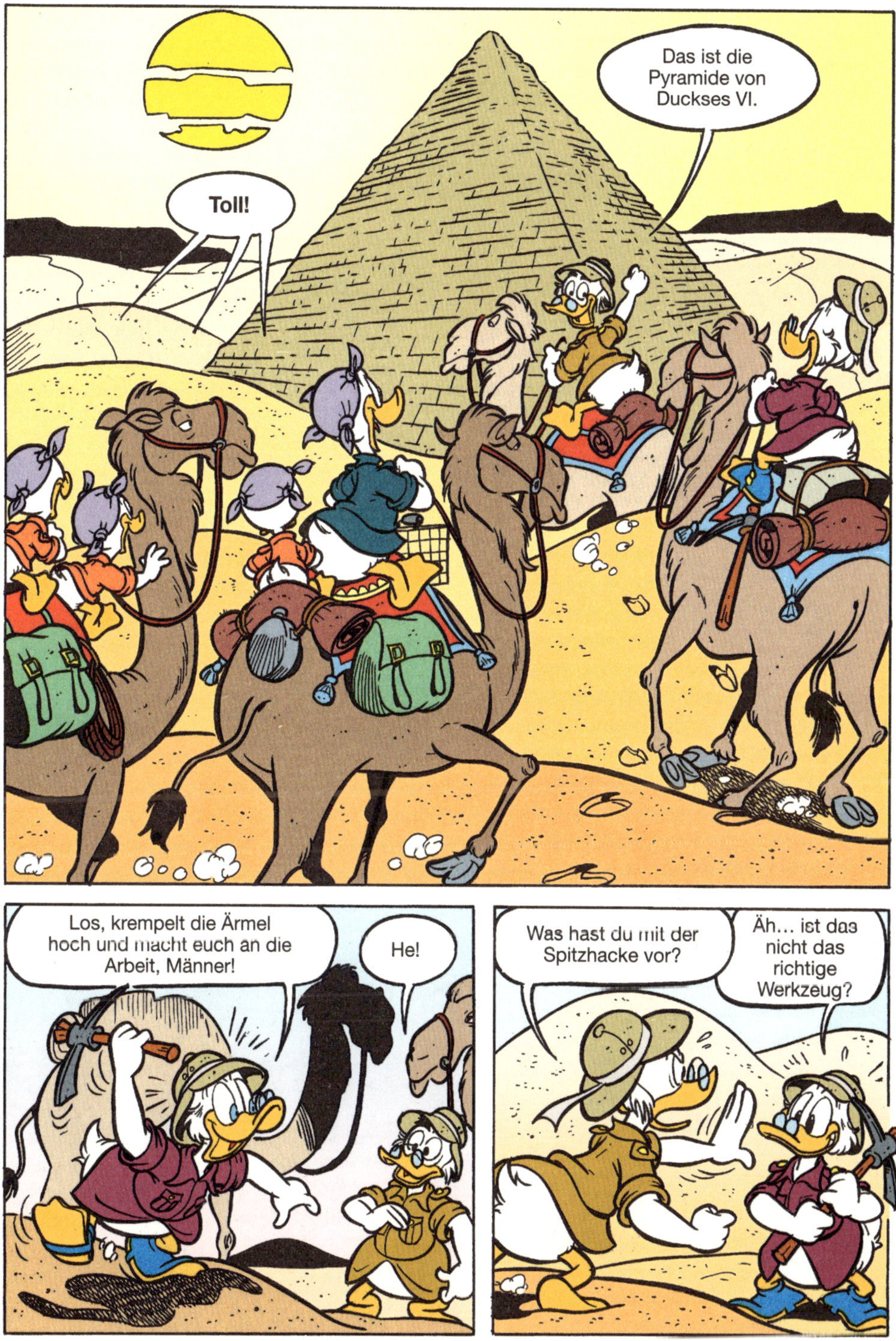
Toll!
Das ist die Pyramide von Duckses VI.
Los, krempelt die Ärmel hoch und macht euch an die Arbeit, Männer!
He!
Was hast du mit der Spitzhacke vor?
Äh… ist das nicht das richtige Werkzeug?

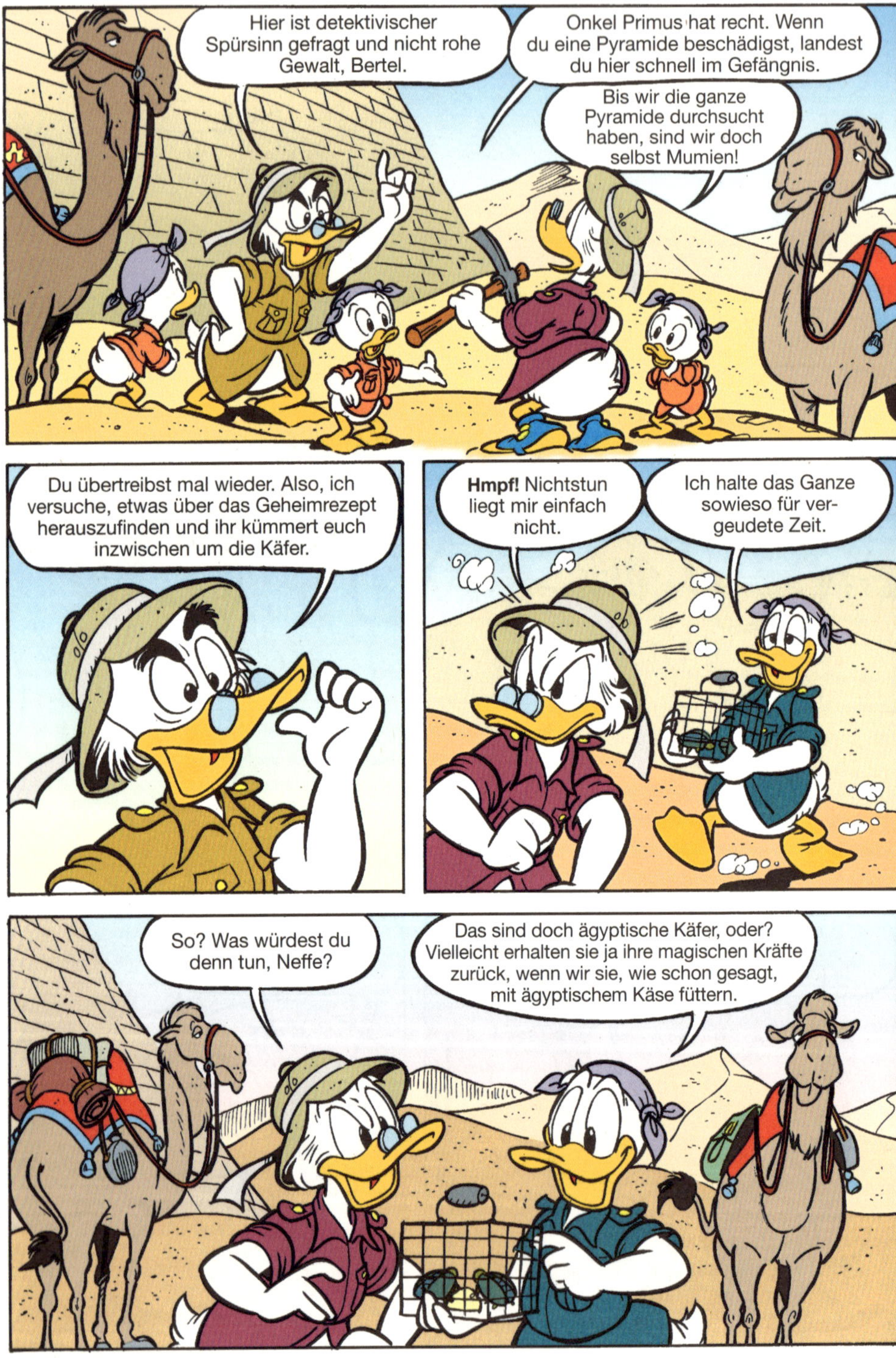

Hier ist detektivischer Spürsinn gefragt und nicht rohe Gewalt, Bertel.
Onkel Primus hat recht. Wenn du eine Pyramide beschädigst, landest du hier schnell im Gefängnis.
Bis wir die ganze Pyramide durchsucht haben, sind wir doch selbst Mumien!
Du übertreibst mal wieder. Also, ich versuche, etwas über das Geheimrezept herauszufinden und ihr kümmert euch inzwischen um die Käfer.
Hmpf! Nichtstun liegt mir einfach nicht.
Ich halte das Ganze sowieso für vergeudete Zeit.
So? Was würdest du denn tun, Neffe?
Das sind doch ägyptische Käfer, oder? Vielleicht erhalten sie ja ihre magischen Kräfte zurück, wenn wir sie, wie schon gesagt, mit ägyptischem Käse füttern.

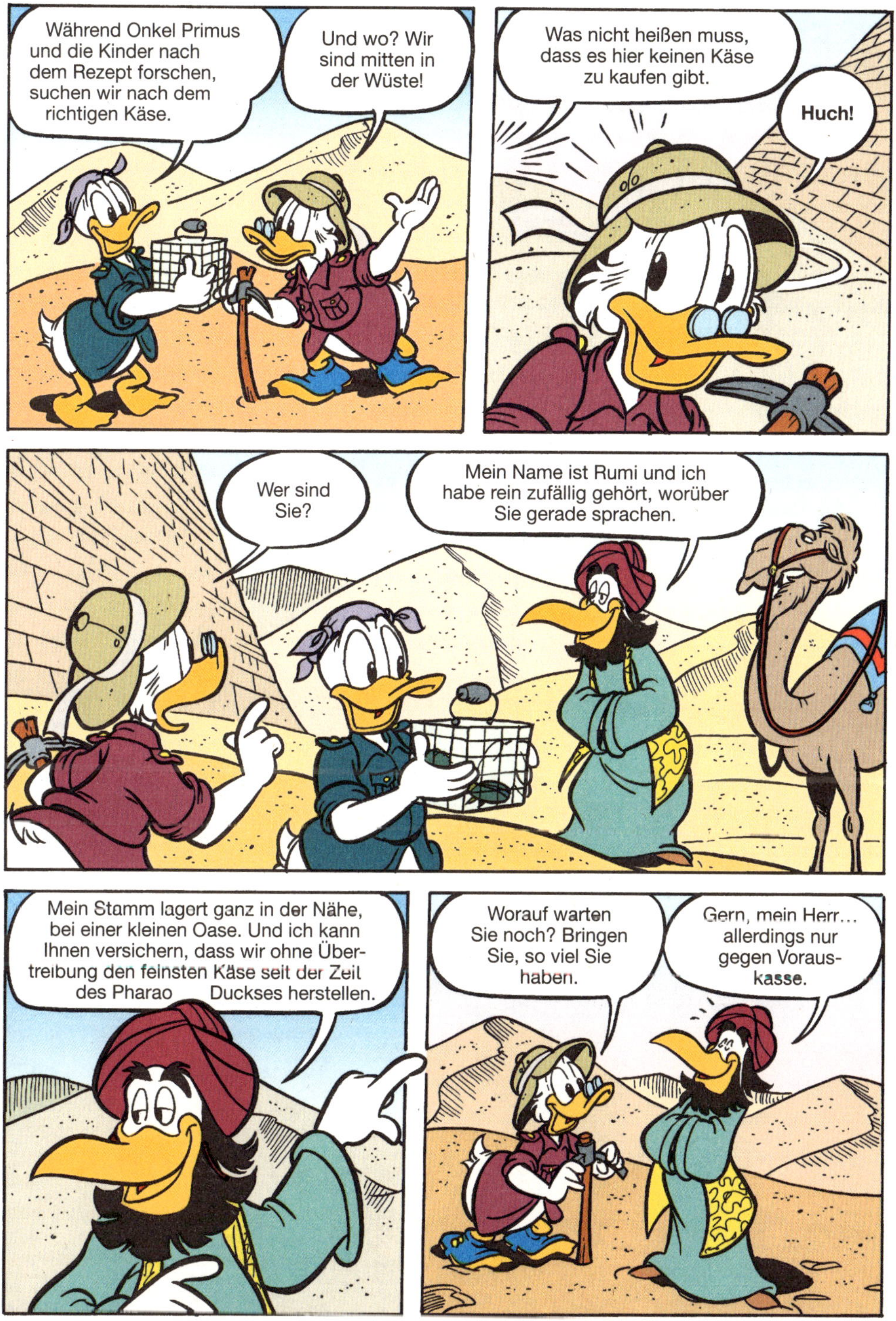
Während Onkel Primus und die Kinder nach dem Rezept forschen, suchen wir nach dem richtigen Käse.
Und wo? Wir sind mitten in der Wüste!
Was nicht heißen muss, dass es hier keinen Käse zu kaufen gibt.
Huch!
Wer sind Sie?
Mein Name ist Rumi und ich habe rein zufällig gehört, worüber Sie gerade sprachen.
Mein Stamm lagert ganz in der Nähe, bei einer kleinen Oase. Und ich kann Ihnen versichern, dass wir ohne Übertreibung den feinsten Käse seit der Zeit des Pharao Duckses herstellen.
Worauf warten Sie noch? Bringen Sie, so viel Sie haben.
Gern, mein Herr… allerdings nur gegen Vorauskasse.

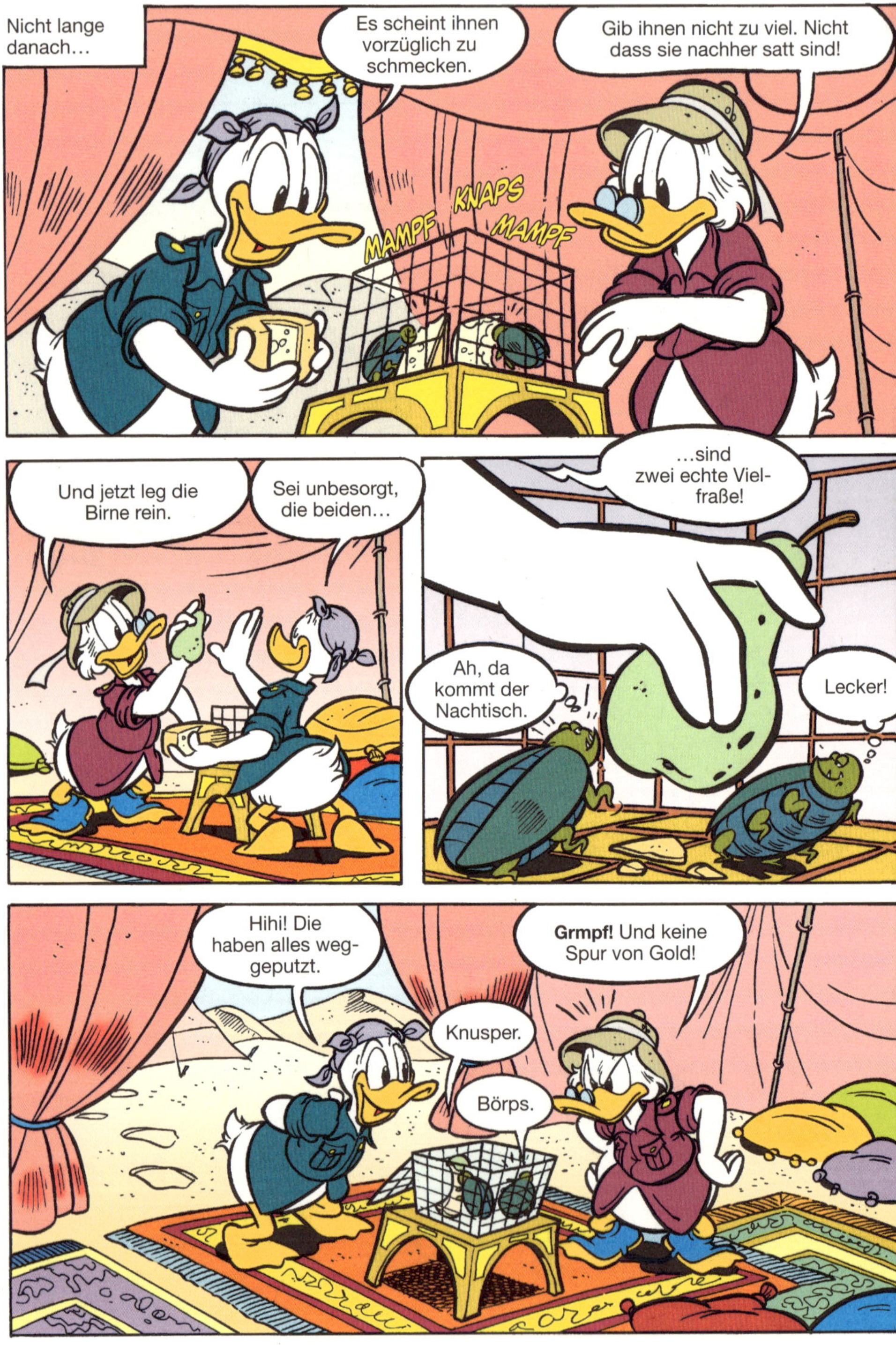

Nicht lange danach…
Es scheint ihnen vorzüglich zu schmecken.
Gib ihnen nicht zu viel. Nicht dass sie nachher satt sind!
MAMPF
KNAPS
MAMPF
Und jetzt leg die Birne rein.
Sei unbesorgt, die beiden…
…sind zwei echte Vielfraße!
Ah, da kommt der Nachtisch.
Lecker!
Hihi! Die haben alles weggeputzt.
Grmpf! Und keine Spur von Gold!
Knusper.
Börps.

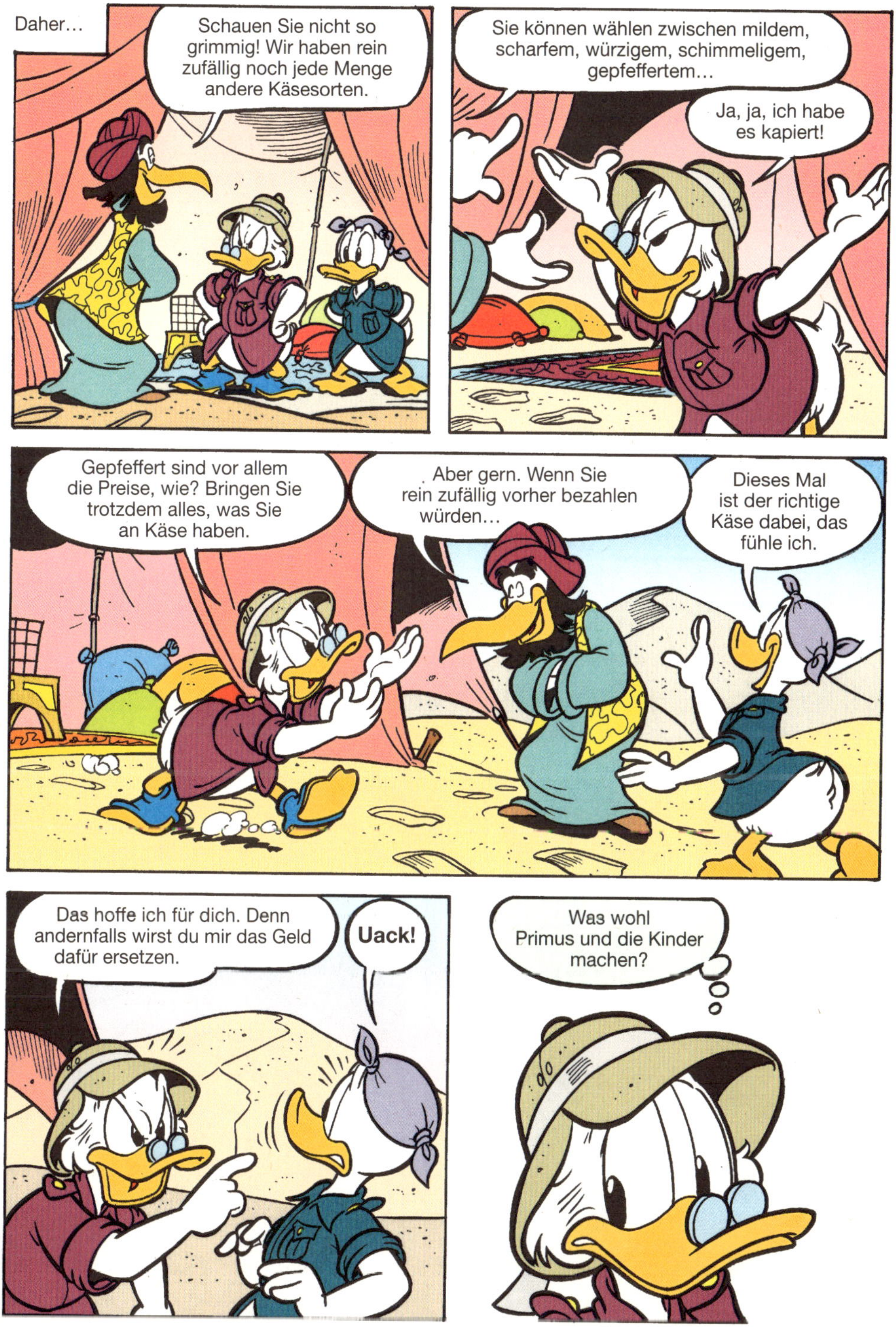
Daher…
Schauen Sie nicht so grimmig! Wir haben rein zufällig noch jede Menge andere Käsesorten.
Sie können wählen zwischen mildem, scharfem, würzigem, schimmeligem, gepfeffertem…
Ja, ja, ich habe es kapiert!
Gepfeffert sind vor allem die Preise, wie? Bringen Sie trotzdem alles, was Sie an Käse haben.
Aber gern. Wenn Sie rein zufällig vorher bezahlen würden…
Dieses Mal ist der richtige Käse dabei, das fühle ich.
Das hoffe ich für dich. Denn andernfalls wirst du mir das Geld dafür ersetzen.
Uack!
Was wohl Primus und die Kinder machen?

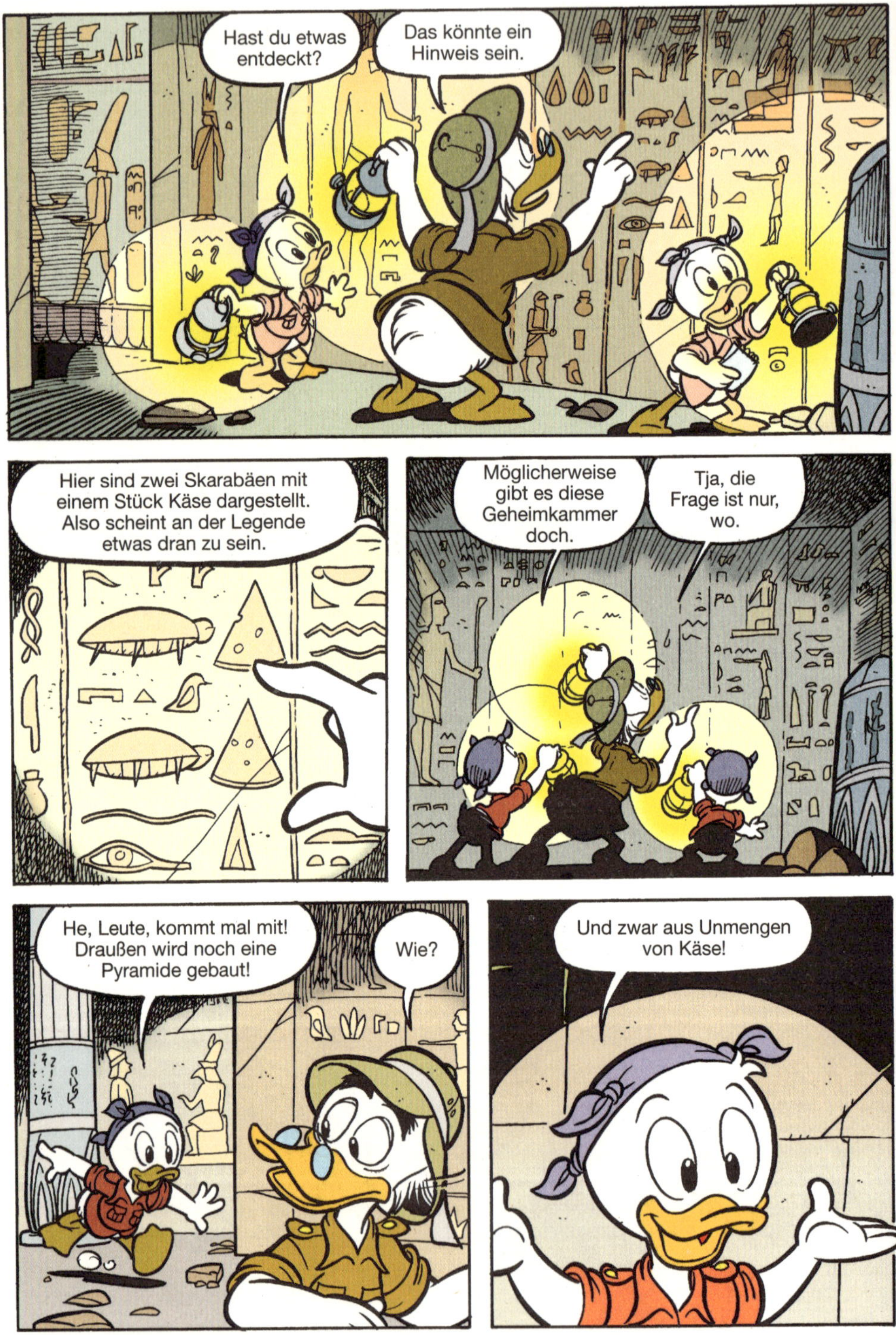

Hast du etwas entdeckt?
Das könnte ein Hinweis sein.
Hier sind zwei Skarabäen mit einem Stück Käse dargestellt. Also scheint an der Legende etwas dran zu sein.
Möglicherweise gibt es diese Geheimkammer doch.
Tja, die Frage ist nur, wo.
He, Leute, kommt mal mit! Draußen wird noch eine Pyramide gebaut!
Wie?
Und zwar aus Unmengen von Käse!

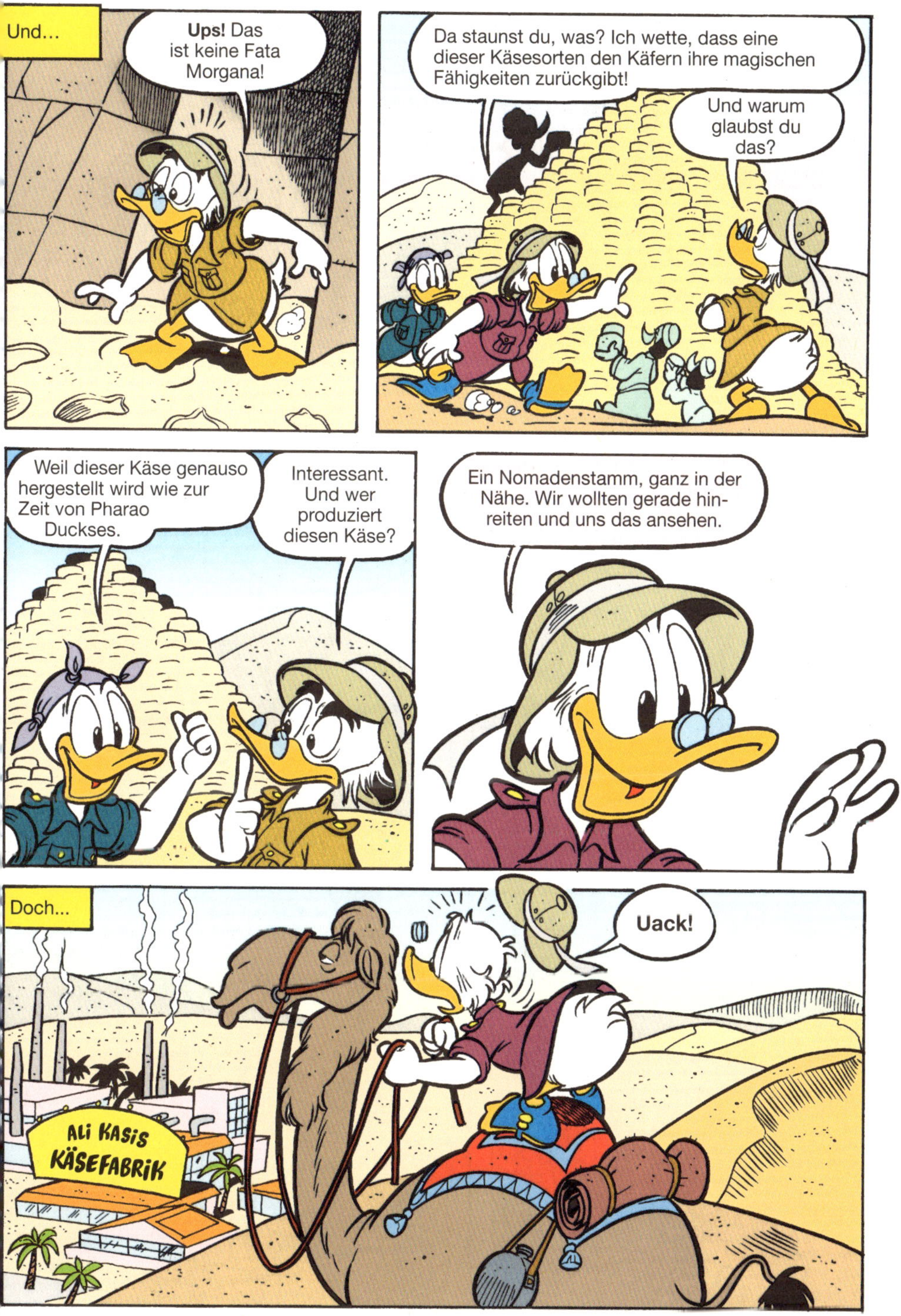
Und...
Ups! Das ist keine Fata Morgana!
Da staunst du, was? Ich wette, dass eine dieser Käsesorten den Käfern ihre magischen Fähigkeiten zurückgibt!
Und warum glaubst du das?
Weil dieser Käse genauso hergestellt wird wie zur Zeit von Pharao Duckses.
Interessant. Und wer produziert diesen Käse?
Ein Nomadenstamm, ganz in der Nähe. Wir wollten gerade hinreiten und uns das ansehen.
Doch...
ALI KASIS KÄSEFABRIK
Uack!

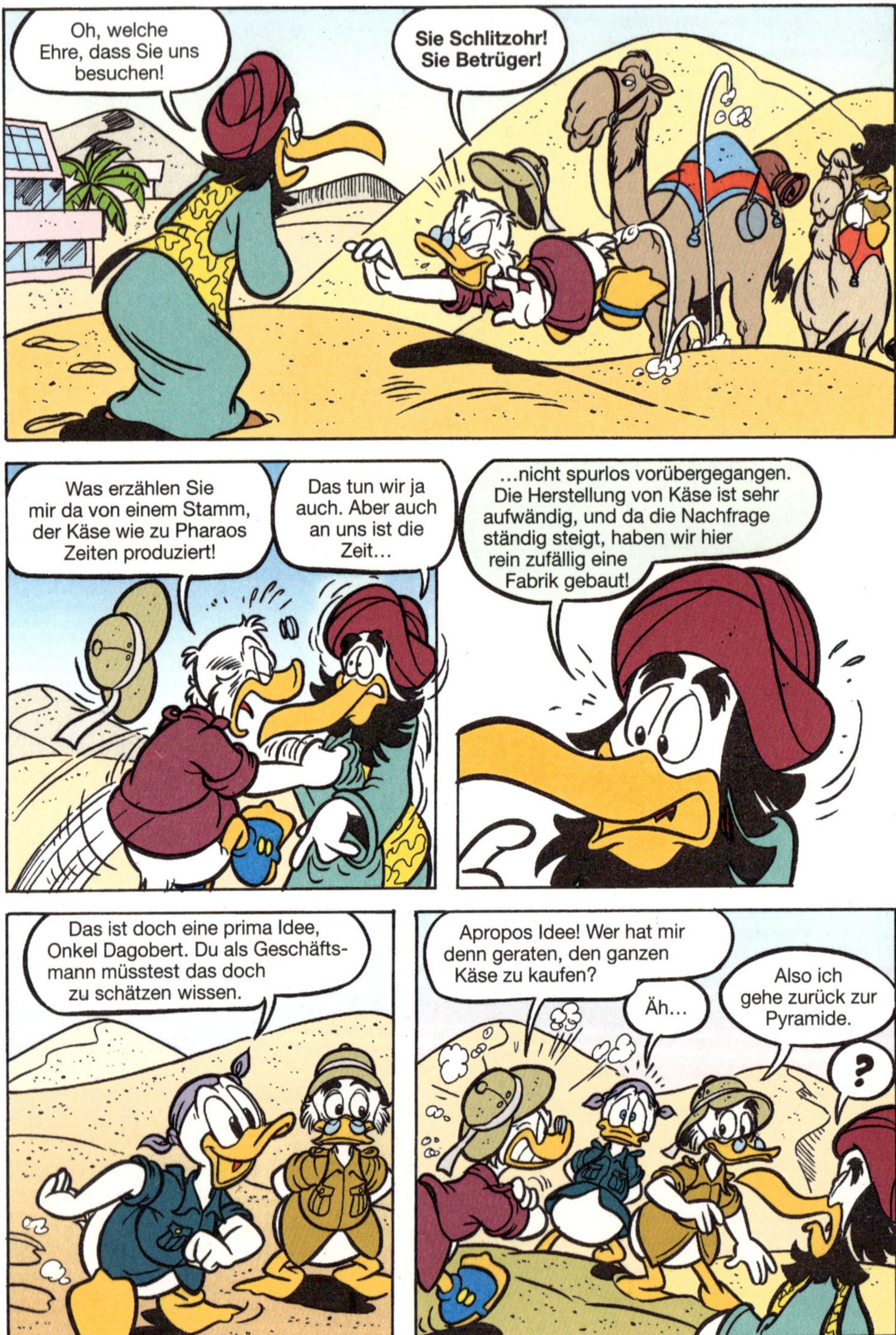
Oh, welche Ehre, dass Sie uns besuchen!
Sie Schlitzohr! Sie Betrüger!
Was erzählen Sie mir da von einem Stamm, der Käse wie zu Pharaos Zeiten produziert!
Das tun wir ja auch. Aber auch an uns ist die Zeit…
…nicht spurlos vorübergegangen. Die Herstellung von Käse ist sehr aufwändig, und da die Nachfrage ständig steigt, haben wir hier rein zufällig eine Fabrik gebaut!
Das ist doch eine prima Idee, Onkel Dagobert. Du als Geschäftsmann müsstest das doch zu schätzen wissen.
Apropos Idee! Wer hat mir denn geraten, den ganzen Käse zu kaufen?
Äh…
Also ich gehe zurück zur Pyramide.
?

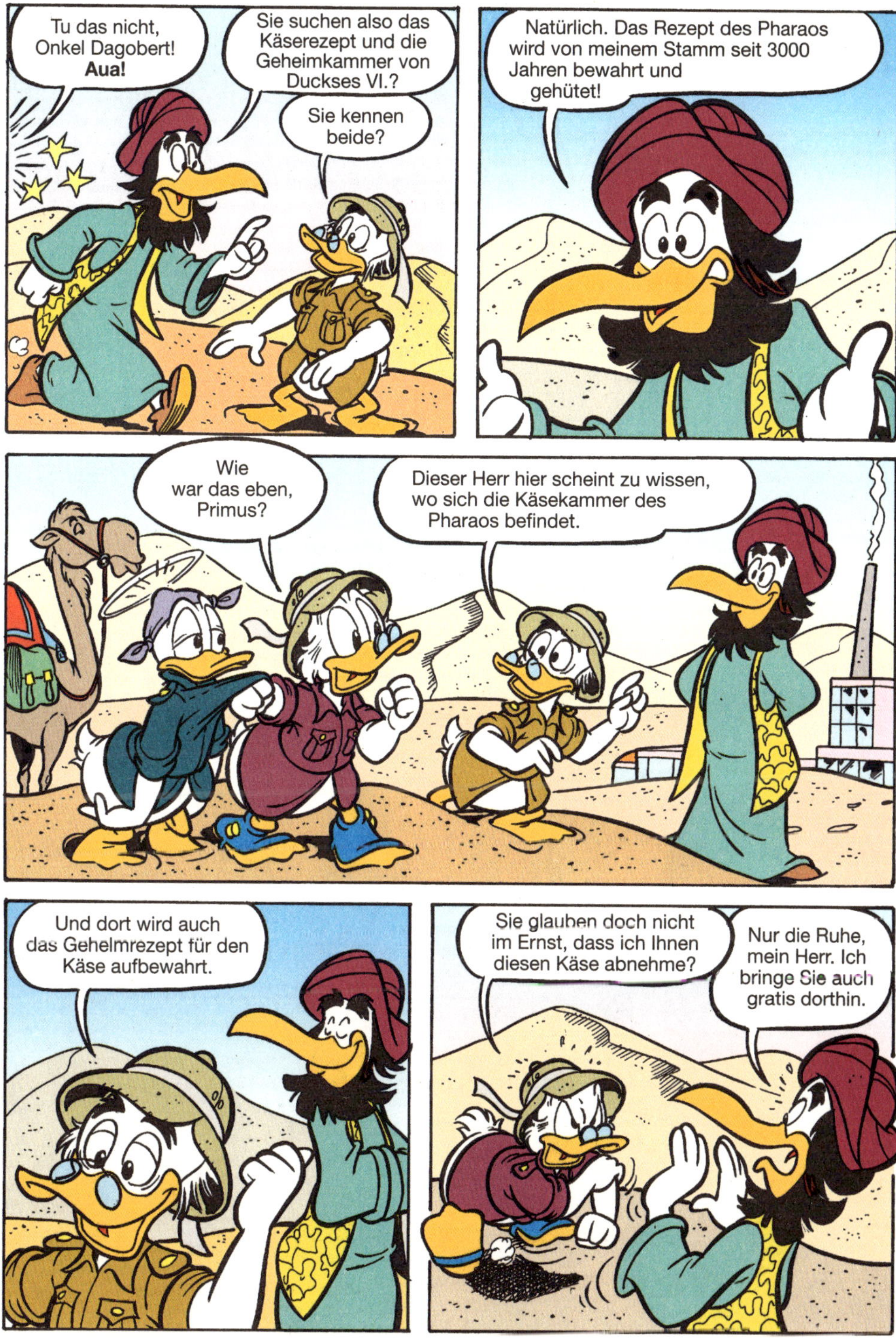
Tu das nicht, Onkel Dagobert! **Aua!**
Sie suchen also das Käserezept und die Geheimkammer von Duckses VI.?
Sie kennen beide?
Natürlich. Das Rezept des Pharaos wird von meinem Stamm seit 3000 Jahren bewahrt und gehütet!
Wie war das eben, Primus?
Dieser Herr hier scheint zu wissen, wo sich die Käsekammer des Pharaos befindet.
Und dort wird auch das Geheimrezept für den Käse aufbewahrt.
Sie glauben doch nicht im Ernst, dass ich Ihnen diesen Käse abnehme?
Nur die Ruhe, mein Herr. Ich bringe Sie auch gratis dorthin.

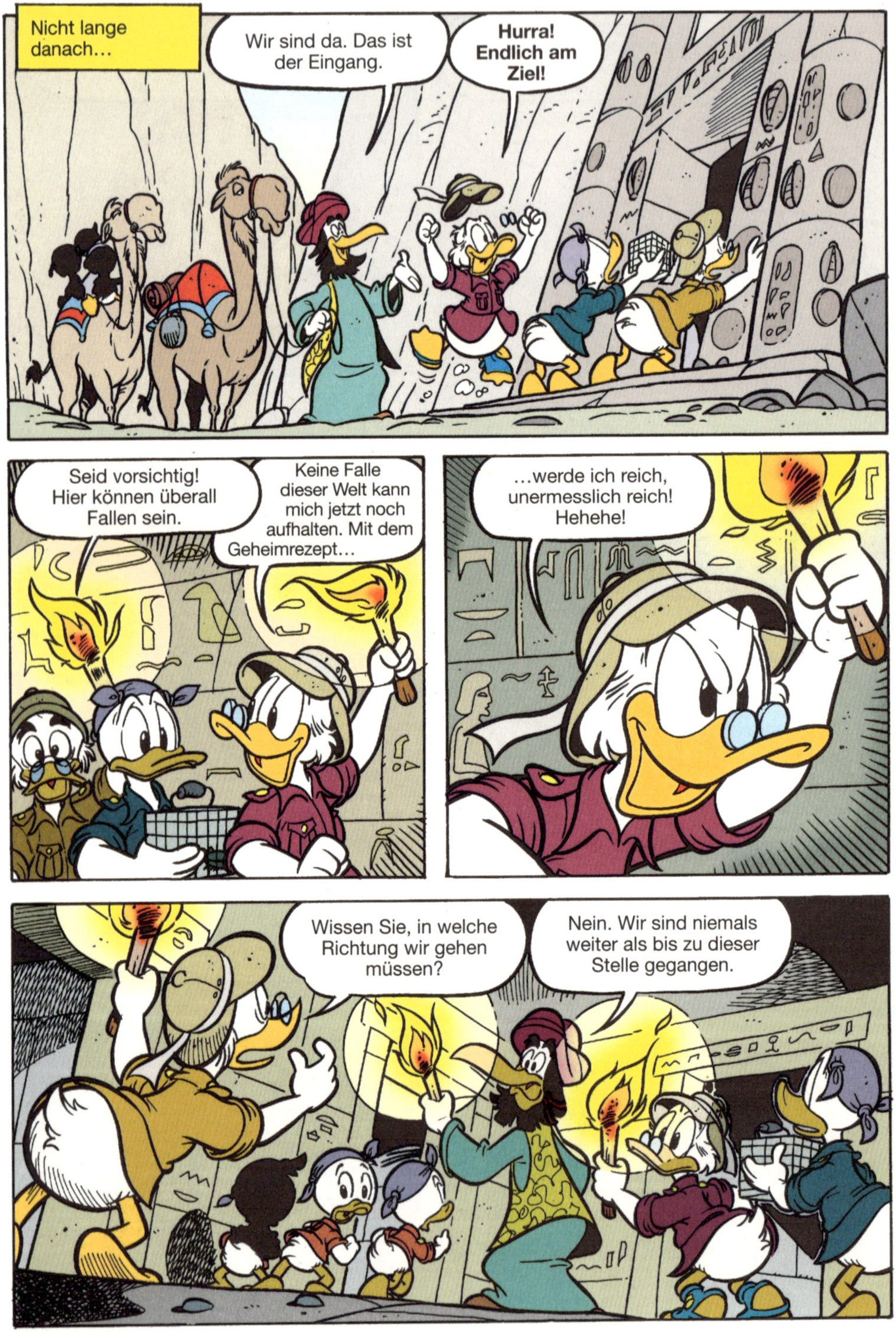

Nicht lange danach…
Wir sind da. Das ist der Eingang.
Hurra! Endlich am Ziel!
Seid vorsichtig! Hier können überall Fallen sein.
Keine Falle dieser Welt kann mich jetzt noch aufhalten. Mit dem Geheimrezept…
…werde ich reich, unermesslich reich! Hehehe!
Wissen Sie, in welche Richtung wir gehen müssen?
Nein. Wir sind niemals weiter als bis zu dieser Stelle gegangen.

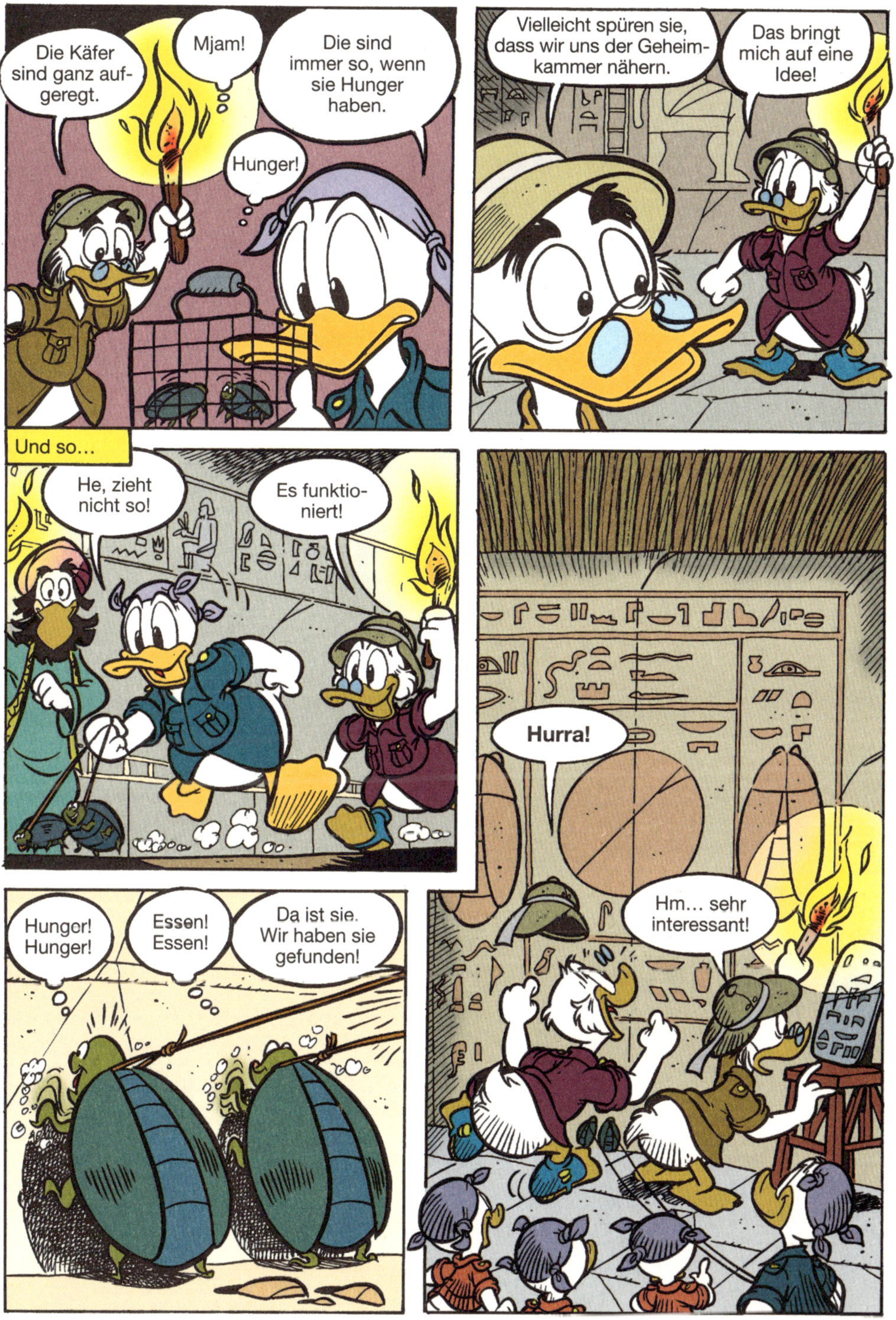
Die Käfer sind ganz auf- geregt.
Mjam!
Die sind immer so, wenn sie Hunger haben.
Hunger!
Vielleicht spüren sie, dass wir uns der Geheim- kammer nähern.
Das bringt mich auf eine Idee!
Und so…
He, zieht nicht so!
Es funktio- niert!
Hurra!
Hunger! Hunger!
Essen! Essen!
Da ist sie. Wir haben sie gefunden!
Hm… sehr interessant!

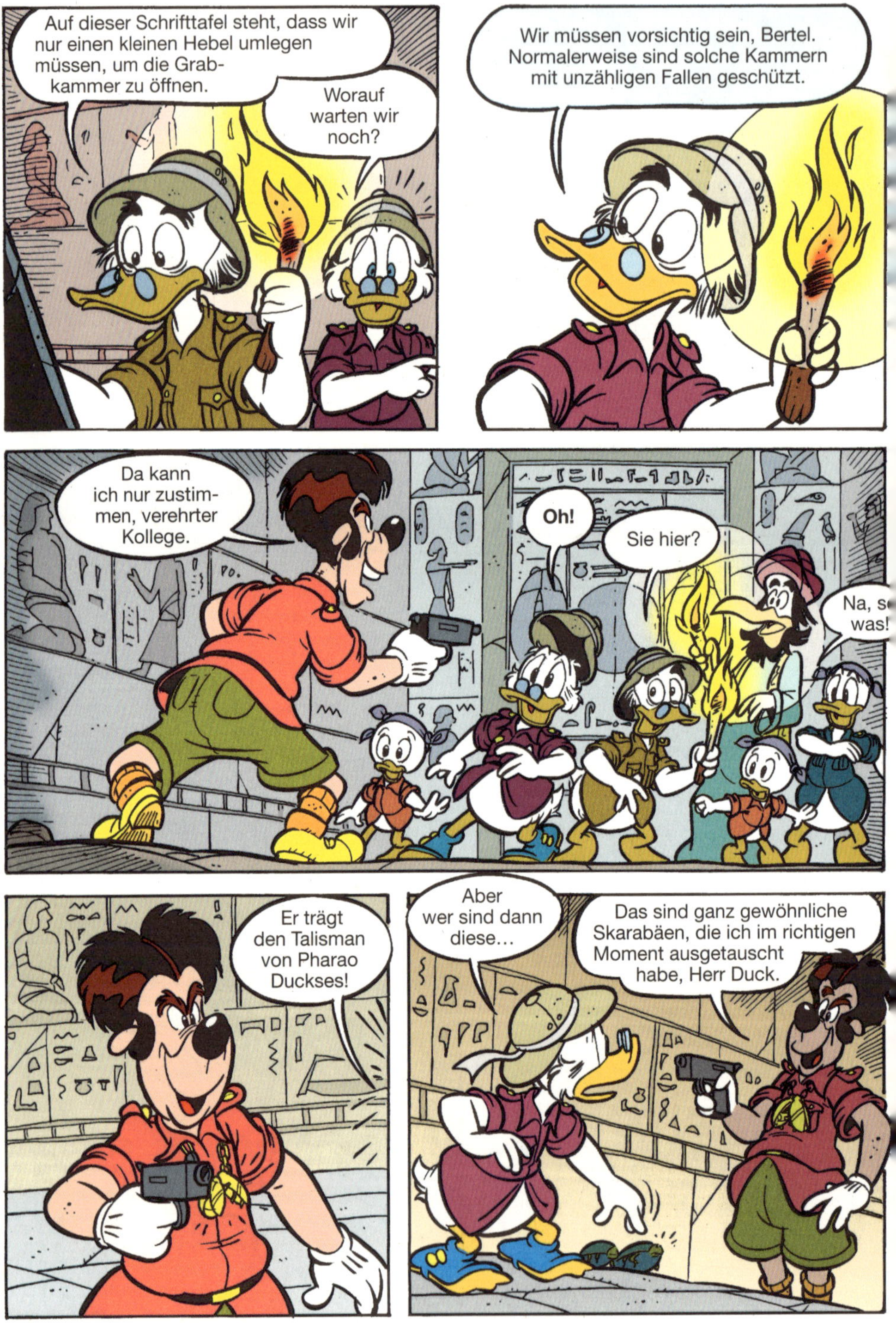
Auf dieser Schrifttafel steht, dass wir nur einen kleinen Hebel umlegen müssen, um die Grabkammer zu öffnen.
Worauf warten wir noch?
Wir müssen vorsichtig sein, Bertel. Normalerweise sind solche Kammern mit unzähligen Fallen geschützt.
Da kann ich nur zustimmen, verehrter Kollege.
Oh!
Sie hier?
Na, so was!
Er trägt den Talisman von Pharao Duckses!
Aber wer sind dann diese…
Das sind ganz gewöhnliche Skarabäen, die ich im richtigen Moment ausgetauscht habe, Herr Duck.

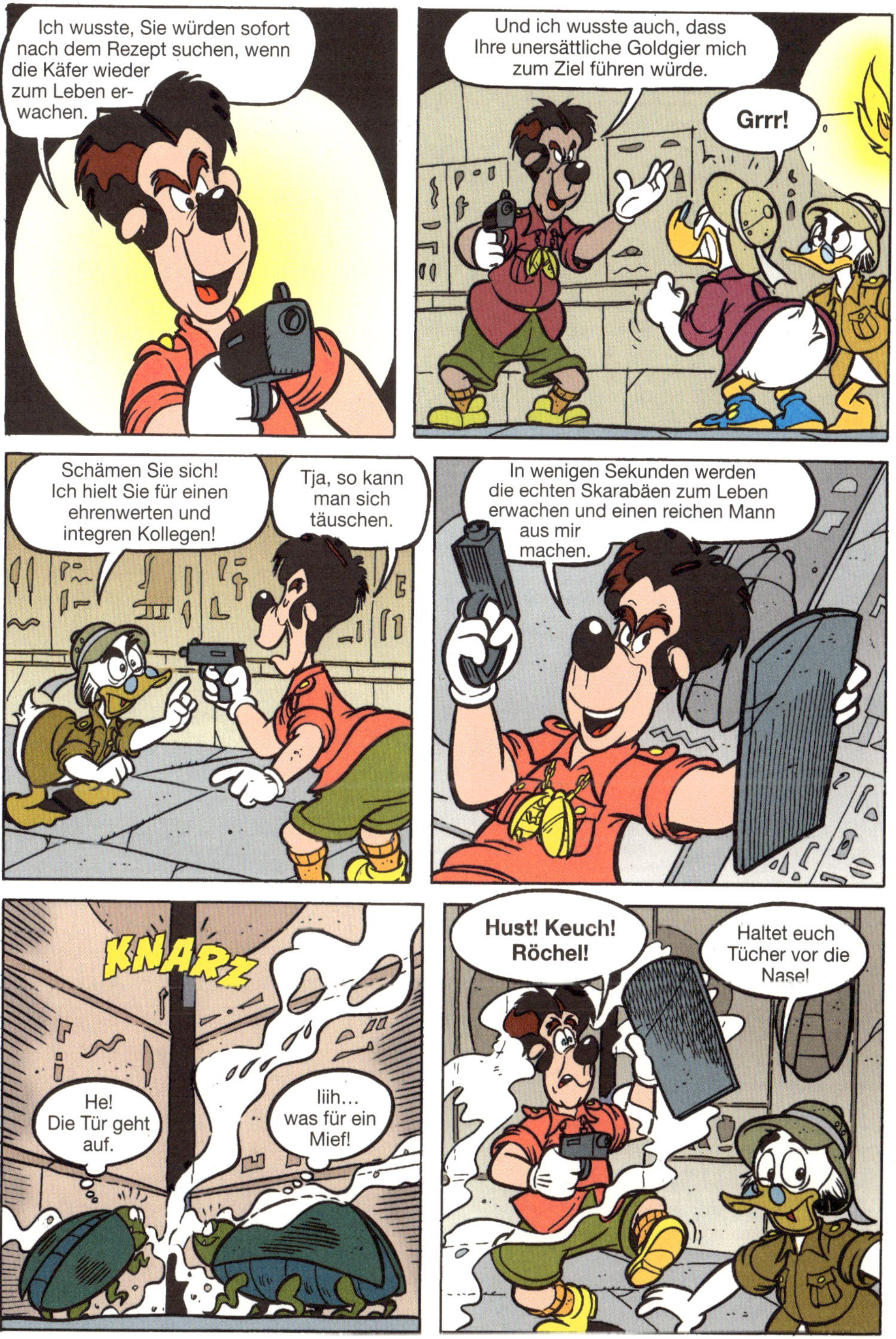
Ich wusste, Sie würden sofort nach dem Rezept suchen, wenn die Käfer wieder zum Leben erwachen.
Und ich wusste auch, dass Ihre unersättliche Goldgier mich zum Ziel führen würde.
Grrr!
Schämen Sie sich! Ich hielt Sie für einen ehrenwerten und integren Kollegen!
Tja, so kann man sich täuschen.
In wenigen Sekunden werden die echten Skarabäen zum Leben erwachen und einen reichen Mann aus mir machen.
KNARZ
He! Die Tür geht auf.
Iiih... was für ein Mief!
Hust! Keuch! Röchel!
Haltet euch Tücher vor die Nase!

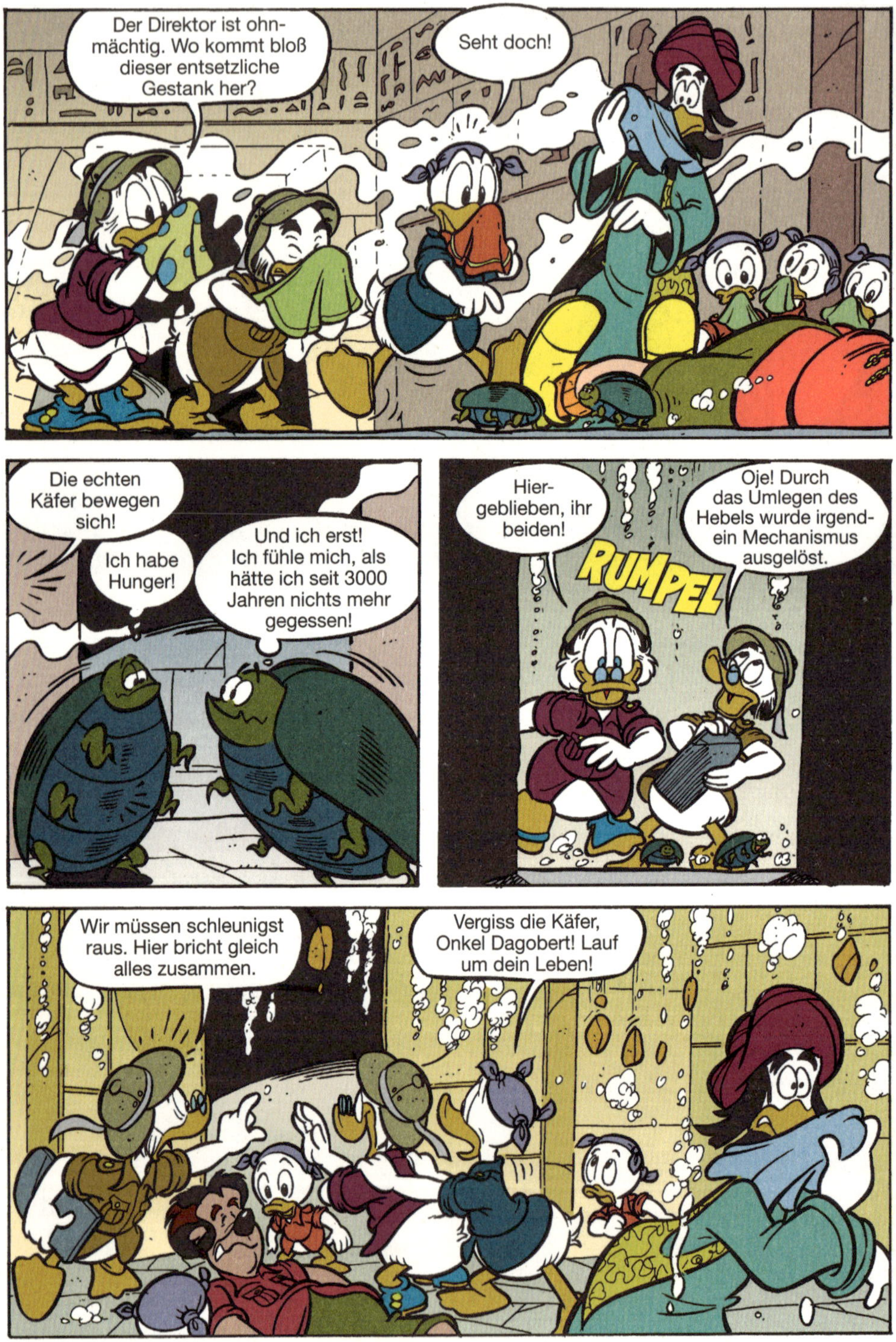

Der Direktor ist ohnmächtig. Wo kommt bloß dieser entsetzliche Gestank her?
Seht doch!
Die echten Käfer bewegen sich!
Ich habe Hunger!
Und ich erst! Ich fühle mich, als hätte ich seit 3000 Jahren nichts mehr gegessen!
Hiergeblieben, ihr beiden!
RUMPEL
Oje! Durch das Umlegen des Hebels wurde irgendein Mechanismus ausgelöst.
Wir müssen schleunigst raus. Hier bricht gleich alles zusammen.
Vergiss die Käfer, Onkel Dagobert! Lauf um dein Leben!

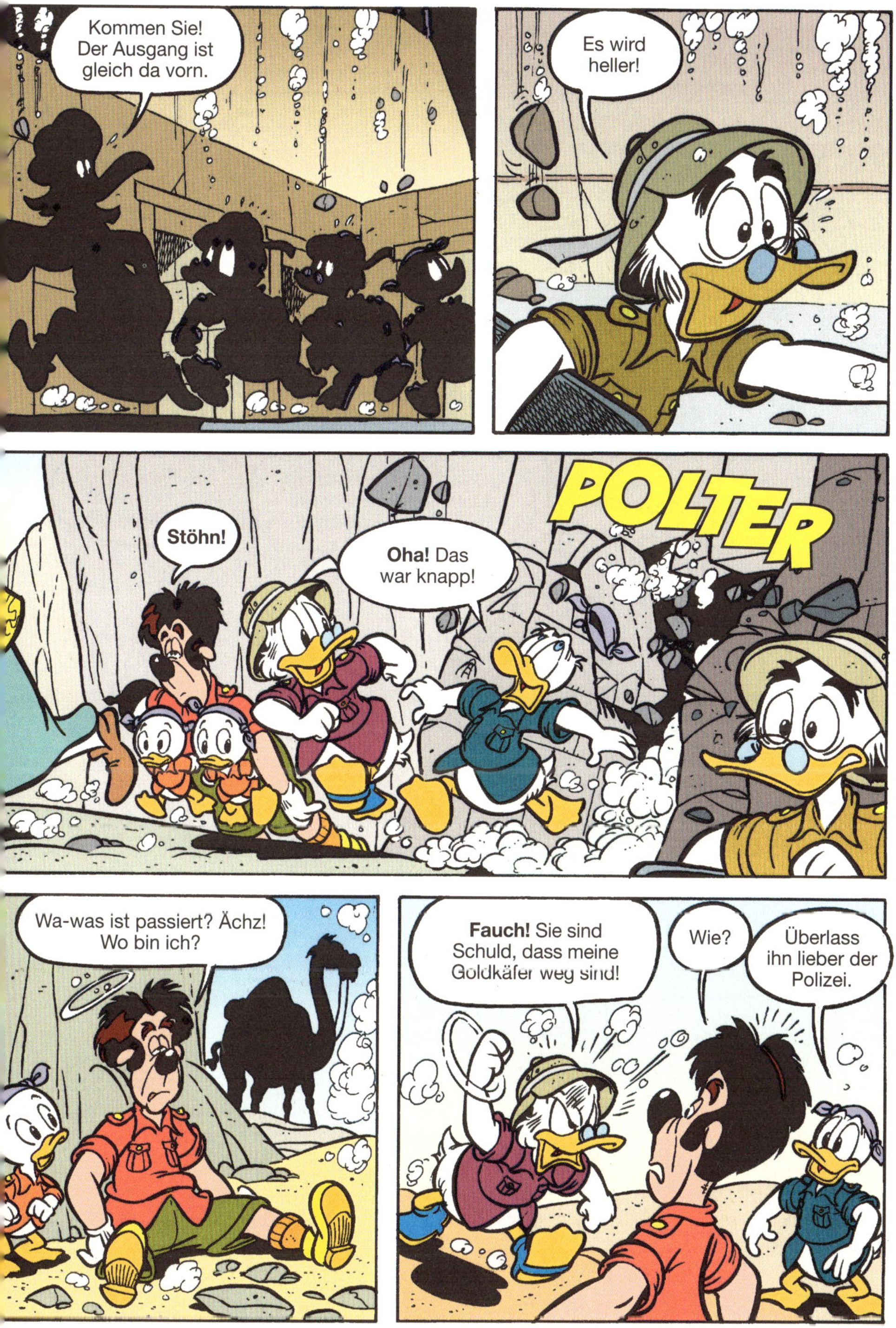

Kommen Sie! Der Ausgang ist gleich da vorn.
Es wird heller!
Stöhn!
Oha! Das war knapp!
POLTER
Wa-was ist passiert? Ächz! Wo bin ich?
Fauch! Sie sind Schuld, dass meine Goldkäfer weg sind!
Wie?
Überlass ihn lieber der Polizei.

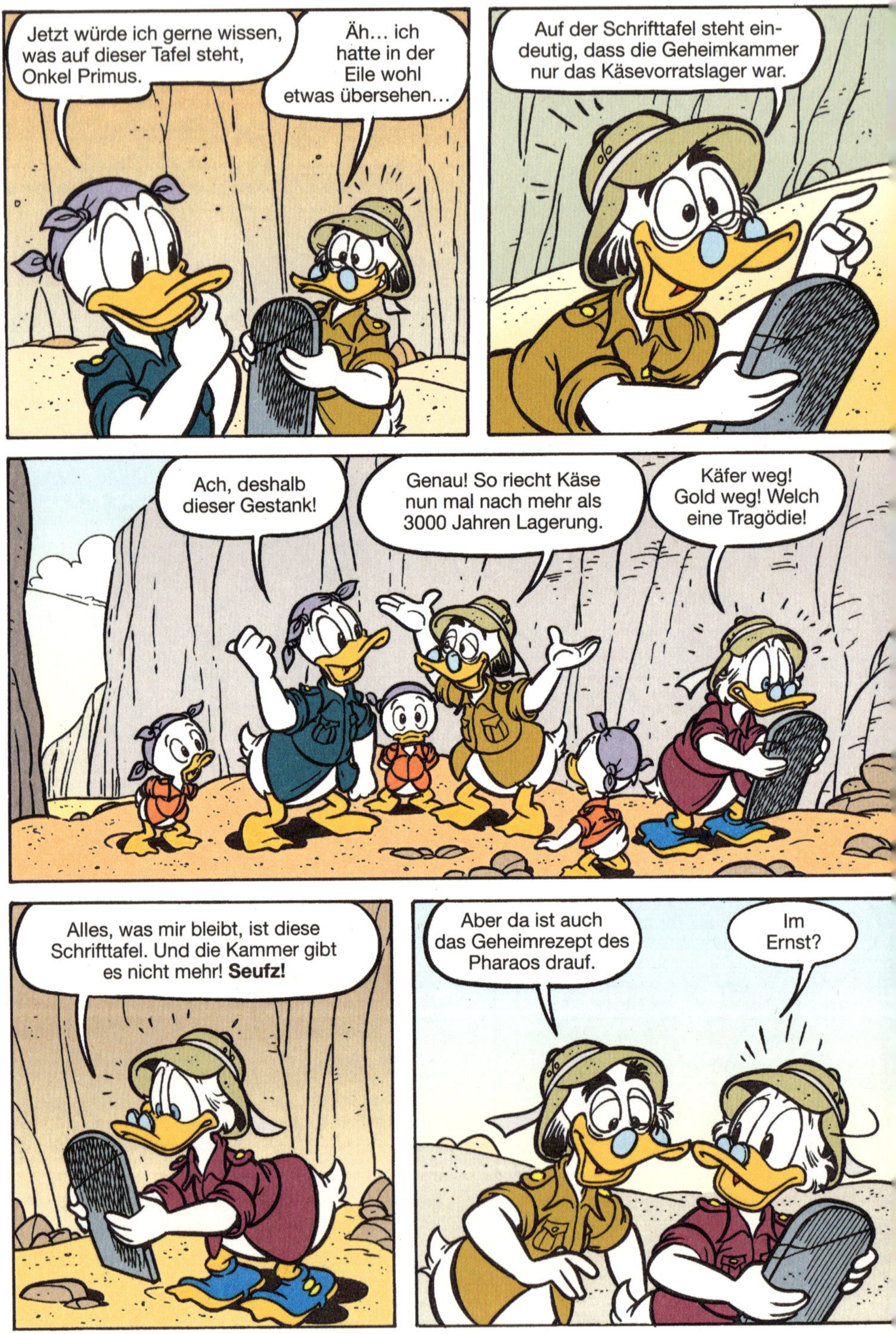
Jetzt würde ich gerne wissen, was auf dieser Tafel steht, Onkel Primus.
Äh… ich hatte in der Eile wohl etwas übersehen…
Auf der Schrifttafel steht eindeutig, dass die Geheimkammer nur das Käsevorratslager war.
Ach, deshalb dieser Gestank!
Genau! So riecht Käse nun mal nach mehr als 3000 Jahren Lagerung.
Käfer weg! Gold weg! Welch eine Tragödie!
Alles, was mir bleibt, ist diese Schrifttafel. Und die Kammer gibt es nicht mehr! **Seufz!**
Aber da ist auch das Geheimrezept des Pharaos drauf.
Im Ernst?

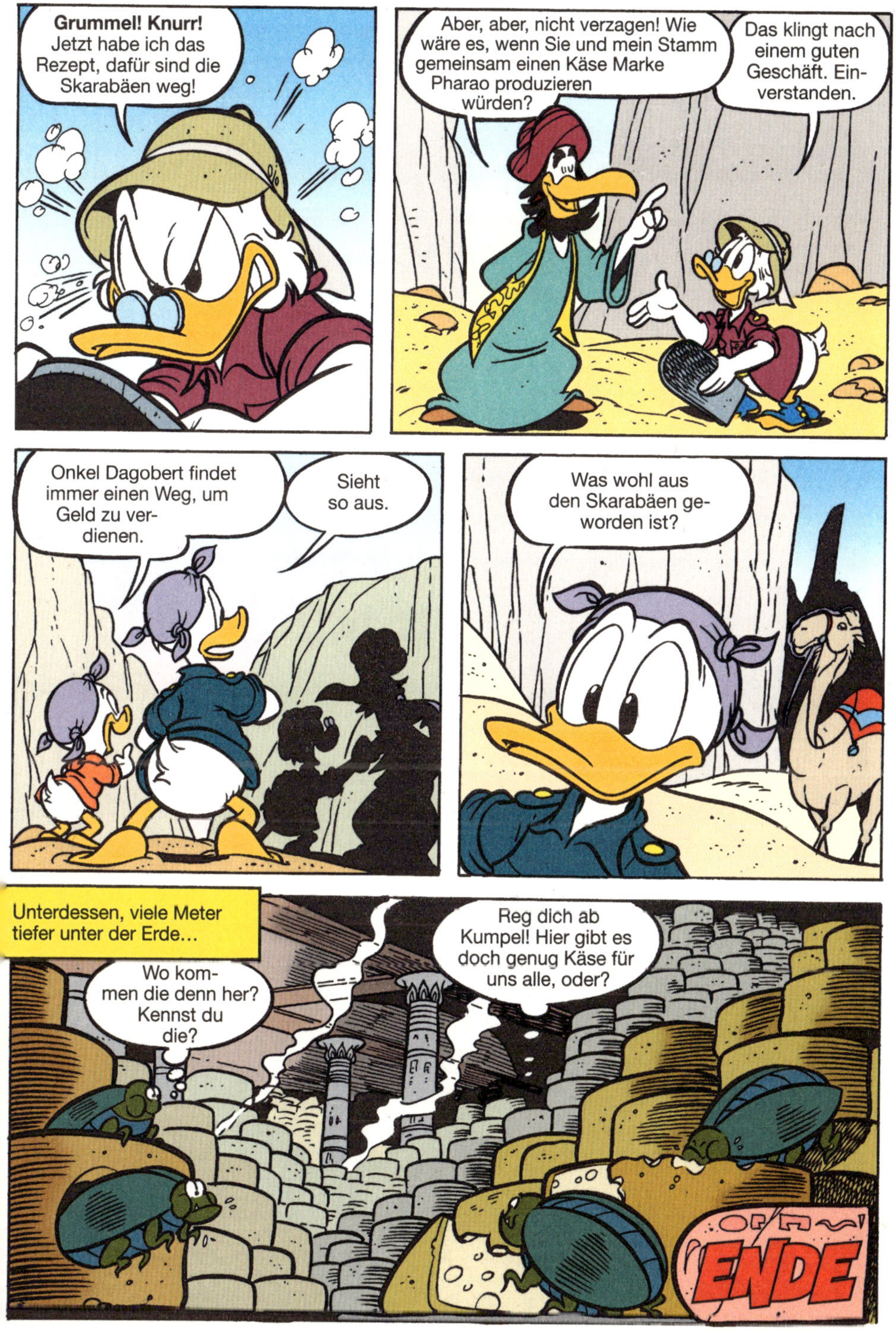
Grummel! Knurr! Jetzt habe ich das Rezept, dafür sind die Skarabäen weg!
Aber, aber, nicht verzagen! Wie wäre es, wenn Sie und mein Stamm gemeinsam einen Käse Marke Pharao produzieren würden?
Das klingt nach einem guten Geschäft. Einverstanden.
Onkel Dagobert findet immer einen Weg, um Geld zu verdienen.
Sieht so aus.
Was wohl aus den Skarabäen geworden ist?
Unterdessen, viele Meter tiefer unter der Erde...
Wo kommen die denn her? Kennst du die?
Reg dich ab Kumpel! Hier gibt es doch genug Käse für uns alle, oder?
ENDE

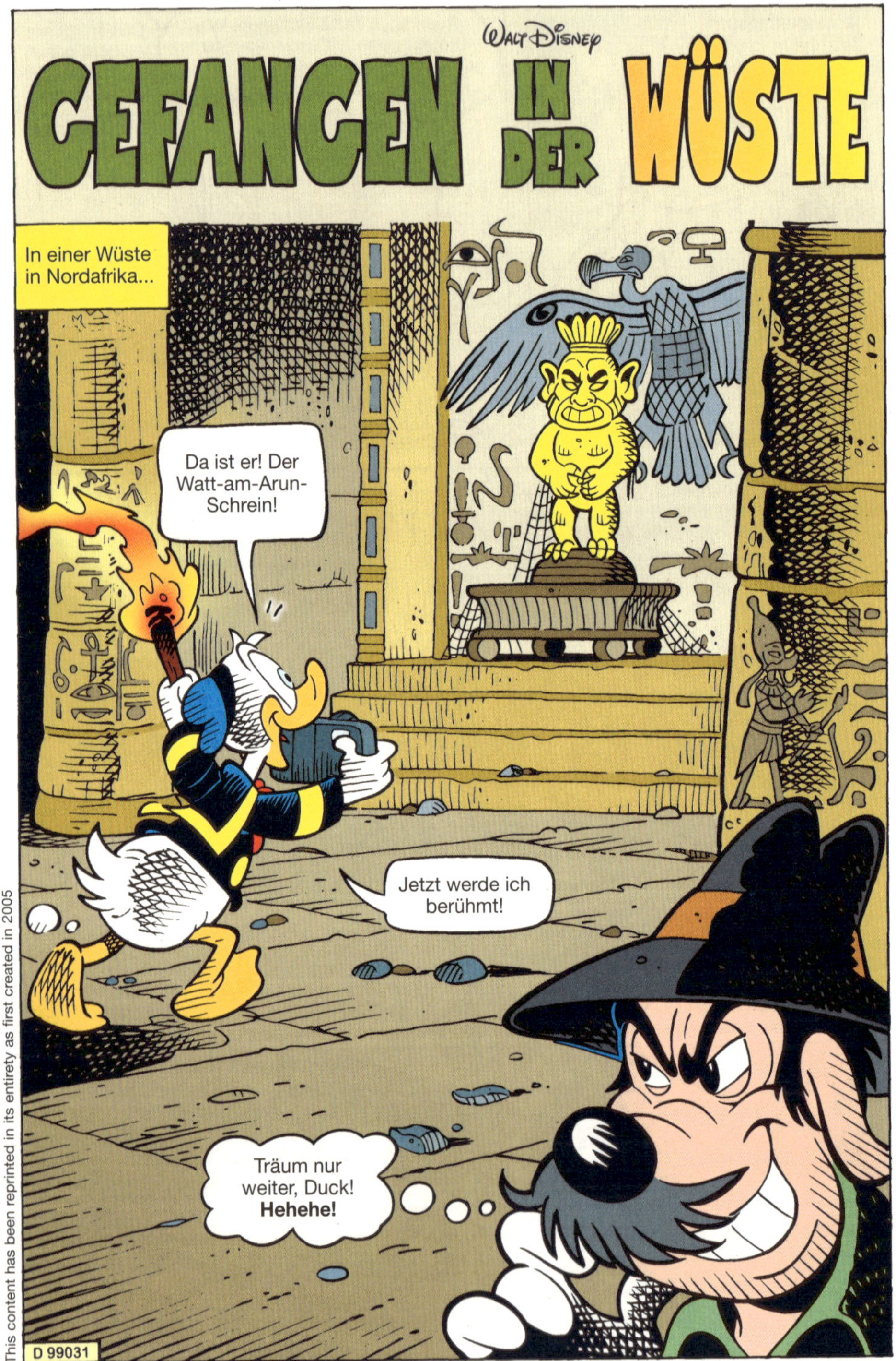

Laura & **Mark Shaw** (Story), **Pasquale Venanzio** (Zeichnungen)

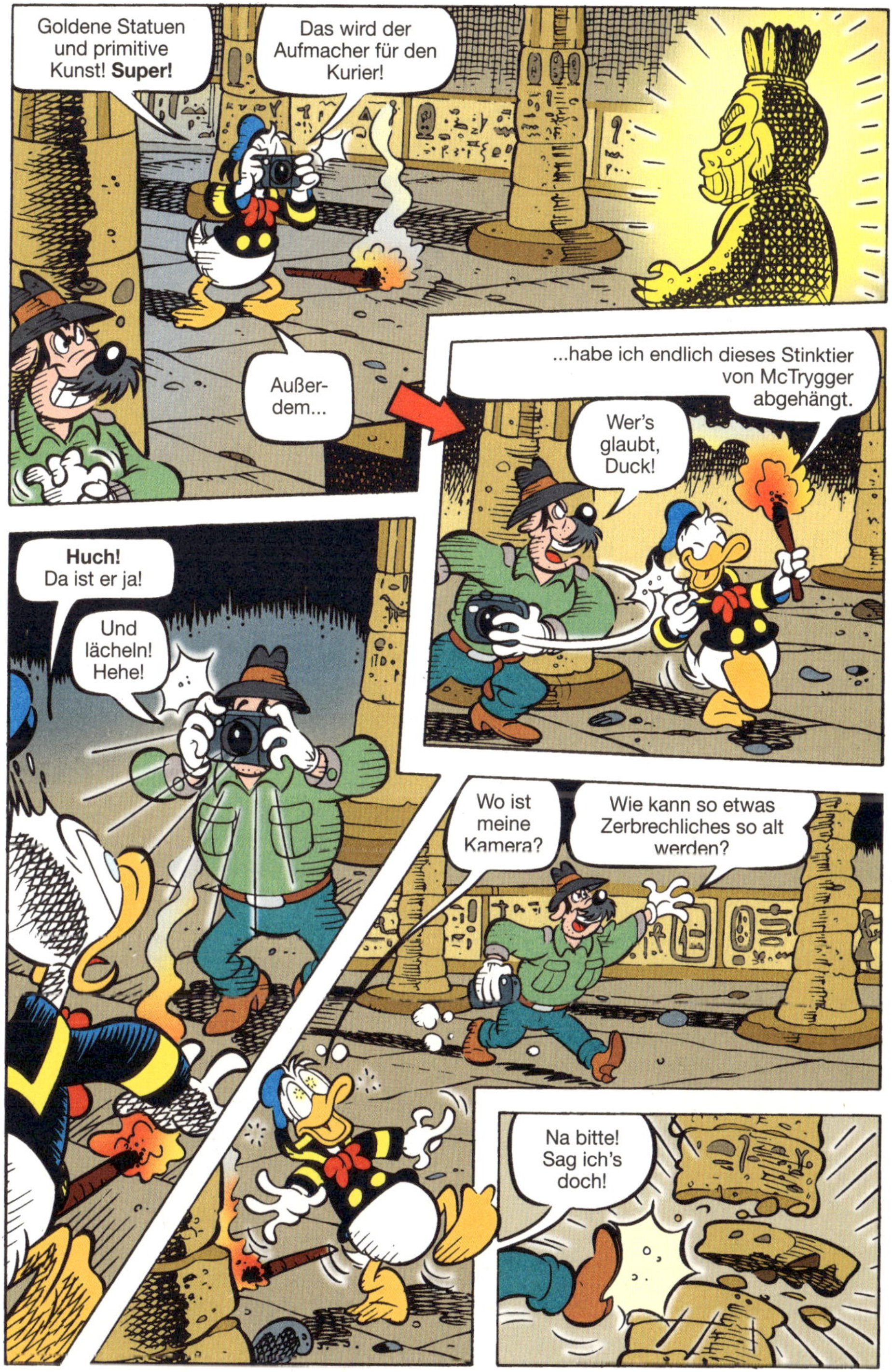
Goldene Statuen und primitive Kunst! **Super!**
Das wird der Aufmacher für den Kurier!
Außer-dem...
...habe ich endlich dieses Stinktier von McTrygger abgehängt.
Wer's glaubt, Duck!
Huch! Da ist er ja!
Und lächeln! Hehe!
Wo ist meine Kamera?
Wie kann so etwas Zerbrechliches so alt werden?
Na bitte! Sag ich's doch!

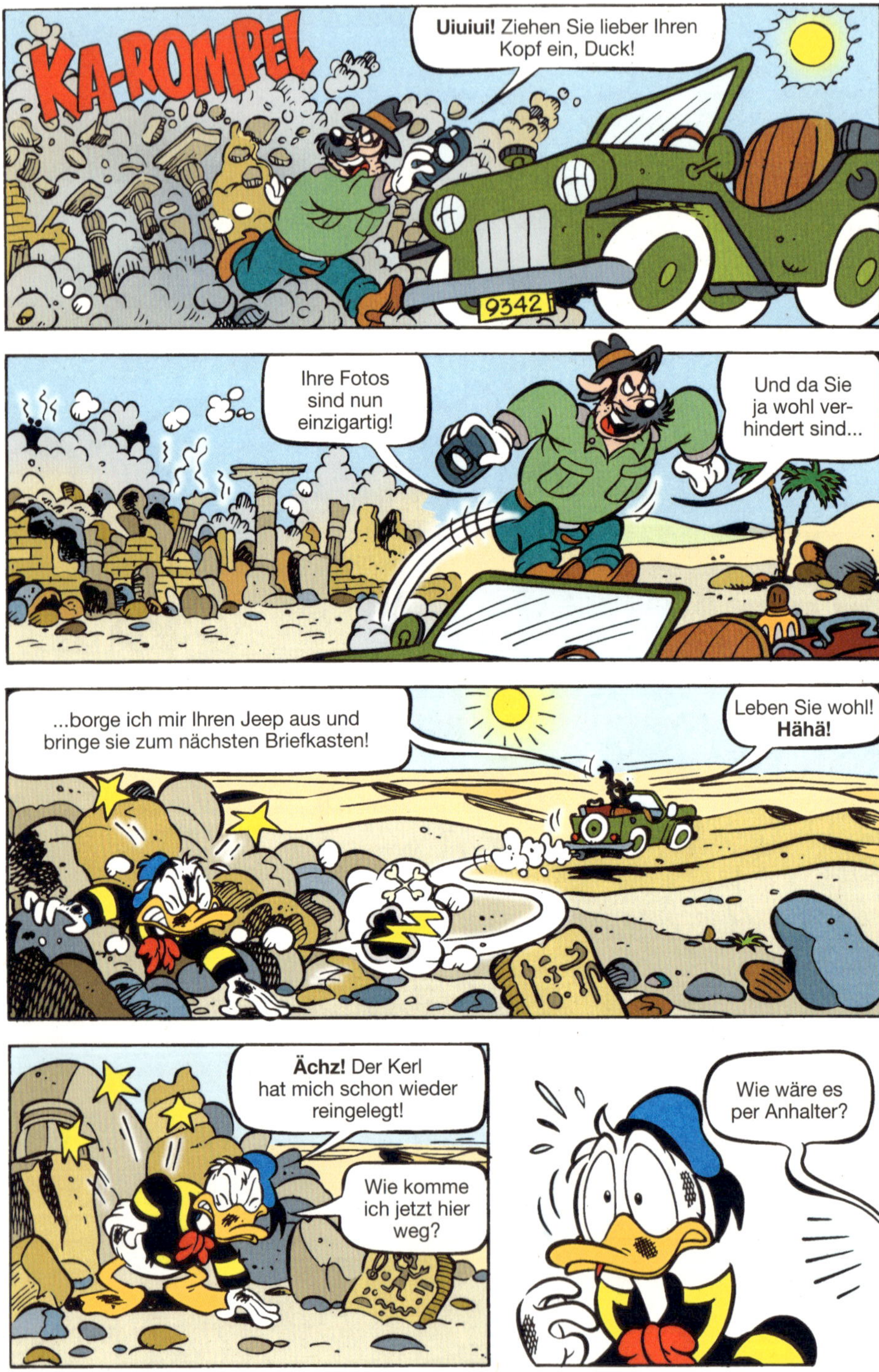
KA-ROMPEL
Uiuiui! Ziehen Sie lieber Ihren Kopf ein, Duck!
Ihre Fotos sind nun einzigartig!
Und da Sie ja wohl verhindert sind...
...borge ich mir Ihren Jeep aus und bringe sie zum nächsten Briefkasten!
Leben Sie wohl! **Hähä!**
Ächz! Der Kerl hat mich schon wieder reingelegt!
Wie komme ich jetzt hier weg?
Wie wäre es per Anhalter?

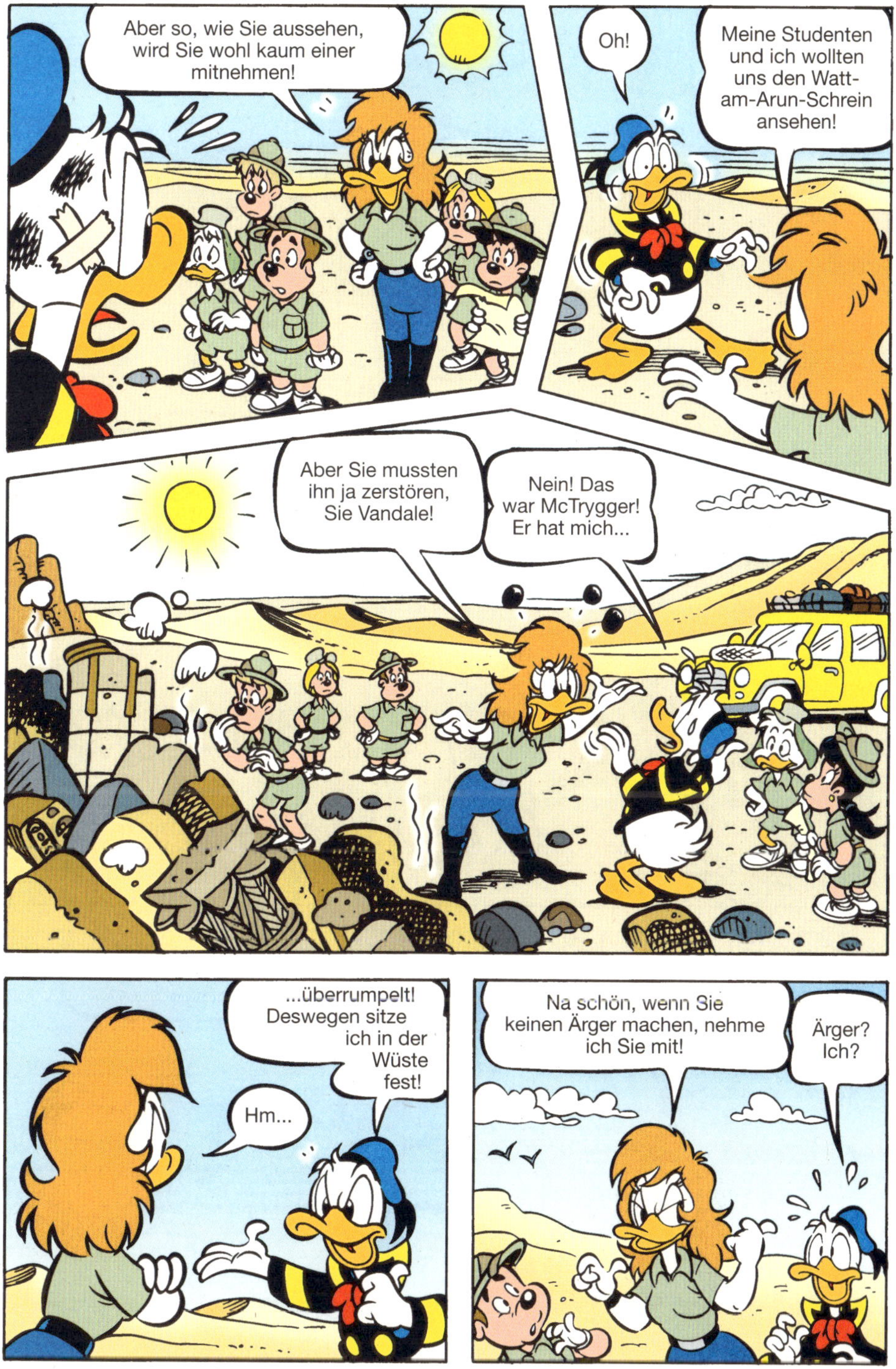

Aber so, wie Sie aussehen, wird Sie wohl kaum einer mitnehmen!
Oh!
Meine Studenten und ich wollten uns den Watt-am-Arun-Schrein ansehen!
Aber Sie mussten ihn ja zerstören, Sie Vandale!
Nein! Das war McTrygger! Er hat mich...
...überrumpelt! Deswegen sitze ich in der Wüste fest!
Hm...
Na schön, wenn Sie keinen Ärger machen, nehme ich Sie mit!
Ärger? Ich?

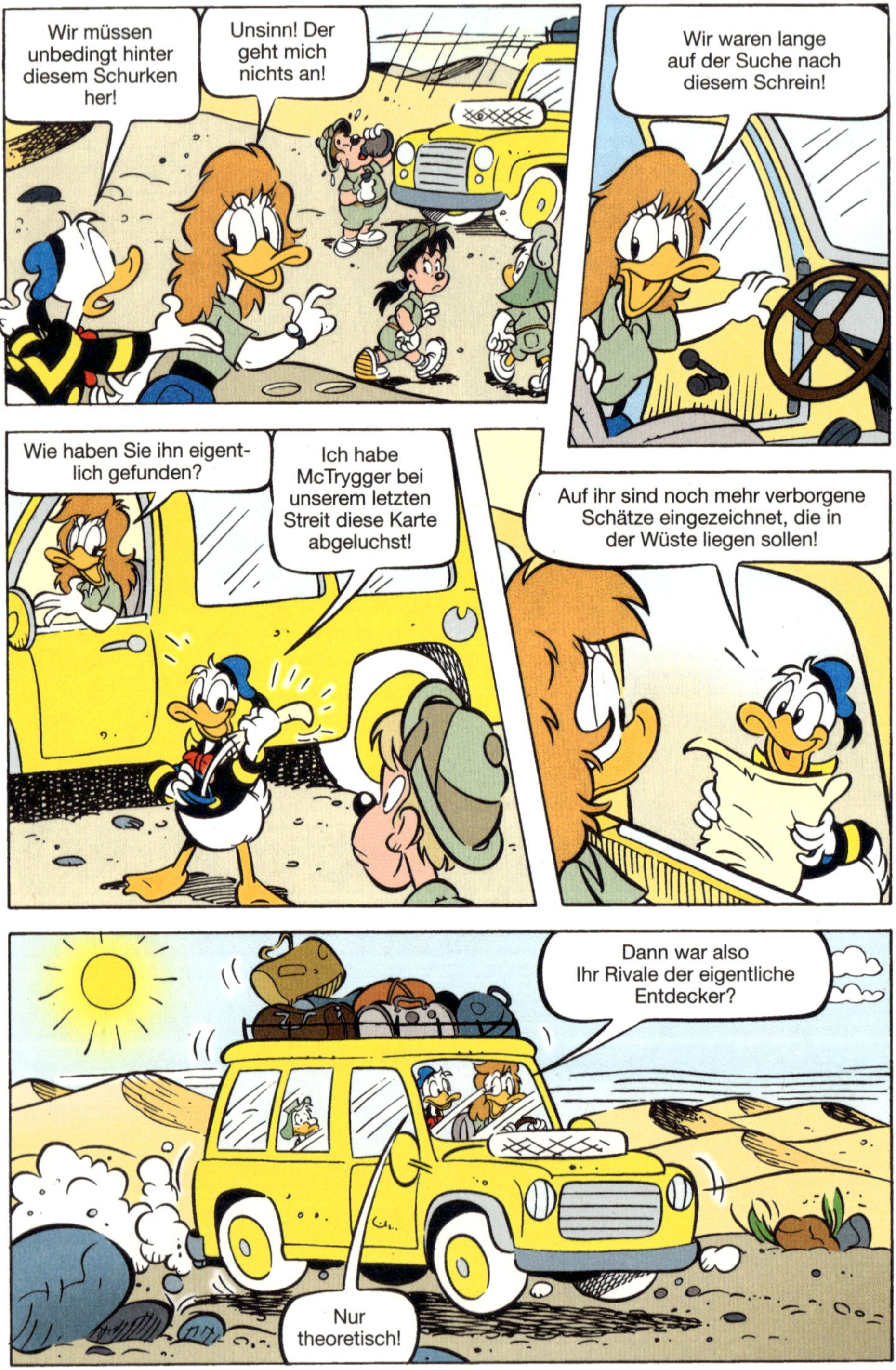

Wir müssen unbedingt hinter diesem Schurken her!
Unsinn! Der geht mich nichts an!
Wir waren lange auf der Suche nach diesem Schrein!
Wie haben Sie ihn eigentlich gefunden?
Ich habe McTrygger bei unserem letzten Streit diese Karte abgeluchst!
Auf ihr sind noch mehr verborgene Schätze eingezeichnet, die in der Wüste liegen sollen!
Dann war also Ihr Rivale der eigentliche Entdecker?
Nur theoretisch!

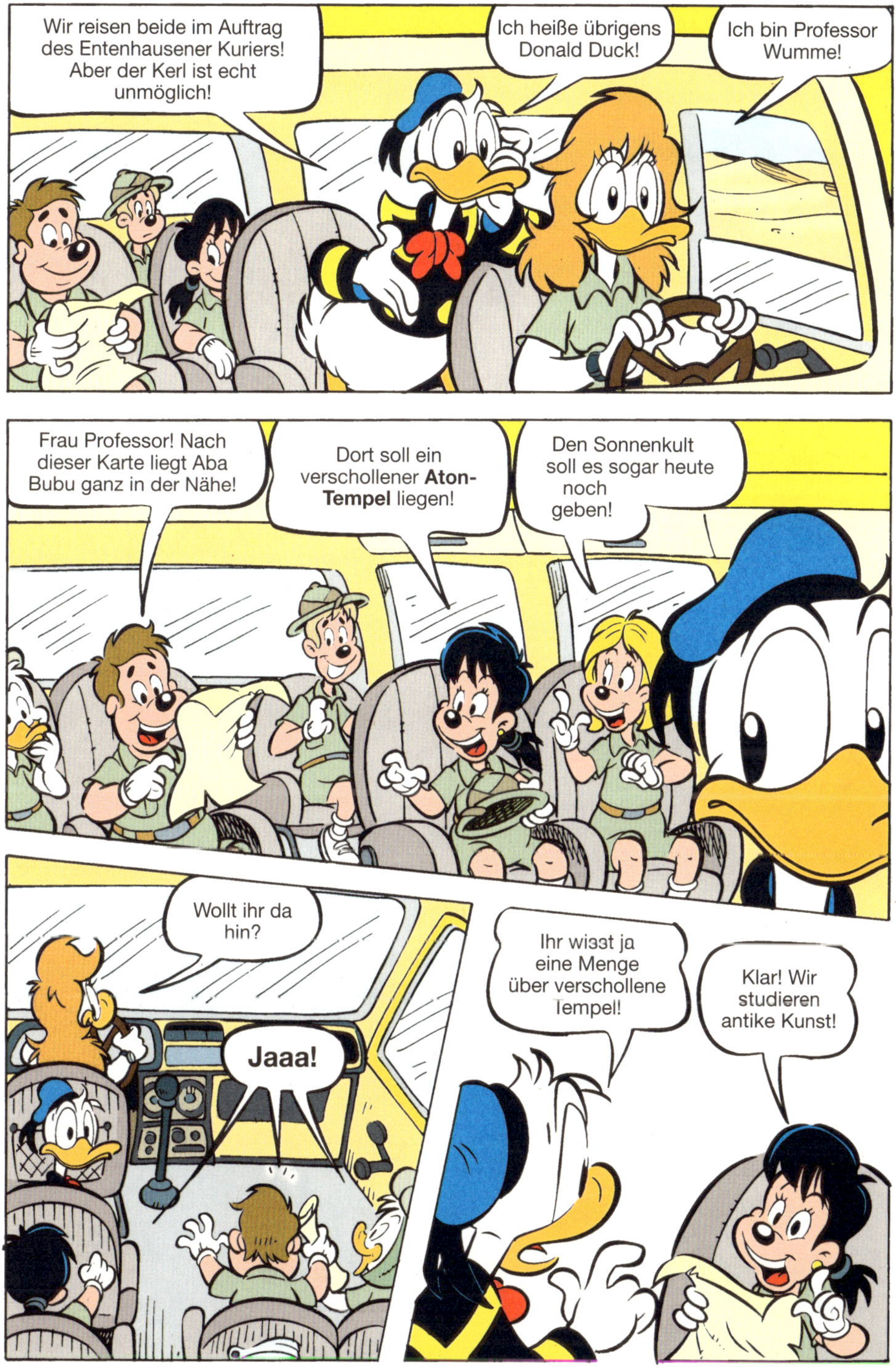
Wir reisen beide im Auftrag des Entenhausener Kuriers! Aber der Kerl ist echt unmöglich!
Ich heiße übrigens Donald Duck!
Ich bin Professor Wumme!
Frau Professor! Nach dieser Karte liegt Aba Bubu ganz in der Nähe!
Dort soll ein verschollener **Aton-Tempel** liegen!
Den Sonnenkult soll es sogar heute noch geben!
Wollt ihr da hin?
Jaaa!
Ihr wisst ja eine Menge über verschollene Tempel!
Klar! Wir studieren antike Kunst!

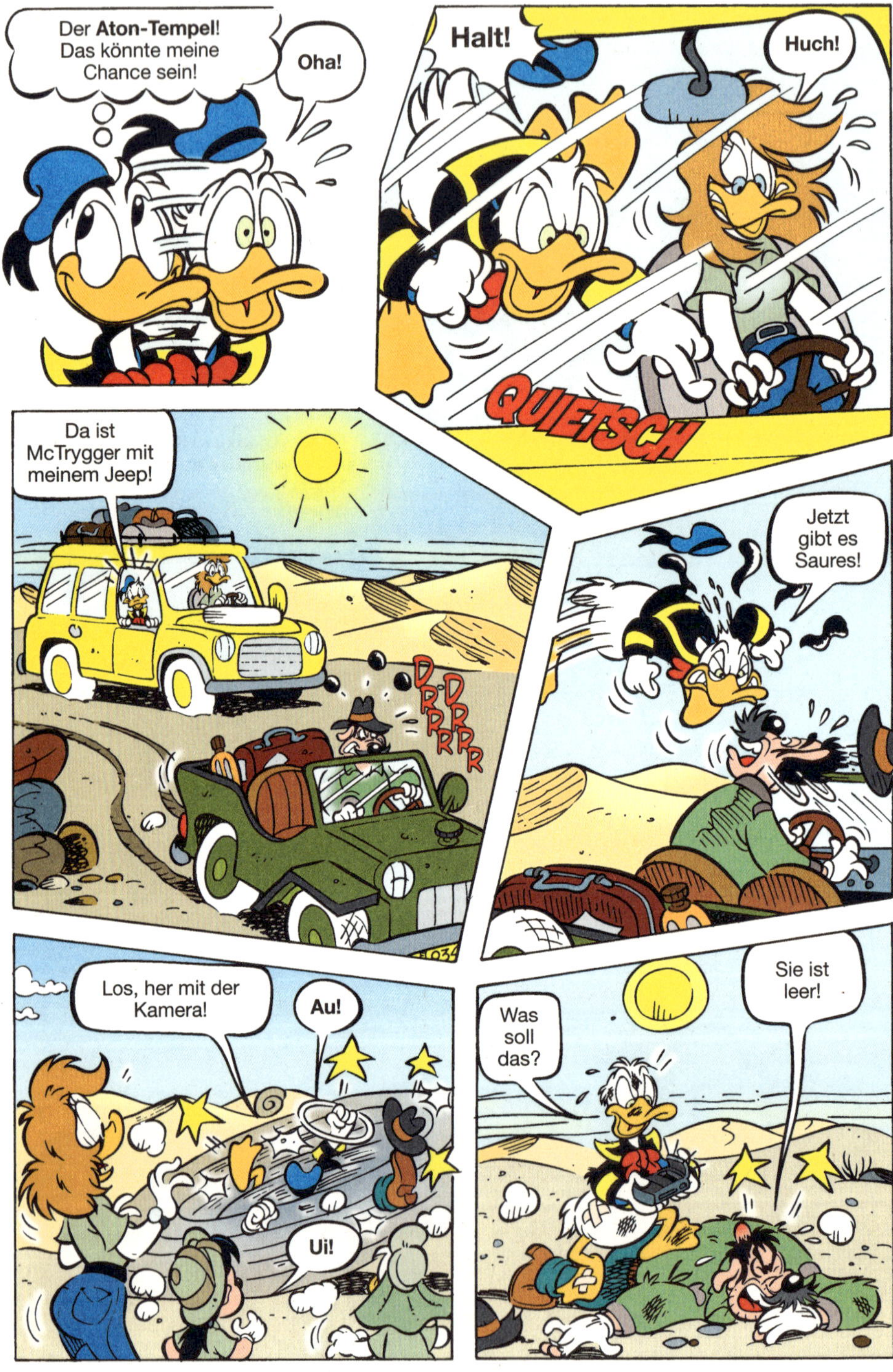
Der **Aton-Tempel**!
Das könnte meine Chance sein!
Oha!
Halt!
Huch!
QUIETSCH
Da ist McTrygger mit meinem Jeep!
DRRRR DRRRRR
Jetzt gibt es Saures!
Los, her mit der Kamera!
Au!
Ui!
Was soll das?
Sie ist leer!

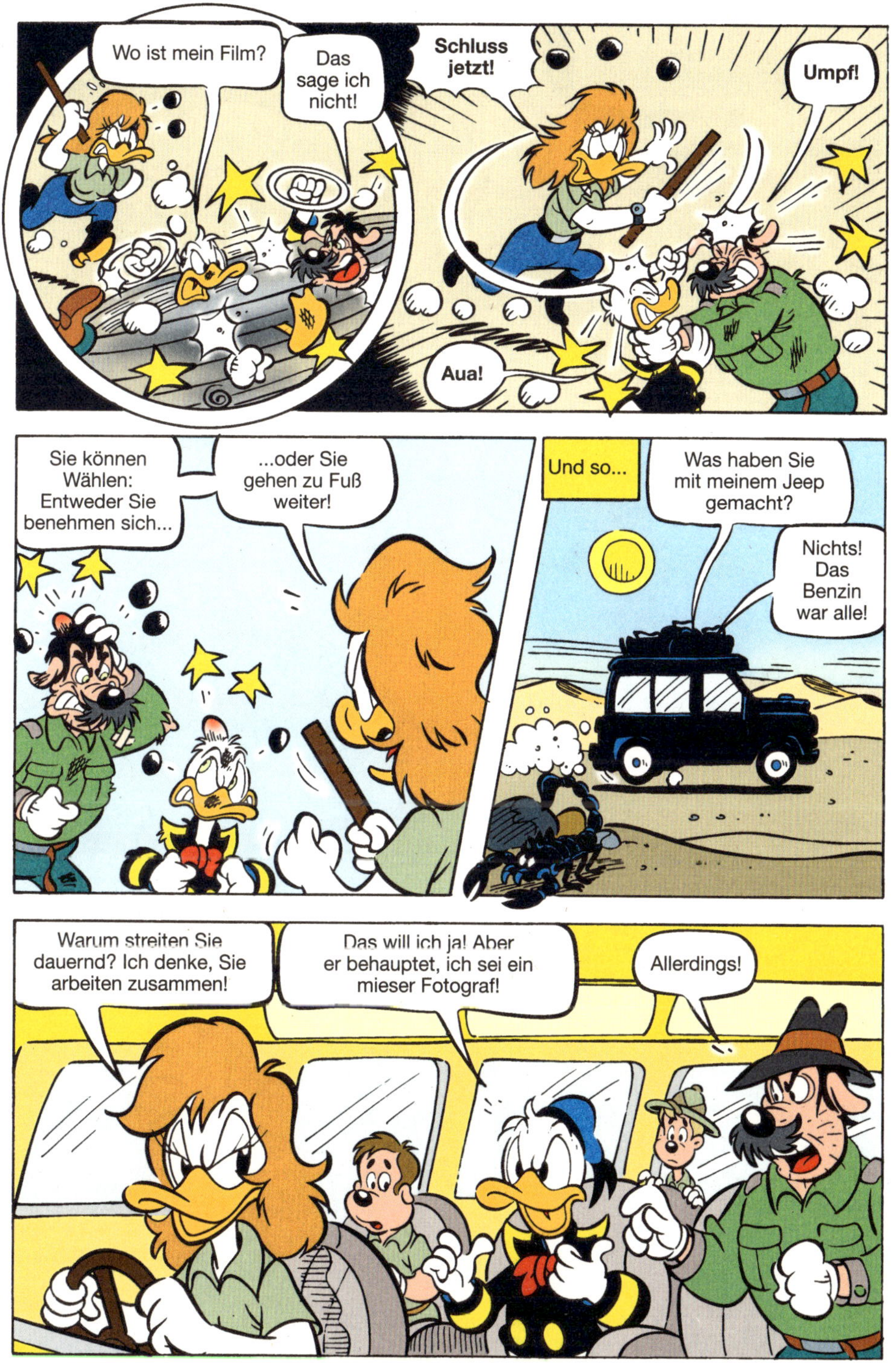
Wo ist mein Film?
Das sage ich nicht!
Schluss jetzt!
Umpf!
Aua!
Sie können Wählen: Entweder Sie benehmen sich...
...oder Sie gehen zu Fuß weiter!
Und so...
Was haben Sie mit meinem Jeep gemacht?
Nichts! Das Benzin war alle!
Warum streiten Sie dauernd? Ich denke, Sie arbeiten zusammen!
Das will ich ja! Aber er behauptet, ich sei ein mieser Fotograf!
Allerdings!

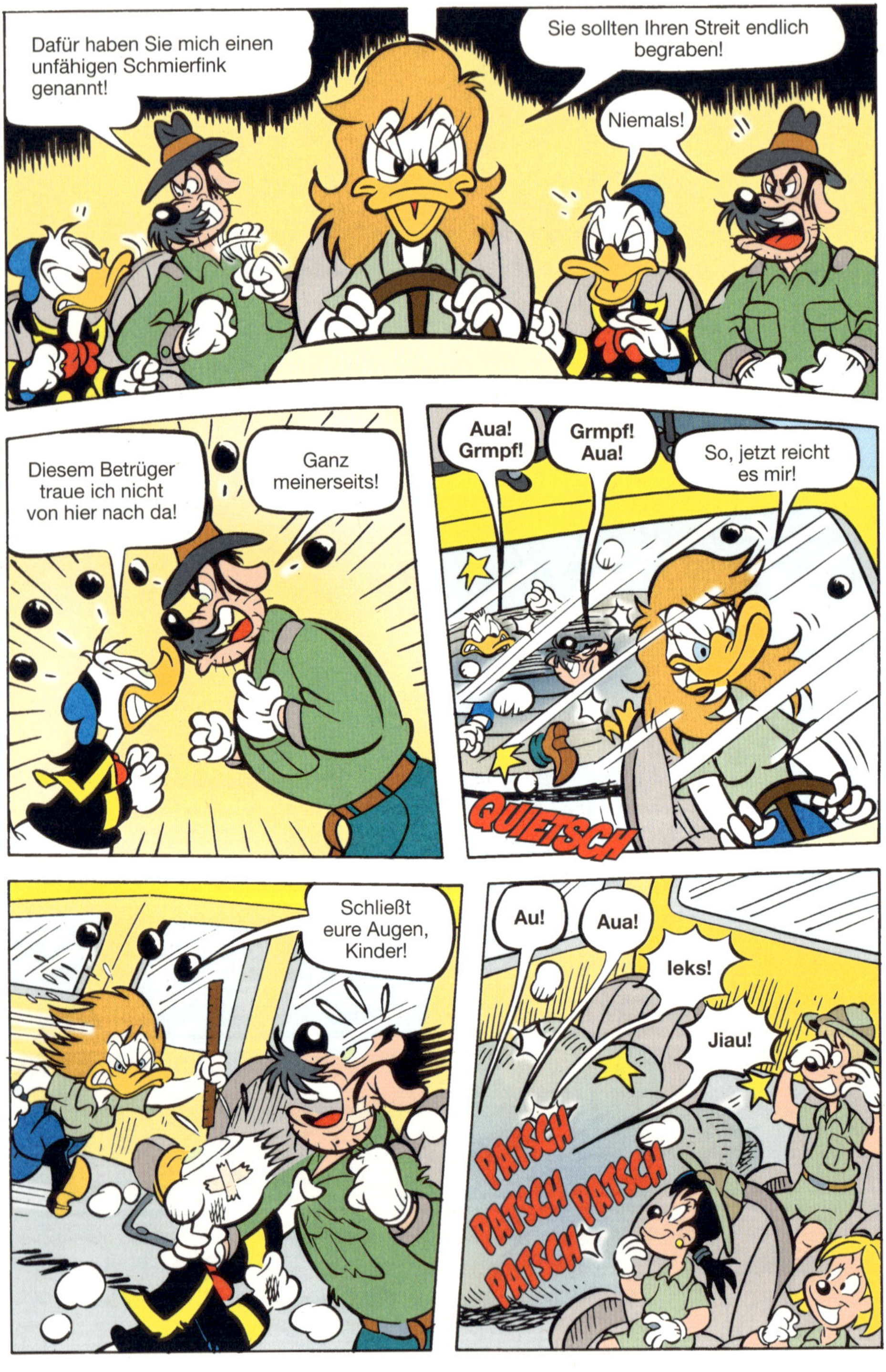
Dafür haben Sie mich einen unfähigen Schmierfink genannt!
Sie sollten Ihren Streit endlich begraben!
Niemals!
Diesem Betrüger traue ich nicht von hier nach da!
Ganz meinerseits!
Aua! Grmpf!
Grmpf! Aua!
So, jetzt reicht es mir!
QUIETSCH
Schließt eure Augen, Kinder!
Au!
Aua!
Ieks!
Jiau!
PATSCH
PATSCH
PATSCH
PATSCH

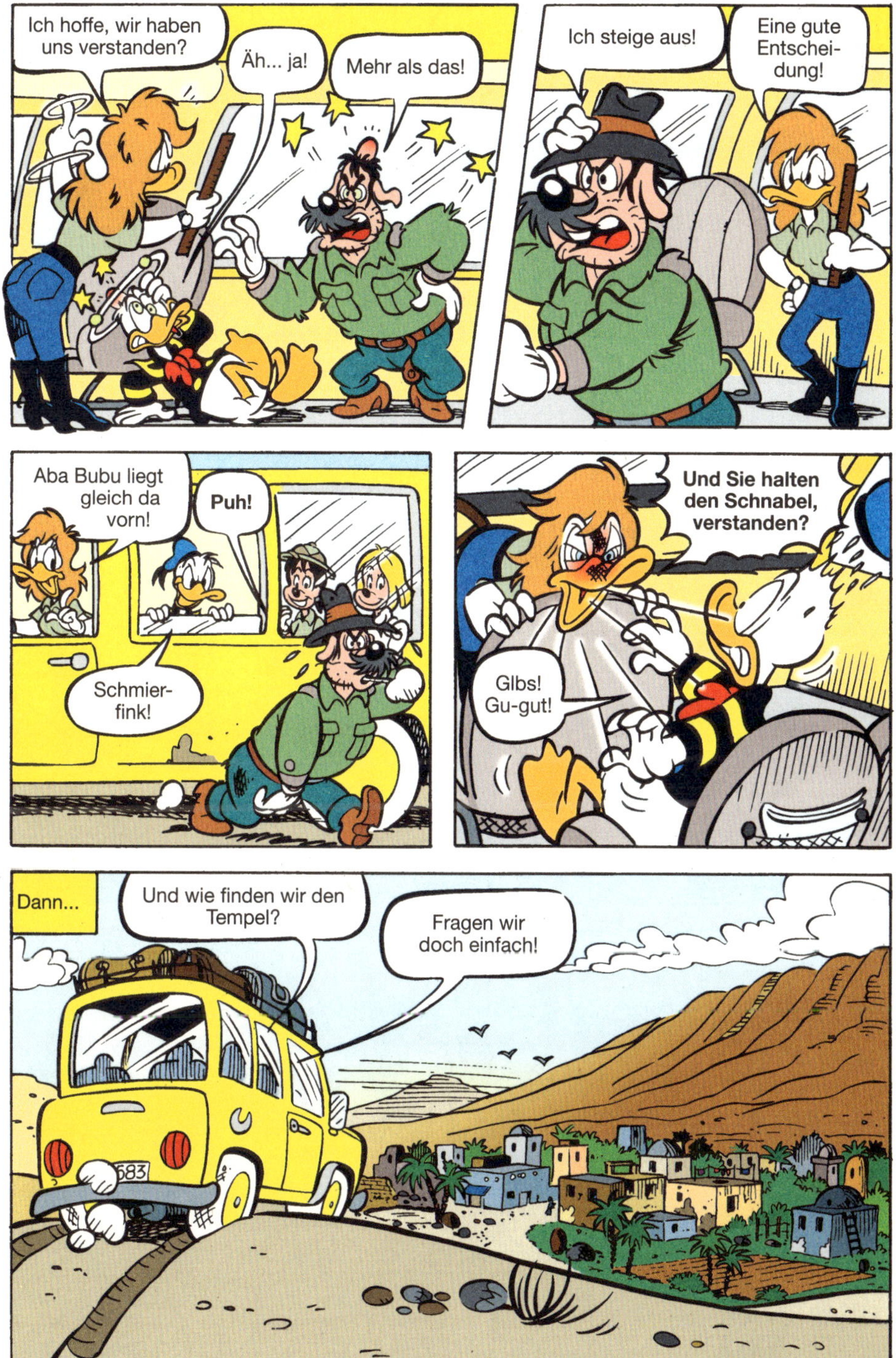

Ich hoffe, wir haben uns verstanden?
Äh... ja!
Mehr als das!
Ich steige aus!
Eine gute Entscheidung!
Aba Bubu liegt gleich da vorn!
Puh!
Schmierfink!
Und Sie halten den Schnabel, verstanden?
Glbs! Gu-gut!
Dann...
Und wie finden wir den Tempel?
Fragen wir doch einfach!

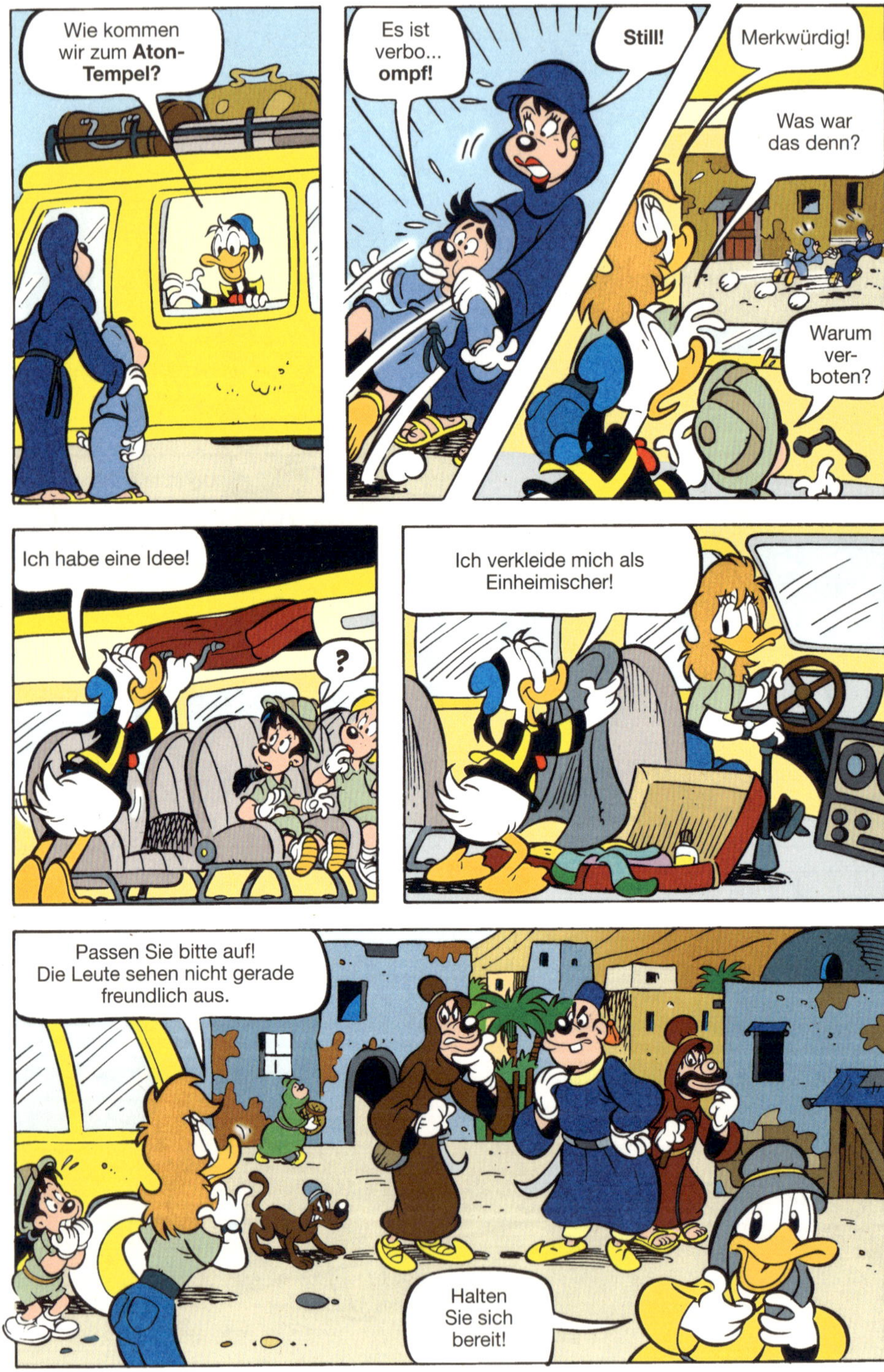
Wie kommen wir zum **Aton-Tempel?**
Es ist verbo... **ompf!**
Still!
Merkwürdig!
Was war das denn?
Warum ver-boten?
Ich habe eine Idee!
?
Ich verkleide mich als Einheimischer!
Passen Sie bitte auf! Die Leute sehen nicht gerade freundlich aus.
Halten Sie sich bereit!

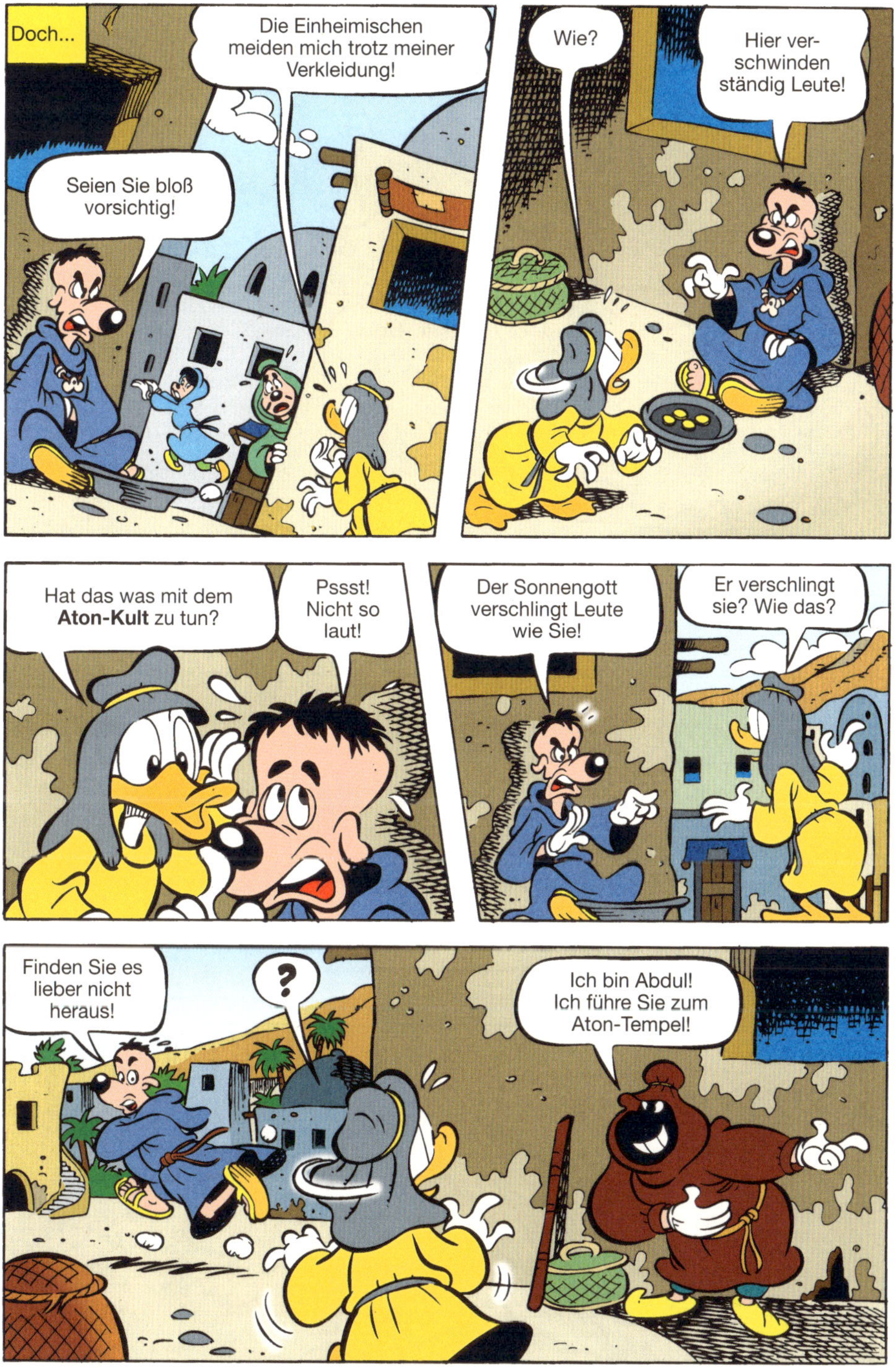
Doch...
Die Einheimischen meiden mich trotz meiner Verkleidung!
Seien Sie bloß vorsichtig!
Wie?
Hier verschwinden ständig Leute!
Hat das was mit dem **Aton-Kult** zu tun?
Pssst! Nicht so laut!
Der Sonnengott verschlingt Leute wie Sie!
Er verschlingt sie? Wie das?
Finden Sie es lieber nicht heraus!
?
Ich bin Abdul! Ich führe Sie zum Aton-Tempel!

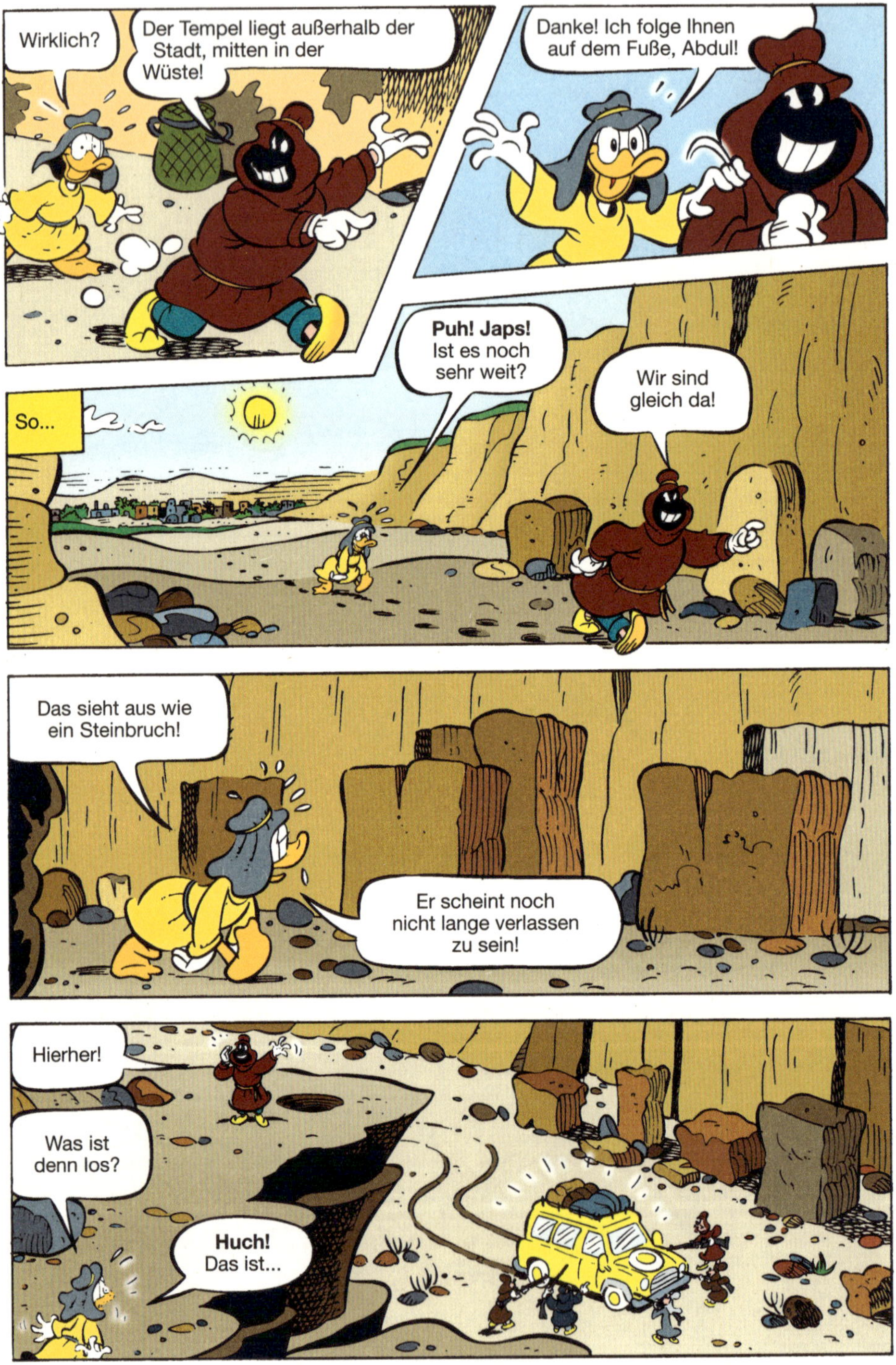
Wirklich?
Der Tempel liegt außerhalb der Stadt, mitten in der Wüste!
Danke! Ich folge Ihnen auf dem Fuße, Abdul!
So...
Puh! Japs! Ist es noch sehr weit?
Wir sind gleich da!
Das sieht aus wie ein Steinbruch!
Er scheint noch nicht lange verlassen zu sein!
Hierher!
Was ist denn los?
Huch! Das ist...

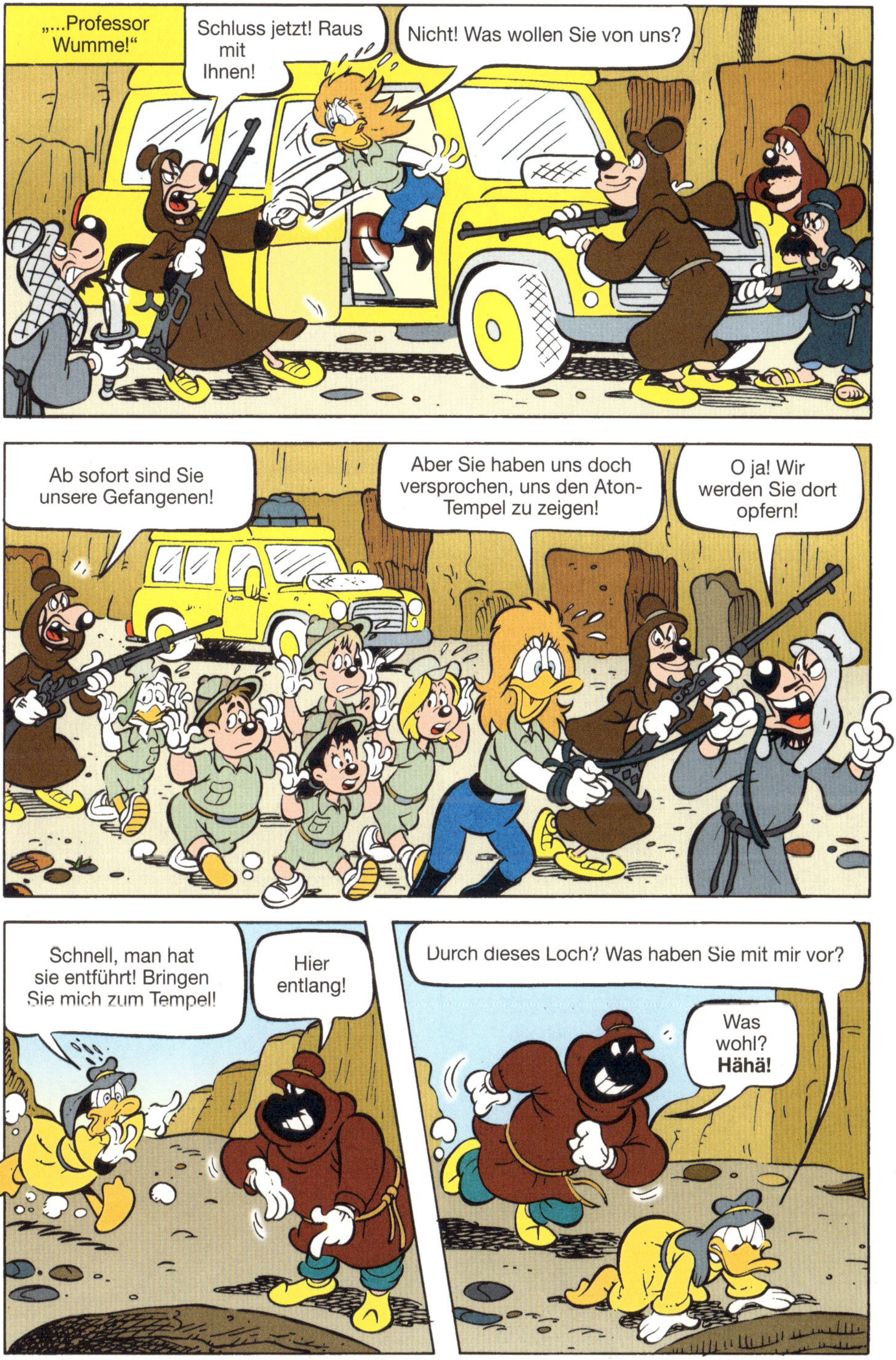
„...Professor Wumme!“
Schluss jetzt! Raus mit Ihnen!
Nicht! Was wollen Sie von uns?
Ab sofort sind Sie unsere Gefangenen!
Aber Sie haben uns doch versprochen, uns den Aton-Tempel zu zeigen!
O ja! Wir werden Sie dort opfern!
Schnell, man hat sie entführt! Bringen Sie mich zum Tempel!
Hier entlang!
Durch dieses Loch? Was haben Sie mit mir vor?
Was wohl? **Hähä!**

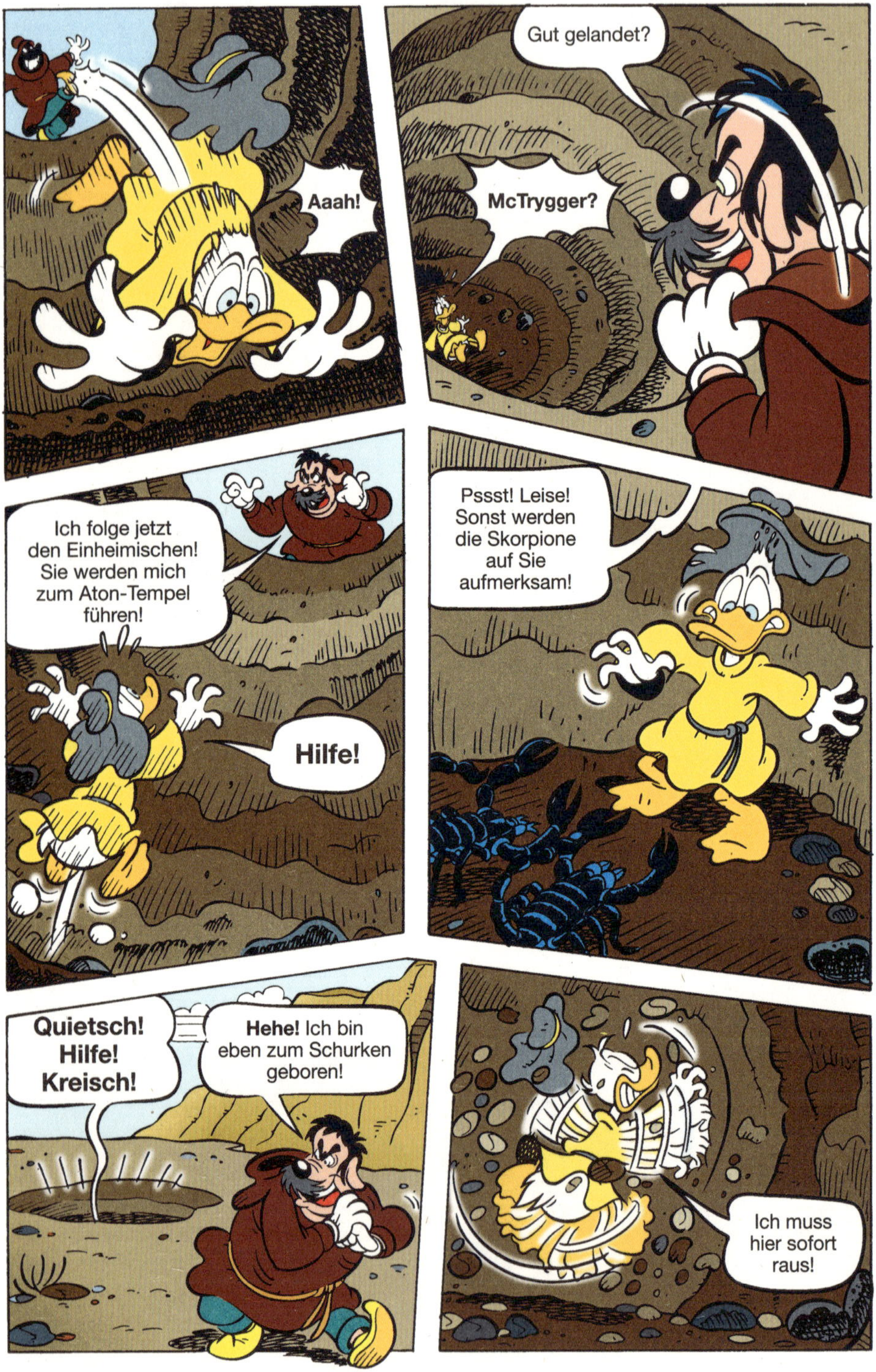
Aaah!
Gut gelandet?
McTrygger?
Ich folge jetzt den Einheimischen! Sie werden mich zum Aton-Tempel führen!
Hilfe!
Pssst! Leise! Sonst werden die Skorpione auf Sie aufmerksam!
Quietsch! Hilfe! Kreisch!
Hehe! Ich bin eben zum Schurken geboren!
Ich muss hier sofort raus!

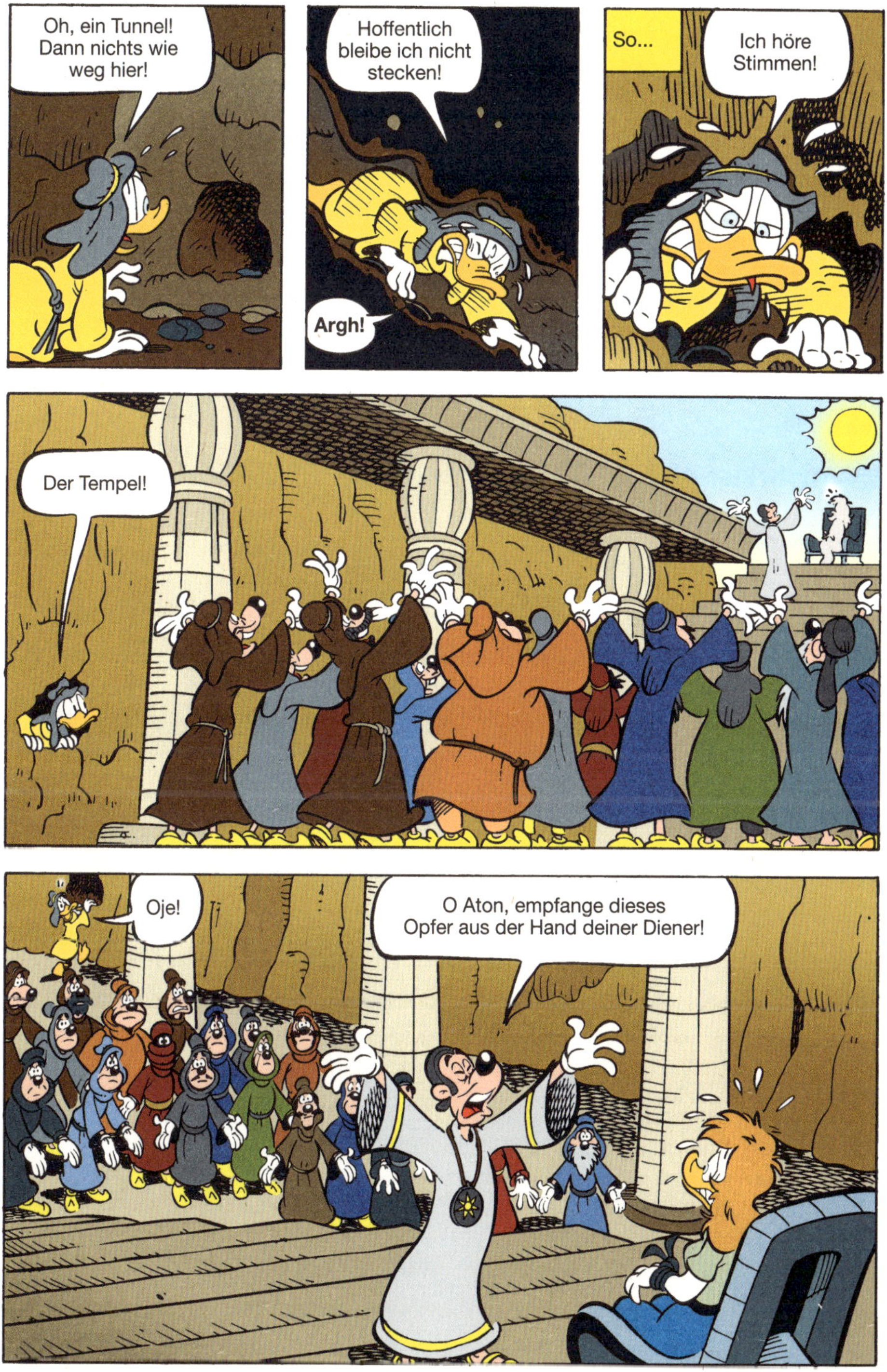
Oh, ein Tunnel!
Dann nichts wie
weg hier!
Hoffentlich
bleibe ich nicht
stecken!
Argh!
So...
Ich höre
Stimmen!
Der Tempel!
Oje!
O Aton, empfange dieses
Opfer aus der Hand deiner Diener!

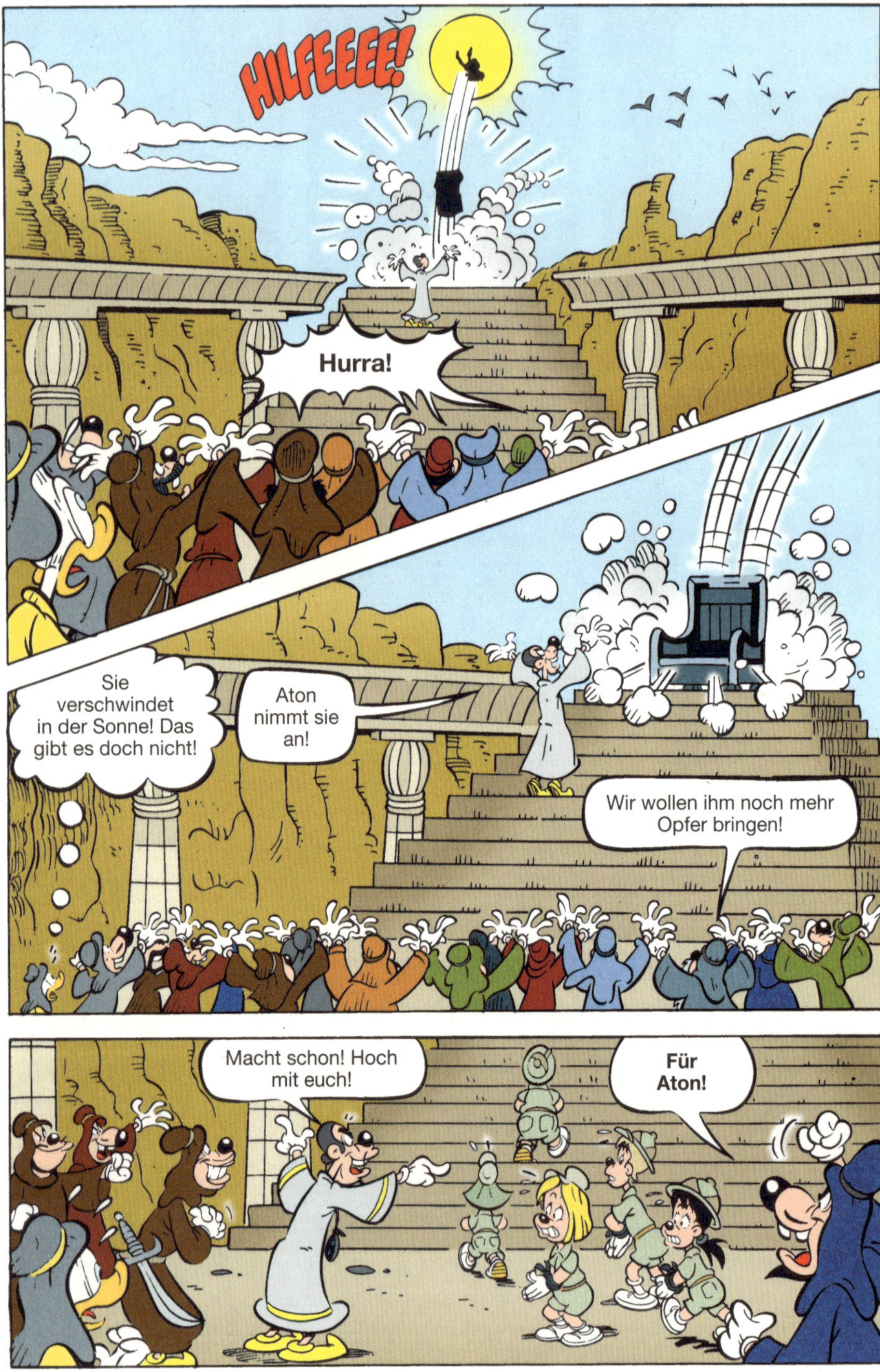
HILFEEEE!
Hurra!
Sie verschwindet in der Sonne! Das gibt es doch nicht!
Aton nimmt sie an!
Wir wollen ihm noch mehr Opfer bringen!
Macht schon! Hoch mit euch!
Für Aton!

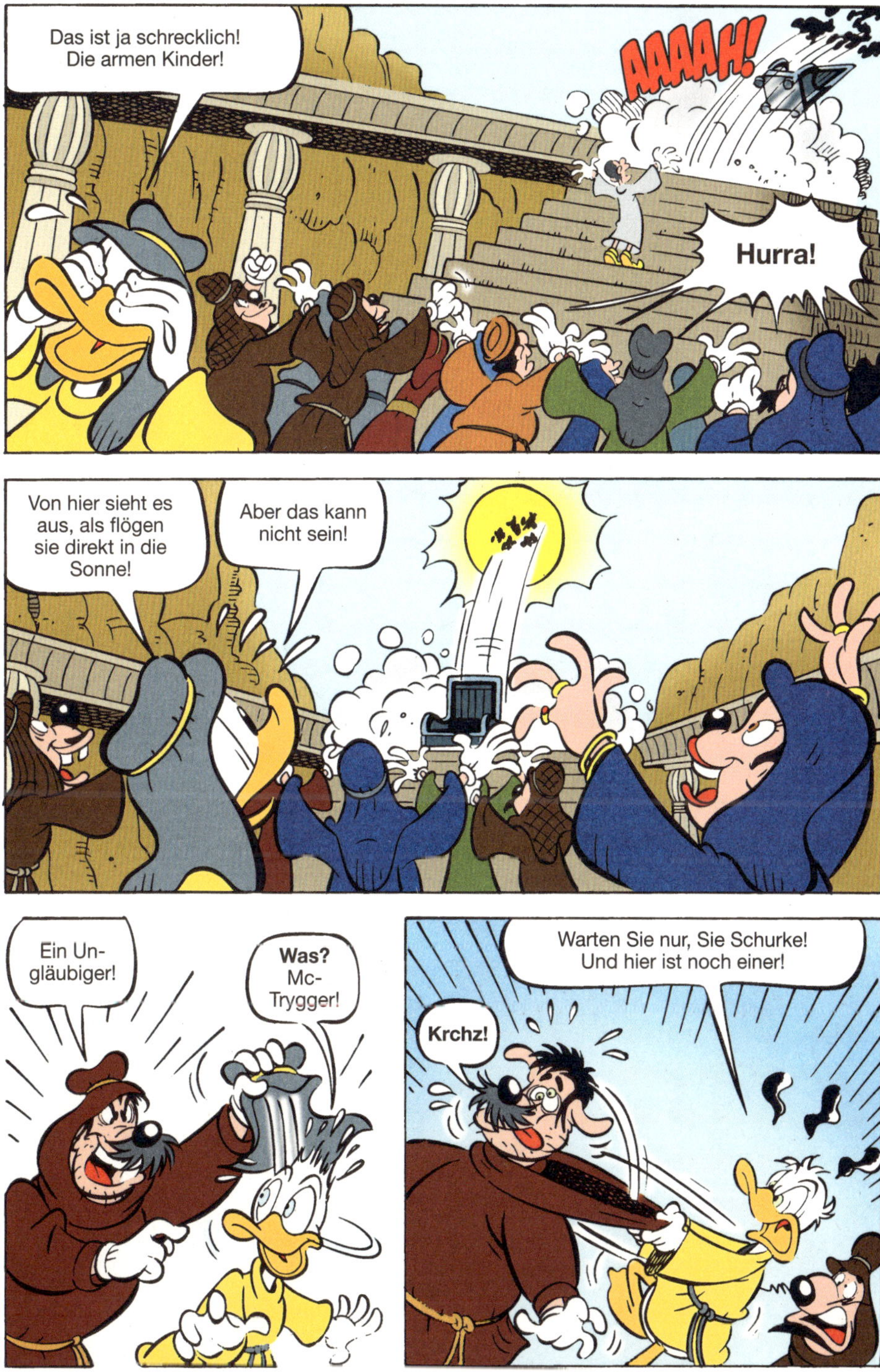

Das ist ja schrecklich! Die armen Kinder!
AAAAH!
Hurra!
Von hier sieht es aus, als flögen sie direkt in die Sonne!
Aber das kann nicht sein!
Ein Ungläubiger!
Was? Mc-Trygger!
Warten Sie nur, Sie Schurke! Und hier ist noch einer!
Krchz!

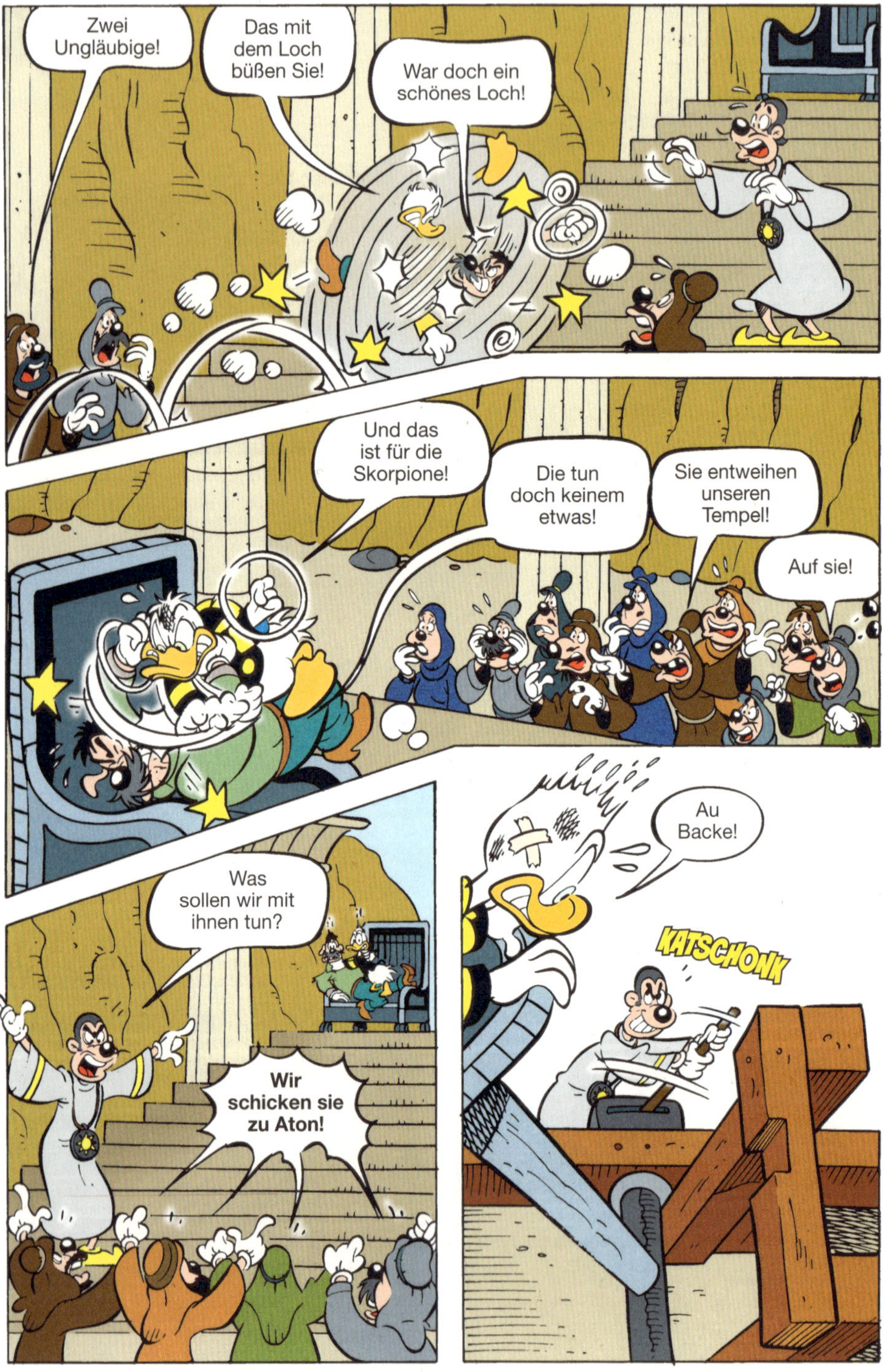

Zwei Ungläubige!
Das mit dem Loch büßen Sie!
War doch ein schönes Loch!
Und das ist für die Skorpione!
Die tun doch keinem etwas!
Sie entweihen unseren Tempel!
Auf sie!
Was sollen wir mit ihnen tun?
Wir schicken sie zu Aton!
Au Backe!
KATSCHONK

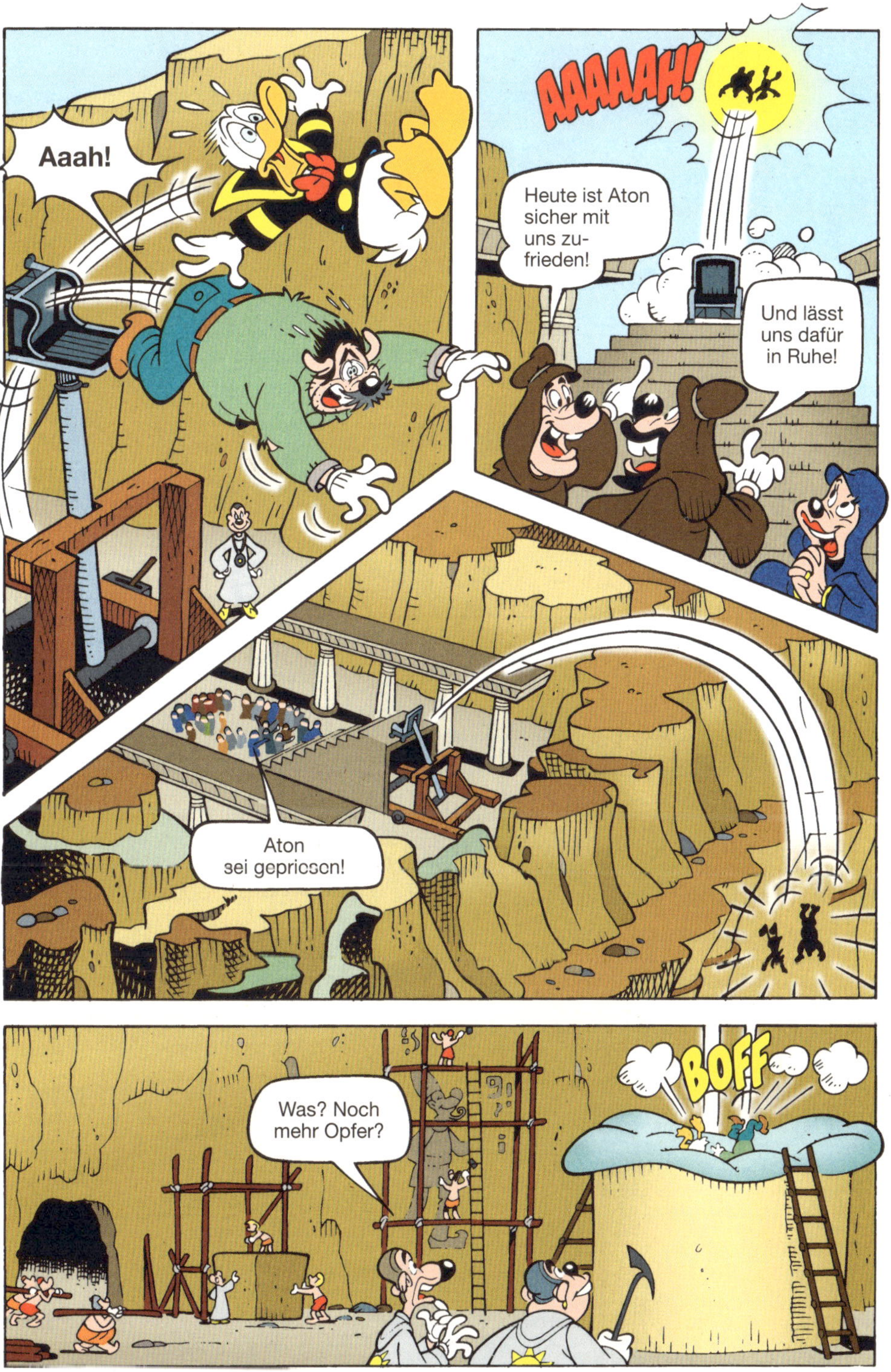
Aaah!
AAAAAH!
Heute ist Aton sicher mit uns zu-frieden!
Und lässt uns dafür in Ruhe!
Aton sei gepriesen!
Was? Noch mehr Opfer?
BOFF

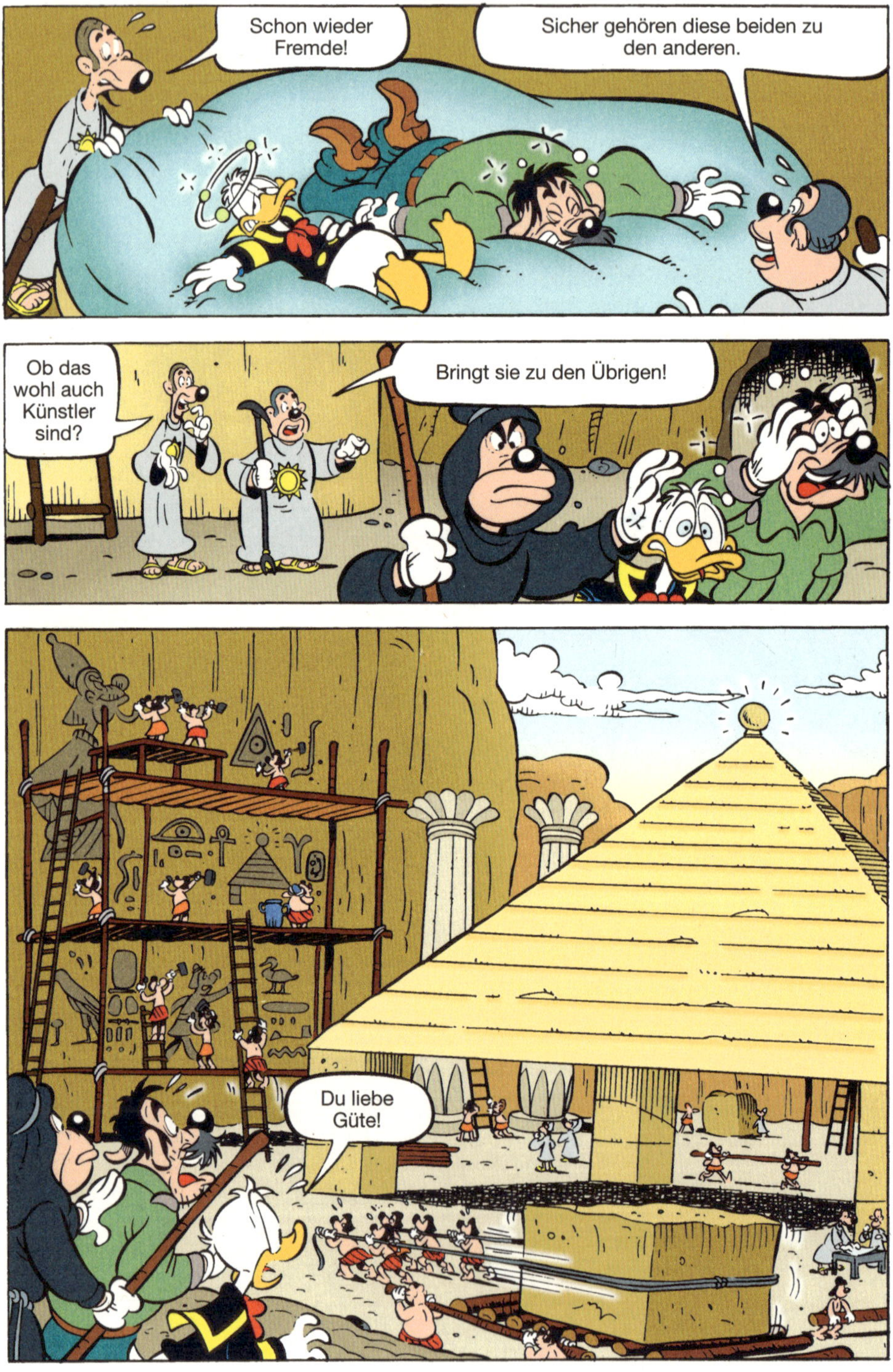
Schon wieder Fremde!
Sicher gehören diese beiden zu den anderen.
Ob das wohl auch Künstler sind?
Bringt sie zu den Übrigen!
Du liebe Güte!

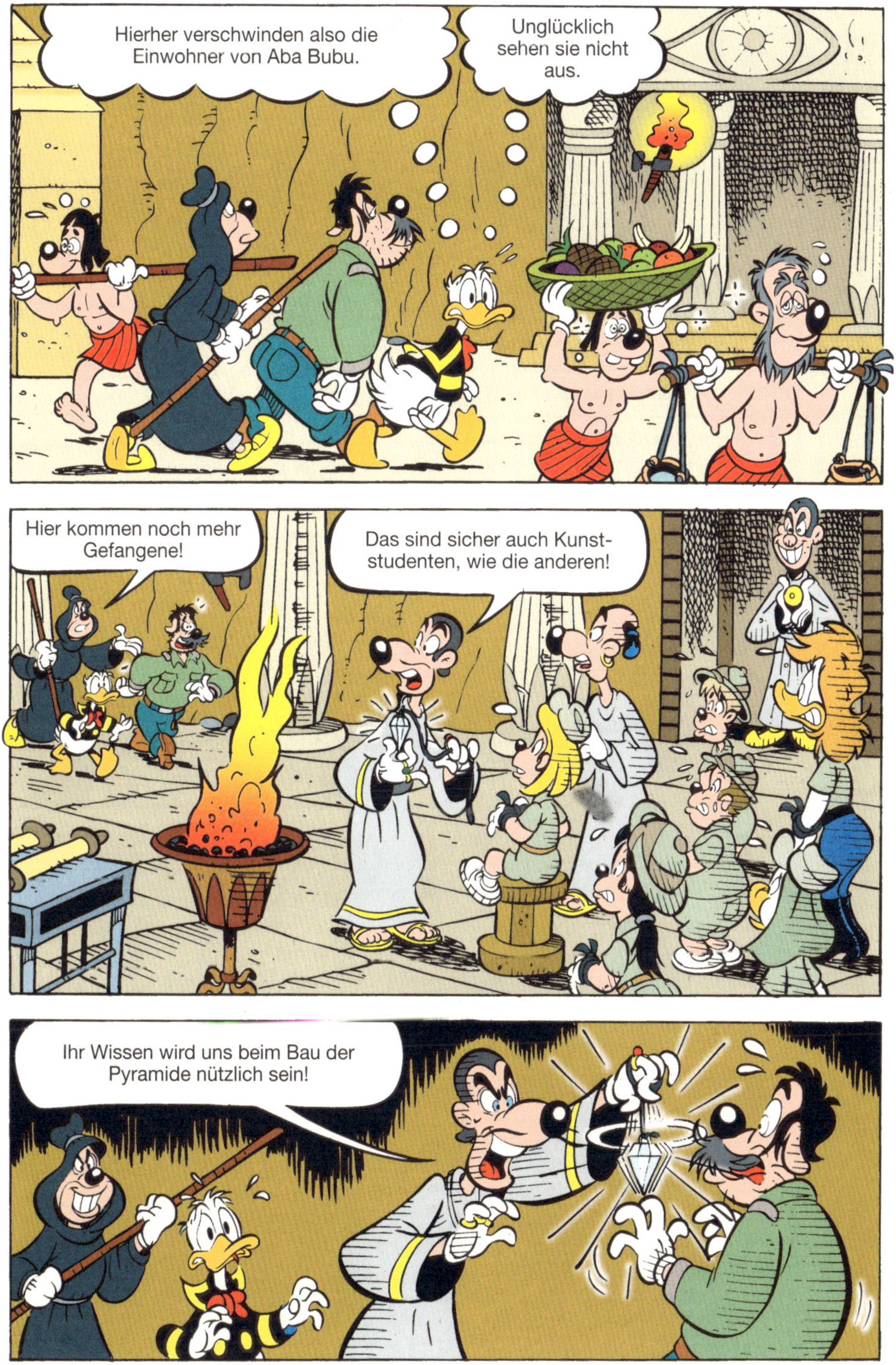
Hierher verschwinden also die Einwohner von Aba Bubu.
Unglücklich sehen sie nicht aus.
Hier kommen noch mehr Gefangene!
Das sind sicher auch Kunst-studenten, wie die anderen!
Ihr Wissen wird uns beim Bau der Pyramide nützlich sein!

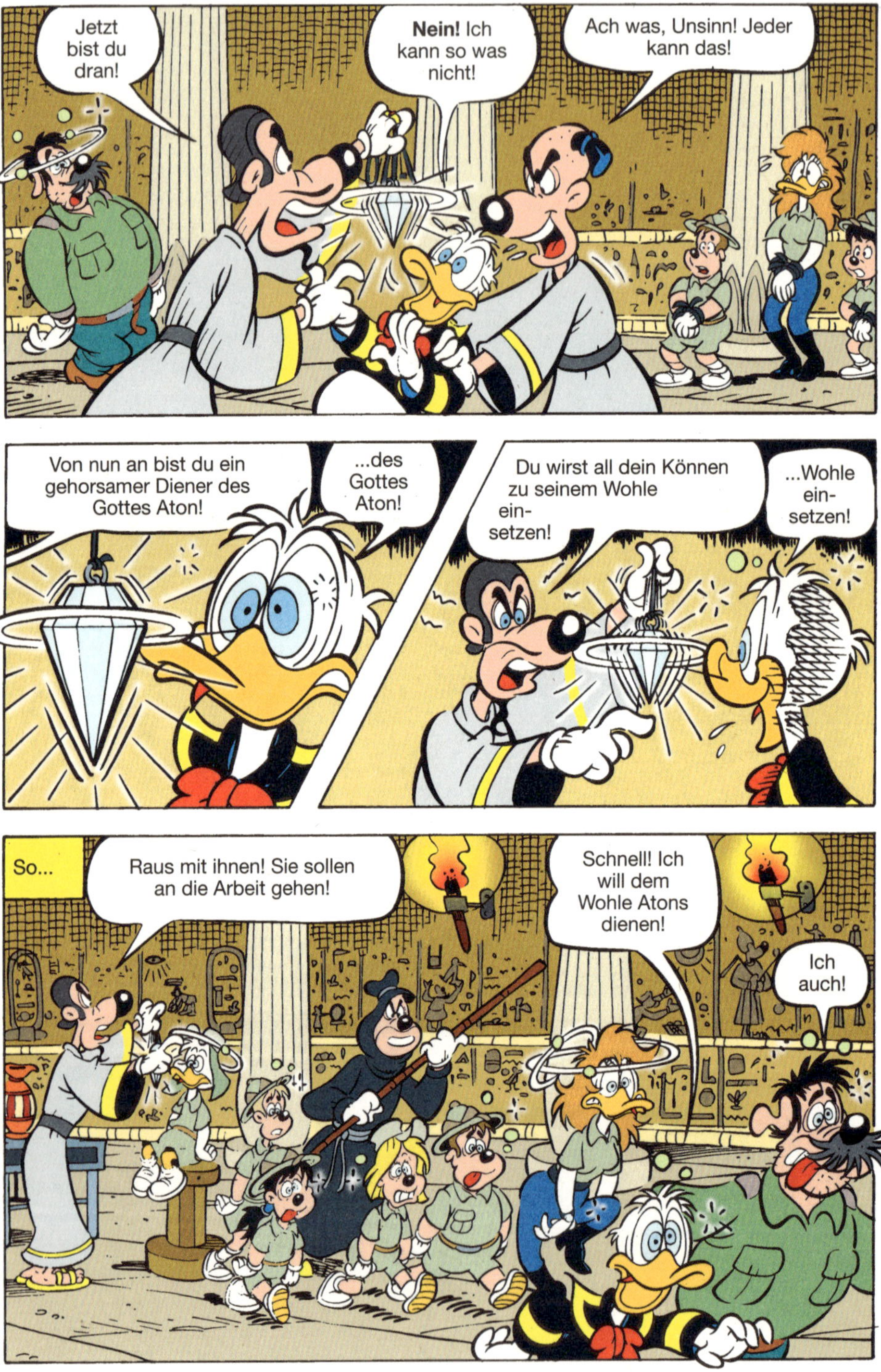
Jetzt bist du dran!
Nein! Ich kann so was nicht!
Ach was, Unsinn! Jeder kann das!
Von nun an bist du ein gehorsamer Diener des Gottes Aton!
...des Gottes Aton!
Du wirst all dein Können zu seinem Wohle ein-setzen!
...Wohle ein-setzen!
So...
Raus mit ihnen! Sie sollen an die Arbeit gehen!
Schnell! Ich will dem Wohle Atons dienen!
Ich auch!

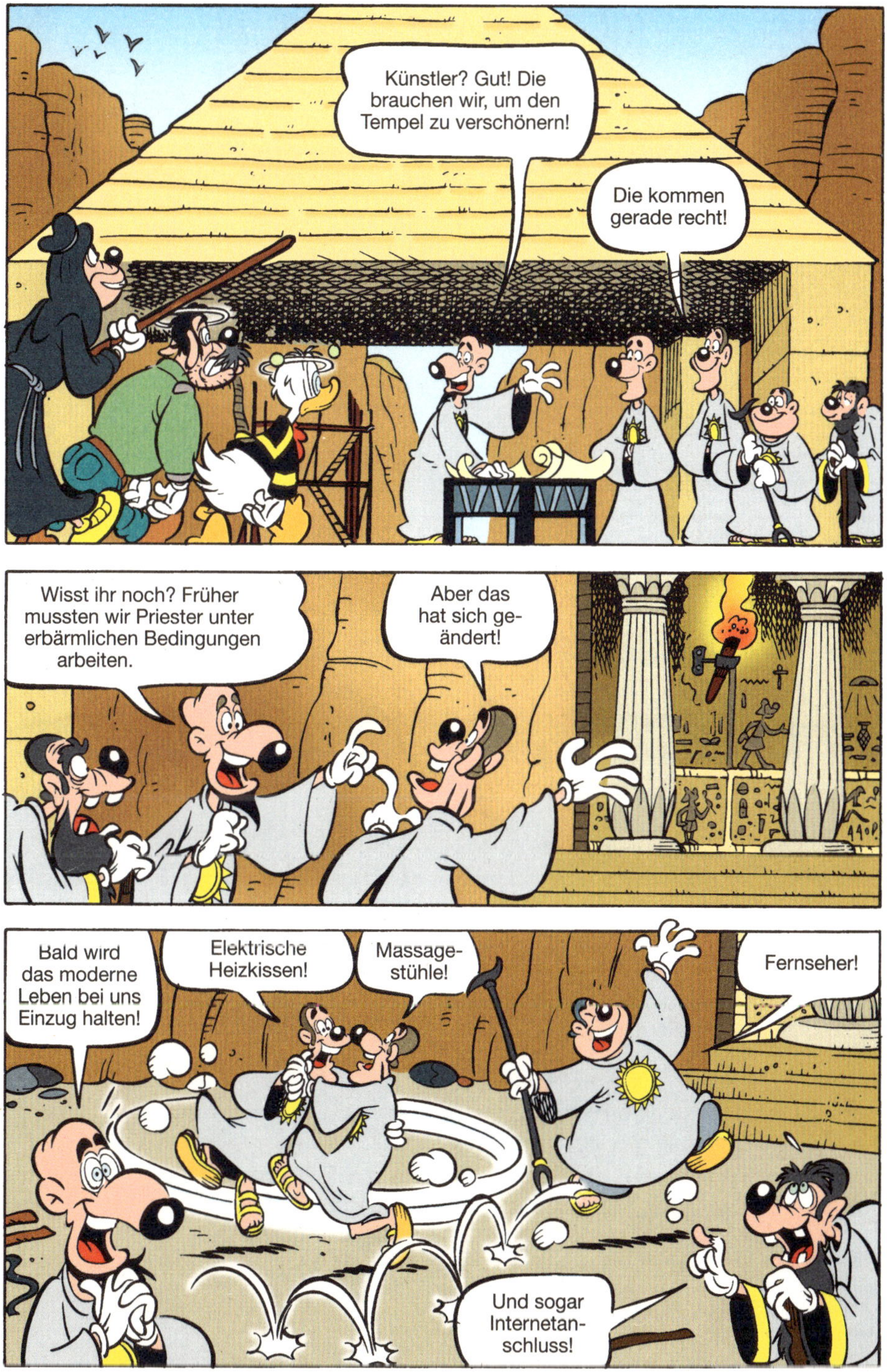
Künstler? Gut! Die brauchen wir, um den Tempel zu verschönern!
Die kommen gerade recht!
Wisst ihr noch? Früher mussten wir Priester unter erbärmlichen Bedingungen arbeiten.
Aber das hat sich geändert!
Bald wird das moderne Leben bei uns Einzug halten!
Elektrische Heizkissen!
Massagestühle!
Fernseher!
Und sogar Internetanschluss!

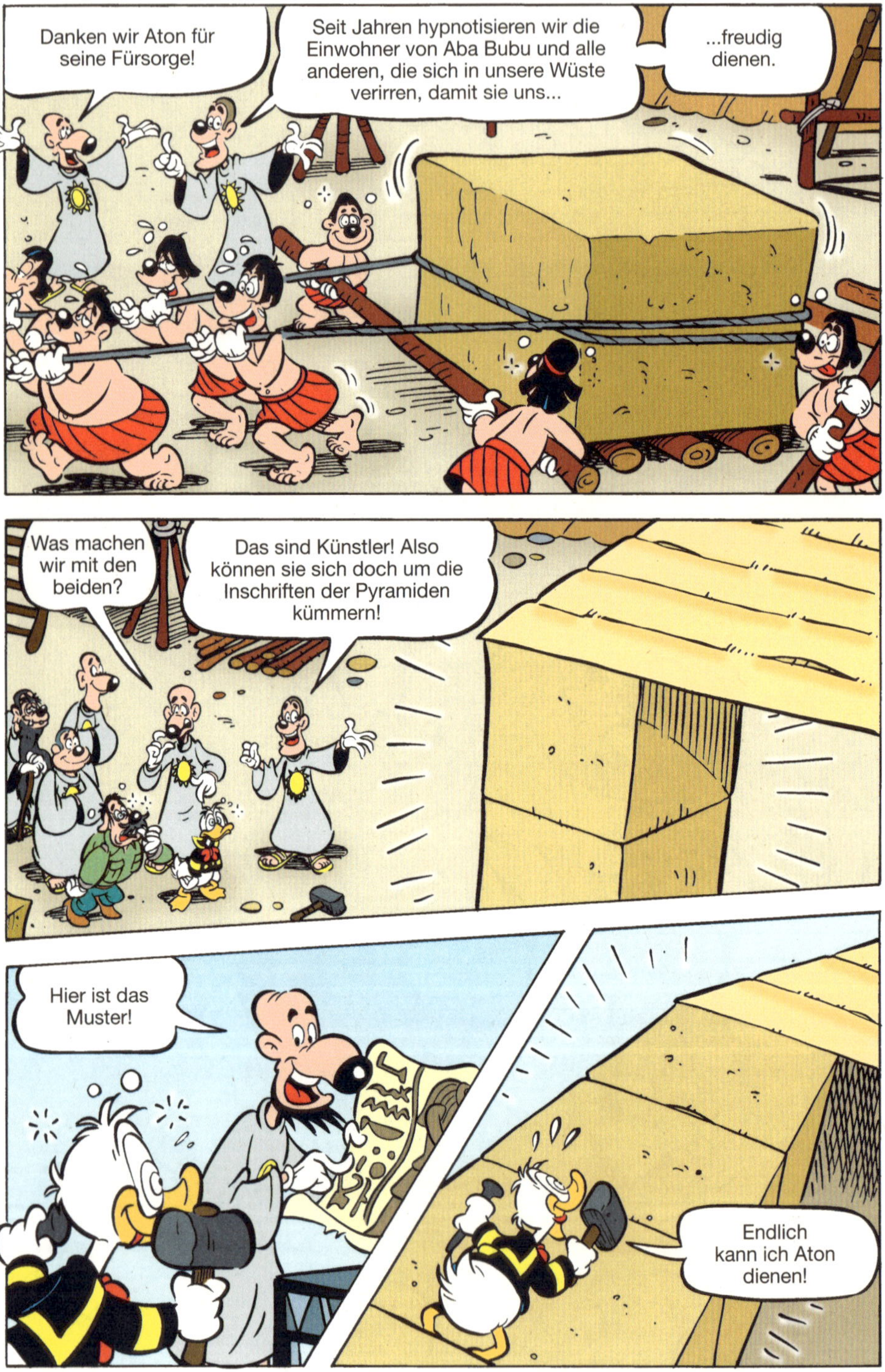
Danken wir Aton für seine Fürsorge!
Seit Jahren hypnotisieren wir die Einwohner von Aba Bubu und alle anderen, die sich in unsere Wüste verirren, damit sie uns...
...freudig dienen.
Was machen wir mit den beiden?
Das sind Künstler! Also können sie sich doch um die Inschriften der Pyramiden kümmern!
Hier ist das Muster!
Endlich kann ich Aton dienen!

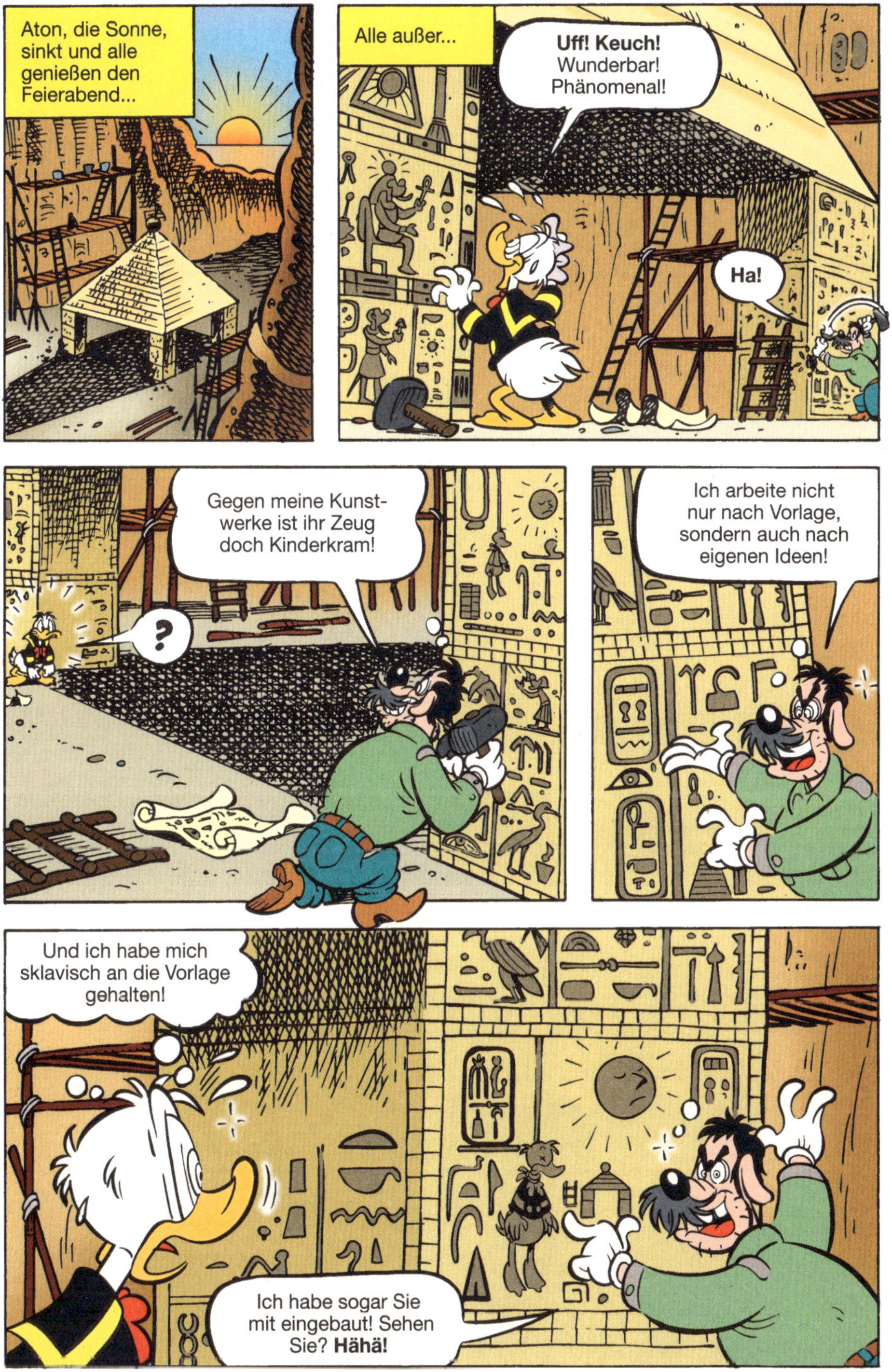

Aton, die Sonne, sinkt und alle genießen den Feierabend...
Alle außer...
Uff! Keuch! Wunderbar! Phänomenal!
Ha!
?
Gegen meine Kunstwerke ist ihr Zeug doch Kinderkram!
Ich arbeite nicht nur nach Vorlage, sondern auch nach eigenen Ideen!
Und ich habe mich sklavisch an die Vorlage gehalten!
Ich habe sogar Sie mit eingebaut! Sehen Sie? **Hähä!**

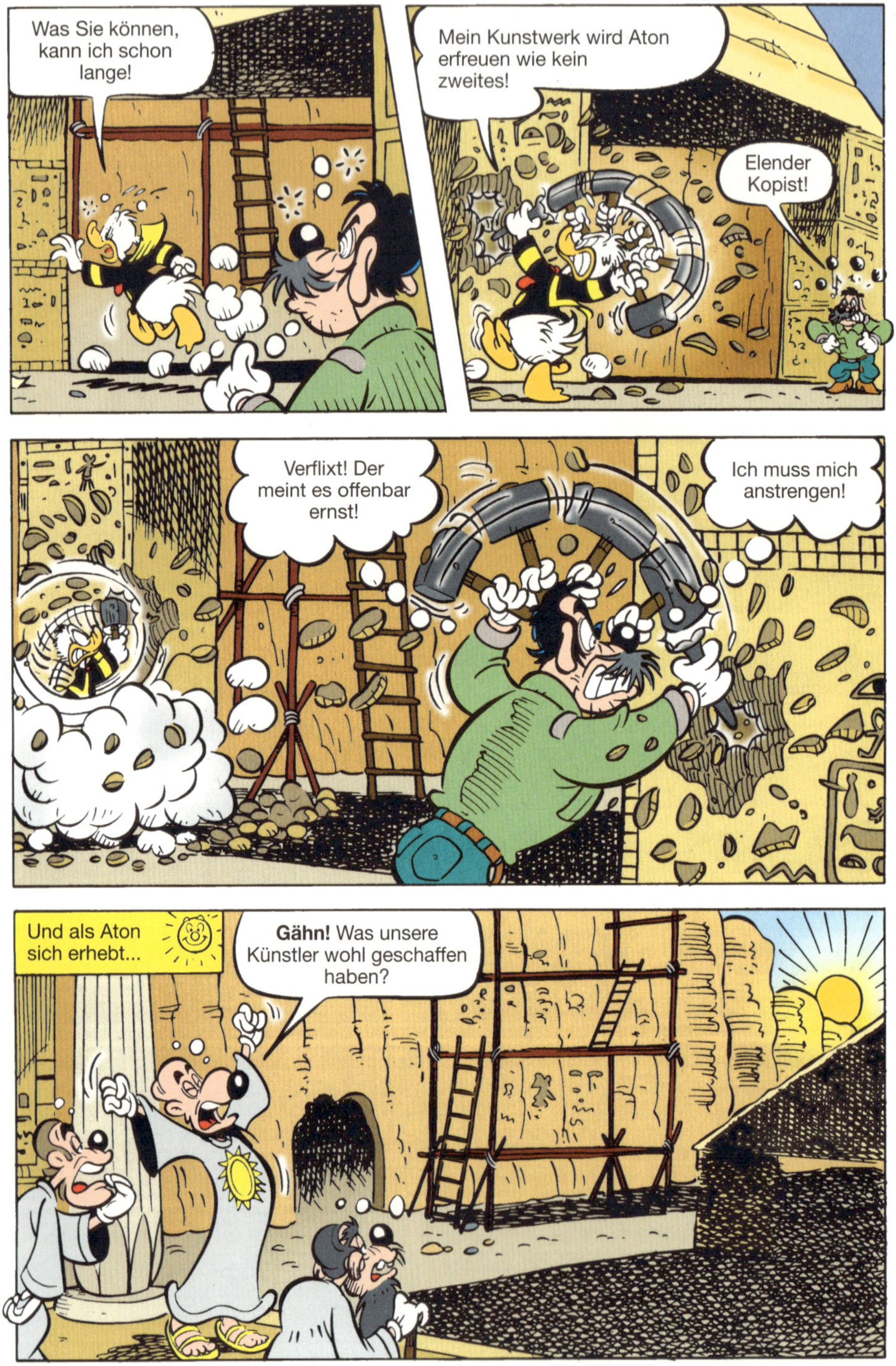
Was Sie können, kann ich schon lange!
Mein Kunstwerk wird Aton erfreuen wie kein zweites!
Elender Kopist!
Verflixt! Der meint es offenbar ernst!
Ich muss mich anstrengen!
Und als Aton sich erhebt...
Gähn! Was unsere Künstler wohl geschaffen haben?

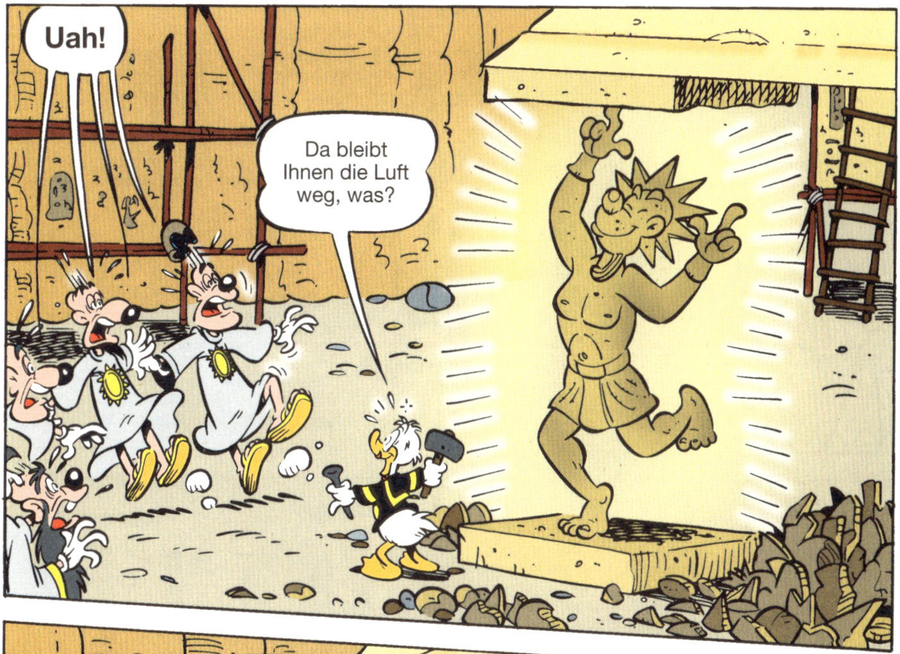
Uah!
Da bleibt Ihnen die Luft weg, was?

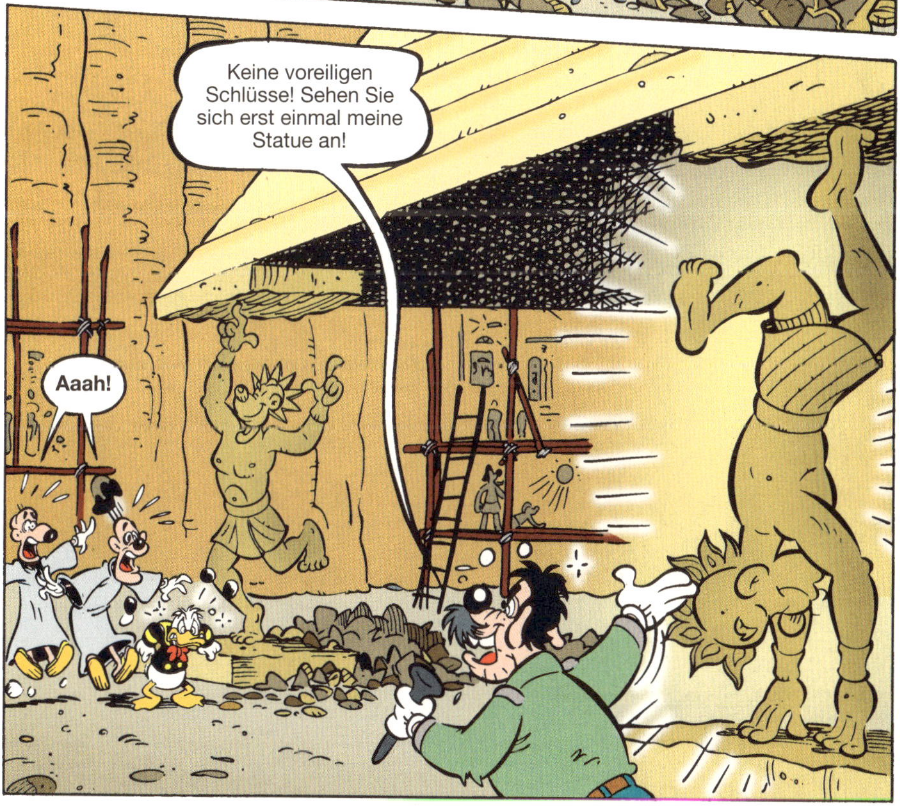
Keine voreiligen Schlüsse! Sehen Sie sich erst einmal meine Statue an!
Aaah!

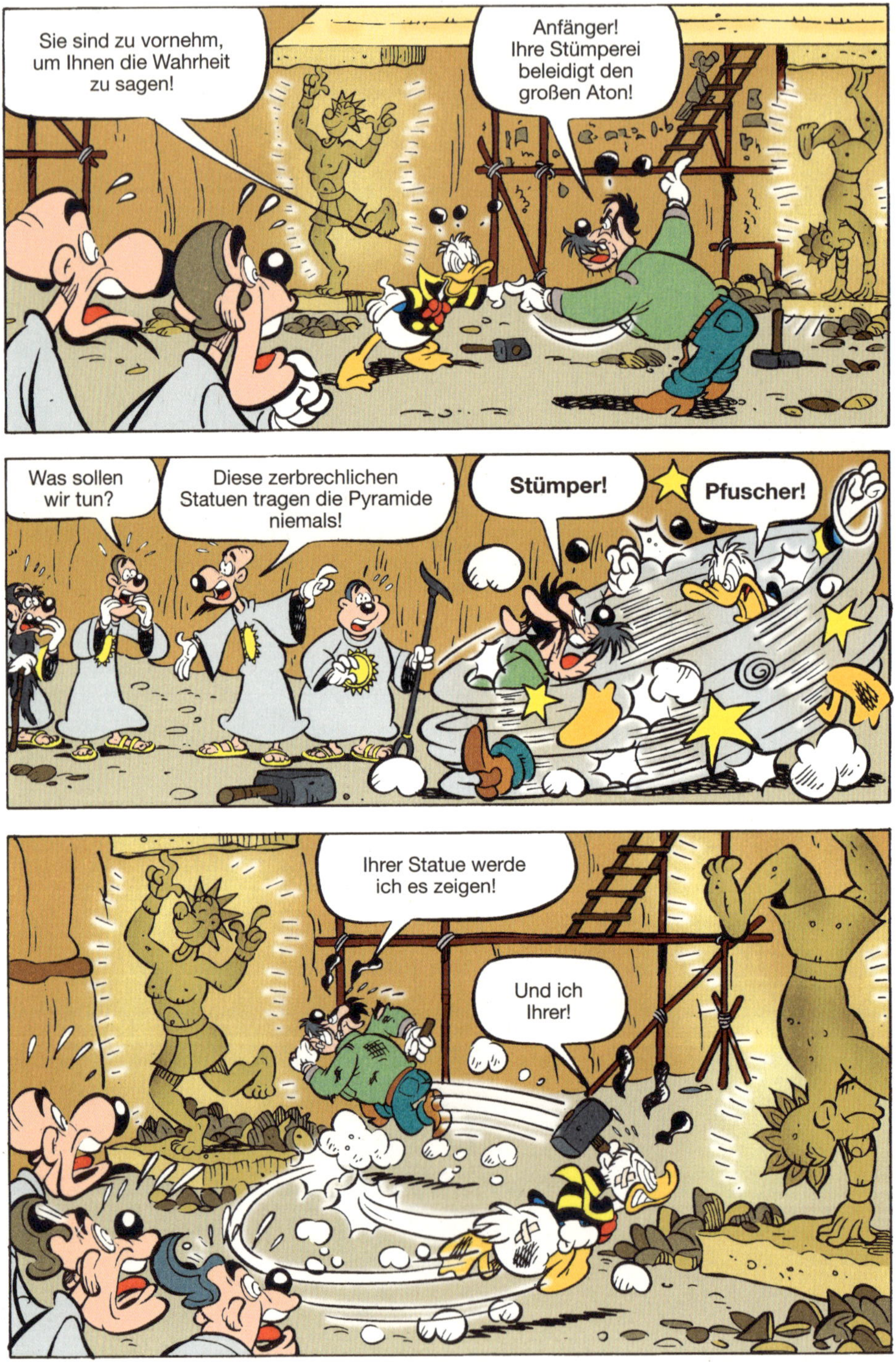
Sie sind zu vornehm, um Ihnen die Wahrheit zu sagen!
Anfänger! Ihre Stümperei beleidigt den großen Aton!
Was sollen wir tun?
Diese zerbrechlichen Statuen tragen die Pyramide niemals!
Stümper!
Pfuscher!
Ihrer Statue werde ich es zeigen!
Und ich Ihrer!

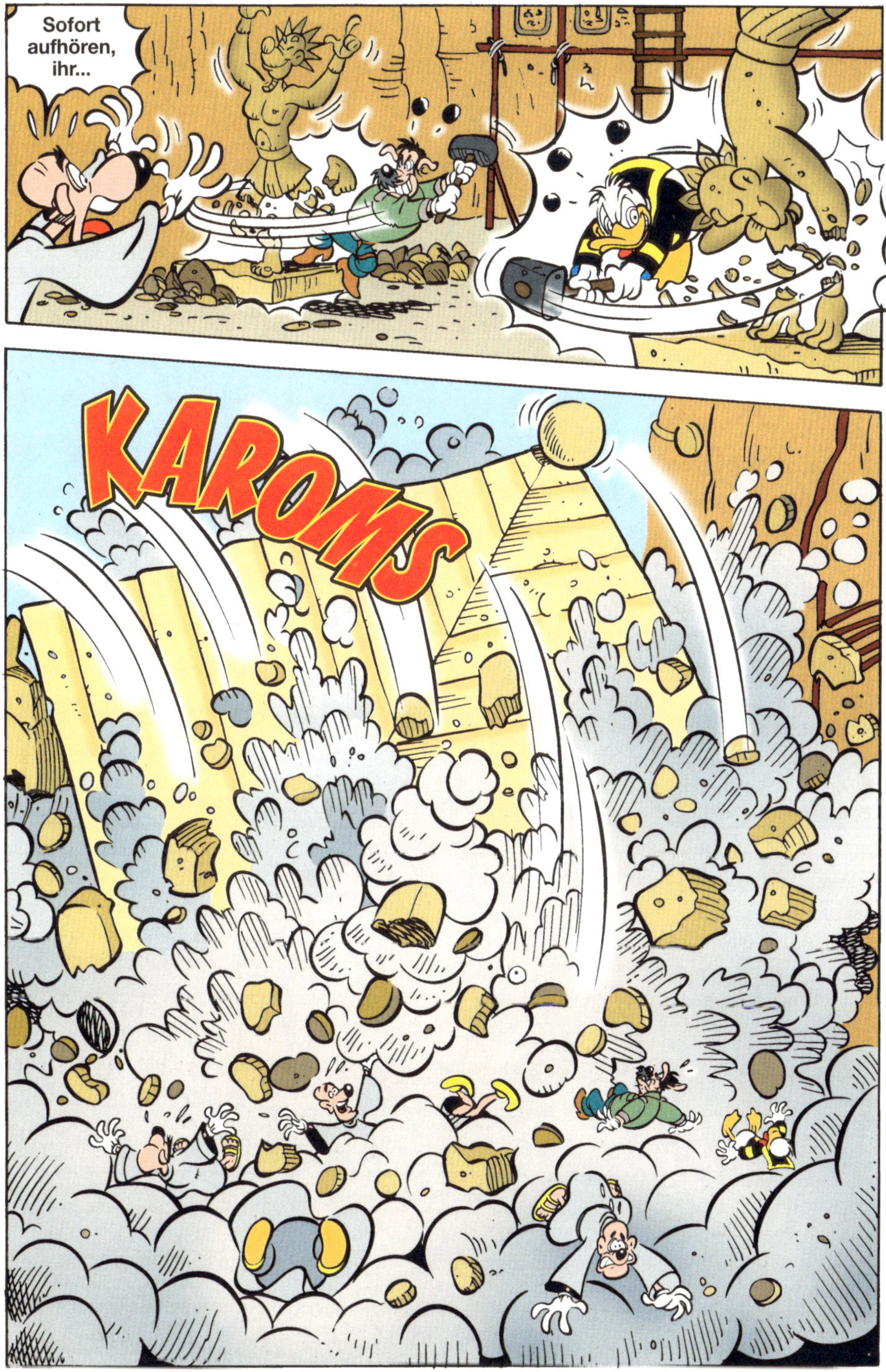
Sofort aufhören, ihr...
KAROMS

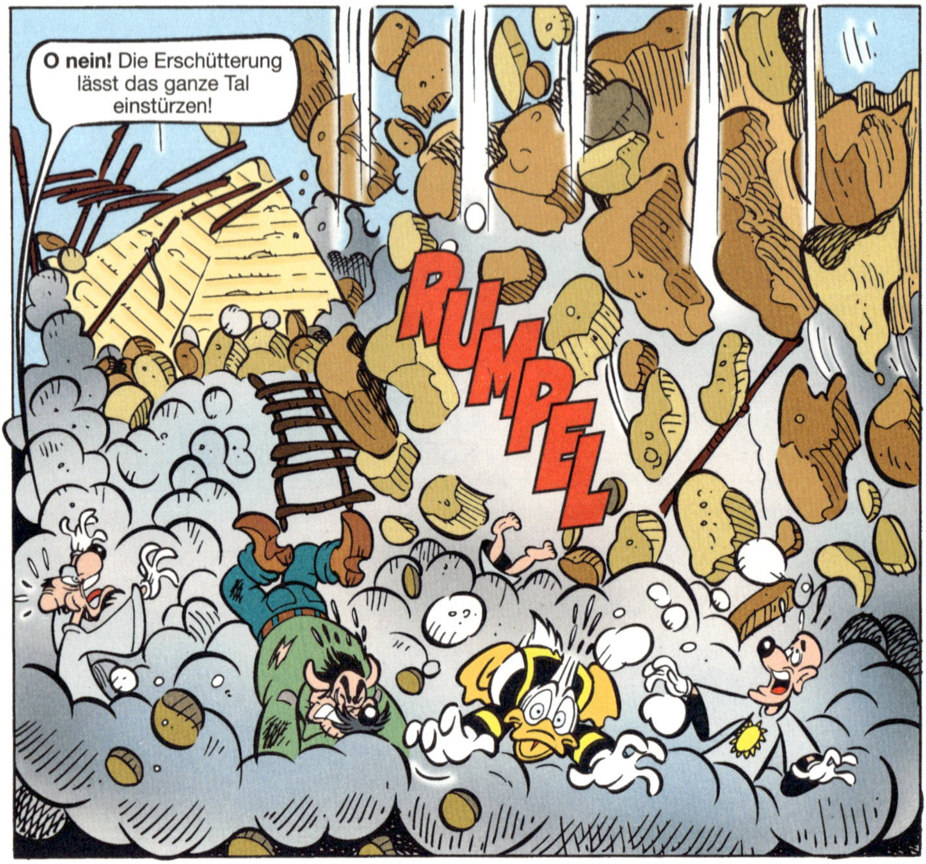
O nein! Die Erschütterung lässt das ganze Tal einstürzen!
RUMPEL

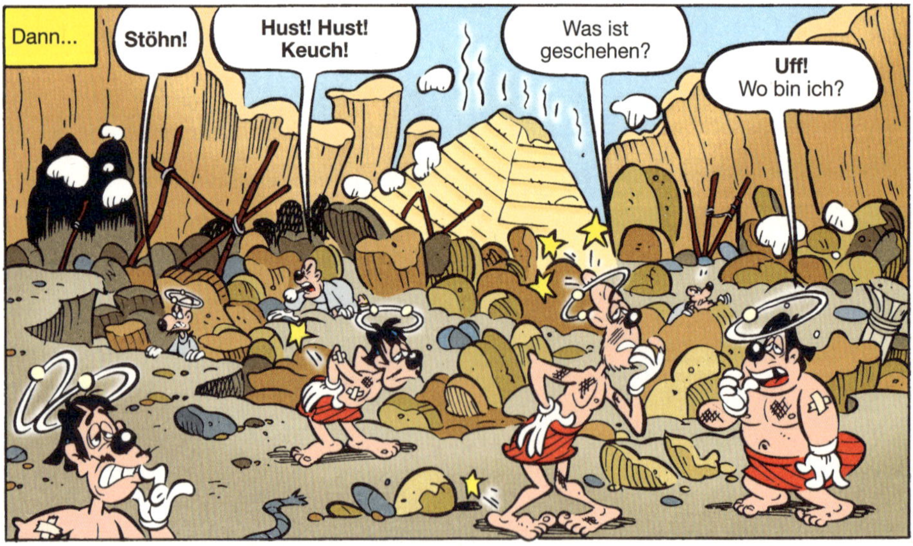
Dann...
Stöhn!
Hust! Hust! Keuch!
Was ist geschehen?
Uff! Wo bin ich?

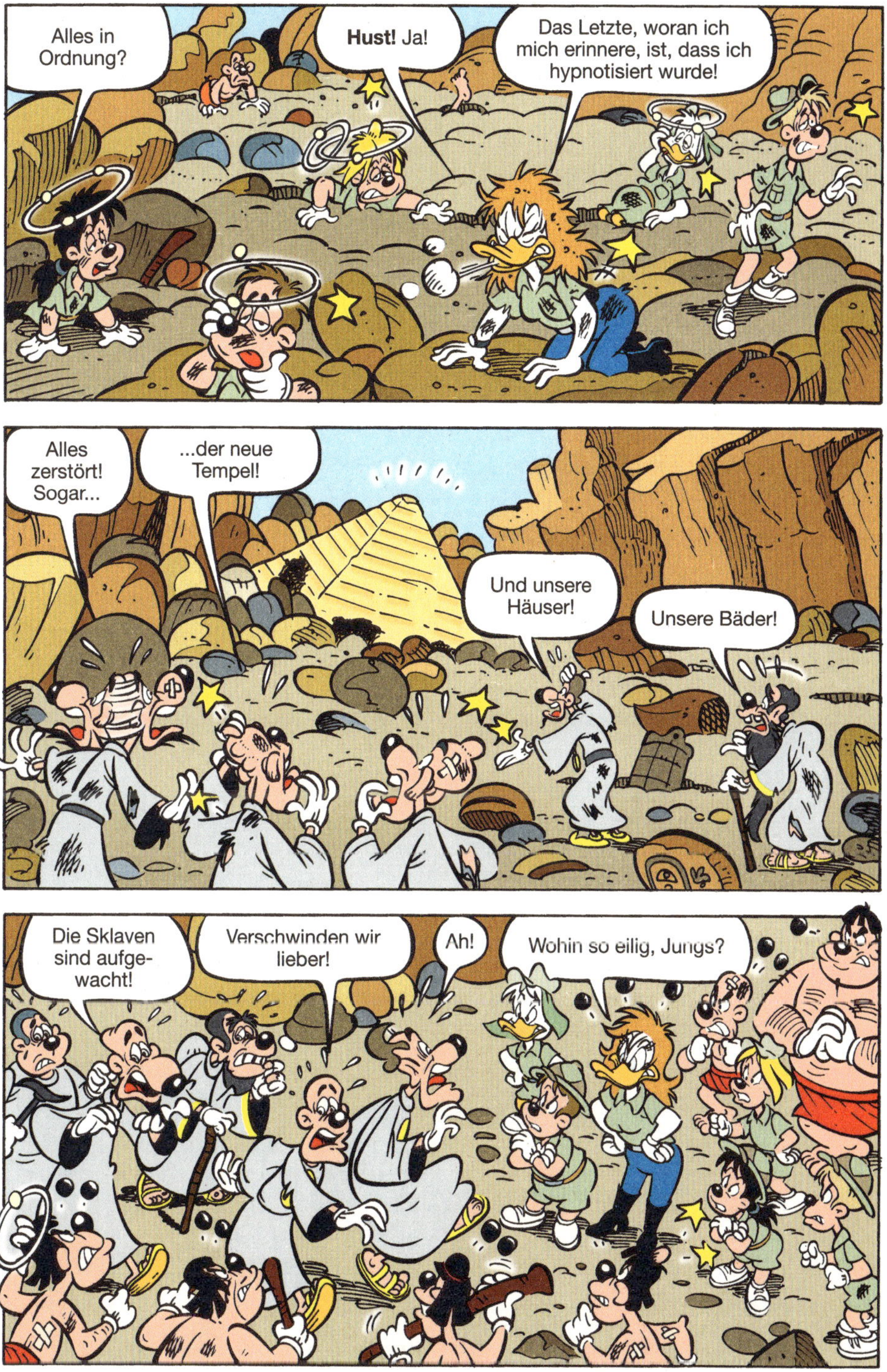
Alles in Ordnung?
Hust! Ja!
Das Letzte, woran ich mich erinnere, ist, dass ich hypnotisiert wurde!
Alles zerstört! Sogar...
...der neue Tempel!
Und unsere Häuser!
Unsere Bäder!
Die Sklaven sind aufgewacht!
Verschwinden wir lieber!
Ah!
Wohin so eilig, Jungs?

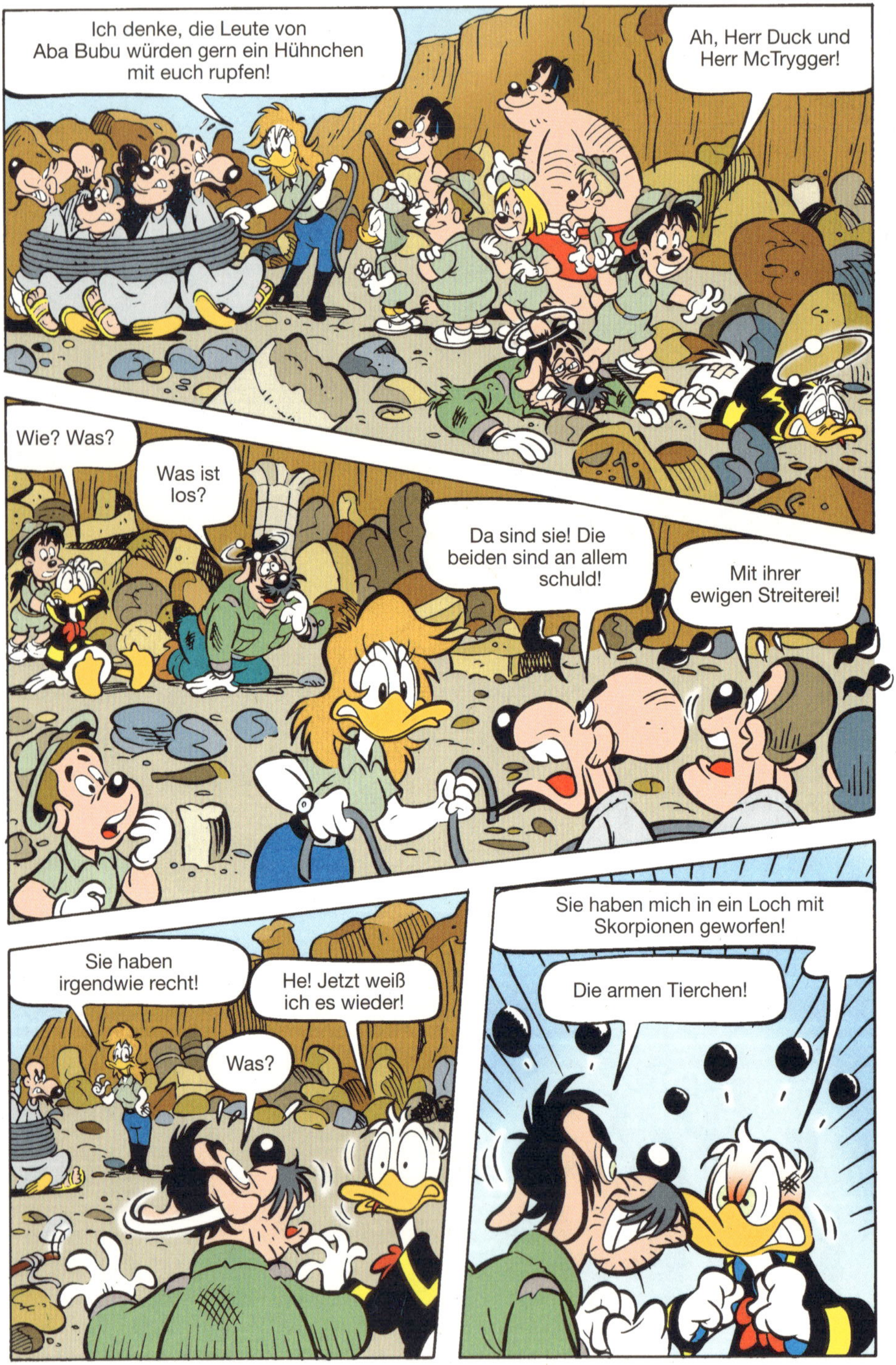
Ich denke, die Leute von Aba Bubu würden gern ein Hühnchen mit euch rupfen!
Ah, Herr Duck und Herr McTrygger!
Wie? Was?
Was ist los?
Da sind sie! Die beiden sind an allem schuld!
Mit ihrer ewigen Streiterei!
Sie haben irgendwie recht!
He! Jetzt weiß ich es wieder!
Was?
Sie haben mich in ein Loch mit Skorpionen geworfen!
Die armen Tierchen!

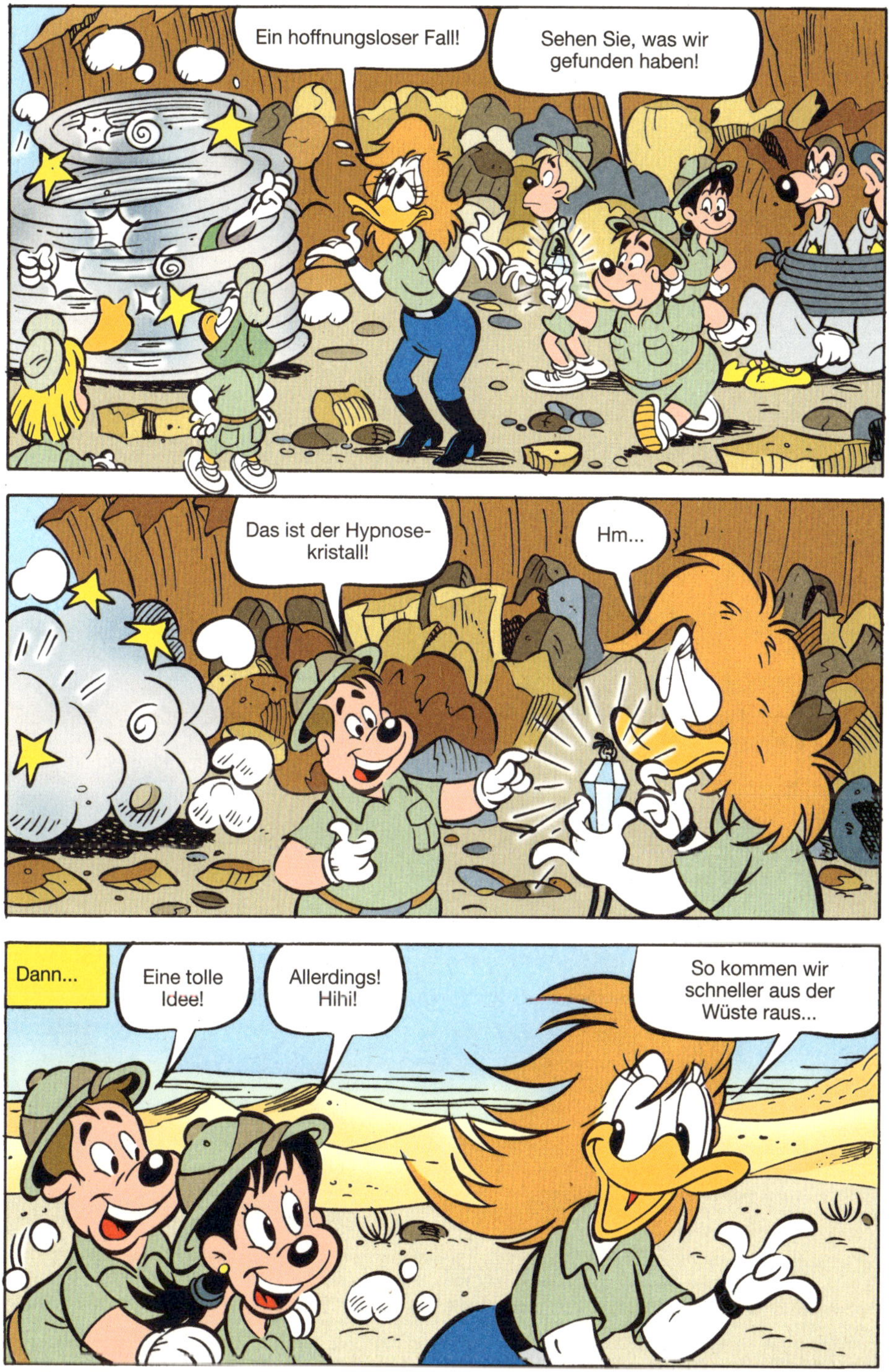
Ein hoffnungsloser Fall!
Sehen Sie, was wir gefunden haben!
Das ist der Hypnose-kristall!
Hm...
Dann...
Eine tolle Idee!
Allerdings! Hihi!
So kommen wir schneller aus der Wüste raus...

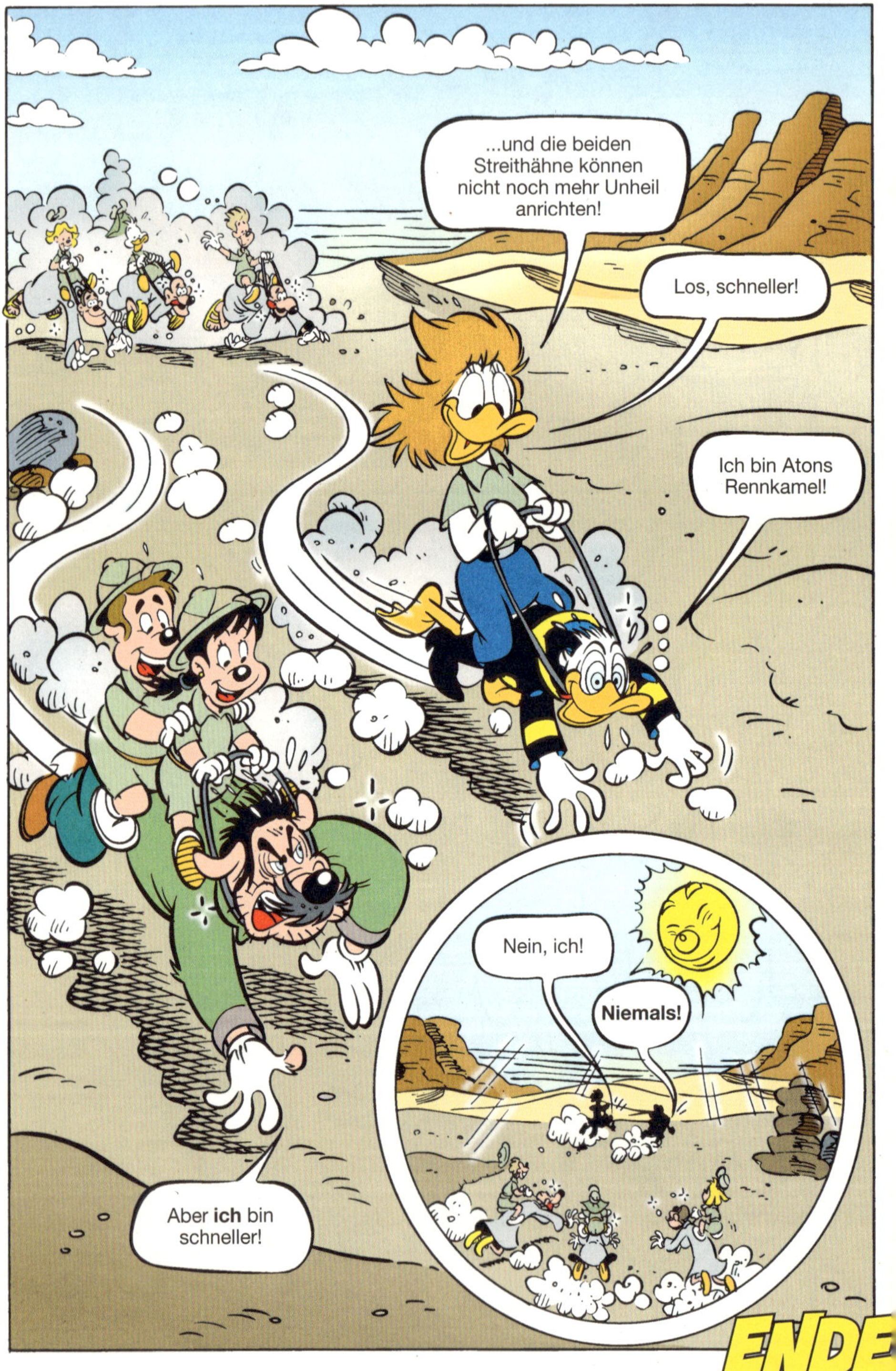
...und die beiden Streithähne können nicht noch mehr Unheil anrichten!
Los, schneller!
Ich bin Atons Rennkamel!
Aber **ich** bin schneller!
Nein, ich!
Niemals!
ENDE

DIE VERSCHOLLENE BIBLIOTHEK

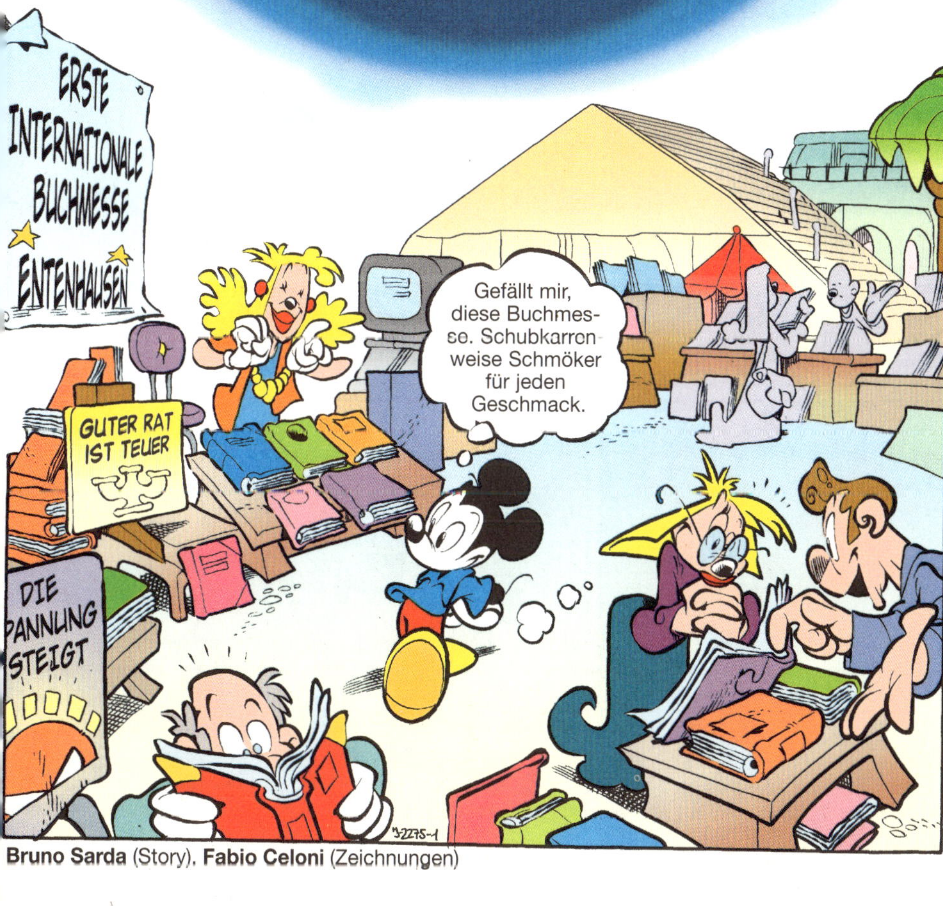

Bruno Sarda (Story), **Fabio Celoni** (Zeichnungen)

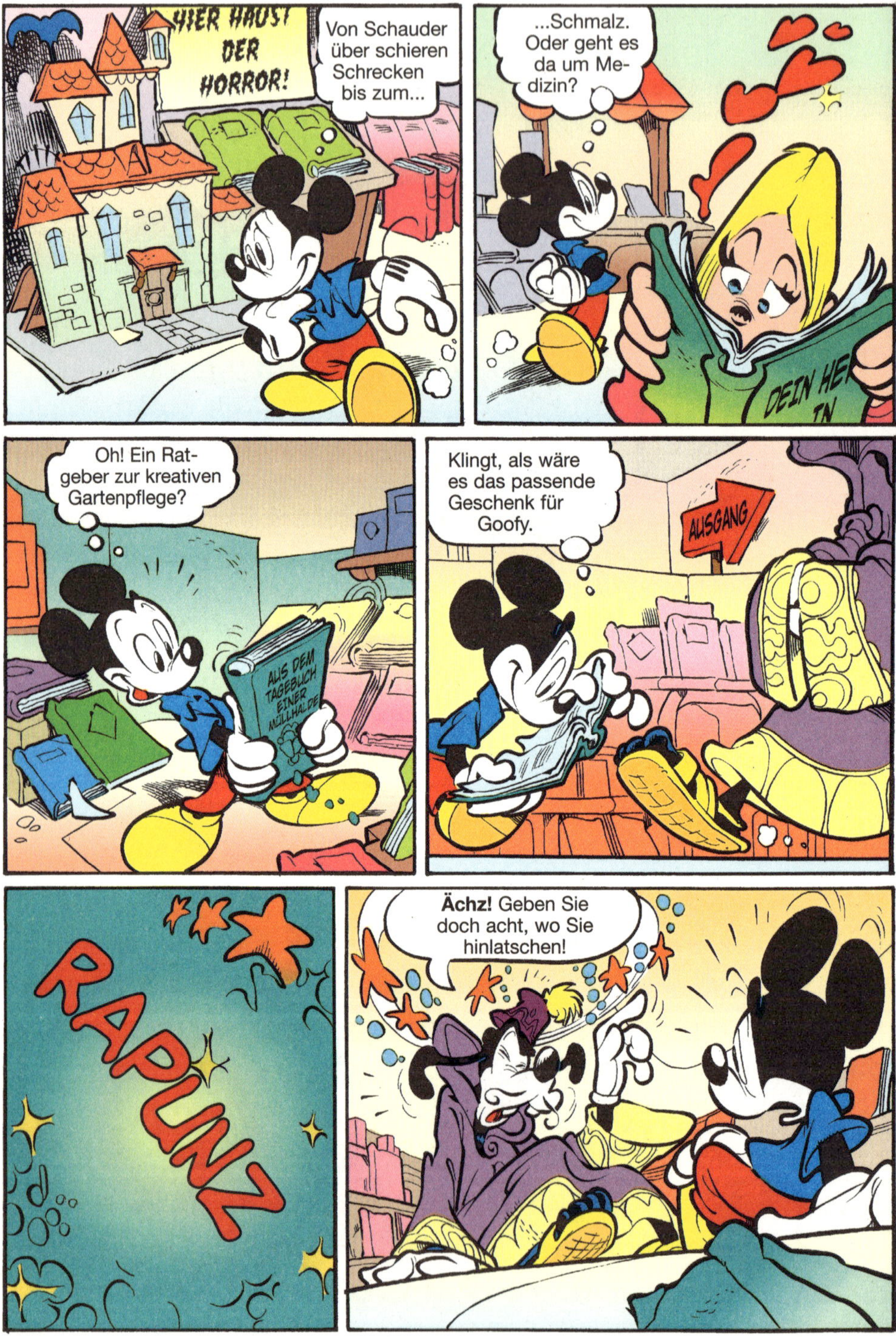
HIER HAUST DER HORROR!
Von Schauder über schieren Schrecken bis zum...
...Schmalz. Oder geht es da um Medizin?
Oh! Ein Ratgeber zur kreativen Gartenpflege?
AUS DEM TAGEBUCH EINER MÜLLHALDE
Klingt, als wäre es das passende Geschenk für Goofy.
AUSGANG
RAPUNZ
Ächz! Geben Sie doch acht, wo Sie hinlatschen!

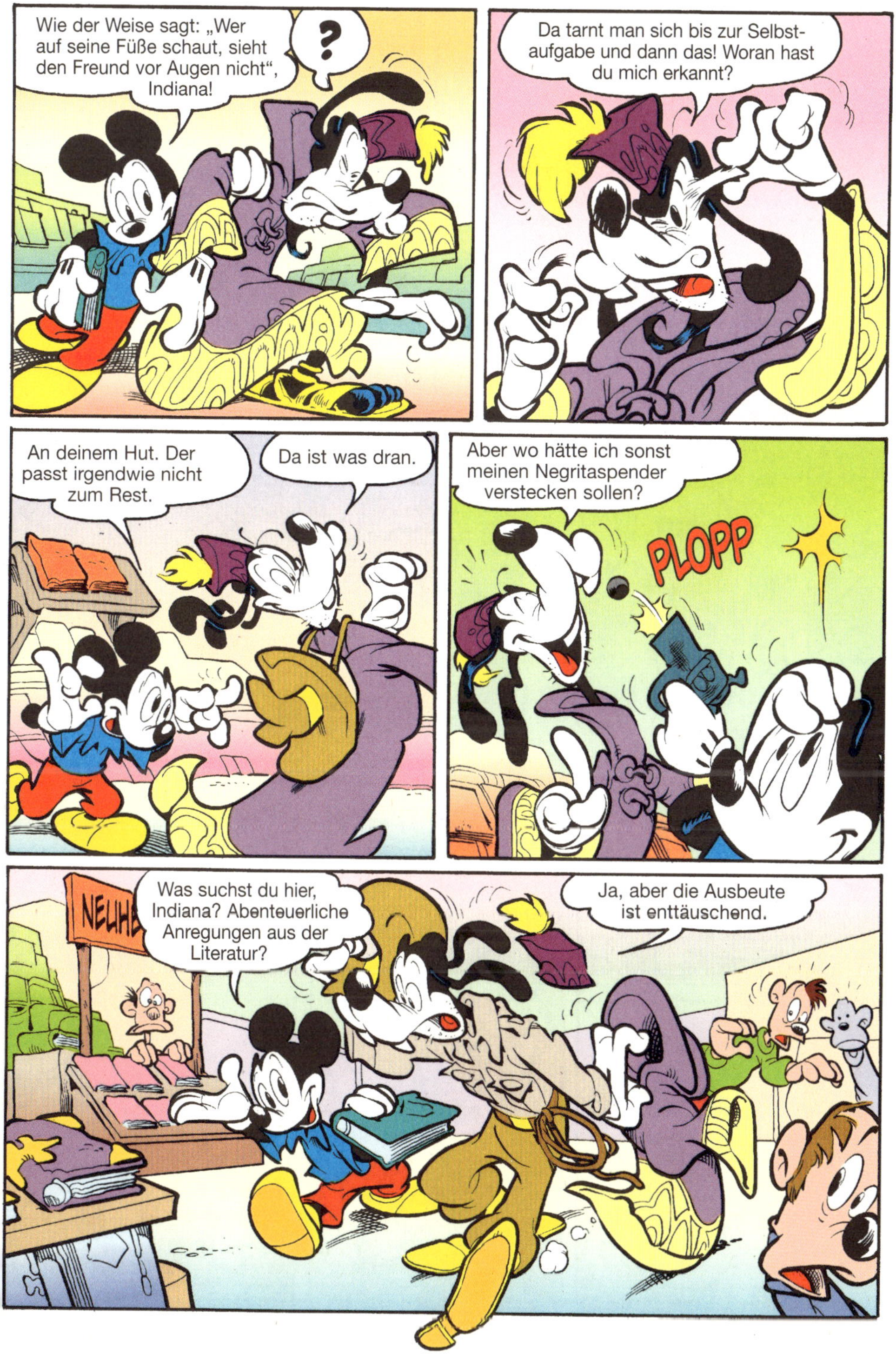
Wie der Weise sagt: „Wer auf seine Füße schaut, sieht den Freund vor Augen nicht“, Indiana!
?
Da tarnt man sich bis zur Selbstaufgabe und dann das! Woran hast du mich erkannt?
An deinem Hut. Der passt irgendwie nicht zum Rest.
Da ist was dran.
Aber wo hätte ich sonst meinen Negritaspender verstecken sollen?
PLOPP
NEUHE
Was suchst du hier, Indiana? Abenteuerliche Anregungen aus der Literatur?
Ja, aber die Ausbeute ist enttäuschend.

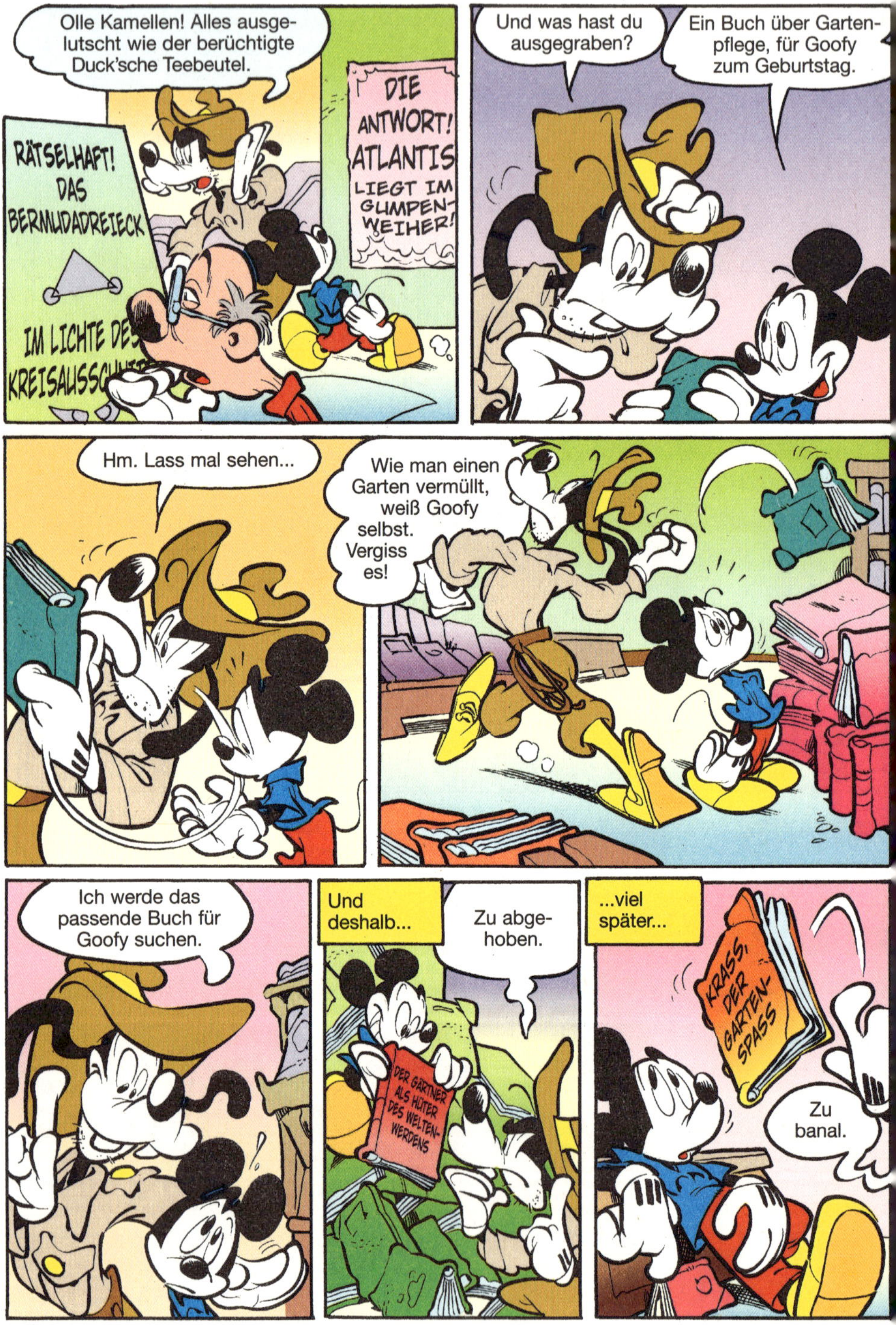
Olle Kamellen! Alles ausgelutscht wie der berüchtigte Duck'sche Teebeutel.
RÄTSELHAFT! DAS BERMUDADREIECK
IM LICHTE DES KREISAUSSCHN
DIE ANTWORT! ATLANTIS LIEGT IM GUMPENWEIHER!
Und was hast du ausgegraben?
Ein Buch über Gartenpflege, für Goofy zum Geburtstag.
Hm. Lass mal sehen...
Wie man einen Garten vermüllt, weiß Goofy selbst. Vergiss es!
Ich werde das passende Buch für Goofy suchen.
Und deshalb...
Zu abgehoben.
DER GÄRTNER ALS HÜTER DES WELTENWERDENS
...viel später...
KRASS, DER GARTENSPASS
Zu banal.

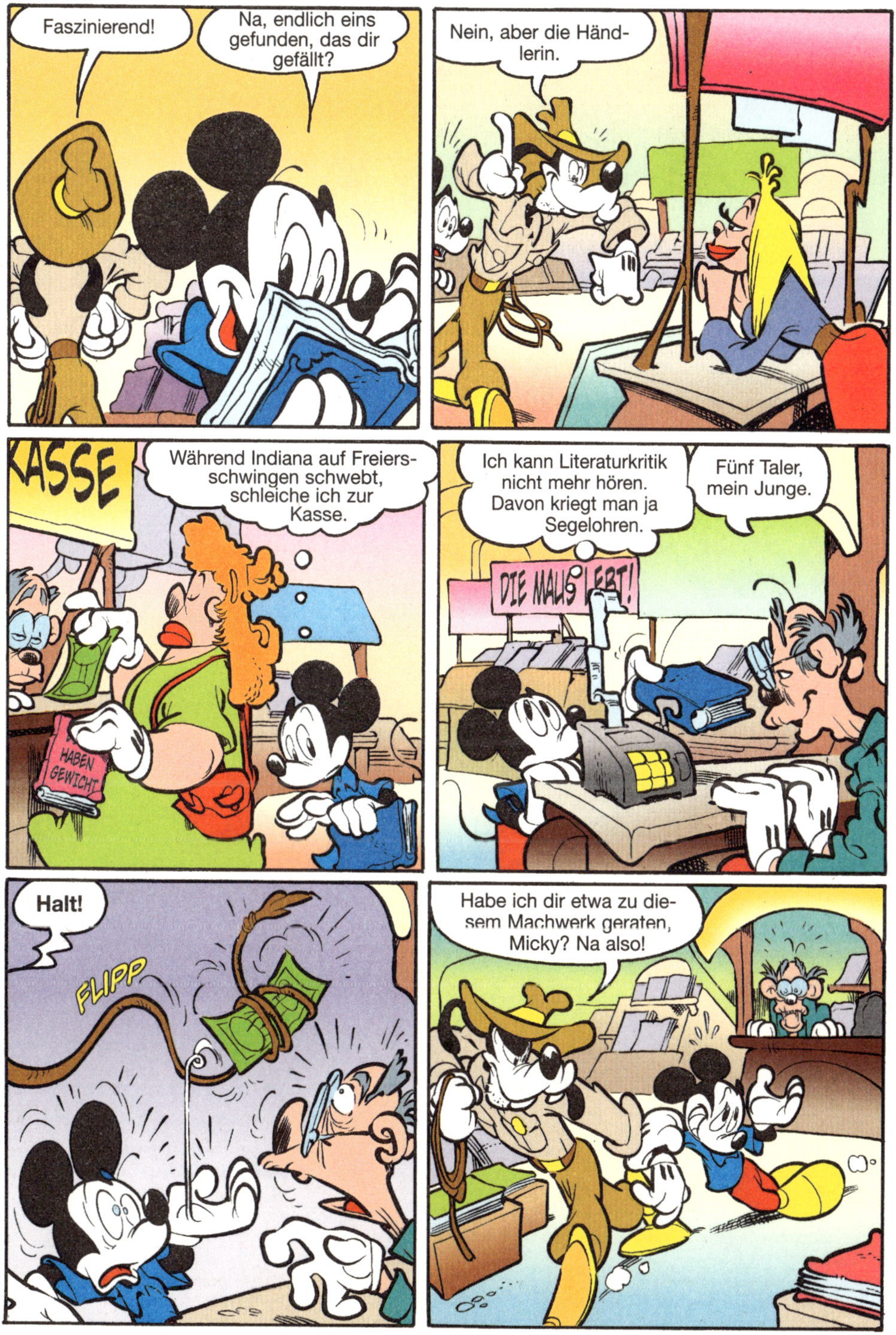
Faszinierend!
Na, endlich eins gefunden, das dir gefällt?
Nein, aber die Händlerin.
KASSE
Während Indiana auf Freiersschwingen schwebt, schleiche ich zur Kasse.
HABEN GEWICHT
Ich kann Literaturkritik nicht mehr hören. Davon kriegt man ja Segelohren.
DIE MAUS LEBT!
Fünf Taler, mein Junge.
Halt!
FLIPP
Habe ich dir etwa zu diesem Machwerk geraten, Micky? Na also!

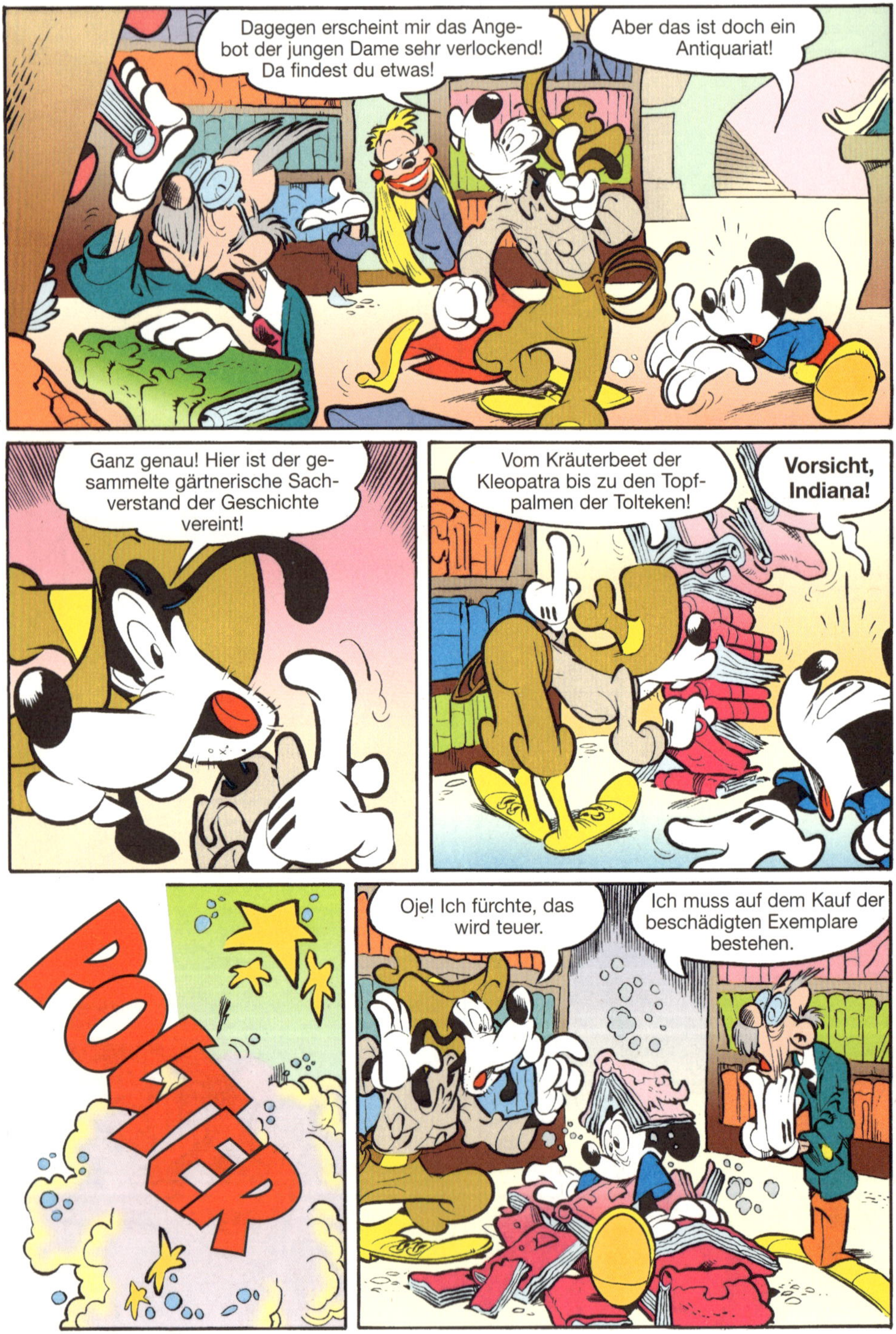

Dagegen erscheint mir das Angebot der jungen Dame sehr verlockend! Da findest du etwas!
Aber das ist doch ein Antiquariat!
Ganz genau! Hier ist der gesammelte gärtnerische Sachverstand der Geschichte vereint!
Vom Kräuterbeet der Kleopatra bis zu den Topfpalmen der Tolteken!
Vorsicht, Indiana!
POLTER
Oje! Ich fürchte, das wird teuer.
Ich muss auf dem Kauf der beschädigten Exemplare bestehen.

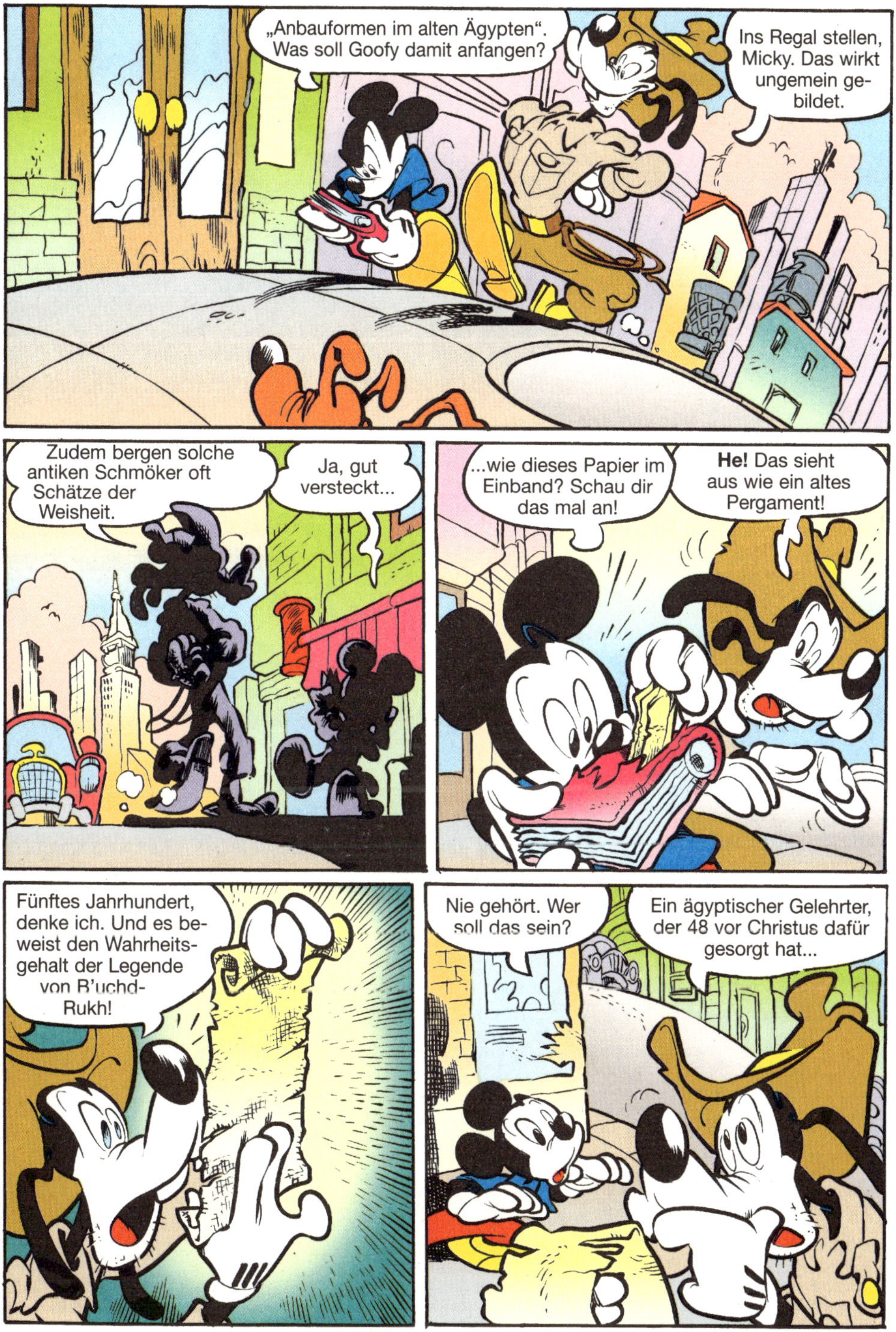
„Anbauformen im alten Ägypten". Was soll Goofy damit anfangen?
Ins Regal stellen, Micky. Das wirkt ungemein gebildet.
Zudem bergen solche antiken Schmöker oft Schätze der Weisheit.
Ja, gut versteckt...
...wie dieses Papier im Einband? Schau dir das mal an!
He! Das sieht aus wie ein altes Pergament!
Fünftes Jahrhundert, denke ich. Und es beweist den Wahrheitsgehalt der Legende von B'uchd-Rukh!
Nie gehört. Wer soll das sein?
Ein ägyptischer Gelehrter, der 48 vor Christus dafür gesorgt hat...

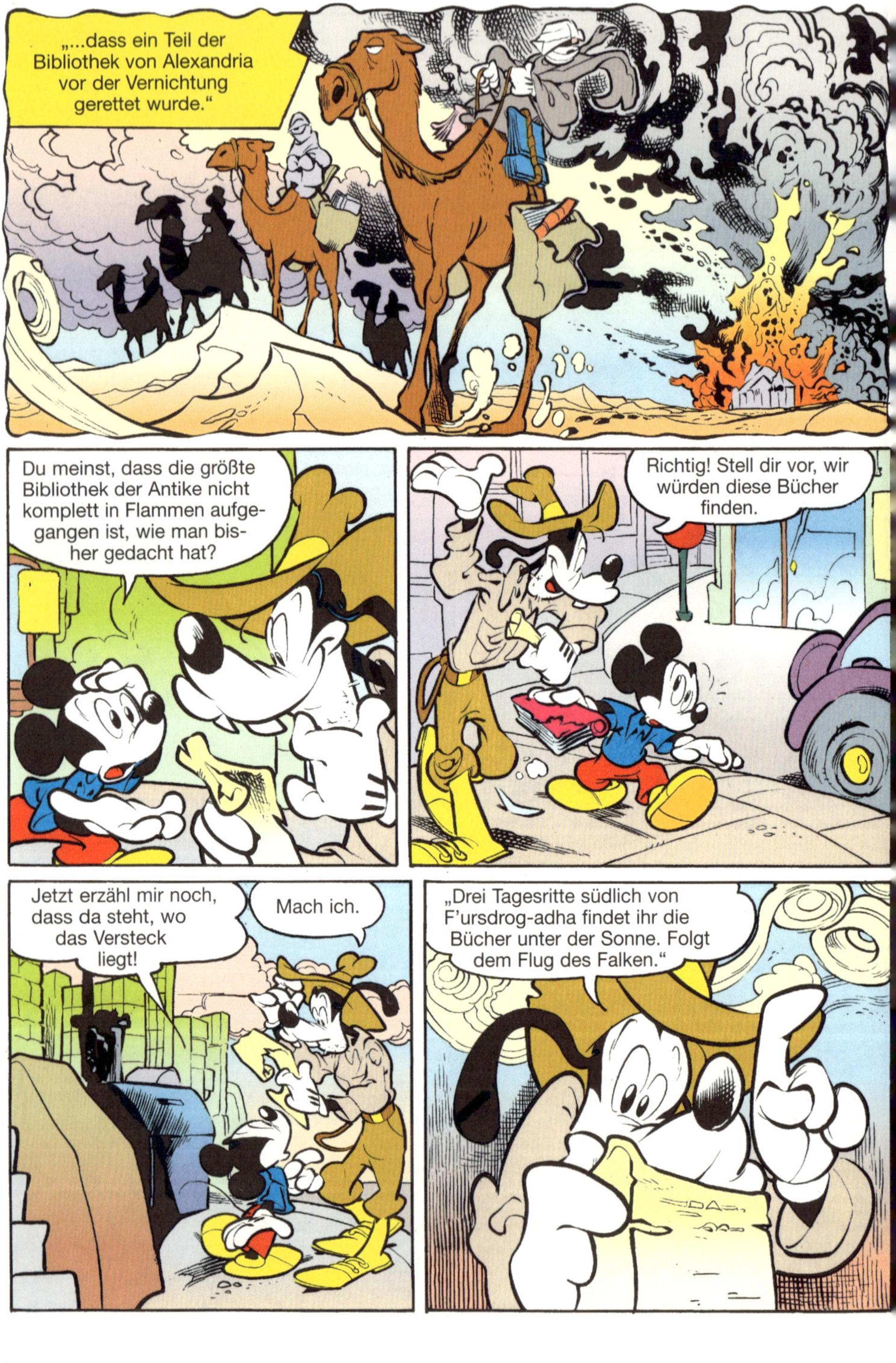
„...dass ein Teil der Bibliothek von Alexandria vor der Vernichtung gerettet wurde."
Du meinst, dass die größte Bibliothek der Antike nicht komplett in Flammen aufgegangen ist, wie man bisher gedacht hat?
Richtig! Stell dir vor, wir würden diese Bücher finden.
Jetzt erzähl mir noch, dass da steht, wo das Versteck liegt!
Mach ich.
„Drei Tagesritte südlich von F'ursdrog-adha findet ihr die Bücher unter der Sonne. Folgt dem Flug des Falken."

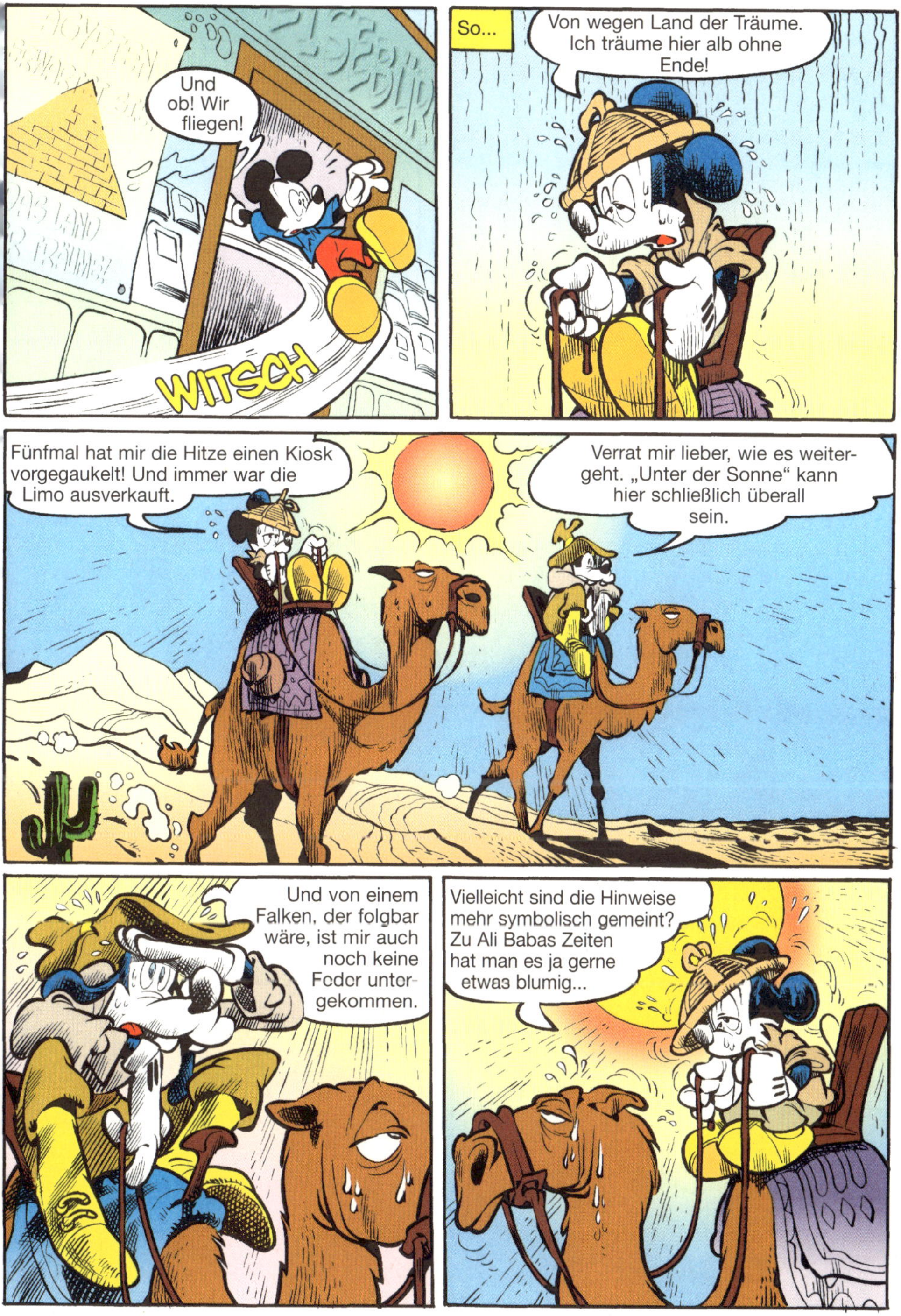
Und ob! Wir fliegen!
WITSCH
So...
Von wegen Land der Träume. Ich träume hier alb ohne Ende!
Fünfmal hat mir die Hitze einen Kiosk vorgegaukelt! Und immer war die Limo ausverkauft.
Verrat mir lieber, wie es weitergeht. „Unter der Sonne“ kann hier schließlich überall sein.
Und von einem Falken, der folgbar wäre, ist mir auch noch keine Feder untergekommen.
Vielleicht sind die Hinweise mehr symbolisch gemeint? Zu Ali Babas Zeiten hat man es ja gerne etwas blumig...

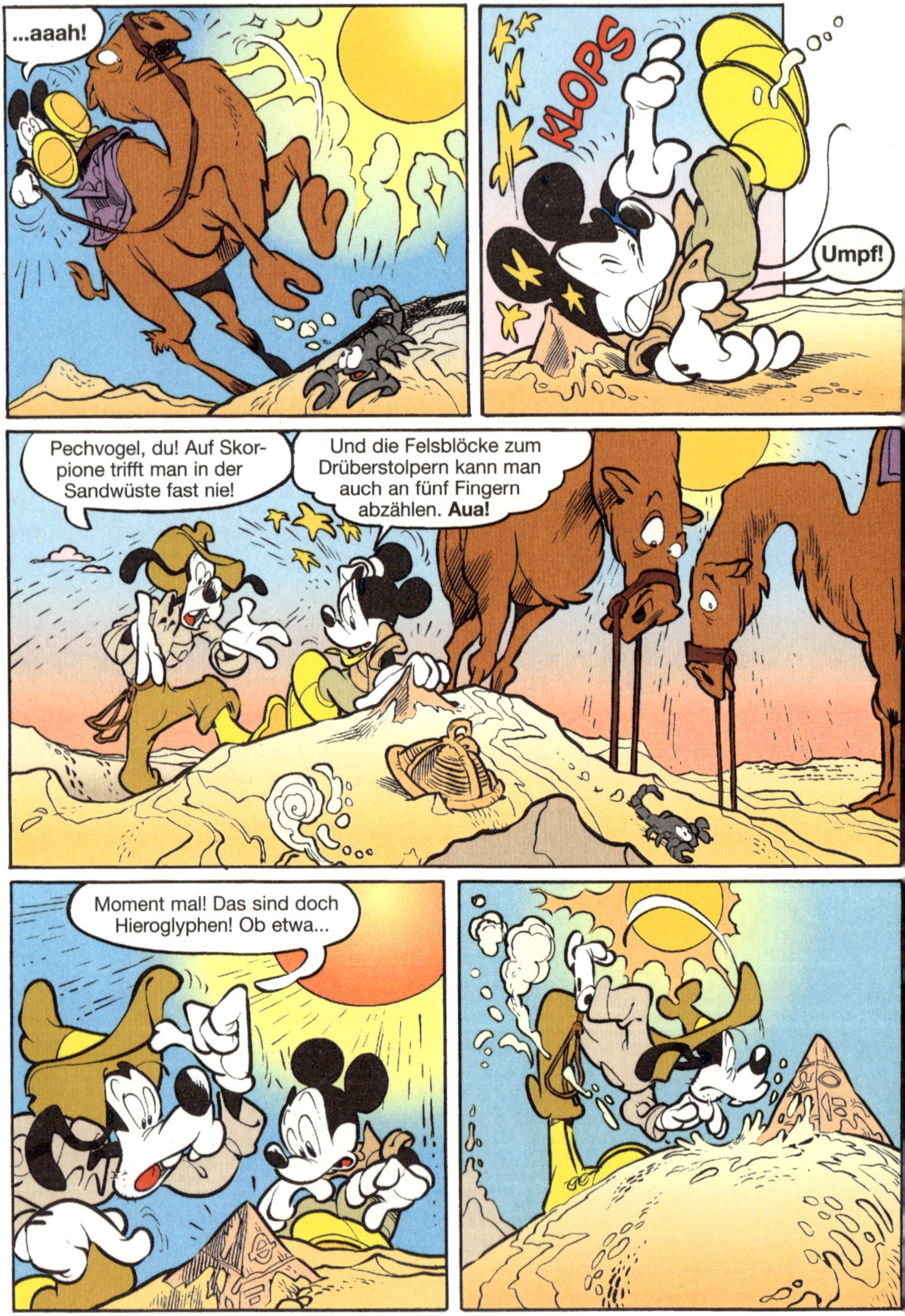
...aaah!
KLOPS
Umpf!
Pechvogel, du! Auf Skorpione trifft man in der Sandwüste fast nie!
Und die Felsblöcke zum Drüberstolpern kann man auch an fünf Fingern abzählen. **Aua!**
Moment mal! Das sind doch Hieroglyphen! Ob etwa...

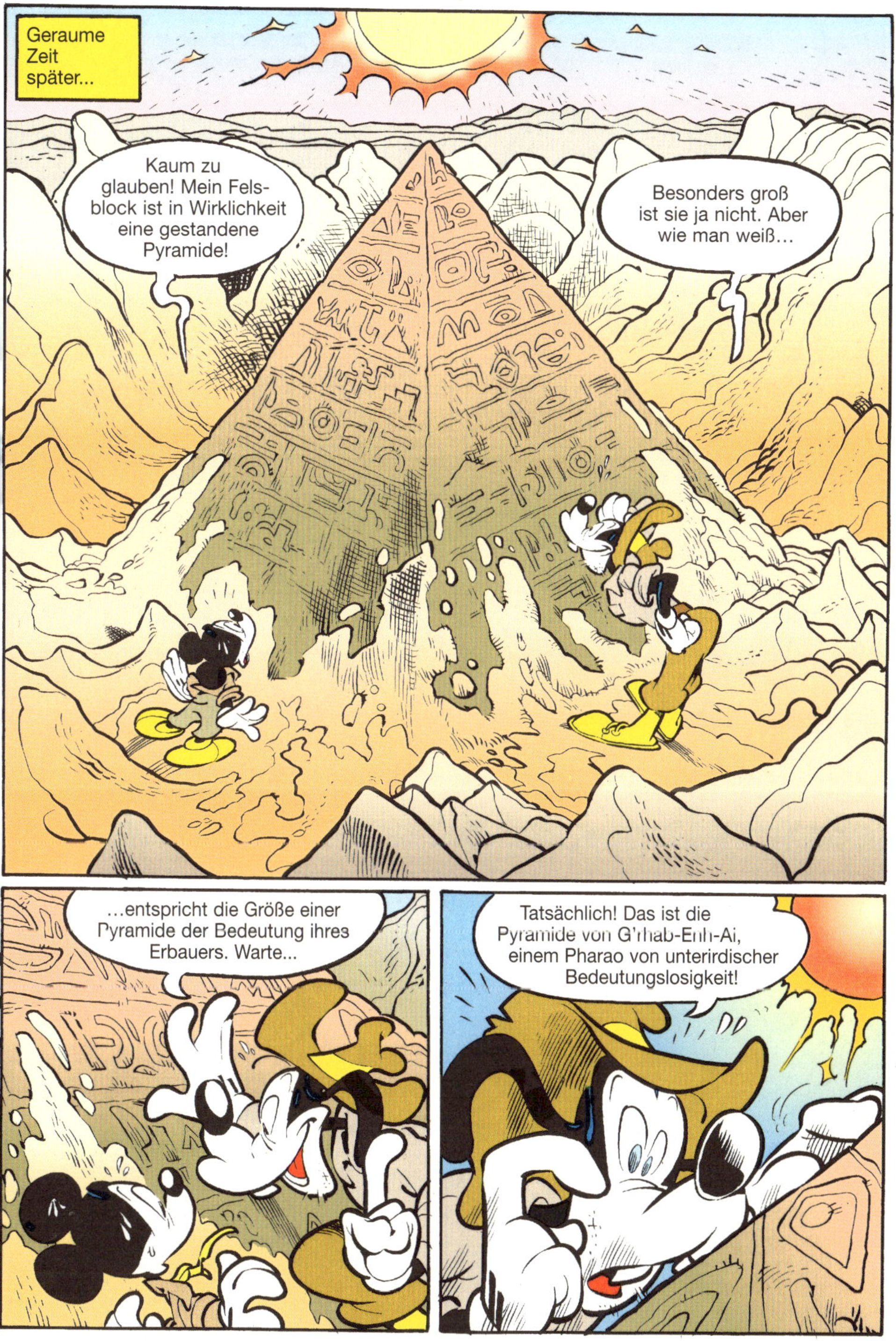
Geraume Zeit später...
Kaum zu glauben! Mein Felsblock ist in Wirklichkeit eine gestandene Pyramide!
Besonders groß ist sie ja nicht. Aber wie man weiß...
...entspricht die Größe einer Pyramide der Bedeutung ihres Erbauers. Warte...
Tatsächlich! Das ist die Pyramide von G'rhab-Enh-Ai, einem Pharao von unterirdischer Bedeutungslosigkeit!

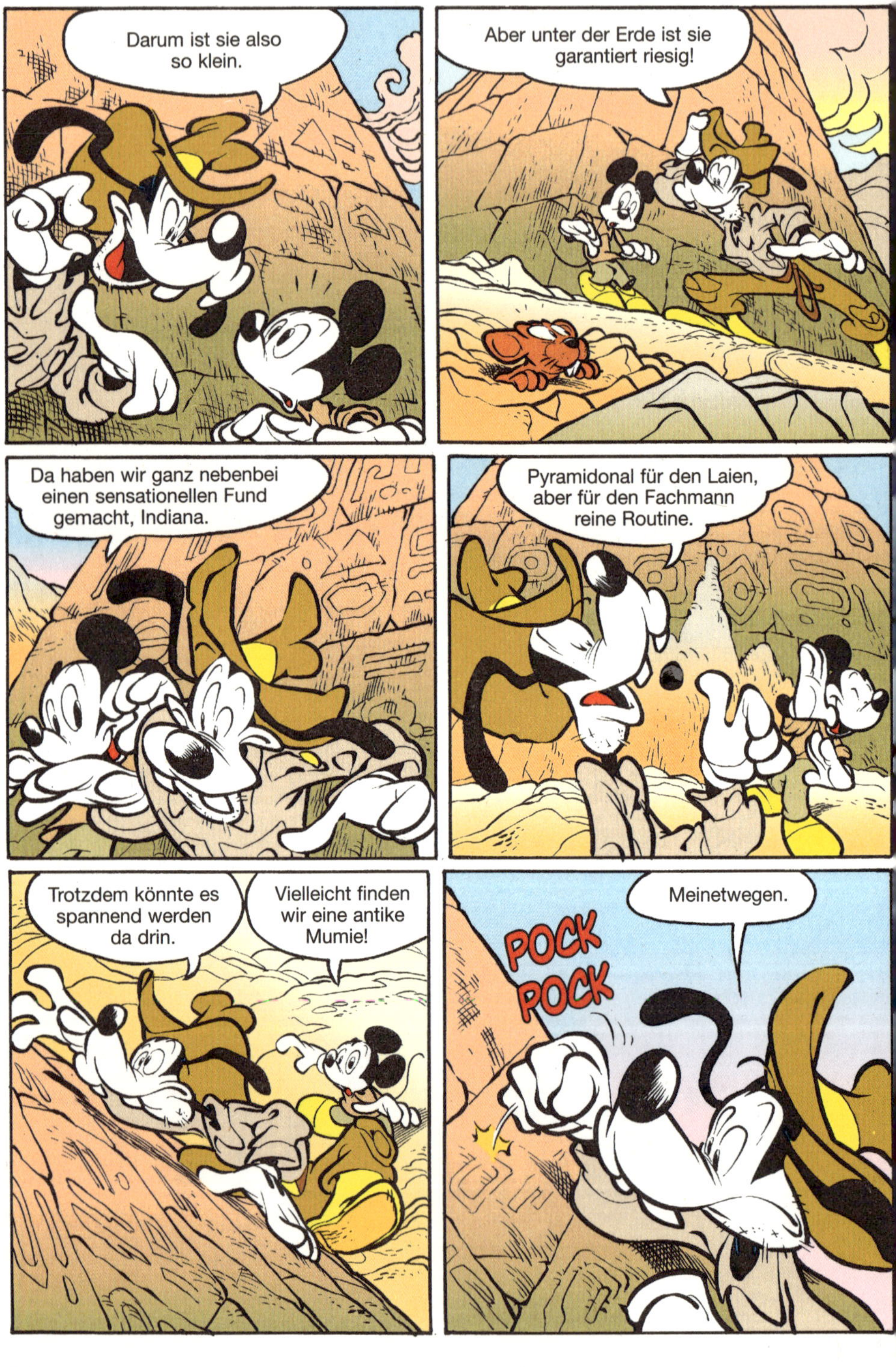

Darum ist sie also so klein.
Aber unter der Erde ist sie garantiert riesig!
Da haben wir ganz nebenbei einen sensationellen Fund gemacht, Indiana.
Pyramidonal für den Laien, aber für den Fachmann reine Routine.
Trotzdem könnte es spannend werden da drin.
Vielleicht finden wir eine antike Mumie!
POCK POCK
Meinetwegen.

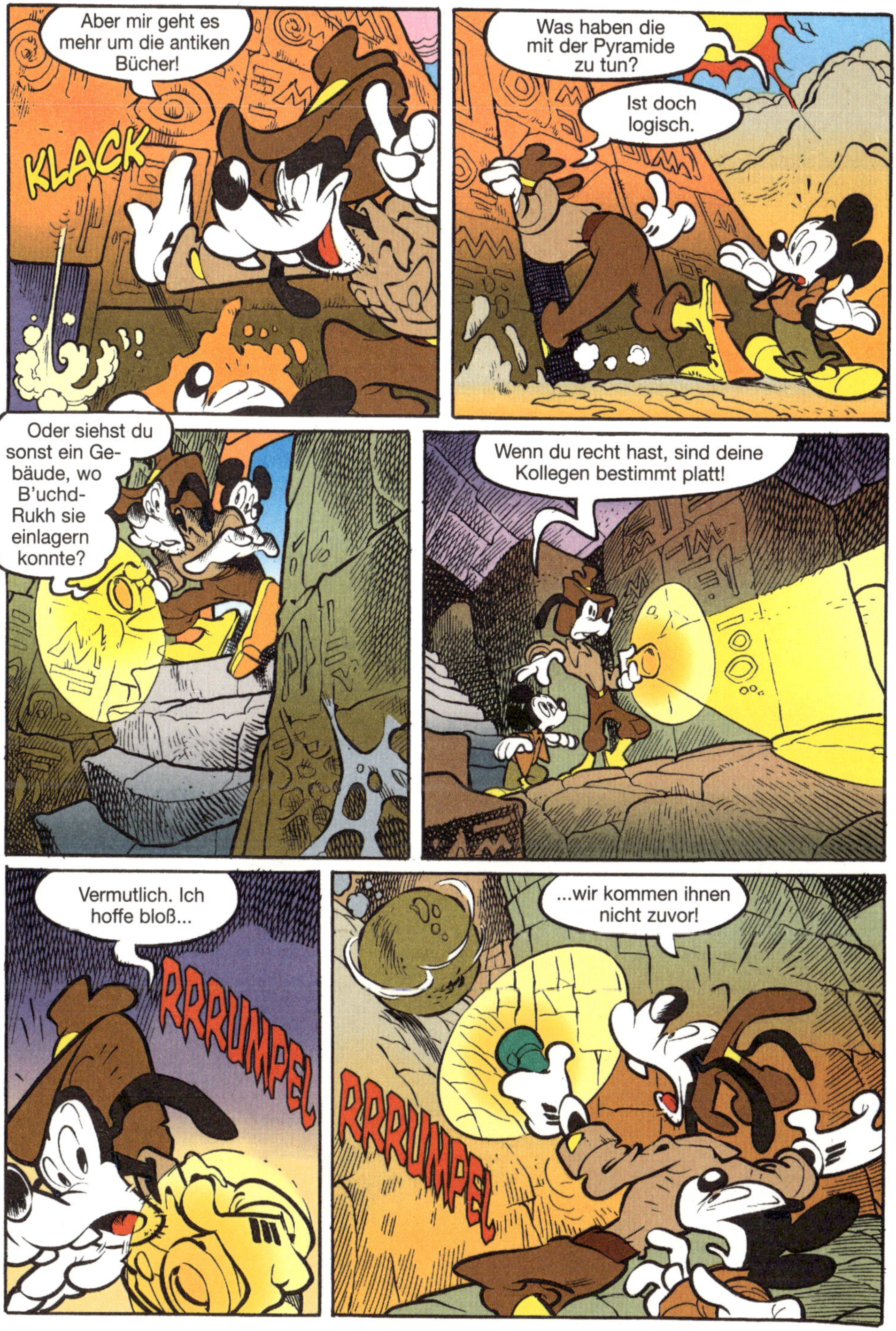
Aber mir geht es mehr um die antiken Bücher!
KLACK
Was haben die mit der Pyramide zu tun?
Ist doch logisch.
Oder siehst du sonst ein Gebäude, wo B'uchd-Rukh sie einlagern konnte?
Wenn du recht hast, sind deine Kollegen bestimmt platt!
Vermutlich. Ich hoffe bloß...
RRRUMPEL
...wir kommen ihnen nicht zuvor!
RRRUMPEL

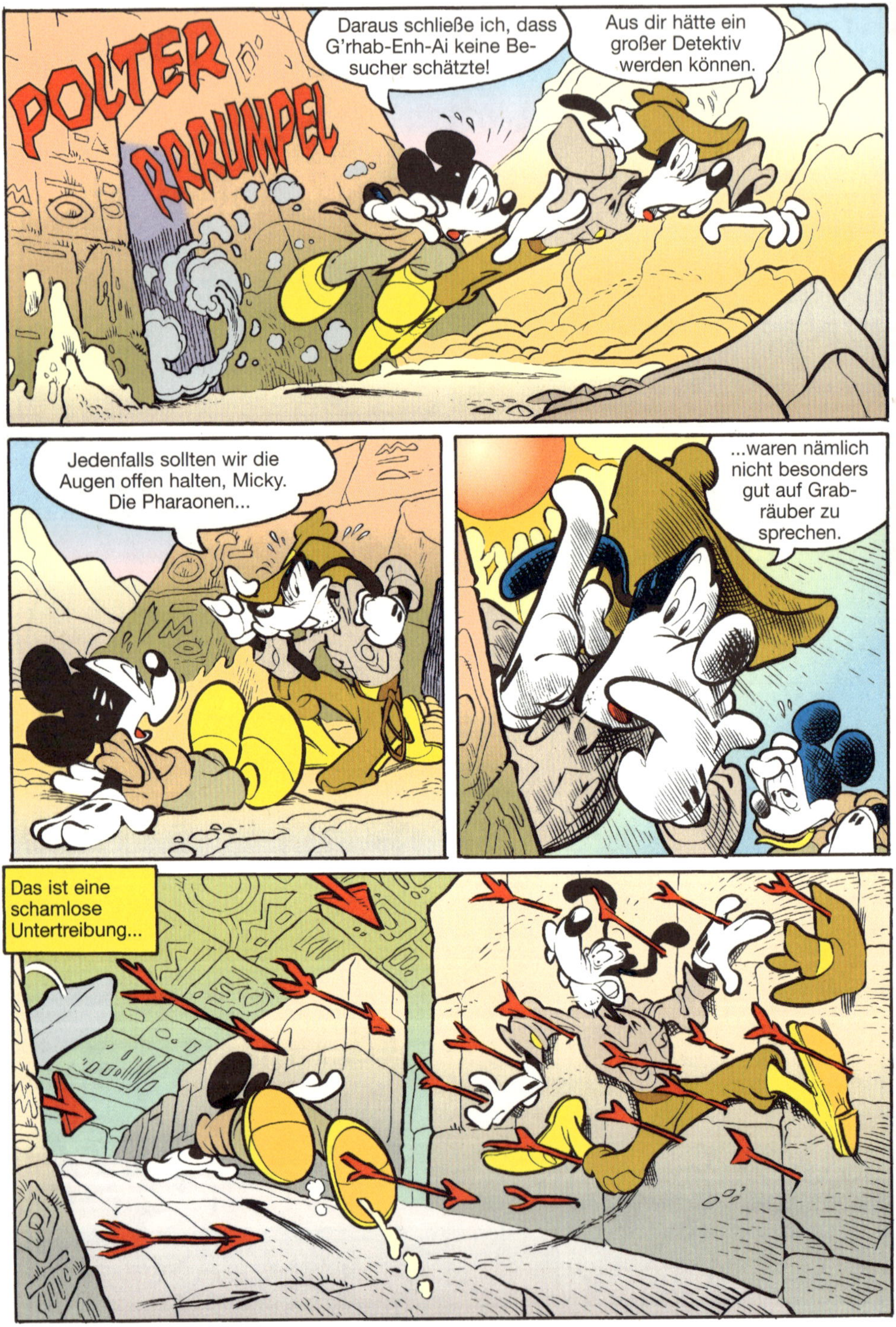
POLTER
RRRUMPEL
Daraus schließe ich, dass G'rhab-Enh-Ai keine Besucher schätzte!
Aus dir hätte ein großer Detektiv werden können.
Jedenfalls sollten wir die Augen offen halten, Micky. Die Pharaonen...
...waren nämlich nicht besonders gut auf Grabräuber zu sprechen.
Das ist eine schamlose Untertreibung...

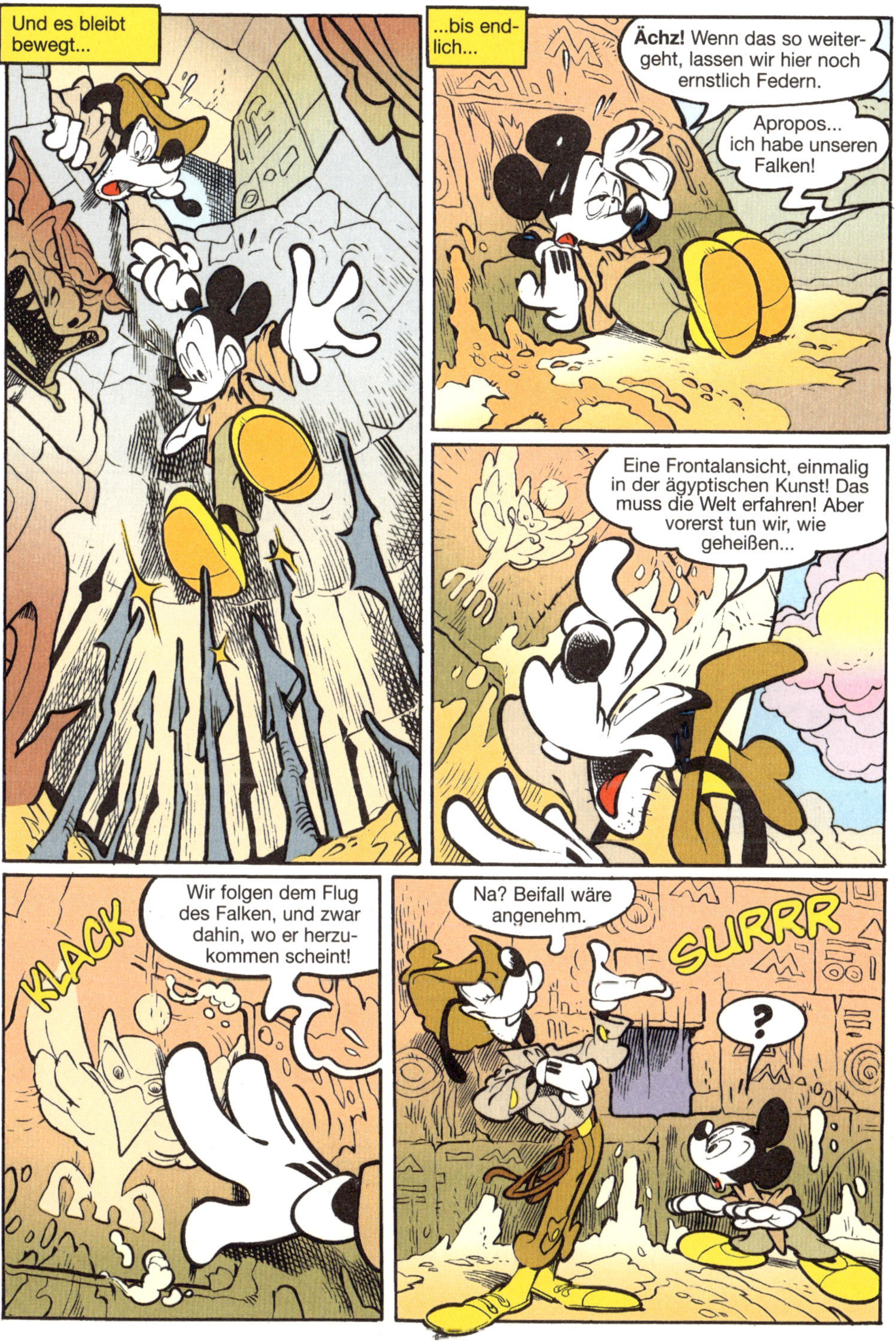
Und es bleibt bewegt...
...bis endlich...
Ächz! Wenn das so weitergeht, lassen wir hier noch ernstlich Federn.
Apropos... ich habe unseren Falken!
Eine Frontalansicht, einmalig in der ägyptischen Kunst! Das muss die Welt erfahren! Aber vorerst tun wir, wie geheißen...
KLACK
Wir folgen dem Flug des Falken, und zwar dahin, wo er herzukommen scheint!
Na? Beifall wäre angenehm.
SURRR
?

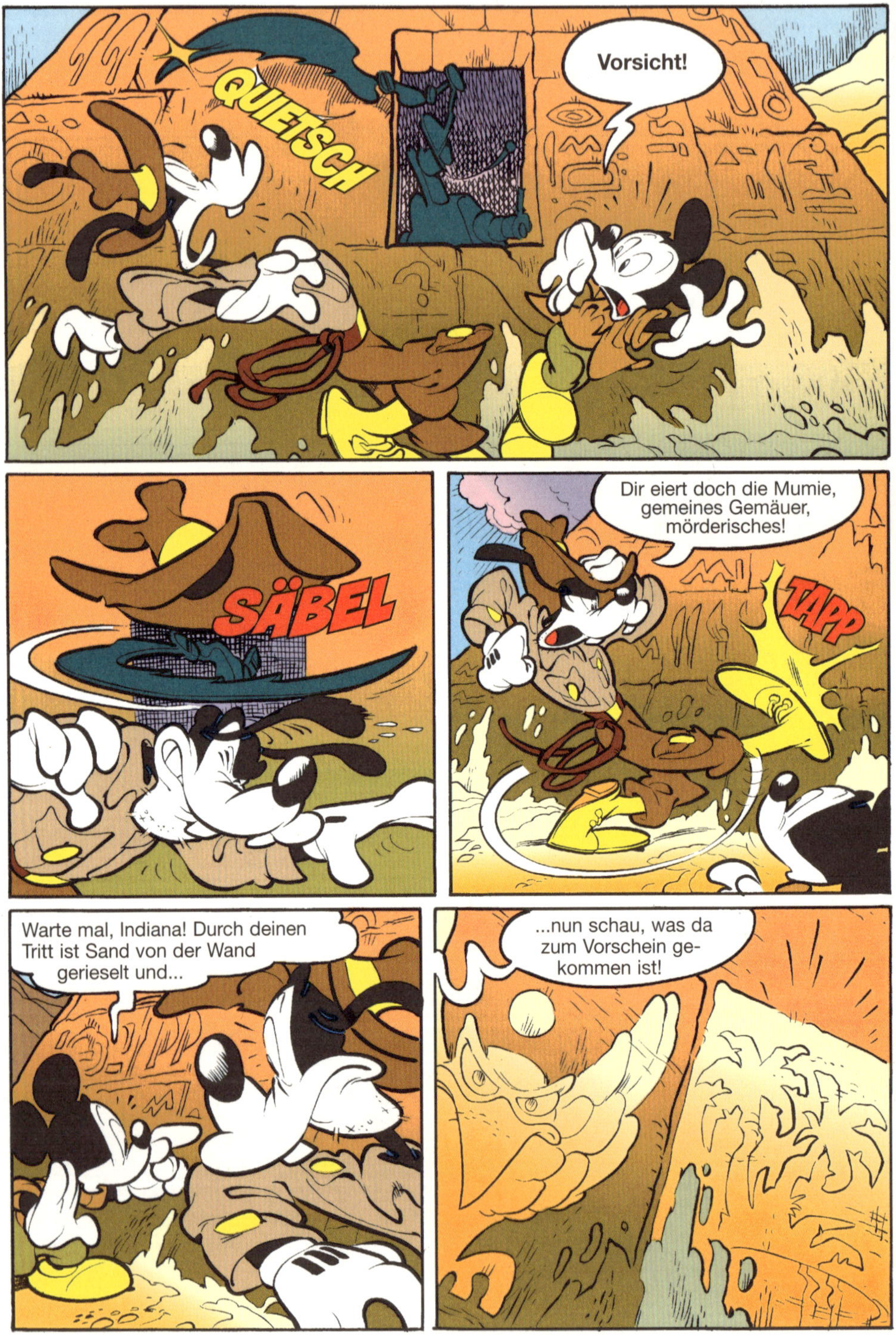
QUIETSCH
Vorsicht!
SÄBEL
Dir eiert doch die Mumie, gemeines Gemäuer, mörderisches!
TAPP
Warte mal, Indiana! Durch deinen Tritt ist Sand von der Wand gerieselt und...
...nun schau, was da zum Vorschein gekommen ist!

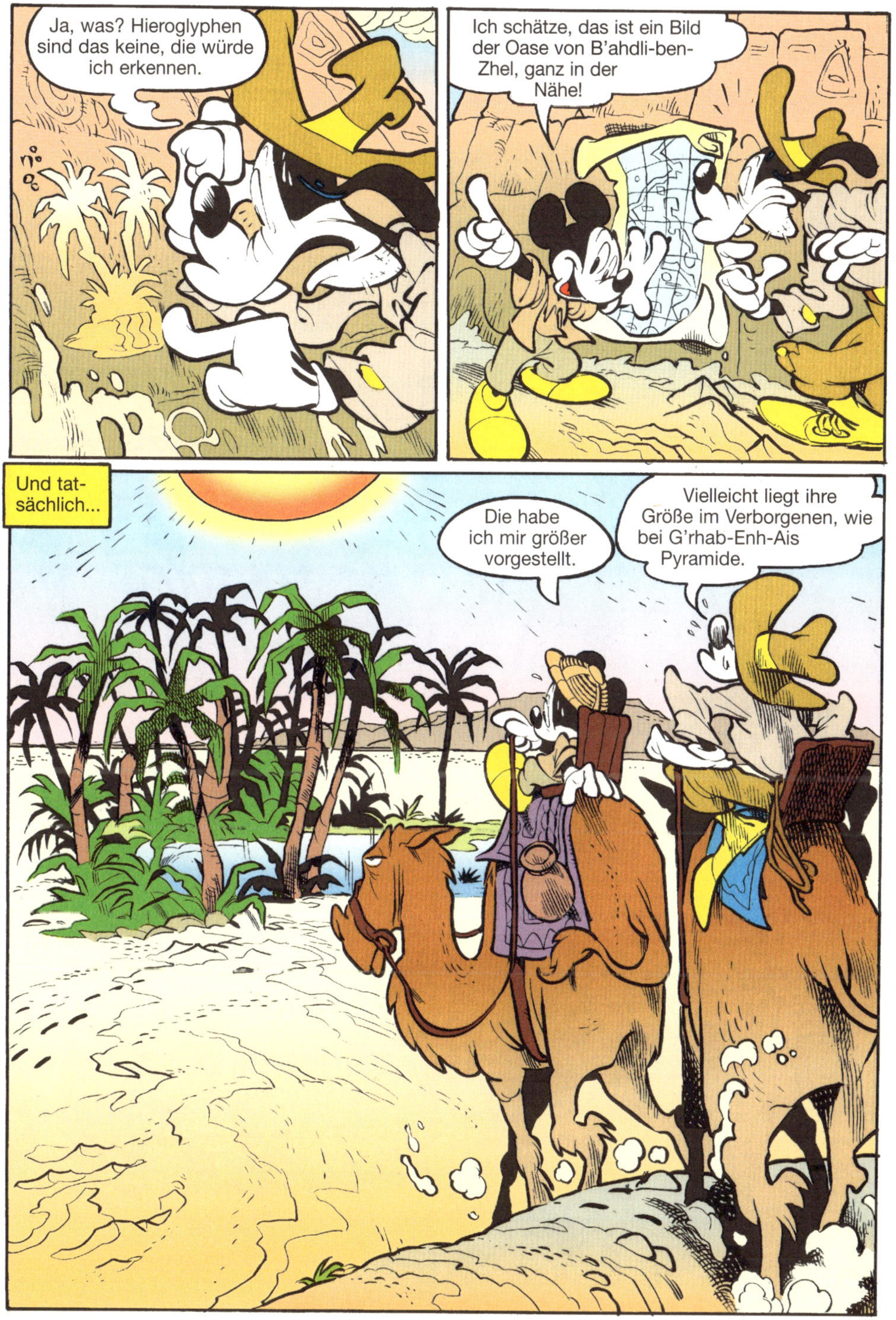
Ja, was? Hieroglyphen sind das keine, die würde ich erkennen.
Ich schätze, das ist ein Bild der Oase von B'ahdli-ben-Zhel, ganz in der Nähe!
Und tatsächlich...
Die habe ich mir größer vorgestellt.
Vielleicht liegt ihre Größe im Verborgenen, wie bei G'rhab-Enh-Ais Pyramide.

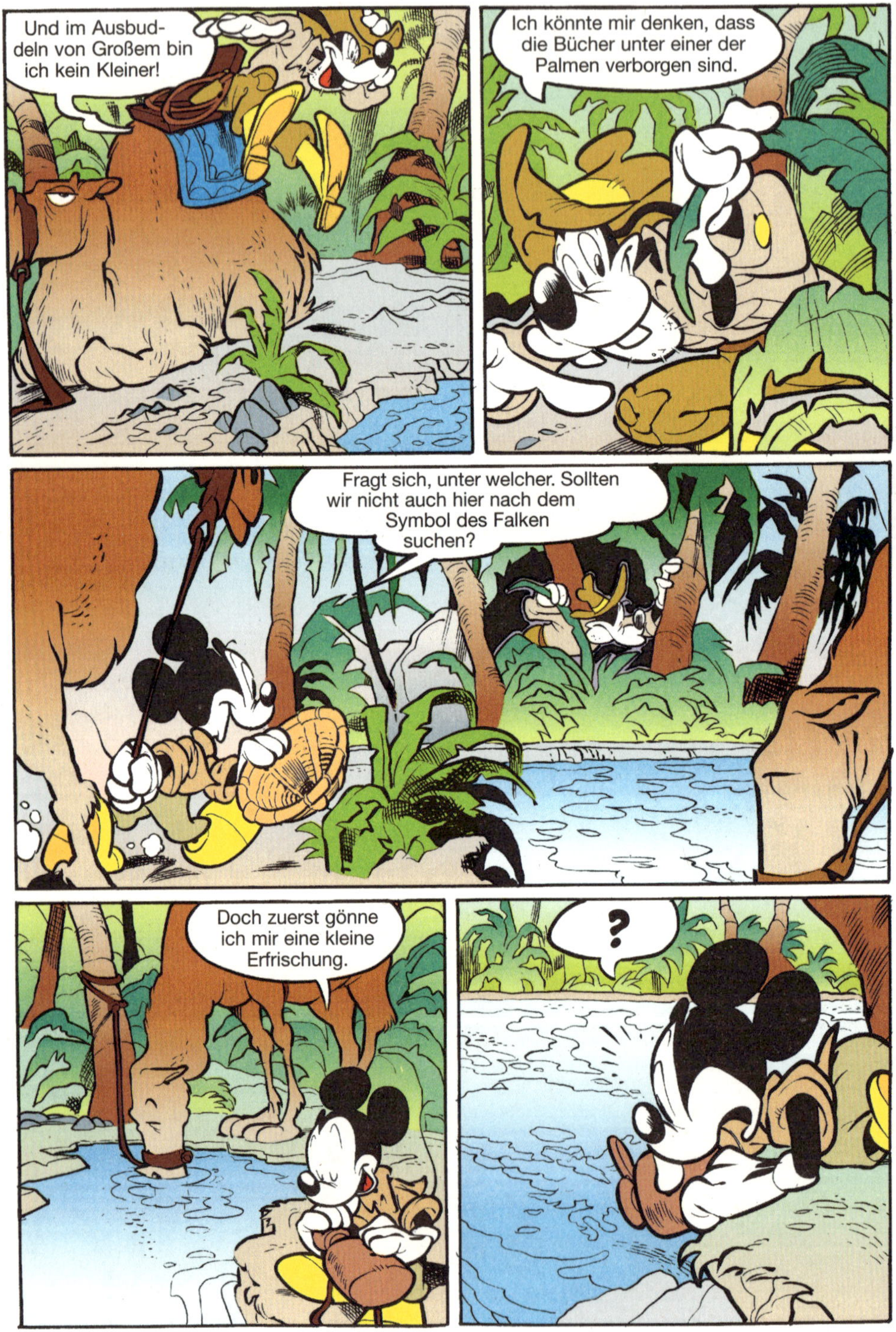
Und im Ausbuddeln von Großem bin ich kein Kleiner!
Ich könnte mir denken, dass die Bücher unter einer der Palmen verborgen sind.
Fragt sich, unter welcher. Sollten wir nicht auch hier nach dem Symbol des Falken suchen?
Doch zuerst gönne ich mir eine kleine Erfrischung.
?

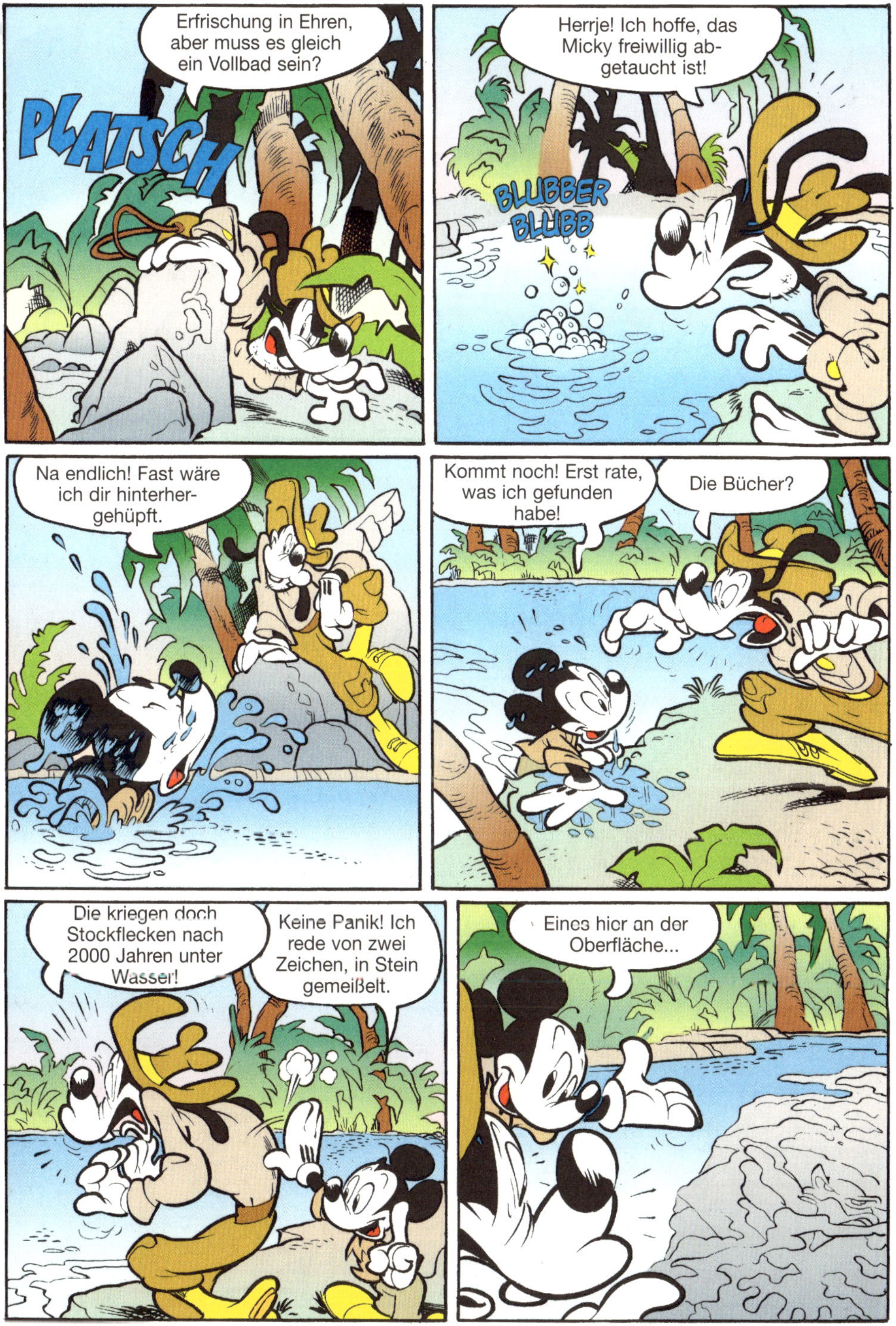
Erfrischung in Ehren, aber muss es gleich ein Vollbad sein?
PLATSCH
Herrje! Ich hoffe, das Micky freiwillig abgetaucht ist!
BLUBBER BLUBB
Na endlich! Fast wäre ich dir hinterhergehüpft.
Kommt noch! Erst rate, was ich gefunden habe!
Die Bücher?
Die kriegen doch Stockflecken nach 2000 Jahren unter Wasser!
Keine Panik! Ich rede von zwei Zeichen, in Stein gemeißelt.
Eines hier an der Oberfläche...

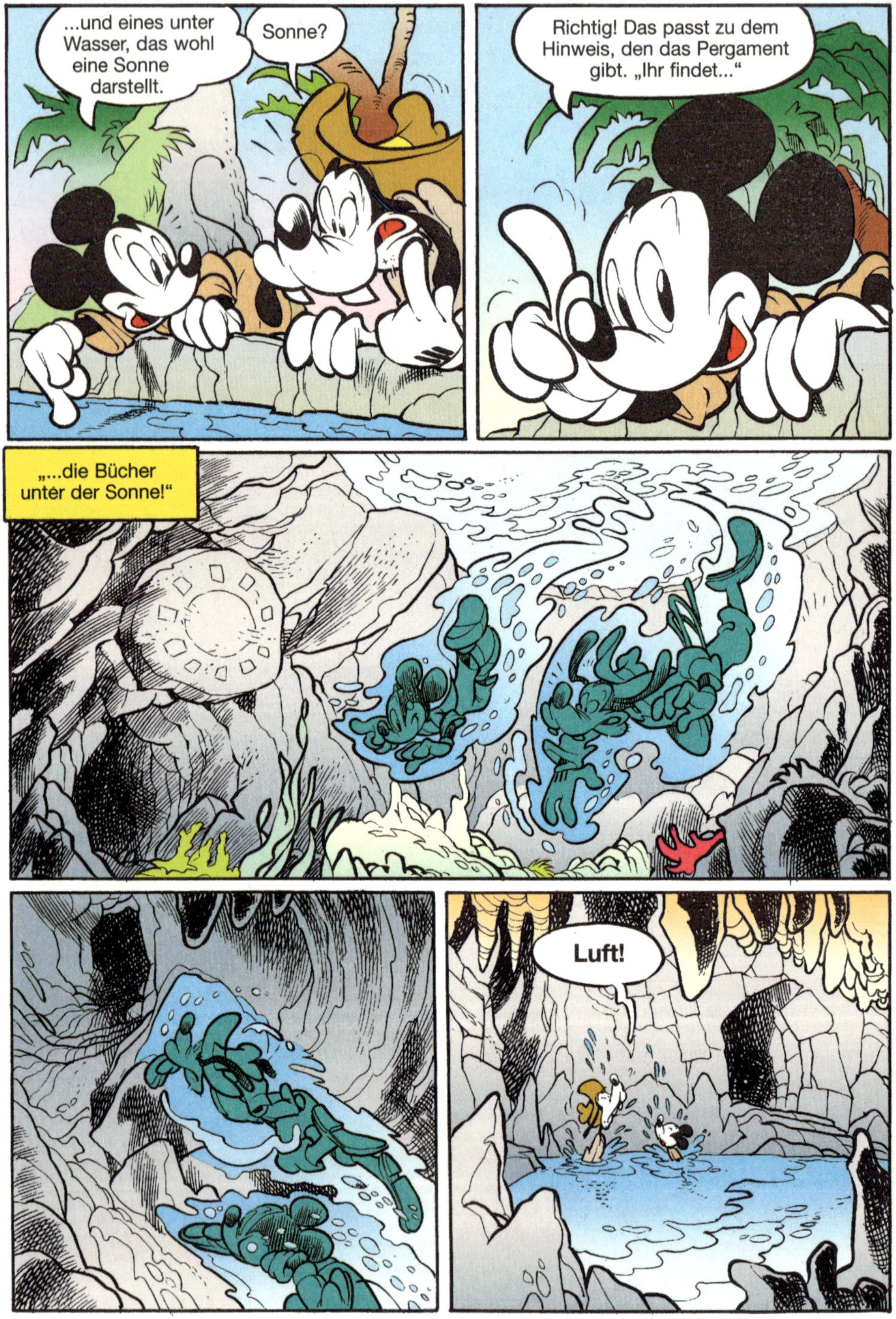
...und eines unter Wasser, das wohl eine Sonne darstellt.
Sonne?
Richtig! Das passt zu dem Hinweis, den das Pergament gibt. „Ihr findet..."
„...die Bücher unter der Sonne!"
Luft!

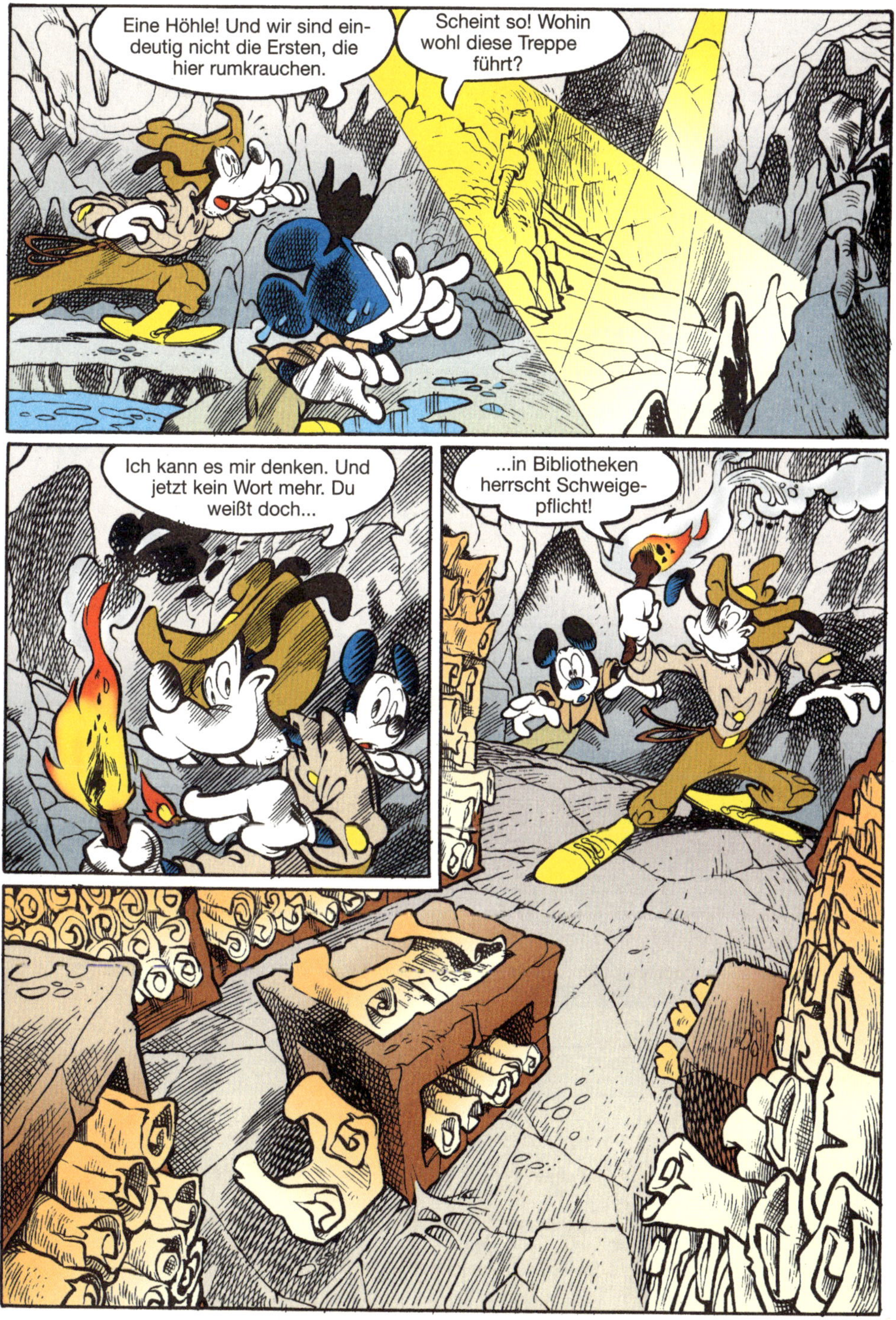
Eine Höhle! Und wir sind eindeutig nicht die Ersten, die hier rumkrauchen.
Scheint so! Wohin wohl diese Treppe führt?
Ich kann es mir denken. Und jetzt kein Wort mehr. Du weißt doch...
...in Bibliotheken herrscht Schweigepflicht!

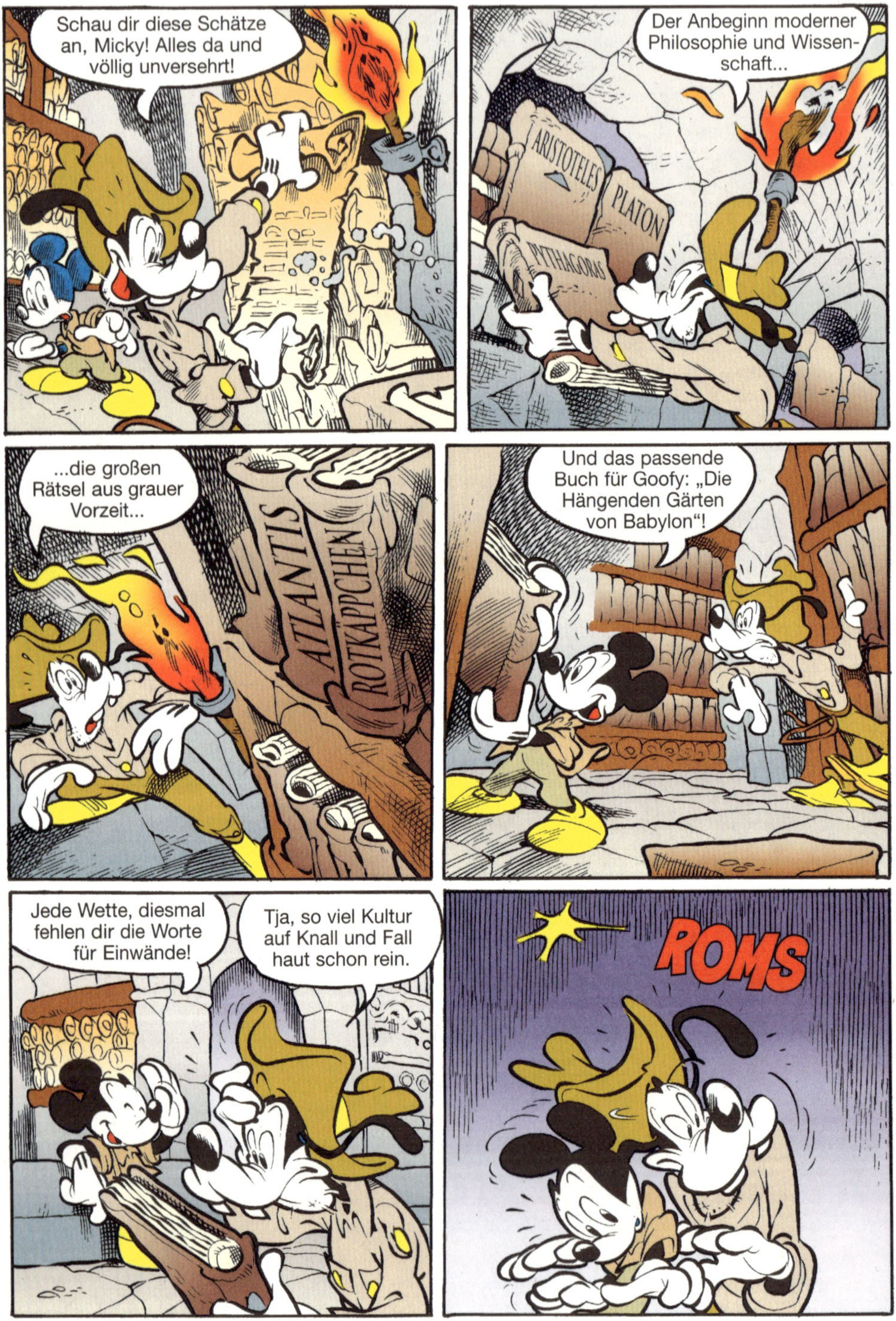
Schau dir diese Schätze an, Micky! Alles da und völlig unversehrt!
Der Anbeginn moderner Philosophie und Wissenschaft...
ARISTOTELES
PLATON
PYTHAGORAS
...die großen Rätsel aus grauer Vorzeit...
ATLANTIS
ROTKÄPPCHEN
Und das passende Buch für Goofy: „Die Hängenden Gärten von Babylon"!
Jede Wette, diesmal fehlen dir die Worte für Einwände!
Tja, so viel Kultur auf Knall und Fall haut schon rein.
ROMS

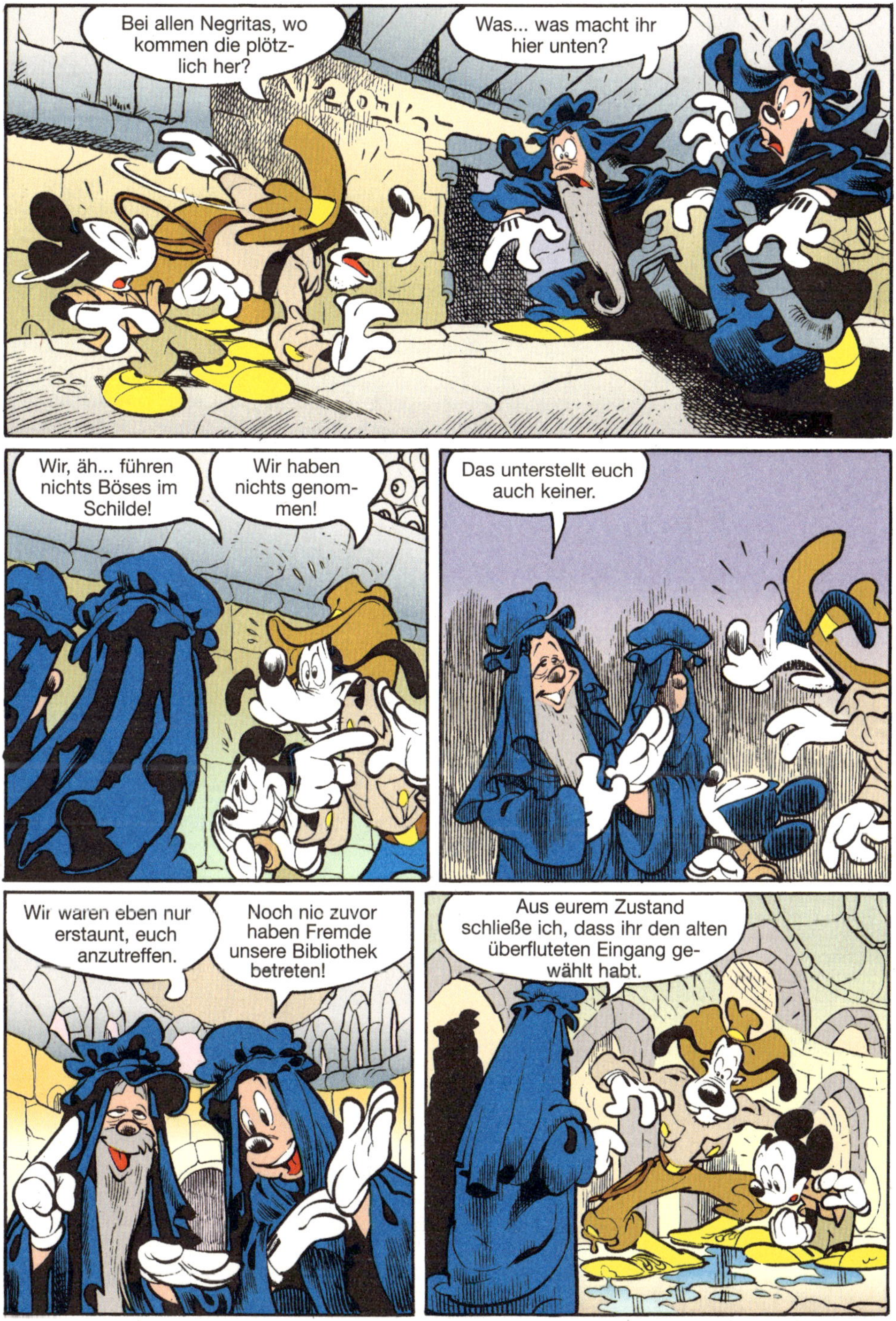
Bei allen Negritas, wo kommen die plötzlich her?
Was... was macht ihr hier unten?
Wir, äh... führen nichts Böses im Schilde!
Wir haben nichts genommen!
Das unterstellt euch auch keiner.
Wir waren eben nur erstaunt, euch anzutreffen.
Noch nie zuvor haben Fremde unsere Bibliothek betreten!
Aus eurem Zustand schließe ich, dass ihr den alten überfluteten Eingang gewählt habt.

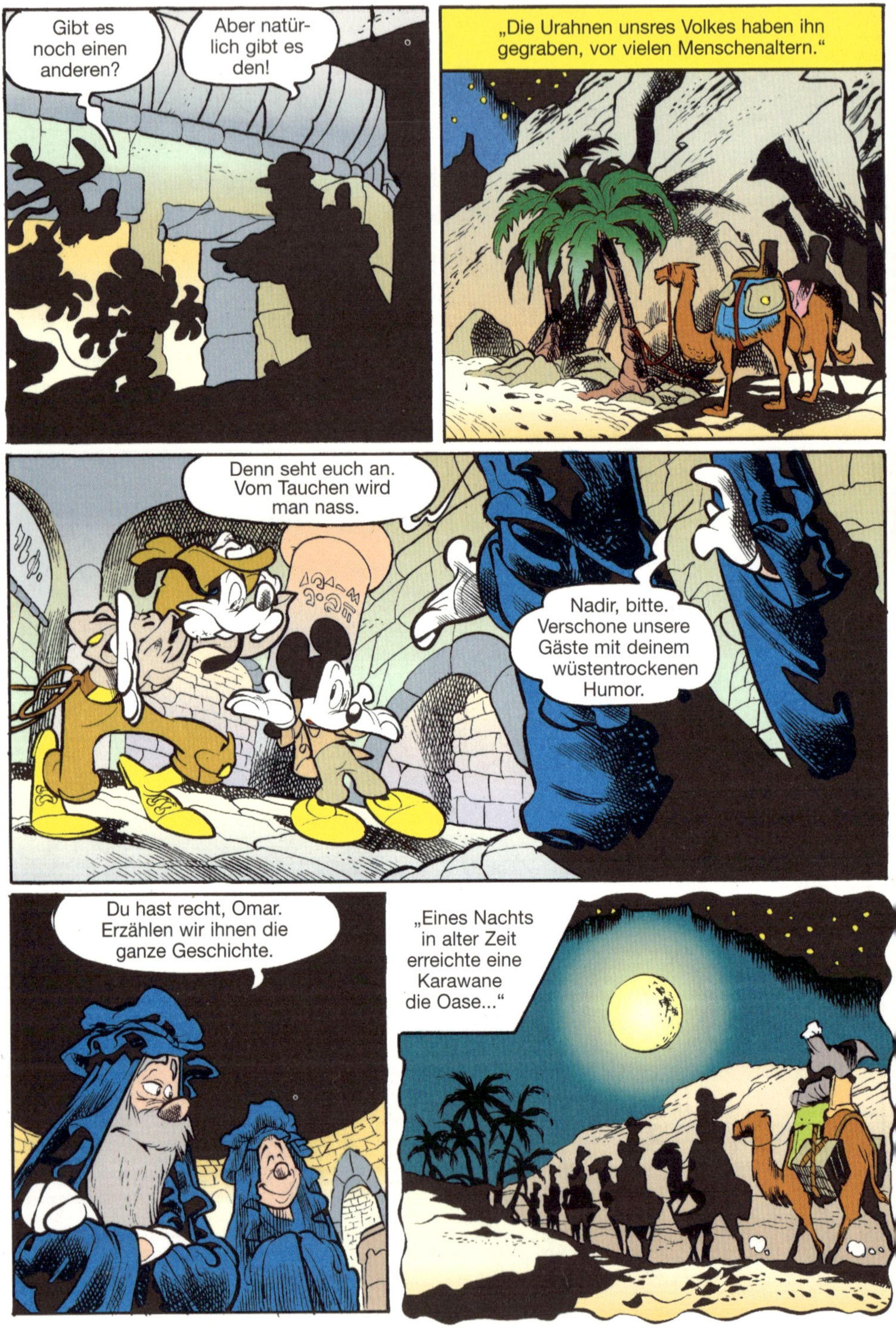

Gibt es noch einen anderen?
Aber natürlich gibt es den!
„Die Urahnen unsres Volkes haben ihn gegraben, vor vielen Menschenaltern.“
Denn seht euch an. Vom Tauchen wird man nass.
Nadir, bitte. Verschone unsere Gäste mit deinem wüstentrockenen Humor.
Du hast recht, Omar. Erzählen wir ihnen die ganze Geschichte.
„Eines Nachts in alter Zeit erreichte eine Karawane die Oase...“

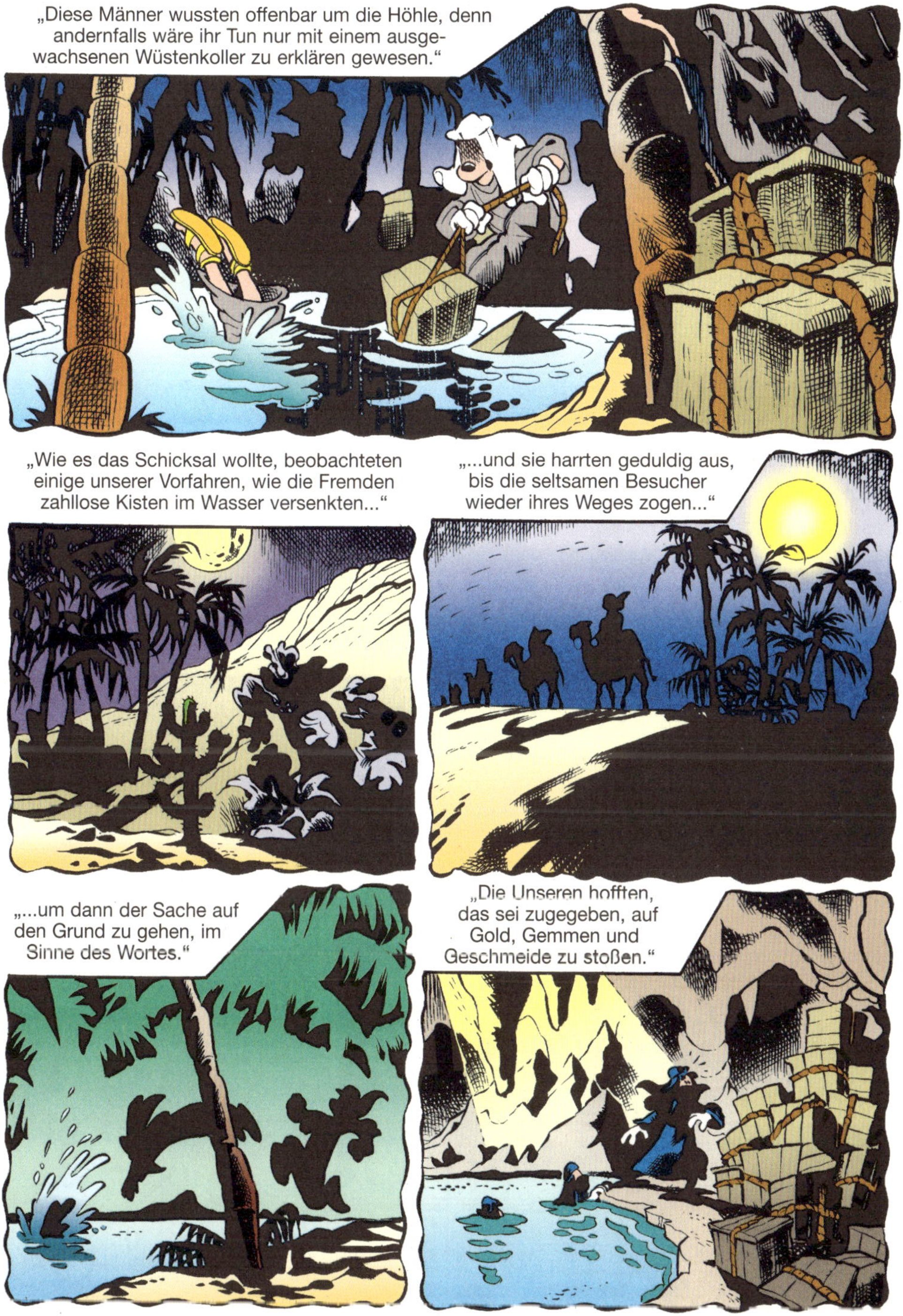
„Diese Männer wussten offenbar um die Höhle, denn andernfalls wäre ihr Tun nur mit einem ausgewachsenen Wüstenkoller zu erklären gewesen."
„Wie es das Schicksal wollte, beobachteten einige unserer Vorfahren, wie die Fremden zahllose Kisten im Wasser versenkten..."
„...und sie harrten geduldig aus, bis die seltsamen Besucher wieder ihres Weges zogen..."
„...um dann der Sache auf den Grund zu gehen, im Sinne des Wortes."
„Die Unseren hofften, das sei zugegeben, auf Gold, Gemmen und Geschmeide zu stoßen."

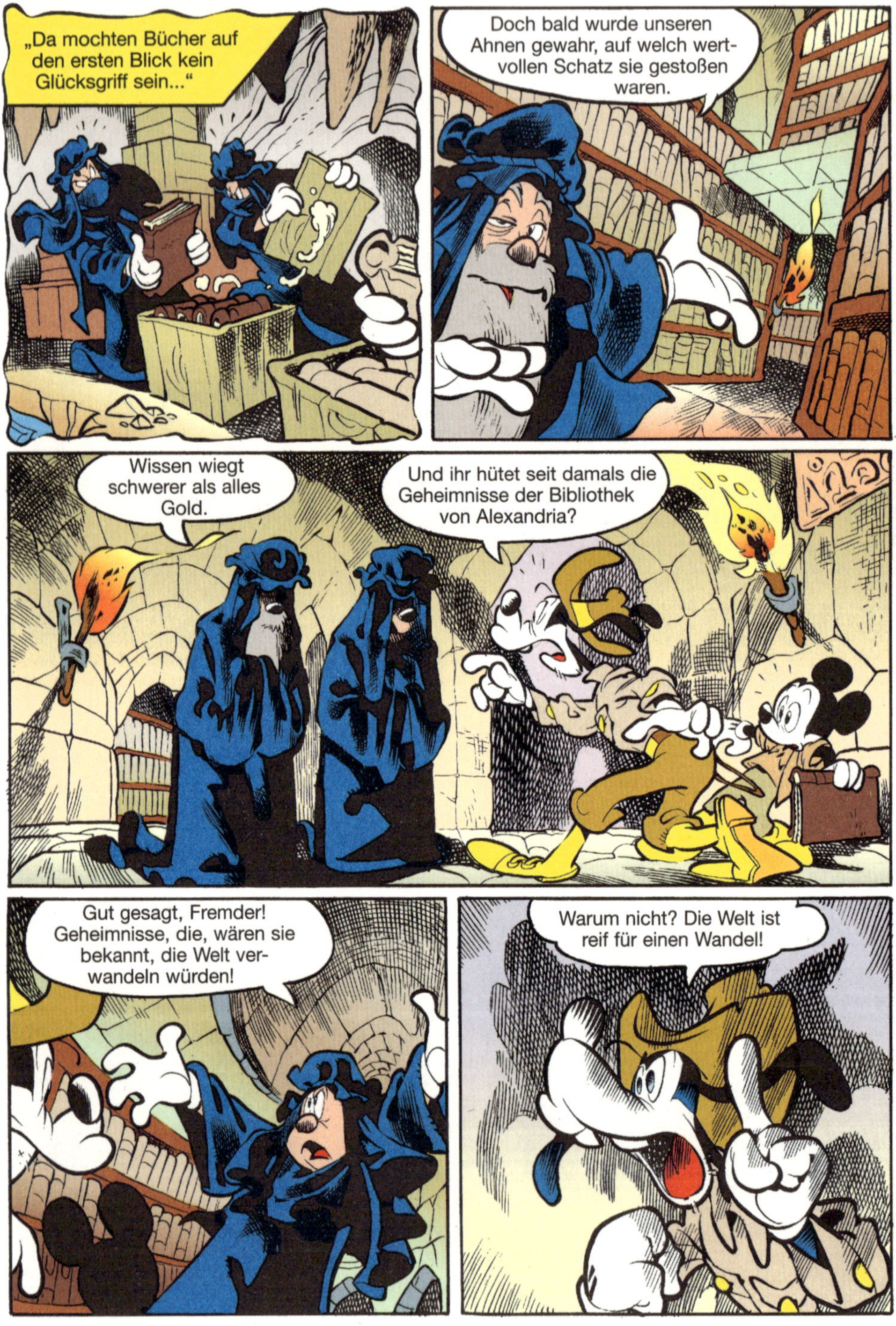
„Da mochten Bücher auf den ersten Blick kein Glücksgriff sein..."
Doch bald wurde unseren Ahnen gewahr, auf welch wertvollen Schatz sie gestoßen waren.
Wissen wiegt schwerer als alles Gold.
Und ihr hütet seit damals die Geheimnisse der Bibliothek von Alexandria?
Gut gesagt, Fremder! Geheimnisse, die, wären sie bekannt, die Welt verwandeln würden!
Warum nicht? Die Welt ist reif für einen Wandel!

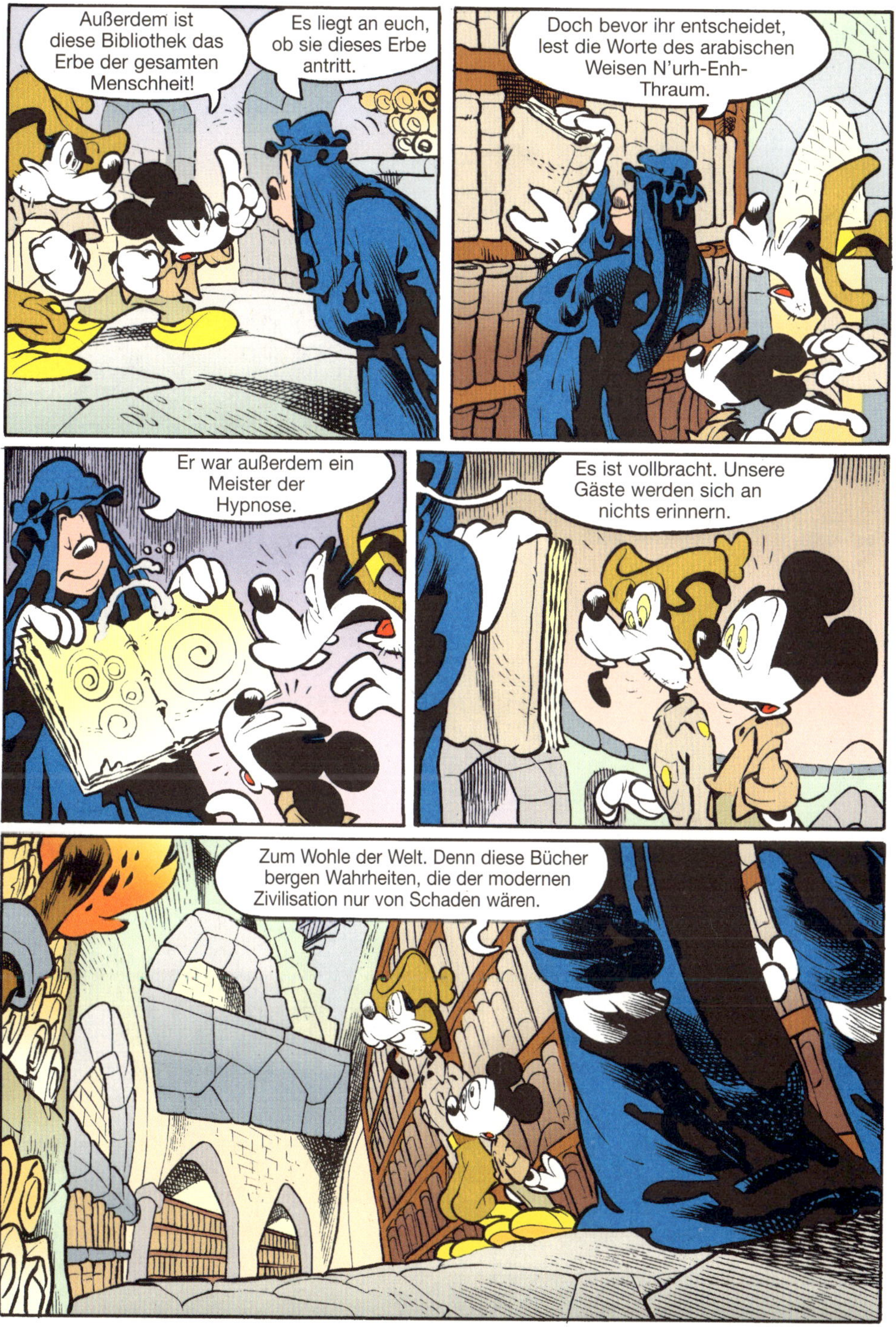
Außerdem ist diese Bibliothek das Erbe der gesamten Menschheit!
Es liegt an euch, ob sie dieses Erbe antritt.
Doch bevor ihr entscheidet, lest die Worte des arabischen Weisen N'urh-Enh-Thraum.
Er war außerdem ein Meister der Hypnose.
Es ist vollbracht. Unsere Gäste werden sich an nichts erinnern.
Zum Wohle der Welt. Denn diese Bücher bergen Wahrheiten, die der modernen Zivilisation nur von Schaden wären.

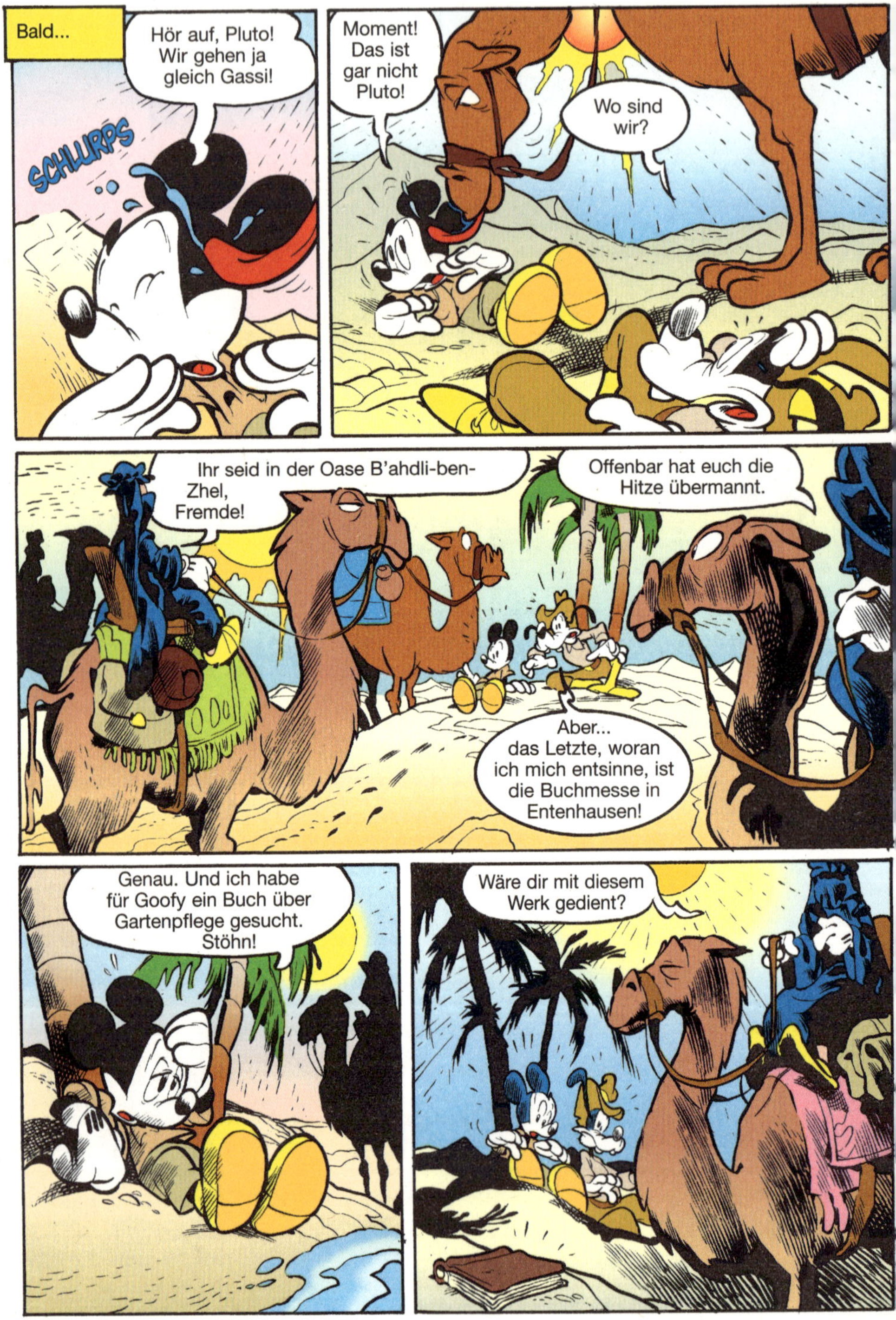

Bald...
Hör auf, Pluto! Wir gehen ja gleich Gassi!
SCHLURPS
Moment! Das ist gar nicht Pluto!
Wo sind wir?
Ihr seid in der Oase B'ahdli-ben-Zhel, Fremde!
Offenbar hat euch die Hitze übermannt.
Aber... das Letzte, woran ich mich entsinne, ist die Buchmesse in Entenhausen!
Genau. Und ich habe für Goofy ein Buch über Gartenpflege gesucht. Stöhn!
Wäre dir mit diesem Werk gedient?

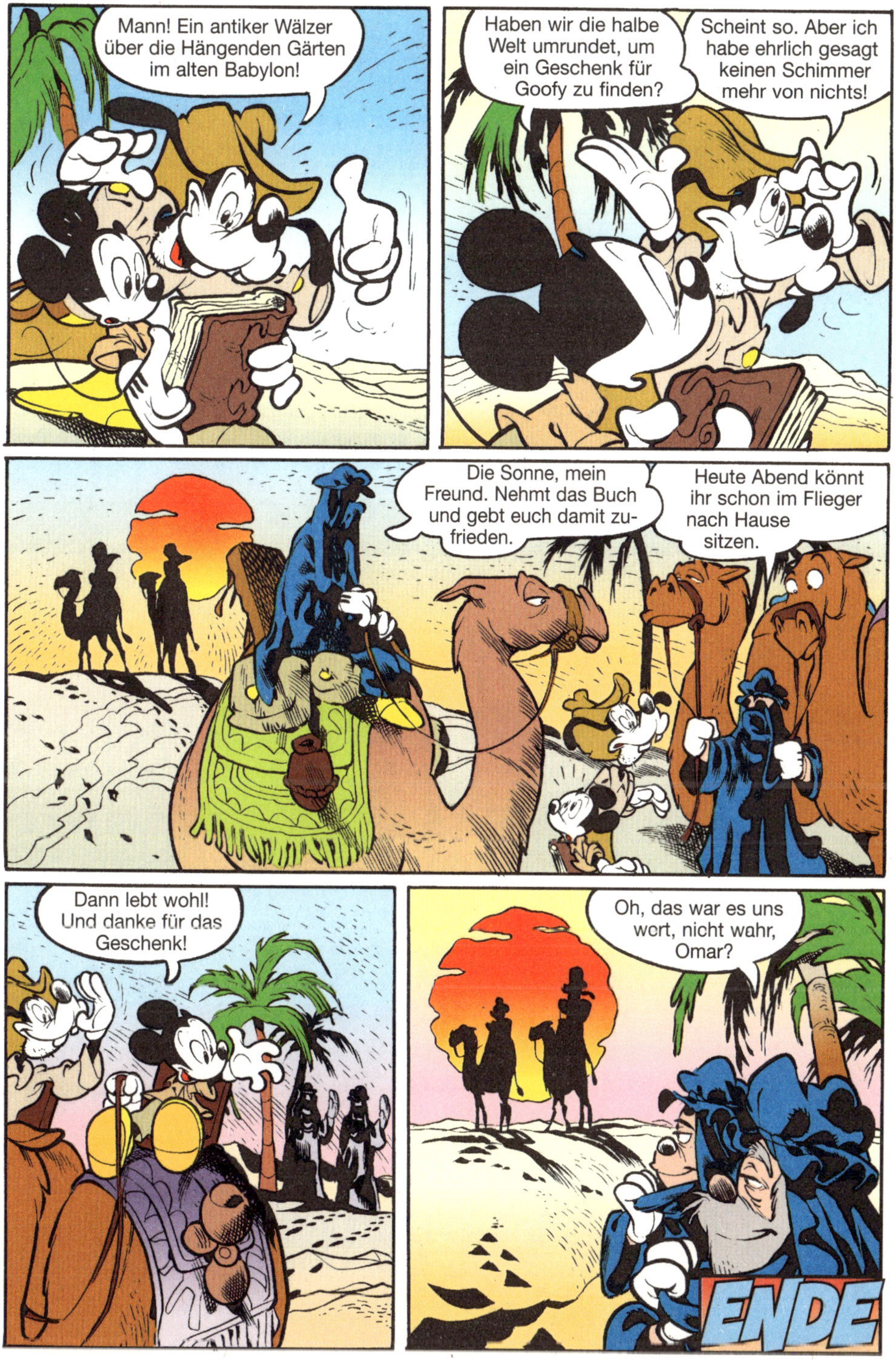
Mann! Ein antiker Wälzer über die Hängenden Gärten im alten Babylon!
Haben wir die halbe Welt umrundet, um ein Geschenk für Goofy zu finden?
Scheint so. Aber ich habe ehrlich gesagt keinen Schimmer mehr von nichts!
Die Sonne, mein Freund. Nehmt das Buch und gebt euch damit zufrieden.
Heute Abend könnt ihr schon im Flieger nach Hause sitzen.
Dann lebt wohl! Und danke für das Geschenk!
Oh, das war es uns wert, nicht wahr, Omar?
ENDE

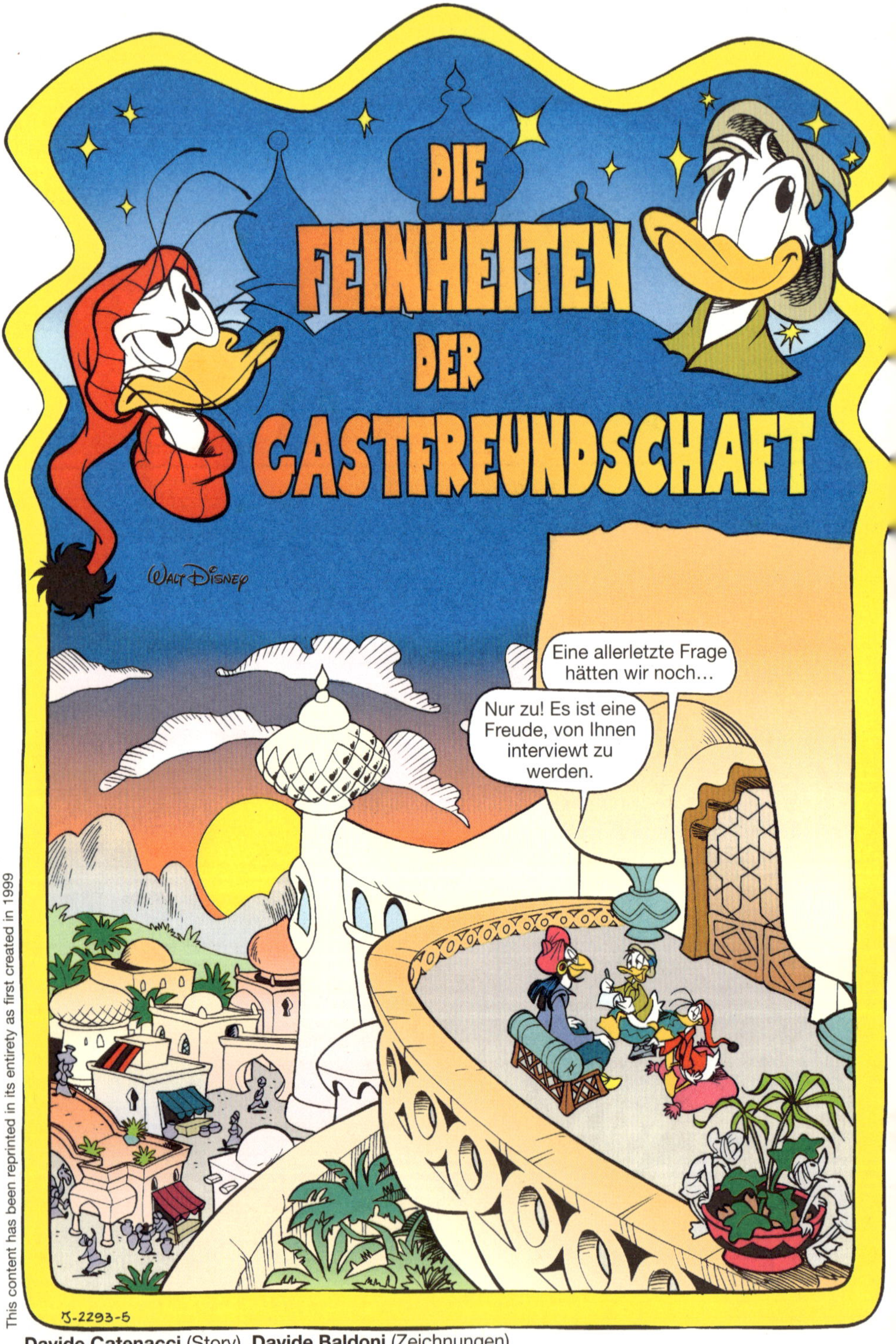

Davide Catenacci (Story), **Davide Baldoni** (Zeichnungen)

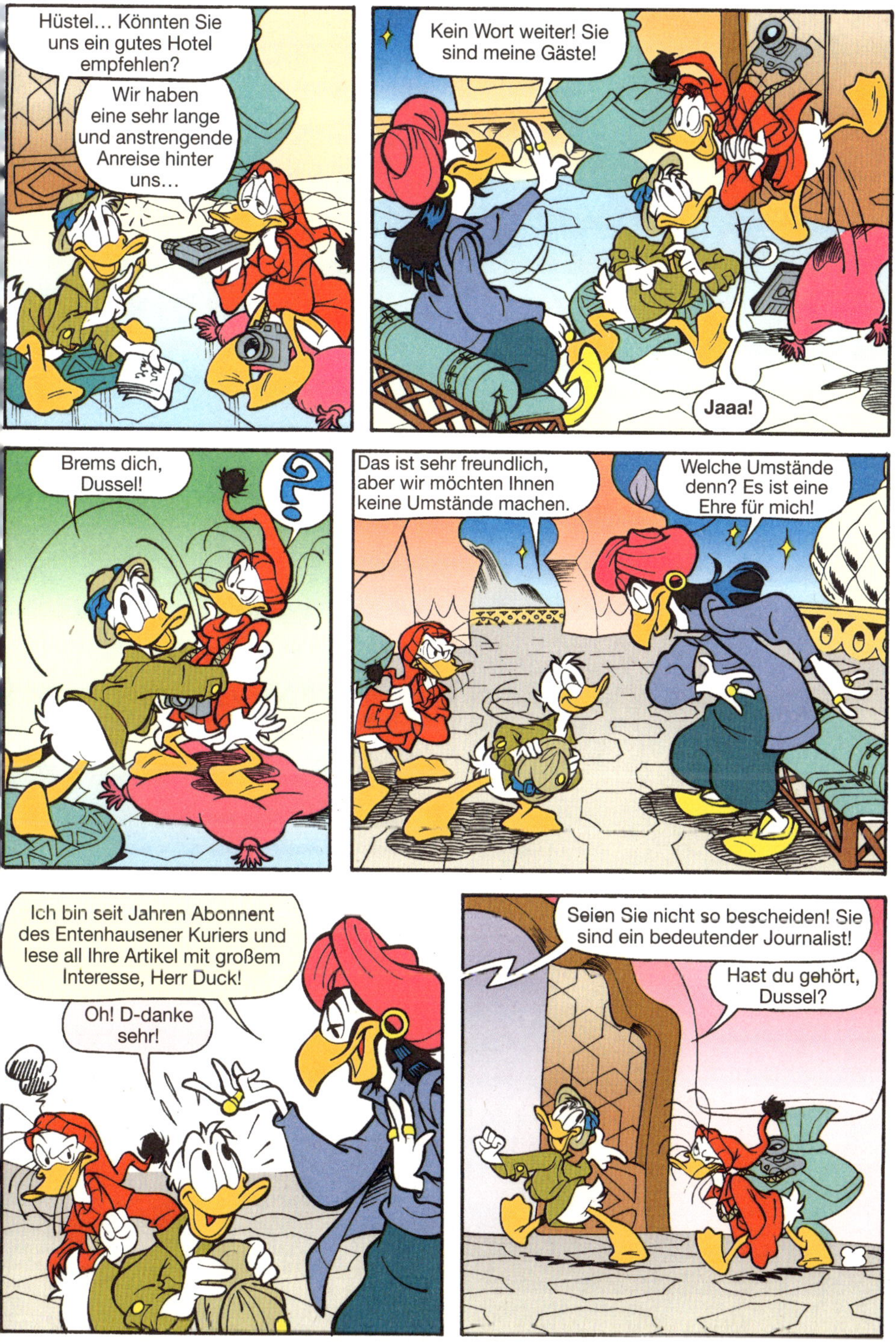
Hüstel… Könnten Sie uns ein gutes Hotel empfehlen?
Wir haben eine sehr lange und anstrengende Anreise hinter uns…
Kein Wort weiter! Sie sind meine Gäste!
Jaaa!
Brems dich, Dussel!
?
Das ist sehr freundlich, aber wir möchten Ihnen keine Umstände machen.
Welche Umstände denn? Es ist eine Ehre für mich!
Ich bin seit Jahren Abonnent des Entenhausener Kuriers und lese all Ihre Artikel mit großem Interesse, Herr Duck!
Oh! D-danke sehr!
Seien Sie nicht so bescheiden! Sie sind ein bedeutender Journalist!
Hast du gehört, Dussel?

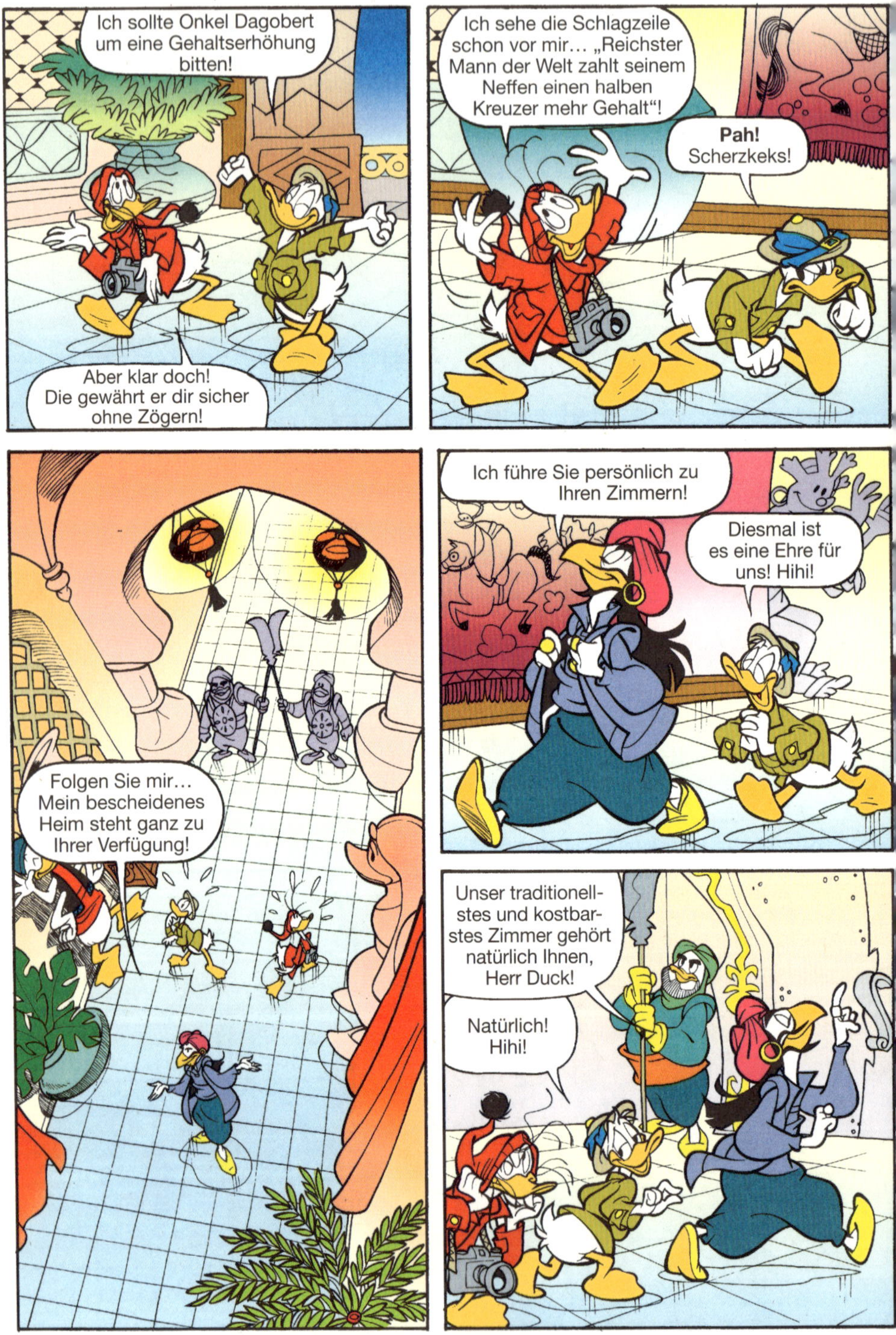
Ich sollte Onkel Dagobert um eine Gehaltserhöhung bitten!
Aber klar doch! Die gewährt er dir sicher ohne Zögern!
Ich sehe die Schlagzeile schon vor mir… „Reichster Mann der Welt zahlt seinem Neffen einen halben Kreuzer mehr Gehalt“!
Pah! Scherzkeks!
Folgen Sie mir… Mein bescheidenes Heim steht ganz zu Ihrer Verfügung!
Ich führe Sie persönlich zu Ihren Zimmern!
Diesmal ist es eine Ehre für uns! Hihi!
Unser traditionellstes und kostbarstes Zimmer gehört natürlich Ihnen, Herr Duck!
Natürlich! Hihi!

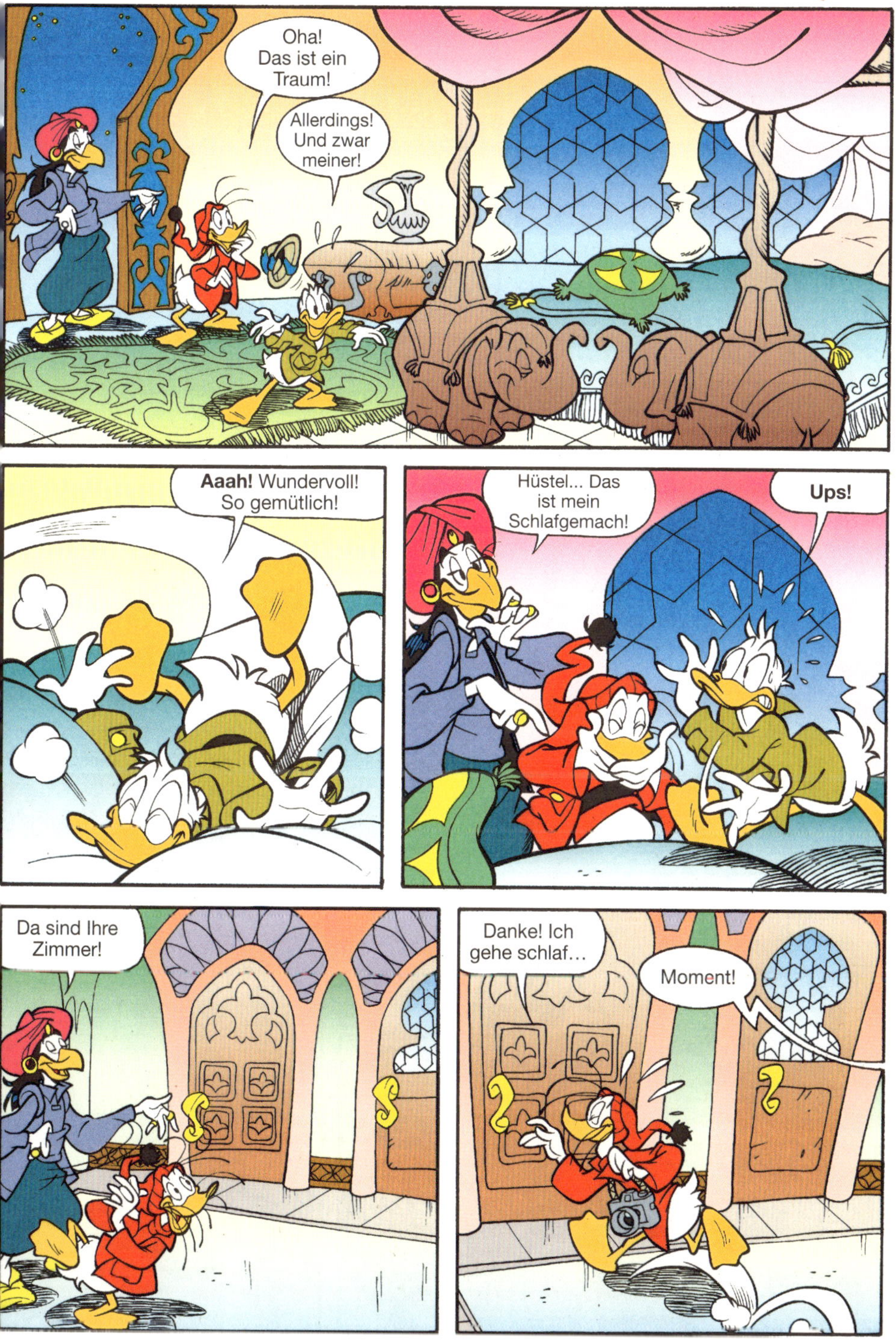

Oha! Das ist ein Traum!
Allerdings! Und zwar meiner!
Aaah! Wundervoll! So gemütlich!
Hüstel... Das ist mein Schlafgemach!
Ups!
Da sind Ihre Zimmer!
Danke! Ich gehe schlaf…
Moment!

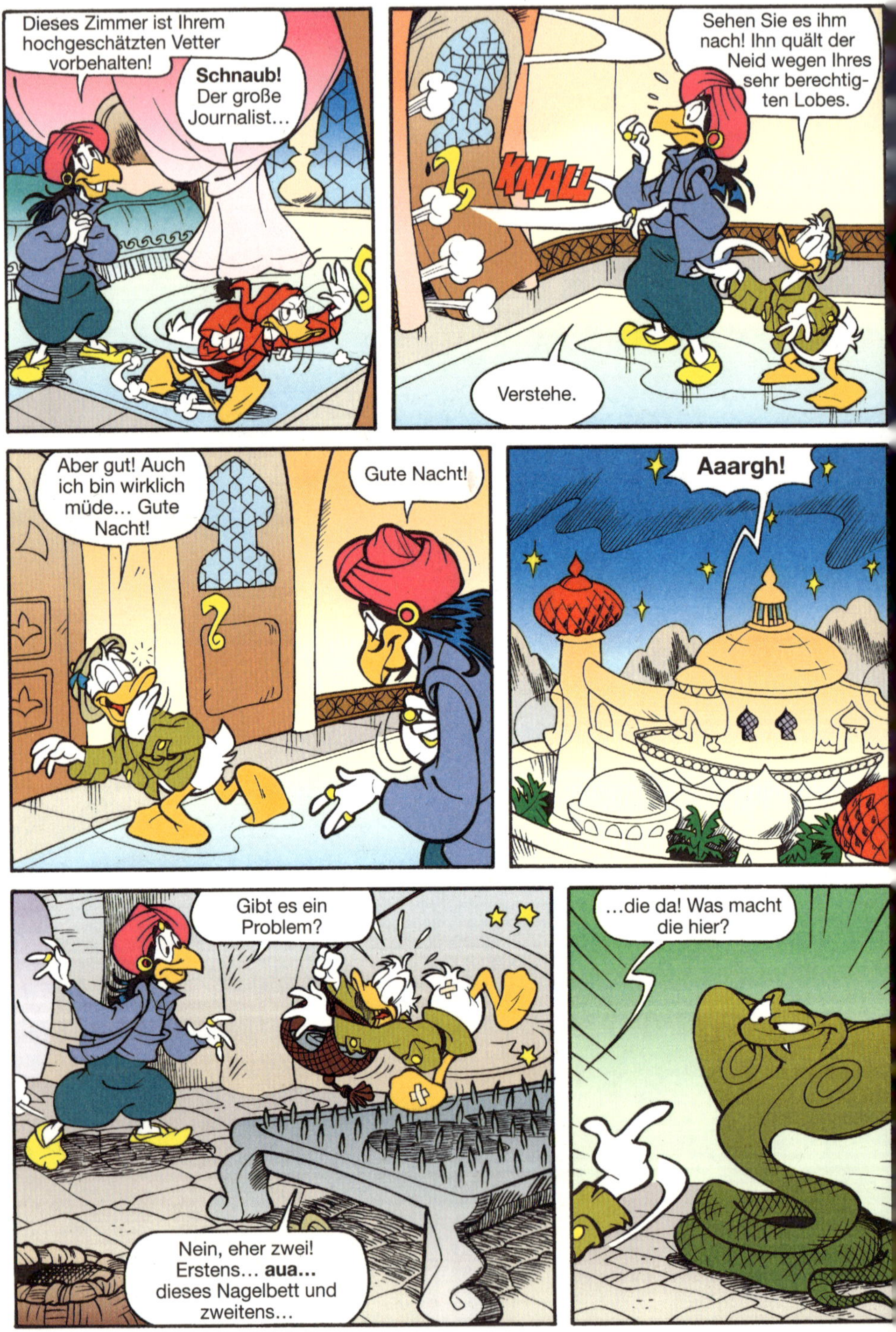
Dieses Zimmer ist Ihrem hochgeschätzten Vetter vorbehalten!
Schnaub! Der große Journalist...
KNALL
Sehen Sie es ihm nach! Ihn quält der Neid wegen Ihres sehr berechtig-ten Lobes.
Verstehe.
Aber gut! Auch ich bin wirklich müde... Gute Nacht!
Gute Nacht!
Aaargh!
Gibt es ein Problem?
Nein, eher zwei! Erstens... aua... dieses Nagelbett und zweitens...
...die da! Was macht die hier?

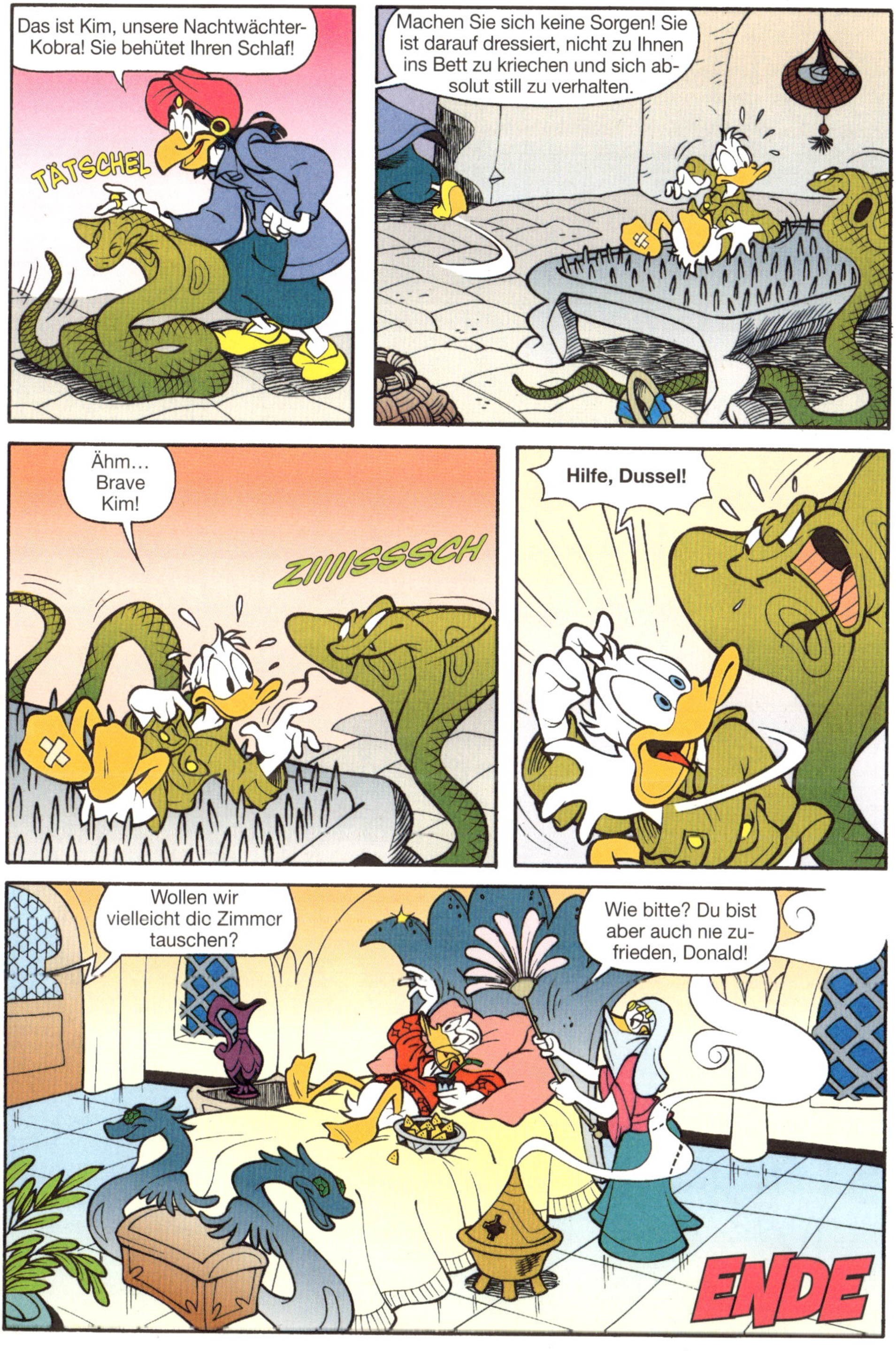
Das ist Kim, unsere Nachtwächter-Kobra! Sie behütet Ihren Schlaf!
TÄTSCHEL
Machen Sie sich keine Sorgen! Sie ist darauf dressiert, nicht zu Ihnen ins Bett zu kriechen und sich absolut still zu verhalten.
Ähm… Brave Kim!
ZIIIISSSCH
Hilfe, Dussel!
Wollen wir vielleicht die Zimmer tauschen?
Wie bitte? Du bist aber auch nie zufrieden, Donald!
ENDE

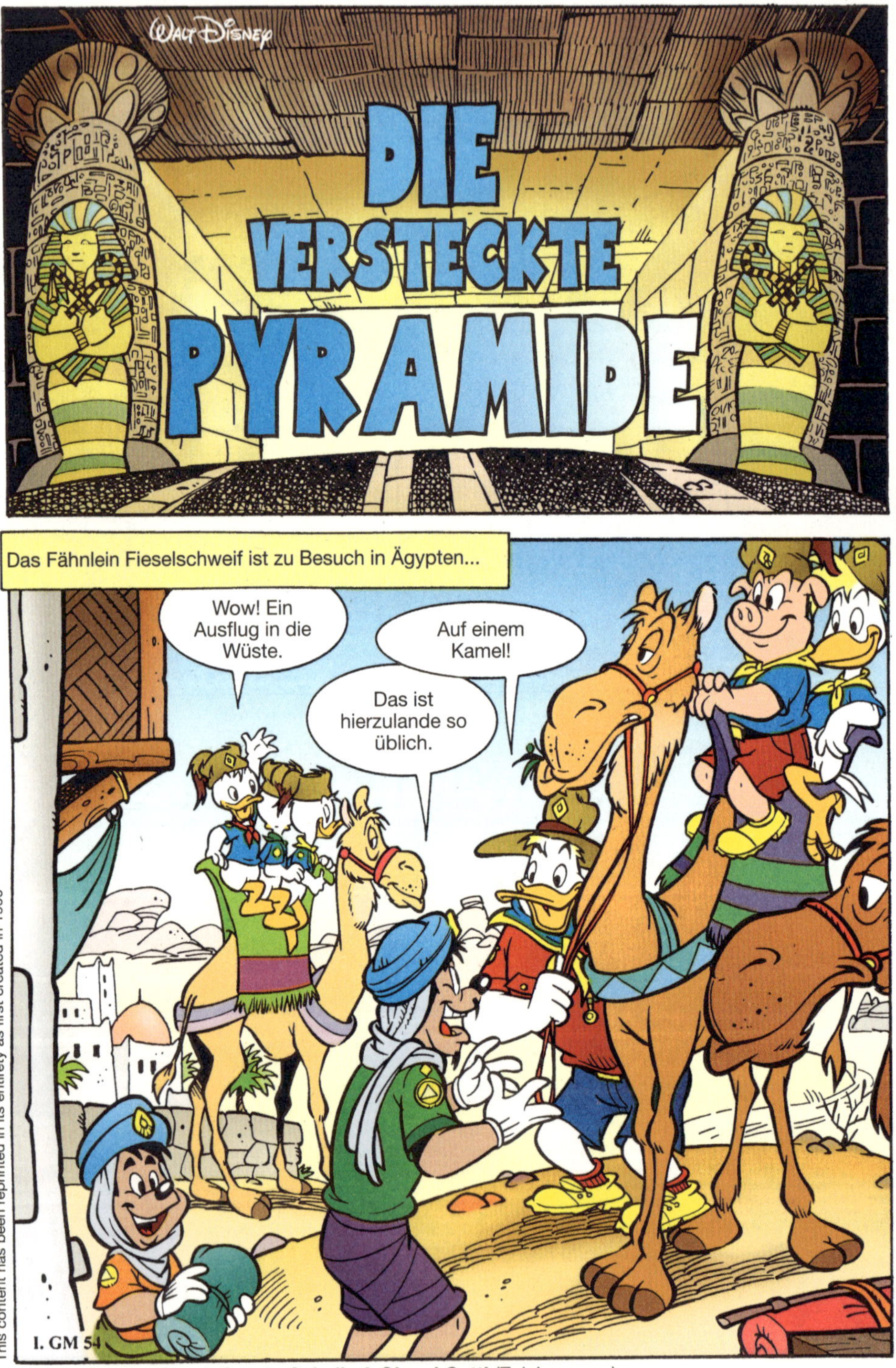

Giorgio Pezzin (Story), **Sergio Cabella** & **Gianni Gatti** (Zeichnungen)

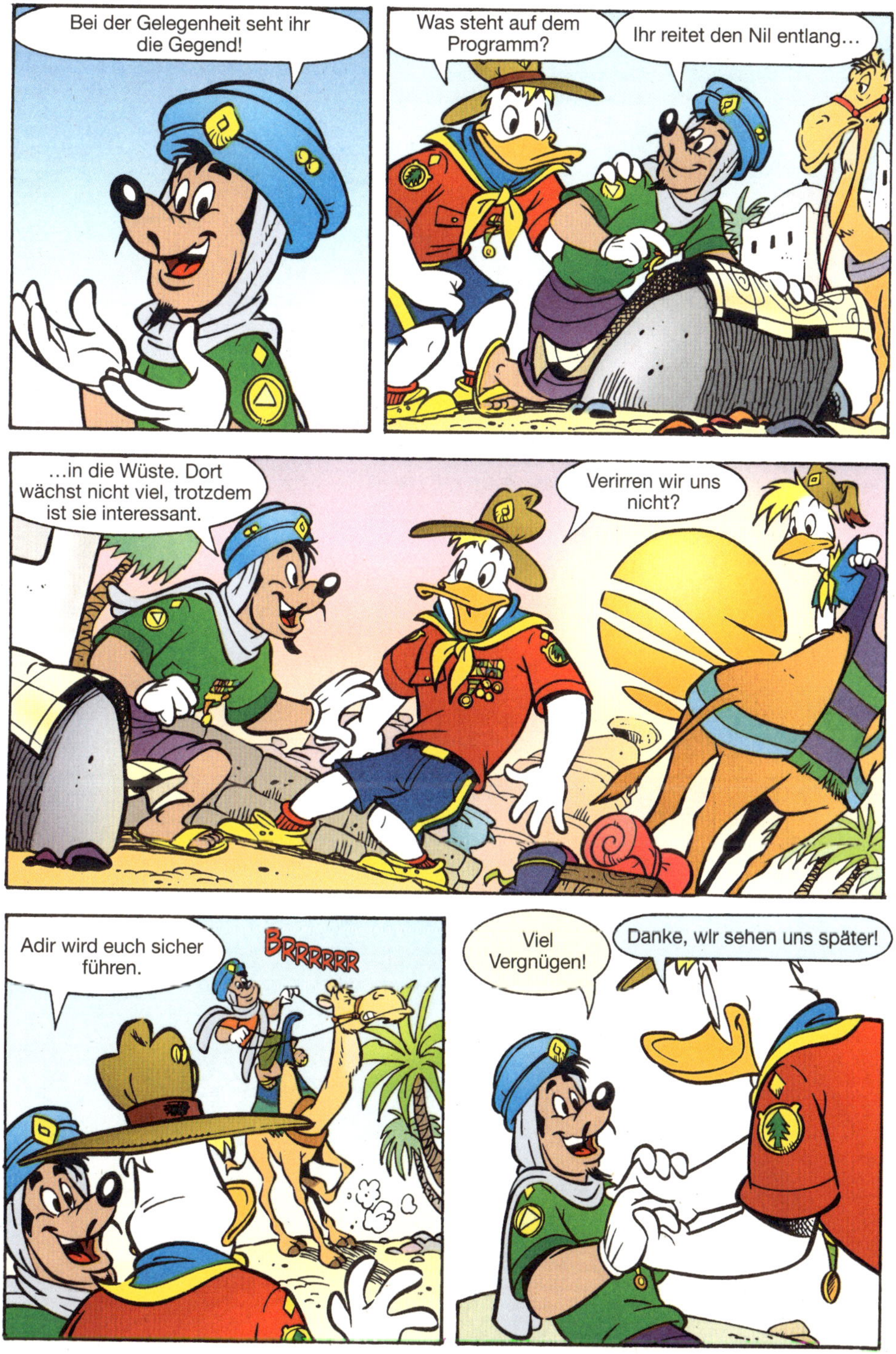
Bei der Gelegenheit seht ihr die Gegend!
Was steht auf dem Programm?
Ihr reitet den Nil entlang…
…in die Wüste. Dort wächst nicht viel, trotzdem ist sie interessant.
Verirren wir uns nicht?
Adir wird euch sicher führen.
BRRRRRR
Viel Vergnügen!
Danke, wir sehen uns später!

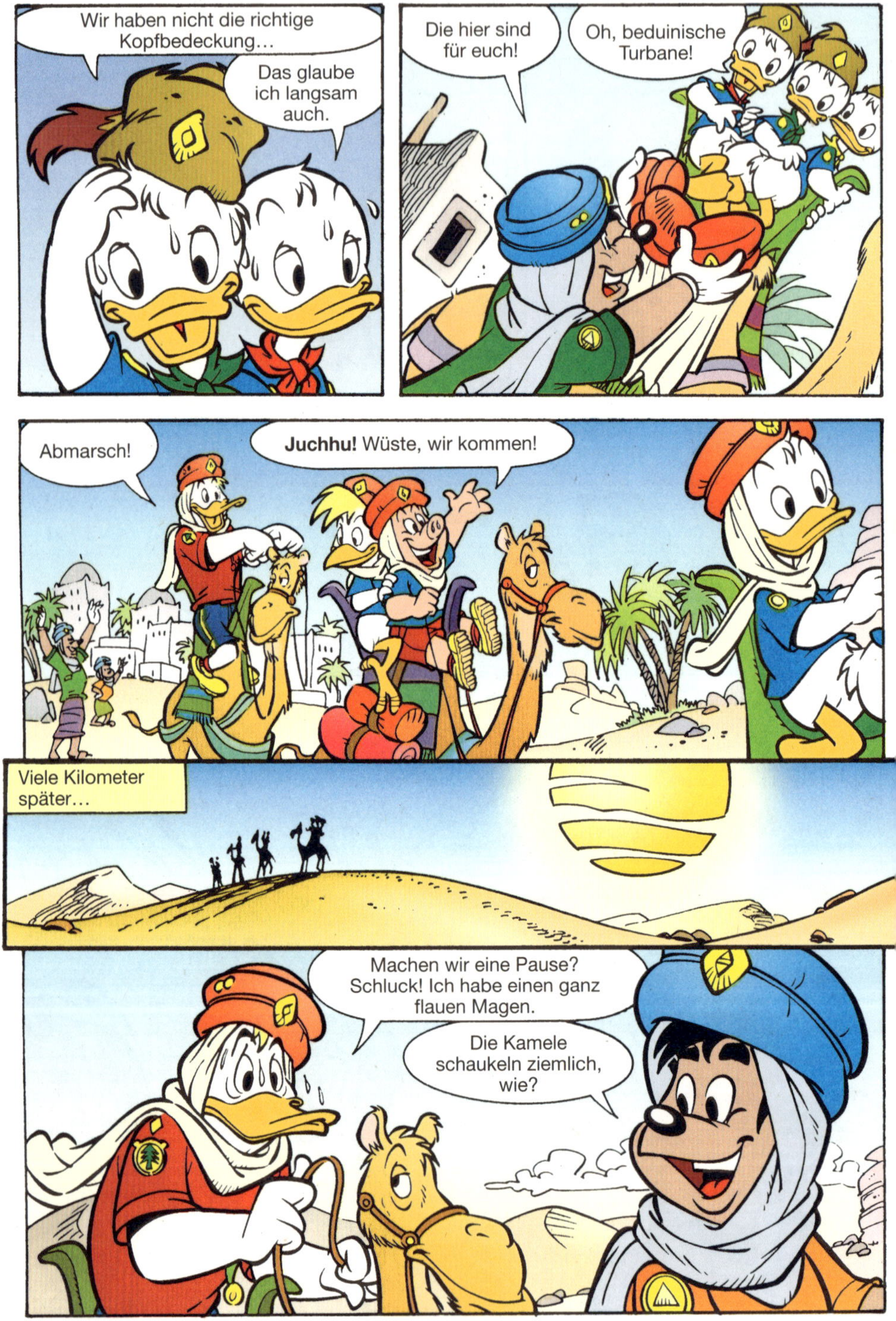
Wir haben nicht die richtige Kopfbedeckung…
Das glaube ich langsam auch.
Die hier sind für euch!
Oh, beduinische Turbane!
Abmarsch!
Juchhu! Wüste, wir kommen!
Viele Kilometer später…
Machen wir eine Pause? Schluck! Ich habe einen ganz flauen Magen.
Die Kamele schaukeln ziemlich, wie?

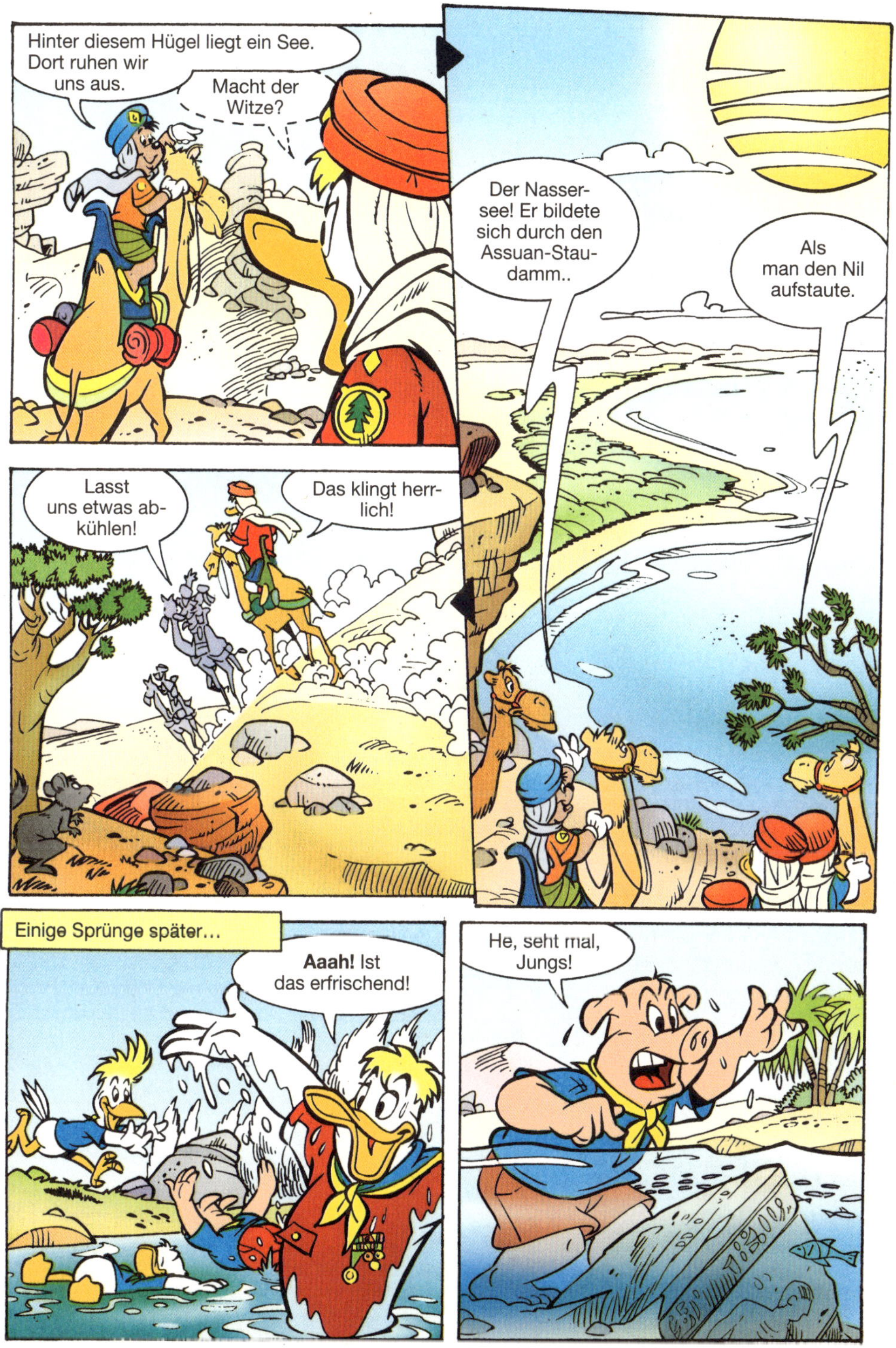
Hinter diesem Hügel liegt ein See. Dort ruhen wir uns aus.
Macht der Witze?
Der Nassersee! Er bildete sich durch den Assuan-Staudamm..
Als man den Nil aufstaute.
Lasst uns etwas abkühlen!
Das klingt herrlich!
Einige Sprünge später…
Aaah! Ist das erfrischend!
He, seht mal, Jungs!

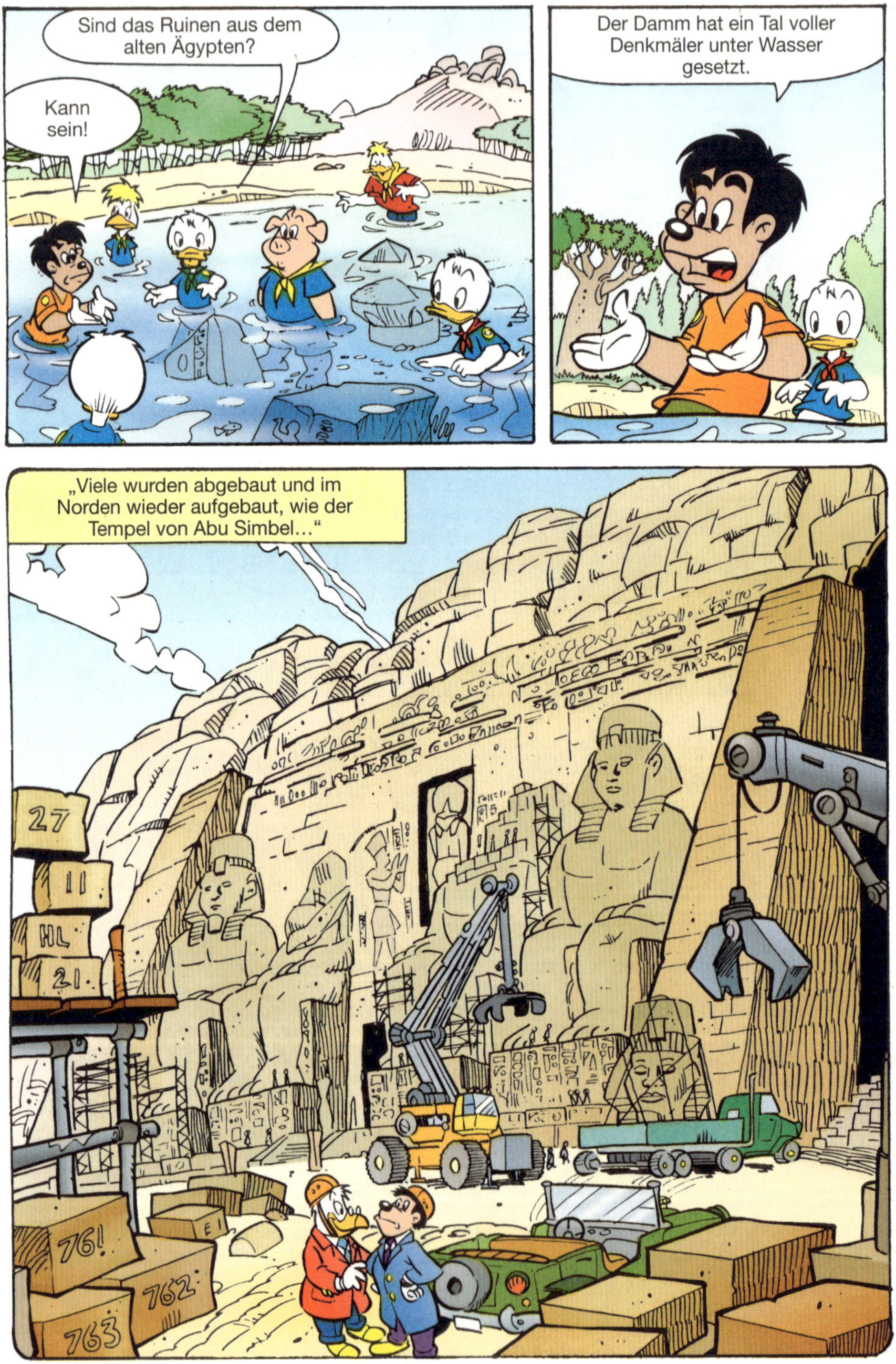
Sind das Ruinen aus dem alten Ägypten?
Kann sein!
Der Damm hat ein Tal voller Denkmäler unter Wasser gesetzt.
„Viele wurden abgebaut und im Norden wieder aufgebaut, wie der Tempel von Abu Simbel…“
27
11
HL
21
761
762
763

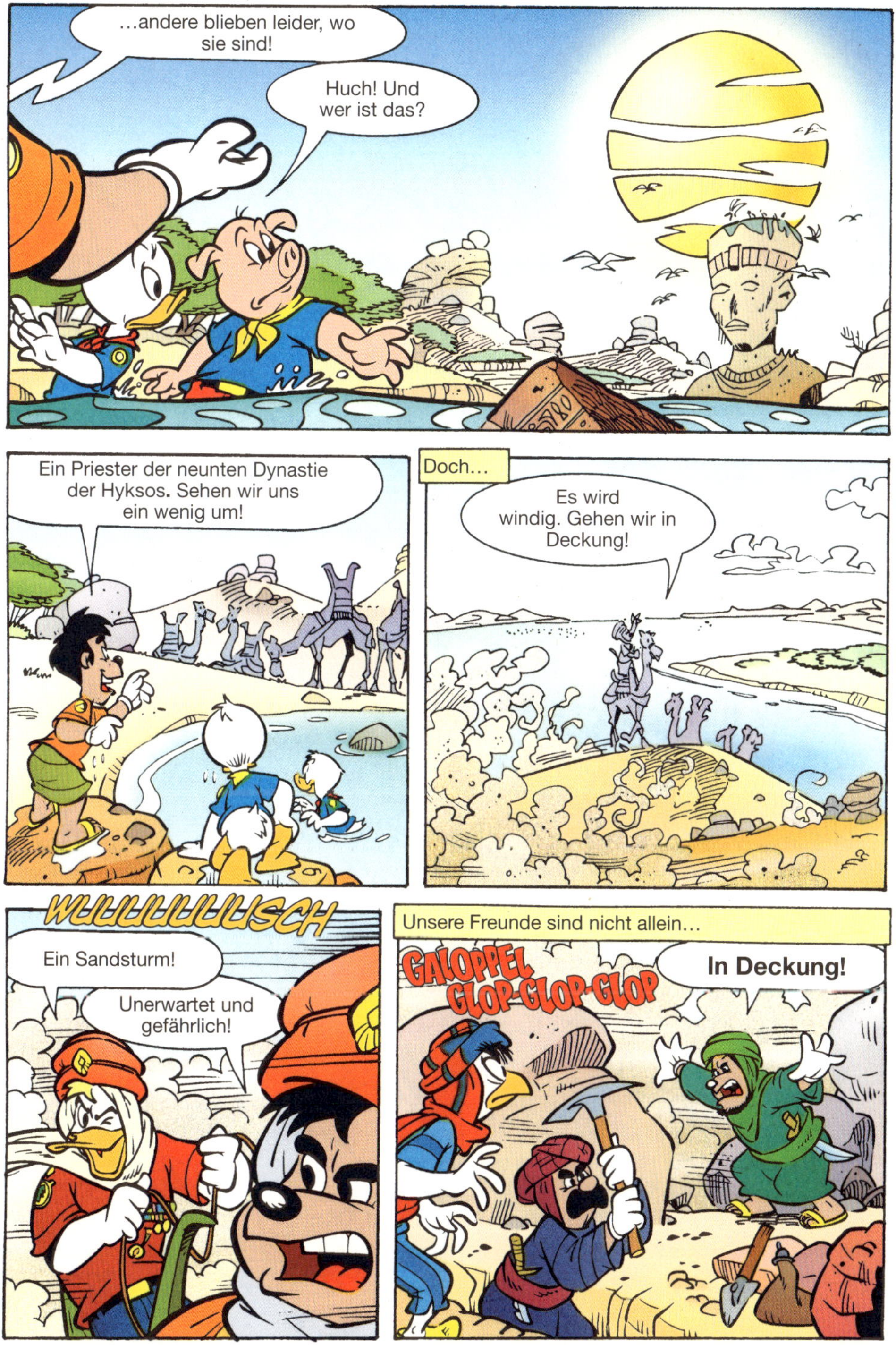
…andere blieben leider, wo sie sind!
Huch! Und wer ist das?
Ein Priester der neunten Dynastie der Hyksos. Sehen wir uns ein wenig um!
Doch…
Es wird windig. Gehen wir in Deckung!
WUUUUUUUSCH
Ein Sandsturm!
Unerwartet und gefährlich!
Unsere Freunde sind nicht allein…
GALOPPEL GLOP-GLOP-GLOP
In Deckung!

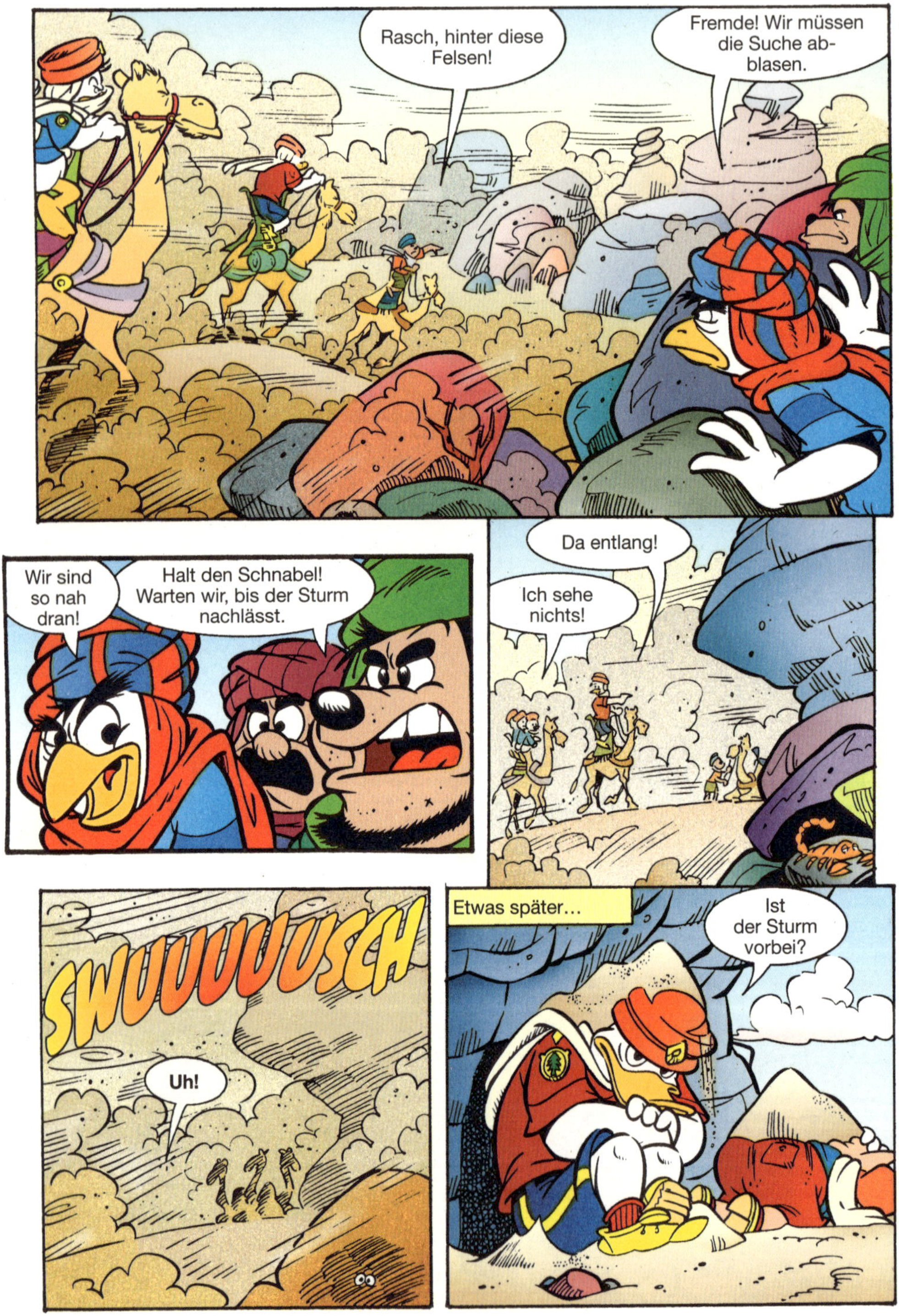

Rasch, hinter diese Felsen!
Fremde! Wir müssen die Suche abblasen.
Wir sind so nah dran!
Halt den Schnabel! Warten wir, bis der Sturm nachlässt.
Da entlang!
Ich sehe nichts!
SWUUUUUUSCH
Uh!
Etwas später…
Ist der Sturm vorbei?

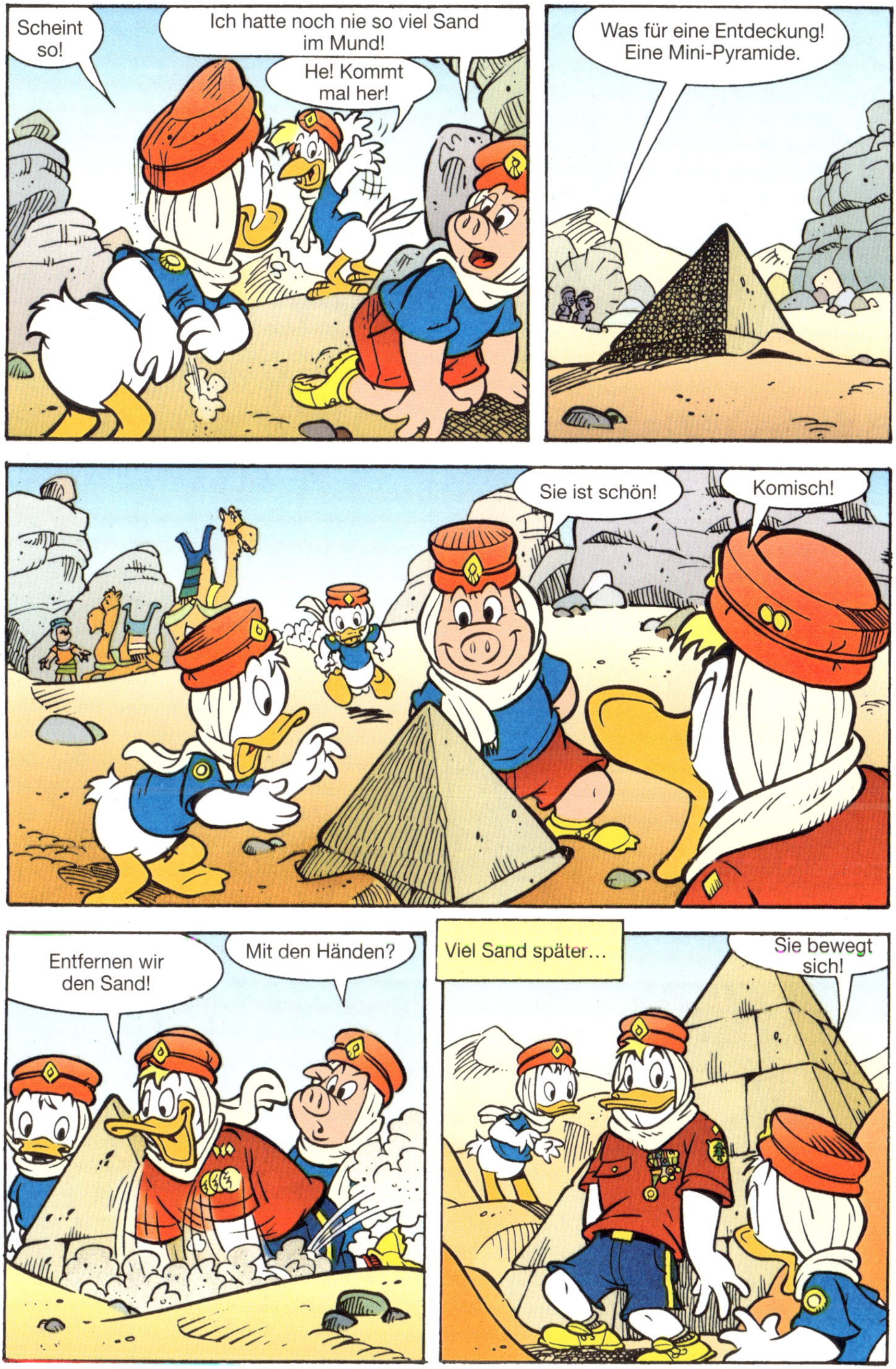
Scheint so!
Ich hatte noch nie so viel Sand im Mund!
He! Kommt mal her!
Was für eine Entdeckung! Eine Mini-Pyramide.
Sie ist schön!
Komisch!
Entfernen wir den Sand!
Mit den Händen?
Viel Sand später…
Sie bewegt sich!

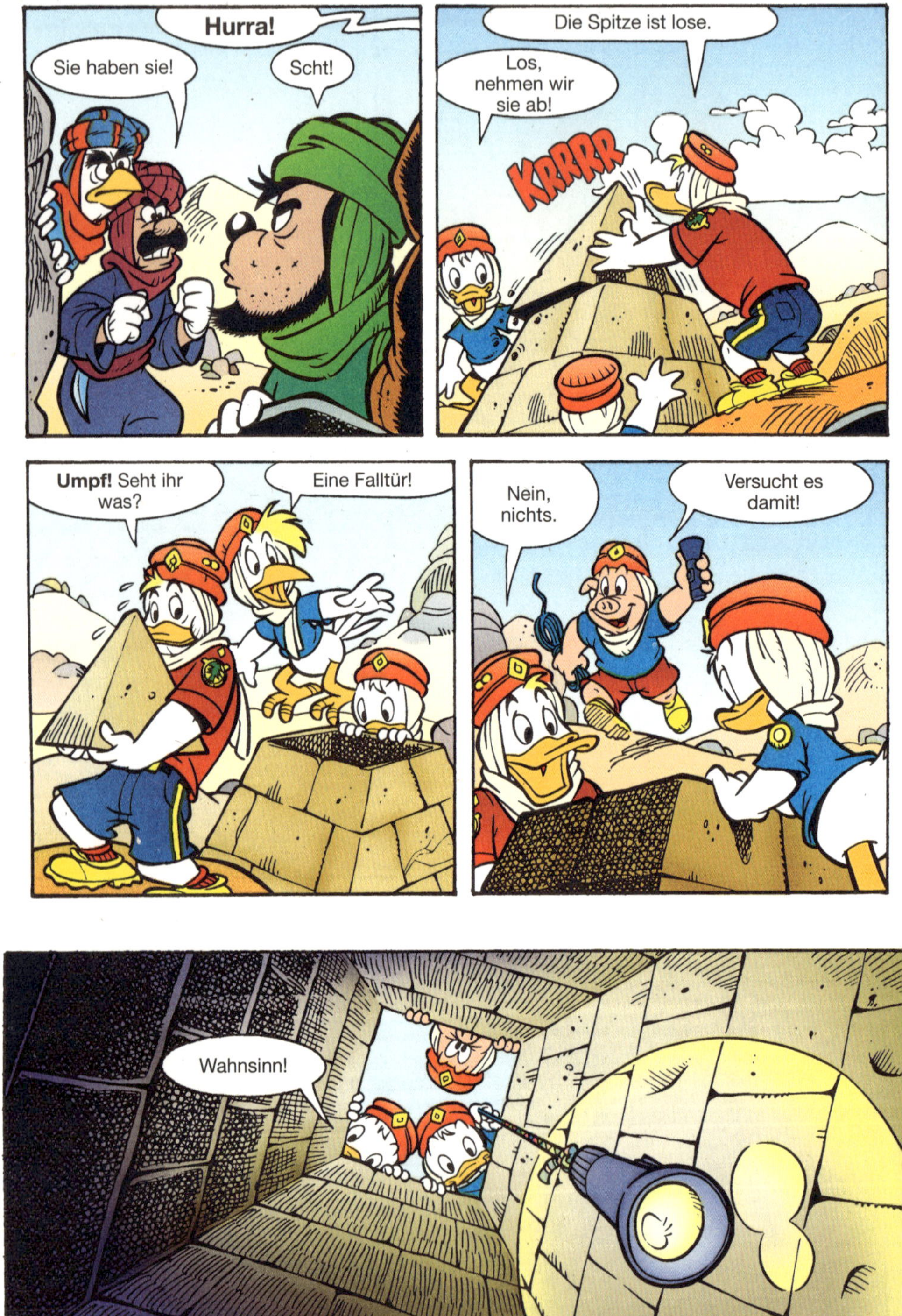
Sie haben sie!
Hurra!
Scht!
Los, nehmen wir sie ab!
Die Spitze ist lose.
KRRRR
Umpf! Seht ihr was?
Eine Falltür!
Nein, nichts.
Versucht es damit!
Wahnsinn!

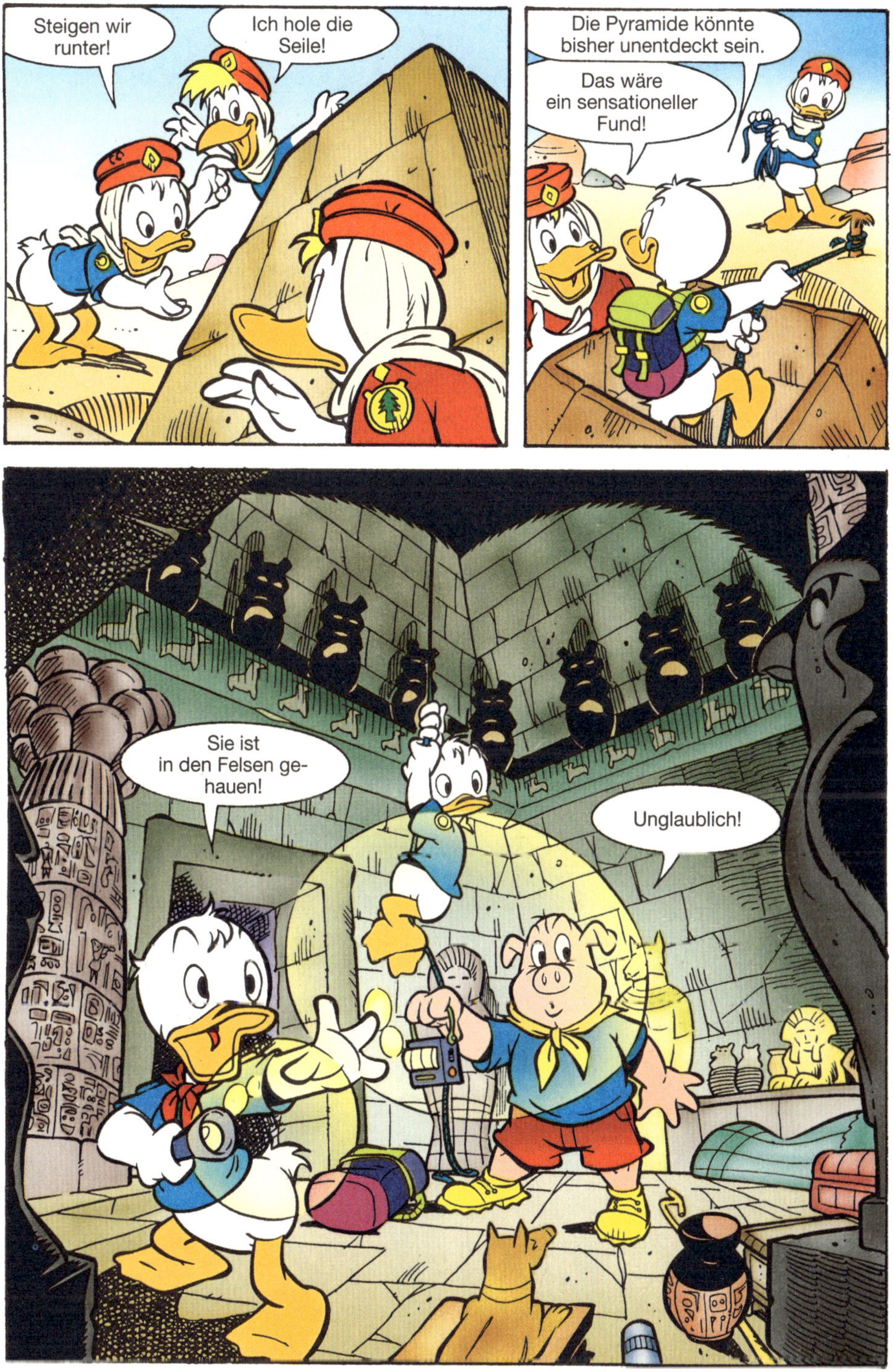
Steigen wir runter!
Ich hole die Seile!
Die Pyramide könnte bisher unentdeckt sein.
Das wäre ein sensationeller Fund!
Sie ist in den Felsen gehauen!
Unglaublich!

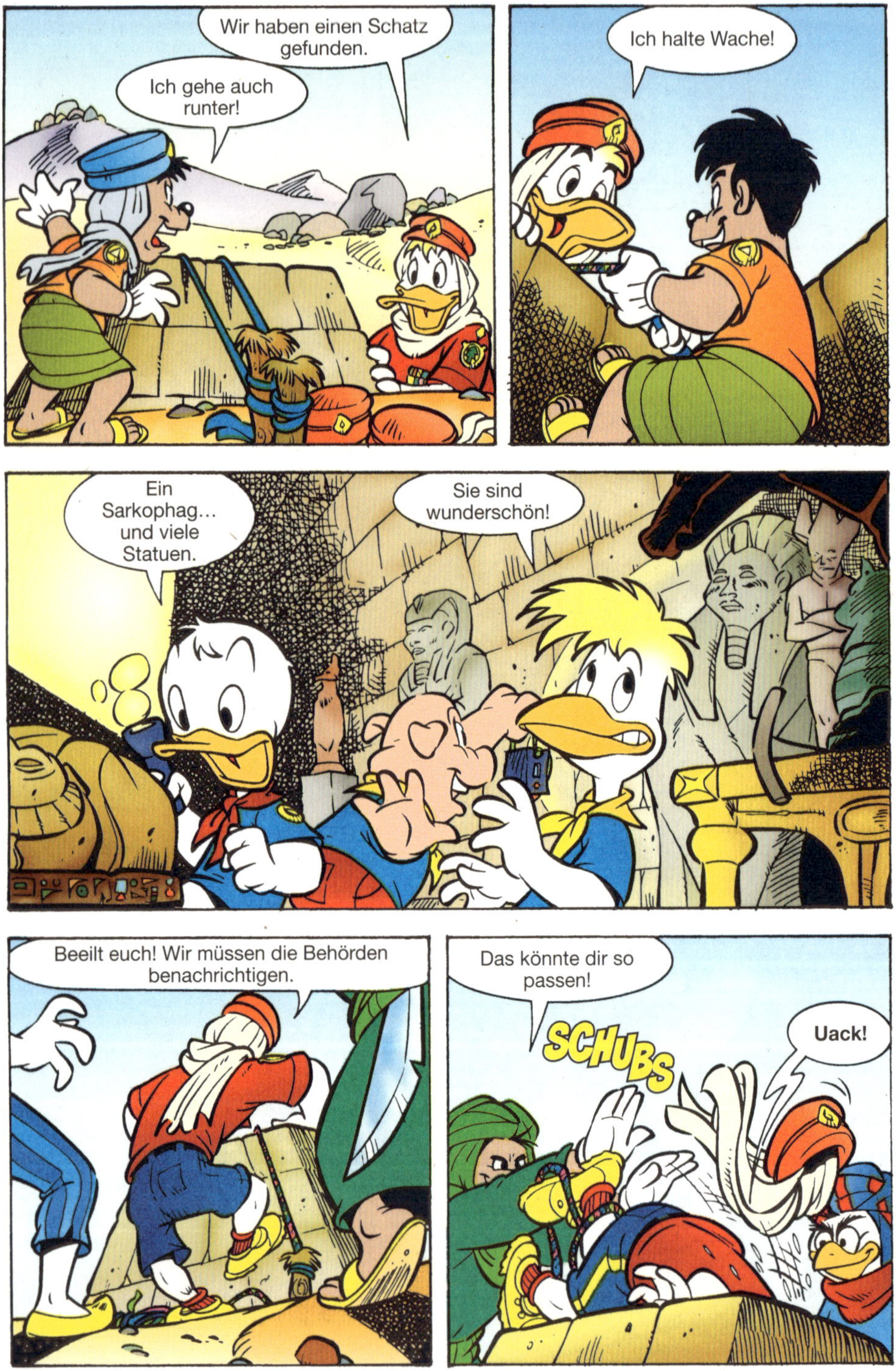
Wir haben einen Schatz gefunden.
Ich gehe auch runter!
Ich halte Wache!
Ein Sarkophag… und viele Statuen.
Sie sind wunderschön!
Beeilt euch! Wir müssen die Behörden benachrichtigen.
Das könnte dir so passen!
SCHUBS
Uack!

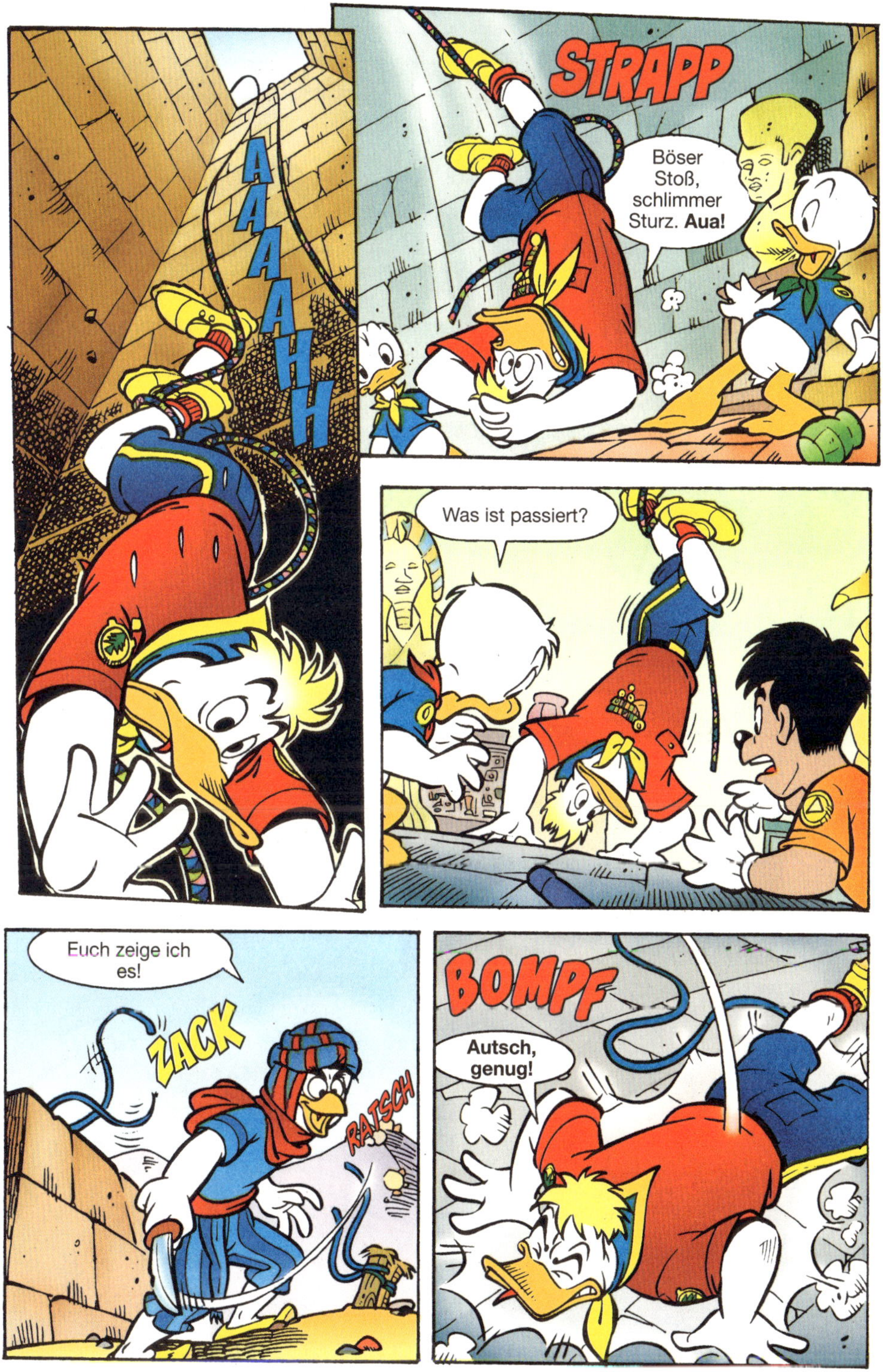
AAAAAHH
STRAPP
Böser Stoß, schlimmer Sturz. **Aua!**
Was ist passiert?
Euch zeige ich es!
ZACK
RATSCH
BOMPF
Autsch, genug!

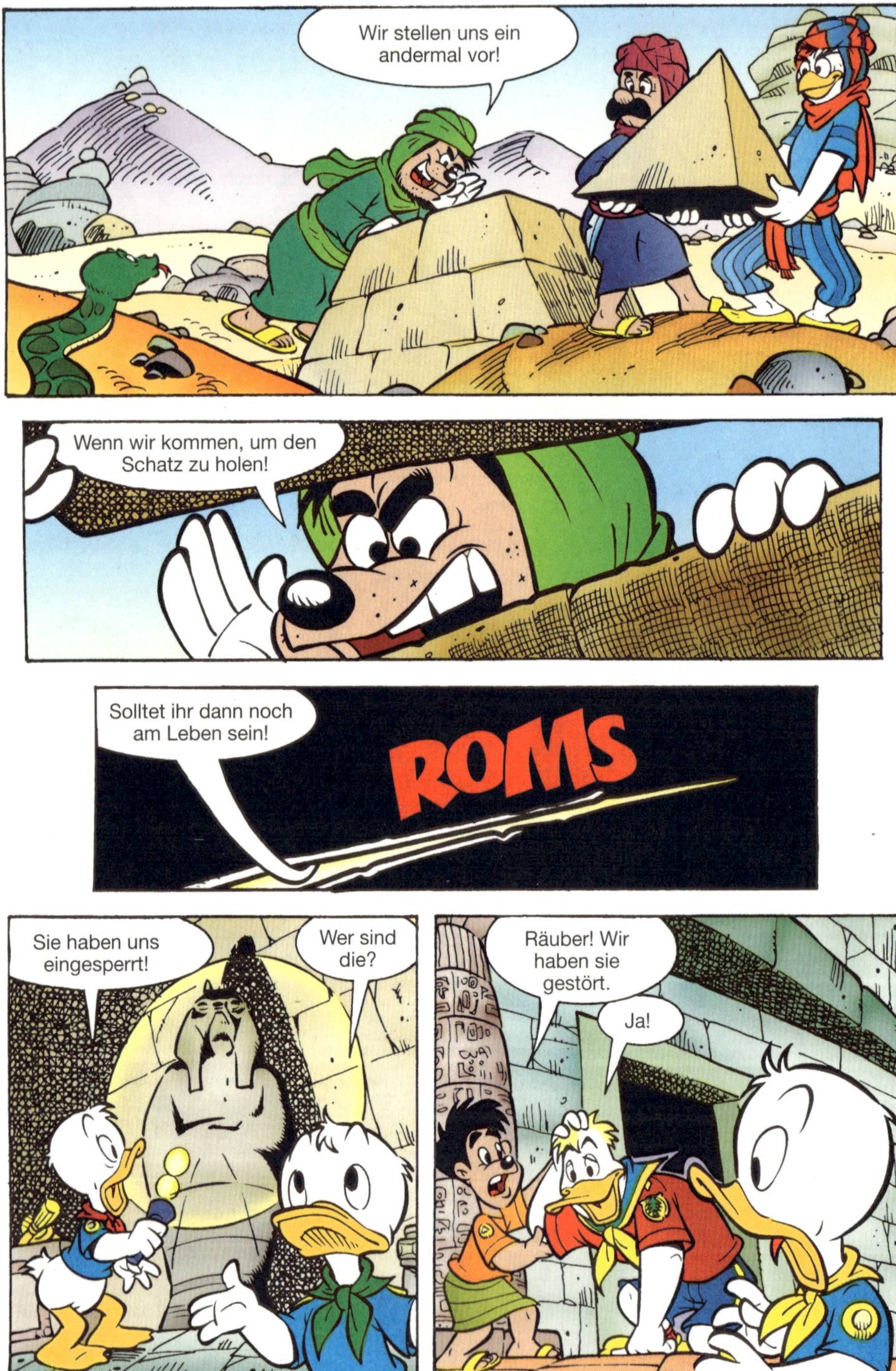
Wir stellen uns ein andermal vor!
Wenn wir kommen, um den Schatz zu holen!
Solltet ihr dann noch am Leben sein!
ROMS
Sie haben uns eingesperrt!
Wer sind die?
Räuber! Wir haben sie gestört.
Ja!

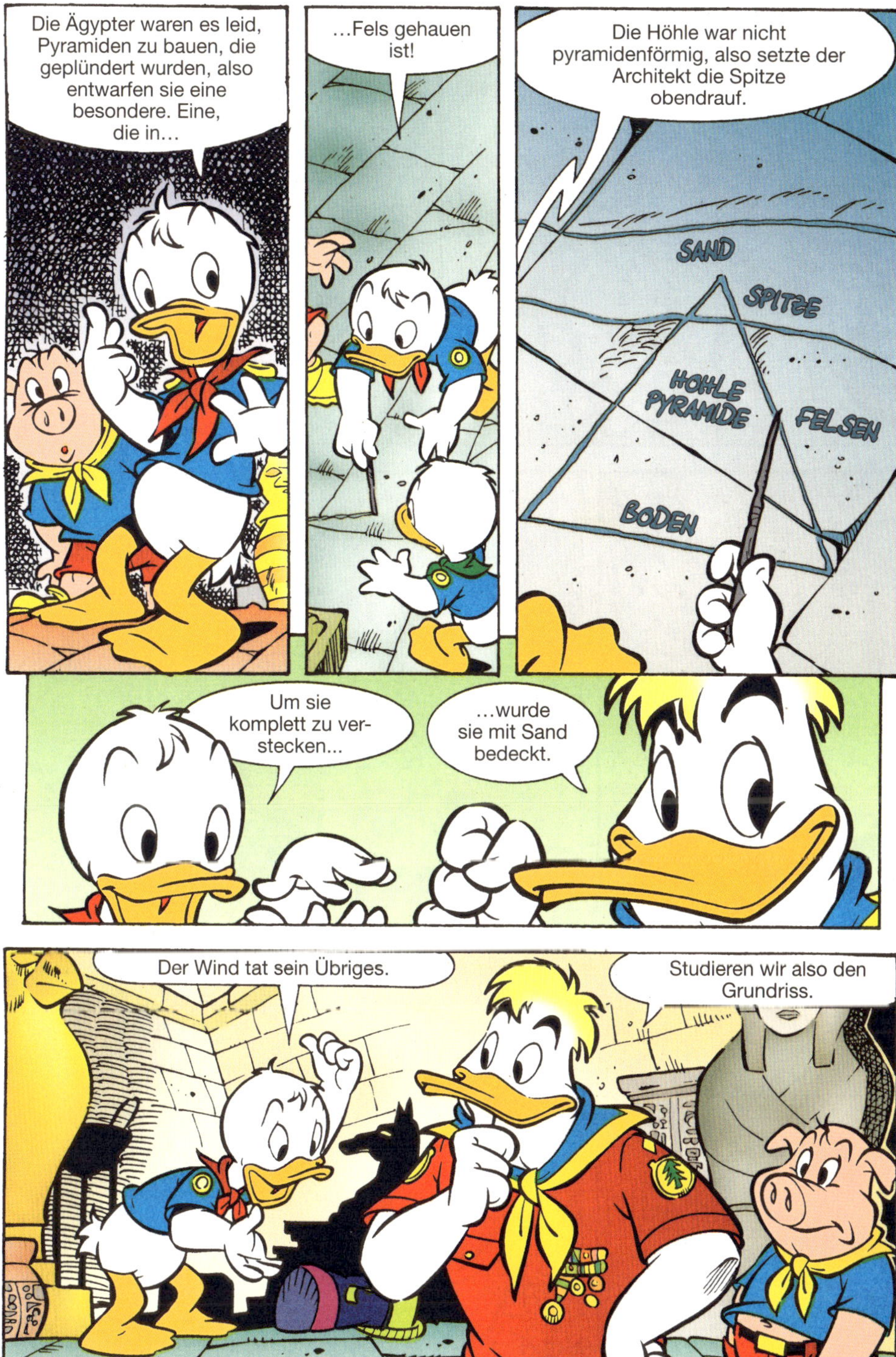
Die Ägypter waren es leid, Pyramiden zu bauen, die geplündert wurden, also entwarfen sie eine besondere. Eine, die in…
…Fels gehauen ist!
Die Höhle war nicht pyramidenförmig, also setzte der Architekt die Spitze obendrauf.
SAND
SPITZE
HOHLE PYRAMIDE
FELSEN
BODEN
Um sie komplett zu verstecken...
…wurde sie mit Sand bedeckt.
Der Wind tat sein Übriges.
Studieren wir also den Grundriss.

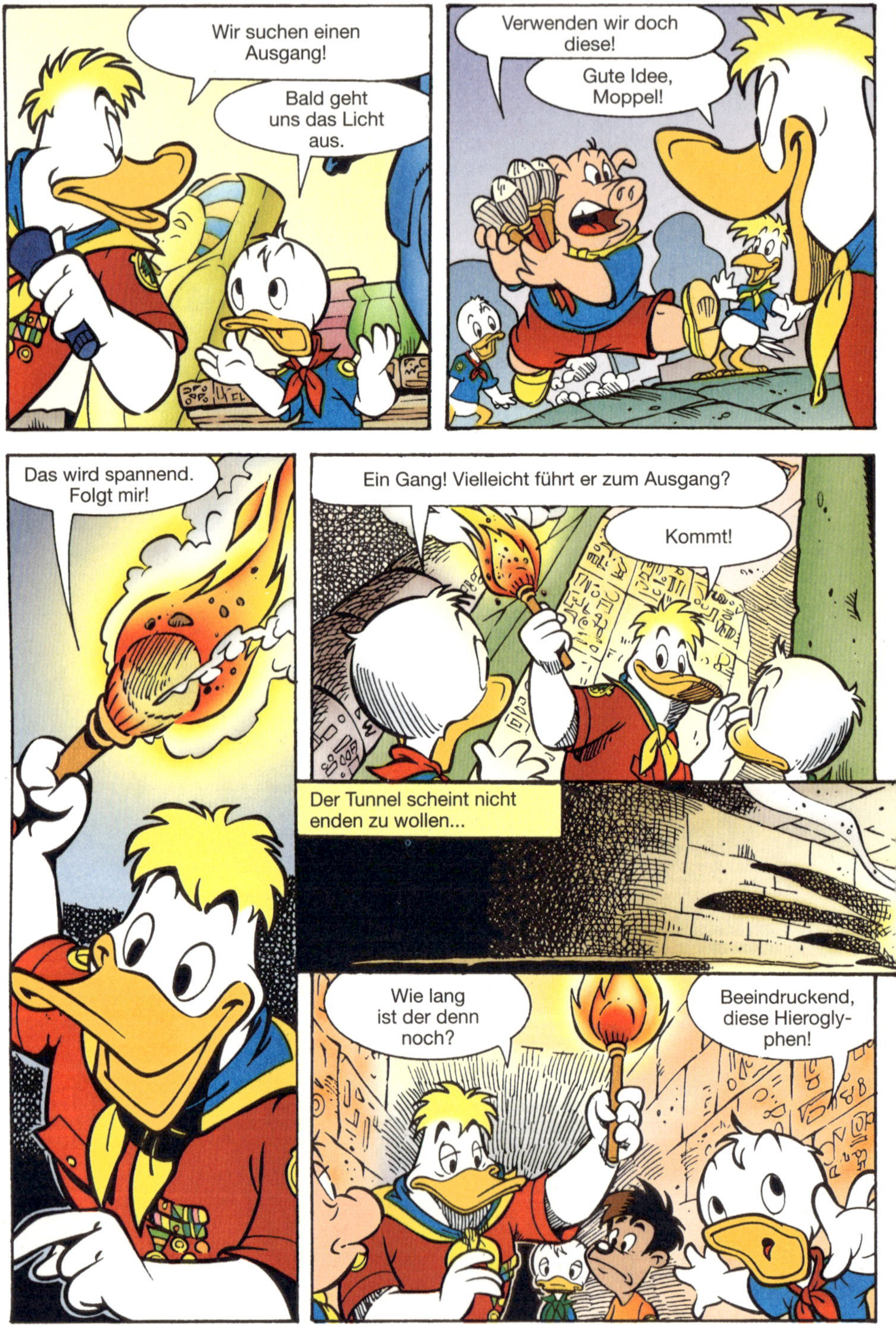
Wir suchen einen Ausgang!
Bald geht uns das Licht aus.
Verwenden wir doch diese!
Gute Idee, Moppel!
Das wird spannend. Folgt mir!
Ein Gang! Vielleicht führt er zum Ausgang?
Kommt!
Der Tunnel scheint nicht enden zu wollen...
Wie lang ist der denn noch?
Beeindruckend, diese Hierogly-phen!

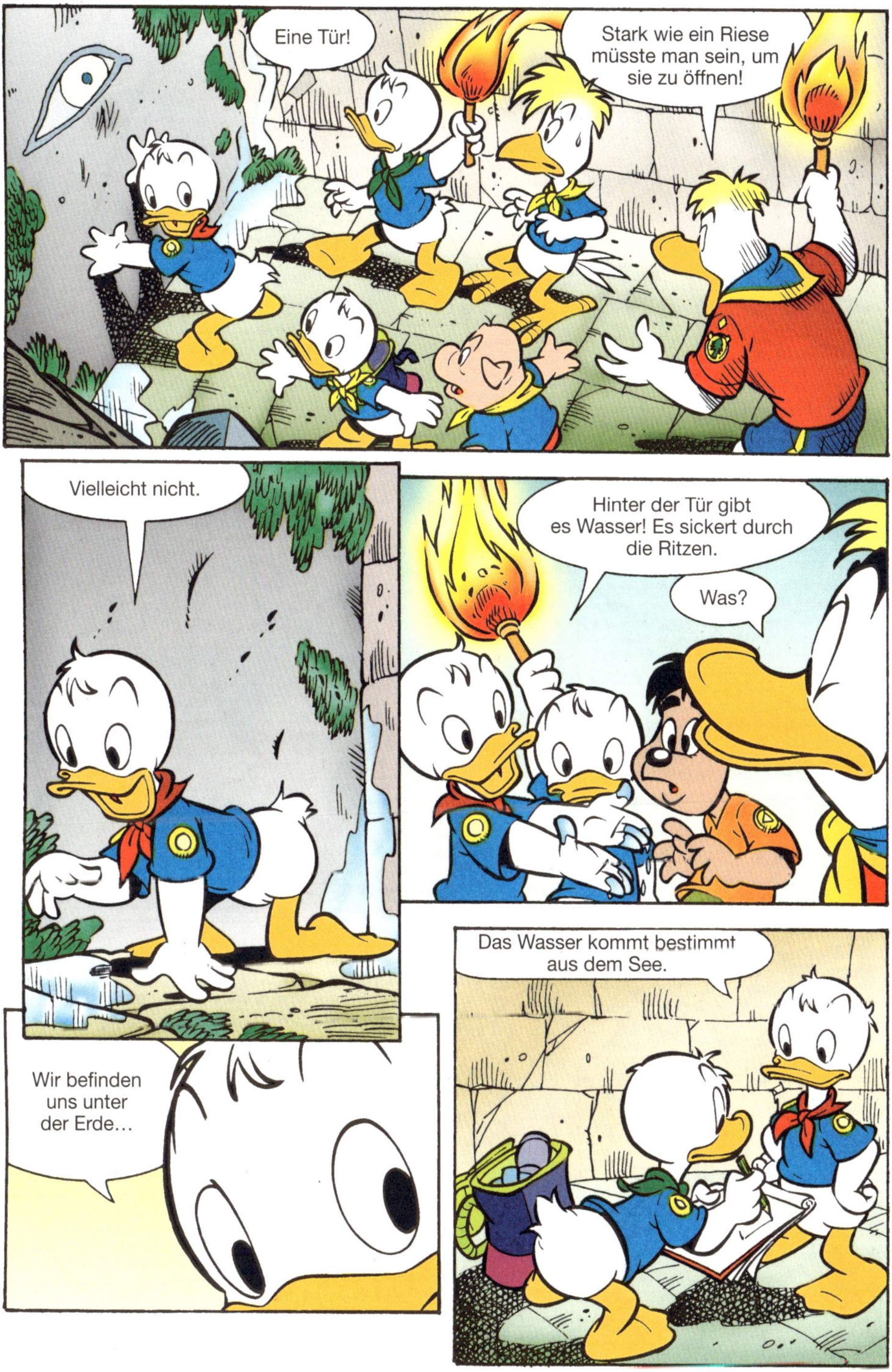
Eine Tür!
Stark wie ein Riese müsste man sein, um sie zu öffnen!
Vielleicht nicht.
Hinter der Tür gibt es Wasser! Es sickert durch die Ritzen.
Was?
Wir befinden uns unter der Erde…
Das Wasser kommt bestimmt aus dem See.

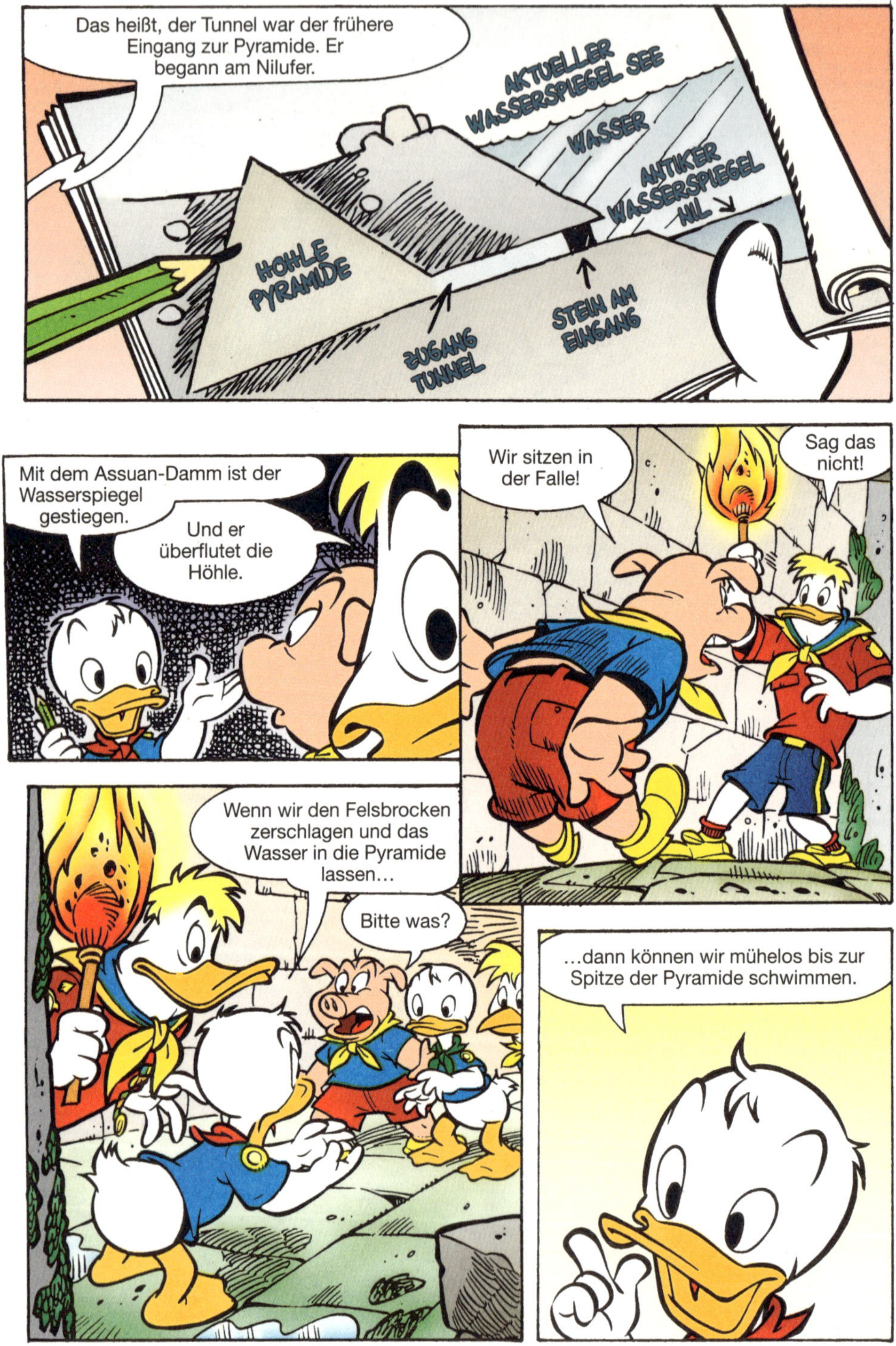

Das heißt, der Tunnel war der frühere Eingang zur Pyramide. Er begann am Nilufer.
AKTUELLER WASSERSPIEGEL SEE
WASSER
ANTIKER WASSERSPIEGEL NIL
HOHLE PYRAMIDE
ZUGANG TUNNEL
STEIN AM EINGANG
Mit dem Assuan-Damm ist der Wasserspiegel gestiegen.
Und er überflutet die Höhle.
Wir sitzen in der Falle!
Sag das nicht!
Wenn wir den Felsbrocken zerschlagen und das Wasser in die Pyramide lassen…
Bitte was?
…dann können wir mühelos bis zur Spitze der Pyramide schwimmen.

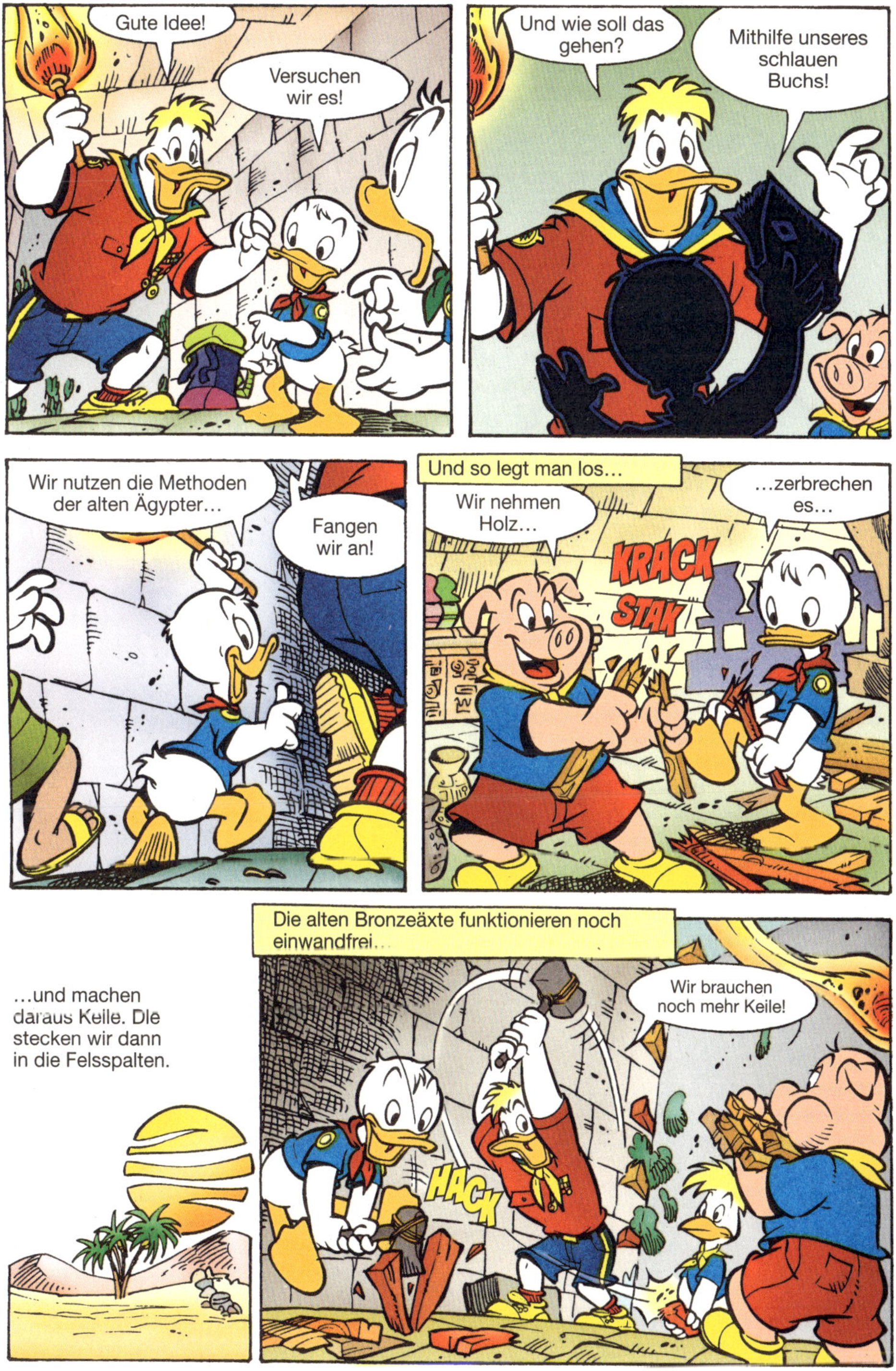
Gute Idee!
Versuchen wir es!
Und wie soll das gehen?
Mithilfe unseres schlauen Buchs!
Wir nutzen die Methoden der alten Ägypter…
Fangen wir an!
Und so legt man los…
Wir nehmen Holz…
KRACK
STAK
…zerbrechen es…
…und machen daraus Keile. Die stecken wir dann in die Felsspalten.
Die alten Bronzeäxte funktionieren noch einwandfrei…
Wir brauchen noch mehr Keile!
HACK

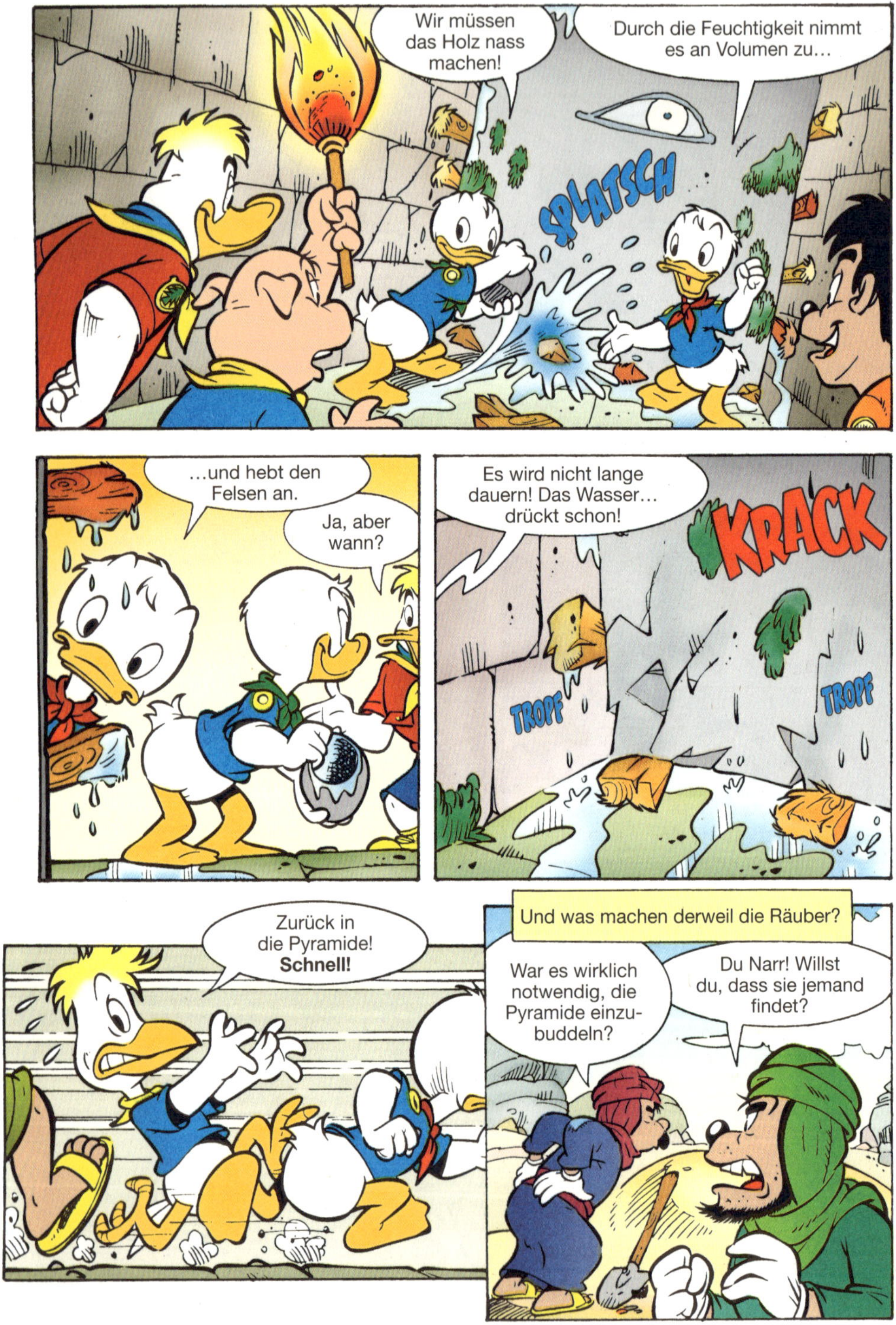
Wir müssen das Holz nass machen!
Durch die Feuchtigkeit nimmt es an Volumen zu…
SPLATSCH
…und hebt den Felsen an.
Ja, aber wann?
Es wird nicht lange dauern! Das Wasser… drückt schon!
KRACK
TROPF
TROPF
Zurück in die Pyramide! **Schnell!**
Und was machen derweil die Räuber?
War es wirklich notwendig, die Pyramide einzubuddeln?
Du Narr! Willst du, dass sie jemand findet?

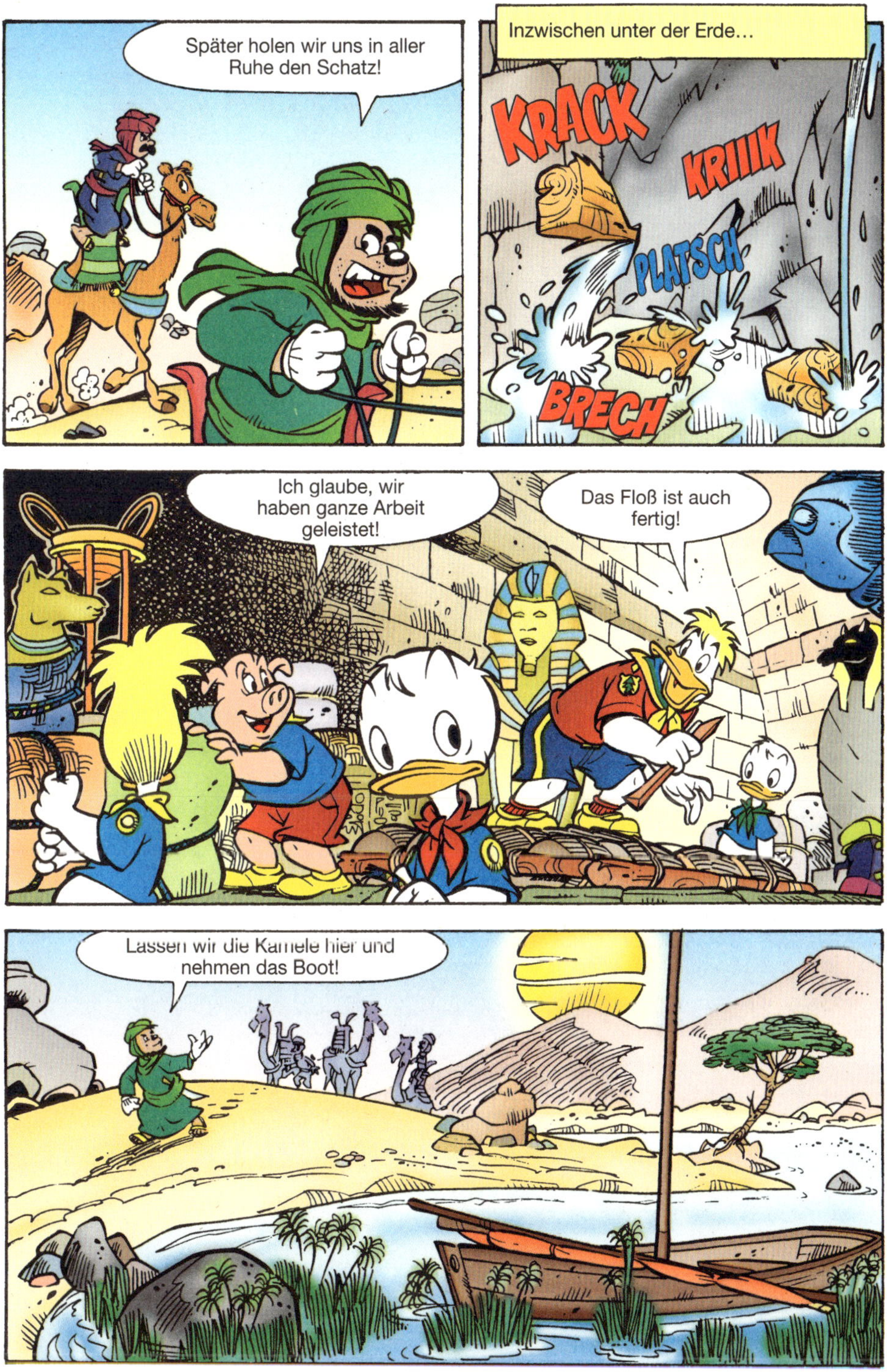
Später holen wir uns in aller Ruhe den Schatz!
Inzwischen unter der Erde…
KRACK
KRIIIK
PLATSCH
BRECH
Ich glaube, wir haben ganze Arbeit geleistet!
Das Floß ist auch fertig!
Lassen wir die Kamele hier und nehmen das Boot!

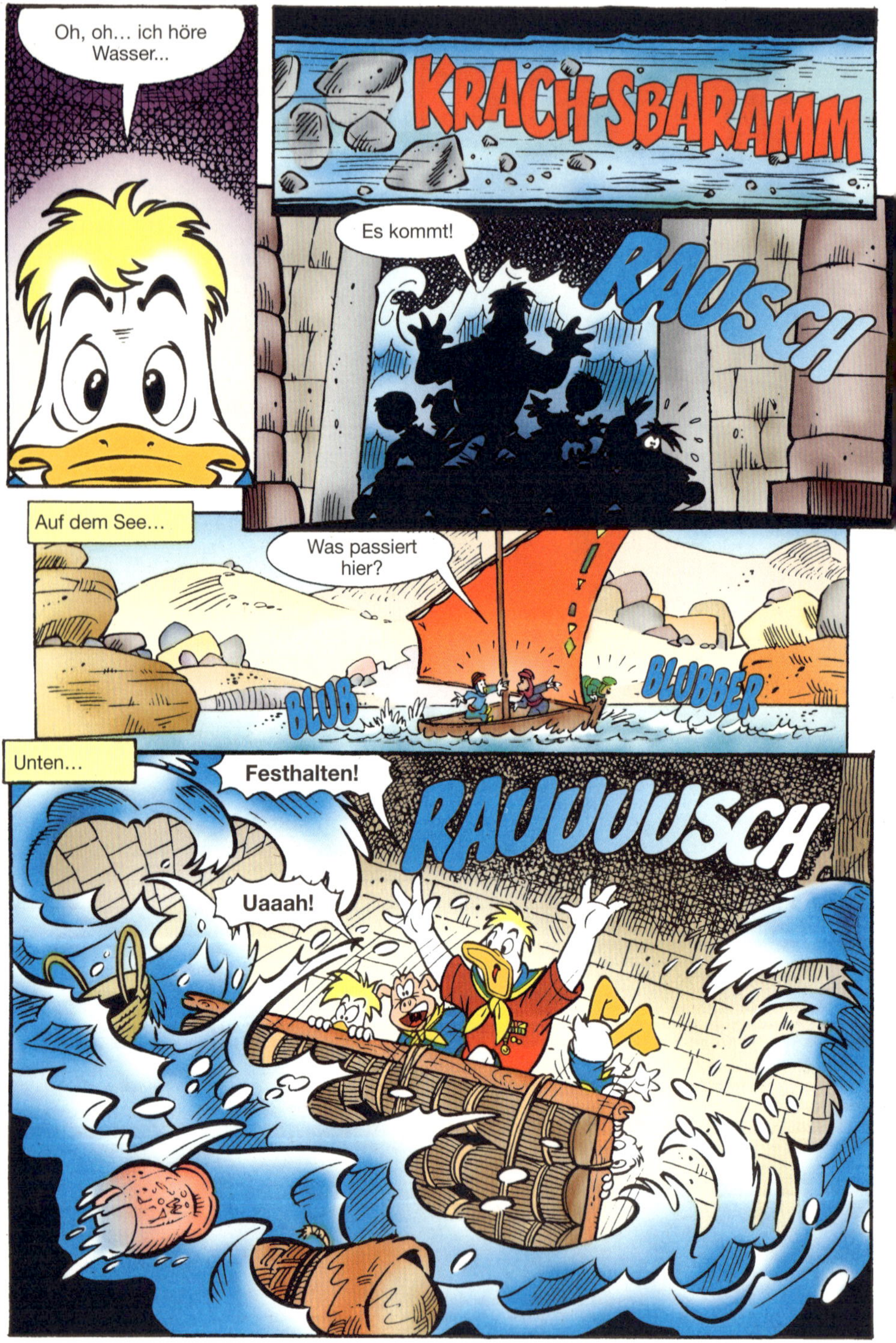

Oh, oh… ich höre Wasser...
KRACH-SBARAMM
Es kommt!
RAUSCH
Auf dem See…
Was passiert hier?
BLUB
BLUBBER
Unten…
Festhalten!
RAUUUUSCH
Uaaah!

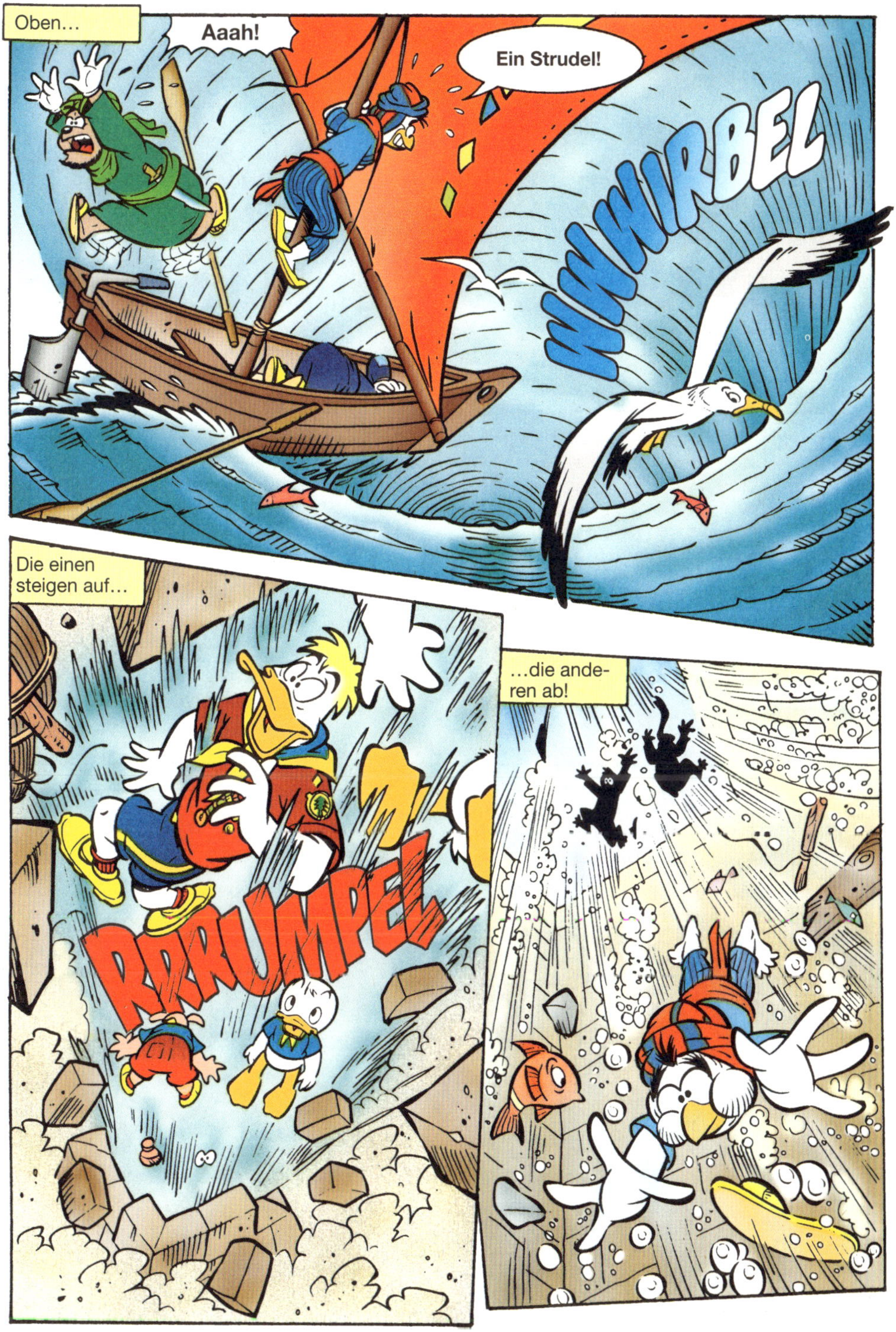

Oben…
Aaah!
Ein Strudel!
WWWIRBEL
Die einen steigen auf…
RRRUMPEL
…die anderen ab!

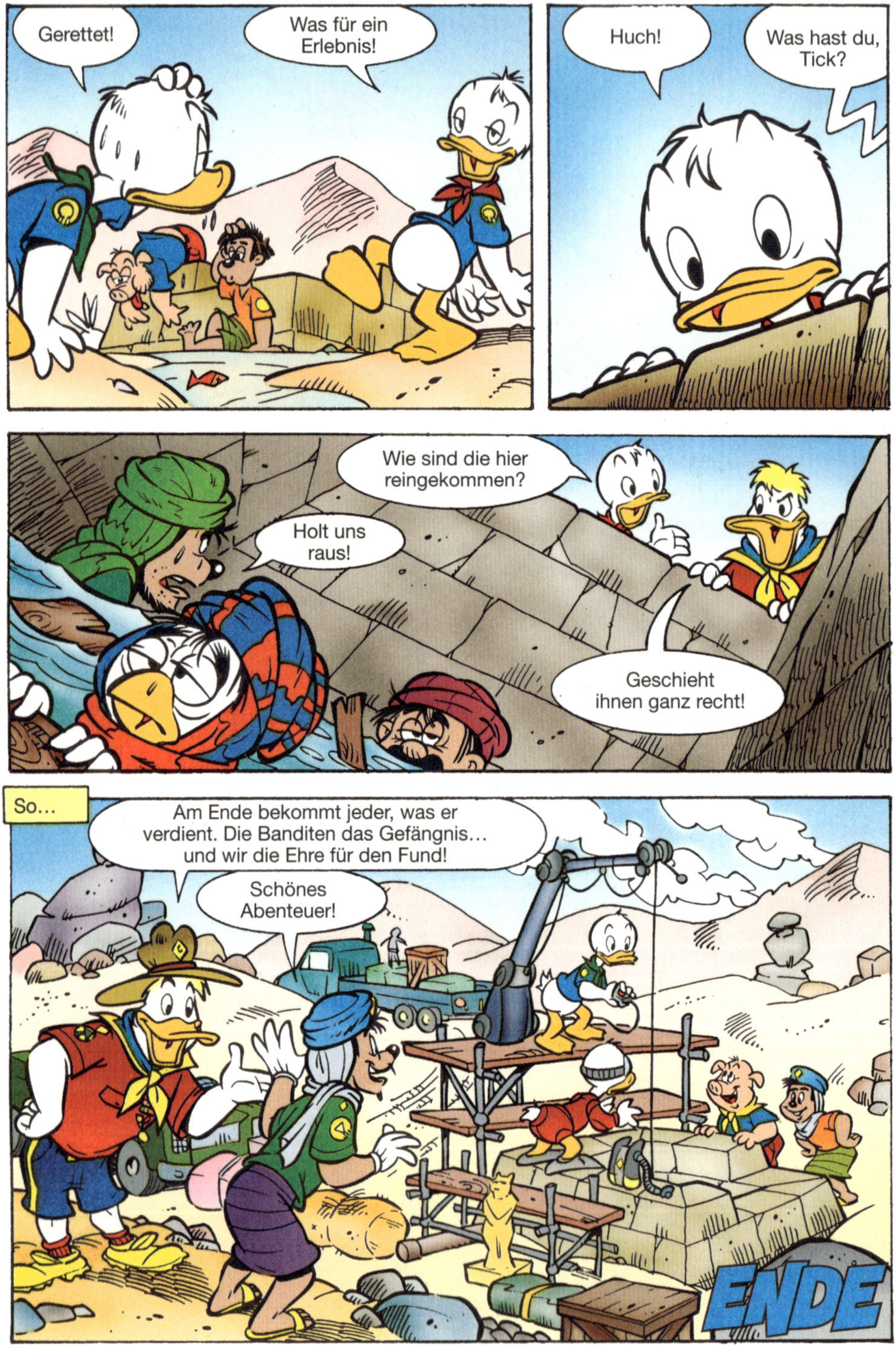
Gerettet!
Was für ein Erlebnis!
Huch!
Was hast du, Tick?
Wie sind die hier reingekommen?
Holt uns raus!
Geschieht ihnen ganz recht!
So…
Am Ende bekommt jeder, was er verdient. Die Banditen das Gefängnis… und wir die Ehre für den Fund!
Schönes Abenteuer!
ENDE

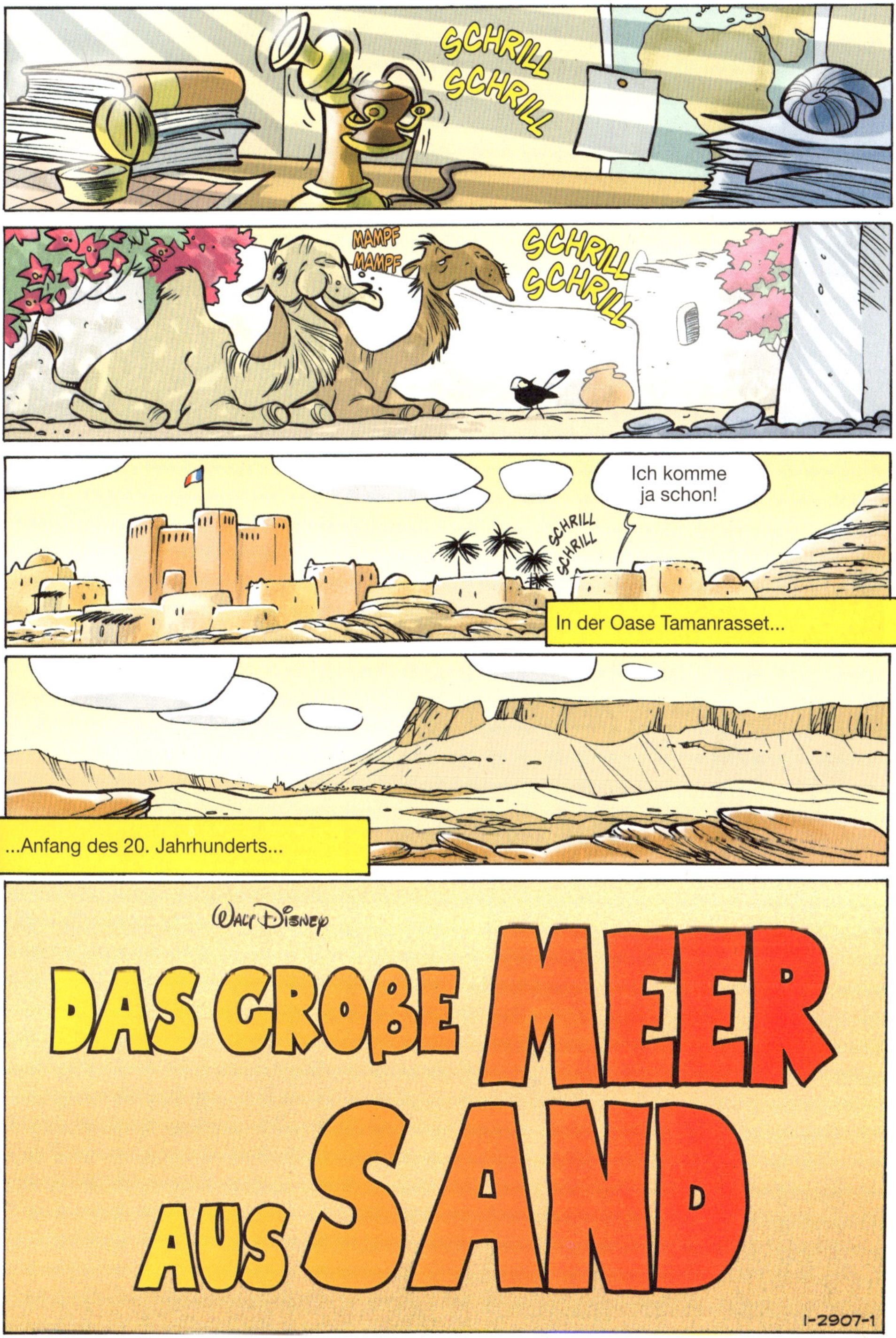

Teresa Radice (Story), **Stefano Turconi** (Zeichnungen)

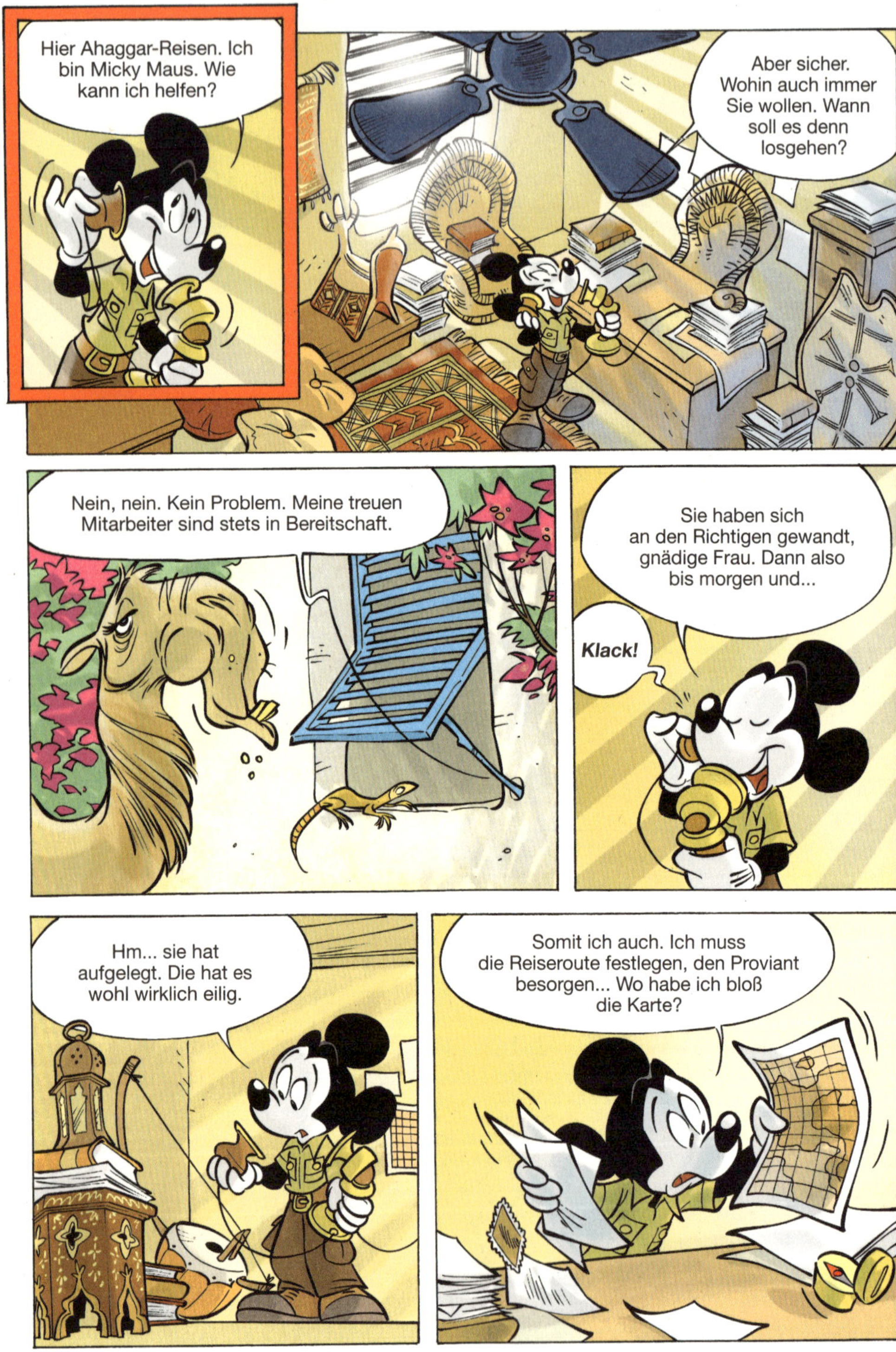
Hier Ahaggar-Reisen. Ich bin Micky Maus. Wie kann ich helfen?
Aber sicher. Wohin auch immer Sie wollen. Wann soll es denn losgehen?
Nein, nein. Kein Problem. Meine treuen Mitarbeiter sind stets in Bereitschaft.
Sie haben sich an den Richtigen gewandt, gnädige Frau. Dann also bis morgen und...
Klack!
Hm... sie hat aufgelegt. Die hat es wohl wirklich eilig.
Somit ich auch. Ich muss die Reiseroute festlegen, den Proviant besorgen... Wo habe ich bloß die Karte?

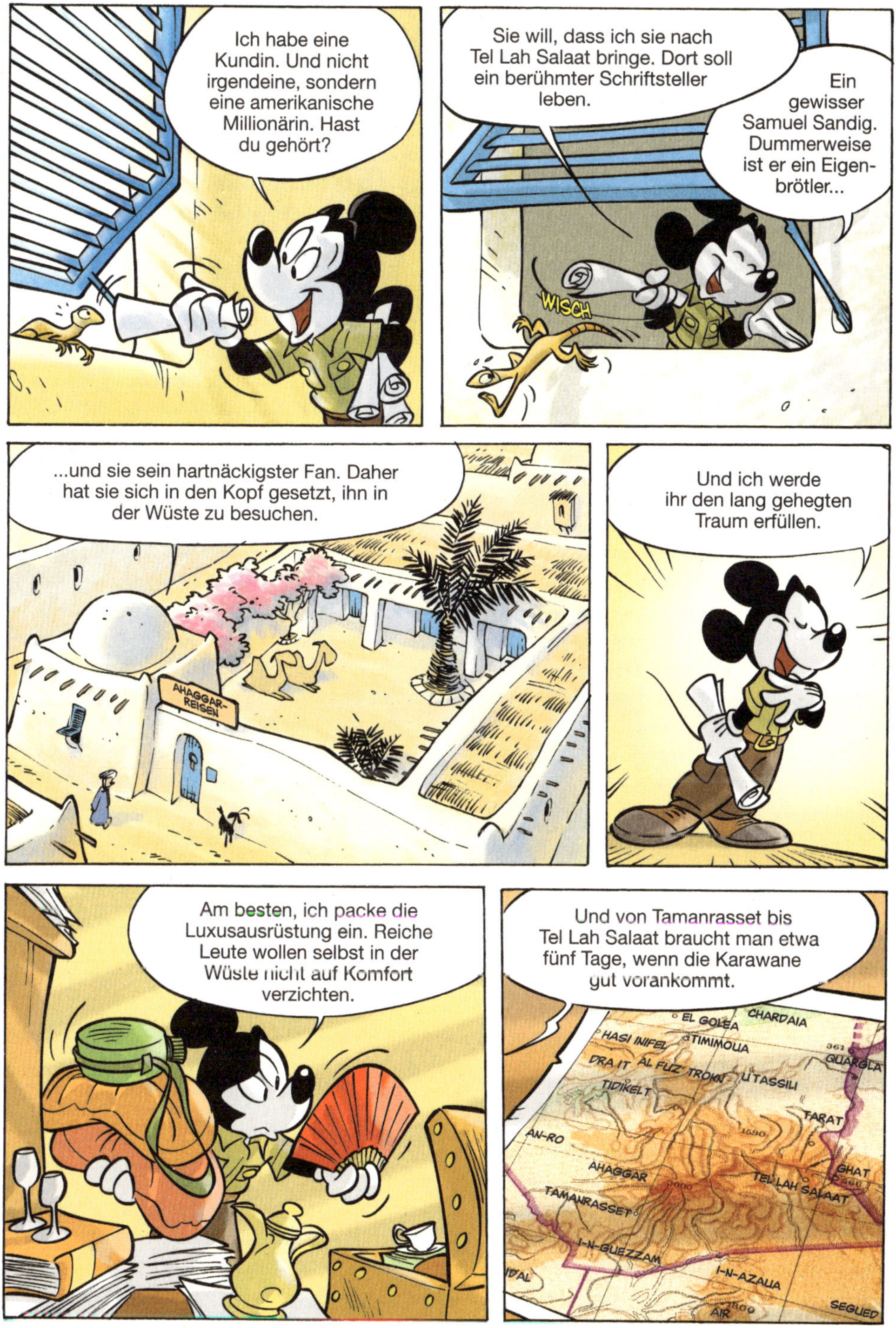
Ich habe eine Kundin. Und nicht irgendeine, sondern eine amerikanische Millionärin. Hast du gehört?
Sie will, dass ich sie nach Tel Lah Salaat bringe. Dort soll ein berühmter Schriftsteller leben.
Ein gewisser Samuel Sandig. Dummerweise ist er ein Eigen- brötler...
WISCH
...und sie sein hartnäckigster Fan. Daher hat sie sich in den Kopf gesetzt, ihn in der Wüste zu besuchen.
AHAGGAR-REISEN
Und ich werde ihr den lang gehegten Traum erfüllen.
Am besten, ich packe die Luxusausrüstung ein. Reiche Leute wollen selbst in der Wüste nicht auf Komfort verzichten.
Und von Tamanrasset bis Tel Lah Salaat braucht man etwa fünf Tage, wenn die Karawane gut vorankommt.
EL GOLEA
CHARDAIA
HASI INIFEL
TIMIMOUA
QUARGLA
DRA IT
AL FUZ
TROKN
U TASSILI
TIDIKELT
FARAT
AN-RO
AHAGGAR
TEL LAH SALAAT
GHAT
TAMANRASSET
I-N-GUEZZAM
I-N-AZAUA
AIR
SEGUED

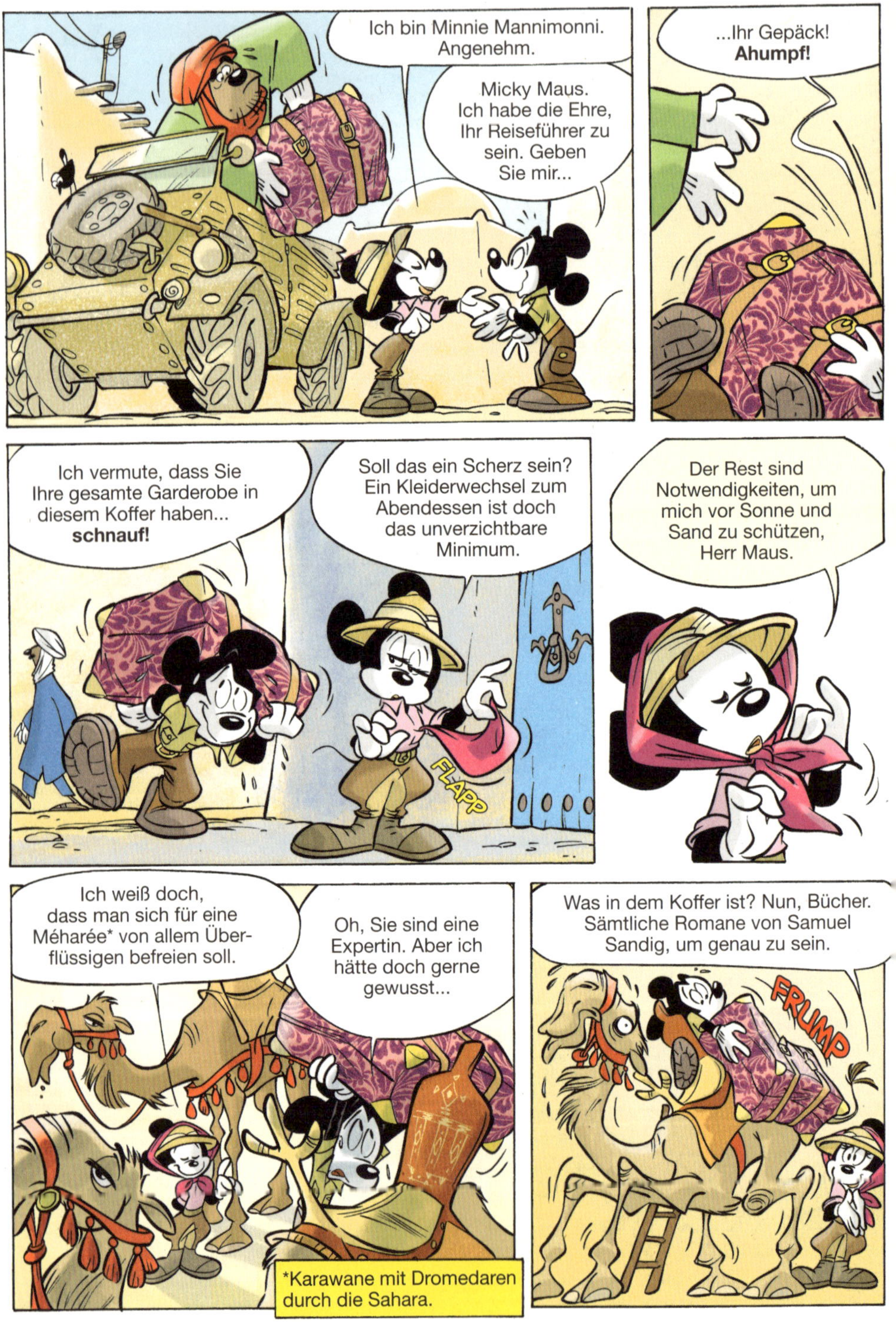
Ich bin Minnie Mannimonni. Angenehm.
Micky Maus. Ich habe die Ehre, Ihr Reiseführer zu sein. Geben Sie mir...
...Ihr Gepäck! **Ahumpf!**
Ich vermute, dass Sie Ihre gesamte Garderobe in diesem Koffer haben... **schnauf!**
Soll das ein Scherz sein? Ein Kleiderwechsel zum Abendessen ist doch das unverzichtbare Minimum.
FLAPP
Der Rest sind Notwendigkeiten, um mich vor Sonne und Sand zu schützen, Herr Maus.
Ich weiß doch, dass man sich für eine Méharée* von allem Überflüssigen befreien soll.
Oh, Sie sind eine Expertin. Aber ich hätte doch gerne gewusst...
*Karawane mit Dromedaren durch die Sahara.
Was in dem Koffer ist? Nun, Bücher. Sämtliche Romane von Samuel Sandig, um genau zu sein.
FRUMP

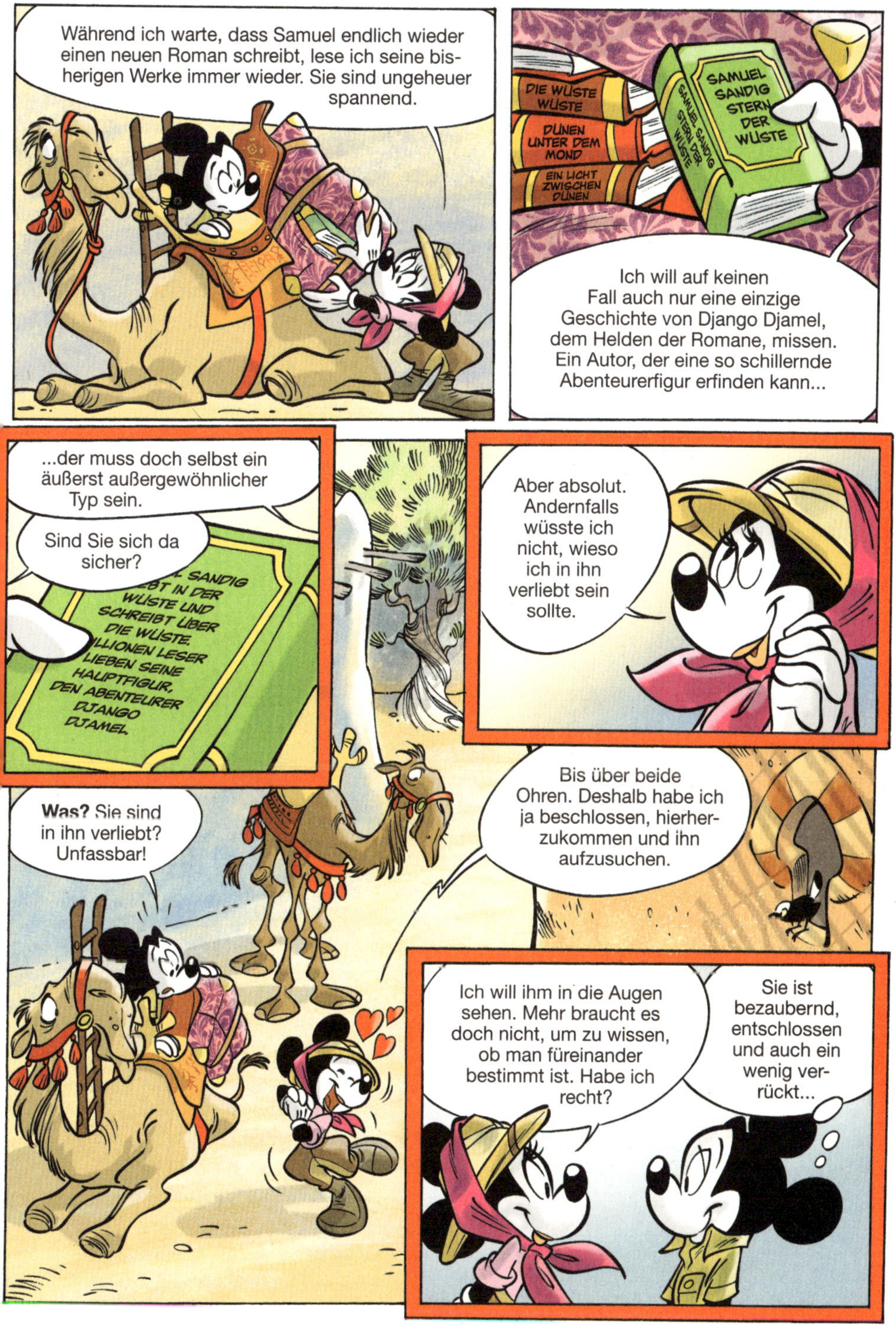
Während ich warte, dass Samuel endlich wieder einen neuen Roman schreibt, lese ich seine bisherigen Werke immer wieder. Sie sind ungeheuer spannend.
DIE WÜSTE WÜSTE
DÜNEN UNTER DEM MOND
EIN LICHT ZWISCHEN DÜNEN
SAMUEL SANDIG STERN DER WÜSTE
SAMUEL SANDIG STERN DER WÜSTE
Ich will auf keinen Fall auch nur eine einzige Geschichte von Django Djamel, dem Helden der Romane, missen. Ein Autor, der eine so schillernde Abenteurerfigur erfinden kann...
...der muss doch selbst ein äußerst außergewöhnlicher Typ sein.
Sind Sie sich da sicher?
Aber absolut. Andernfalls wüsste ich nicht, wieso ich in ihn verliebt sein sollte.
Was? Sie sind in ihn verliebt? Unfassbar!
Bis über beide Ohren. Deshalb habe ich ja beschlossen, hierherzukommen und ihn aufzusuchen.
Ich will ihm in die Augen sehen. Mehr braucht es doch nicht, um zu wissen, ob man füreinander bestimmt ist. Habe ich recht?
Sie ist bezaubernd, entschlossen und auch ein wenig verrückt...

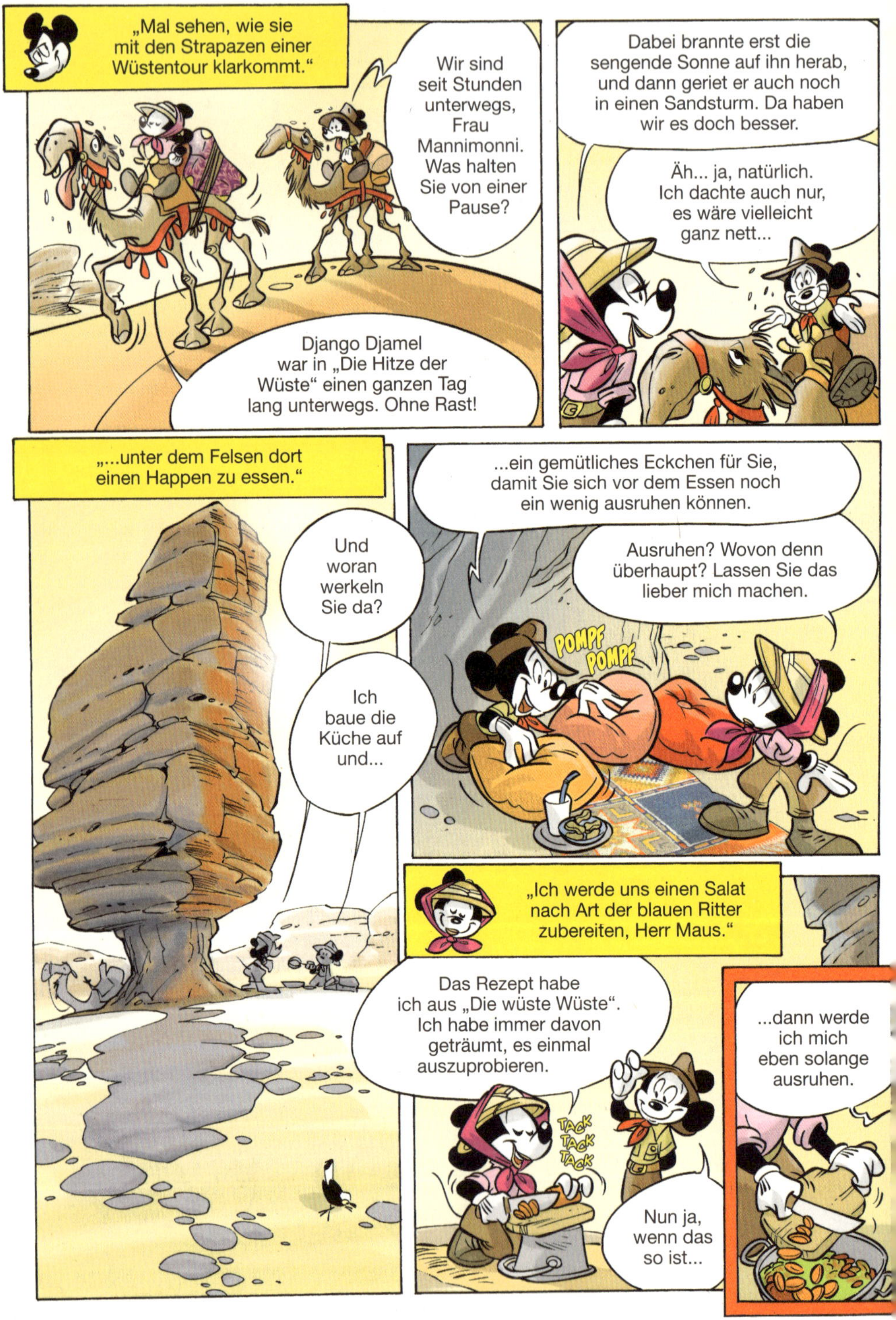
„Mal sehen, wie sie mit den Strapazen einer Wüstentour klarkommt."
Wir sind seit Stunden unterwegs, Frau Mannimonni. Was halten Sie von einer Pause?
Django Djamel war in „Die Hitze der Wüste" einen ganzen Tag lang unterwegs. Ohne Rast!
Dabei brannte erst die sengende Sonne auf ihn herab, und dann geriet er auch noch in einen Sandsturm. Da haben wir es doch besser.
Äh... ja, natürlich. Ich dachte auch nur, es wäre vielleicht ganz nett...
„...unter dem Felsen dort einen Happen zu essen."
Und woran werkeln Sie da?
Ich baue die Küche auf und...
...ein gemütliches Eckchen für Sie, damit Sie sich vor dem Essen noch ein wenig ausruhen können.
Ausruhen? Wovon denn überhaupt? Lassen Sie das lieber mich machen.
POMPF POMPF
„Ich werde uns einen Salat nach Art der blauen Ritter zubereiten, Herr Maus."
Das Rezept habe ich aus „Die wüste Wüste". Ich habe immer davon geträumt, es einmal auszuprobieren.
TACK TACK TACK
Nun ja, wenn das so ist...
...dann werde ich mich eben solange ausruhen.

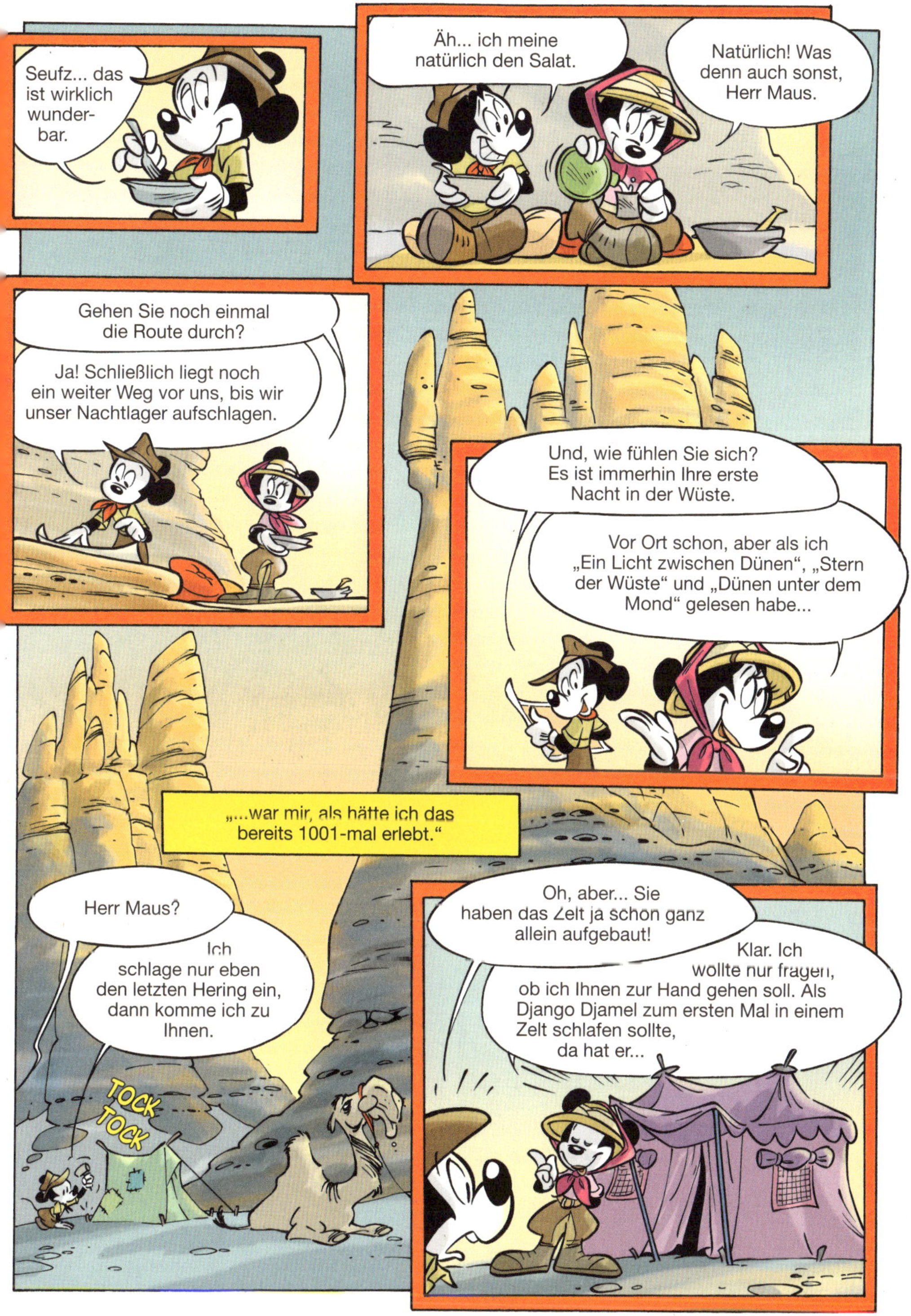
Seufz... das ist wirklich wunderbar.
Äh... ich meine natürlich den Salat.
Natürlich! Was denn auch sonst, Herr Maus.
Gehen Sie noch einmal die Route durch?
Ja! Schließlich liegt noch ein weiter Weg vor uns, bis wir unser Nachtlager aufschlagen.
Und, wie fühlen Sie sich? Es ist immerhin Ihre erste Nacht in der Wüste.
Vor Ort schon, aber als ich „Ein Licht zwischen Dünen", „Stern der Wüste" und „Dünen unter dem Mond" gelesen habe...
„...war mir, als hätte ich das bereits 1001-mal erlebt."
Herr Maus?
Ich schlage nur eben den letzten Hering ein, dann komme ich zu Ihnen.
TOCK TOCK
Oh, aber... Sie haben das Zelt ja schon ganz allein aufgebaut!
Klar. Ich wollte nur fragen, ob ich Ihnen zur Hand gehen soll. Als Django Djamel zum ersten Mal in einem Zelt schlafen sollte, da hat er...

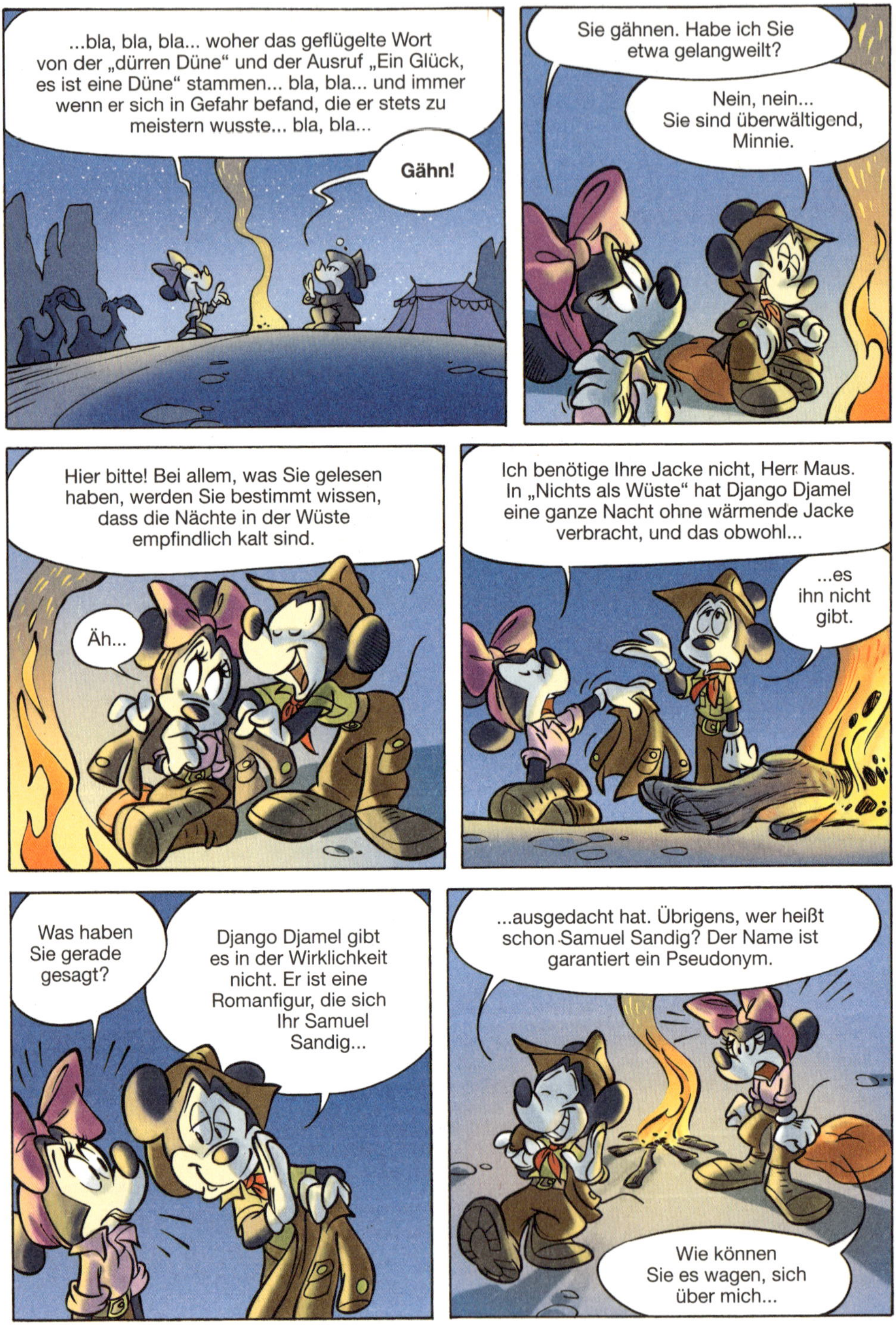
...bla, bla, bla... woher das geflügelte Wort von der „dürren Düne“ und der Ausruf „Ein Glück, es ist eine Düne“ stammen... bla, bla... und immer wenn er sich in Gefahr befand, die er stets zu meistern wusste... bla, bla...
Gähn!
Sie gähnen. Habe ich Sie etwa gelangweilt?
Nein, nein... Sie sind überwältigend, Minnie.
Hier bitte! Bei allem, was Sie gelesen haben, werden Sie bestimmt wissen, dass die Nächte in der Wüste empfindlich kalt sind.
Äh...
Ich benötige Ihre Jacke nicht, Herr Maus. In „Nichts als Wüste“ hat Django Djamel eine ganze Nacht ohne wärmende Jacke verbracht, und das obwohl...
...es ihn nicht gibt.
Was haben Sie gerade gesagt?
Django Djamel gibt es in der Wirklichkeit nicht. Er ist eine Romanfigur, die sich Ihr Samuel Sandig...
...ausgedacht hat. Übrigens, wer heißt schon Samuel Sandig? Der Name ist garantiert ein Pseudonym.
Wie können Sie es wagen, sich über mich...

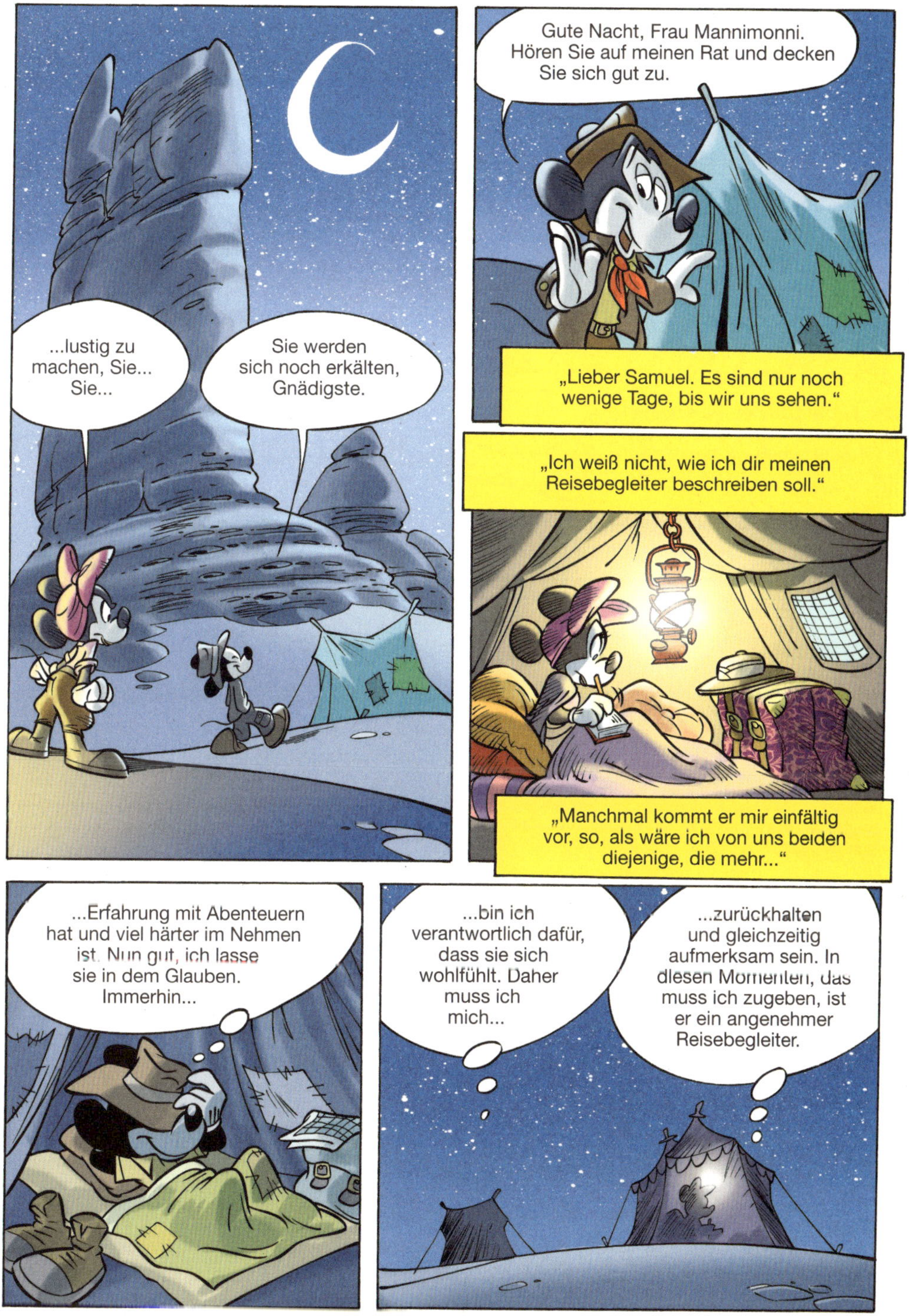
...lustig zu machen, Sie... Sie...
Sie werden sich noch erkälten, Gnädigste.
Gute Nacht, Frau Mannimonni. Hören Sie auf meinen Rat und decken Sie sich gut zu.
„Lieber Samuel. Es sind nur noch wenige Tage, bis wir uns sehen.“
„Ich weiß nicht, wie ich dir meinen Reisebegleiter beschreiben soll.“
„Manchmal kommt er mir einfältig vor, so, als wäre ich von uns beiden diejenige, die mehr...“
...Erfahrung mit Abenteuern hat und viel härter im Nehmen ist. Nun gut, ich lasse sie in dem Glauben. Immerhin...
...bin ich verantwortlich dafür, dass sie sich wohlfühlt. Daher muss ich mich...
...zurückhalten und gleichzeitig aufmerksam sein. In diesen Momenten, das muss ich zugeben, ist er ein angenehmer Reisebegleiter.

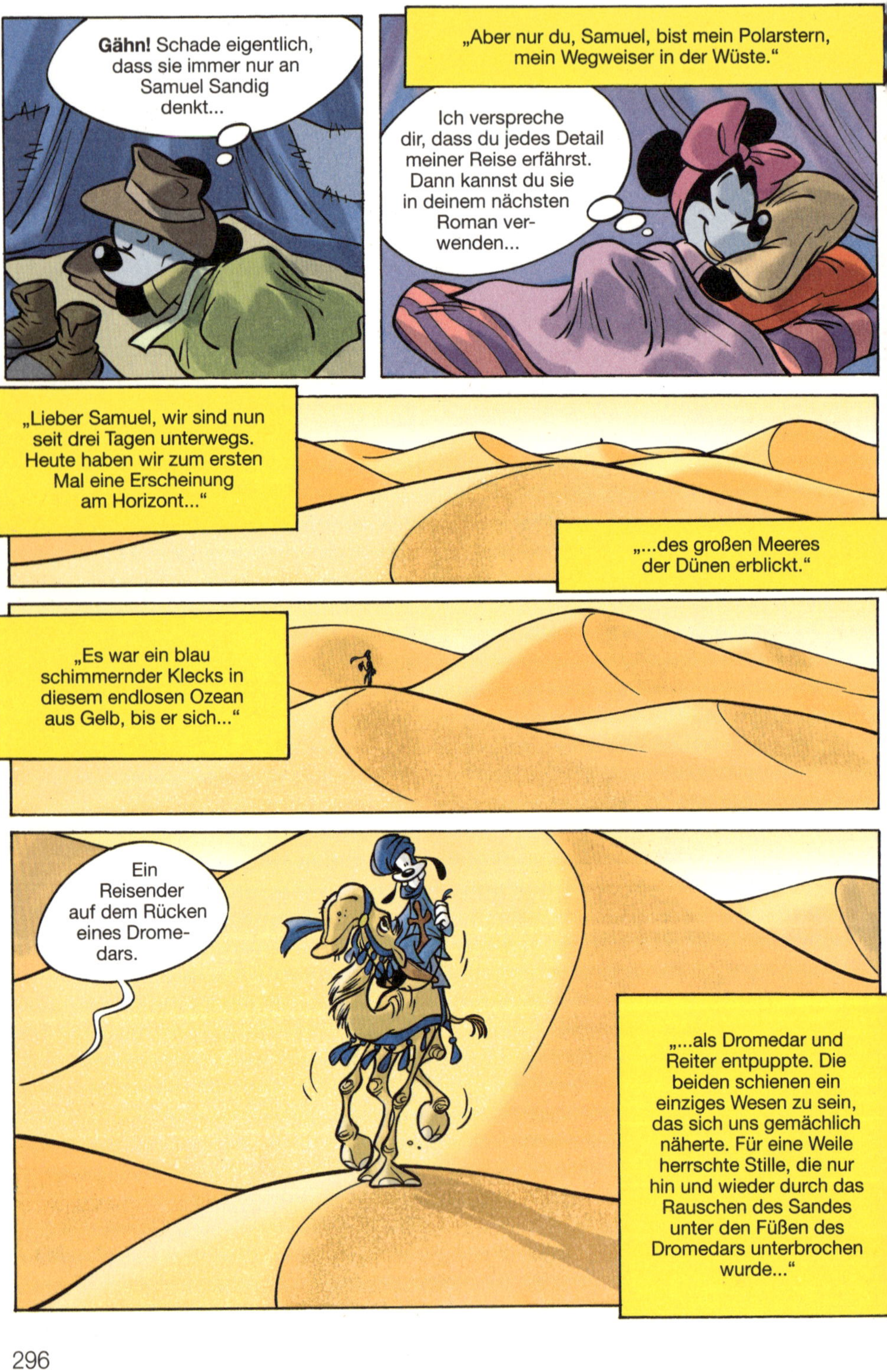

Gähn! Schade eigentlich, dass sie immer nur an Samuel Sandig denkt...
„Aber nur du, Samuel, bist mein Polarstern, mein Wegweiser in der Wüste."
Ich verspreche dir, dass du jedes Detail meiner Reise erfährst. Dann kannst du sie in deinem nächsten Roman verwenden...
„Lieber Samuel, wir sind nun seit drei Tagen unterwegs. Heute haben wir zum ersten Mal eine Erscheinung am Horizont..."
„...des großen Meeres der Dünen erblickt."
„Es war ein blau schimmernder Klecks in diesem endlosen Ozean aus Gelb, bis er sich..."
Ein Reisender auf dem Rücken eines Dromedars.
„...als Dromedar und Reiter entpuppte. Die beiden schienen ein einziges Wesen zu sein, das sich uns gemächlich näherte. Für eine Weile herrschte Stille, die nur hin und wieder durch das Rauschen des Sandes unter den Füßen des Dromedars unterbrochen wurde..."

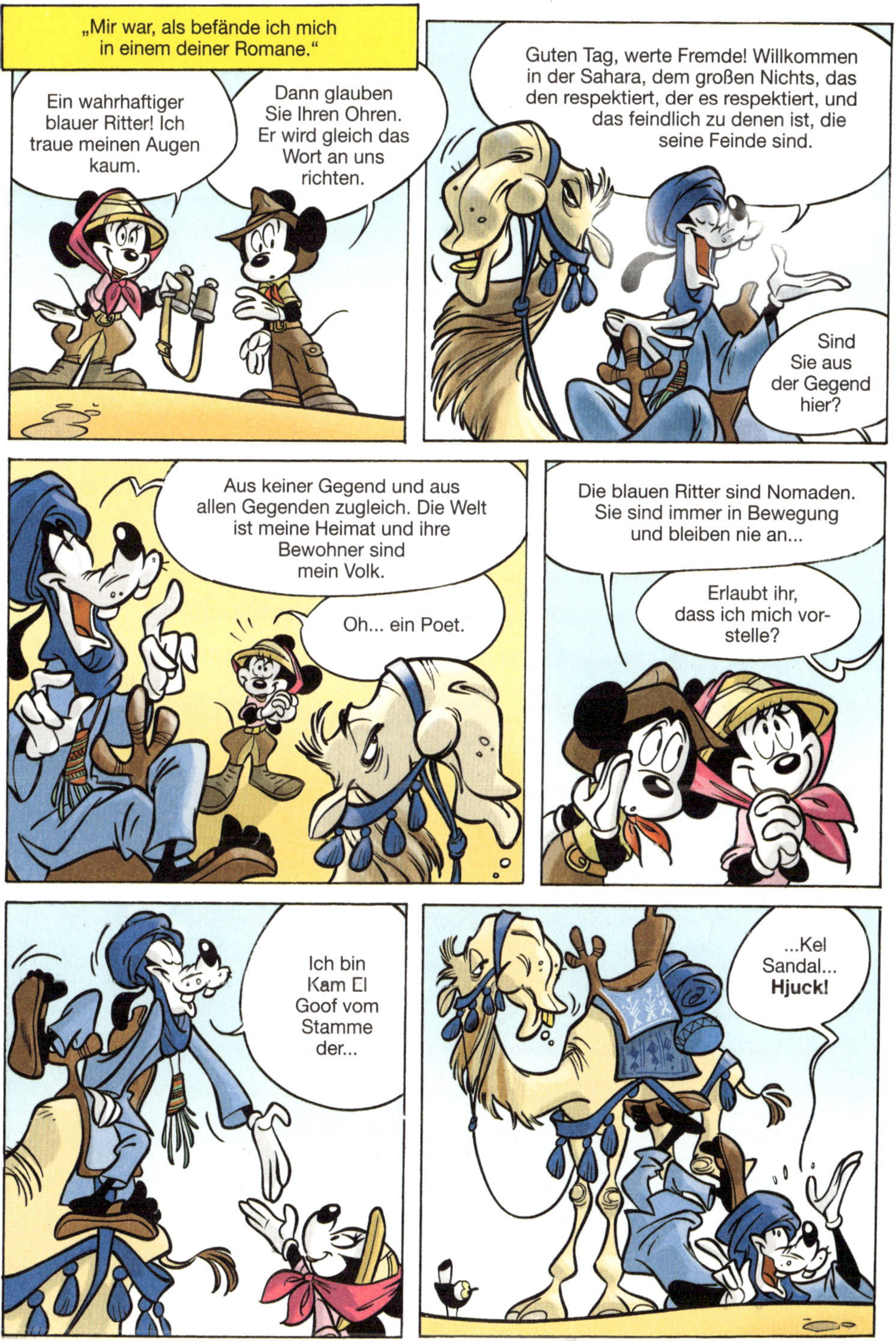
„Mir war, als befände ich mich in einem deiner Romane."
Ein wahrhaftiger blauer Ritter! Ich traue meinen Augen kaum.
Dann glauben Sie Ihren Ohren. Er wird gleich das Wort an uns richten.
Guten Tag, werte Fremde! Willkommen in der Sahara, dem großen Nichts, das den respektiert, der es respektiert, und das feindlich zu denen ist, die seine Feinde sind.
Sind Sie aus der Gegend hier?
Aus keiner Gegend und aus allen Gegenden zugleich. Die Welt ist meine Heimat und ihre Bewohner sind mein Volk.
Oh... ein Poet.
Die blauen Ritter sind Nomaden. Sie sind immer in Bewegung und bleiben nie an...
Erlaubt ihr, dass ich mich vorstelle?
Ich bin Kam El Goof vom Stamme der...
...Kel Sandal... **Hjuck!**

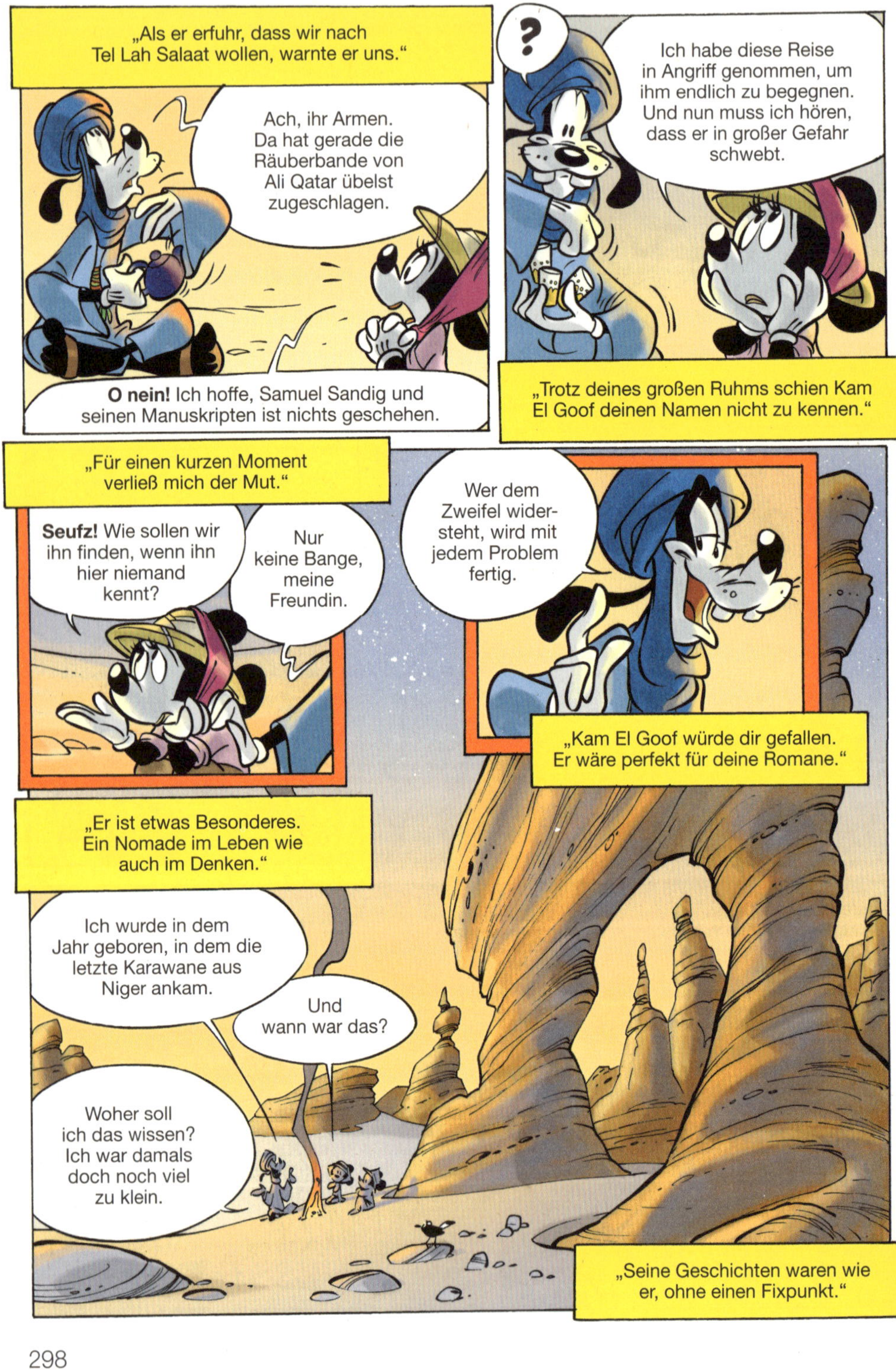
„Als er erfuhr, dass wir nach Tel Lah Salaat wollen, warnte er uns."
Ach, ihr Armen. Da hat gerade die Räuberbande von Ali Qatar übelst zugeschlagen.
O nein! Ich hoffe, Samuel Sandig und seinen Manuskripten ist nichts geschehen.
?
Ich habe diese Reise in Angriff genommen, um ihm endlich zu begegnen. Und nun muss ich hören, dass er in großer Gefahr schwebt.
„Trotz deines großen Ruhms schien Kam El Goof deinen Namen nicht zu kennen."
„Für einen kurzen Moment verließ mich der Mut."
Seufz! Wie sollen wir ihn finden, wenn ihn hier niemand kennt?
Nur keine Bange, meine Freundin.
Wer dem Zweifel widersteht, wird mit jedem Problem fertig.
„Kam El Goof würde dir gefallen. Er wäre perfekt für deine Romane."
„Er ist etwas Besonderes. Ein Nomade im Leben wie auch im Denken."
Ich wurde in dem Jahr geboren, in dem die letzte Karawane aus Niger ankam.
Und wann war das?
Woher soll ich das wissen? Ich war damals doch noch viel zu klein.
„Seine Geschichten waren wie er, ohne einen Fixpunkt."

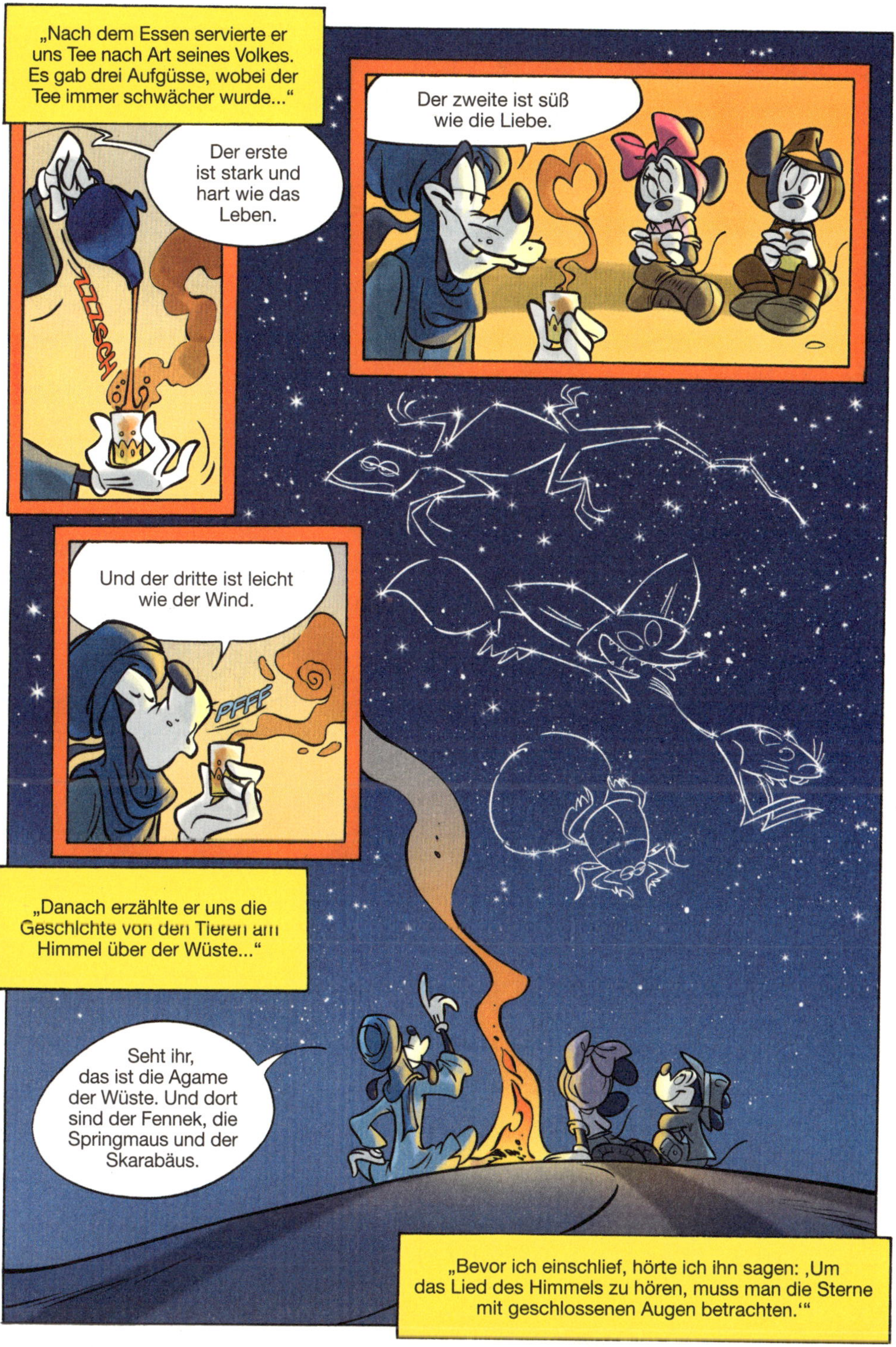
„Nach dem Essen servierte er uns Tee nach Art seines Volkes. Es gab drei Aufgüsse, wobei der Tee immer schwächer wurde...“
Der erste ist stark und hart wie das Leben.
ZZZSCH
Der zweite ist süß wie die Liebe.
Und der dritte ist leicht wie der Wind.
PFFFF
„Danach erzählte er uns die Geschichte von den Tieren am Himmel über der Wüste...“
Seht ihr, das ist die Agame der Wüste. Und dort sind der Fennek, die Springmaus und der Skarabäus.
„Bevor ich einschlief, hörte ich ihn sagen: ‚Um das Lied des Himmels zu hören, muss man die Sterne mit geschlossenen Augen betrachten.‘“

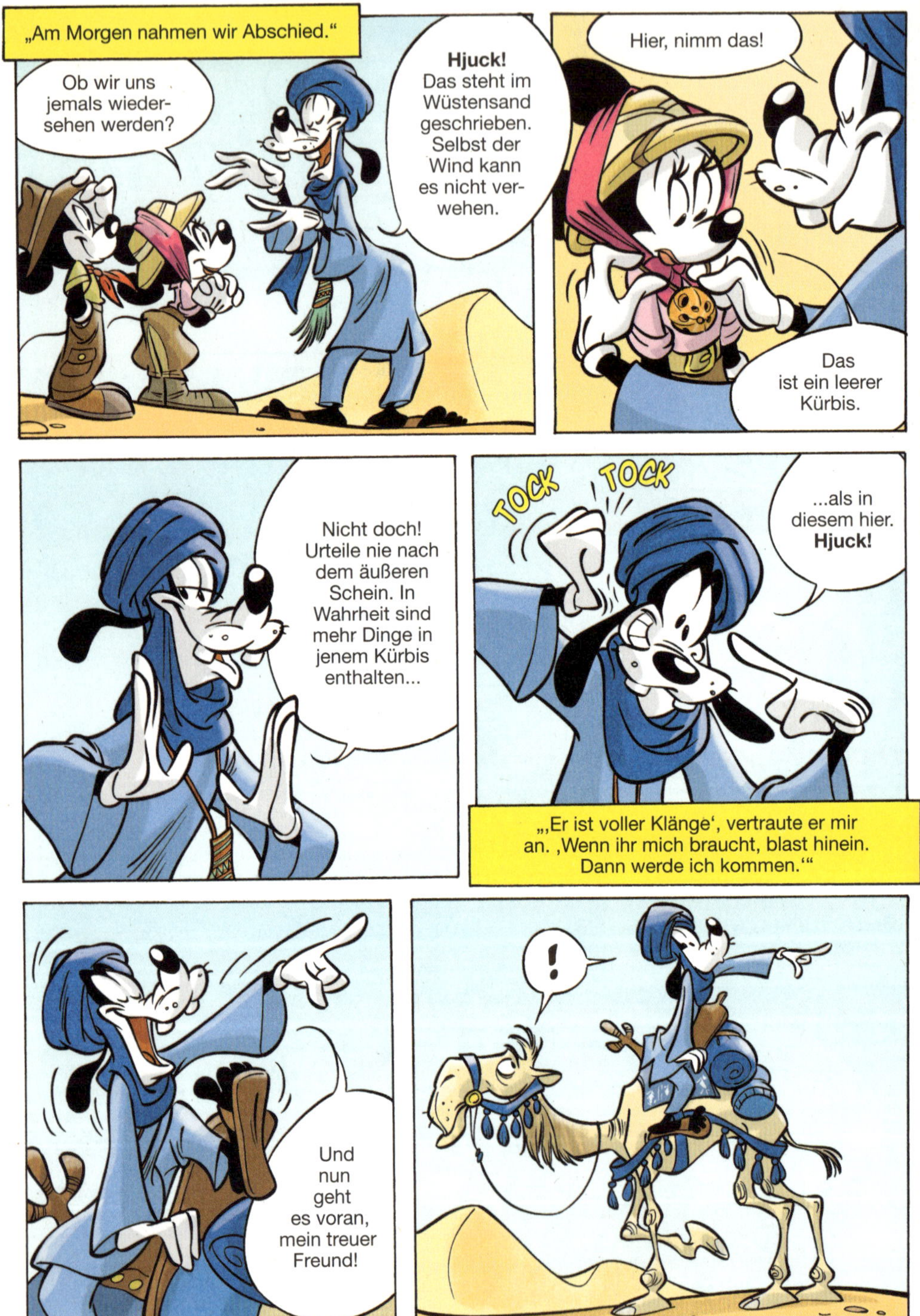
„Am Morgen nahmen wir Abschied."
Ob wir uns jemals wiedersehen werden?
Hjuck! Das steht im Wüstensand geschrieben. Selbst der Wind kann es nicht verwehen.
Hier, nimm das!
Das ist ein leerer Kürbis.
Nicht doch! Urteile nie nach dem äußeren Schein. In Wahrheit sind mehr Dinge in jenem Kürbis enthalten...
TOCK
TOCK
...als in diesem hier. **Hjuck!**
„‚Er ist voller Klänge', vertraute er mir an. ‚Wenn ihr mich braucht, blast hinein. Dann werde ich kommen.'"
Und nun geht es voran, mein treuer Freund!
!

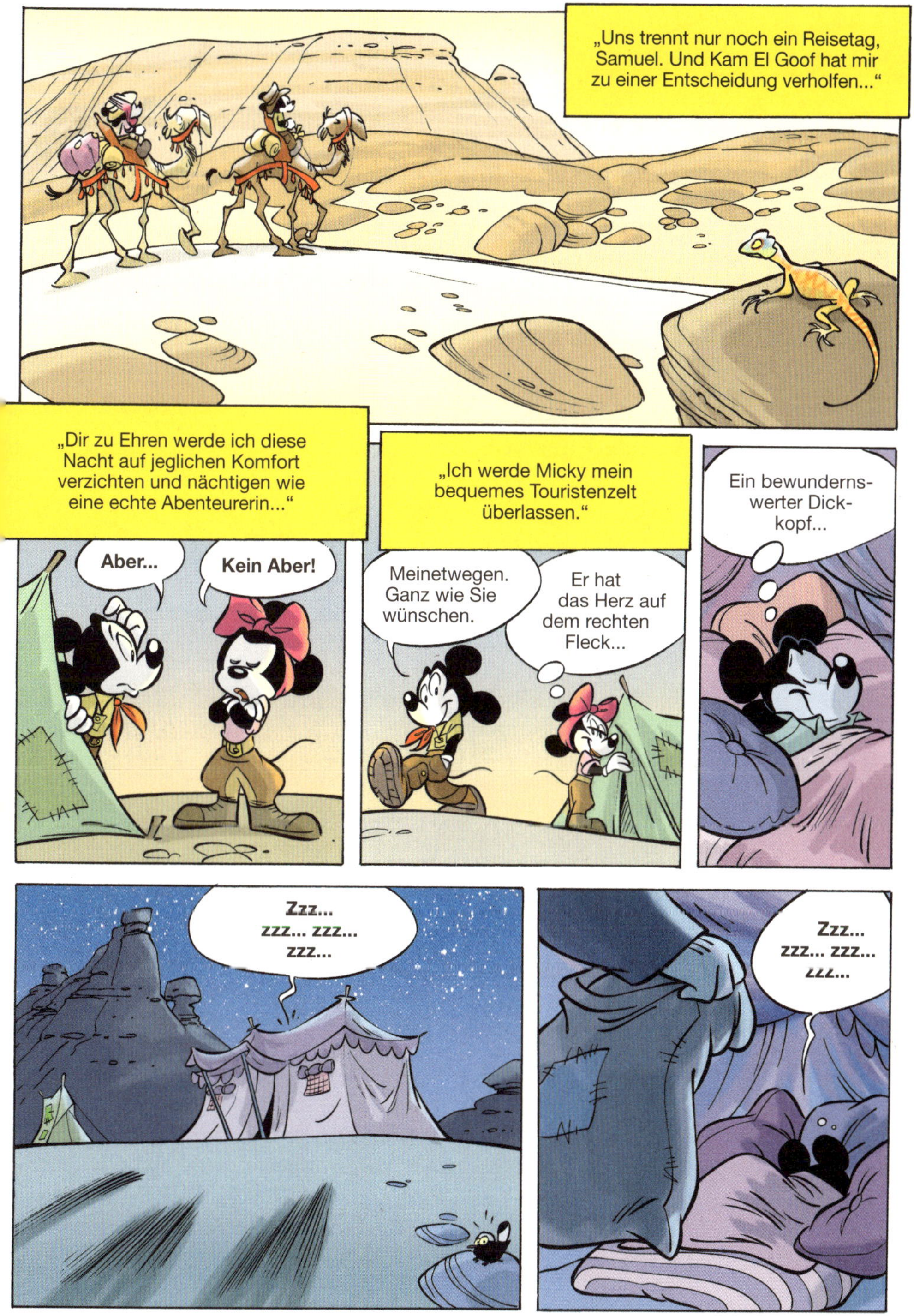
„Uns trennt nur noch ein Reisetag, Samuel. Und Kam El Goof hat mir zu einer Entscheidung verholfen..."
„Dir zu Ehren werde ich diese Nacht auf jeglichen Komfort verzichten und nächtigen wie eine echte Abenteurerin..."
Aber...
Kein Aber!
„Ich werde Micky mein bequemes Touristenzelt überlassen."
Meinetwegen. Ganz wie Sie wünschen.
Er hat das Herz auf dem rechten Fleck...
Ein bewunderns-werter Dick-kopf...
Zzz... zzz... zzz... zzz...
Zzz... zzz... zzz... zzz...

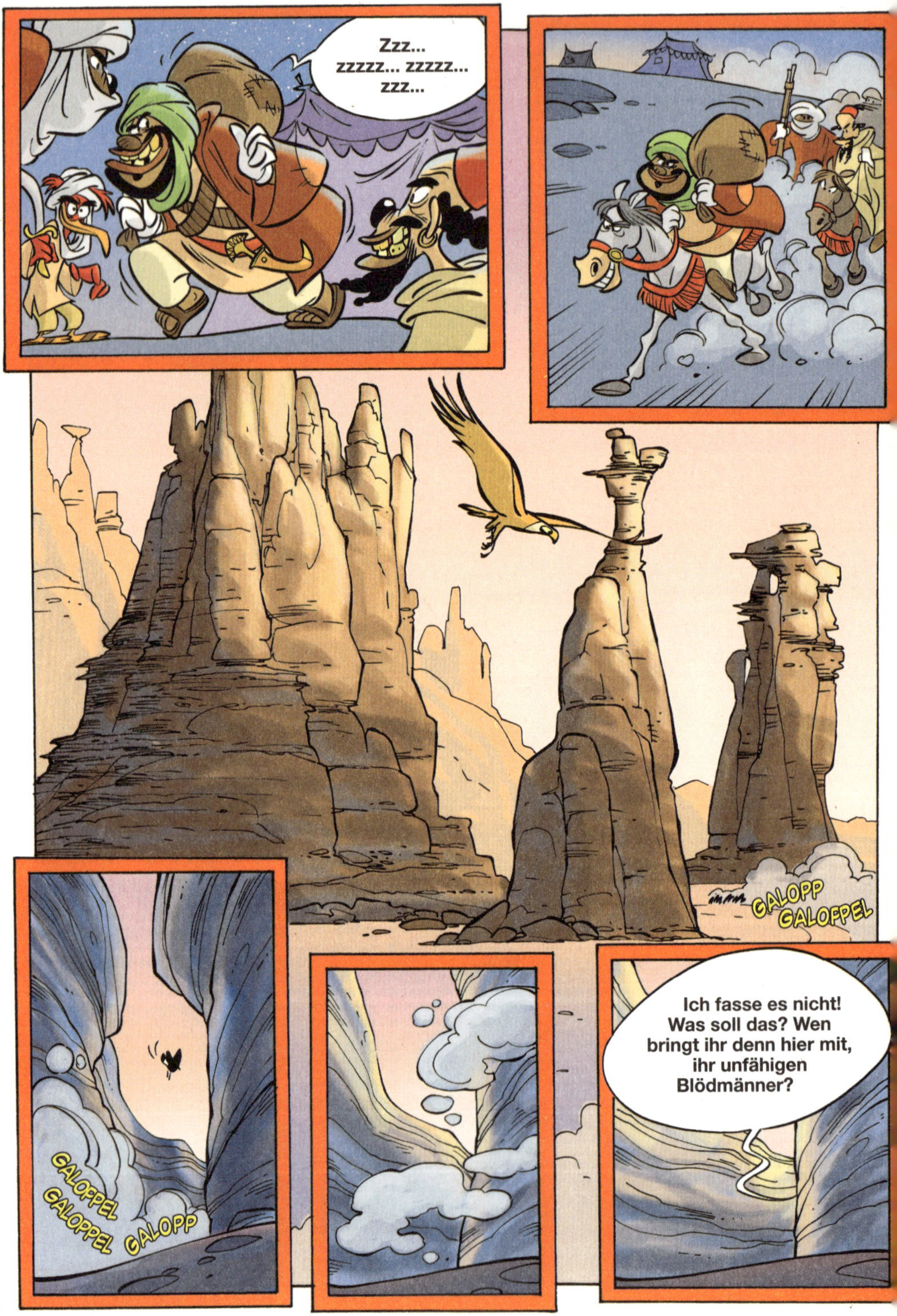

Zzz... zzzzz... zzzzz... zzz...
GALOPP GALOPPEL
GALOPPEL GALOPPEL GALOPP
Ich fasse es nicht! Was soll das? Wen bringt ihr denn hier mit, ihr unfähigen Blödmänner?

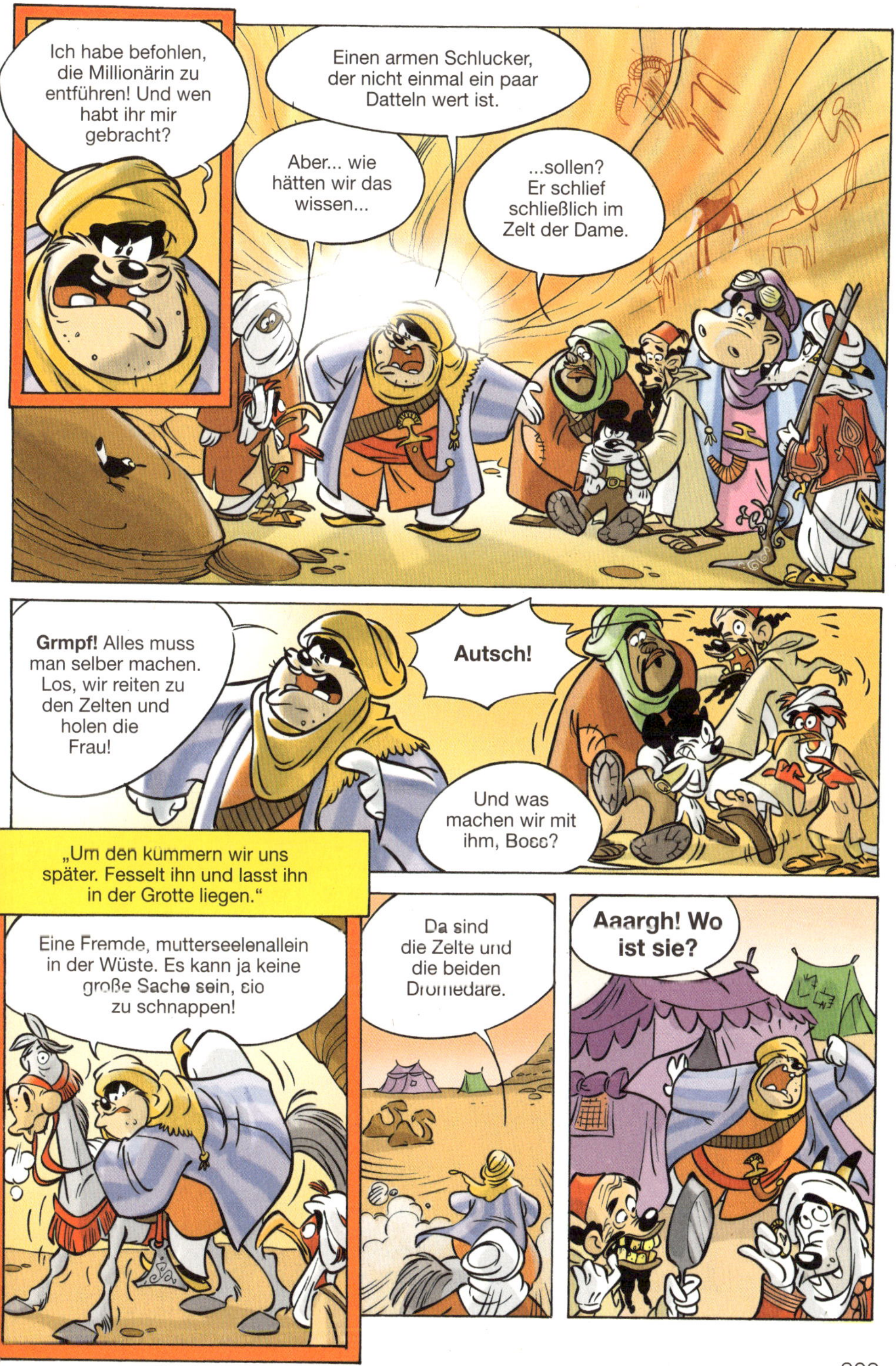
Ich habe befohlen, die Millionärin zu entführen! Und wen habt ihr mir gebracht?
Einen armen Schlucker, der nicht einmal ein paar Datteln wert ist.
Aber... wie hätten wir das wissen...
...sollen? Er schlief schließlich im Zelt der Dame.
Grmpf! Alles muss man selber machen. Los, wir reiten zu den Zelten und holen die Frau!
Autsch!
Und was machen wir mit ihm, Boss?
„Um den kümmern wir uns später. Fesselt ihn und lasst ihn in der Grotte liegen."
Eine Fremde, mutterseelenallein in der Wüste. Es kann ja keine große Sache sein, sie zu schnappen!
Da sind die Zelte und die beiden Dromedare.
Aaargh! Wo ist sie?

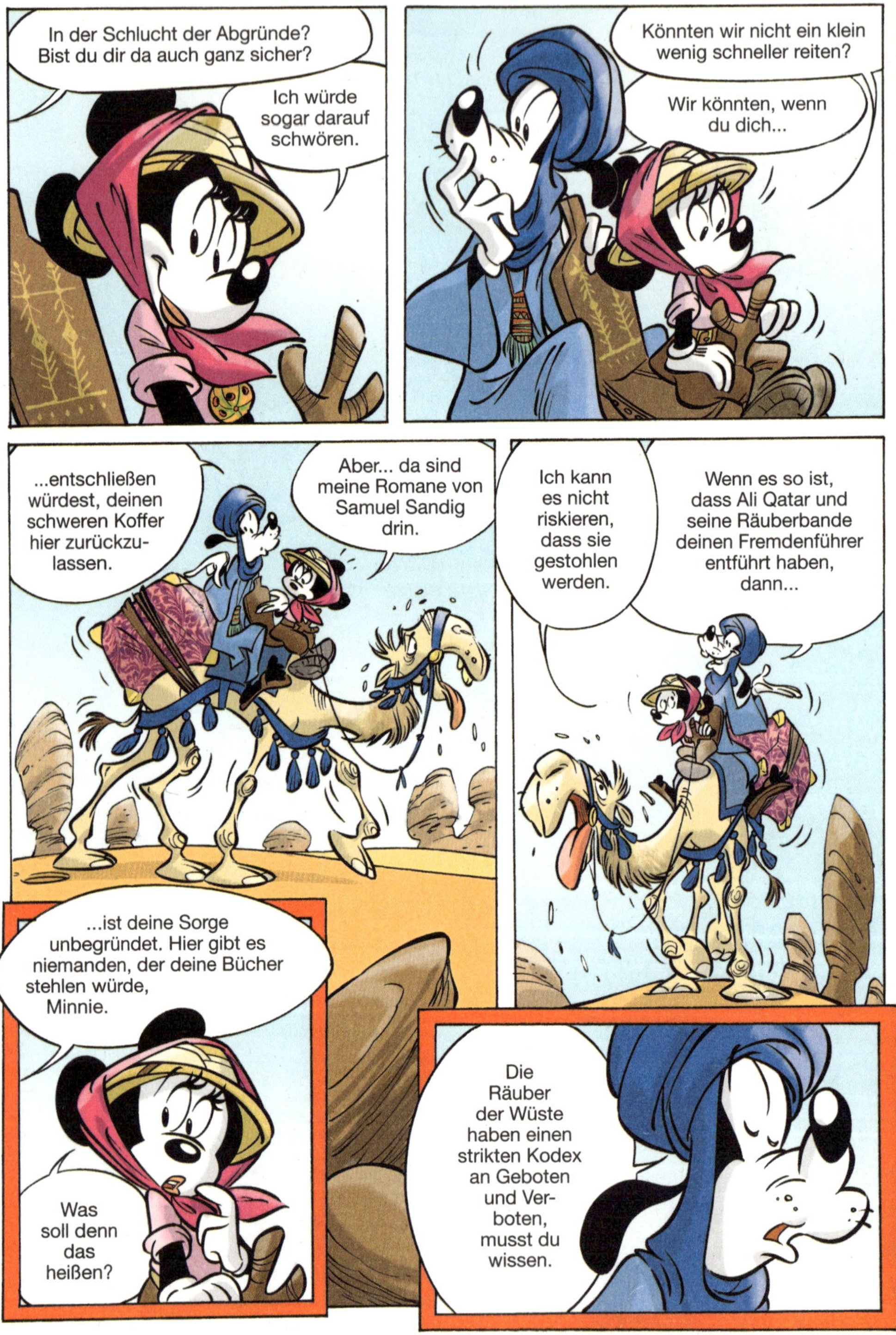
In der Schlucht der Abgründe? Bist du dir da auch ganz sicher?
Ich würde sogar darauf schwören.
Könnten wir nicht ein klein wenig schneller reiten?
Wir könnten, wenn du dich...
...entschließen würdest, deinen schweren Koffer hier zurückzu-lassen.
Aber... da sind meine Romane von Samuel Sandig drin.
Ich kann es nicht riskieren, dass sie gestohlen werden.
Wenn es so ist, dass Ali Qatar und seine Räuberbande deinen Fremdenführer entführt haben, dann...
...ist deine Sorge unbegründet. Hier gibt es niemanden, der deine Bücher stehlen würde, Minnie.
Was soll denn das heißen?
Die Räuber der Wüste haben einen strikten Kodex an Geboten und Ver-boten, musst du wissen.

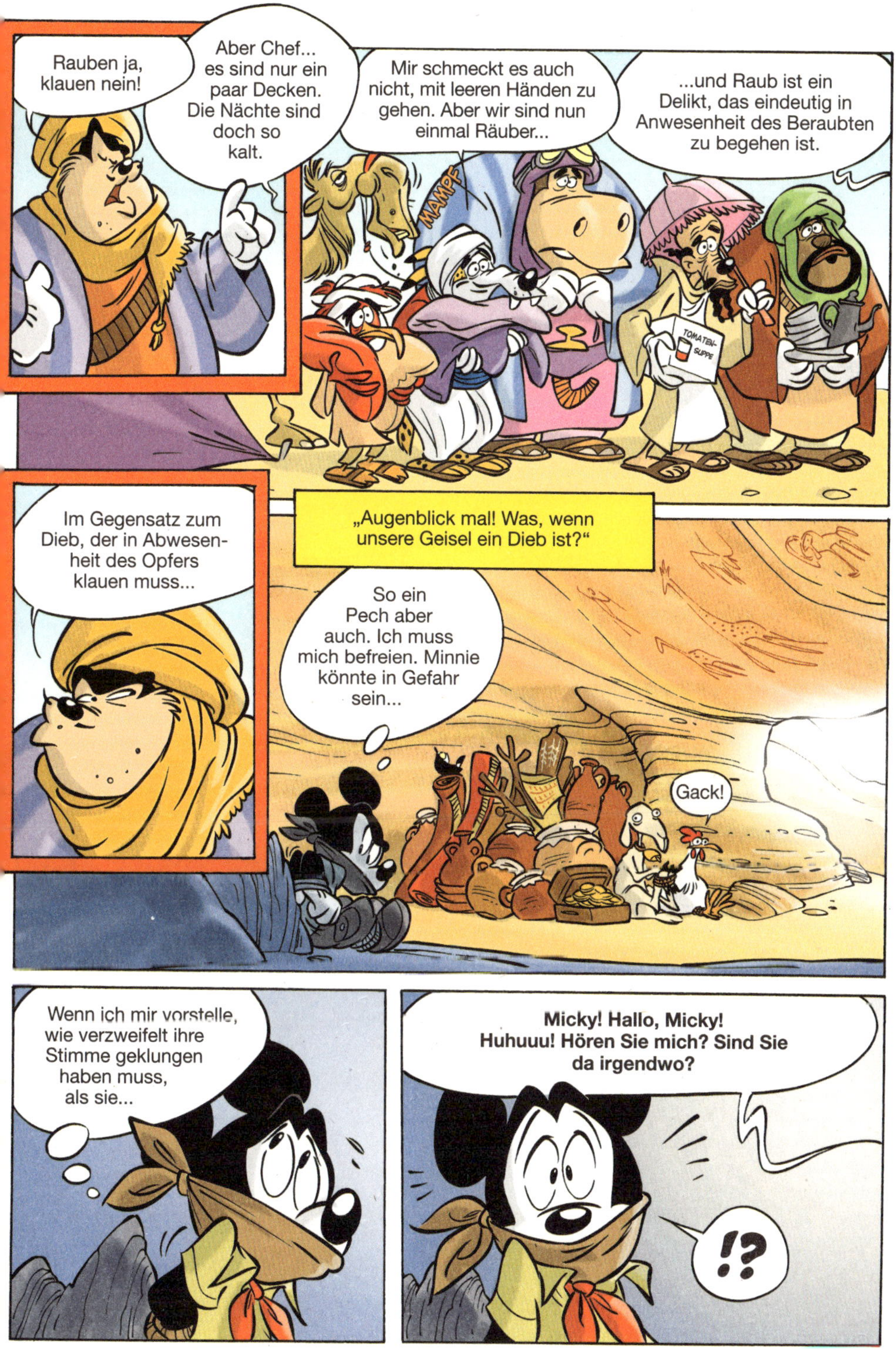
Rauben ja, klauen nein!
Aber Chef... es sind nur ein paar Decken. Die Nächte sind doch so kalt.
Mir schmeckt es auch nicht, mit leeren Händen zu gehen. Aber wir sind nun einmal Räuber...
MAMPF
...und Raub ist ein Delikt, das eindeutig in Anwesenheit des Beraubten zu begehen ist.
TOMATEN-SUPPE
Im Gegensatz zum Dieb, der in Abwesen-heit des Opfers klauen muss...
„Augenblick mal! Was, wenn unsere Geisel ein Dieb ist?“
So ein Pech aber auch. Ich muss mich befreien. Minnie könnte in Gefahr sein...
Gack!
Wenn ich mir vorstelle, wie verzweifelt ihre Stimme geklungen haben muss, als sie...
Micky! Hallo, Micky! Huhuuu! Hören Sie mich? Sind Sie da irgendwo?
!?

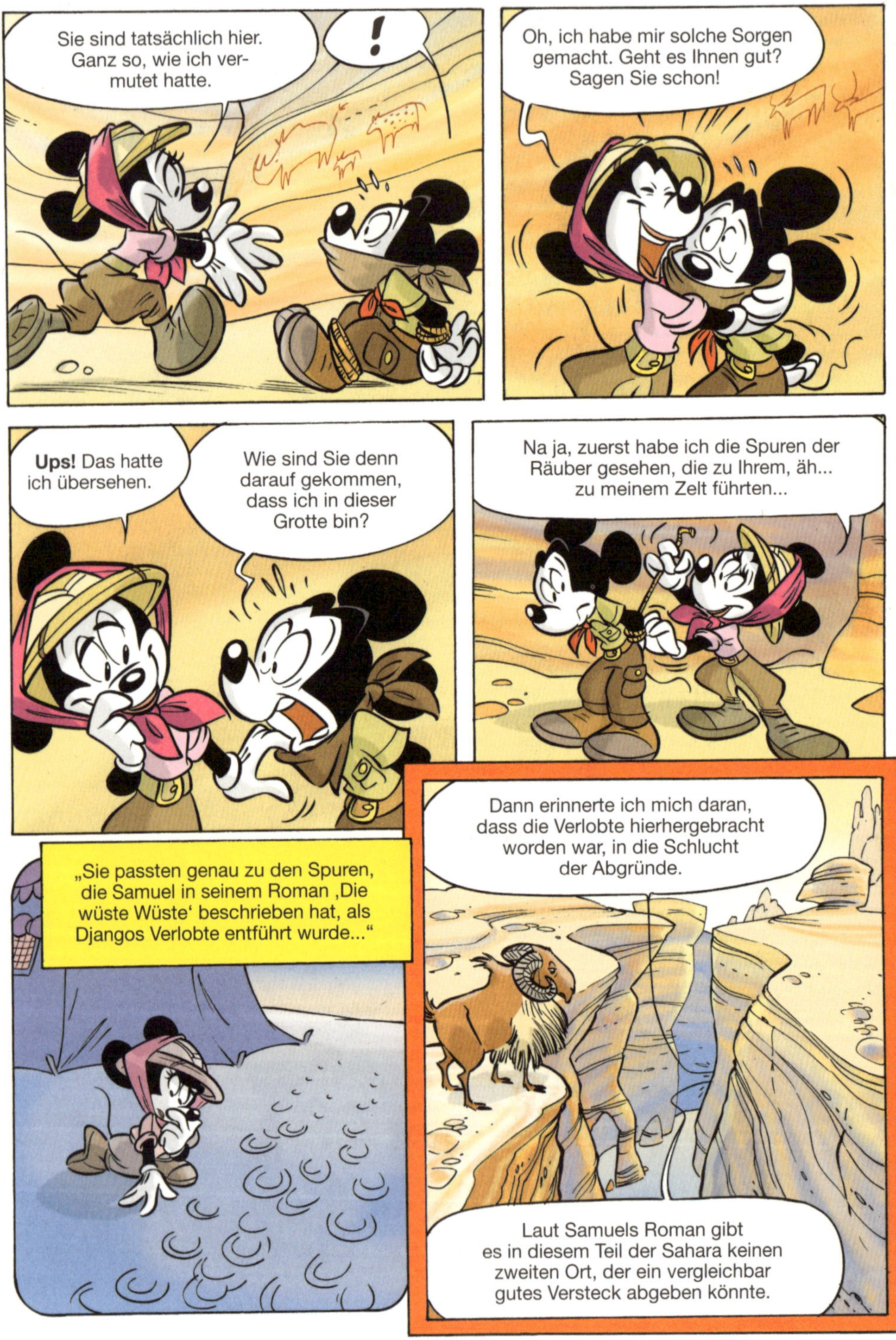
Sie sind tatsächlich hier. Ganz so, wie ich vermutet hatte.
!
Oh, ich habe mir solche Sorgen gemacht. Geht es Ihnen gut? Sagen Sie schon!
Ups! Das hatte ich übersehen.
Wie sind Sie denn darauf gekommen, dass ich in dieser Grotte bin?
Na ja, zuerst habe ich die Spuren der Räuber gesehen, die zu Ihrem, äh... zu meinem Zelt führten...
„Sie passten genau zu den Spuren, die Samuel in seinem Roman ‚Die wüste Wüste' beschrieben hat, als Djangos Verlobte entführt wurde..."
Dann erinnerte ich mich daran, dass die Verlobte hierhergebracht worden war, in die Schlucht der Abgründe.
Laut Samuels Roman gibt es in diesem Teil der Sahara keinen zweiten Ort, der ein vergleichbar gutes Versteck abgeben könnte.

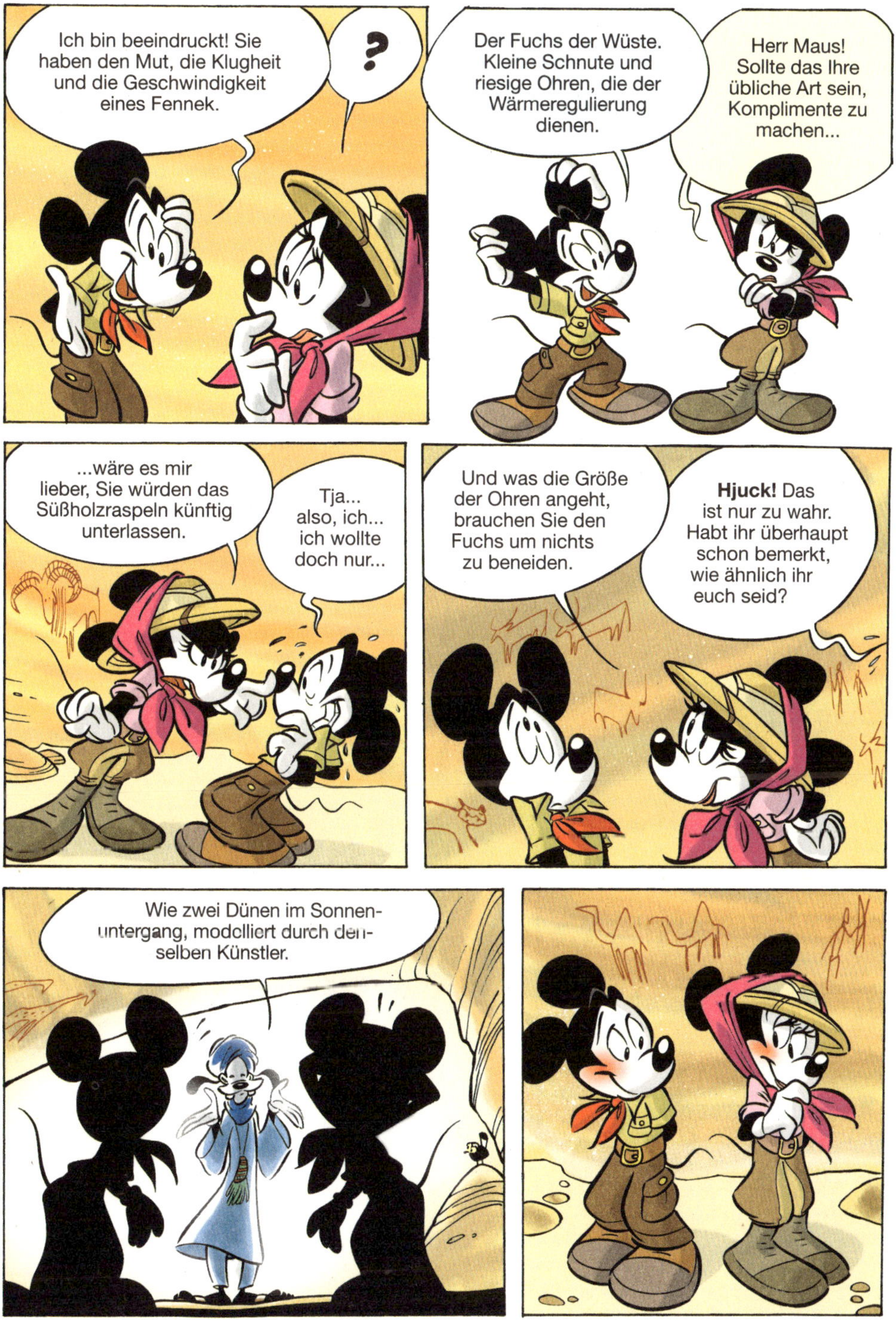
Ich bin beeindruckt! Sie haben den Mut, die Klugheit und die Geschwindigkeit eines Fennek.
?
Der Fuchs der Wüste. Kleine Schnute und riesige Ohren, die der Wärmeregulierung dienen.
Herr Maus! Sollte das Ihre übliche Art sein, Komplimente zu machen...
...wäre es mir lieber, Sie würden das Süßholzraspeln künftig unterlassen.
Tja... also, ich... ich wollte doch nur...
Und was die Größe der Ohren angeht, brauchen Sie den Fuchs um nichts zu beneiden.
Hjuck! Das ist nur zu wahr. Habt ihr überhaupt schon bemerkt, wie ähnlich ihr euch seid?
Wie zwei Dünen im Sonnenuntergang, modelliert durch denselben Künstler.

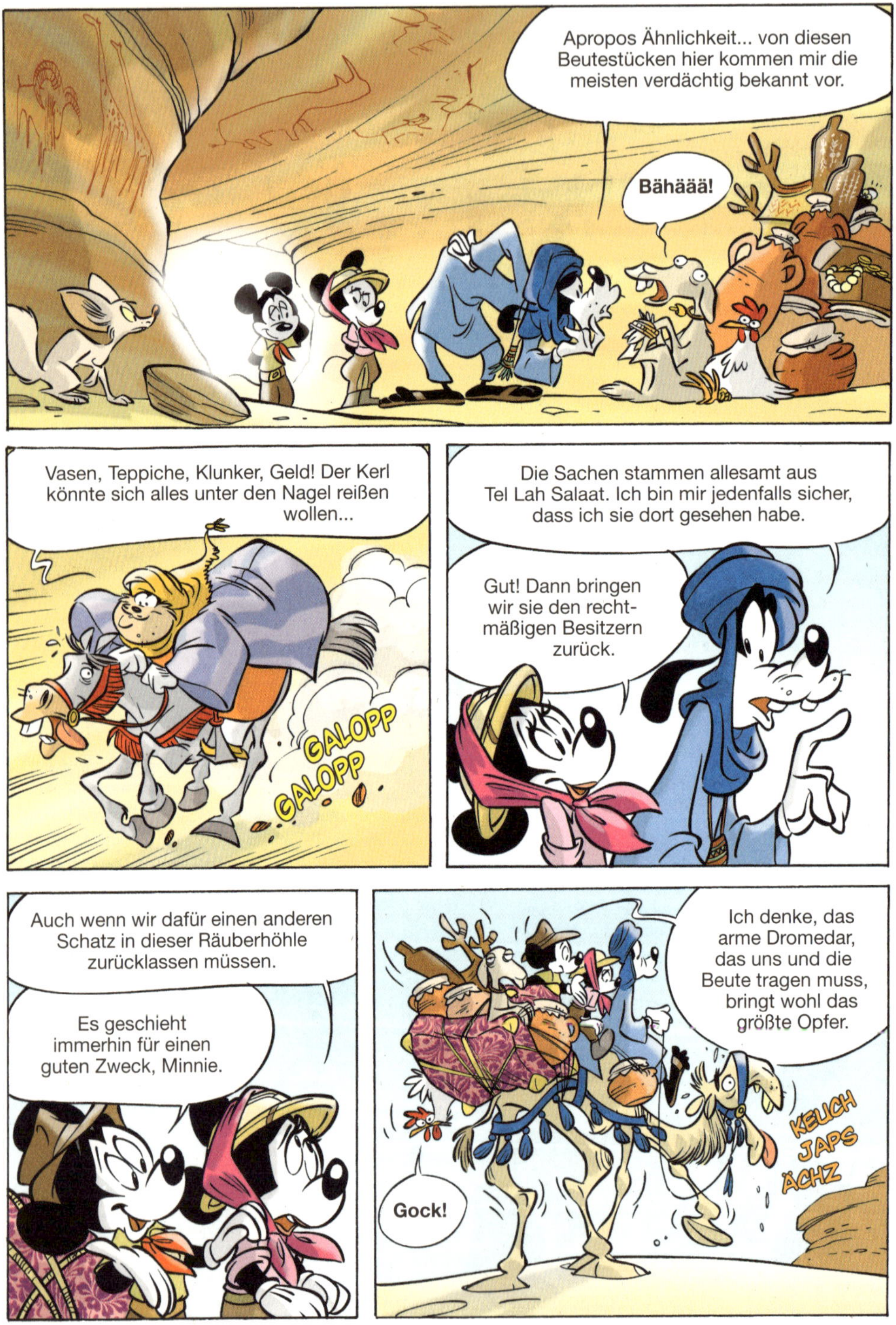
Apropos Ähnlichkeit... von diesen Beutestücken hier kommen mir die meisten verdächtig bekannt vor.
Bähääà!
Vasen, Teppiche, Klunker, Geld! Der Kerl könnte sich alles unter den Nagel reißen wollen...
GALOPP GALOPP
Die Sachen stammen allesamt aus Tel Lah Salaat. Ich bin mir jedenfalls sicher, dass ich sie dort gesehen habe.
Gut! Dann bringen wir sie den rechtmäßigen Besitzern zurück.
Auch wenn wir dafür einen anderen Schatz in dieser Räuberhöhle zurücklassen müssen.
Es geschieht immerhin für einen guten Zweck, Minnie.
Ich denke, das arme Dromedar, das uns und die Beute tragen muss, bringt wohl das größte Opfer.
KEUCH JAPS ÄCHZ
Gock!

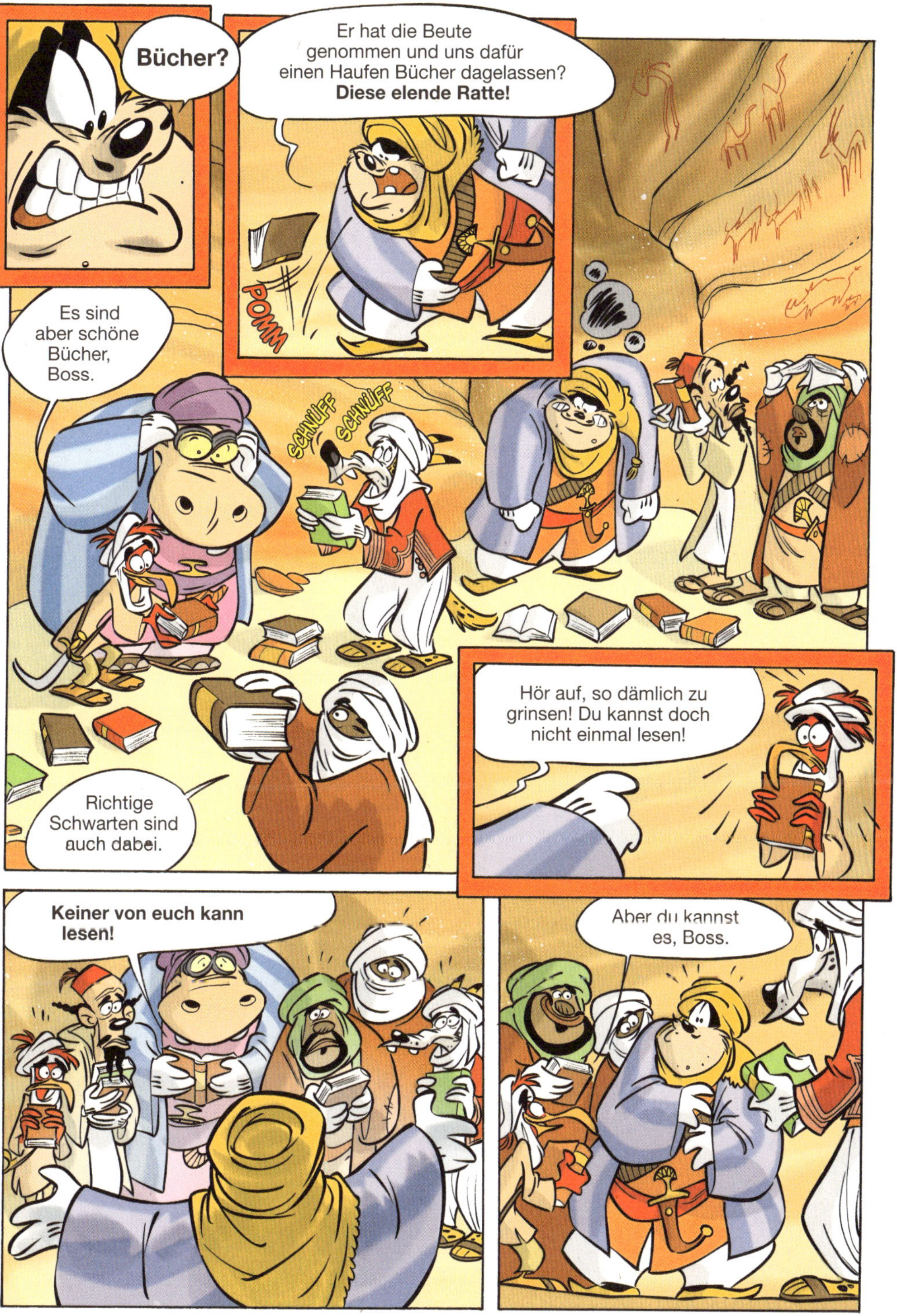

Bücher?
Er hat die Beute genommen und uns dafür einen Haufen Bücher dagelassen? **Diese elende Ratte!**
POMM
Es sind aber schöne Bücher, Boss.
SCHNÜFF SCHNÜFF
Richtige Schwarten sind auch dabei.
Hör auf, so dämlich zu grinsen! Du kannst doch nicht einmal lesen!
Keiner von euch kann lesen!
Aber du kannst es, Boss.

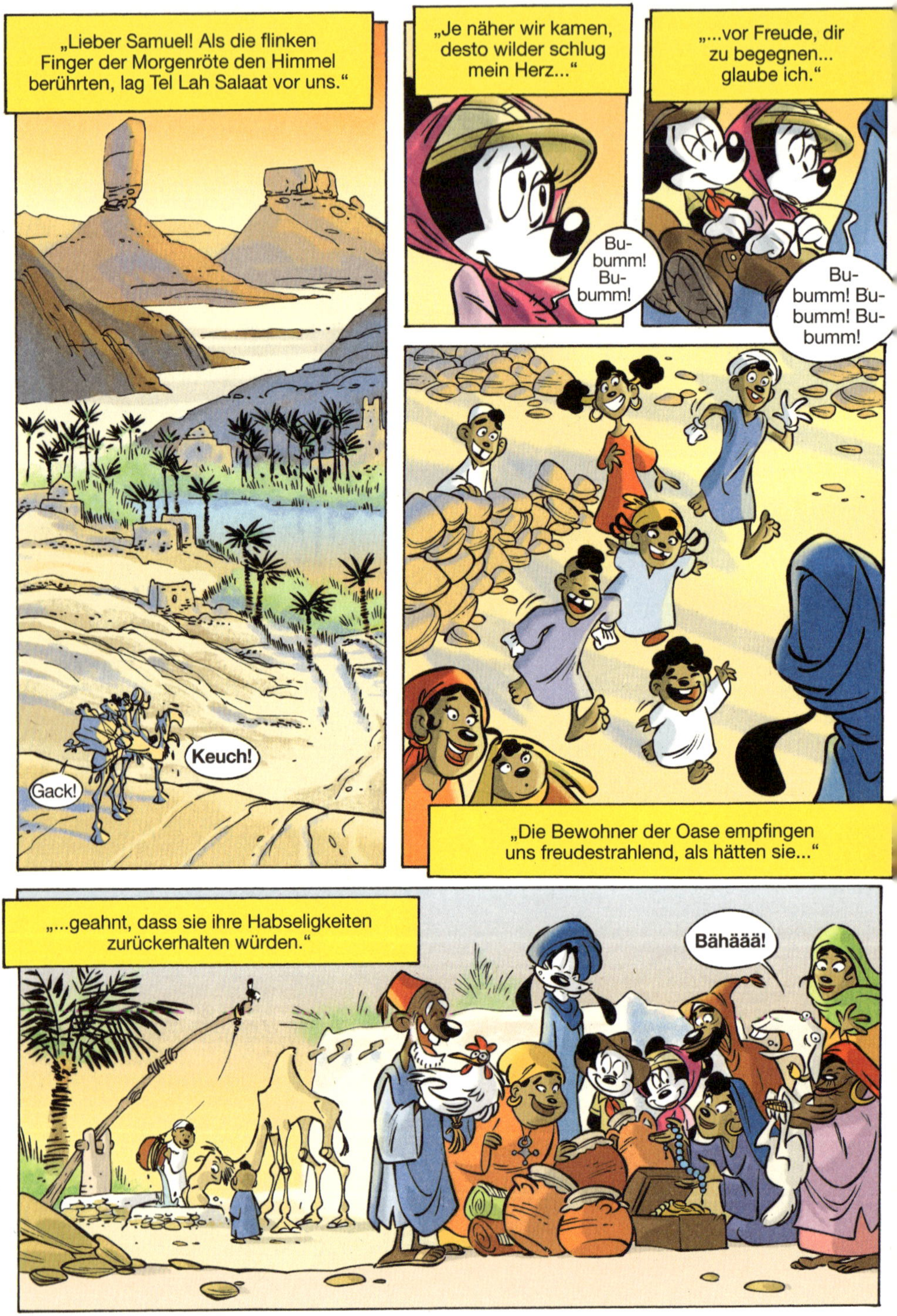
„Lieber Samuel! Als die flinken Finger der Morgenröte den Himmel berührten, lag Tel Lah Salaat vor uns.“
Keuch!
Gack!
„Je näher wir kamen, desto wilder schlug mein Herz...“
Bu-bumm! Bu-bumm!
„...vor Freude, dir zu begegnen... glaube ich.“
Bu-bumm! Bu-bumm! Bu-bumm!
„Die Bewohner der Oase empfingen uns freudestrahlend, als hätten sie...“
„...geahnt, dass sie ihre Habseligkeiten zurückerhalten würden.“
Bähäää!

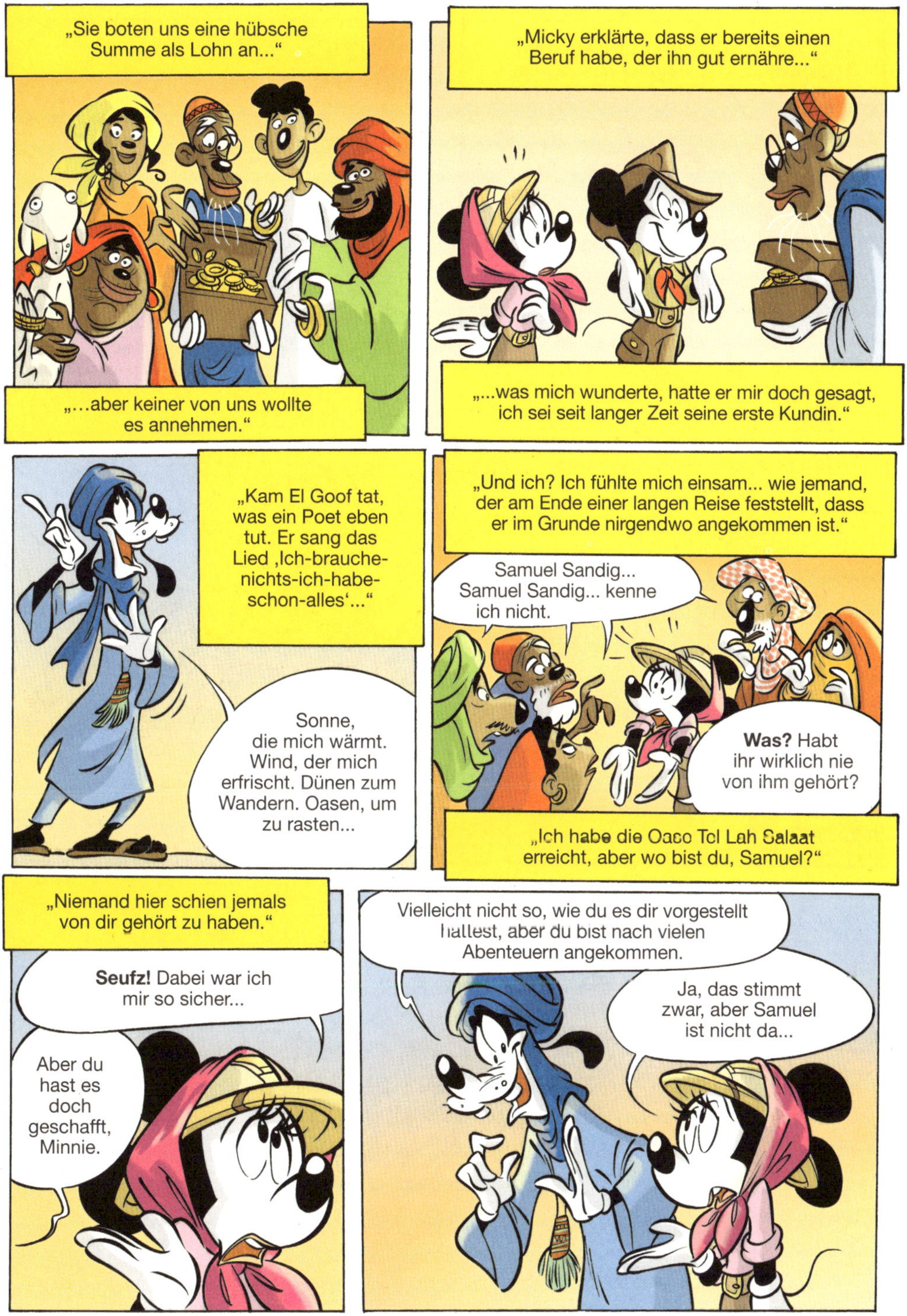
„Sie boten uns eine hübsche Summe als Lohn an…“
„…aber keiner von uns wollte es annehmen.“
„Micky erklärte, dass er bereits einen Beruf habe, der ihn gut ernähre…“
„…was mich wunderte, hatte er mir doch gesagt, ich sei seit langer Zeit seine erste Kundin.“
„Kam El Goof tat, was ein Poet eben tut. Er sang das Lied ‚Ich-brauche-nichts-ich-habe-schon-alles‘…“
Sonne, die mich wärmt. Wind, der mich erfrischt. Dünen zum Wandern. Oasen, um zu rasten…
„Und ich? Ich fühlte mich einsam… wie jemand, der am Ende einer langen Reise feststellt, dass er im Grunde nirgendwo angekommen ist.“
Samuel Sandig… Samuel Sandig… kenne ich nicht.
Was? Habt ihr wirklich nie von ihm gehört?
„Ich habe die Oase Tel Lah Salaat erreicht, aber wo bist du, Samuel?“
„Niemand hier schien jemals von dir gehört zu haben.“
Seufz! Dabei war ich mir so sicher…
Aber du hast es doch geschafft, Minnie.
Vielleicht nicht so, wie du es dir vorgestellt hattest, aber du bist nach vielen Abenteuern angekommen.
Ja, das stimmt zwar, aber Samuel ist nicht da…

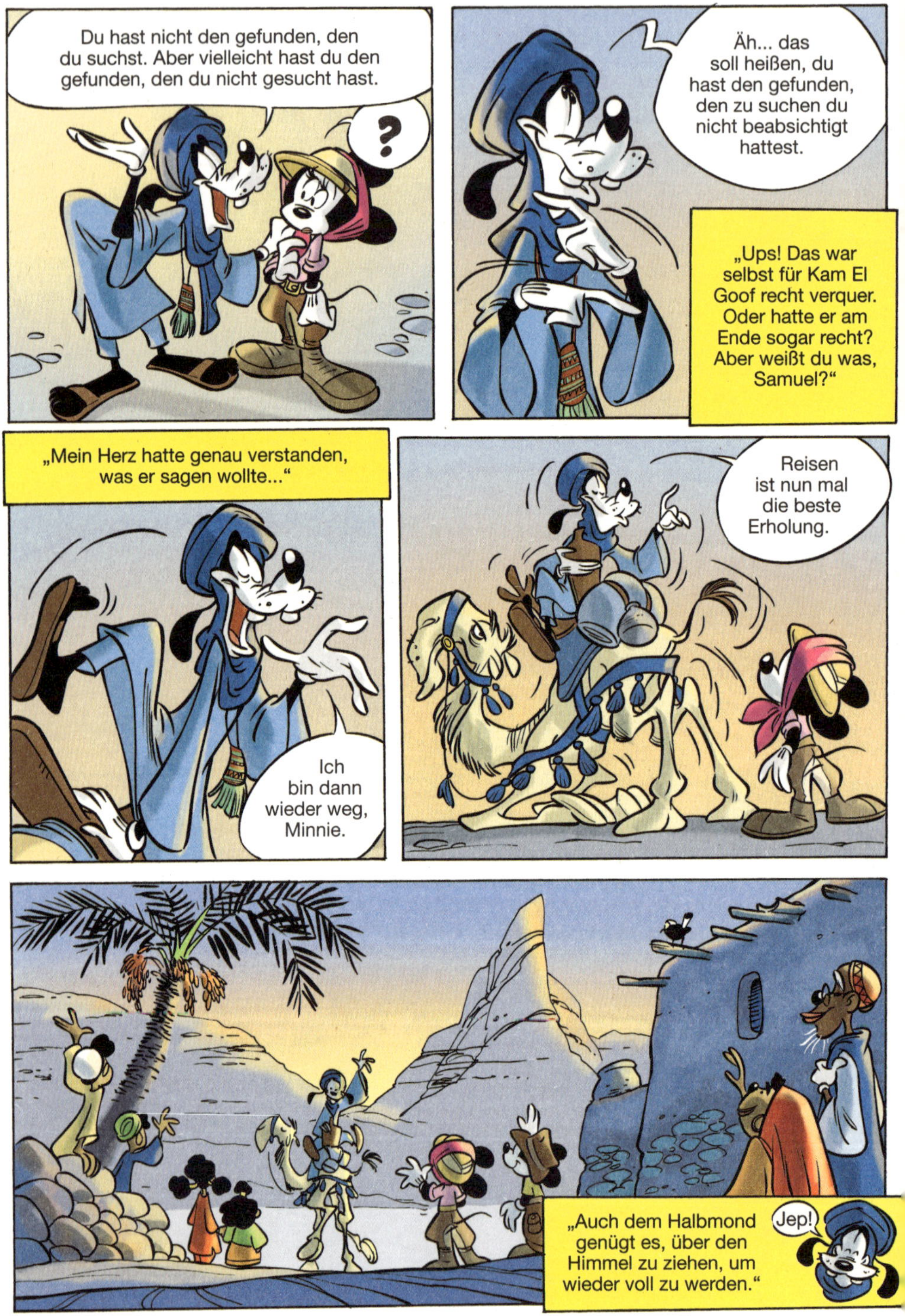
Du hast nicht den gefunden, den du suchst. Aber vielleicht hast du den gefunden, den du nicht gesucht hast.
?
Äh... das soll heißen, du hast den gefunden, den zu suchen du nicht beabsichtigt hattest.
„Ups! Das war selbst für Kam El Goof recht verquer. Oder hatte er am Ende sogar recht? Aber weißt du was, Samuel?“
„Mein Herz hatte genau verstanden, was er sagen wollte...“
Ich bin dann wieder weg, Minnie.
Reisen ist nun mal die beste Erholung.
„Auch dem Halbmond genügt es, über den Himmel zu ziehen, um wieder voll zu werden.“
Jep!

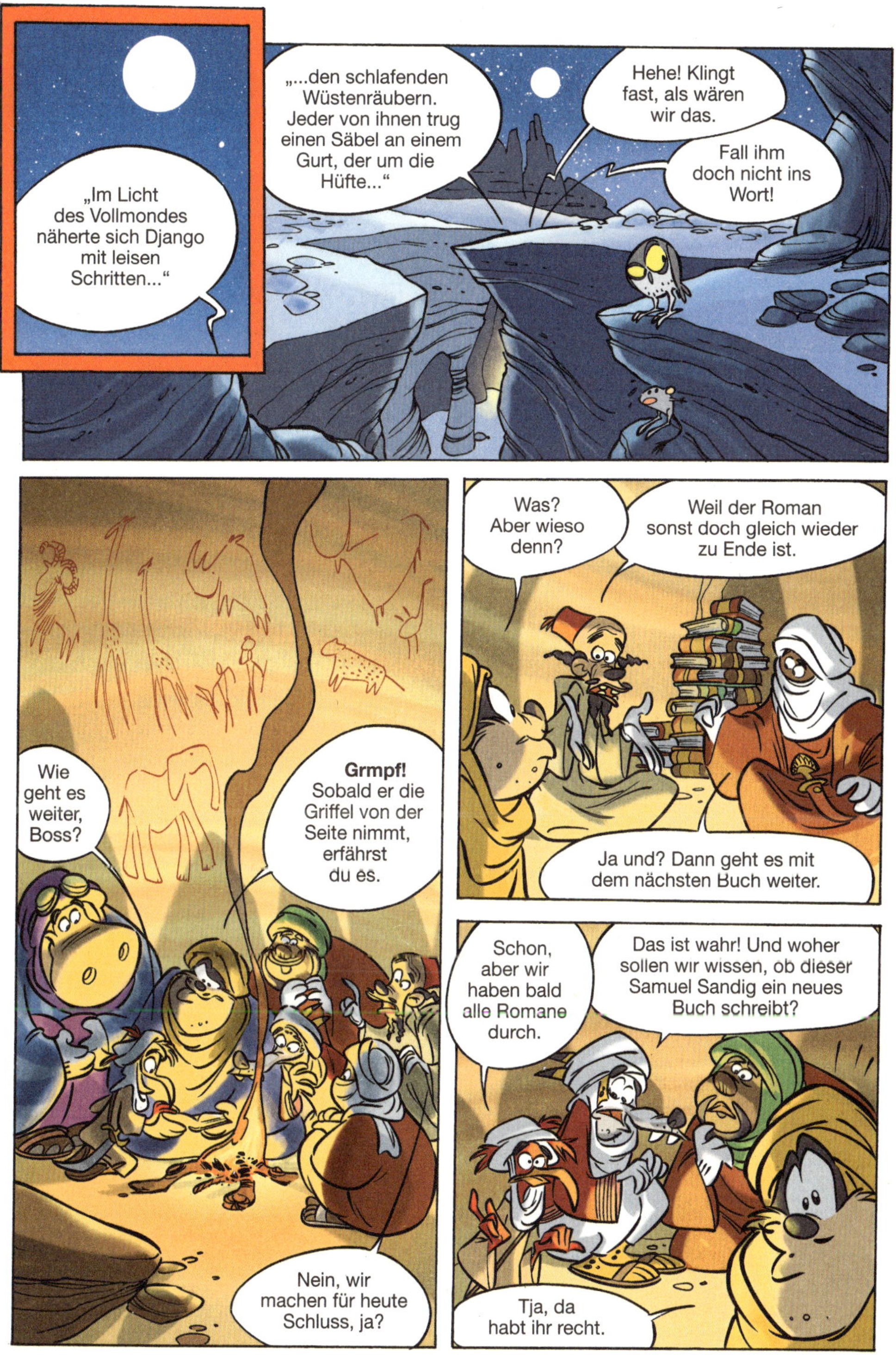
„Im Licht des Vollmondes näherte sich Django mit leisen Schritten...“
„...den schlafenden Wüstenräubern. Jeder von ihnen trug einen Säbel an einem Gurt, der um die Hüfte...“
Hehe! Klingt fast, als wären wir das.
Fall ihm doch nicht ins Wort!
Wie geht es weiter, Boss?
Grmpf! Sobald er die Griffel von der Seite nimmt, erfährst du es.
Nein, wir machen für heute Schluss, ja?
Was? Aber wieso denn?
Weil der Roman sonst doch gleich wieder zu Ende ist.
Ja und? Dann geht es mit dem nächsten Buch weiter.
Schon, aber wir haben bald alle Romane durch.
Das ist wahr! Und woher sollen wir wissen, ob dieser Samuel Sandig ein neues Buch schreibt?
Tja, da habt ihr recht.

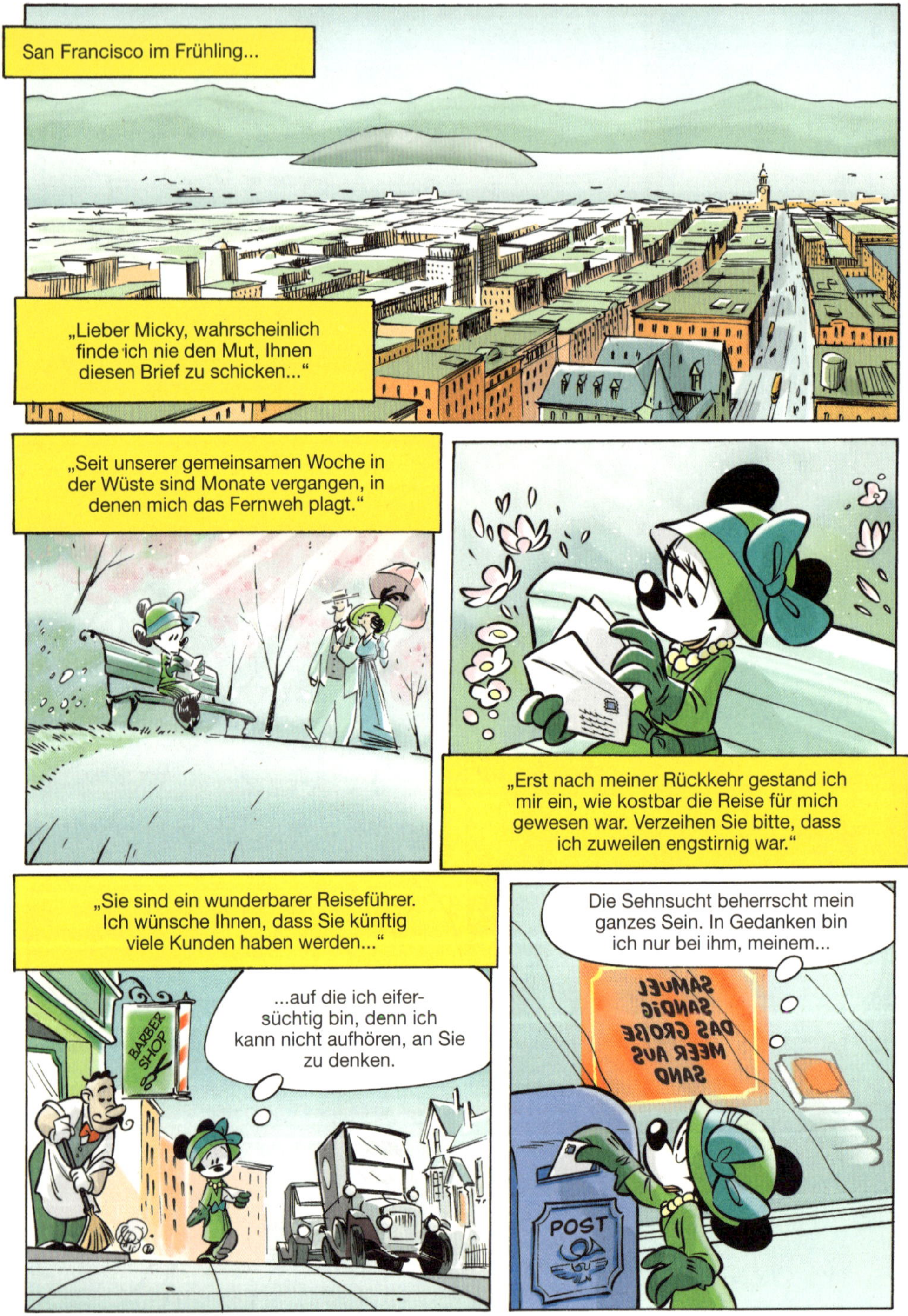
San Francisco im Frühling...
„Lieber Micky, wahrscheinlich finde ich nie den Mut, Ihnen diesen Brief zu schicken..."
„Seit unserer gemeinsamen Woche in der Wüste sind Monate vergangen, in denen mich das Fernweh plagt."
„Erst nach meiner Rückkehr gestand ich mir ein, wie kostbar die Reise für mich gewesen war. Verzeihen Sie bitte, dass ich zuweilen engstirnig war."
„Sie sind ein wunderbarer Reiseführer. Ich wünsche Ihnen, dass Sie künftig viele Kunden haben werden..."
BARBER SHOP
...auf die ich eifer-süchtig bin, denn ich kann nicht aufhören, an Sie zu denken.
Die Sehnsucht beherrscht mein ganzes Sein. In Gedanken bin ich nur bei ihm, meinem...
POST

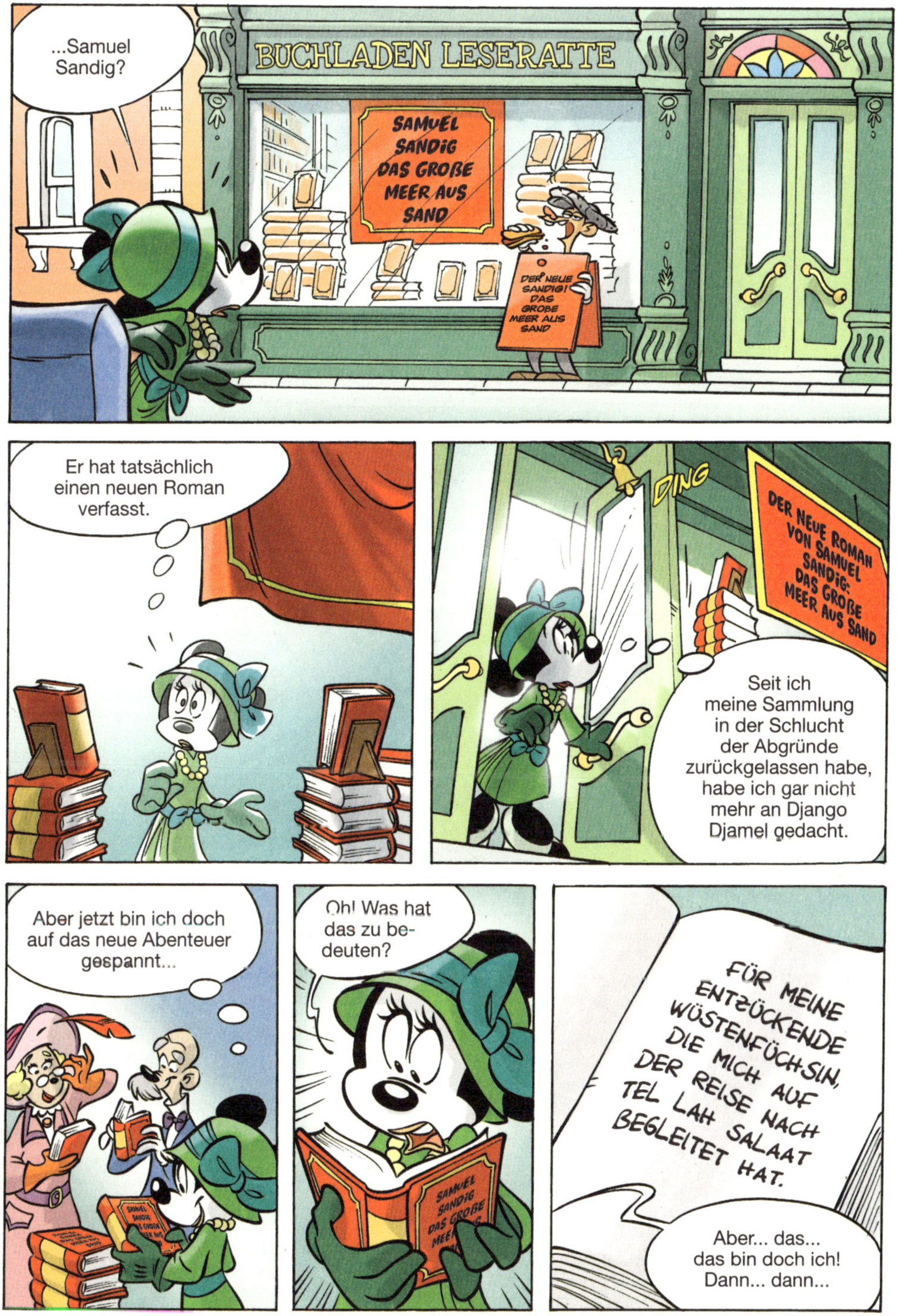
...Samuel Sandig?
BUCHLADEN LESERATTE
SAMUEL SANDIG DAS GROßE MEER AUS SAND
DER NEUE SANDIG! DAS GROßE MEER AUS SAND
Er hat tatsächlich einen neuen Roman verfasst.
DING
DER NEUE ROMAN VON SAMUEL SANDIG: DAS GROßE MEER AUS SAND
Seit ich meine Sammlung in der Schlucht der Abgründe zurückgelassen habe, habe ich gar nicht mehr an Django Djamel gedacht.
Aber jetzt bin ich doch auf das neue Abenteuer gespannt...
Oh! Was hat das zu bedeuten?
FÜR MEINE ENTZÜCKENDE WÜSTENFÜCHSIN, DIE MICH AUF DER REISE NACH TEL LAH SALAAT BEGLEITET HAT.
Aber... das... das bin doch ich! Dann... dann...

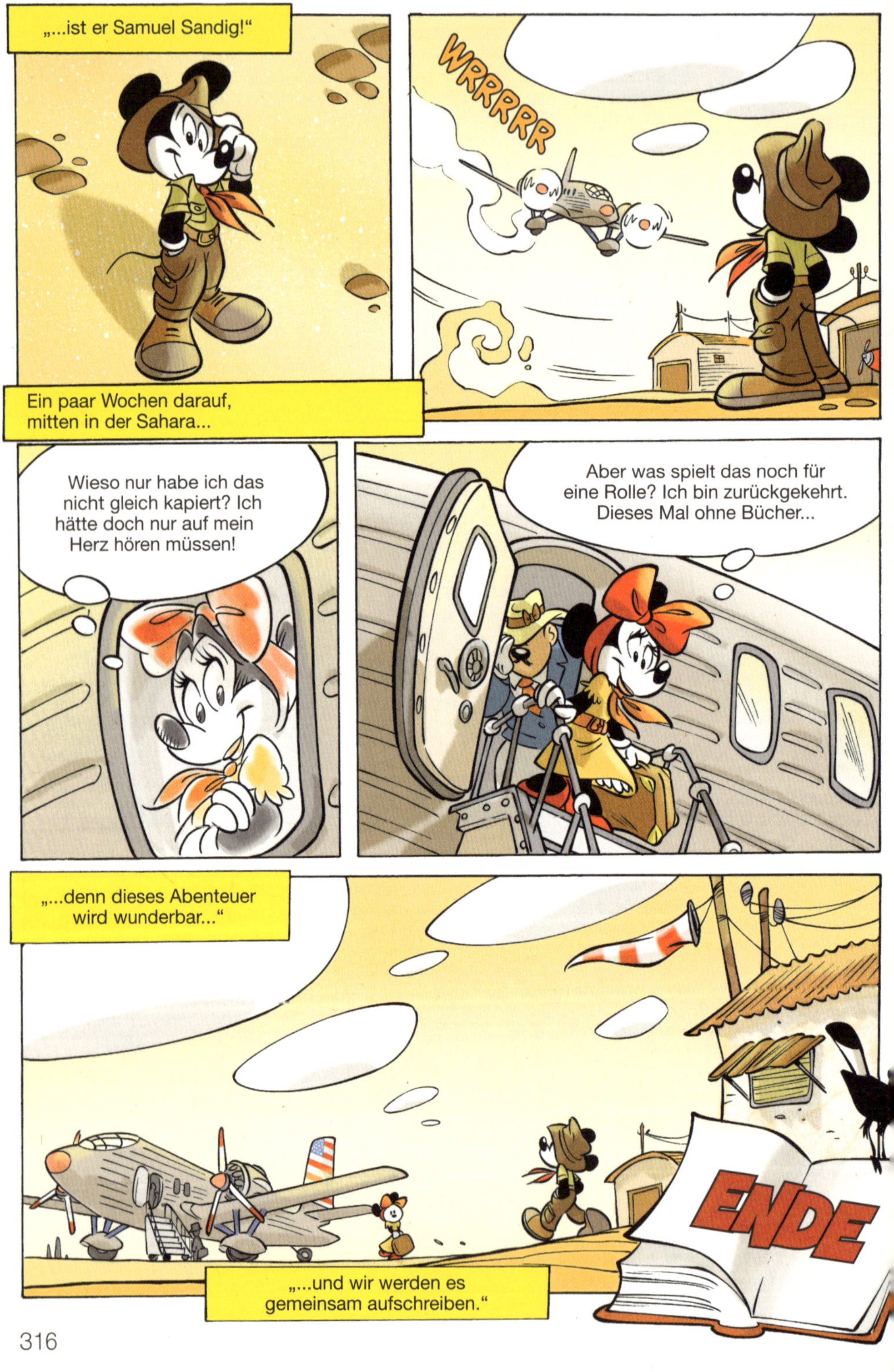
„...ist er Samuel Sandig!“
WRRRRR
Ein paar Wochen darauf, mitten in der Sahara...
Wieso nur habe ich das nicht gleich kapiert? Ich hätte doch nur auf mein Herz hören müssen!
Aber was spielt das noch für eine Rolle? Ich bin zurückgekehrt. Dieses Mal ohne Bücher...
„...denn dieses Abenteuer wird wunderbar...“
„...und wir werden es gemeinsam aufschreiben.“
ENDE

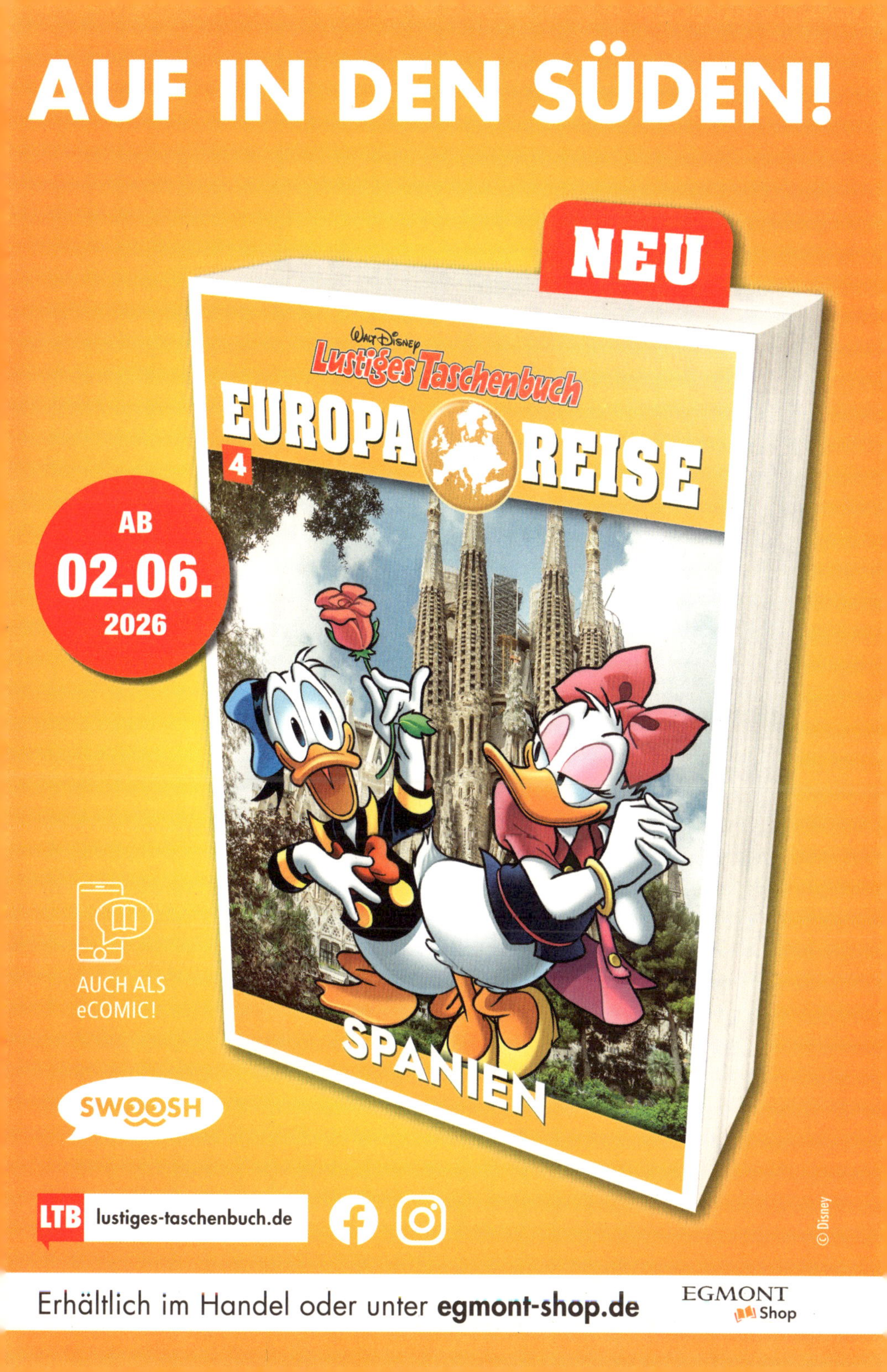
AUF IN DEN SÜDEN!
NEU
Walt Disney
Lustiges Taschenbuch
EUROPA REISE
4
SPANIEN
AB
02.06.
2026
AUCH ALS
eCOMIC!
SWOOSH
LTB
lustiges-taschenbuch.de
© Disney
Erhältlich im Handel oder unter **egmont-shop.de**
EGMONT
Shop

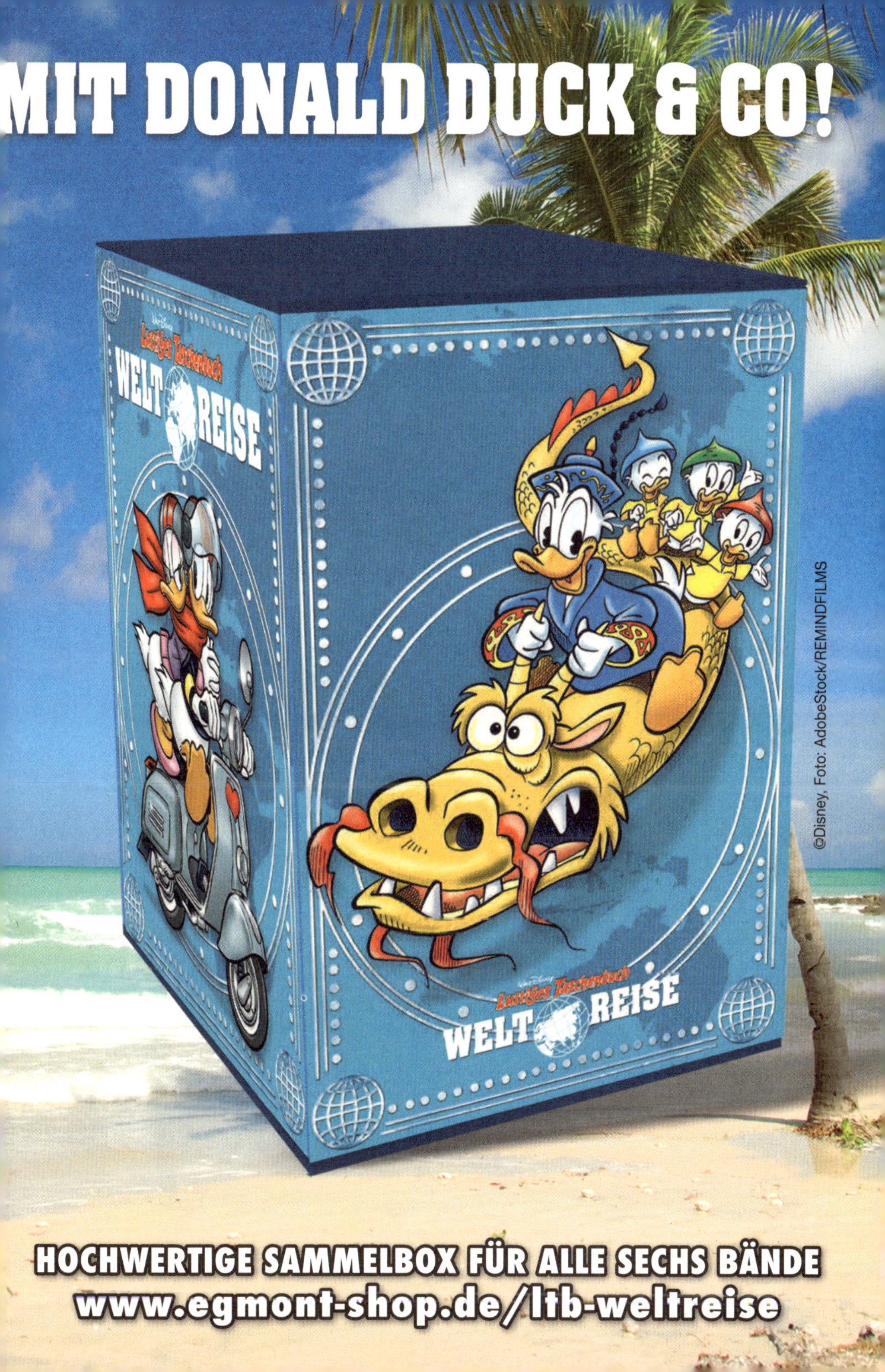
MIT DONALD DUCK & CO!
Lustiges Taschenbuch
WELT REISE
Lustiges Taschenbuch
WELT REISE
©Disney, Foto: AdobeStock/REMINDFILMS
HOCHWERTIGE SAMMELBOX FÜR ALLE SECHS BÄNDE
www.egmont-shop.de/ltb-weltreise

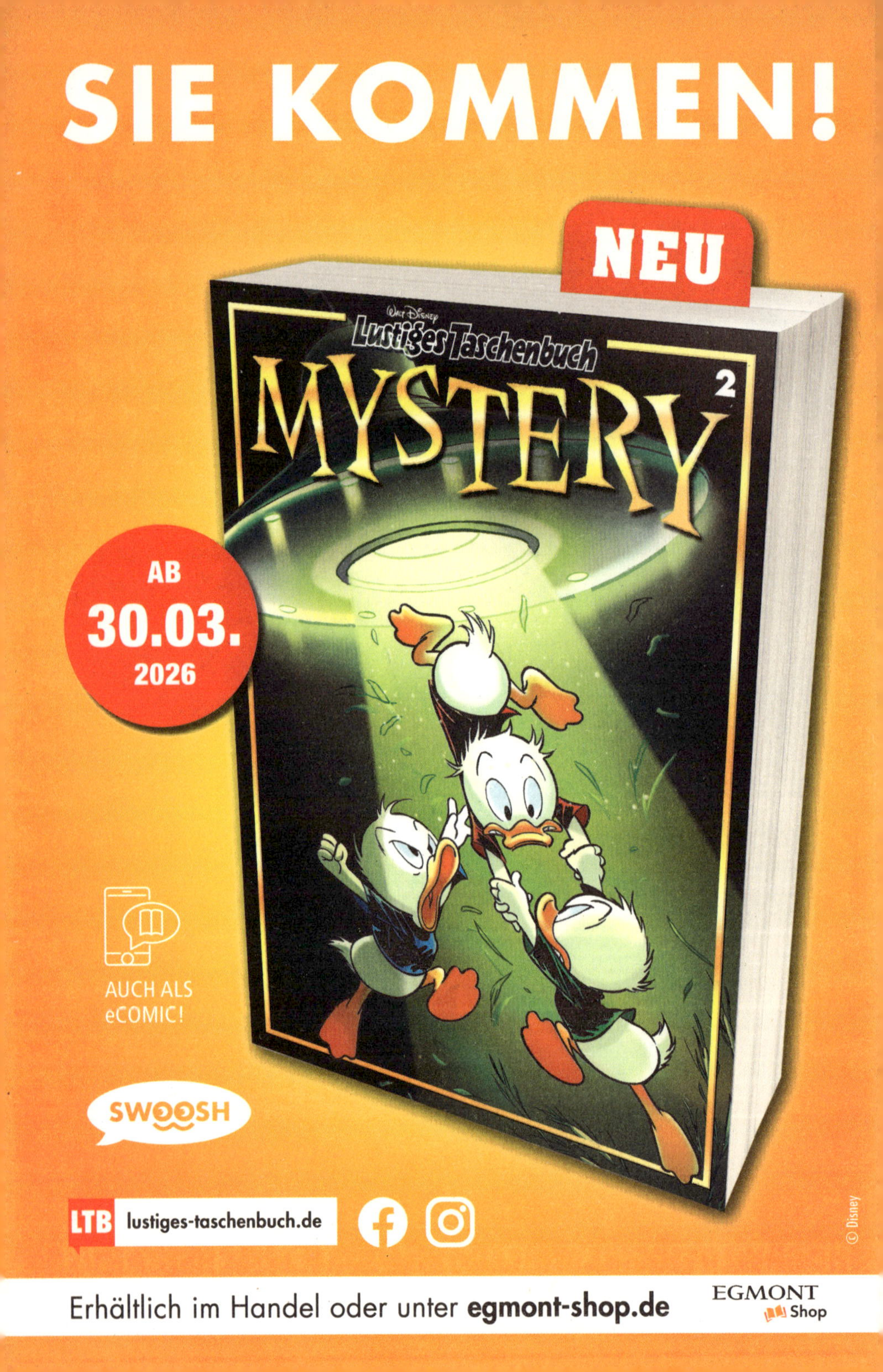
SIE KOMMEN!
NEU
Walt Disney
Lustiges Taschenbuch
MYSTERY 2
AB
30.03.
2026
AUCH ALS
eCOMIC!
SWOOSH
LTB lustiges-taschenbuch.de
© Disney
Erhältlich im Handel oder unter egmont-shop.de
EGMONT
Shop